여러분의 합격을 응원하는

해커스공무원의 특별 혜택

FREE 공무원 국제법 **특강**

해커스공무원(gosi.Hackers.com) 접속 후 로그인 ▶ 상단의 [무료강좌] 클릭 ▶
[교재 무료특강] 클릭하여 이용

OMR 답안지(PDF)

해커스공무원(gosi.Hackers.com) 접속 후 로그인 ▶
상단의 [교재·서점 → 무료 학습 자료] 클릭 ▶ 본 교재의 [자료받기] 클릭

▲ 바로가기

해커스공무원 온라인 단과강의 **20% 할인쿠폰**

7283493D2AF8D9ZK

해커스공무원(gosi.Hackers.com) 접속 후 로그인 ▶ 상단의 [나의 강의실] 클릭 ▶
좌측의 [쿠폰등록] 클릭 ▶ 위 쿠폰번호 입력 후 이용

* 등록 후 7일간 사용 가능(ID당 1회에 한해 등록 가능)

합격예측 **온라인 모의고사 응시권 + 해설강의 수강권**

A3A8AB55475E9HWU

해커스공무원(gosi.Hackers.com) 접속 후 로그인 ▶ 상단의 [나의 강의실] 클릭 ▶
좌측의 [쿠폰등록] 클릭 ▶ 위 쿠폰번호 입력 후 이용

* ID당 1회에 한해 등록 가능

쿠폰 이용 관련 문의 **1588-4055**

단기 합격을 위한
해커스공무원 커리큘럼

입문

탄탄한 기본기와 핵심 개념 완성!

누구나 이해하기 쉬운 개념 설명과 풍부한 예시로 부담없이 쌩기초 다지기

TIP 베이스가 있다면 **기본 단계**부터!

▼

기본+심화

필수 개념 학습으로 이론 완성!

반드시 알아야 할 기본 개념과 문제풀이 전략을 학습하고
심화 개념 학습으로 고득점을 위한 응용력 다지기

▼

기출+예상 문제풀이

문제풀이로 집중 학습하고 실력 업그레이드!

기출문제의 유형과 출제 의도를 이해하고 최신 출제 경향을 반영한
예상문제를 풀어보며 본인의 취약영역을 파악 및 보완하기

▼

동형문제풀이

동형모의고사로 실전력 강화!

실제 시험과 같은 형태의 실전모의고사를 풀어보며 실전감각 극대화

▼

최종 마무리

시험 직전 실전 시뮬레이션!

각 과목별 시험에 출제되는 내용들을 최종 점검하며 실전 완성

PASS

* 커리큘럼 및 세부 일정은 상이할 수 있으며,
자세한 사항은 해커스공무원 사이트에서 확인하세요.

단계별 교재 확인 및
수강신청은 여기서!

gosi.Hackers.com

해커스공무원

패권 국제법개론

실전동형모의고사

해커스공무원

: 들어가며

공무원 난이도에 딱 맞는 모의고사

해커스가 공무원 국제법개론의 난이도 · 경향을 완벽 반영하여 만들었습니다.

얼마 남지 않은 시험까지 모의고사를 풀며 실전 감각을 유지하고 싶은 수험생 여러분을 위해, 공무원 국제법개론 시험의 최신 출제 경향을 완벽 반영한 교재를 만들었습니다.

『해커스공무원 패권 국제법개론 실전동형모의고사』를 통해 19회분 모의고사로 국제법개론 실력을 완성할 수 있습니다.

실전 감각은 하루아침에 완성할 수 있는 것이 아닙니다. 실제 시험과 동일한 형태의 모의고사를 여러 번 풀어봄으로써 정해진 시간 안에 문제가 요구하는 바를 정확하게 파악하는 연습을 해야 합니다. 『해커스공무원 패권 국제법개론 실전동형모의고사』는 9급 국가직 시험 출제 경향을 반영하여, 회차별 20문항으로 구성된 실전동형모의고사 19회를 수록하였습니다. 이를 통해 실제 시험과 가장 유사한 형태로 실전에 철저히 대비할 수 있습니다. 또한 상세한 해설을 통해 공무원 국제법개론의 핵심 출제 포인트를 확인할 수 있습니다.

『해커스공무원 패권 국제법개론 실전동형모의고사』는 공무원 국제법개론 시험에 최적화된 교재입니다.

제한된 시간 안에 문제 풀이는 물론 답안지까지 작성하는 훈련을 할 수 있도록 OMR 답안지를 수록하였습니다. 또한 공무원 국제법개론 기출문제 중 중요도가 높은 것만을 선별하여 '최종점검 기출모의고사' 3회분으로 재구성하였습니다. 시험 직전, 실전과 같은 훈련 및 최신 출제 경향의 파악을 통해 효율적인 시간 안배를 연습하고 효과적으로 학습을 마무리할 수 있습니다.

공무원 합격을 위한 여정,
해커스공무원이 여러분과 함께 합니다.

실전 감각을 키우는 모의고사

실전동형모의고사

최종점검 기출모의고사

해설집 [책 속의 책]

OMR 답안지 추가 제공

해커스공무원(gosi.Hackers.com) ▶
사이트 상단의 '교재·서점' ▶ 무료 학습 자료

이 책의 특별한 구성

문제집 구성

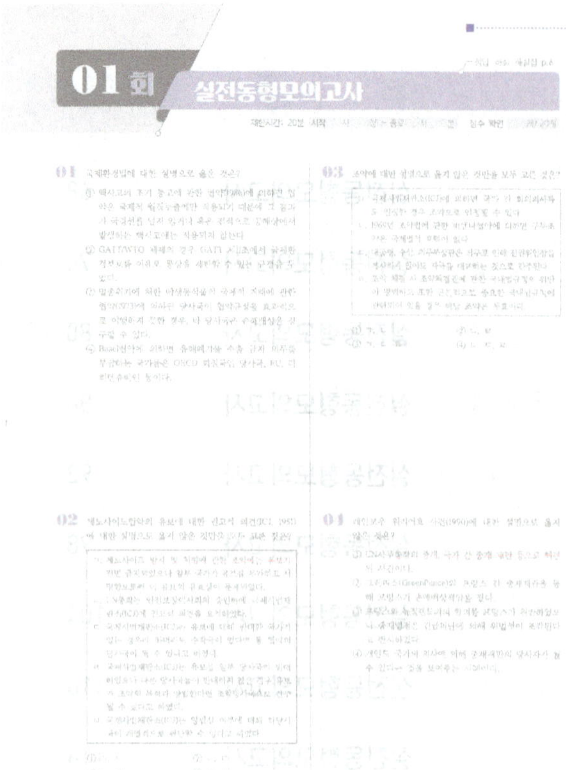

실전동형모의고사

- 공무원 국제법개론 시험과 동일한 유형의 실전동형모의고사 19회분 수록
- 20분의 제한된 문제 풀이 시간을 통하여 효율적인 시간 안배 연습 가능

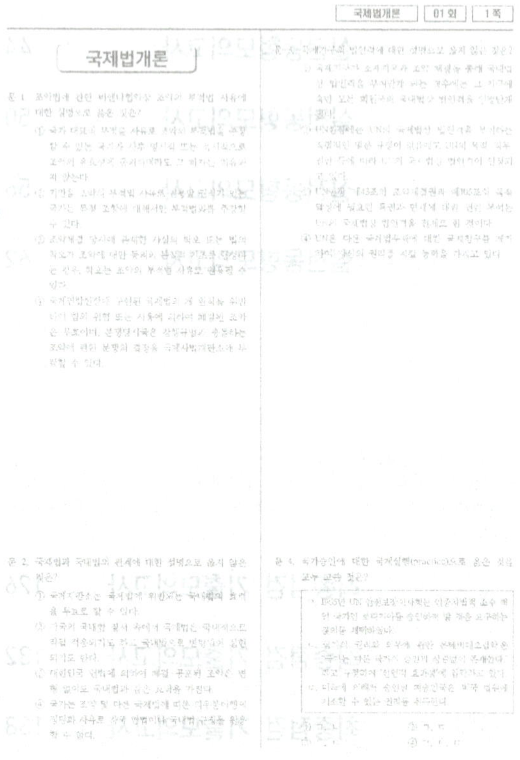

최종점검 기출모의고사

- 최근 출제된 기출문제 중 출제 가능성이 높은 문제만을 선별하여 최종점검 기출모의고사 3회분 수록
- 시험 직전 기출모의고사 풀이를 통해 최신 출제 경향을 파악하여 효과적인 학습 마무리 가능

상세한 해설

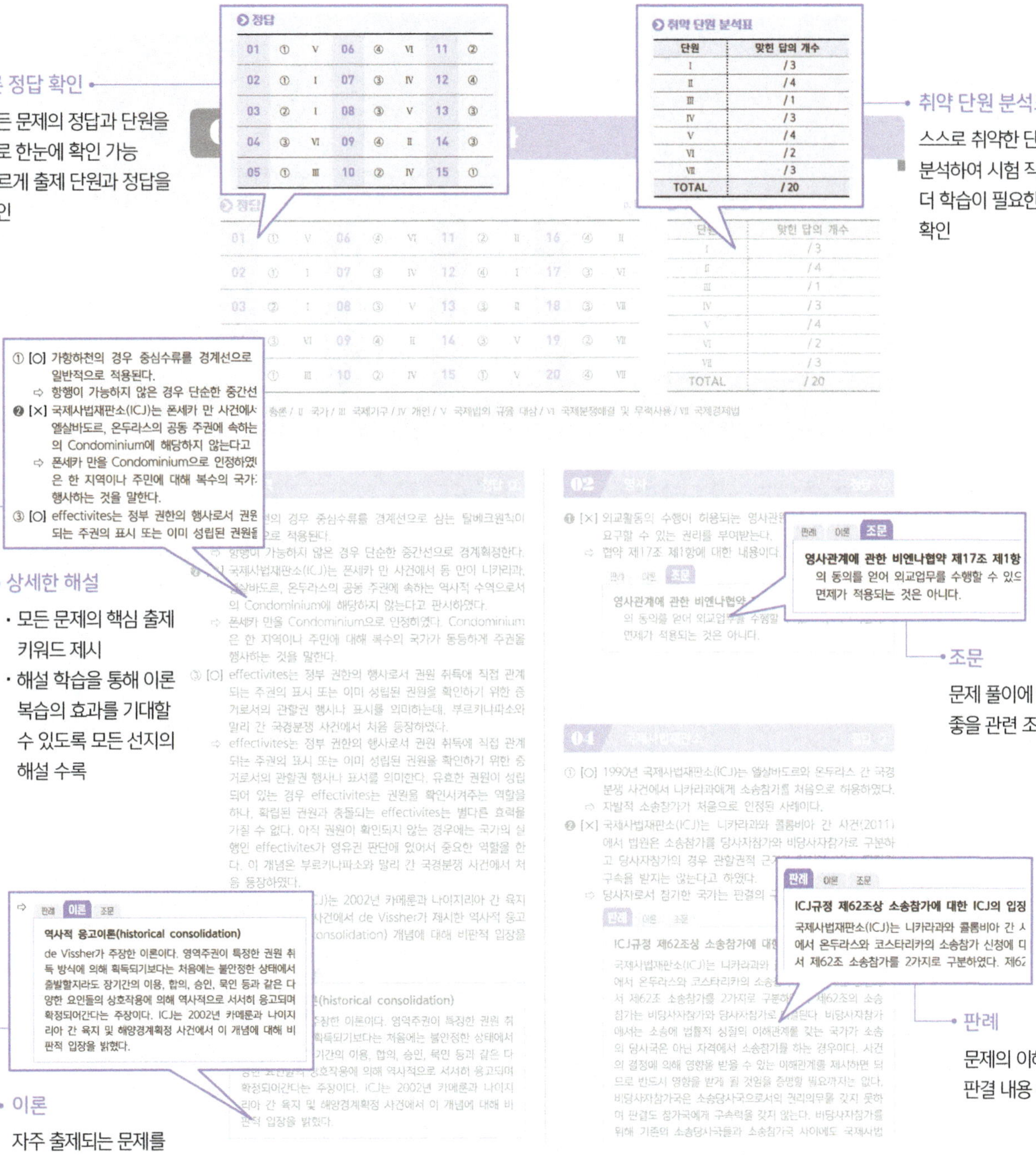

빠른 정답 확인

- 모든 문제의 정답과 단원을 표로 한눈에 확인 가능
- 빠르게 출제 단원과 정답을 확인

취약 단원 분석표

스스로 취약한 단원을 분석하여 시험 직전에 더 학습이 필요한 단원 확인

상세한 해설

- 모든 문제의 핵심 출제 키워드 제시
- 해설 학습을 통해 이론 복습의 효과를 기대할 수 있도록 모든 선지의 해설 수록

조문

문제 풀이에 참고하면 좋을 관련 조문 수록

판례

문제의 이해를 돕는 판결 내용 수록

이론

자주 출제되는 문제를 해결하기 위해 필요한 이론을 요약하여 제시

실전동형 모의고사

잠깐! 실전동형모의고사 전 확인사항

실전동형모의고사도 실전처럼 문제를 푸는 연습이 필요합니다.

✔ 휴대전화는 전원을 꺼주세요.

✔ 연필과 지우개를 준비하세요.

✔ 제한시간 20분 내 최대한 많은 문제를 정확하게 풀어보세요.

매 회 실전동형모의고사 전, 위 사항을 점검하고 시험에 임하세요.

정답·해설 _해설집 p.6

01회 실전동형모의고사

제한시간: 20분 시작 시 분 ~ 종료 시 분 점수 확인 개/ 20개

01 국제환경법에 대한 설명으로 옳은 것은?

① 핵사고의 조기 통고에 관한 협약(1986)에 의하면 협약은 국제적 월경누출에만 적용되기 때문에 그 결과가 국경선을 넘지 않거나 혹은 전적으로 공해상에서 발생하는 핵사고에는 적용되지 않는다.

② GATT/WTO 체제의 경우 GATT 제11조에서 국제환경보호를 이유로 통상을 제한할 수 있는 규정을 두었다.

③ 멸종위기에 처한 야생동식물의 국제적 거래에 관한 협약(1973)에 의하면 당사국이 협약규정을 효과적으로 이행하지 못한 경우, 타 당사국은 손해배상을 청구할 수 있다.

④ Basel협약에 의하면 유해폐기물 수출 금지 의무를 부담하는 국가들은 OECD 회원국인 당사국, EU, 리히텐슈타인 등이다.

02 제노사이드협약의 유보에 대한 권고적 의견(ICJ, 1951)에 대한 설명으로 옳지 않은 것만을 모두 고른 것은?

ㄱ. 제노사이드 방지 및 처벌에 관한 조약에는 유보가 전면 금지되었으나 일부 국가가 유보를 부가하고 서명함으로써 이 유보의 유효성이 문제되었다.
ㄴ. UN총회는 안전보장이사회의 승인하에 국제사법재판소(ICJ)에 권고적 의견을 요청하였다.
ㄷ. 국제사법재판소(ICJ)는 유보에 대해 반대한 국가가 있는 경우라 하더라도 수락국이 있다면 동 협약의 당사국이 될 수 있다고 하였다.
ㄹ. 국제사법재판소(ICJ)는 유보를 일부 당사국이 반대하였으나 다른 당사국들이 반대하지 않은 경우 유보가 조약의 목적과 양립한다면 조약당사국으로 간주될 수 있다고 하였다.
ㅁ. 국제사법재판소(ICJ)는 양립성 여부에 대해 타당사국이 개별적으로 판단할 수 있다고 하였다.

① ㄱ, ㄴ　② ㄴ, ㄷ
③ ㄷ, ㄹ　④ ㄹ, ㅁ

03 조약에 대한 설명으로 옳지 않은 것만을 모두 고른 것은?

ㄱ. 국제사법재판소(ICJ)에 의하면 국가 간 회의의사록도 일정한 경우 조약으로 인정될 수 있다.
ㄴ. 1969년 조약법에 관한 비엔나협약에 의하면 구두조약은 국제법적 효력이 없다.
ㄷ. 대통령, 수상, 외무부장관은 직무로 인해 전권위임장을 제시하지 않아도 자국을 대표하는 것으로 간주된다.
ㄹ. 조약 체결 시 조약체결권에 관한 국내법규정의 위반이 명백하고 또한 근본적으로 중요한 국내법규칙에 관련되어 있을 경우 해당 조약은 무효이다.

① ㄱ, ㄴ　② ㄴ, ㄹ
③ ㄱ, ㄴ, ㄹ　④ ㄴ, ㄷ, ㄹ

04 레인보우 워리어호 사건(1990)에 대한 설명으로 옳지 않은 것은?

① UN사무총장의 중개, 국가 간 중재 재판 등으로 해결된 사건이다.

② 그린피스(GreenPeace)와 프랑스 간 중재재판을 통해 프랑스가 손해배상책임을 졌다.

③ 프랑스와 뉴질랜드와의 합의를 프랑스가 위반하였으나 중재법정은 긴급피난에 의해 위법성이 조각된다고 판시하였다.

④ 개인도 국가의 의사에 의해 중재재판의 당사자가 될 수 있다는 것을 보여주는 사례이다.

05 국제기구에 관한 국제법위원회(ILC)초안(2011)에 대한 설명으로 옳은 것만을 모두 고른 것은?

ㄱ. 국제기구의 모든 국제위법행위는 기구의 책임을 유발한다.
ㄴ. 국제기구는 기능적 단체이므로 원칙적으로 국제기구의 기능을 행사하는 기관이나 대리인의 행위를 통해서만 국제책임이 성립한다.
ㄷ. 국제기구의 기관이란 공식적 지위를 갖고 있는 자를 가리킨다.
ㄹ. 대리인은 기관이 아니라도 국제기구에 의해 기구의 기능을 수행하거나 이를 조력하도록 임무가 부여된 자로 그를 통해 기구가 행동하는 자를 의미한다.
ㅁ. 국가와 달리 국제기구는 회원국 국민이나 다른 기구의 직원을 파견받은 경우 이들의 행동에 대해서는 책임을 지지 않으며, 파견국이나 파견한 국제기구가 책임을 지는 것이 원칙이다.

① ㄱ, ㄴ, ㄷ, ㄹ ② ㄱ, ㄷ, ㄹ, ㅁ
③ ㄴ, ㄷ, ㄹ, ㅁ ④ ㄱ, ㄴ, ㄷ, ㄹ, ㅁ

06 국제사법재판소(ICJ)에 대한 설명으로 옳지 않은 것은?

① 판결이 내려진 후 그 의미나 범위에 관해 분쟁이 생기는 경우 당사국은 재판소에 해석을 요청할 수 있는데, 해석 요청은 판결의 주문에 관련되어야 하며, 판결의 이유에 대해서는 제기될 수 없다.
② ICJ는 국가와 국제기구 간에 분쟁이 진행 중인 쟁점 사항에 대하여는 권고적 의견을 부여하고 있다.
③ 재심 청구는 새로운 사실의 발견으로부터 6개월 이내 그리고 판결 시점으로부터 10년 이내에 이루어져야 한다.
④ ICJ의 권고적 의견에는 특정 국가의 권리와 관계되는 사건인 경우 Judge ad hoc이 임명될 수 있으나, 쟁송사건과 달리 자국민을 임명해야 한다.

07 외교보호에 관한 ILC초안(2006)에 대한 설명으로 옳지 않은 것만을 모두 고른 것은?

ㄱ. 국가승계에 의해 국적이 변경된 경우 승계국은 새로 자국 국적을 취득한 자에 대해 외교적 보호권을 행사할 수 있다.
ㄴ. 승계국은 선행국이 가해국인 경우 승계로 국적을 새로 취득한 피해 사인을 위해 선행국에 대해 외교적 보호권을 발동할 수 있다.
ㄷ. 외교적 보호권 발동 이후 피해사인이 피청구국의 국적을 취득한 경우에도 청구 제기 시 국적이 자국 국적이었으므로 계속해서 외교적 보호권을 행사할 수 있다.
ㄹ. 이중국적자가 제3국에서 피해를 입은 경우 국적국은 모두 제3국에 대해 보호권을 발동할 수 있다.
ㅁ. 이중국적국 상호 간 원칙적으로 지배적 국적국은 타방 국적국에 대해 보호권을 발동할 수 있으며, 피청구국은 지배적 국적국이 아니라는 점에 대해 입증할 책임이 있다.

① ㄱ, ㄴ, ㄷ ② ㄱ, ㄷ, ㄹ
③ ㄴ, ㄷ, ㅁ ④ ㄴ, ㄷ, ㄹ, ㅁ

08 국제법상 영토 취득에 대한 설명으로 옳지 않은 것은?

① 클리퍼튼섬 사건과 동부그린란드 사건에 따르면 무인도, 정주인구가 없는 지역에 대해서는 상징적 지배가 인정된다고 하였다.
② 페드라 브랑카 섬 사건에서 동 섬은 말레이시아의 고유영토였으나 말레이시아가 영유권을 포기하고, 싱가포르에게 영유권이 승계되었다고 판시하였다.
③ 리기탄 시파단 섬 사건에서 말레이시아의 영유권 승계를 인정하는 한편, 실효적 지배의 정도를 따져 말레이시아에게 영유권이 인정되었다.
④ 1885년 베를린회의에서 작성된 콩고의정서는 선점요건으로서 통고를 규정하였다.

09 국내문제 불간섭의무에 대한 설명으로 옳은 것은?

① 국내문제는 정치체제나 경제체제 등 대내적 문제를 의미하므로 외교관계와 같은 대외적 문제는 국내문제로 인정되지 않는다.
② 국제사법재판소(ICJ)에 따르면 타국의 반란단체에 활동자금을 지원하는 것은 국내문제에 대한 위법한 간섭을 구성하므로 자금 지원국에 대해 자위권을 발동할 수 있다.
③ 상설국제사법재판소(PCIJ)에 의하면 국적문제에 대해서는 어떤 경우에도 국제연맹에서 다룰 수 없다.
④ UN헌장은 UN의 국내문제에 대한 불간섭의무를 규정하였으나 국내문제에 대한 판단권자를 명시하지 않았다.

10 국제형사재판소(ICC)에 대한 설명으로 옳은 것은?

① 각 당사국은 ICC의 범죄수사 및 기소와 관련하여 로마규정에 따라 완전히 협력할 의무를 지며, 그 한 결과로서 당사국들은 규정에 명시된 모든 형태의 협력을 위하여 국내법상 이용가능한 절차를 협약 발효 후 1년 이내에 마련하여야 한다.
② ICC는 정부간기구들에 대하여 정보·서류 제공을 요청할 수 있다.
③ ICC는 동 재판소의 명에 따라 이미 구금된 기간이 조금이라도 있으면 그 기간은 공제하여야 하며, 당해 범죄의 기초가 된 행위와 관련하여 달리 구금된 기간이 있으면 이것 역시 공제해야 한다.
④ 총회에서 컨센서스에 도달할 수 없는 경우, '실체문제'(matters of substance)에 관한 결정은 당사국의 절대다수가 투표를 위한 정족수를 구성할 것을 조건으로 출석하여 투표한 당사국의 4분의 3의 다수결로 승인되어야 하며, 절차문제(matters of procedure)에 관한 결정은 출석하여 투표한 당사국의 단순과반수에 의하여 채택된다.

11 영사관계에 관한 비엔나협약(1963)상 영사보호에 대한 설명으로 옳은 것만을 모두 고른 것은?

ㄱ. 외국인이 범죄혐의로 인해 체포된 경우 접수국은 당해 혐의자에게 파견국 영사관에 통보해 줄 것을 접수국에게 요청할 권리가 있음을 알려줄 의무가 있다.
ㄴ. 국제사법재판소(ICJ)는 체포 즉시 영사고지를 해야 한다고 판시하였다.
ㄷ. 미국과 멕시코 간 'Avena case'에서 국제사법재판소(ICJ)는 미국이 영사고지의무를 태만히 함으로써 영사관계에 관한 비엔나협약을 위반하였다고 판시하였다.
ㄹ. LaGrand형제 사건에서 국제사법재판소(ICJ)는 독일이 영사고지의무를 태만히 함으로써 미국에 대한 국가책임이 성립한다고 하였다.

① ㄱ, ㄴ ② ㄱ, ㄷ
③ ㄴ, ㄹ ④ ㄷ, ㄹ

12 조약해석에 대한 설명으로 옳지 않은 것만을 모두 고른 것은?

ㄱ. 조약법에 관한 비엔나협약은 조약해석에 있어서 문언주의와 목적론주의를 원칙으로 하고, 주관주의를 보충적 해석 규칙으로 규정하고 있다.
ㄴ. 조약의 본문, 부속서, 전문, 조약체결 당시 당사자 간 합의 등은 문맥을 구성한다.
ㄷ. 조약 해석 시 추후 합의, 추후 관행, 관련 국제법규는 문맥과 함께 고려될 수 있다.
ㄹ. 남극해 포경 사건(2014)에서 국제사법재판소(ICJ)는 문언은 체결 시의 의미에 따라 해석하는 것이 원칙이나, 장기간 적용이 예정된 조약의 경우 시간의 경과에 따라 의미가 변할 수 있으므로 의미 변화를 포용하여 해석해야 한다고 하였다.

① ㄱ, ㄴ ② ㄱ, ㄹ
③ ㄴ, ㄷ ④ ㄷ, ㄹ

13 승인제도에 대한 설명으로 옳지 않은 것은?

① UN회원국으로의 가입이 그 국가에 대한 국제공동체 또는 기존 UN회원국들의 집단적 승인으로 해석되지 않고 여전히 승인은 개별 국가의 행위로 인정되고 있다.
② 혁명에 의해 정부가 변경된 경우에도 국가의 동일성은 유지되므로 국가승인문제는 제기되지 않는다.
③ 정부승인이 내포하고 있는 정치적 함의를 고려한 각국은 1970년대부터 윌슨주의를 많이 채용하고 있다. 즉, 정부승인 여부에 대한 공식적인 입장은 밝히지 않고, 양국 간 필요한 외교관계만을 추구하는 방식이다.
④ UN총회는 1948년의 결의 제195(Ⅲ)호에서 UN 감시하의 총선거를 통해 구성된 대한민국 정부를 합법정부로 선언하고 회원국들에게 대한민국 정부와 한국인에 대한 지원을 요청했다.

14 해양투기에 관한 국제법에 대한 설명으로 옳지 않은 것은?

① 런던덤핑협약 제1부속서에 기재된 폐기물과 기타 물질의 투기는 절대적으로 금지되고, 제2부속서에 기재된 폐기물과 기타 물질의 투기는 사전특별허가를 필요로 하며, 기타 모든 폐기물과 물질의 투기는 사전일반허가를 필요로 한다.
② 런던덤핑협약에 의하면, 특별허가나 일반허가를 부여할 일차적 책임은 선박·항공기의 국적이나 투기장소에 관계없이 폐기물이 선적되는 국가에 있다.
③ UN해양법협약 제210조 제5항은 EEZ에서의 투기와 대륙붕상의 투기에 대해서도 영해에서의 투기와 달리 연안국의 명시적 또는 묵시적인 동의를 얻을 것을 요구하고 있다.
④ 1996년 의정서는 이른바 역리스트 방식(reverse list approach)을 채택하여 체약국들에게 제1부속서에 열거된 것을 제외하고는 일체의 폐기물이나 기타 물질의 투기를 금지시킬 의무를 지우고 있다.

15 국제민간항공 관련 불법행위의 억제에 관한 협약(베이징협약)에 대한 설명으로 옳지 않은 것은?

① 협약에 따라 법인이 책임을 진 경우 당해 범죄에 책임이 있는 개인의 형사책임은 면제된다.
② 범죄가 자국민에 대하여 범하여진 경우 당사국은 그런 범죄에 대해 관할권을 확립할 수 있다.
③ 범죄가 자국 영토 내에 상거소를 가진 무국적자에 의해 범하여진 경우 당사국은 그런 범죄에 대해 관할권을 확립할 수 있다.
④ 어떠한 체약국도 수탁자에 대한 서면통고로써 본 협약을 폐기할 수 있다.

16 국가책임의 성립요건에 대한 설명으로 옳지 않은 것만을 모두 고른 것은?

ㄱ. ILC초안은 국가책임의 성립요건으로 작위 또는 부작위행위의 국가로의 귀속, 국제의무 위반이라는 2가지 요건만을 규정하고 있다.
ㄴ. 모든 국가기관의 직무상 행위는 국제법에 의하여 국가의 행위로 간주된다.
ㄷ. ILC초안에 의하면 국가기관이 자신의 권한을 벗어나거나 상부 지시를 위반하여 어떤 행위를 하였다 할지라도 국제법상 국가의 행위로 간주된다.
ㄹ. 국제법상 대세적 의무가 도입되면서 손해의 발생을 국가책임의 성립요건으로 간주하려는 견해가 유력하다.
ㅁ. ILC초안에 의하면 오늘날 국제법의 발달에 따라 고의 또는 과실은 국가책임의 성립요건으로 인정되지 않는다.

① ㄱ, ㄴ　　② ㄴ, ㄷ
③ ㄴ, ㄹ　　④ ㄹ, ㅁ

17 국제인도법에 대한 설명으로 옳은 것은?

① 충돌 당사국에 계속 머물게 된 외국인은 원칙적으로 평상시 외국인에 관한 규정의 적용을 받으며, 어떤 경우에도 노동을 강제당하지 않는다.

② 피점령국 국민이 아닌 피보호자는 그 지역에서 퇴거할 수 없다.

③ 전시 점령이 그 지역의 국제법적 지위를 확정적으로 변경시키지는 못하므로 점령국은 원칙적으로 형법을 포함한 현지 법령을 존중해야 한다. 다만 기존 법령이 점령국의 안전을 위협하는 경우 점령국은 이를 폐지하거나 정지시킬 수 있다.

④ 제네바 제2추가의정서는 자결권을 행사하기 위해 식민통치, 외세의 점령, 인종차별에 대항해 투쟁하는 무력충돌을 국제적 무력충돌로 격상시켜 제네바협약을 전면적으로 적용시켰다.

18 WTO를 구성하고 있는 법률문서 상호간 관계에 대한 설명으로 옳지 않은 것은?

① WTO는 달리 규정되지 아니하는 한 1947년 GATT의 틀 내에서 이루어진 결정, 절차 및 통상적인 관행에 따른다.

② WTO설립협정과 부속서상의 다자간무역협정의 규정이 상충하는 경우 WTO설립협정이 우선한다.

③ WTO설립협정 부속서 1A(상품교역협정) 중의 GATT 1994와 다른 MTA가 충돌하는 경우 전자가 우선한다.

④ 각 회원국은 자기 나라의 법률, 규정, 행정절차가 부속협정상 자기 나라의 의무에 합치할 것을 보장한다.

19 GATT1994상 일반적 예외에 대한 설명으로 옳은 것만을 모두 고른 것은?

> ㄱ. 최혜국대우의무 및 내국민대우의무로부터만 이탈할 수 있다.
> ㄴ. 입증에 있어서 제소국은 전문요건에 대해, 피제소국은 본문요건에 대해 각각 입증책임을 진다.
> ㄷ. EC - 석면 사건에 의하면 석면사용제한 등의 조치는 일반적 예외로 정당화될 수 없다.
> ㄹ. 한국 - 소고기 사건에 의하면 소고기구분판매제도는 동종상품에 대해 한국이 불리한 대우를 하였으나 일반적 예외로서 허용된다.
> ㅁ. 중국 - 천연자원 사건에 의하면 가입의정서 위반에 대해서는 원칙적으로 일반적 예외를 원용할 수 없다.

① ㄹ　　② ㅁ
③ ㄱ, ㅁ　　④ ㄴ, ㄷ

20 WTO 반덤핑협정의 절차적 요건에 대한 설명으로 옳은 것은?

① 조사절차는 수입국의 국내산업 또는 이를 대신하여 행해진 서면신청으로만 개시된다.

② 국내산업이 신청하는 경우 찬성한 생산자의 총생산량이 의사표시를 한 생산자의 총생산량의 25%를 초과하고 국내산업의 총체적 산출량의 50% 이상의 생산자의 지지를 받아야 한다.

③ 덤핑마진 산정 시 모든 수출입자 및 상품을 조사해야 하며 표본조사(sampling)는 허용되지 않는다.

④ 이해당사자가 합리적 기간 내에 정보 접근을 거부하거나 제공하지 아니하는 경우에는 입수 가능한 사실에 근거하여 판정을 내릴 수 있다.

MEMO

정답·해설 _해설집 p.11

02회 실전동형모의고사

제한시간: 20분 시작 시 분 ~ 종료 시 분 점수 확인 개/ 20개

01 국제법상 인권보호에 대한 설명으로 옳은 것은?

① 집단살해의 방지와 처벌에 관한 협약은 집단살해범에 대하여는 범죄행위가 발생한 국가의 국내법원이나 국제형사재판소가 관할권을 갖는다고 규정하였으며, 이 협약에 규정된 국제형사재판소가 설립되지 못하였다. 또한 범인소재지국에 대해 범죄인인도 의무도 부과되지 않았기 때문에 처벌제도는 매우 불충분하게 규정되었다.
② 유럽인권재판소 출범 당시에는 개인이 직접 인권재판소에 제소할 수 없었고, 유럽인권위원회와 각료위원회가 중심적인 기능을 했으나, 1998년 제11의정서가 발효된 이후 유럽 인권위원회 심사를 거친 개인의 유럽인권재판소에 대한 직접 제소도 가능해졌다.
③ 미주인권재판소에는 국가나 위원회뿐만 아니라 법인을 포함하여 개인도 제소할 수 있다.
④ 동남아국가연합인 아세안의 경우 2012년 아세안인권선언을 채택하고 아세안인권법원을 설치하였다.

02 국제법사상에 대한 설명으로 옳지 않은 것은?

① Hugo Grotius는 신학이론과 결별하고 평등한 주권국가 간에 새로운 법질서를 세우려는 시대적 요청에 부응하고자 하였다.
② S. Samuel Pufendorf는 실정국제법을 부인하고 국제법을 자연법의 일부라고 하였다.
③ Cornelius van Bynkershoek는 국제법의 기초는 국가의 의사에 있다고 보고 관습국제법이나 조약의 형성으로 존재한다고 하였다.
④ Zorn은 법은 주권자의 명령이므로 주권자가 없는 국제법은 실정적 도덕(positive morality)에 불과하다고 하여 국제법의 법적 성질을 부인하였다.

03 일방행위에 관한 ILC지도원칙(2006)에 대한 설명으로 옳은 것만을 모두 고른 것은?

ㄱ. 일방적 선언은 반드시 문서에 의해 형성되어야 한다.
ㄴ. 일방적 선언은 국제공동체 전체, 일 국가 또는 여러 국가, 그리고 다른 실체들을 대상으로 하여 행해질 수 있다.
ㄷ. 일반국제법의 강행규범과 상충되는 일방적 선언은 무효이다.
ㄹ. 일방적 선언을 통해 타국에 대해 의무를 부과할 수는 없으나, 타국이 명확하게 그러한 선언을 수락한 경우 예외적으로 타국에 대해 의무를 부과할 수 있다.
ㅁ. 일방적 선언은 어떠한 경우에도 취소될 수 없다.

① ㄱ, ㄷ, ㅁ
② ㄴ, ㄷ, ㄹ
③ ㄱ, ㄴ, ㄹ, ㅁ
④ ㄱ, ㄴ, ㄷ, ㄹ, ㅁ

04 조약법에 관한 빈협약(1969)에 대한 설명으로 옳지 않은 것은?

① 조약의 일부에 대한 국가의 기속적 동의는 그 조약이 이를 인정하는 경우에만 유효하다.
② 조약에 의하여 명시적으로 인정된 유보는 다른 체약국에 의한 추후의 수락이 필요한 것으로 그 조약이 규정하지 아니하는 한 그러한 추후의 수락을 필요로 하지 아니한다.
③ 조약은 관련 규정 또는 합의가 없는 경우에는 조약에 대한 기속적 동의가 모든 교섭국에 대하여 확정되는 대로 발효한다.
④ 원칙적으로 어느 국가가 조약이 잠정적으로 적용되고 있는 다른 국가에 대하여 그 조약의 당사국이 되지 아니하고자 하는 의사를 통고하여 그 국가에 대한 그 조약 또는 그 조약의 일부의 잠정적 적용을 종료할 수 있다.

05 UN해양법협약상 중재재판소의 구성에 대한 설명으로 옳은 것만을 모두 고른 것은?

> ㄱ. 중재재판소는 5인으로 구성된다.
> ㄴ. 분쟁당사자는 각각 1인의 중재관을 선임할 수 있으나, 자국민은 배제해야 한다.
> ㄷ. 5인의 중재관 중 다른 3인의 중재재판관은 당사자 사이의 합의에 따라 선임한다. 가능한 한 그들은 명부 안에서 선출되어야 하며 당사자가 달리 합의하지 아니하는 한 제3국 국민이어야 한다. 분쟁당사자는 이 중재재판관 3인 가운데에서 중재재판소 소장을 선임한다.
> ㄹ. 분쟁당사자 간 중재재판관 선임에 대해 합의하지 못하는 경우 국제해양법재판소(ITLOS) 소장이 필요한 선임을 행한다.
> ㅁ. 국제해양법재판소(ITLOS) 소장이 어느 한 분쟁당사자의 국민일 경우, 선임은 분쟁당사자의 국민이 아니며 출정 가능한 국제해양법재판소(ITLOS)의 다음 연장자에 의하여 이루어진다.

① ㄱ, ㄴ, ㄷ, ㄹ ② ㄱ, ㄴ, ㄹ, ㅁ
③ ㄱ, ㄷ, ㄹ, ㅁ ④ ㄴ, ㄷ, ㄹ, ㅁ

06 조약의 유보(reservation)에 대한 설명으로 옳은 것만을 모두 고른 것은?

> ㄱ. 조약법에 관한 비엔나협약에 따르면 유보란 표현·명칭 여하를 불문하고 조약의 서명, 비준, 수락, 승인 또는 가입 시에 국가가 조약의 일부 규정의 의미를 구체화·명확화하기 위해 행하는 일방적 선언을 말한다.
> ㄴ. 유보는 양자조약 체결을 용이하게 하기 위한 제도이다.
> ㄷ. 유보는 조약적용의 통일성은 저해하지만, 현실적으로 인적 적용범위를 확대하기 위한 제도이다.
> ㄹ. 유보는 타방 체약국의 동의를 얻어야 유효하게 성립한다는 점에서 쌍방행위이다.
> ㅁ. 유보의 철회는 언제든지 가능하며 그 시기에 제한이 없다.
> ㅂ. 국제사법재판소(ICJ)는 집단살해방지협약의 유보에 관한 권고적 의견(1951)에서 유보의 제한사유로서 유보와 조약의 대상 및 목적과의 양립성(compatibility) 기준을 제시하였다.

① ㄱ, ㄴ, ㄷ ② ㄴ, ㄷ, ㅁ
③ ㄴ, ㄹ, ㅂ ④ ㄷ, ㅁ, ㅂ

07 국가승계에 관한 빈협약(1983)에 대한 설명으로 옳은 것은?

① 한 국가 영토의 한 부분 또는 부분들이 그 국가로부터 분리되어 하나의 신국가를 형성하는 경우 전임국가와 신국가 간에 달리 합의가 없으면, 분리된 영토 내에 위치한 국유부동산은 형평한 비율로 분할하여 신국가에게로 이전된다.
② 한 국가가 분열하여 소멸하고 그 대신 전임국가의 부분들이 둘 이상의 신국가를 형성하는 경우 관련 신국가들 간에 달리 합의가 없으면 전임국가의 영토 밖에 위치한 국유부동산은 신국가들에게로 이전되지 않는다.
③ 전임국가는 영토권과 국경선 문제에 관련한 자국의 국가문서로부터 이용가능한 최선의 증거자료를 신생독립국에게 제공할 의무가 있다.
④ 국가부채(state debt)란 전임국가가 국제법에 따라 오로지 타 국가에 대해서 지고 있는 일체의 재정적 의무를 의미한다.

08 국가의 관할권 행사에 대한 설명으로 옳지 않은 것은?

① 국가의 영토관할권 행사에서 영토는 육지 영토뿐만 아니라 영해와 영공, 공해상의 자국의 선박과 항공기까지 포함한다.
② 접속수역과 배타적 경제수역 및 대륙붕은 연안국의 영역이 아니므로 연안국이 관할권을 행사할 수 있는가에 대해 논란이 있다.
③ 1988년 'United States v. Fawaz Yunis 사건'에서 미국 법원은 피해자 국적주의와 보편주의를 근거로 관할권 성립을 인정하였다.
④ 1992년 'Alvarez - Machain 사건'에서 미국 연방대법원은 미국 - 멕시코 범죄인 인도조약상 납치를 금지하는 명시적 규정이 없으므로 국제위법행위는 미국 법원의 관할권 행사에 영향을 미치지 않는다고 판시하였다.

09 UN해양법협약(1982)상 섬에 대한 설명으로 옳지 않은 것만을 모두 고른 것은?

ㄱ. 섬은 자연적으로 형성된 육지영토로서 간조 시 수면 위에 부상해 있어야 한다.
ㄴ. 간조노출지(low tide elevation)는 만조 시 수면 위에 부상해 있는 자연형성 육지영토로서 해양법협약상 섬으로 볼 수 없다.
ㄷ. 섬에는 원칙적으로 직선기선을 설정할 수 없으나 항구적 시설물이 설치된 경우 예외적으로 직선기선을 설정할 수 있다.
ㄹ. 흑해 해양경계획정 사건에서 국제사법재판소(ICJ)는 우크라이나가 영유한 도서는 해양법협약상의 섬(Island)이라고 볼 수 없으므로 경계획정에서 형평을 위해 고려할 사안이 아니라고 판시하였다.

① ㄱ, ㄴ ② ㄴ, ㄹ
③ ㄱ, ㄷ, ㄹ ④ ㄱ, ㄴ, ㄷ, ㄹ

10 국가 및 재산에 대한 관할권 면제에 관한 UN협약에 대한 설명으로 옳은 것은?

① 동 협약상 국가면제는 포기될 수 있으나 포기는 반드시 명시적이어야 한다.
② UN협약에 의하면 국가원수는 재직 시 인적 면제를 향유하나 국제범죄를 범한 경우 면제가 제한된다.
③ UN협약에 의하면 불법행위와 관련된 소송의 경우 금전배상소송에서만 국가면제가 제한된다.
④ 고용계약에 대한 소송의 경우 영토관련성이 있어야 하므로 고용계약의 전부 또는 일부가 법정지국 이외의 국가에서 이행될 것을 요구한다.

11 국제법상 국가책임에 대한 설명으로 옳지 않은 것을 모두 고른 것은?

ㄱ. 이란 - 미국간 중재재판사건(1987)에서 중재법원은 이란의 혁명수비대의 위법행위는 이란 당국의 지시나 통제하에서 발생한 것이므로 이란의 행위로 귀속된다고 보았다.
ㄴ. 니카라과 사건에서 콘트라반군은 미국의 사실상 국가기관이 아니므로 반군의 활동에 대해서는 책임을 지지 않는다고 보았다.
ㄷ. 순수사인의 행위로 인한 피해가 국가의 충분한 주의의무 태만으로 발생한 경우 국가는 순수사인의 행위에 대해 예외적으로 책임을 진다.
ㄹ. 국가는 자국 영토에서 발생한 타국이나 국제기구의 행동에 대해 영토주권의 완전성 원칙에 따라 원칙적으로 책임을 진다.

① ㄱ, ㄴ ② ㄴ, ㄷ
③ ㄱ, ㄹ ④ ㄷ, ㄹ

12 우리나라의 범죄인 인도법에 대한 설명으로 옳지 않은 것만을 모두 고른 것은?

ㄱ. 범죄인 인도조약이 체결되지 않은 경우 어떠한 경우에도 범죄인 인도에 응하지 아니한다.
ㄴ. 대한민국과 청구국의 법률에 의하여 인도범죄가 사형·무기·장기 1년 이상의 징역 또는 금고에 해당하는 경우에 한하여 범죄인을 인도할 수 있다.
ㄷ. 대한민국 또는 청구국의 법률에 의하여 인도범죄에 관한 공소시효 또는 형의 시효가 완성된 경우 범죄인을 인도할 수 없다.
ㄹ. 범죄인이 인종·종교·국적·성별·정치적 신념 또는 특정 사회단체에 속함 등을 이유로 처벌되거나 그 밖의 불이익한 처분을 받을 염려가 있다고 인정되는 경우 범죄인을 인도하지 아니할 수 있다.
ㅁ. 범죄인이 대한민국 국민인 경우 범죄인을 인도할 수 없다.

① ㄱ, ㄴ, ㄷ ② ㄱ, ㄹ, ㅁ
③ ㄱ, ㄴ, ㄷ, ㅁ ④ ㄴ, ㄷ, ㄹ, ㅁ

13 국제기구에 대한 설명으로 옳지 않은 것을 모두 고른 것은?

ㄱ. ICJ는 '나우르 인산염사건(1992)'에서 호주, 뉴질랜드, 영국 3개국의 합의로 설립된 기구가 국제법상의 법인격을 갖지 않는다고 판단하였다.
ㄴ. 국가와 달리 국제기구는 설립헌장에 규정된 목적과 기능을 수행하기 위한 범위 내에서만 법인격과 권한이 인정되는데, 이를 묵시적 권한이론이라고 한다.
ㄷ. 국제기구의 법인격의 범위는 1차적으로는 설립헌장을 통해 명시적으로 규정되기도 하지만, 설립헌장에 명시되어 있지 않더라도 기구의 목적과 기능 그리고 실행을 통해 묵시적으로 결정되기도 하는데, 이를 전문성의 원칙이라고 한다.
ㄹ. UN헌장 제104조와 WTO설립협정 제8조 등을 포함한 대부분의 국제기구 설립헌장상의 법인격 규정은 국내적 법인격에 관한 것이다.

① ㄱ, ㄴ ② ㄴ, ㄷ
③ ㄱ, ㄹ ④ ㄷ, ㄹ

14 1928년 켈로그 - 브리앙조약(부전조약)에 대한 설명으로 옳지 않은 것은?

① 국가의 정책수단으로 전쟁을 일반적으로 금지시킨 조약이며 미국, 프랑스, 영국 등이 가입하였으나 독일과 일본은 가입을 거부하였다.
② 전쟁의 범주에 속하지 않는 무력행사를 금지하는 구체적 규정을 두지 않아 자의적 해석의 여지를 남겼다는 한계가 있다.
③ 뉘른베르크 국제군사재판소는 부전조약을 원용하여 나치 독일의 일부 지도자를 평화에 반한 죄로 처벌하였다.
④ 조약의 이행을 강제하고 위반을 처벌할 수 있는 제도적 장치나 분쟁해결에 대한 규정이 부재하였다.

15 국제형사재판소 설치를 위한 로마조약(1998)에 대한 설명으로 옳지 않은 것만을 모두 고른 것은?

ㄱ. 상소심부는 재판소장과 4인의 다른 재판관, 1심부는 6인 이상의 재판관, 전심부는 8인 이상의 재판관으로 구성된다.
ㄴ. 재판관은 어떠한 사유에서든 자신의 공정성이 합리적으로 의심받을 수 있는 어떠한 사건에도 참여하지 아니한다.
ㄷ. 소추관 또는 수사 중이거나 기소 중인 자는 재판관의 제척을 요청할 수 있다. 재판관의 제척에 관한 모든 문제는 재판관의 절대다수결에 의해 결정된다. 이의가 제기된 재판관은 이 문제에 관한 자신의 의견을 진술할 권리가 있으나, 결정에는 참여하지 아니한다.
ㄹ. 소추관은 당사국총회에서 회원국의 비밀투표에 의해 절대다수결로 선출된다.
ㅁ. 소추관과 부소추관의 임기는 원칙적으로 9년이며 재선될 수 있다.

① ㄱ, ㄷ ② ㄱ, ㅁ
③ ㄱ, ㄷ, ㅁ ④ ㄴ, ㄹ, ㅁ

16 WTO 세이프가드협정에 대한 설명으로 옳지 않은 것은?

① 반덤핑, 상계관세 등 불공정무역을 규제하는 제도보다도 발동요건이 엄격하다.
② 수출자율규제 등의 회색지대조치는 금지되므로 협약 발효 후 4년 내에 폐지해야 하나, 최대 8년까지 연장할 수 있으며, 개발도상국은 추가적으로 2년 더 연장할 수 있다.
③ 동종상품 및 직접경쟁상품의 수입 증가로 인하여 산업 피해가 발생한 경우 조치를 취할 수 있다.
④ 수입의 상대적 또는 절대적 증가 시 조치를 취할 수 있으나 반드시 예측하지 못한 사태의 발전(unforeseen development)에 의해 수입이 증가해야 한다.

17 WTO분쟁해결절차에 대한 설명으로 옳지 않은 것만을 모두 고른 것은?

ㄱ. 분쟁해결양해(DSU)와 대상협정의 특별 또는 추가적 규칙 및 절차가 상이한 경우 분쟁해결양해(DSU)가 상위법이므로 분쟁해결양해(DSU)가 우선 적용된다. ㄴ. 분쟁해결에 관한 특별 또는 추가적 규칙 및 절차가 2개 이상인 경우 20일 이내에 분쟁당사국이 합의하지 못한 경우 분쟁해결기구(DSB) 의장이 최종적으로 적용 규칙을 결정한다. ㄷ. 분쟁해결기구(DSB)의 의사결정은 컨센서스에 의한다. ㄹ. 패널은 분쟁당사자가 패널 설치로부터 20일 이내에 5인의 패널위원으로 패널을 구성하는 데에 합의하지 아니하는 한 3인의 패널위원으로 구성된다. ㅁ. 패널보고서는 제공된 정보 및 행하여진 진술 내용에 비추어 분쟁당사자의 입회하에 작성된다.

① ㄱ, ㄴ, ㄷ　　② ㄱ, ㄹ, ㅁ
③ ㄴ, ㄹ, ㅁ　　④ ㄷ, ㄹ, ㅁ

18 WTO 반덤핑협정에 대한 설명으로 옳은 것은?

① 상품이 2개국 이상으로부터 수입되고, 동시에 반덤핑조사의 대상이 되는 경우 조사기관은 수입상품으로 발생하는 피해의 효과를 누적적으로 평가할 수 있으나 각국으로부터 수입된 상품의 덤핑마진이 최소허용수준을 초과해야 한다.
② 덤핑의 결과로서 국내산업에 피해가 야기되었어야 함을 입증하기 위해 조사기관은 제시된 모든 관련증거를 검토해야 하며, 국내산업에 피해를 초래하는 덤핑수입품 이외의 요소는 검토할 의무가 없다.
③ 덤핑조사가 개시되면 조사기간은 통상적으로 1년 이내에 조사절차가 종료되어야 하나, 특별한 상황이 있는 경우라 하더라도 24개월을 초과해서는 안 된다.
④ 잠정조치의 적용은 4월을 초과할 수 없으나 관련 무역에 상당한 비율을 차지하는 수출자의 요청에 따라 조사기관이 결정한 경우 12월까지 연장할 수 있다.

19 국제법위원회(ILC)가 작성한 외교보호초안(2006)에 대한 설명으로 옳지 않은 것은?

① 국적국은 자국의 국적이 피해 일자와 공식청구 제기일자 양일에 우세하지 않다면 그 개인이 국적자인 다른 국가에 대하여 그 개인과 관련하여 외교적 보호를 행사할 수 없다.
② 회사가 다른 국가의 국적인에 의해 지배되고 있고 설립지국에 실질적인 사업활동이 없으며 그 회사의 본점소재지 및 재무지배소재지가 모두 다른 국가에 위치하는 경우 그 국가가 국적국으로 간주된다.
③ 회사의 주주의 국적국은 회사가 피해로 인해서 설립지국의 법에 따라 더 이상 존재하지 않는 경우 회사의 피해와 관련하여 주주에 대하여 일차적으로 외교적 보호를 행사할 권리가 있다.
④ 국가의 국제위법행위가 회사 자체의 권리와 별개로 주주의 권리에 직접적인 피해를 야기하는 경우 그 주주의 국적국은 그 자국민에 대하여 외교적 보호를 행사할 권리를 가진다.

20 WTO 원산지협정에 대한 설명으로 옳지 않은 것은?

① 각국의 원산지규정은 그 사용목적에 따라 특혜원산지규정과 비특혜원산지규정으로 구분할 수 있다.
② 원산지협정은 비특혜원산지규정만을 규제대상으로 한다.
③ 일반특혜관세의 적용, 반덤핑·상계관세의 부과, GATT·WTO의 최혜국대우조항의 적용 등의 경우에 관세 관련 원산지규정이 적용된다.
④ 실질적 변형을 판단함에 있어서 부가가치기준을 적용하도록 의무화하였다.

MEMO

정답·해설 _해설집 p.16

03회 실전동형모의고사

제한시간: 20분 시작 시 분 ~ 종료 시 분 점수 확인 개/ 20개

01 UN해양법협약(1982)상 배타적 경제수역(EEZ)에 대한 설명으로 옳은 것은?

① 동일 어족이나 연관된 종의 어족들이 2개국 이상의 연안국의 EEZ에 출현하는 경우, 이러한 연안국들은 직접 또는 적절한 소지역기구나 지역기구를 통하여 이러한 어족의 보존과 개발을 조정하고 보장하는 데 필요한 조치에 합의해야 한다.
② 프랑스 - 캐나다 중재재판소는 Franco - Canadian Arbitration 사건(1986)에서 EEZ 내에서 고기 가공(fish processing)에 종사하는 선박은 생물자원의 이용에 대한 주권적 권리를 갖는 연안국의 관할권에 종속된다고 판시하였다.
③ 연안국과 고도회유성어종(highly migratory species)을 어획하는 국민이 있는 그 밖의 국가는 EEZ와 그 바깥의 인접수역에서 그러한 어종의 보존을 보장하고 최적이용목표를 달성하기 위하여 국제기구의 매개 없이 반드시 직접적으로 협력해야 한다.
④ 소하성어족(anadromus stocks)이 기원하는 하천의 국가는 이 어족에 대한 일차적 이익과 책임을 가진다.

02 국가승계에 대한 내용으로 옳은 것만을 모두 고른 것은?

ㄱ. 소비에트연방(소련) 해체 후 러시아연방은 소련의 양·다자조약을 승계하였다.
ㄴ. 한국은 1978년 조약에 대한 국가승계에 관한 비엔나협약에 가입하였다.
ㄷ. 지역권 설정조약과 외국군대기지 설정조약은 처분적 조약으로 모두 승계된다.
ㄹ. 국제관습법상 처분적 조약은 승계하는 것을 원칙으로 한다.

① ㄱ, ㄹ ② ㄴ, ㄷ
③ ㄴ, ㄹ ④ ㄷ, ㄹ

03 자위권에 대한 설명으로 옳지 않은 것만을 모두 고른 것은?

ㄱ. UN은 상대방으로부터 위법한 무력공격이 없더라도 그 징후가 뚜렷하다면 미리 이를 타결할 수 있다는 예방적(anticipatory) 자위권의 행사가 허용된다는 논리를 지지하고 있다.
ㄴ. 비정규군이나 무장단체, 용병의 무력행사도 그 규모와 효과에 따라 자위권의 행사대상인 무력공격에 해당할 수 있다.
ㄷ. 1834년 Caroline호 사건을 통해 미국의 국무장관 Daniel Webster는 자위권을 행사할 필요성은 '급박하고, 압도적이며, 다른 수단을 선택할 여지가 없고, 숙고할 여지가 없으며, 그 내용이 비합리적이거나 과도한 행사가 아닌 경우'에 인정됨을 주장하였다.
ㄹ. UN헌장은 집단적 자위권을 인정하지 않는다.

① ㄱ, ㄴ ② ㄱ, ㄹ
③ ㄴ, ㄷ ④ ㄷ, ㄹ

04 영사관계에 관한 비엔나협약(1963)에 대한 설명으로 옳은 것을 모두 고른 것은?

ㄱ. 영사관계에 관한 비엔나협약에 의하면 '영사관원(consular officer)'이란 영사기관의 장을 제외하고, 영사직무의 수행을 위임받은 자를 말한다.
ㄴ. 영사공관은 '소유자를 불문하고, 오로지 영사기관의 목적을 위해서만 사용되는 건물 또는 건물의 일부와 부속토지'로 정의되며, 해석상 영사기관장의 개인적 주거도 영사공관에 포함된다.
ㄷ. 영사관계에 관한 비엔나협약에 의하면 영사는 특별한 사정하에서 접수국의 '동의'를 받는 경우를 제외하고는 그의 영사관할구역 밖에서 직무를 수행할 수 없다.
ㄹ. ICJ는 LaGrand 사건에서 미국이 구금된 외국인에게 그의 국적국 영사를 접촉할 권리를 통보하지 아니함으로써 영사관계에 관한 비엔나협약 제36조를 위반하였다고 판시한 바 있다.

① ㄱ, ㄴ ② ㄴ, ㄷ
③ ㄱ, ㄹ ④ ㄷ, ㄹ

05 국제기구에 대한 설명으로 옳은 것은?

① 국제기구가 직원이 아닌 개인에게 손해를 야기한 경우 국적국은 국제기구를 상대로 하여 외교적 보호권을 발동할 수 있다.
② 국제기구가 직원에게 손해를 야기한 경우 직원의 국적국은 국제기구를 상대로 외교적 보호권을 발동할 수 있으며, 직원이 자신의 피해를 구제할 수 있는 수단이 국제기구 내에 존재하더라도 이 내부 절차를 먼저 완료해야 하는 것은 아니다.
③ UN 직원이 직무와 무관하게 피해를 입은 경우 UN의 직무보호권은 문제되지 않고, 피해 직원 국적국의 외교적 보호권만 문제되며, 이 경우 국내구제 완료원칙의 적용은 배제된다.
④ 국제기구 직원이 업무 중 타국에 의해 피해를 본 경우, 국제기구의 직무보호권과 피해자 본국의 외교적 보호권이 모두 문제되며, 국제기구가 직무보호권을 발동한다면 가해국 국내구제를 먼저 완료해야 한다.

06 외교사절에 대한 설명으로 옳지 않은 것만을 모두 고른 것은?

ㄱ. 국가면제의 포기는 묵시적으로도 가능하나, 외교면제는 명시적으로 포기해야 한다.
ㄴ. 외교관은 세금에서 면제되나 간접세, 개인 소유 부동산세, 자본세 등은 면제되지 않는다.
ㄷ. 외교관 개인의 거주 용품은 관세와 조세가 면제되나, 가족의 개인적 사용을 위한 물품은 관세와 조세가 면제되지 않는다.
ㄹ. 외교관의 개인적 수하물은 검사대상에서 제외되나, 반입금지품목이 들어 있다고 추정할 만한 중대한 이유가 있으면 압류할 수 있다.
ㅁ. 역무직원의 경우 보수에 대한 조세 면제 및 사회보장규정 면제만 인정된다.

① ㄱ, ㄴ, ㄷ　② ㄴ, ㄷ, ㄹ
③ ㄴ, ㄹ, ㅁ　④ ㄷ, ㄹ, ㅁ

07 국제사법재판소(ICJ)에 대한 설명으로 옳은 것은?

① 국제사법재판소(ICJ)규정 당사국이 아닌 경우 총회의 권고에 따라 안전보장이사회가 부과한 조건을 따라 재판사건 당사자가 될 수 있다.
② 국제사법재판소(ICJ) 관할권 성립 여부는 제소시점을 기준으로 판단하며 추후 상황변화로 인해 제소가 가상적인 일로 되는 경우 재판소의 관할권이 자동으로 소멸한다.
③ 2002년 콩고와 프랑스 간 사건에서 콩고의 일방적 제소 이후 프랑스가 이에 응소하였으나 국제사법재판소(ICJ)는 확대관할권을 확립시키는 동의에는 미치지 못한다고 판단하였다.
④ 금화원칙(Monetary Gold Principle)과 관련하여 판결의 결과 제3국의 법익이 단지 영향을 받을 수 있다는 이유만으로는 국제사법재판소(ICJ)가 재판관할권의 행사를 거부하지 않는다.

08 국제법과 국내법의 관계에 관한 미국의 관행에 대한 설명으로 옳지 않은 것은?

① 범죄인 인도에 관한 조약은 별도의 입법조치 없이 미국 국내법에 도입되며, 연방법률과 상충 시 신법우선원칙이 적용된다.
② 영사권리에 관한 조약은 국내법 체계에 수용되며 연방법률과 상충 시 신법우선원칙이 적용된다.
③ 행정부 - 의회협정은 조약당사자의 의사에 따라 변형 또는 수용되며, 연방법률과 상충 시 신법우선원칙이 적용된다.
④ 모든 자기집행조약은 주법률이나 헌법보다 우위에 있다.

09 국제환경법에 대한 설명으로 옳지 않은 것은?

① 1983년 UN총회는 장기적으로 지구환경보전전략을 수립하기 위해 세계환경개발위원회를 설립하였다.
② UN총회는 Agenda 21의 이행상황을 정기적으로 검토 및 감시하기 위해 경제사회이사회 산하에 지속가능개발위원회를 설치하기로 결의하였다.
③ 국제해양법재판소(ITLOS)는 사전주의원칙(precautionary principle)이 관습법으로 확립되었다고 판시하였다.
④ 오염자부담원칙은 1972년 OECD에서 처음 논의되었고, 스톡홀름선언에는 반영되어 있지 않으나 리우선언 제16원칙에 반영되어 있다.

10 UN해양법협약(1982)상 선박의 지위에 대한 설명으로 옳은 것은?

① 만(Bay)에서 외국 선박이 무해통항권을 행사하는 경우는 없다.
② 영해 진입 전 접속수역에서 살인 사건이 발생한 외국 선박에 대해 연안국은 영해에서 형사관할권을 행사할 수 있다.
③ 배타적 경제수역에서 연안국의 관세법령을 위반한 외국 선박에 대해 연안국은 추적권을 발동할 수 있다.
④ 위법한 추적권 행사로 선박이 피해를 입은 경우 그 기국은 국내구제완료 없이 곧바로 추적권 발동국에 대해 책임을 추궁할 수 있다.

11 국가 및 그 재산의 관할권 면제에 관한 UN협약(2004)에 대한 설명으로 옳지 않은 것은?

① 법정이란 그 명칭이 무엇이든 간에 사법적 기능의 수행을 위임받은 모든 국가기관을 말한다.
② 직무상으로 행동하는 국가의 대리인은 국가의 범위에 포함되지 않는다.
③ 연방국가의 구성단위 또는 국가의 주권적 권위의 행사를 위임받아 그 자격으로 행동하는 국가의 정치적 하부 조직은 국가에 포함된다.
④ 국가의 주권적 권위의 행사를 위임받아 실제로 이를 수행하는 국가의 기관 또는 조직은 국가에 포함된다.

12 우리나라 난민법에 대한 설명으로 옳은 것은?

① 난민이란 인종, 종교, 국적, 특정 사회집단의 구성원인 신분 또는 정치적 견해를 이유로 박해를 받을 수 있다고 인정할 충분한 근거가 있는 공포로 인하여 국적국의 보호를 받을 수 없거나 보호받기를 원하지 아니하는 외국인을 말하며, 무국적자는 제외한다.
② 난민인정을 받은 자에 한해 난민협약 제33조 및 고문 및 그 밖의 잔혹하거나 비인도적 또는 굴욕적인 대우나 처벌의 방지에 관한 협약 제3조에 따라 본인의 의사에 반하여 강제로 송환되지 아니한다.
③ 난민 인정 결정은 난민인정신청서를 접수한 날부터 6개월 안에 하여야 하나 부득이한 경우에는 3개월의 범위에서 기간을 정하여 연장할 수 있다.
④ 법무부장관은 난민신청자가 난민에 해당한다고 인정하는 경우에도 유엔난민기구(UHNCR)를 제외하고 유엔의 다른 기구 또는 기관으로부터 보호 또는 원조를 현재 받고 있는 경우 난민불인정결정을 할 수 있다.

13 조약법에 관한 비엔나협약(1969)에 대한 설명으로 옳지 않은 것은?

① 국가 이외의 국제법 주체 간 체결되는 국제적 합의에 대해서는 그 다른 국제법 주체 간 합의가 있다고 해도 동 협약을 적용할 수 없다.
② 국제기구 내에서 채택되는 조약에 대해 동 협약은 적용된다.
③ 조약체결을 위해 국가를 대표하는 자로 간주될 수 없는 자가 행한 조약체결에 대한 행위는 그 국가에 의해 추후 확인되지 아니하는 한 법적 효과를 가지지 아니한다.
④ 국제회의에서 조약문을 채택하는 경우 출석하여 투표하는 국가의 3분의 2 이상 찬성에 의하여 채택을 위한 의결규칙을 결정할 수 있다.

14 국제법에 대한 설명으로 옳은 것은?

① 현대 국제법상 국제법은 국가 간의 법으로 정의된다.
② 국제법 위반에 대해서는 대항조치가 인정되나, 국제예양 위반행위에 대해서는 복구조치(reprisal)가 인정된다.
③ 제섭(Jessup)은 초국내법(transnational law)을 국경선을 넘는 행동이나 사건을 규율하는 모든 공법으로 정의하였다.
④ 스피노자(Baruch de Spinoza)는 국제법을 실정국제도덕에 불과하다고 규정하였다.

15 고문과 기타 잔혹하거나 비인도적이거나 모욕적인 대우 혹은 처벌에 반대하는 협약(1984)에 대한 설명으로 옳은 것은?

① 당사국은 고문범죄를 실행한 것으로 추정되는 혐의자가 자기나라 영토 안에 소재하나, 이러한 범죄혐의자를 인도하지 아니하는 경우에는, 기소를 위하여 사건을 권한 있는 당국에 회부할 수 있다.
② 당사국은 향후 그들 사이에 체결될 모든 범죄인 인도조약에 고문 범죄를 인도대상 범죄로 포함시킬 것이 권고되었다.
③ 고문방지위원회의 위원은 18명이고 4년 임기로 선출되며 재선될 수 있다.
④ 고문방지위원회는 관련당사국과 합의하는 경우 관련당사국의 영토를 방문하여 고문범죄에 관해 조사할 수 있다.

16 WTO설립협정에 대한 설명으로 옳지 않은 것은?

① 의무면제 결정 시 GATT와 달리 WTO 각료회의는 전 회원국 4분의 3 이상 찬성으로 결정한다.
② WTO협정 부속서에 대한 의무면제는 일반이사회에서 90일간 검토되며 최종 결정은 각료회의에서 한다.
③ 각료회의의 의사결정의 원칙은 총의제이다.
④ 복수국간무역협정을 추가하는 경우에는 총의로만 결정한다.

17 WTO 서비스무역협정(GATS)에 대한 설명으로 옳은 것은?

① 서비스의 정의에 대해 명시적 규정을 두지 않았다.
② 서비스무역협정(GATS)에서 MFN원칙은 구체적 약속에 해당한다.
③ 특정 사안에 대해 서비스무역협정(GATS)과 GATT는 동시에 적용될 수 없다.
④ 정부가 비상업적 기초에서 제공하는 서비스에 대해서도 적용된다.

18 WTO에서 관할하는 무역관련 투자조치협정(TRIMs)에 대한 설명으로 옳지 않은 것은?

① 상품무역과 관련된 투자조치에만 적용되며 서비스무역관련 투자조치에는 적용되지 않는다.
② 무역관련 투자조치가 모두 금지되는 것은 아니다.
③ GATT 1994 제3조 제4항에 위반되는 무역관련 투자조치만을 규제대상으로 한다.
④ 1994년 관세 및 무역에 관한 일반협정(GATT) 제20조(일반적 예외)와 제21조(국가안보 예외)에 입각한 무역관련투자조치는 예외적으로 허용된다.

19 WTO반덤핑협정의 실체적 요건에 대한 설명으로 옳지 않은 것은?

① 덤핑으로 인해 수입국의 관련 산업이 실질적 피해(material injury)를 입거나 피해의 우려가 있거나 또는 국내산업의 설립을 실질적으로 지연시켜야 한다.
② 긴급수입제한조치 발동을 위해 요구되는 중대한 피해(serious injury)와 실질적 피해와는 차이가 있다.
③ WTO반덤핑협정은 최소허용덤핑마진율을 2%로 규정하였다.
④ 국내산업의 제소적격은 지지 또는 반대의 의사표명을 한 기업 중 동종물품 총생산의 25%를 상회하는 생산자 및 국내산업의 총체적 산출량의 25% 이상 생산자의 지지를 받아야 한다.

20 미국 - 새우 사건(U.S - Shrimp Case, 1998)의 주요 쟁점과 판결 내용으로 옳지 않은 것만을 모두 고른 것은?

> ㄱ. 패널 및 상소기구는 미국이 수량제한금지원칙(GATT1994 제11조 제1항)을 위반하였다고 판단하였다.
> ㄴ. 상소기구는 미국이 GATT 제20조 제(g)호의 본문의 요건 중 동등성 요건을 충족하지 못하였다고 판시하였다.
> ㄷ. 상소기구는 미국이 미승인 국가에 대해서 TEDs를 사용하여 어획하더라도 수입을 금지한 것은 부당한 차별(unjustifiable discrimination)에 해당한다고 판시했다.
> ㄹ. GATT1994 제20조상 일반적 예외의 입증책임은 제소국에 있다.

① ㄱ, ㄴ　　② ㄴ, ㄷ
③ ㄴ, ㄹ　　④ ㄷ, ㄹ

MEMO

정답·해설 _해설집 p.21

04회 실전동형모의고사

제한시간: 20분 시작 시 분 ~ 종료 시 분 점수 확인 개/ 20개

01 우리나라 국적법에 대한 설명으로 옳은 것은?

① 미성년 시 입양되었던 자는 한국 국적을 취득한 경우 기존 외국 국적을 유지할 수 없다.
② 한국인과 혼인을 위해 이주해 온 외국인 배우자는 한국 국적을 취득한 경우 기존 외국 국적을 유지할 수 없다.
③ 출생으로 복수국적자가 된 경우 일정한 연령에 달하면 국적선택을 해야 하나, 국내에서 외국 국적을 행사하지 않겠다는 서약을 조건으로 한국 국적을 유지할 수 있다.
④ 복수국적자가 법정 기간 내에 한국 국적을 선택하지 않으면, 법무부장관이 국적선택을 명령하고, 응하지 않으면 외국 국적을 상실한다.

02 교전단체승인에 대한 설명으로 옳은 것은?

① 교전단체승인은 본질적으로 선언적 효력을 가진다.
② 중앙정부에 의한 승인이 있는 경우 제3국은 교전단체승인요건을 갖추지 아니한 반도단체에 대해 승인을 부여할 수 있다.
③ 본국 정부에 의한 승인이 있더라도 내란의 성격은 유지되며 전시인도법이 적용된다.
④ 교전단체가 중앙정부를 전복하고 영토 전체를 장악한 경우 신국가가 성립되어 국가승인문제가 발생한다.

03 국제사법재판소(ICJ)의 관할권에 대한 설명으로 옳지 않은 것은?

① 관할권에 대한 선결적 항변(preliminary objection)이 국제사법재판소(ICJ)에 의해 거절되면, 국제사법재판소(ICJ)는 추가 소송절차를 위한 기한(time - limits)을 정한다.
② UN회원국은 국제사법재판소규정 제36조 제2항의 선택조항(optional clause)을 수락하는 경우 유보를 첨부할 수 있다.
③ 국제사법재판소규정 제36조 제2항의 선택조항에 따른 국제사법재판소 관할권은 분쟁당사국들이 공통적으로 수락한 범위 내에서만 성립되므로, 분쟁의 피소국은 자신이 첨부한 유보뿐만 아니라 제소국이 첨부한 유보를 근거로도 국제사법재판소 관할권의 성립을 부인할 수 있다.
④ 모든 UN회원국은 자동적으로 국제사법재판소규정의 당사국이 되므로, 국제사법재판소(ICJ)는 UN회원국 간의 분쟁에 대하여 강제관할권을 갖는다.

04 UN해양법협약(1982)상 배타적 경제수역(EEZ)에 대한 설명으로 옳은 것은?

① 1958년 제1차 해양법회의에서 채택된 제도로서 1982년 UN해양법협약에도 유사한 규정을 두고 있다.
② 영해기선으로부터 최대 200해리 이내에서 국제해사기구(IMO)의 허가를 받아 연안국이 설정한다.
③ 중첩 배타적 경제수역(EEZ) 경계획정은 형평한 해결을 위해 중간선원칙에 따라야 한다.
④ 대륙붕과 달리 배타적 경제수역(EEZ)에서는 생물자원에 대한 포괄적 권리가 인정된다.

05 기후변화 문제를 관리하기 위한 파리협정(2015)에 대한 설명으로 옳지 않은 것은?

① 산업화 전 수준 대비 지구 평균 기온 상승을 섭씨 2도보다 현저히 낮은 수준으로 유지하는 것 및 산업화 전 수준 대비 지구 평균 기온 상승을 섭씨 1.5도로 제한하기 위한 노력의 추구를 통해 기후변화의 위협에 대한 전지구적 대응을 강화하는 것을 목표로 한다.

② 협정은 상이한 국내 여건에 비추어 형평 그리고 공통적이지만 그 정도에 차이가 나는 책임과 각자의 능력의 원칙을 반영하여 이행될 것이다.

③ 파리협정의 선진 당사국들은 경제 전반에 걸친 절대량 배출 감축목표를 약속함으로써 주도적 역할을 지속하여야 한다.

④ 당사자는 당사자총회의 결정에 따라 2년마다 국가결정기여를 통보한다.

06 재중국 탈북자의 법적 지위와 보호에 대한 설명으로 가장 옳지 않은 것은?

① 탈북자가 경제적 난민이라면 난민협약(1951)의 보호를 받을 수 없다.

② 탈북자에 대해 한국은 외교적 보호권을 발동할 수 있다.

③ 탈북자에 대해 UN난민고등판무관은 인도적 지원조치를 할 수 있으나 반드시 중국의 동의를 얻어야 한다.

④ 난민협약당사국인 중국이 탈북자를 북한으로 강제송환하는 것은 강제송환금지의무를 반드시 위반하는 것은 아니다.

07 외교보호에 관한 ILC초안(2006)상 법인의 보호에 대한 설명으로 옳지 않은 것만을 모두 고른 것은?

> ㄱ. 법인이 피해시 청구국의 국적을 가졌으나 추후 피해로 인해서 청구국의 국적을 상실한 경우에도 계속해서 가해국에 대해 외교적 보호권을 발동할 수 있다.
> ㄴ. 법인의 국적이 피해시 또는 청구 제기시에 자국 국적을 가진 경우 국가는 보호권을 발동할 수 있으며, 자연인과 달리 법인의 국적이 피해시와 청구 제기시에 동일해도 국적 계속은 추정될 수 없다.
> ㄷ. 공식 청구 제기 후에 법인이 피청구국의 국적을 취득한 경우 국가는 자연인과 달리 외교적 보호권을 계속해서 발동할 수 있다.
> ㄹ. 법인의 피해에 대해서는 원칙적으로 설립지국이 보호권자이며, 예외적으로 본점소재지국이나 재무지배소재지국이 보호권을 발동할 수 있다.

① ㄱ, ㄴ　　② ㄱ, ㄷ
③ ㄴ, ㄷ　　④ ㄴ, ㄹ

08 국제기구결의에 대한 설명으로 옳은 것은?

① UN총회결의가 신규회원국 가입 승인 등 내부적 문제에 대한 것이면 구속력을 가진다.

② UN안전보장이사회에서 채택된 '국가 간 우호협력관계에 관한 선언'과 같이 기존 법규범을 선언한 경우 법적 구속력이 인정된다.

③ UN총회가 새로운 법규범을 선언한 '천연자원의 영구주권선언'과 같은 결의는 연성법규(soft law)로서 약한 구속력을 가진다.

④ UN총회에서 채택된 조약은 원칙적으로 입법부적 조약으로서 모든 국가에 대해 구속력을 가진다.

09 경제적·사회적·문화적 권리에 관한 국제규약(A규약)(1966) 및 선택의정서에 대한 설명으로 옳지 않은 것은?

① 당사국은 규약에서 인정된 권리의 준수를 실현하기 위하여 취한 조치와 성취된 진전사항에 관한 보고서를 국제연합 사무총장에게 제출한다.
② A규약은 개인통보를 심사하기 위해 18인으로 구성되는 '경제적·사회적·문화적 권리에 관한 위원회'를 설치했다.
③ 사실심사제도는 선택의정서 체약국으로서 이들 절차에 대한 경제적·사회적·문화적 권리 위원회의 권한을 인정한다고 선언한 국가들에 대해서만 발동이 가능하다.
④ 선택의정서에 의하면 국가간고발제도에 따라 타당사국의 통보를 받은 당사국은 통보받은 날로부터 3개월 이내에 문서로써 해명해야 한다.

10 다음 사례에 대한 설명으로 옳지 않은 것은? (다툼이 있는 경우 판례에 의함)

> A국은 B국의 신정부를 전복시키기 위하여 B국 내에서 활동하고 있는 반군단체 X에 대해 자금 및 무기를 지원하는 한편, B국에 대해 10년간 지속되어 왔던 경제원조를 통고 없이 일방적으로 중단하여 B국은 막대한 재정적 손실을 입게 되었다. 한편, B국 신정부는 C국의 정부를 전복시키기 위해 활동하고 있는 C국 내 반군단체 Y에 대해 소량의 무기를 지원하였다. B국은 A국의 행위가 국제법에 위반된다고 주장하며 A국을 ICJ에 제소하였다. B국은 PCIJ규정상의 선택조항을 수락하였으나, ICJ규정상 선택조항은 수락하지 않았다. A국은 ICJ규정상 선택조항을 수락하였으나, 6개월의 경과기간을 두고 일방적으로 폐기할 수 있다는 유보를 부가하였다.

① A국의 X단체에 대한 재정지원은 국제관습법상 무력사용금지의무에 위반되지 않는다.
② A국이 B국에 대한 경제원조를 일방적으로 중단하여 B국이 재정적 손실을 입은 것에 대해 A국은 국제법상 책임을 지지 않는다.
③ B국이 C국 반군단체 Y에 대해 소량의 무기를 지원한 행위는 무력사용금지의무에 위반되나 A국이 집단적 자위권을 발동할 수 없다.
④ 만약 B국이 UN원회원국이 아니어도 PCIJ규정상 선택조항 수락선언의 승계가 인정되므로 A국과 B국 간 재판관할권이 성립한다.

11 국가 및 그 재산의 관할권 면제에 관한 UN협약(2004)상 판결 전 강제조치를 취할 수 있는 경우로 옳지 않은 것은?

① 강제집행에 대해 국가가 국제협정에 의해 명시적으로 동의한 경우
② 강제집행에 대해 국가가 중재협정에 의해 명시적으로 동의한 경우
③ 강제집행에 대해 국가가 서면상의 계약에서 명시적으로 동의한 경우
④ 강제조치가 오로지 그 소송이 상대로 하고 있는 단체와 관련을 가지는 재산에 대해서만 취하여질 수 있는 경우로서, 그 재산이 특별히 비상업적 공무목적 이외의 용도를 위해 국가에 의해 사용되거나 그 같이 의도되었고 법정지국의 영토상에 존재하는 것이 확인된 경우

12 외국인의 추방에 대한 설명으로 옳지 않은 것은?

① ILC가 작성한 외국인 추방에 관한 규정 초안(2014)(이하, ILC초안)상 추방은 외국인에게 국가를 떠나도록 강제하는 그 국가에게 귀속되는 공식적인 행위 또는 행동을 말한다.
② ILC초안에 의하면 타 국가나 국제재판소로의 범죄인 인도 또는 외국인의 입국거부는 추방에 해당한다.
③ ILC초안에 의하면 외국인은 그가 현재 들어가 있는 영토국가의 국적을 갖고 있지 아니한 개인을 말하며 무국적자를 포함한다.
④ 시민적·정치적 권리에 관한 국제규약 제13조는 외국인 추방시 원칙적으로 자기변호의 기회를 제공하도록 규정하고 있다.

13 국가관할권에 대한 설명으로 옳은 것을 모두 고른 것은?

ㄱ. 속인주의란 국가는 자국민을 대상으로 한 외국인의 외국에서의 일정 행위를 범죄로 규정하고 그에 대해 형사관할권을 행사할 수 있다는 원칙이다.
ㄴ. 보편주의란 국가는 외국인의 외국에서의 행위라 하더라도 그로인하여 국가의 이익, 즉 국가안보 또는 사활적 경제이익을 침해당한 경우 이를 범죄로 규정하여 형사관할권을 행사할 수 있다는 원칙이다.
ㄷ. 구유고국제형사재판소는 Furundzija 사건에서 고문과 같은 개인의 강행규범 위반행위에 대해서는 범죄인이 자국 관할하의 영토 내에 있는 경우 모든 국가가 보편관할권을 행사할 권리가 있다고 언급한 바 있다.
ㄹ. UN해양법협약 제105조는 모든 국가는 해적선 또는 해적항공기를 나포할 수 있다고 규정하여 임의적 보편관할권을 인정하고 있다.

① ㄱ, ㄴ　② ㄴ, ㄷ
③ ㄱ, ㄹ　④ ㄷ, ㄹ

14 국제인도법에 대한 설명으로 옳은 것을 모두 고른 것은?

ㄱ. 포로에게 군사작전과 직접 관계되는 노동을 요구할 수 있다.
ㄴ. ICJ는 Legality of the Threat or Use of Nuclear Weapons(1996)에서 국가는 민간인을 공격목표로 해선 안 되며, 따라서 민간목표물과 군사목표물을 구분할 수 없는 무기는 결코 사용해서는 안 된다고 하였다.
ㄷ. 방어되지 아니하여 민간적 성격을 보유하는 마을이나 건물에 대해서는 어떤 수단에 의해서도 공격이나 포격해서는 안 된다.
ㄹ. 간첩활동을 한 군대 구성원은 포로가 될 수 있다.

① ㄱ, ㄴ　② ㄴ, ㄷ
③ ㄴ, ㄹ　④ ㄱ, ㄹ

15 국제법과 국내법의 관계에 대한 설명으로 옳은 것은?

① 뉴질랜드와 프랑스 간 '무지개 전사호 사건'에서 중재재판부는 국내법의 부존재를 이유로 국제법 위반을 정당화할 수 없고 국제법상 책임을 진다고 보았다.
② 영국에서 Regina v. Jones(Margart) and Others 판결(2006)은 국제범죄에 관한 국제관습은 변형되어야 함을 확인한 판례이다.
③ PCIJ는 브라질공채 사건(1929)에서는 국내법이 사실의 문제이므로 국제재판소는 국내법을 해당국 국내법원과 같은 방법으로 해석하거나 적용하지 않아도 된다고 판시하였다.
④ 미국 관행에서 최혜국대우 규정은 비자기집행조항으로서 집행법률이 제정되어야 국내법에 편입될 수 있다.

16 국적에 대한 설명으로 옳지 않은 것은?

① 아마두 사디오 디알로 사건(2007)에서 국제사법재판소(ICJ)는 주주로서의 권리침해에 대해서는 주주의 국적국이 보호권을 발동할 수 있으나, 주주와 다른 국적을 가진 회사의 권리를 침해한 부분에 대해서는 주주의 국적국이 외교적 보호권을 행사할 수 없다고 하였다.
② 캐나다, 호주, 영국, 프랑스, 스웨덴, 스위스는 귀화자에게 구 국적 포기를 요구하지 않으나, 자국민이 외국 국적을 취득하는 경우 자국 국적은 당연히 상실하도록 하였다.
③ 미국은 출생에 의한 이중국적자에게 국적선택의무를 강제하지 않으며, 귀화자에게 구 국적을 상실했다는 법적 확인을 요구하지도 않는다.
④ 1997년 채택한 유럽국적협약에서 국적유일의 원칙을 포기하고 일정한 경우 이중국적의 향유를 개인의 권리로 인정하였다.

17 WTO의 의사결정방식에 대한 설명으로 옳은 것은?

① WTO는 GATT1947에서 지켜졌던 총의제(consensus) 대신 다수결을 원칙으로 한다.
② 다수결로 표결이 이루어지는 경우 유럽연합(EU)은 EU회원국 수만큼 투표권을 가진다.
③ WTO설립협정과 다자간무역협정(MTA) 해석문제에 관한 경우 각료회의가 독점적 해석권을 갖는바, 해석의 채택 여부는 회원국 4분의 3 이상 다수결에 의한다.
④ 의무면제(waiver) 부여 여부는 각료회의의 결정사항으로 요청 후 90일 이내 총의에 의해 결정되지 아니하는 한 각료회의에서 4분의 3 이상 다수결에 의해 결정한다.

18 EC - Asbestos(2001) 사건의 주요 쟁점과 판결 내용에 대한 설명으로 옳은 것만을 모두 고른 것은?

ㄱ. 패널은 EC의 수입제한조치가 GATT1994 제3조 제4항을 위반한 조치가 아니라고 판정하였으나 상소기구는 위반된다고 판정하였다. ㄴ. 상소기구는 프랑스의 국내법이 기술규정에 해당한다고 보았다. ㄷ. 상소기구는 필요성 테스트에 있어 대체수단이 '추구하는 목적 실현'에 기여하는 정도를 기준으로 판단하여야 한다고 판시하였다. ㄹ. GATT1994 제20조상 일반적 예외의 본문 및 전문의 요건을 모두 충족한 유일한 판례이다.

① ㄱ, ㄴ ② ㄱ, ㄹ
③ ㄴ, ㄷ ④ ㄷ, ㄹ

19 WTO 긴급수입제한조치협정(세이프가드협정)에 대한 설명으로 옳은 것은?

① GATT 제19조와 세이프가드협정은 불가분의 관계로서 양자의 규정이 모두 준수된다.
② 세이프가드조치란 급격한 수입 증가로 인한 국내산업의 피해를 구제하기 위해 불공정무역 관행에 대처하여 발동하는 조치이다.
③ 세이프가드협정은 긍정적 예비판정이 있을 경우에도 잠정조치를 취할 수 없다.
④ 세이프가드조치는 필요한 기간 동안 적용되면 5년을 초과할 수 없으며 연장되는 경우 10년을 초과할 수 없다.

20 WTO협정상 일반적 예외에 대한 설명으로 옳지 않은 것만을 모두 고른 것은?

ㄱ. 자유무역원칙을 훼손하는 조치라 할지라도 WTO회원국이 추구하는 가치를 인정하자는 취지에서 매우 제한적으로 허용되고 있다. ㄴ. 일반적 예외가 인정되기 위해서는 전문과 본문 요건을 모두 충족시켜야 하며 전문에 대해서는 제소국이, 본문에 대해서는 피제소국이 각각 입증책임을 진다. ㄷ. EC - 호르몬 사건에서 패널은 EC의 수입제한조치가 인간이나 동물의 생명이나 건강을 보호하기 위해 필요한 조치에 해당되나, 전문의 요건을 충족하지 못한다고 하였다. ㄹ. US - Shrimp 사건에서 패널은 미국의 조치가 유한천연자원 보존에 관한 조치이나 동등성 요건을 충족하지 못한다고 하였다.

① ㄱ, ㄴ, ㄷ ② ㄱ, ㄷ, ㄹ
③ ㄴ, ㄷ, ㄹ ④ ㄱ, ㄴ, ㄷ, ㄹ

MEMO

정답·해설 _해설집 p.26

05회 실전동형모의고사

제한시간: 20분 시작 시 분 ~ 종료 시 분 점수 확인 개/ 20개

01 국제해양법에 대한 설명으로 옳은 것은?

① 중재재판소는 The Arctic Sunrise Arbitration 사건에서 연안국들이 단속해야 할 수역이 광대하고 더욱 신뢰할 수 있는 발전된 과학기술이 이용가능하다고 하더라도 협약 규정에 따라 정선명령은 보거나 들을 수 있는 거리에서 시각신호와 청각 신호로 해야 하고, 무선통신에 의한 정선명령은 허용되지 않는다고 판시하였다.

② 선박이 무허가방송에 종사하고 있다고 판단되는 경우 임검권을 행사할 수 있는 군함의 기국은 선박의 소유자의 국적국, 시설의 등록국, 무허가방송종사자의 국적국, 송신이 수신될 수 있는 국가, 허가된 무선통신이 방해받는 국가이다.

③ UN해양법협약에 의하면, 군함의 임검권은 다섯 가지 혐의(해적행위, 노예무역, 무허가방송, 무국적선이라고 의심되는 경우, 외국기 게양하고 있거나 국기제시를 거절하였음에도 불구하고 실제로 군함과 동일한 국적을 보유하고 있다고 의심되는 경우)가 있는 경우에만 발동될 수 있다.

④ 공해생물자원의 허용어획량을 결정하고 기타 보존조치를 수립함에 있어 국가들은 최대 생산량(maximum yield)을 생산할 수 있는 수준에서 포획어족의 자원량을 유지 또는 회복하기 위한 조치를 취해야 한다.

02 UN안전보장이사회에 대한 설명으로 옳은 것만을 모두 고른 것은?

ㄱ. 안전보장이사회는 20개의 UN회원국으로 구성된다.
ㄴ. 비상임이사국의 임기는 3년이다.
ㄷ. 절차사항에 관한 안전보장이사회의 결정은 9개 이사국의 찬성투표로써 한다.
ㄹ. 안전보장이사회의 이사국이 아닌 UN회원국도 안전보장이사회가 그 회원국의 이해에 특히 영향이 있다고 인정하는 때에는 언제든지 안전보장이사회에 회부된 어떠한 문제의 토의에도 참가하여 투표권을 행사할 수 있다.
ㅁ. 안전보장이사회가 계속적으로 임무를 수행할 수 있도록 각 이사국은 UN소재지에 항상 대표를 두어야 한다.

① ㄱ, ㄴ ② ㄷ, ㄹ
③ ㄷ, ㅁ ④ ㄹ, ㅁ

03 국가관할권에 대한 설명으로 옳은 것을 모두 고른 것은?

ㄱ. 유럽인권재판소는 Chahal v. United Kingdom 사건(1996)에서 영국 정부가 시크 분리운동주의자를 인도로 송환하려는 결정은 그것이 만일 실행된다면 비록 인도 정부로부터 그에게 고문을 가하지 않겠다는 외교보증을 받았다 하더라도, 유럽인권협약 제3조하의 절대적 의무를 위반하게 될 것이라고 판시한 바 있다.
ㄴ. 시민적·정치적 권리규약 인권위원회는 Roger Judge v. Canada 사건(2003)에서 사형을 이미 폐지한 캐나다가 아직 그렇지 아니한 미국으로부터 사형을 집행하지 않을 것이라는 보증을 받지 않고 추방한 것은 캐나다가 아직 사형폐지에 관한 규약 제2선택의정서를 비준하지 않고 있는 사실과는 관계없이 B규약 제6조 제1항하의 생명권 침해라고 판단하였다.
ㄷ. 미국 연방최고재판소는 Alvarez-Machain 사건에서 미국·멕시코 간의 범죄인인도협정에서 납치를 명시적으로 허용하고 있다는 이유를 들어 미국 재판소의 형사관할권 행사를 인정하였다.
ㄹ. 1985년 10월 이탈리아 여객선 Achille Lauro호를 나포한 혐의로 기소된 팔레스타인인들이 그 후 이집트 국영비행기로 이집트로 압송되던 도중 미국 전투기들의 요격으로 이탈리아에 강제착륙되어 체포된 뒤 이탈리아 당국에 인계되었으나 이탈리아 재판소는 그들이 사실상 납치된 것이므로 재판권을 행사할 수 없다고 판시하였다.

① ㄱ, ㄴ ② ㄷ, ㄹ
③ ㄱ, ㄷ ④ ㄴ, ㄹ

04 2004년 국가 및 그 재산의 관할권 면제에 관한 UN협약의 내용에 대한 설명으로 옳지 않은 것은?

① 국가는 국제협정, 서면상의 계약, 특정 소송 관련 법정에서의 선언 또는 서면상의 통고를 통하여 타국 법정이 관할권을 행사하는 것을 명시적으로 동의한 경우, 타국 법정에 제기된 소송에서 관할권 면제를 원용할 수 없다.

② 타국 법의 적용에 대한 국가의 동의는 그 타국 법정에 의한 그 국가의 관할권 행사에 대한 동의로 간주된다.

③ 국가 간의 상업적 거래와 관련된 분쟁이 타국 법정의 관할권에 속하는 경우, 국가는 그 관할권으로부터 면제를 주장할 수 있다.

④ 국가의 대리인이 타국 법정에 증인으로 출석하는 경우, 이는 전자의 국가가 타국 법정의 관할권 행사에 동의하는 것으로 해석될 수 없다.

05 영사관계에 관한 빈 협약(1963)에 대한 설명으로 옳은 것은?

① 파견국이 외교공관을 가지지 아니하고 또한 제3국의 외교공관에 의하여 대표되지 아니하는 국가 내에서 영사관원은 접수국의 동의를 받아 또한 그의 영사지위에 영향을 미침이 없이 외교활동을 수행하는 것이 허용될 수 있다.
② 영사관원이 접수국에 통고한 후 정부간국제기구에 대한 파견국의 대표로서 활동하는 경우 동 영사관원에 부여되는 특권과 면제는 이 협약에 따라 영사관원이 부여받을 권리가 있는 것보다 더 큰 특권과 면제를 부여받을 수 있다.
③ 명예영사는 접수국에 거주하는 자 중에서 파견국이 선임하여 영사의 사무를 위임하는 영사를 말하며, 명예영사 선임에 접수국의 동의를 필요로 한다.
④ 파견국은 접수국의 동의 없이 접수국 또는 제3국 국민을 영사기관장으로 임명할 수 없다.

06 국제분쟁해결제도에 대한 설명으로 옳은 것은?

① 1899년 제1차 만국평화회의에서 러시아의 제안으로 국제분쟁의 평화적 해결에 관한 조약에서 국제조정제도가 처음 도입되었다.
② 국제사법재판소 및 국제형사재판소는 궐석재판이 인정된다.
③ ICJ는 1993년 처음으로 7인의 판사로 구성된 영토분쟁 담당 소재판부를 설치하였다.
④ 미국과 캐나다 간 메인만 사건(1982)에서 ICJ 역사상 처음으로 특별재판부가 설치되었다.

07 외교적 보호(diplomatic protection)에 대한 설명으로 옳지 않은 것만을 모두 고른 것은?

ㄱ. ILC외교보호초안(2006)에 의하면 이중국적자가 국적국으로부터 피해를 입은 경우 타방 국적국은 원칙적으로 보호권을 발동할 수 없으나, 지배적 국적국임을 입증한 경우 보호권을 발동할 수 있다.
ㄴ. 메르재 중재 사건, 인터한델 사건, 미국-이란 청구권 사건, 카네바로 사건은 이중국적국 상호 간 보호권을 발동할 수 있다고 본 사건이다.
ㄷ. ILC외교보호초안(2006)에 의하면 이중국적국 상호 간 보호권 발동을 위해서는 보호권 발동국은 자국이 침해 시 그리고 청구 제기 시에 모두 지배적 국적국임을 입증해야 한다.
ㄹ. ILC외교보호초안(2006)에 의하면 자국에 거주하는 난민이 제3국에서 피해를 입은 경우 제3국이 난민 자격을 부여하고 해당 난민이 자국에 합법적, 상시적으로 거주한 경우 제3국에 대해 보호권을 발동할 수 있다.
ㅁ. ILC외교보호초안(2006)에 의하면 난민 인정국은 난민의 국적국에 대해서는 보호권을 발동할 수 없다.
ㅂ. ILC외교보호초안(2006)에 의하면 등록국 선박에 승선한 외국인에 대해 등록국(기국)이 가해국에 대해 보호권을 발동할 수 있으며, 이 경우 외국인의 국적국의 보호권은 묵시적 포기로 간주된다.

① ㄱ, ㄴ, ㄷ ② ㄴ, ㄷ, ㄹ
③ ㄴ, ㄹ, ㅂ ④ ㄷ, ㄹ, ㅁ

08 국제환경법상 오염자부담원칙(Polluter-Pays-Principle: PPP)에 대한 설명으로 옳지 않은 것은?

① 오염자부담원칙은 행위의 편익을 취한 자가 그와 관련된 불이익을 부담해야 한다(ubi emolumentum, ibi onus)는 법언(法諺)에 근거한다.
② 오염자부담원칙은 오염방지비용뿐만 아니라 오염의 피해 복구에 소용되는 비용을 기본적으로 해당 환경오염의 원인을 제공한 자가 부담해야 한다는 원칙이다.
③ 오염자부담원칙은 1972년 유럽공동체(EC) 각료이사회가 채택한 환경정책의 국제경제적인 측면에 관한 지도원칙에 관한 권고에서 최초로 언급되었다.
④ OECD는 1974년 오염자부담원칙의 이행에 관한 권고에서 오염 방지 및 제거 비용뿐 아니라 잔여오염물질로 인해 피해를 입은 자에 대한 보상도 오염자부담원칙의 내용에 포함된다고 하였다.

09 국제법상 uti possidetis(현상유지)원칙에 대한 설명으로 옳은 것만을 모두 고른 것은?

ㄱ. 국제법상 민족자결원칙과 충돌할 수 있는 이론이다.
ㄴ. 국제사법재판소(ICJ)는 부르키나 파소-말리 간 국경분쟁(Burkina Faso-Mali) 사건에서 이 원칙이 독립국 수립 시에 일반적으로 적용될 수 있는 원칙이라고 하였다.
ㄷ. 아프리카단결기구(OAU)는 자결권에 의거하여 uti possidetis(현상유지)원칙의 적용을 반대하는 결의를 채택하였다.
ㄹ. 실효적 지배원칙보다 우선적인 권원성이 인정된다.

① ㄱ, ㄷ ② ㄱ, ㄴ, ㄷ
③ ㄱ, ㄴ, ㄹ ④ ㄴ, ㄷ, ㄹ

10 범죄인인도에 대한 설명으로 옳지 않은 것은?

① 1984년의 고문반대협약(Convention against Torture and Other Cruel, Inhumane or Degrading Treatment or Punishment)은 고문당할 염려가 있는 국가로의 추방, 송환 또는 인도를 금지하고 있으나, 관련자가 국제범죄를 범하였거나, UN의 목적과 원칙에 반하는 행위를 한 경우 예외를 인정한다.
② 유럽체포영장에 관한 EU이사회 골격결정에 의하면 그 누구도 사형, 고문, 기타 잔혹하거나 모욕적인 대우 또는 처벌에 처해질 수 있는 중대한 위험이 있는 국가로는 이송, 추방 혹은 인도되어서는 안 된다.
③ 1996년 유럽인권재판소는 Chahal v. United Kingdom 사건에서 Soering v. United Kingdom 사건에서 적용한 잠재적 위반의 논리에 따라 영국 정부가 시크 분리운동주의자를 인도로 송환하려는 결정은 그것이 만일 실행된다면 비록 인도를 받는 정부로부터 그에게 고문을 가하지 않겠다는 외교보증을 받았다 하더라도 현재 인도의 관련 인권 상황에 비추어 볼 때 고문의 위험이 있는 곳으로 송환하지 아니할 유럽인권협약 제3조하의 절대적 의무를 위반하게 될 것이라고 판시하였다.
④ B규약위원회는 Roger Judge v. Canada 사건에서 사형을 이미 폐지한 캐나다가 아직 그렇지 아니한 미국으로부터 사형을 집행하지 않을 것이라는 보증을 받지 않고 추방한 것은 캐나다가 아직 사형폐지에 관한 규약 제2선택의정서를 비준하지 않고 있는 사실과는 관계없이 미국에서 사형선고를 받고 탈옥하여 캐나다로 도주하였던 미국인 신청인의 규약 제6조 제1항하의 생명권을 침해한 것이라고 판단하였다.

11 UN해양법협약(1982)상 분쟁해결제도에 대한 설명으로 옳은 것은?

① 분쟁해결수단을 선택하는 선언과 통고는 국제연합사무총장에게 기탁되어야 하며 사무총장은 그 사본을 당사국에 전달한다.
② 중재재판소가 구성되는 동안 잠정조치의 요청이 있는 경우 당사자가 합의하는 재판소가, 만일 잠정조치의 요청이 있은 후 30일 이내에 이러한 합의가 이루어지지 아니하는 경우에는 국제해양법재판소가 잠정조치를 명령할 수 있다.
③ 국제해양법재판소가 중재재판소가 구성되는 동안 잠정조치를 취하는 경우 장차 구성될 중재재판소가 관할권을 확실하게 가지고 있고 상황이 긴급하여 필요하다고 인정된 경우에 한한다.
④ 분쟁이 회부된 중재재판소는 국제해양법재판소가 취한 잠정조치를 인정해야 한다.

12 국제법상 국가책임에 대한 설명으로 옳은 것만을 모두 고른 것은?

ㄱ. 지방자치단체의 국제위법행위에 대해서도 국가책임이 성립한다.
ㄴ. 2001년 국제연합(UN) 국제법위원회는 기존의 국제위법행위에 대한 국가책임 초안을 수정하여 국제위법행위 개념에 국제범죄의 개념을 추가하였다.
ㄷ. 사인의 행위라도 국가책임이 발생하는 경우가 있다.
ㄹ. 행정부가 국제관계에서 국가를 대표하므로 행정부의 행위만이 국가책임을 발생시킨다.
ㅁ. 국가기관의 행위가 비권력적·상업적 성격을 지녔더라도 이로부터 국가책임이 성립될 수 있다.

① ㄱ, ㄴ, ㄷ ② ㄱ, ㄴ, ㄹ
③ ㄱ, ㄷ, ㅁ ④ ㄴ, ㄷ, ㅁ

13 국제법과 국내법의 관계에 관한 영국의 관행에 대한 설명으로 옳지 않은 것은?

① 관습국제법은 자동적으로 영국법의 일부로 편입되고, 영국 법원에서의 재판 근거가 될 수 있다.
② 관습국제법에 따른 판결에 대해 선례구속성의 원칙이 인정되어 영국 법원은 기존 판결에 따라 판단해야 한다.
③ 관습국제법은 의회제정법에 우선할 수 없다.
④ 관습국제법이 영국법의 일부로 수용된다고 해도 관습국제법상의 범죄도 자동적으로 수용되어 영국 법원에서 형사처벌의 대상이 되는 것은 아니며, 형사범죄에 대한 한 영국 의회만이 새로운 범죄를 창설할 수 있다. 즉, 관습법상의 범죄는 변형되어야 한다.

14 국제사법재판소(ICJ)의 소송절차에 대한 설명으로 옳지 않은 것만을 모두 고른 것은?

ㄱ. 판결의 의미나 범위에 대한 분쟁은 재판소에 요청할 수 있으나, 분쟁당사국 간 합의가 선행되어야 한다.
ㄴ. 소송절차는 서면절차와 구두절차로 구분된다.
ㄷ. 모든 문제는 출석한 재판관들의 3분의 2 이상 찬성에 의하여 결정된다.
ㄹ. 재심청구는 판결의 선고 시 분쟁당사자와 재판소 모두가 알지 못하였던 결정적 요소가 되는 사실의 발견에 근거하여야 한다.
ㅁ. 해석적 소송참가는 참가국의 권리이므로 재판부의 허가를 필요로 하지 않으나, 반드시 분쟁당사국들이 가입한 조약의 당사국 지위를 가져야 한다.

① ㄱ, ㄴ　　② ㄱ, ㄷ
③ ㄴ, ㄷ　　④ ㄹ, ㅁ

15 국제법상 승인에 대한 설명으로 옳지 않은 것은?

① 티노코 사건 판결(1923)에 의하면 정부의 사실상 존재 여부는 국제법적 기준에 의해 객관적으로 판단되어야 하며 승인의 부여 여부를 통해 결정될 수 없다.
② 몬테비데오협약(1933)에 의하면 국가의 존재 여부는 타국의 승인과는 무관하다.
③ 미주국가기구(OAS)는 승인에 대해 선언적 효력설을 지지한다.
④ 신국가가 수립되는 경우 국가승인, 정부승인, 국가승계, 정부승계문제가 모두 발생한다.

16 범죄인 인도에 대한 설명으로 옳은 것은?

① 일반 관행에 따르면, 인도청구 경합 시 상이한 범죄로 청구한 경우 속지주의가 우선이며, 속지주의 국가가 없는 경우 먼저 청구한 측에 인도한다.
② 영미법계는 속지주의를 원칙으로 하고, 속인주의를 예외로 규정하고 있어 자국민을 인도하지 않는 관행을 보이고 있다.
③ 미주 범죄인 인도조약은 1년 이상의 자유형을 인도대상범죄로 규정한다.
④ UN모델조약에 의하면 자국민이라는 이유로 인도를 거절한 경우, 상대국의 요청이 있으면 기소를 위해 그를 자국 관헌에 회부하도록 요구하고 있다.

17 WTO의 TRIPs에 대한 설명으로 옳은 것은?

① 기존의 지적재산권 관련 국제협약과 달리 최혜국대우원칙을 최초로 도입하였다.
② 권리소진의 원칙이 적용되는 경우 병행수입이 인정되나 TRIPs협정에는 규정되지 않았으며, 동 협정은 국내법을 통해 권리소진원칙을 적용하도록 하였다.
③ 저작인격권이란 실연자가 갖는 복제방송의 독점권, 음반제작자가 갖는 복제권 등을 의미하며, 50년을 최소보호기간으로 한다.
④ 상표권의 보호에는 기본적으로 베른협약이 준용된다.

18 WTO의 무역관련 투자조치에 관한 협정(TRIMs)에 대한 설명으로 옳지 않은 것은?

① 전적으로 상품무역에 관련된 투자조치에만 적용된다.
② 해외직접투자뿐만 아니라, 증권투자 등 간접투자에 대해서도 적용된다.
③ 외국인의 국내 투자뿐 아니라 자국민의 국내 투자에 대해서도 적용된다.
④ 1994년 GATT상의 내국민대우원칙과 수량제한금지원칙에 위반하는 무역관련투자조치를 허용하지 않는다.

19 외교면제 및 특권에 대한 설명으로 옳은 것은?

① 외교관계가 단절되거나 외교사절단이 소환되어 더이상 사용되지 않고 있는 공관은 외교공관으로서의 성격을 상실하나 자동적으로 불가침성을 상실하는 것은 아니다.
② ICJ는 Armed Activities on the Territory of the Congo 사건에서 외교관계에 관한 비엔나협약은 접수국 자신이 사절단의 불가침성을 침해하는 것을 금지하고 있을 뿐 다른 사람들이 사절단의 불가침성을 침해하는 것을 방지할 의무를 접수국에 지우고 있는 것은 아니라고 하였다.
③ 영국재판소는 런던 주재 청국 공사관이 Sun Yat-Sen을 불법감금한 사건(1896)에서 외교공관의 불가침성에도 불구하고 불법감금의 경우 예외적으로 청국 공사관에 인신보호영장을 발부할 수 있다고 하였다.
④ ICJ는 U.S Diplomatic and Consular Staff in Tehran 사건에서 외교법의 규칙들은 한 개의 자기완비적 체제(a self-contained regime)를 구성하고 있다고 하였다.

20 WTO의 보조금 및 상계조치협정에 대한 설명으로 옳지 않은 것은?

① 보조금은 금지보조금(Prohibited subsidy), 상계보조금(Actionable subsidy), 상계불가보조금(Non-actionable subsidy)으로 나뉜다.
② 수입품 대신 국내상품의 사용을 조건으로 지급되는 보조금은 금지보조금이다.
③ 특정성이 있다고 판단되는 경우 상계조치에 관한 규정이 적용된다.
④ 정부 또는 공공기관에 의해 지급되는 보조금만을 규제대상으로 한다.

MEMO

정답·해설 _해설집 p.31

06회 실전동형모의고사

제한시간: 20분 시작 시 분 ~ 종료 시 분 점수 확인 개/ 20개

01 시민적·정치적 권리에 관한 국제협약(1966)상 특별조정위원회에 대한 설명으로 옳은 것을 모두 고른 것은?

ㄱ. 특별조정위원회는 관계당사국에게 모두 수락될 수 있는 5인의 위원으로 구성된다.
ㄴ. 관계당사국이 1개월 이내에 특별조정위원회의 전부 또는 일부의 구성에 관하여 합의에 이르지 못하는 경우, 합의를 보지 못하는 특별조정위원회의 위원은 비밀투표에 의하여 인권이사회 위원 중에서 인권이사회 위원 3분의 2 다수결 투표로 선출된다.
ㄷ. 특별조정위원회의 위원은 관계당사국, 이 규약의 비당사국 또는 국가 간 고발제도의 수락선언을 행하지 아니한 당사국의 국민이어서는 아니 된다.
ㄹ. 특별조정위원회는 당해문제를 접수한 후 어떠한 경우에도 15개월 이내에 관계당사국에 통보하기 위하여 인권이사회의 위원장에게 보고서를 제출한다.

① ㄱ, ㄴ ② ㄷ, ㄹ
③ ㄱ, ㄷ ④ ㄴ, ㄹ

02 자기집행적 조약(self-executing treaty)에 대한 설명으로 가장 옳지 않은 것은?

① 별도의 시행법률 없이도 국내법원에 의하여 직접 적용될 수 있는 조약을 가리킨다.
② 자기집행적 조약과 비자기집행적 조약 여부를 판단함에 있어서 1차적으로 조약체결 당시 사정이나 준비문서에 따른다.
③ 동일한 조약이 그 당사자들 중 어느 국가에서는 자기집행적 조약으로 그리고 다른 국가에서는 비(非)자기집행적 조약으로 취급될 수 있다.
④ 미국은 자기집행적 조약과 관련하여 수용이론을 취하고 있다.

03 위법행위에 관한 ILC초안(2001)상 대응조치에 대한 설명으로 옳지 않은 것은?

① 피해국은 유책국이 손해배상을 이행하도록 하기 위하여 당해국가에 대한 대응조치를 취할 수 있다.
② 대응조치는 가능한 한 문제된 의무의 이행을 재개시킬 수 있는 방법으로 취해져야 한다.
③ 대응조치는 국제환경보호의무에 대하여 영향을 주어서는 안 된다.
④ 대응조치를 취하는 국가는 자국과 책임국 간에 적용되는 분쟁해결절차에 따를 의무의 이행으로부터 면제되지 아니한다.

04 국제법상 국가의 기본적 권리의무에 대한 설명으로 옳지 않은 것은?

① 집단적 자위권을 행사하기 위해 방위조약과 같은 사전합의가 존재할 수도 있다.
② 비군사적 강제라 할지라도 타국의 주권적 권리의 종속을 꾀하거나 타국의 정치적·경제적·문화적 체제의 선택권을 박탈할 목적으로 사용된 경우에는 위법한 간섭이 된다.
③ 1948년 프랑스 헌법 전문은 프랑스가 상호주의의 유보하에 평화조직과 방위에 필요한 주권 제한에 동의한다고 규정하여 주권 제한을 인정하고 있다.
④ 일반국제법상 인권존중원칙에 의해 금지되는 국가의 행위는 중대한 인권침해, 즉 반복적이고 체계적인(repeated and systematic) 인권침해뿐만 아니라 일회적 인권침해도 포함된다.

05 범죄인 인도제도에 대한 설명으로 옳지 않은 것은?

① 인도청구가 경합하는 경우 국제법상 속지주의에 따라 청구한 국가에게 우선 인도된다.
② 북경협약(2010)에 의하면 항공기를 통해 대량살상무기를 운반한 자는 정치범으로 인정되지 않는다.
③ 우리나라 범죄인 인도법에 의하면 다수인의 생명이나 신체를 침해하거나 이에 대한 위험을 야기한 범죄인에 대해서는 정치범 불인도원칙이 적용되지 않는다.
④ 쇠링(Söring) 사건에 따르면 유럽인권협약에 대한 위반이 예견되는 경우에도 유럽인권협약이 적용된다.

06 국제민간항공 관련 불법행위의 억제에 관한 협약(베이징협약)에 대한 설명으로 옳지 않은 것은?

① 환경에 중대한 피해를 야기할 목적으로 운항 중인 항공기를 사용하는 경우 협약상 범죄에 해당할 수 있다.
② 범죄가 자국민에 대하여 범하여진 경우 당사국은 그런 범죄에 대해 관할권을 확립한다.
③ 당사국은 자국 영토에 위치하고 있는 법인의 경영 또는 감독에 책임 있는 자가 그 자격으로 동 협약에 규정된 범죄를 범하였을 경우 그 법인의 책임을 물을 수 있으며 나아가 당해 법인의 경영이나 감독에 책임이 있는 자도 별도로 처벌 대상이 될 수 있다.
④ 협약 폐기를 수탁자에 대해 통고한 경우 통고가 접수된 일자로부터 1년 후에 효력이 발생한다.

07 해적행위에 대한 국가관할권 행사에 대한 설명으로 옳지 않은 것은?

① 보편주의원칙에 기초하여 모든 국가가 관할권을 행사할 수 있다.
② UN해양법협약상 해적에 대한 관할권은 의무적 관할권이다.
③ 해적행위의 혐의가 있는 선박의 나포가 충분한 근거 없이 행하여진 경우, 나포를 행한 국가는 그 선박의 국적국에 대하여 나포로 인하여 발생한 손실 또는 손해에 대한 책임을 진다.
④ 해적행위를 이유로 한 나포는 군함·군용항공기 또는 정부업무를 수행 중인 것으로 명백히 표시되고 식별이 가능하며 그러한 권한이 부여된 그 밖의 선박이나 항공기만이 행할 수 있다.

08 국제법상 조약의 등록에 대한 설명으로 옳지 않은 것은?

① UN회원국은 국제사법재판소규정 제36조 제2항에 따른 선택조항 수락선언을 UN사무국에 등록해야 한다.
② UN헌장 발효 후 UN에 가입하는 경우 가입 이후에 체결하는 조약에 대해서만 등록의무가 있다.
③ 조약에 해당하지 않는 양해각서(MOU)도 사무국에 등록되고 있지만, 등록으로 법적 지위가 변경되는 것은 아니다.
④ UN총회가 1946년 채택한 조약의 등록과 공표에 관한 명령에 의하면 일방 당사자가 등록하면 타방 당사자는 등록의무가 면제된다.

09 난민의 국제적 보호에 대한 설명으로 옳지 않은 것을 모두 고른 것은?

ㄱ. UNHCR의 기본 임무는 국제협약의 체결과 비준을 장려하고 각국 정부와의 특별협정을 통하여 자발적 본국 귀환이나 새로운 국내공동체 내에서의 동화를 장려하는 일등이다.
ㄴ. 1954년 UN난민고등판무관실 결의에 기초하여 1955년 UN난민기금이 설치되었다.
ㄷ. 난민은 현재 국적국이나 상주국 밖에 사람이긴 하지만 이들이 국가를 떠날 때 이미 정치적 박해를 받고 있었을 것이 요구되지는 않는데 이처럼 개인이 국적국인 상주국을 떠난 뒤 외국 땅에서 나중에 난민이 되는 경우를 현장난민으로 부르기도 한다.
ㄹ. 피난국 당국에 의하여 1951년 협약이나 1967년 의정서 중에서 하나에 의거하여 난민으로 인정된 자는 그가 1951년 협약이나 1967년 의정서의 당사국인 국가 내에 있는지에 관계없이 UNHCR이 제공하는 UN의 보호를 받을 자격이 있다.

① ㄱ, ㄴ ② ㄷ, ㄹ
③ ㄱ, ㄷ ④ ㄴ, ㄹ

10 영사관계에 관한 비엔나협약(1963)에 대한 설명으로 옳은 것만을 모두 고른 것은?

ㄱ. 접수국은 그 법령상 필요한 경우 영사기관장을 제외한 기타의 영사관원에게 영사인가장을 부여할 수 있다.
ㄴ. 접수국이 영사기관원을 영사직원으로 간주하지 아니함을 통고하는 경우 영사기관원의 직무는 종료된다.
ㄷ. 영사관계가 단절되는 경우 파견국은 접수국이 수락하는 제3국에 대하여 영사관사와 그 재산 및 영사문서의 보관을 위탁할 수 있다.
ㄹ. 영사관계가 단절되는 경우 파견국은 접수국이 수락하는 제3국에 대하여 그 이익과 그 국민의 이익에 대한 보호를 위탁할 수 있다.

① ㄱ, ㄴ ② ㄱ, ㄴ, ㄷ
③ ㄴ, ㄷ, ㄹ ④ ㄱ, ㄴ, ㄷ, ㄹ

11 1972년 폐기물 및 기타물질의 투기에 의한 해양오염 방지에 관한 협약(런던덤핑협약)에 대한 설명으로 옳지 않은 것은?

① 런던덤핑협약은 전면적으로 해양투기가 금지되는 폐기물의 종류(부속서 I) 및 사전에 특별허가를 요하는 물질(부속서 II)로 대별하여 규정하였다.
② 천재지변 등 불가항력과 국제법에 의해 주권면제가 부여되는 선박과 항공기의 경우 런던덤핑협약 적용에서 제외된다.
③ 1996년 개정의정서는 종래의 투기허용품목의 명시방법(Positive Listing System)에서 투기금지품목의 명시방법(Negative Listing System)으로 전환하여 투기를 보다 엄격하게 금지하고자 하였다.
④ 1996년 개정의정서는 런던덤핑협약이 적용되는 해양의 범위에 내수(Internal Waters)를 포함하여 협약의 적용 범위를 확대하였다.

12 UN헌장에 대한 설명으로 옳지 않은 것은?

① 헌장 발효 이후 UN회원국이 체결하는 모든 조약과 모든 국제협정은 가능한 한 신속히 사무국에 등록되고 사무국에 의해 공표된다.
② UN회원국의 헌장상의 의무와 다른 국제협정상의 의무가 상충하는 경우 헌장상의 의무가 우선한다.
③ UN은 그 임무의 수행과 그 목적의 달성을 위하여 필요한 법적 능력을 모든 국가의 영역 안에서 향유한다.
④ UN, UN회원국 대표 및 UN직원은 UN과 관련된 임무를 독립적으로 수행하기 위하여 필요한 특권과 면제를 향유한다.

13 UN해양법협약상 대륙붕제도에 대한 설명으로 옳지 않은 것은?

① 연안국은 대륙붕을 탐사하고 그 천연자원을 개발할 수 있는 대륙붕에 관한 주권적 권리를 행사한다.
② 대륙변계의 외측 한계가 영해기선으로부터 200해리에 미치지 않는 경우, 대륙붕은 영해기선으로부터 200해리까지의 해저지역의 해저와 하층토로 이루어진다.
③ 대륙변계가 영해기선으로부터 200해리 밖으로 확장되는 경우, 대륙붕의 외측 한계는 영해기선으로부터 350해리를 넘거나 2,500m 등심선으로부터 100해리를 넘을 수 없다.
④ 연안국이 자원개발을 수행하고 있는 지점의 반경 12해리 이내에서는 제3국 선박들의 항행이 금지된다.

14 국제사법재판소(ICJ)의 소송참가(intervention)에 대한 설명으로 옳지 않은 것은?

① 2013년 호주와 일본 간의 남극해 포경 사건에서 뉴질랜드가 포경규제협약의 당사국으로서 다자조약의 해석을 문제로 소송참가를 신청하자 국제사법재판소(ICJ)는 뉴질랜드는 호주와 동일한 법률적 이해관계를 가지므로 국제사법재판소(ICJ)규정 제62조에 의한 소송참가를 신청해야 한다고 결정하였다.
② 국제사법재판소(ICJ)는 아야 데 라 토레 사건에서 제63조에 따른 해석적 참가를 처음으로 인정하였다.
③ 2011년 니카라과와 콜롬비아 간 영토 및 해양분쟁 사건에서 국제사법재판소(ICJ)는 소송참가를 당사자참가과 비당사자참가로 구분하고 당사자참가국은 소송과정에서 본안 사건 당사국과 동일한 권한을 행사할 수 있고 본안 판결의 구속력을 받는다고 판시하였다.
④ 1993년 나우르 인산염 사건에서 국제사법재판소(ICJ)는 사건과 관련된 법률상 이해관계를 가진 당사국들 모두가 소송에 참가하여야 하는 것은 아니라고 판시하였다.

15 조약의 유보에 대한 설명으로 옳은 것만을 모두 고른 것은?

ㄱ. 유보에 대한 수락은 서면에 의해 명시적으로 해야 한다.
ㄴ. 유보는 양자조약 체결을 용이하게 하기 위한 제도이다.
ㄷ. 유보는 조약적용의 통일성은 저해하지만, 현실적으로 인적 적용범위를 확대하기 위한 제도이다.
ㄹ. 유보는 타방 체약국의 동의를 얻어야 유효하게 성립한다는 점에서 쌍방행위이다.
ㅁ. 유보의 철회는 언제든지 가능하며 그 시기에 제한이 없다.
ㅂ. 국제사법재판소(ICJ)는 집단살해방지협약의 유보에 관한 권고적 의견(1951)에서 유보의 제한 사유로서 유보와 조약의 대상 및 목적과의 양립성(compatibility) 기준을 제시하고 대항성이론을 인정하였다.

① ㄱ, ㄴ, ㄷ　② ㄴ, ㄷ, ㅂ
③ ㄷ, ㅁ, ㅂ　④ ㄴ, ㄷ, ㅁ, ㅂ

16 국제사법재판소(ICJ)의 아마두 사디오 디알로(Ahamadou Sadio Diallo) 사건 및 이와 관련된 사항에 대한 설명으로 옳은 것만을 모두 고른 것은?

ㄱ. 기니 국민이 입은 피해에 대해 기니(Guinea)가 외교적 보호권을 발동한 사건이다.
ㄴ. 국제사법재판소(ICJ)는 국내법을 해석함에 있어서 해당 국가 당국, 특히 최고 재판소의 입장을 존중해야 한다고 판시하였다.
ㄷ. 상설국제사법재판소(PCIJ)는 Certain German Interests in Polish Upper Silesia 판결에서 국제재판시 각국의 국내법은 구속력을 지닌 법이 아닌 단순한 사실로 취급된다는 점을 명확히 하였다.
ㄹ. 국제사법재판소(ICJ)는 Brazilian Loans 사건에서 국내법의 내용은 사실의 문제이긴 하나, 이는 특별한 성격의 사실로서 국제재판소는 국내법을 해당 국가의 법원과 같은 방법으로 해석 및 적용해야 한다고 판시하였다.

① ㄱ, ㄴ　② ㄱ, ㄴ, ㄷ
③ ㄱ, ㄷ, ㄹ　④ ㄴ, ㄷ, ㄹ

17 국가승계에 대한 설명으로 옳은 것은?

① 조약승계협약(1978)에 의하면 다자조약 승계 통고 시 신생국은 유보와 관련하여 별다른 의사표시를 하지 않으면 선행국의 유보의 불승계로 간주된다.
② 재산문서채무의 승계에 관한 협약(1983)에 의하면 신생독립의 경우 식민지 안에 있던 전임국가의 국유부동산은 형평한 비율로 신생독립국에게 이전된다.
③ 재산문서채무의 승계에 관한 협약(1983)에 의하면 분열의 경우 전임국가의 부채는 인구 수에 비례하여 신 국가에 이전된다.
④ 조약승계협약(1978)에 의하면 다자조약의 승계 통고 시 신생독립국은 독립일로부터 조약 당사국의 지위를 인정받으나, 독립일과 승계통고일 사이의 기간에는 적용이 정지된다.

18 GATT의 내국민대우원칙에 대한 설명으로 옳지 않은 것만을 모두 고른 것은?

ㄱ. 내국민대우의무는 '구체적 약속(specific commitments)'의 형태로 규정되어 있다. ㄴ. 내국민대우원칙에 따르면, 수입품에 유리한 대우를 부여하는 것은 허용된다. ㄷ. 외국 상품에 대해 자국 상품에 적용되는 조치보다 불리하지 아니한 조치를 취해야 하며 불리한 조치인지 여부는 실질적인 시장접근에 있어서의 변화를 중심으로 판단한다. ㄹ. 자국 생산자에게 감면보조금을 지급하는 경우 내국민대우의무에서 면제된다.

① ㄱ, ㄴ ② ㄱ, ㄴ, ㄷ
③ ㄱ, ㄷ, ㄹ ④ ㄱ, ㄴ, ㄷ, ㄹ

19 WTO의 농업협정에 대한 설명으로 옳지 않은 것은?

① 농업협정은 모든 국내보조를 금지하였다.
② 감축대상보조금은 6년 동안 20%를 감축해야 한다.
③ 예외 없는 관세화를 추진하기 위해 최소시장접근(MMA)과 현행시장접근(CMA)원칙을 도입하였다.
④ 농업협정은 별도의 세이프가드조치를 규정하고 있다.

20 다음 중 WTO에 의한 분쟁해결과 국제사법재판소(ICJ)에 의한 분쟁해결에 대한 설명으로 옳은 것은?

① WTO상소기구 판정과 국제사법재판소(ICJ) 판결은 양자 모두 전원재판정에 의한다.
② WTO분쟁해결기구의 관할권은 WTO회원국 간의 분쟁에 대하여 성립하지만, 국제사법재판소(ICJ)에 의한 분쟁해결은 국제사법재판소규정의 비당사국에게도 개방된다.
③ WTO회원국이 국제사법재판소(ICJ) 판결을 이행하지 않은 경우 WTO에 의한 무역보복조치가 가능하다.
④ WTO협정은 판정을 이행하기 전에 잠정적으로 일정한 보상에 합의할 수도 있음을 규정하고 있고, 국제사법재판소규정은 판결불이행 시 보상에 대하여 명시하고 있다.

MEMO

정답·해설 _해설집 p.36

07회 실전동형모의고사

제한시간: 20분 시작 시 분 ~ 종료 시 분 점수 확인 개/ 20개

01 국제형사재판소 설치를 위한 로마협약(1998)에 대한 설명으로 옳은 것은?

① 어느 국가가 협약의 발효 후에 규정의 당사국이 되는 경우 원칙적으로 재판소는 로마협약이 발효된 이후에 범하여진 범죄에 대하여만 당해국과 관련하여 관할권을 행사할 수 있다.
② 소추관이 수사허가를 요청한 경우 1심재판부가 수사허가요청서와 증빙자료를 검토한 후, 수사를 진행시킬만 한 합리적인 근거가 있고 당해 사건이 재판소의 관할권에 속한다고 판단하는 경우, 1심재판부는 수사의 개시를 허가한다.
③ 재판소는 자신에게 회부된 모든 사건에 대하여 재판소가 관할권을 가지고 있음을 확인하여야 하며, 재판소는 직권으로 사건의 재판적격성을 결정할 수 있다.
④ 국제형사재판소에 의하여 이미 유죄 또는 무죄판결을 받은 범죄에 대하여 다른 국제재판소에서 재판받지 아니하나, 로마협약 당사국 국내 재판소에서는 재판을 받을 수 있다.

02 국제환경협약에 대한 설명으로 옳은 것은?

① 1972년 런던덤핑협약은 지구온난화 방지를 위한 온실가스 배출권의 거래를 제한하고 있다.
② 1985년 오존층보호협약에 따르면 협약당사국은 개발도상국에 대체 기술을 신속히 이전할 의무를 부담한다.
③ 1987년 오존층 파괴물질에 관한 의정서는 비당사국들과 통제물질을 교역하는 것을 금지함으로써 환경과 무역을 연계시키고 있다.
④ 1999년 바젤협약 책임배상에 관한 의정서는 국경을 넘는 대기오염에 있어서의 지역적 협력을 의무화하고 있다.

03 1982년 UN해양법협약상 배타적 경제수역에 대한 설명으로 옳지 않은 것은?

① 1951년 노르웨이와 영국 간의 어업권 사건(Fisheries case)에서 관습법으로 인정된 내용으로 1982년 UN해양법협약에서 처음 성문화되었다.
② 연안국은 배타적 경제수역에서의 해양과학조사에 대한 관할권을 가진다.
③ 연안국은 해저의 상부수역, 해저 및 그 하층토의 생물이나 무생물 등 천연자원의 탐사, 개발, 보존 및 관리를 목적으로 하는 주권적 권리를 가진다.
④ 연안국은 배타적 경제수역에서의 인공섬, 시설 및 구조물의 설치와 사용에 대한 관할권을 가진다.

04 국제사법재판소(ICJ)의 재판관에 대한 설명으로 옳은 것만을 모두 고른 것은?

ㄱ. 재판관이 소송당사자의 국민인 경우 동 재판관은 재판에 참여할 수 없다.
ㄴ. 판결에는 결정에 참여한 재판관의 성명이 포함되지 않는다.
ㄷ. 재판관은 9년의 임기로 선출되며 재선될 수 있다.
ㄹ. 재판관은 이전에 그가 변호인으로 관여하였던 사건의 판결에 참여할 수 없다.
ㅁ. 임기가 만료된 재판관은 후임자가 충원될 때까지 계속 직무를 수행한다.

① ㄱ, ㄴ, ㄷ　　② ㄱ, ㄴ, ㄹ
③ ㄱ, ㄷ, ㅁ　　④ ㄷ, ㄹ, ㅁ

05 국가의 무력사용에 대한 설명으로 옳지 않은 것을 모두 고른 것은?

ㄱ. ICJ는 Legality of the Threat or Use of Nuclear Weapons 사건에서 비례의 요건은 그 자체로 자위를 위한 핵무기의 사용을 여하한 사정에서도 배제하는 것은 아니라고 하였다.
ㄴ. 에리트리아-에티오피아 청구 위원회는 소규모 보병부대 간 국경에서의 국지적인 조우전이 인명 손실을 동반하는 경우 UN헌장의 목적상 무력공격을 구성한다고 하였다.
ㄷ. 단독으로는 무력공격의 정의에 해당하지 아니하는 무력의 사용이라도 누적되면 무력공격과 같은 것으로 보고 자위권 행사의 대상이 될 수 있다고 보는 '침격전술론' 또는 '누적적 사건론'에 대해 ICJ는 이를 인정하는 것으로 평가된다.
ㄹ. Oil Platforms 사건에서 ICJ는 미국 국기를 게양한 한 상선에 대한 기뢰에 의한 공격은 무력공격을 구성할 수 있지만, 미국인이 소유하지만 미국 국기를 게양하지 아니한 다른 상선에 대한 공격은 미국에 대한 무력공격에 해당하지 아니한다고 하여, 특정 국가의 국기를 게양한 단 한 척의 상선에 대한 무력공격은 그 국가에 대한 공격과 동일시 할 수 없음을 시사하였다.

① ㄱ, ㄴ
② ㄱ, ㄷ
③ ㄴ, ㄹ
④ ㄷ, ㄹ

06 국제연맹과 국제연합(UN)을 비교하여 설명한 것으로 옳은 것은?

① 국제연맹이 다수결제를 표결방식으로 채택하고 있는 반면, UN은 만장일치제를 취하고 있다.
② 상설국제사법재판소(PCIJ)는 국제연맹의 주요기관이 아닌 반면, 국제사법재판소(ICJ)는 UN의 주요기관 중 하나이다.
③ 탈퇴에 대해 국제연맹은 명문규정을 두지 않은 반면, UN은 명문규정을 두고 있다.
④ 국제연맹은 조약등록을 대항요건으로 하고 있는 반면, UN은 조약등록을 효력요건으로 하고 있다.

07 다음 중 국제해양분쟁해결 사례에 대한 설명으로 옳지 않은 것만을 모두 고른 것은?

ㄱ. 코르푸 해협 사건(1949)에서 국제사법재판소(ICJ)는 안전보장이사회가 당해 사건을 국제사법재판소(ICJ)에 회부하도록 한 결의는 법적 구속력이 있으므로 영국의 일방적 제소에 대해 관할권을 가진다고 판시하였다.
ㄴ. 흑해 해양경계획정 사건(2009)에 비추어볼 때 독도는 해양경계획정에 있어서 중간선의 조정을 위한 고려요소가 될 것으로 예상할 수 있다.
ㄷ. M/V Saiga호 사건(1999)에 의하면 위법한 추적권 발동으로 선박이 피해를 입은 경우 선박의 국적국은 국내구제완료 및 국적계속원칙을 충족하여야만 외교적 보호권을 발동할 수 있다.
ㄹ. 벵갈만 해양경계획정 사건(2012)에서 국제사법재판소(ICJ)는 크기와 인구, 경제활동에 있어서 상당한 규모의 섬은 영해 경계획정 시 완전한 효과가 부여된다고 판시하였다.

① ㄱ
② ㄱ, ㄴ
③ ㄱ, ㄴ, ㄷ
④ ㄱ, ㄴ, ㄷ, ㄹ

08 외교관계에 관한 빈협약(1961)에 대한 설명으로 옳지 않은 것을 모두 고른 것은?

ㄱ. 외교관계가 단절되어 더 이상 사용되지 않고 있는 공관은 외교공관으로서의 성격을 상실하나 빈협약에 규정된 불가침성은 유지된다.
ㄴ. 외교사절단이 소환되어 더 이상 사용되지 않고 있는 공관은 외교공관으로서의 성격을 상실하나 빈협약에 규정된 불가침성은 유지된다.
ㄷ. 외교공관으로서의 성격을 상실한 경우에도 접수국은 사절단의 재산 및 문서와 더불어 외교공관을 존중하고 보호하여야 한다.
ㄹ. Armed Activities on the Territory of the Congo 사건에서 ICJ는 콩고민주공화국의 수도 주재 우간다 대사관과 대사관 내의 사람들에 대한 콩고 군대의 공격은 외교공관의 불가침의무 및 외교관에 대한 신체 불가침 의무를 위반한 것이라고 하였다.

① ㄱ, ㄴ
② ㄱ, ㄹ
③ ㄴ, ㄷ
④ ㄷ, ㄹ

09 정부승인에 대한 설명으로 옳은 것만을 모두 고른 것은?

ㄱ. 정부승인은 정부가 비합법적 방법으로 변경된 경우 신정부를 국가의 대표로 인정하는 일방적이고 정치적인 의사표시이다.
ㄴ. 정부승인을 위해서는 우선 국가영역 전체에 대한 완전한 지배에 기반한 '일반적 사실상의 정부'가 수립되어야 한다.
ㄷ. 루터 대 사고르 사건(1921)과 티노코 사건(1923)은 모두 정부승인에 있어서 사실주의를 확인하였다.
ㄹ. 미국은 정부승인의 국내적 효력에 있어서 제소권을 영국과 달리 미승인국에게도 인정한다.

① ㄱ
② ㄱ, ㄴ
③ ㄱ, ㄴ, ㄷ
④ ㄱ, ㄴ, ㄷ, ㄹ

10 고문과 기타 잔혹하거나, 비인도적이거나 모욕적인 대우 혹은 처벌에 반대하는 협약(고문방지협약)에 대한 설명으로 옳은 것을 모두 고른 것은?

ㄱ. 전쟁상태, 전쟁의 위협, 국내의 정치불안정 또는 그 밖의 사회적 긴급상황 등 어떠한 예외적인 상황도 고문을 정당화하기 위하여 원용될 수 없다.
ㄴ. 피해자가 자기나라의 국민이며 자기나라의 관할권 행사가 적절하다고 인정하는 경우 당사국은 범죄에 대한 관할권을 확립하기 위하여 필요한 조치를 취한다.
ㄷ. 당사국은 범죄를 실행한 것으로 추정되는 혐의자가 자기나라 영토 안에 소재하는 경우에, 입수된 정보를 검토한 후 상황에 비추어 정당하다고 판단하게 되면, 국적국의 통고하고 동의를 받은 즉시 범죄혐의자를 구금하거나 또는 그의 신병을 확보하기 위한 그 밖의 법적 조치를 취한다.
ㄹ. 고문방지위원회의 위원은 3년 임기로 선출되며 위원은 후보로 재지명되는 경우 재선될 수 있다.

① ㄱ, ㄴ
② ㄴ, ㄷ
③ ㄱ, ㄹ
④ ㄷ, ㄹ

11 국제인권 A규약 선택의정서(2008)에 대한 설명으로 옳은 것을 모두 고른 것은?

ㄱ. 당사국은 언제라도 국제연합 사무총장에게 서면 통지함으로써 이 의정서를 폐기할 수 있으며 폐기는 사무총장이 통지를 접수한 날로부터 3개월 후에 효력을 발생한다.
ㄴ. 위원회는 원칙적으로 국내적 구제방법이 소진된 후 1년 이내에 통보가 제출되지 않은 경우 통보를 허용할 수 없다고 선언한다.
ㄷ. 위원회는 의정서에 따라 비밀리에 제출받은 통보에 대해 관련 당사국의 주의를 환기시키며, 통보를 송부 받은 당사국은 문제 및 동 당사국이 제공했을 수도 있는 구제방법을 해명하는 설명서 또는 진술서를 6개월 이내에 위원회에 제출한다.
ㄹ. 당사국은 위원회의 견해, 그리고 권고사항이 있다면 이것을 충분히 고려하며, 위원회의 견해와 권고를 감안하여 취한 조치에 관한 정보를 포함하는 답서를 3개월 이내에 위원회에 제출한다.

① ㄱ, ㄴ
② ㄴ, ㄷ
③ ㄱ, ㄹ
④ ㄷ, ㄹ

12 Gabcikova – Nagymaros Project(1997) 사건의 쟁점에 대한 설명으로 옳은 것만을 모두 고른 것은?

ㄱ. 조약법에 관한 비엔나협약이 발효되기 전에 체결된 조약이라 하더라도 조약법에 관한 비엔나협약의 일부 규정이 관습법을 성문화한 경우 조약법에 관한 비엔나협약 발효 전에 체결된 조약에 대해서도 적용될 수 있다고 판시하였다.
ㄴ. 국제사법재판소(ICJ)는 헝가리 내부 정치적 상황의 심각한 변화, 환경법규범의 발달 등을 조약의 종료사유로서 사정변경원칙 적용의 요건을 충족한다고 판단하였다.
ㄷ. 헝가리는 긴급피난을 조약의 종료사유로 원용하였으나 조약종료사유가 아니라는 이유로 인정하지 않았다.
ㄹ. 국가의 분열에 있어서 선행국이 체결한 영토 관련 조약은 승계국이 승계할 의무가 있다고 하였다.

① ㄱ, ㄴ
② ㄱ, ㄷ, ㄹ
③ ㄴ, ㄷ, ㄹ
④ ㄱ, ㄴ, ㄷ, ㄹ

13 프랑스 핵실험 사건(ICJ, 1974)에 대한 설명으로 옳지 않은 것은?

① 호주와 뉴질랜드는 남태평양 수역에서 프랑스의 핵실험이 국제법 위반이므로 프랑스가 향후 더 이상의 핵실험을 실시하지 못하도록 명령하여 달라는 소송을 제기하면서 잠정조치도 함께 제시하였다.
② 국제사법재판소(ICJ)는 일방적 선언이라도 이를 준수할 의도하에서 발표된 것이라면 당사국은 이에 법적으로 구속되며 그 같은 의도는 당사국의 행위의 내용을 통하여 확인될 수 있다고 하였다.
③ 이 판결과 달리 국제사법재판소(ICJ)는 Frontier Dispute 사건에서는 언론사와의 인터뷰를 통하여 밝힌 말리 대통령의 발언에 대해 법적 구속력을 인정하지 않았다.
④ 1995년 프랑스가 8차례 핵실험을 남태평양 지역에서 실시할 계획임을 발표하자 뉴질랜드는 1974년 판결을 근거로 1974년 사건을 국제사법재판소(ICJ)가 재개할 것을 청구하였고 국제사법재판소(ICJ)는 청구를 받아들여 프랑스 측이 일방행위를 통한 약속을 위반하였다고 판시하였다.

14 위법성 조각사유에 대한 설명으로 옳은 것만을 모두 고른 것은?

ㄱ. 한 국가가 타국의 행위 실행에 대해서 한 유효한 동의는 그 행위가 동의의 범위 밖에서 실행된 경우라 하더라도 위법성이 조각된다.
ㄴ. 대응조치를 취하는 국가는 그에 앞서 반드시 책임국에게 손해배상청구를 해야 하나 자국의 권리 보호를 위해 필요한 경우에 한해 긴급대응조치를 취할 수 있다.
ㄷ. 불가항력의 경우 긴급피난과 달리 비례원칙을 요구하지 않는다.
ㄹ. 피해국의 동의, 불가항력, 긴급피난의 경우 국가 간 배상의무는 성립하지 않으나 피해자에 대한 보상책임은 성립할 수 있다.

① ㄱ, ㄴ　　② ㄴ, ㄷ
③ ㄴ, ㄹ　　④ ㄷ, ㄹ

15 국제기구에 대한 설명으로 옳지 않은 것은?

① 국제기구의 직원이 업무 중 타국에 의해 피해를 본 경우, 국제기구의 직무 보호권과 피해자 본국의 외교적 보호권이 모두 문제되며, 국제기구가 직무 보호권을 발동한다면 먼저 국내구제를 완료해야 한다.
② 국제기구가 직원이 아닌 개인에게 손해를 야기한 경우 국적국은 국제기구를 상대로 하여 외교적 보호권을 발동할 수 있다.
③ 국제기구가 직원에게 손해를 야기한 경우 직원의 국적국은 국제기구를 상대로 외교적 보호권을 발동할 수 있으나, 직원이 자신의 피해를 구제할 수 있는 수단이 국제기구 내에 존재한다면 이 내부 절차를 먼저 완료해야 한다.
④ 국제기구가 제3자에게 손해를 끼친 경우 국제기구는 회원국과 별개의 법인격을 향유하므로 국제기구의 위법행위에 대해서는 국제기구만 책임을 지는 것이 원칙이다.

16 외국인 추방에 관한 규정 초안(2014)에 대한 설명으로 옳은 것은?

① 추방은 원칙적으로 외국인에게 국가를 떠나도록 강제하는 그 국가에게 귀속되는 공식적인 행위 또는 행동을 의미하나, 일정한 경우 타국가나 국제재판소로의 범죄인 인도 혹은 외국인의 입국거부도 추방에 포함될 수 있다.
② 어떤 추방결정도 대상자가 요구한 경우 추방에 대한 이유를 설명해야 한다.
③ 외국인의 집단적 추방을 금지하고 있다.
④ 타국의 영토에서 합법적으로 존재하다가 위법하게 추방된 외국인은 추방이 위법하였다는 것이 권한 있는 당국에 의해 입증되는 경우라 하더라도 추방국으로 재입국할 권리를 갖는 것은 아니고 권한 있는 당국에 대한 신청 및 결정에 따라 재입국할 수 있다.

17 국제관습법에 대한 설명으로 옳은 것은?

① ICJ는 Military and Paramilitary Activities in and against Nicaragua 사건에서 어떤 국가가 국내문제 불간섭 원칙에 대한 새로운 권리 혹은 선례가 없는 예외를 원용하고 타 국가들이 뜻을 같이한다고 해도 국제관습법의 변경으로 이어질 수 없다고 하였다.
② ILC는 현재 검토 중인 국제관습법의 확인에 대한 결론 초안에서 NGO, 비국가무장단체, 다국적기업 및 사인의 관행은 관습법규를 창설할 수 없다고 하였다.
③ ILC는 국제관습법의 확인에 대한 결론 초안에서 국제기구의 관행은 국제관습법규의 형성에 기여할 수 없다고 보아야 한다고 하였다.
④ Bin Cheng은 국제사법재판소(ICJ)가 Military and Paramilitary Activities in and against Nicaragua 사건에서 일반 관행의 필요성을 강조하였으므로 인스턴트 관습 이론은 ICJ에 의해서 암묵적으로나마 배척한 것이라고 주장하였다.

18 세계무역기구(WTO)의 분쟁해결에서 비위반제소(non-violation complaints)에 대한 설명으로 옳지 않은 것은?

① 비위반제소를 다룬 사례로 '일본-필름 사건'(Japan-Measures Affecting Consumer Photographic Film and Paper)이 있다.
② 이익이 무효화 또는 침해되었다는 판정이 내려지는 경우 피소국은 문제된 조치를 철회하여야 한다.
③ 비위반제소는 위반제소와 병행하여 제기될 수 있다.
④ 피소국의 조치로 인해 대상협정상의 이익이 무효화 또는 침해되어야 한다.

19 Korea-Various Measures on Beef 사건(2001)에 대한 주요 쟁점 및 판결 내용에 대한 설명으로 옳은 것만을 모두 고른 것은?

ㄱ. 패널은 한국의 '수입쇠고기 구분판매제도'는 GATT1994 제3조 제4항 위반조치에 해당한다고 판시하였다. ㄴ. 상소기구는 GATT1994 제3조 제4항상 '불리한 대우(treatment less favourable)'의 유무를 결정하기 위해서는 그러한 구분조치가 수입품에 불리한 방향으로 경쟁의 조건을 변경시켰는가를 기준으로 판단해야 한다고 보았다. ㄷ. 상소기구는 GATT1994 제20조상 '필요한' 조치의 의미를 필수불가결한(indispensible)의 의미로 파악하였다. ㄹ. 패널은 한국의 '수입쇠고기 구분판매제도'는 GATT 1994 제20조 제(d)호상 본문의 요건을 충족하였으나 전문의 요건을 충족하지 못한다고 판단하였다.

① ㄱ, ㄴ ② ㄱ, ㄴ, ㄷ
③ ㄴ, ㄷ, ㄹ ④ ㄱ, ㄴ, ㄷ, ㄹ

20 WTO의 기술무역장벽협정(TBT)에 대한 설명으로 옳은 것은?

① 기술무역장벽협정(TBT)은 기만적 관행의 방지라는 단일목표를 지니고 있다.
② 내국민대우원칙과는 관련이 없다.
③ 기술규정, 표준 및 적합판정절차를 적용범위로 한다.
④ 국제표준은 참고대상일 뿐 준수의무는 없다.

MEMO

정답·해설 _해설집 p.41

08회 실전동형모의고사

제한시간: 20분 시작 시 분 ~ 종료 시 분 점수 확인 개/ 20개

01 민간항공의 안전에 대한 불법적 행위의 억제를 위한 협약(몬트리올협약)(1971)에 대한 설명으로 옳은 것은?

① 항공기는 일정 비행을 위하여 지상원 혹은 승무원에 의하여 항공기의 비행 전 준비가 시작된 때부터 착륙 직후까지 운항 중에 있는 것으로 본다.
② 협약은 항공시설이 국제항공 및 국내항공에 사용되는 경우에 적용된다.
③ 범인 및 범죄혐의자가 그 영토 내에 소재하고 있는 체약국은 그를 구치하거나 그의 신병확보를 위한 기타 조치를 취하여야 한다.
④ 협상을 통하여 해결될 수 없는 본 협약의 해석 또는 적용에 관한 2개국 또는 그 이상의 체약국들 간의 어떠한 분쟁도 그들 중 일국가의 요청에 의하여 중재에 회부되며, 중재 요청일로부터 12개월 이내에 체약국들이 중재구성에 합의하지 못할 경우에는, 그들 당사국 중의 어느 일국가가 국제사법재판소에 동 재판소규정에 따라 분쟁을 부탁할 수 있다.

02 국제법위원회(ILC)의 '조약 유보에 관한 실행지침(2011)' 상 무효인 유보에 대한 설명으로 옳지 않은 것은?

① 인권조약에서 허용불가능한 유보를 행한 국가가 조약의 당사자로 인정될 것인가 여부는 1차적으로 당해 조약의 타 당사자의 의사에 달려 있다고 하였다.
② 무효인 유보를 첨부한 국가가 별다른 의사표시를 하지 않는 경우 일단 유보 없는 가입으로 간주한다고 하여 분리이론을 규정하였다.
③ 무효인 유보의 첨부국이 유보 없는 가입으로 간주되는 경우 그 국가는 유보의 이익 없이는 조약의 당사국이 될 의사가 없다는 점을 추후 언제라도 표시할 수 있다.
④ 특정 인권조약기구가 인권조약에 대한 특정국의 유보를 무효라고 선언한 경우, 유보를 첨부했던 국가는 12개월 이내에 탈퇴 의사를 밝히지 않는 경우 계속해서 당사자로서 인정된다.

03 외교관계에 관한 비엔나협약(1961)상 주요 용어에 대한 설명으로 옳은 것은?

① 공관장이라 함은 접수국이 그러한 자격으로 행동할 임무를 부여한 자를 말한다.
② 공관원이라 함은 공관장과 공관의 외교직원을 말한다.
③ 공관직원이라 함은 공관의 외교직원, 행정 및 기능직원과 노무직원을 말한다.
④ 개인적 사용인이라 함은 공관직원의 가사에 종사하며 접수국의 피고용인이 아닌 자를 말한다.

04 다음 사례에 대한 국제법적 설명으로 옳은 것은? (다툼이 있는 경우 2001년 ILC가 작성한 위법행위책임 초안에 의함)

> A국 내에서 반정부시위가 발생하자 A국 중앙정부는 시위 진압을 위해 인접국인 B국에 대해 군사원조를 요청하였다. B국은 A국의 통제하에 시위 진압 행위를 하던 도중 C국과 D국의 이중국적자인 갑(甲)에게 신체·재산상의 막대한 피해를 입혔다.

① 갑(甲)의 피해에 대해서는 주권평등의 원칙상 C국과 D국 모두 외교적 보호권을 발동할 수 없다.
② A국과 B국 상호 간 원칙적으로 국제법상 책임이 성립하지 않으나 B국이 A국이 요청한 범위를 벗어나서 군사행동을 한 경우 그러한 행위에 대해서는 A국에 대해 국제법적 책임이 성립한다.
③ 만약 C국이나 D국이 외교적 보호권을 발동한다면 갑(甲)은 국내구제완료를 할 필요가 없다.
④ B국의 갑(甲)에 대한 피해에 대하여 A국과 B국이 공동책임을 지며, 양국 간 구상권이 행사될 수 있다.

05 파리협정(2015)에 대한 설명으로 옳지 않은 것은?

① 선진국 당사자는 가능하다면 개발도상국 당사자에게 제공될 공적 재원의 예상 수준을 포함하여, 정성적 · 정량적 관련 정보를 적용 가능한 범위에서 2년마다 통보한다.
② 당사자는 이 협정이 자신에 대하여 발효한 날부터 3년 후에는 언제든지 수탁자에게 서면통고를 하여 이 협정에서 탈퇴할 수 있으며, 탈퇴는 수탁자가 탈퇴통고서를 접수한 날부터 2년이 경과한 날 또는 탈퇴통고서에 그보다 더 나중의 날짜가 명시된 경우에는 그 나중의 날에 효력이 발생한다.
③ 선진국 당사자는 공적 개입을 통하여 제공 및 조성된 개발도상국 당사자에 대한 지원에 관하여 투명하고 일관된 정보를 2년마다 제공한다.
④ 산업화 전 수준 대비 지구 평균 기온 상승을 섭씨 2도보다 현저히 낮은 수준으로 유지하는 것 및 산업화 전 수준 대비 지구 평균 기온 상승을 섭씨 1.5도로 제한하기 위한 노력의 추구를 통해 기후변화의 위협에 대한 전지구적 대응을 강화하는 것을 목표로 한다.

06 외교보호에 관한 ILC초안(2006)상 국내구제완료원칙의 적용이 면제되는 경우로 옳은 것만을 모두 고른 것은?

ㄱ. 효과적인 구제를 제공할 수 있는 합리적으로 이용 가능한 구제수단이 없는 경우
ㄴ. 구제절차가 가해국에 의해 부당하게 지연되는 경우
ㄷ. 피해 시에 피해자와 피해국 간 적절한 관련성(relevant connection)이 없는 경우
ㄹ. 조약에 의해 국내구제완료가 명백하게 배제된 경우
ㅁ. 피해국이 국내구제완료에 대한 요구를 포기한 경우

① ㄱ, ㄴ　② ㄱ, ㄴ, ㄹ
③ ㄱ, ㄷ, ㅁ　④ ㄴ, ㄷ, ㄹ, ㅁ

07 영해에서 군함의 통항에 대한 설명으로 옳은 것만을 모두 고른 것은?

ㄱ. 우리나라의 경우 3일 전에 외교부장관에게 대한 사전통고를 요건으로 군함이 무해통항할 수 있다.
ㄴ. 구소련은 군함의 무해통항에 대해 30일 전 사전허가제도를 도입하고 있었으나, 1983년 국내법을 통해 군함의 무해통항권을 인정하고 있다.
ㄷ. 미국은 제2차 세계대전 전까지는 군함의 무해통항권을 부인하였으나, 현재는 군함의 무해통항권을 인정하고 있다.
ㄹ. 중국은 군함의 통항에 있어서 사전통고제도를 도입하고 있다.
ㅁ. 북한은 군함의 무해통항권을 부인하고 있다.

① ㄱ, ㄴ, ㄷ, ㄹ　② ㄱ, ㄴ, ㄷ, ㅁ
③ ㄱ, ㄷ, ㄹ, ㅁ　④ ㄴ, ㄷ, ㄹ, ㅁ

08 국제인도법에 대한 설명으로 옳은 것은?

① 1907년 육전의 법규 및 관습에 관한 헤이그협약 및 그 부속규칙에는 총가입조항이 삽입되어 있고, 1949년의 4개 제네바협약은 총가입조항을 명시적으로 인정하고 있다.
② 인권조약들은 체약국들이 국가의 생존이 위협받는 비상사태에서 직면하여 일정 인권을 일시적으로 훼손하는 조치를 채택하는 것을 허용하고 있는데 반해, 무력충돌이라는 비상사태에서 적용되는 국제인도법은 그 정의에 의해 이 같은 훼손가능성을 인정하지 않는다.
③ 마르텐스 조항이란 어떤 무기 또는 전쟁방식이 구체적으로 혹은 명시적으로 금지되지 않은 경우 국가의 전쟁 권한을 제한해서는 안 된다는 이론을 반영한 조항을 말한다.
④ 헤이그법은 전쟁의 희생자 보호에 관한 법을 지칭하는 것으로서, 전투능력을 상실한 전투원(군부상자, 병자, 조난자)과 적대행위에 참여하지 않는 사람들(포로, 민간인)에 대한 보호장치를 제공하고 있다.

09 국가승인에 대한 설명으로 옳지 않은 것을 모두 고른 것은?

> ㄱ. 구겐하임이나 라우터팩트와 같이 창설적 효력설을 주장하는 학자들은 승인 요건을 갖춘 경우 승인의무가 있다고 주장하나 승인은 재량행위이므로 인정될 수 없다고 보는 것이 일반적 견해다.
> ㄴ. 국가의 권리의무에 관한 몬테비데오협약(1933)은 선언적 효력설을 채택하고 있으며, 승인은 철회할 수 없고, 조건부 승인을 부여할 수 없음을 규정하고 있다.
> ㄷ. 유엔 가입이 인정되는 경우 가입에 찬성한 유엔 회원국은 신생국을 명시적으로 승인한 것으로 볼 수 있다.
> ㄹ. 미승인국의 법적 지위에 대해서는 원칙적으로 창설적 효력설이 인정된다.

① ㄱ, ㄴ　　② ㄴ, ㄷ
③ ㄱ, ㄹ　　④ ㄷ, ㄹ

10 UN해양법협약(1982)상 대륙붕에 대한 설명으로 옳은 것은?

① 대륙변계는 연안국 육지의 해면 아래쪽 연장으로서, 대륙붕·대륙사면·대륙융기의 해저와 하층토로 이루어지며, 해양산맥을 포함하되 심해대양저나 그 하층토는 포함하지 않는다.
② 대륙붕에서 국가의 관선 부설경로의 설정은 연안국의 동의를 받아야 한다.
③ 연안국은 영해기선으로부터 200해리 밖에 있는 대륙붕의 무생물 자원 개발에 관하여 금전을 지급하거나 현물을 공여해야 하며, 금전지급과 현물공여는 생산개시 10년 후부터 그 광구에서 생산되는 모든 생산물에 대하여 매년 납부된다.
④ 대향국 간 또는 인접국간의 대륙붕의 경계획정에 있어서 관련국은 합의에 이르는 동안 이해와 상호협력의 정신으로 실질적인 잠정약정을 체결해야 한다.

11 국제사법재판소(ICJ)의 소송참가(intervention)에 관한 설명으로 옳지 않은 것은?

① 2013년 호주와 일본 간의 '남극해 포경 사건'에서 뉴질랜드가 포경규제협약의 당사국으로서 다자조약의 해석을 문제로 소송참가를 신청하자 ICJ는 이를 인정하였다.
② ICJ는 아야 데 라 토레 사건에서 제63조에 따른 해석적 참가를 처음으로 인정하였다.
③ 2011년 니카라과와 콜롬비아 간 영토 및 해양 분쟁사건에서 ICJ는 소송참가를 당사자 참가과 비당사자 참가로 구분하고 당사자 참가국은 소송과정에서 본안사건 당사국과 동일한 권한을 행사할 수 있고 본안 판결의 구속력을 받는다고 판시하였다.
④ 1993년 '나우르 인산염 사건'에서 ICJ는 사건과 관련된 법률상 이해관계를 가진 당사국들 모두가 소송참가를 신청해야 소송 참가를 허가할 수 있다고 판시하였다.

12 조약법에 관한 비엔나협약(1969)에 대한 설명으로 옳지 않은 것은?

① 가서명은 조약의 서명을 구성하는 것으로 교섭국 간 합의한 경우 조약문의 서명을 구성한다.
② 등록되지 아니한 조약에 대해 제3국은 UN기관에서 원용할 수 없다.
③ 조약의 등록과 공표에 관한 명령(1946)에 의하면 이미 종료된 조약도 등록할 수 있다.
④ 정식조약에서 서명시 유보한 경우 비준 시 재확인해야 하나, 유보는 확인일자에 첨부된 것으로 처리한다.

13 국제해양분쟁해결 사례에 대한 설명으로 옳지 않은 것은?

① 코르푸 해협 사건(1949)에서 국제사법재판소(ICJ)는 안전보장이사회가 당해 사건을 ICJ에 회부하도록 한 결의는 법적 구속력이 없으므로 영국의 일방적 제소에 대해 관할권을 가질 수 없으나 영국과 알바니아 간 관할권에 관한 묵시적 합의가 존재하므로 관할권을 행사할 수 있다고 하였다.
② 흑해 해양경계획정 사건(2009)에 따르면 루마니아가 영유하고 있는 뱀섬은 해양경계획정에 있어서 '무효과(zero effect)'가 인정된다고 하였다.
③ M/V Saiga호 사건(1999)에 의하면 위법한 추적권 발동으로 선박이 피해를 입었다고 하더라도 이는 국가의 직접 피해로 인한 부수적 피해에 불과하므로 선박의 국적국은 국내구제완료 원칙과 무관하게 국제청구를 제기할 수 있다.
④ 벵갈만 해양경계획정 사건(2012)에서 국제해양법법원은 크기와 인구, 경제활동에 있어서 상당한 규모의 섬은 영해 경계획정 시 완전한 효과가 부여된다고 판시하였다.

14 국제법의 주체에 대한 설명으로 옳은 것만을 모두 고른 것은?

ㄱ. 국가를 구성하지 못한 일정 범주의 민족도 제한된 범위 내에서 국제인격을 갖는다.
ㄴ. 개인은 제한적·능동적 주체로 인정받고 있다.
ㄷ. 국제기구는 국제법의 주체로서 조약체결권 및 손해배상청구권을 가질 수 있다.
ㄹ. 연방국가의 구성국들은 대외적으로 각각 하나의 독립국가로 취급된다.

① ㄱ, ㄴ ② ㄱ, ㄷ
③ ㄱ, ㄹ ④ ㄴ, ㄷ

15 국가 및 그 재산의 관할권 면제에 관한 국제연합 협약(2004)에 대한 설명으로 옳지 않은 것은?

① 국가의 대리인이 타국의 법정에 증인으로서 출석하는 경우 국가가 법정지국의 관할권 행사에 동의한 것으로 해석될 수 있다.
② 타국 법정에서 소송을 제기한 국가는 그 주된 청구와 동일한 법적 관계 또는 사실로부터 제기되는 여하한 반소와 관련하여 그 법정의 관할권으로부터의 면제를 주장할 수 없다.
③ 타국 법정에서의 소송에서 당사자로서 당해 소송에 참가하는 국가는 그 국가에 의해 제기된 청구와 동일한 법적 관계 또는 사실로부터 제기되는 반소에 대해 법정의 관할권으로부터의 면제를 주장할 수 없다.
④ 타국 법정에서 자기를 상대로 제기된 소송에서 반소를 제기하는 국가는 그 주된 청구와 관련하여 그 법정의 관할권으로부터의 면제를 주장할 수 없다.

16 관세와 무역에 관한 일반협정(GATT)상 최혜국대우원칙에 대한 설명으로 옳은 것은?

① 최혜국대우는 WTO회원국 간 적용되므로 최혜국(Most Favored Nation)이 WTO회원국이 아닌 경우 당해 대우를 WTO회원국에 대해 적용할 의무가 없다.
② 최혜국대우원칙의 예외로서 역사적 예외는 조부조항(grandfather clause) 때문에 인정되지 않는다.
③ 최혜국대우원칙에서의 차별금지는 관세부과 등의 국경조치와 관련한 것이며 내국세 등의 국내조치와 관련된 것이 아니다.
④ 수입영역에만 적용되는 것이 아니라 수출영역에도 적용된다.

17 WTO 서비스거래에 관한 일반협정(GATS)에 대한 설명으로 옳은 것은?

① GATT는 상품무역을 다루고 GATS는 서비스무역을 다루기 때문에 상호배타적이다.
② 각국은 자국 양허표에 기재된 분야에 있어서 명시된 조건에 대해서만 NT의무를 진다.
③ 양허표는 협정 발표일로부터 3년이 경과한 후에는 수정할 수 없다.
④ 회원국은 GATS의 대상이 되는 모든 조치에 관하여 예외 없이 무조건적인 MFN을 부여해야 한다.

18 EC - Sardines(2002)의 주요 쟁점 및 판결 내용에 대한 설명으로 옳지 않은 것만을 모두 고른 것은?

ㄱ. EC는 시장에서 통조림 정어리로 상표가 부착되어 판매되기 위해서는 반드시 Sardina pilchardus 정어리만 사용해야 한다고 규제하였는데, 이에 대해 패널은 EC의 조치가 기술규정에 해당하여 SPS협정이 적용된다고 보았다.
ㄴ. 기술규정의 강제는 적극적(positive) 형태뿐만 아니라 부정적(negative) 양식으로 행사될 수 있다.
ㄷ. 상소기구는 국제표준의 비효율성 또는 부적합성에 대한 입증책임은 피제소국(EC) 측에 있다고 판시하였다.
ㄹ. 국제표준을 기술규정의 '기초로서 사용한다'의 의미를 상소기구는 기술규정이 국제표준과 상충한다면 기술규정이 국제표준에 기초하지 않은 것이라고 판단하였다.

① ㄱ, ㄴ　　② ㄱ, ㄷ
③ ㄴ, ㄷ　　④ ㄷ, ㄹ

19 국제분쟁해결제도에 대한 설명으로 옳은 것은?

① 상설중재재판소(PCA)는 국가 간 사건뿐만 아니라 국제기구와 국가, 국가와 개인, 혹은 국제기구와 개인 간 사건도 다루나, 국가 간 중재를 혼합중재보다 더 많이 제공하고 있다.
② 분쟁당사자들은 PCA에 중재뿐만 아니라 조정이나 사실심사도 의뢰할 수 있다.
③ ICJ는 Aegean Sea Continental Shelf 사건에서 소송 진행 중에 교섭이 적극적으로 추구되고 있는 경우 재판적격성 부존재에 해당하므로 재판소가 사법기능을 지속 수행할 수 없다고 하였다.
④ 1979년 팔레스타인 - 이스라엘 평화조약을 성사시킨 미국 Carter 대통령의 개입은 중개사례로 들 수 있다.

20 WTO 원산지협정에 대한 설명으로 옳은 것은?

① 원산지표시제도가 보호주의적 비관세장벽으로 사용되는 것을 방지하기 위하여 GATT 제9조에서는 원산지표시에 관한 규정을 두고 있다.
② 원산지규정은 원산지를 부여받을 수 있는 기준을 중심으로 기술하는 소극적인 기준(Negative Standard)을 기초로 하여야 한다.
③ 과도기간 중 원산지 판정에 있어서 가공공정기준이나 부가가치기준을 선택적으로 적용할 수 있으나 세번변경기준은 적용할 수 없다.
④ 쿼터제도의 적용의 목적으로 사용되는 원산지규정은 특혜 원산지규정으로서 원산지규정협정의 적용 대상이다.

MEMO

정답·해설 _해설집 p.46

09회 실전동형모의고사

제한시간: 20분 시작 시 분 ~ 종료 시 분 점수 확인 개/ 20개

01 국제연합(UN)에 대한 설명으로 옳지 않은 것은?

① 대만은 UN 안전보장이사회 상임이사국으로 출발하였으나 1971년 UN 총회는 북경 정부가 중국의 대표권을 갖는다고 결의하였다.
② 강제조치의 대상인 회원국의 정지된 권리와 특권의 회복은 총회의 전속적 권한이다.
③ 현재까지 탈퇴하거나 제명된 회원국은 없다.
④ UN에서 옵저버 국가는 총회에 참석하여 발언권을 행사할 수 있다.

02 니카라과 사건(1986)에 대한 설명으로 옳은 것은?

① 미국과 니카라과는 모두 국제사법재판소규정 제36조 제2항의 선택조항을 수락하였으므로 니카라과는 일방적으로 미국을 국제사법재판소(ICJ)에 제소하였다.
② 미국은 미국과 니카라과 간 분쟁이 UN안전보장이사회에서 다루어지고 있으므로 국제사법재판소(ICJ)가 심리할 수 없다는 항변을 제기하였으나 국제사법재판소(ICJ)는 이를 기각하였다.
③ 국제사법재판소(ICJ)는 사실상의 국가기관인 미국 CIA의 니카라과 반군에 대한 무력지원조치에 대해 니카라과 측의 입증이 성립하지 않았음을 이유로 미국의 책임을 인정하지 않았다.
④ 국제사법재판소(ICJ)는 법률상의 국가기관인 콘트라 반군의 반정부활동에 대한 미국의 책임을 정면으로 인정하였다.

03 외교보호에 관한 ILC초안(2006)에 대한 설명으로 옳지 않은 것은?

① 외교적 보호권을 발동하는 경우 다른 구제수단이 배제되는 것은 아니다.
② 동 초안과 투자 보호에 대한 조약규정이 양립하지 않는 경우 동 초안은 적용되지 않는다.
③ 가해국의 국제법 위반으로 자국 선박이 피해를 입은 경우 선박 승무원이 외국인이더라도 선박의 등록국은 당해 외국인 승무원을 위해 손해배상을 가해국에 청구할 수 있으나, 승무원 국적국의 외교적 보호권 발동이 배제되는 것은 아니다.
④ 가해국으로부터 배상을 받은 경우 청구 제기국은 합리적 공제를 전제로 피해자에게 전달해야 한다.

04 미국에서 조약의 자기집행성에 대한 설명으로 옳지 않은 것은?

① 자기집행성의 판단기준은 조약당사자의 의도이다.
② Sei Fujii 사건에 의하면 UN헌장의 인권관련규정은 비자기집행조항이다.
③ 최혜국대우규정은 자기집행조항이므로 연방법률보다 하위의 효력을 가진다.
④ 예산지출을 필요로 하는 조약, 형법규정과 관련된 조약, 미국의 영토나 재산의 처분에 관한 조약, 종전부터 의회가 주로 규제해 오던 주제에 관한 조약은 비자기집행조약이다.

05 국제사법재판소(ICJ)에 대한 설명으로 옳은 것은?

① ICJ 규칙에 의하면 별도의 관할권 성립의 근거가 없고 피소국도 응소에 동의하지 않은 경우라 하더라도 일단 제소된 경우 ICJ 사건 목록에 등재되나 후속절차는 진행되지 않는다.
② UN총회와 안전보장이사회에서 절대다수를 얻은 자가 ICJ 판사로 선임되는데, 총회와 안전보장이사회의 선거 결과가 다를 경우 재선거를 실시해 일치시킨다.
③ ICJ 약식절차 재판부(Chamber of summary Procedure)는 신속한 재판 진행을 위해 매년 소장 및 부소장을 제외하고 5명의 판사로 설치된다.
④ ICJ규칙상 사건 당사국은 재판소의 판결 이전 언제든지 소재판부의 구성을 요청할 수 있다.

06 국제환경법의 발전과정에 대한 설명으로 옳지 않은 것은?

① 1991년 세계은행과 UNEP 및 UNDP가 함께 세계생태계보호에 혜택을 주는 프로젝트에 재정적 지원을 하기 위해 지구환경기금(Global Environment Facility)이 설치되었다.
② 1982년 채택된 세계자연헌장(World Charter for Nature)은 기존의 환경조약이나 문서들과 달리 생물중심적 접근(biocentric approach)보다는 인간중심적 접근을 추구한다는 점에서 매우 중요한 의미를 갖는다.
③ 1983년 UN총회 결의로 설치된 세계환경개발위원회(WEDC)는 '우리 공동의 미래(Our Common Future)'라는 보고서를 제출하고 지속가능발전 개념의 실천을 우선과제로 제시하였다.
④ 1992년 리우환경회의에서는 환경과 개발에 관한 리우선언, 산림원칙 및 의제21과 같은 구속력 없는 문서와 생물다양성협약과 기후변화협약이 채택되어 서명을 위하여 개방되었다.

07 국제해양법재판소(ITLOS)에 대한 설명으로 옳은 것은?

① 재판소는 업무를 신속하게 처리하기 위하여 약식절차에 따라 분쟁을 처리하고 결정할 수 있는 5인의 재판관으로 구성되는 재판정을 매년 구성한다.
② 제6부속서 규정상 재판소는 직권으로 특별재판정을 구성하여 심리 및 결정할 수 있다.
③ 국제사법재판소(ICJ)와 달리 분쟁당사자의 국적재판관은 당해 사건에 재판관으로서 참여할 수 없다.
④ 재판소의 경비는 당사국회의가 결정하는 기간과 방법에 따라 당사국이 부담한다.

08 국제사법재판소(ICJ)의 판결에 대한 설명으로 옳은 것만을 모두 고른 것은?

ㄱ. 국제사법재판소(ICJ)는 출석재판관의 과반수로 판결하고, 가부동수인 때에는 재판장이 결정투표권을 행사한다.
ㄴ. 국제사법재판소(ICJ)판결의 해석에 대한 분쟁을 재판하기 위해서는 분쟁당사국들 간의 합의가 필요하다.
ㄷ. 분쟁당사국은 판결 당시 알지 못하였던 결정적 사실이 발견된 경우에 한하여 재심을 청구할 수 있다.
ㄹ. 판결은 당해 사건의 당사국만 구속하며 선례구속(stare decisis)의 원칙이 인정된다.
ㅁ. 판결은 종국적이며 상소가 허용되지 않는다.

① ㄱ, ㄴ, ㄷ　　② ㄱ, ㄷ, ㅁ
③ ㄴ, ㄷ, ㄹ　　④ ㄴ, ㄹ, ㅁ

09 국제법상 무력사용에 대한 설명으로 옳은 것을 모두 고른 것은?

ㄱ. Thomas Aquinas는 타국의 무력공격을 받을 것을 정전(just war)의 요건으로 들었다.
ㄴ. ICJ는 Certain Expenses of the UN 권고적 의견에서 안전보장이사회의 결의를 근거로 설치되는 평화유지군은 UN 헌장 제29조에 근거한 보조기관에 해당한다고 판시하였다.
ㄷ. 1928년 「부전조약」은 당사국들이 국제관계에서 국가정책의 이행수단으로서의 전쟁을 포기하고, 국가 간 분쟁은 평화적 수단에 의하여만 해결하기로 규정했으나, 자위권의 행사를 전혀 통제하지 않았다.
ㄹ. ICJ는 Armed Activities on the Territory of the Congo 사건에서 일련의 월경공격에 대응한 자위권의 행사로 국경에서 수백km 안쪽까지 진입해 공항과 마을을 점령했다면 이는 필요성 원칙에 위반된다고 보았다.

① ㄱ, ㄴ ② ㄱ, ㄷ
③ ㄴ, ㄷ ④ ㄴ, ㄹ

10 국제환경법의 원칙에 대한 설명으로 옳지 않은 것만을 모두 고른 것은?

ㄱ. 지속가능한 개발원칙(sustainable development)은 세대 간 형평의 원칙, 지속가능한 사용의 원칙, 세대 내 형평의 원칙, 환경과 개발의 통합원칙을 포함하는 개념이다.
ㄴ. 사전주의원칙은 일정한 물질이나 활동의 결과 피해 발생의 리스크가 매우 높고, 적절한 규제조치를 취하는 데에 대한 과학적 정당성이 충분한 경우 적용되는 원칙이다.
ㄷ. 사전예방원칙과 사전주의원칙은 일반국제법상 확립된 법규이다.
ㄹ. 오염자부담원칙은 오염방지책임에 대한 원칙인 측면보다는 오염통제비용의 배분을 위한 경제정책적인 측면이 강하다.

① ㄱ, ㄴ ② ㄱ, ㄹ
③ ㄴ, ㄷ ④ ㄴ, ㄷ, ㄹ

11 국제법의 연원에 대한 설명으로 옳은 것은?

① ILC는 국제관습법의 확인에 대한 결론 초안(2016)에서 오로지 국가나 국제기구의 관행만 관습법을 창설할 수 있고, NGO, 비국가무장단체, 다국적기업 및 사인의 관행은 관습법을 창설할 수 없다고 하였다.
② ICJ는 Maritime Delimitation in the Indian Ocean (Somalia v. Kenya) 사건에서 MOU에 발효에 관한 조항이 담겨있다면 이는 이 문서가 구속력 있는 것임을 시사한다고 언급했다.
③ PCIJ는 뮤즈강 수로 변경 사건에서 약속위반이 배상의무를 동반한다는 것은 국제법의 일반원칙이자 법의 일반개념이라고 언급한 바 있다.
④ 국가의 침묵(silence)이나 무위(inaction)는 특정 관행에 대한 반대로 인정되므로, 집요한 불복국가로서 인정되는 데 장애가 되는 것은 아니다.

12 영사관계에 관한 빈협약(1963)에 대한 설명으로 옳지 않은 것은?

① 영사기관의 소재지는 파견국에 의해 결정되며 또한 접수국의 승인을 받아야 한다.
② 접수국과 파견국 간의 외교관계의 수립에 부여된 동의는 달리 의사를 표시하지 아니하는 한 영사관계의 수립에 대한 동의를 포함한다.
③ 영사기관의 소재지 이외의 다른 장소에 기존 영사기관의 일부를 이루는 사무소를 개설하기 위해서는 접수국의 동의가 필요하다.
④ 총영사관 또는 영사관이, 그 총영사관 또는 영사관이 설치되어 있는 지방 이외의 다른 지방에, 부영사관 또는 영사대리사무소의 개설을 원하는 경우에는 접수국의 동의가 필요하다.

13 국제기구의 특권과 면제에 대한 설명으로 옳지 않은 것은?

① 국제기구는 객관적 법 주체이므로 비회원국에 대해 면제를 권리로서 주장할 수 있다.
② European Molecular Biology Laboratory 대 Germany 사건에서 중재재판소는 국제기구 면제의 범위를 확정함에 있어서 무엇보다 활동의 목적이 중요하다고 하였다.
③ 유럽인권재판소는 Beer and Regan 대 Germany 사건에서 국가가 국제기구에게 면제를 부여하는 것이 유럽인권협약에서 허용될 수 있는지를 결정함에 있어서 중요한 요소는 개인들이 협약하의 자신들의 권리를 보호하는 데에 합리적인 대체수단을 가지고 있는지 여부라고 하였다.
④ UN의 특권과 면제에 관한 협약에 의하면 UN을 위한 임무를 수행하는 직원 이외의 전문가에게는 그 임무에 관련되는 여행에 드는 시간을 포함하여 임무기간 중 직무를 독립적으로 수행하기 위하여 필요한 면제가 주어진다.

14 항공기 내에서 범한 범죄 및 기타 행위에 관한 협약(동경협약, 1963)에 대한 설명으로 옳지 않은 것은?

① 군용, 세관용, 경찰용 업무에 사용되는 항공기에는 적용되지 아니한다.
② 체약국에서 등록된 항공기 내에서 범하여진 범행은 범죄인 인도에 있어서는 범죄가 실제로 발생한 장소에서뿐만 아니라 항공기 등록국의 영토에서 발생한 것과 같이 취급되어야 한다.
③ 체약국은 국제민간항공기구에 통고함으로써 협약을 폐기할 수 있으며 폐기통고가 접수된 날로부터 6개월 이후에 효력을 발생한다.
④ 협약에 대한 유보가 전면금지된다.

15 국제법의 연원에 대한 설명으로 옳지 않은 것은?

① 대세적 의무 위반 시 비피해국은 손해배상을 청구할 수 없으나 유책국에 대해 국가책임은 추궁할 수 있다.
② 조약의 명칭은 조약, 협약, 협정, 교환각서, 신사협정 등으로 다양하게 표현되며, 이들은 법적 구속력을 갖는다.
③ 국제사회를 국가 간의 사회로 생각하던 과거에는 국가만이 국제법주체로 주장되었으나, 오늘날은 국제법주체의 인정범위가 확대되어 교전단체도 조약의 당사자로 인정된다.
④ 법의 일반원칙에 대한 정의와 관련하여 여러 문명국가에서 공통적으로 인정되는 국내법의 일반원칙이라고 보는 견해가 지배적이다.

16 국제형사재판소(ICC)에 대한 설명으로 옳지 않은 것은?

① 판사와 소추관의 임기 및 선출방식은 동일하다.
② 소추관은 재판관과 마찬가지로 자신의 공정성이 합리적으로 의심받을 수 있는 사건을 수사할 수 없으며, 이 점에 대해 의문이 있는 경우 상소부에서 결정한다.
③ 유죄선고를 받은 자뿐 아니라 소추관도 유무죄나 양형부당에 대해 상소할 수 있다.
④ 범죄인에 대해 청구가 경합하는 경우 반드시 국제형사재판소(ICC)에 우선 인도되는 것은 아니다.

17 WTO 서비스무역협정(GATS)에 대한 설명으로 옳은 것을 모두 고른 것은?

ㄱ. 시장접근에 있어서 GATS는 '소극적 약속(negatiive commitment)' 방식을 취하여, 회원국이 양허표에 기재한 개방을 약속한 분야에 대해서만 시장접근 의무를 부과한다.
ㄴ. 비차별주의, 우월적 지위의 남용방지, 절차의 공정성과 투명성 등은 일반적 의무사항이다.
ㄷ. EC - 바나나 사건에서 바나나의 도매서비스는 관세분류를 고려하여 바나나의 원산지와 무관하게 모두 동종으로 판정되었다.
ㄹ. GATS 제2조 면제에 관한 부속서에 기재할 것을 조건으로 MFN 의무로부터 면제되나, 면제기간이 5년 이상인 면제조치의 경우, 서비스무역이사회의 정기적인 검토를 받아야 하며 면제기간은 원칙적으로 10년을 초과할 수 없다.

① ㄱ, ㄴ ② ㄱ, ㄷ
③ ㄴ, ㄷ ④ ㄴ, ㄹ

18 국가의 관할권 행사에 관한 설명으로 옳지 않은 것은?

① 국가의 영토관할권 행사에서 영토는 육지 영토뿐만 아니라 영해와 영공, 공해상의 자국의 선박과 항공기까지 포함한다.
② 배타적경제수역은 연안국의 영역이 아니나 국제법에서 허용하는 한도 내에서 연안국은 주권적 권리나 관할권을 행사할 수 있다.
③ 1988년 'United States v. Fawaz Yunis 사건'에서 미국 법원은 능동적 속인주의와 보편주의를 근거로 관할권 성립을 인정하였다.
④ 보편관할권이 인정된다고 해서 역외적용이 인정되는 것은 아니다.

19 WTO 무역관련 지적재산권협정에 대한 설명으로 옳지 않은 것만을 모두 고른 것은?

ㄱ. 지적재산권에 대한 최초의 통일적인 협정이다.
ㄴ. 지적재산권협정 체결로 인해 기존협정은 실효되었다.
ㄷ. 지적재산권 보호를 위해 최고보호수준의 원칙을 채택하였다.
ㄹ. 기존의 지적재산권 관련 국제협약과 달리 최혜국대우원칙을 최초로 도입하였다.
ㅁ. 권리소진의 원칙이 적용되는 경우 병행수입이 인정되나 TRIPs협정에는 규정되지 않았으며, 동 협정은 국내법을 통해 권리소진원칙을 적용하도록 하였다.
ㅂ. 저작인격권이란 실연자가 갖는 복제방송의 독점권, 음반제작자가 갖는 복제권 등을 의미하며, 50년을 최소보호기간으로 한다.

① ㄱ, ㄴ, ㄷ, ㄹ, ㅁ ② ㄱ, ㄴ, ㄷ, ㅁ, ㅂ
③ ㄱ, ㄷ, ㄹ, ㅁ, ㅂ ④ ㄴ, ㄷ, ㄹ, ㅁ, ㅂ

20 WTO SPS협정에 대한 설명으로 옳은 것은?

① EC - 호르몬 사건에서 패널은 EC의 조치에 과학적 정당성은 없으나, 잠정조치로서 인정된다고 판시하였다.
② 국제적 기준이 존재하지 않는 경우 회원국은 SPS조치를 취할 수 없다.
③ 과학적 정당성이 없는 경우 잠정조치를 취할 수 있으나, 원칙적으로 10년으로 제한된다.
④ SPS조치는 모든 회원국의 권리이므로 제소국 측에서 그 위반에 대해 입증책임을 지며, 일응추정의 원칙이 적용된다.

MEMO

10회 실전동형모의고사

정답·해설 _해설집 p.51

제한시간: 20분 시작 시 분 ~ 종료 시 분 점수 확인 개/ 20개

01 침략범죄에 대한 설명으로 옳은 것은?

① 뉘른베르크 국제군사재판소 헌장은 침략범죄를 평화에 반하는 죄로 규정하였고, 재판소는 이 범죄가 제2차 세계대전 이후부터 국제사회에 성립되어 있었다고 판단했다.

② 2010년 6월 국제형사재판소 규정 당사국들은 침략범죄에 관한 정의규정을 채택하고 이를 로마협약 제8조에 추가로 규정하였는바, 침략범죄에 관한 정의규정에 의하면 침략은 포괄적인 강제를 수반하는 것을 의미하므로 무력행사를 비롯하여 경제적 봉쇄나 정치적 압력도 침략행위에 해당한다.

③ 침략범죄에 관한 정의규정에 의하면 국가만이 침략행위의 주체가 될 수 있으므로 테러단체의 유사 행위는 침략에 포함되지 않는다.

④ UN안전보장이사회가 침략범죄를 국제형사재판소에 회부한 경우 개별국가가 침략범죄에 대한 재판소의 관할권을 수락한 경우에 한해 ICC가 관할권을 행사할 수 있다.

02 국가에 대한 설명으로 옳은 것은?

① 일단 국가로 성립하더라도 장기간의 내란으로 인해 정부가 실질적인 기능을 현저히 수행하지 못하는 경우 국가로서의 지위는 소멸된다.

② 피보호국은 보호국의 국내법에 의해 외교능력이 제한되는 국가를 말한다.

③ 영연방 구성국 상호 간 체결한 조약은 UN에 등록하지 않는다.

④ 말타 기사단은 현재 다수의 국가와 외교관계를 수립하고 있으므로 국가로서의 법인격을 갖추었다고 보는 것이 일반적인 견해이다.

03 UN해양법협약상 영해에 대한 설명으로 옳지 않은 것은?

① 모든 국가는 영해기선으로부터 12해리를 초과하지 아니하는 범위에서 영해의 폭을 설정할 권리를 가진다.

② 영해의 폭을 측정하기 위한 통상기선은 원칙적으로 연안국이 공인한 대축척해도에 표시된 해안의 저조선(low - water line)으로 한다.

③ 모든 국가의 선박과 항공기는 영해에서 무해통항권(right of innocent passage)을 향유한다.

④ 잠수함과 기타 잠수항행기기는 외국 영해에서 해수면 위로 국기를 게양하고 항행하여야 한다.

04 조약법협약(1969)상 조약의 가분성에 대한 설명으로 옳지 않은 것은?

① 조약의 폐기·탈퇴 또는 시행 정지시킬 수 있는 당사국의 권리는 조약이 달리 규정하지 아니하거나 또는 당사국이 달리 합의하지 아니하는 한 원칙적으로 조약 전체에 관해서만 행사될 수 있다.

② 조약법협약에서 인정되는 부적법화의 사유는 원칙적으로 조약 전체에 관해서만 원용될 수 있다.

③ 조약의 무효 사유 중 사기와 부패의 경우 원용국은 문제가 된 조항에 대해서만 무효를 주장할 수 있는 것은 아니다.

④ 착오에 의해 무효를 주장하는 국가는 당해 조항이 분리가능하다고 해서 반드시 분리해서 당해 조항에 대해서만 무효를 주장할 수 있는 것은 아니다.

05 외교관계에 대한 판례로 옳은 것만을 모두 고른 것은?

ㄱ. 비호권 사건(1950)에서 국제사법재판소(ICJ)는 일반관습법상 영토적 비호와 외교적 비호는 인정되지 않으며, 지역관습으로도 성립하지 않았다고 판시하였다.
ㄴ. 테헤란 주재 미 외교관 인질 사건(1980)에 의하면 파견국 정부의 불법행위에 대한 대응조치로 외교관을 불법 억류할 수 없으며, 접수국의 유일한 합법적 대응수단은 기피인물(persona non grata)로 선언하여 퇴거를 요청하는 것뿐이다.
ㄷ. 콩고 외무장관 체포영장 발부 사건(2000)은 현직 외무장관에 대해서는 범죄의 경중 및 시점과 관계없이 1961년 외교관계에 관한 비엔나협약상의 특권 및 면제가 적용되어 타국에서 형사소추 대상이 되지 않음을 확인하였다.
ㄹ. Avena 사건(2004) 이후 미국은 판결에 따라 대부분의 사건에 대해 재심을 허용하여 감형을 허용하였다.

① ㄴ, ㄷ　　② ㄷ, ㄹ
③ ㄱ, ㄴ, ㄷ　　④ ㄱ, ㄷ, ㄹ

06 해양법재판소에 대한 설명으로 옳지 않은 것만을 모두 고른 것은?

ㄱ. 판사는 당사국총회에서 출석 투표당사국 3분의 2 이상 찬성을 받은 자 중 최다득표순으로 선발한다. 출석 투표당사국 3분의 2 이상은 전 당사국 과반수 이상을 포함해야 한다.
ㄴ. 협약의 당사국이 아닌 경우 소송당사자가 될 수 없다.
ㄷ. 다른 협약에 의해 해양법법원의 관할권을 인정한 경우에도 관할권을 가진다.
ㄹ. 억류된 선박이나 선원의 석방 관련 분쟁만이 해양법법원의 전속관할이다.
ㅁ. 출석재판관 과반수로 판결하며 가부동수인 경우 재판소장이 결정투표권을 갖는다.
ㅂ. 재판소에 대해 국제기구와 달리 국가는 권고적 의견을 요청할 수 없다.

① ㄱ, ㄴ, ㄹ　　② ㄴ, ㄷ, ㄹ
③ ㄴ, ㄷ, ㅁ　　④ ㄴ, ㄹ, ㅂ

07 국제법상 국가의 무력사용에 대한 설명으로 옳지 않은 것은?

① 국제사법재판소(ICJ)는 니카라과 사건(1986)에서 타국으로부터 무력공격을 받은 국가를 위하여 제3국이 집단적 자위권을 행사하려면 그 무력공격을 받은 국가의 요청이 있어야만 한다고 하였다.
② 무력사용 또는 무력사용의 위협이 금지된 것은 국제관계에서이므로, 국내관계에서 정부가 반란단체에 대하여 군사력을 행사하는 것은 UN헌장 제2조 제4항에 의해 금지되지 않는다.
③ 국제사법재판소(ICJ)에 의하면 자위권 발동을 위해서는 무력공격이 반드시 자국 영토 밖에서 개시되어야 하는 것은 아니다.
④ 1950년 한국전쟁은 UN에 의하여 '평화의 파괴'의 범주에 속하는 것으로 인정되었다.

08 국제연합(UN)의 집단안전보장체제에 대한 설명으로 옳지 않은 것은?

① 한 국가 내의 내전 등 극단적인 폭력사태에도 UN헌장 제7장에 따른 강제조치를 취할 수 있다.
② UN헌장 제41조 비군사적 강제조치는 주로 일반적으로 무역금지 등의 경제제재가 활용되며 근래에는 사태에 책임이 있는 특정 정치지도자나 기관을 대상으로 하는 표적제재(smart sanction)가 자주 활용된다.
③ 안전보장이사회에 의한 표적제재(smart sanction)의 경우 그 대상의 선정은 비공개로 진행되며 당사자에게는 별도의 소명 기회가 주어진다.
④ 1949년 UN국제법위원회(ILC)가 작성한 국가의 권리의무에 관한 초안에서 UN의 방지 또는 제재조치에 역행하지 않을 것은 UN비회원국을 포함한 모든 국가의 의무라고 규정하였다.

09 위법행위에 관한 국가책임초안(ILC, 2001)에 대한 설명으로 옳지 않은 것은?

① 국제위법행위를 실행하는 타국을 지원하거나 원조하는 국가는 당해 국가가 그 국제위법행위의 상황을 인식하고 그같이 행동하며, 당해 국가가 실행하였더라도 그 행위는 국제적으로 위법할 경우 그같이 행동하는 데에 대하여 국제적으로 책임을 진다.
② 타국이 국제위법행위를 실행하도록 타국을 지시하고 통제한 국가는 당해 국가가 그 국제위법행위의 상황을 인식하고 그같이 행동하며, 당해 국가가 실행하였더라도 그 행위는 국제적으로 위법할 경우 그 행위에 대하여 국제적으로 책임을 진다.
③ 사인으로 하여금 위법행위를 하도록 지시하거나 통제한 국가는 사인의 위법행위상황을 인식하고 그같이 행동하며, 당해 국가가 실행하였더라도 그 행위는 국제적으로 위법할 경우 사인의 행위에 대하여 국제적으로 책임을 진다.
④ 타국으로 하여금 어떠한 행위를 실행하도록 강제한 국가는 그러한 강제가 없었다면 그 행위는 피강제국의 국제위법행위가 될 것이며, 강제국이 그 행위의 상황을 인식하고 강제한 경우 그 행위에 대하여 국제적으로 책임을 진다.

10 국제법의 연원에 대한 설명으로 가장 옳지 않은 것은?

① 국제사법재판소규정 제38조는 국제사법재판소(ICJ)의 재판준칙에 대한 규정이나 국제법의 연원을 규정한 것으로 인정되기도 한다.
② 국가계약은 당사자 간에 구속력을 갖기 때문에 조약법에 관한 비엔나협약(1969)상의 조약으로 인정된다.
③ 국제관습법이 성립하기 위해서는 반드시 일반관행과 법적 확신이 모두 존재해야 한다는 것이 국제사법재판소(ICJ)의 태도이다.
④ 일반관습과 지역관습이 상충하더라도 지역관습이 신법이라면 우선적용될 수 있다.

11 국제범죄 중 제노사이드범죄에 대한 설명으로 옳지 않은 것은?

① 집단 전체가 아닌 일부만을 대상으로 하는 제노사이드도 성립할 수 있으나 일부의 파괴가 전체 집단에 상당한 충격을 줄 정도의 규모가 되어야 한다.
② 르완다 국제형사재판소는 제노사이드로부터의 보호집단(group)은 선천적으로 소속이 결정되는 안정적 집단이 아닌 개인이 자발적 의사를 통하여 소속될 수 있는 가변적 집단을 의미한다고 해석하였다.
③ 국제사법재판소(ICJ)는 제노사이드범죄의 대상인 집단에 해당하기 위한 판단기준으로 특정 집단의 상당한 부분을 차지할 것, 지리적으로 제한된 지역 내의 집단일 것, 단순한 숫자 외의 질적 성격도 고려할 것을 기준으로 제시하였다.
④ 언어와 문화의 파괴 같은 문화적 말살행위는 제노사이드에 해당하지 않으며 특정 정치집단 역시 제노사이드로부터의 보호집단에 포함되지 않는다.

12 환경영향평가에 대한 설명으로 가장 옳지 않은 것은?

① 1969년 유럽에서 최초로 도입되었으며, 전세계적으로 보편적인 제도로 자리 잡아가고 있다.
② 많은 국가가 이 제도를 시행하고 있지만, 국가별로 이 제도가 다양한 형태를 띠고 있기 때문에 이를 조화·통합하기는 쉽지 않다.
③ 리우선언 제17원칙은 환경에 심각한 악영향을 끼칠 것이 우려되는 사업계획에 대하여는 각국이 환경영향평가를 실시하도록 요구하고 있다.
④ 환경영향평가를 명시적으로 언급하고 있는 협약은 1982년 UN해양법협약, 1985년 아세안 자연보전협정, 1991년 초국경적 환경영향평가에 관한 협약, 1992년 생물다양성협약 등이 있다.

13 항공범죄에 관한 몬트리올협약(1971) 및 몬트리올협약보충의정서(1988)에 대한 설명으로 옳지 않은 것은?

① 몬트리올협약은 국내항공에 종사하는 항공기에 대해서도 적용된다.
② 몬트리올협약은 항공기의 이륙 또는 착륙장소가 항공기 등록국 영토 밖에 위치하는 경우 적용된다.
③ 몬트리올협약 보충의정서(1988)에 따르면 몬트리올협약 탈퇴 시 동 의정서에서도 탈퇴한 것으로 간주된다.
④ 몬트리올협약에 따르면 범죄혐의자 소재지국은 당해국이 범죄혐의자를 처벌할 수 없으며, 적법하게 관할권을 가진 타 당사국에게 그를 인도할 의무가 있다.

14 외국인의 법적 지위에 대한 설명으로 옳지 않은 것은?

① 미국과 영국 간의 1794년 Jay조약을 계기로 외국인의 피해에 대한 배상 요구가 국가 간 사법절차의 대상이 되기 시작하였다.
② 1962년 UN총회의 천연자원에 관한 영구주권 선언은 외국인 재산의 국유화 수용의 권리를 인정하면서 소유주는 '국제법에 따른 적절한 보상'을 지급받는다고 규정하였다.
③ 외국인 재산은 원칙적으로 수용할 수 없고, 보상 등 요건을 갖춘 경우 예외적으로 허용된다.
④ 1974년 UN총회결의인 국가의 경제적 권리, 의무헌장에서는 국유화에 대한 적절한 보상과 국내법에 따른 해결을 규정하였다.

15 국제기구에 대한 설명으로 옳은 것을 모두 고른 것은?

ㄱ. 국제기구는 조약뿐만 아니라 국제법에 의하여 규율되는 기타 문서에 의해서도 수립될 수 있다.
ㄴ. 국제기구는 셋 이상의 국제법 주체 간 형성될 수 있으므로 단지 하나의 국가와 타국제기구 간에는 설립될 수 없다.
ㄷ. 국제기구가 조약이나 국제법에 의하여 규율되는 기타 문서에 의하여 수립된다고 해서 그 같은 국제문서의 채택에는 참여할 능력이 없는 실체가 수립된 기구의 회원이 되는 것을 막는 것은 아니다.
ㄹ. 국제기구 직원이 직무 수행 중 비회원국에 의해 피해를 입은 경우 당해 직원의 국적국은 객관적 존재설에 따라 외교적 보호권을 발동할 수 있다.

① ㄱ, ㄴ　　② ㄱ, ㄷ
③ ㄴ, ㄷ　　④ ㄴ, ㄹ

16 국제환경협약에 대한 설명으로 옳지 않은 것은?

① 오존층 보호를 위한 비엔나협약(1985)은 오존층의 보호를 위해 염화불화탄소(CFC) 및 할론의 사용을 전면 금지하였다.
② 오존층 보호를 위한 비엔나협약의 몬트리올의정서(1987)는 규제물질이나 규제물질을 사용하여 생산한 제품에 대해 비당사국과의 무역을 원칙적으로 금지하였으나, 비당사국이 의정서에 따른 규제조치를 준수하고 있음을 당사국회의에서 확인한 경우 비당사국과의 규제물질 교역이 허용될 수 있다.
③ 기후변화협약(1992)에 의하면 부속서1 선진당사국들은 온실가스 배출량을 감축하기 위한 법적 의무를 부담한다.
④ 파리협정(2015)에 의하면 최빈개발도상국과 군소도서국가를 제외하고, 모든 당사국은 2년마다 국가결정공약 이행보고서를 UN기후변화사무국에 제출해야 한다.

17 GATT1994에 대한 설명으로 옳지 않은 것만을 모두 고른 것은?

ㄱ. 최혜국대우와 달리 내국민대우의 경우 사실상의 차별은 협정 위반이 아니다.
ㄴ. 수량제한금지원칙은 수출 및 수입에 모두 적용된다.
ㄷ. 패널은 1985년 미국의 니카라과에 대한 무역제한조치는 국가안보 예외를 규정한 GATT 제21조에 의해 정당화된다고 하였다.
ㄹ. 관세동맹 형성을 위한 잠정협정은 5년 이내에 실제 협정으로 전환되어야 한다.

① ㄱ, ㄴ, ㄷ ② ㄱ, ㄴ, ㄹ
③ ㄱ, ㄷ, ㄹ ④ ㄴ, ㄷ, ㄹ

18 여성에 대한 모든 형태의 차별철폐에 관한 협약(1979)에 대한 설명으로 옳지 않은 것은?

① 남성과 여성 사이의 사실상의 평등을 촉진할 목적으로 당사국이 채택한 잠정적 특별조치는 차별로 보지 아니한다.
② 당사국은 특히 외국인과의 결혼 또는 혼인 중 부에 의한 국적의 변경으로 처의 국적이 자동적으로 변경되거나, 처가 무국적으로 되거나 또는 부의 국적이 처에게 강제되지 아니하도록 확보하여야 한다.
③ 본 협약의 이행상 행하여진 진전을 심의할 목적으로 여성에 대한 차별 철폐위원회를 설치하며, 위원회는 협약의 발효 시에는 18인 그리고 35번째 당사국이 비준 또는 가입한 후에는 25인의 본 협약의 규율 분야에서 높은 도덕적 명성과 능력을 갖춘 전문가로서 구성한다.
④ 당사국은 그들이 본 협약의 규정을 실시하기 위하여 채택한 입법, 사법, 행정 또는 기타 조치와 이와 관련하여 이루어진 진전에 대한 보고서를 위원회가 심의하도록 국제연합 사무총장에게 제출할 의무를 진다. 보고서는 관계국에 대하여 발효한 후 1년 이내에, 그 이후에는 최소한 매 4년마다 제출하며 위원회가 요구하는 때는 언제든지 제출한다.

19 보조금 및 상계조치협정상 상계조치에 대한 설명으로 옳은 것은?

① 상황변경재심은 이해당사자의 요청에 근거하여 진행해야 하고 직권으로는 진행할 수 없다.
② 보조금에 대응한 조치로는 잠정조치, 가격약속, 확정조치가 있으며, 그 밖의 조치는 취할 수 없다.
③ EC - 선박보조금 사건에서 EC 측이 취한 잠정보호조치(TDM)는 보조금에 대응한 조치에 해당한다고 판시하였다.
④ 상계조치 기한은 원칙적으로 5년이며 조치국이 종료를 선언하지 않는 한 유지되는 것이 원칙이다.

20 국제경제법에 대한 설명으로 옳지 않은 것만을 모두 고른 것은?

ㄱ. 최혜국대우원칙은 국제관습법이므로 WTO회원국이 최혜국인 경우 당해 혜택을 비회원국에 대해서도 적용해야 한다.
ㄴ. EC - 호르몬 사건 패널에 따르면 국제환경법상 '사전주의원칙(precautionary principle)'은 국제관습법으로 확립되지 않았다.
ㄷ. 미국은 대공황 심화의 원인이 각국의 보호무역조치라고 보고 1930년 스무트 - 홀리 관세법(Smoot - Hawley Tariff Act)을 제정하여 수입액의 60%에 달하는 외국 상품에 대해 관세를 인하하였다.
ㄹ. 제2차 세계대전 이후 국가들은 국제무역기구(ITO) 설립을 추진하면서 동시에 1947년 관세 및 무역에 관한 일반협정(GATT)을 체결하였으며, 미국, 영국, 캐나다, 프랑스 등 8개국은 GATT의 잠정적용에 관한 의정서를 채택하여 GATT를 잠정적용하였다.

① ㄱ, ㄴ ② ㄱ, ㄷ
③ ㄴ, ㄹ ④ ㄷ, ㄹ

MEMO

정답·해설 _해설집 p.56

11회 실전동형모의고사

제한시간: 20분 시작 시 분 ~ 종료 시 분 점수 확인 개/ 20개

01 국가에 대한 설명으로 옳은 것만을 모두 고른 것은?

> ㄱ. 종속국은 종주국의 국내법에 의해 외교관계의 일부만을 스스로 유지하고 다른 부분은 종주국에 의해 유지되는 국가를 말한다.
> ㄴ. 연방구성국 상호 간의 무력투쟁은 내전이나 국가연합 구성국 상호 간의 무력투쟁은 전쟁이다.
> ㄷ. 연방구성국은 국가연합 구성국과 달리 국가책임을 부담하지 않으며 또한 국가면제를 향유하지 않는다.
> ㄹ. 영연합(Commonwealth) 구성국들은 영국과는 조약을 체결할 수 있으나 구성국 상호 간에는 조약 대신 신사협정만 체결할 수 있다.

① ㄱ, ㄴ
② ㄱ, ㄴ, ㄷ
③ ㄱ, ㄷ, ㄹ
④ ㄱ, ㄴ, ㄷ, ㄹ

02 범죄인 인도에 있어서 비정규인도에 대한 설명으로 옳지 않은 것은?

① 독일 연방헌법재판소는 'male captus, bene detentus (wrongly captured, properly detained)' 관념에 따라 납치된 자에 대해 관할권을 행사할 수 없다고 하였다.
② 미국은 Manuel Antonio Noriega 사건에서 마약 밀수범과 기타 범죄용의자들을 미국 영토 밖에서 불법적으로 체포하여 미국 법정에 세울 수 있다고 하였다.
③ 영국 법원은 1994년 Bennett 사건에서 당국이 범죄인 인도라는 적법절차를 무시하고 피고인의 신병을 강제로 확보한 경우라면 그에 대한 재판을 거부한다고 하였다.
④ 뉴질랜드 법원은 R v. Hartley 사건에서 피고가 납치를 통해 뉴질랜드로 송환되었기 때문에 재판관할권이 결여된다고 판시하였다.

03 국제연합에 대한 설명으로 옳은 것은?

① 얄타회담(1945.2.)은 안전보장이사회의 의사결정에 있어서 거부권을 도입하기로 최종 결정하였다.
② UN헌장 제1조상의 설립목적을 고려할 때 UN의 목적 달성을 위한 무력사용은 헌장체제에서 인정된다고 보는 것이 국제사법재판소(ICJ)의 입장이다.
③ UN헌장은 조약의 성질을 고려할 때 탈퇴가 인정된다고 보는 것이 통설이다.
④ 구유고연방을 승계한 신유고연방은 별다른 절차 없이 UN회원국 지위를 갖게 되었다.

04 외교관계에 관한 비엔나협약(1961)에 대한 설명으로 옳은 것은?

① 파견국은 관계 접수국들에 적절한 통고를 행한 후 접수국들이 동의한 경우 한 사정에 따라서 1개국 이상의 국가에 1인의 공관장을 파견하거나 외교직원을 임명할 수 있다.
② 접수국에 공관의 외교직원이 없는 경우에는, 파견국은 접수국의 동의를 얻어 행정 및 기능직원을, 공관의 일상관리사무를 담당하도록 지명할 수 있다.
③ 공관에 대한 조세의 면제는 파견국 또는 공관장과 계약을 체결하는 자가 접수국의 법률에 따라 납부하여야 하는 조세나 부과금에도 적용된다.
④ 파견국은 자국 및 자국민의 이익보호를 접수국의 수락 여부와 무관하게 제3국에 위탁할 수 있다.

05 2011년 UN국제법위원회(ILC)의 국제기구의 책임에 관한 규정 초안에 대한 설명으로 옳지 않은 것은?

① 국제기구 책임의 성립요건과 위법성 조각사유, 책임의 이행 등에 관한 기본적 내용은 국가책임 초안과 유사하다.
② 국제기구의 기능을 행사하는 기관(organ)이나 담당자(agent)의 행위를 통하여야만 국제기구의 국제책임이 성립한다.
③ 국제기구가 회원국의 국민이나 다른 기구의 직원을 절차에 따라 파견 받아 기능을 수행한 경우 국제기구는 이들의 행동에 대한 책임을 진다.
④ UN평화유지군의 행위는 파견국 간 '통제적 관련성(control link)'에 따라 파견국에 귀속될 수도 있다.

06 영공에 대한 설명으로 옳은 것만을 모두 고른 것은?

ㄱ. 영토와 영수의 상공으로서, 영토에는 육지와 섬이, 영수에는 내수, 영해, 배타적 경제수역만 포함된다.
ㄴ. 민간항공기가 조난으로 영공을 침범한 경우 시카고 협약 제25조에 의하면 영토국이 원조의무를 진다.
ㄷ. 연안국은 접속수역 상공에서 접속수역 관련 법령을 위반한 항공기에 대해 규제할 수 있고, 위법 혐의의 항공기를 인근 공항에 착륙하도록 요구할 수 있다.
ㄹ. 방공식별구역(Air Defence Identification Zone: ADIZ)은 현재 미국, 캐나다, 일본, 필리핀, 인도, 영국, 중국 등이 설정하고 있다.
ㅁ. 비행정보구역(Flight Information Region)은 국제연합(UN)에서의 합의를 바탕으로 할당되어 비행정보와 경보 등의 서비스가 제공되는 일정 구간의 공역이다.
ㅂ. 대한항공 007기 사건을 계기로 1984년 ICAO총회는 시카고협정에 '체약국은 모든 국가가 비행중인 민간항공기에 대한 무기사용을 자제해야 하며, 요격할 경우 탑승자의 생명과 항공기의 안전을 위험에 빠뜨리지 말아야 함을 인정한다'는 조항을 신설하였다.

① ㄱ, ㄴ, ㄷ, ㄹ　② ㄱ, ㄷ, ㄹ, ㅁ
③ ㄴ, ㄷ, ㄹ, ㅂ　④ ㄷ, ㄹ, ㅁ, ㅂ

07 국제법상 외국인의 지위에 대한 설명으로 옳은 것은?

① 1962년 UN총회는 결의에 의해 천연자원의 항구주권 선언을 채택함으로써 국유화는 원칙적으로 허용되지 않는다고 하였다.
② 국가와 타국 국민 간의 투자분쟁해결에 관한 협약은 상설기관으로 행정이사회를 설치하였으며, 행정이사회 의장은 IMF총재이다.
③ 국가와 타국 국민 간의 투자분쟁해결에 관한 협약에 의하면 중재재판부는 직권으로 형평과 선에 따라(ex aequo et bono) 분쟁을 해결할 수 있다.
④ 국가와 타국 국민 간의 투자분쟁해결에 관한 협약에 의하면 분쟁해결절차에 있어서 분쟁당사자 간 서면으로 부탁에 대해 합의해야 하며, 합의 후에는 양당사자 모두 일방적으로 철회할 수 없다.

08 우리나라 범죄인인도법에 대한 설명으로 옳지 않은 것은?

① 범죄인의 인도심사 및 그 청구와 관련된 사건은 서울고등법원과 서울고등검찰청의 전속관할로 한다.
② 대한민국과 청구국의 법률에 따라 인도범죄가 사형·무기징역·무기금고·장기 1년 이상의 징역 또는 금고에 해당하는 경우에만 범죄인을 인도할 수 있다.
③ 범죄인이 인도범죄 외의 범죄에 관하여 대한민국 법원에 재판이 계속 중인 경우 또는 형의 선고를 받고 그 집행이 끝나지 아니하거나 면제받지 아니한 경우 범죄인을 인도하지 아니한다.
④ 범죄인이 자유롭게 청구국을 떠날 수 있게 된 후 45일 이내에 청구국의 영역을 떠나지 아니한 경우 인도가 허용된 범죄 외의 범죄로 처벌받지 아니하고 제3국에 인도되지 아니한다는 청구국의 보증이 없더라도 범죄인을 인도할 수 있다.

09 국가 및 그 재산의 관할권 면제에 관한 국제연합협약(2004)에 대한 설명으로 옳지 않은 것은?

① 국가의 대리인이 타국의 법정에 증인으로서 출석하는 경우 국가가 법정지국의 관할권 행사에 동의한 것으로 해석될 수 없다.
② 타국 법정에서 소송을 제기한 국가는 그 주된 청구와 동일한 법적 관계 또는 사실로부터 제기되는 여하한 반소와 관련하여 그 법정의 관할권으로부터의 면제를 주장할 수 없다.
③ 타국 법정에서의 소송에서 청구를 제기하기 위해 참가하는 국가는 그 국가에 의해 제기된 청구와 동일한 법적 관계 또는 사실로부터 제기되는 반소에 대해 법정의 관할권으로부터의 면제를 주장할 수 있다.
④ 타국 법정에서 자기를 상대로 제기된 소송에서 반소를 제기하는 국가는 그 주된 청구와 관련하여 그 법정의 관할권으로부터의 면제를 주장할 수 없다.

10 국적에 대한 설명으로 옳지 않은 것은?

① 여성차별철폐협약은 부부국적독립주의를 규정하고 있다.
② 무국적자 보호를 전담하는 국제기구는 없으며 현재 유엔 인권 고등 판무관(UNHCHR)에 무국적 보호 업무가 위임되어 있다.
③ 한국 국적법에 의하면 복수국적자가 법정 기간 내에 한국 국적을 선택하지 않으면 우선 법무부장관이 국적선택 명령을 하고, 그럼에도 불구하고 이에 응하지 않으면 한국 국적이 상실된다.
④ ILC가 작성한 국가승계 시 자연인의 국적 초안(1999)에 의하면 국가승계 시 해당 지역의 상거주자는 승계국의 국적자로 추정한다.

11 국가관할권에 대한 설명으로 옳지 않은 것은?

① 형사관할권 행사의 근거 중 하나로서 보편적 관할권은 주로 해적행위, 전쟁범죄, 집단살해 등 국제범죄를 대상으로 적용되며 발전되어 왔다.
② 우리나라 형법 제3조의 '본 법은 대한민국 영역 외에서 죄를 범한 내국인에게 적용한다'는 규정은 속인주의를 반영하고 있는 조항이다.
③ 국가의 기본적인 권리인 주권의 독립성에 비추어 볼 때, 국가의 집행관할권 행사는 역내관할(intra-territorial jurisdiction)이 원칙이다.
④ 우주공간에 대해서도 원칙적으로 국가의 영유권이 인정된다.

12 1982년 UN해양법협약상 배타적 경제수역(EEZ)에서 연안국의 법령 집행에 관한 설명으로 가장 옳지 않은 것은?

① 연안국은 UN해양법협약에 부합하게 제정한 국내법령을 집행하기 위하여 승선, 검색, 나포 및 사법절차를 포함한 필요한 조치를 취할 수 있다.
② 나포된 선박과 승무원은 적절한 보석금이나 그 밖의 보증금을 예치한 뒤에는 즉시 석방된다.
③ 외국 선박을 나포하거나 억류한 경우 그 연안국은 적절한 경로를 통하여 취하여진 조치와 그 이후 부과된 처벌에 관하여 기국(旗國)에 신속히 통고하여야 한다.
④ 연안국은 배타적 경제수역에서 어업법령을 위반한 자에 대하여 금고 또는 다른 형태의 체형을 부과할 수 있다.

13 조약의 해석에 대한 설명으로 옳지 않은 것은?

① ICJ는 1952년 Case concerning Right of Nationals of the United Stats of America in Moroco에서 조약문언의 통상적 의미는 원칙적으로 체결 당시의 통상적 의미를 말하나 경우에 따라서는 이후의 국제실행의 발전에 따른 의미의 변화를 고려에 넣을 수도 있다고 판시하였다.
② ICJ는 2009년 Dispute regarding Navigational and Related Rights(Costa Rica v. Nicaragua)에서 조약이 일반적인 용어를 사용하고 있는 경우 당사자들은 시간의 경과에 따라 그 의미가 발전할 수 있다는 사실을 예상하고 있다고 판단했다.
③ 조약법협약(1969)에 의하면 국제법의 관계규칙은 문맥 자체를 구성한다.
④ 특정 용어에 특별한 의미가 부여되었다는 주장이 있는 경우 이 주장에 대하여는 주장자가 증명책임을 진다.

14 조약의 적용정지(derogation)에 대한 설명으로 옳지 않은 것은?

① 조약의 적용정지는 특별한 비상시 제한된 기간 동안만 조약의 적용을 배제하는 것으로 이는 조약의 유보와는 구별된다.
② 주로 인권조약에서 활용되며 비상상황이 해제된다면 다시 원래대로 조약을 적용해야 한다.
③ 적용정지는 조약 자체의 허용조항이 있어야만 취할 수 있다.
④ 적용정지를 취하는 경우 상호주의에 따라 타방 당사국도 일시적으로 적용이 배제된다.

15 외교적 보호권에 대한 설명으로 옳지 않은 것만을 모두 고른 것은?

> ㄱ. 외교적 보호권은 국제관습법상의 권리가 아니다.
> ㄴ. A국 국민 갑(甲)이 B국과 투자계약을 체결하면서, 계약서에 어떠한 경우에도 본국 정부의 외교적 보호를 요구하지 않는다는 특수조항을 삽입하였다면 A국 정부는 갑(甲)에 대하여 외교적 보호권을 행사할 수 없다.
> ㄷ. 회사의 국적국과 주주의 본국이 상이한 경우, 회사의 국적국이 상당 기간 외교적 보호권을 행사하지 않으면 원칙적으로 주주의 본국 정부가 자국민에 대해 외교적 보호권을 행사할 수 있다.
> ㄹ. 국제사법재판소(ICJ)는 외교적 보호권과 직무 보호권이 경합할 경우 직무 보호권이 우선한다고 판시하였다.
> ㅁ. 이중국적국 상호간에는 외교적 보호권을 발동할 수 없으나, 일방이 타방에 비해 지배적 국적국임을 입증하는 경우 예외적으로 외교적 보호권을 발동할 수 있다.
> ㅂ. 이중국적자의 경우 양국 모두 외교적 보호권을 가지나, 가해국인 제3국은 양국 모두에게 손해배상을 할 의무는 없다.

① ㄱ, ㄴ, ㄷ, ㄹ　② ㄱ, ㄷ, ㄹ, ㅁ
③ ㄴ, ㄷ, ㄹ, ㅂ　④ ㄷ, ㄹ, ㅁ, ㅂ

16 WTO 보조금 및 상계조치협정에 대한 설명으로 옳은 것만을 모두 고른 것은?

> ㄱ. 금지보조금은 특정성이 있는 것으로 간주된다.
> ㄴ. 간접보조금의 경우 정부의 지시 또는 위임이 입증되는 경우 재정적 기여나 혜택이 부존재하더라도 협정상 보조금으로서 규제를 받는다.
> ㄷ. 정부가 상품이나 서비스를 시장가격보다 높게 제공하는 경우 혜택이 존재한 것으로 본다.
> ㄹ. 사실상의 특정성이 있는 경우에도 특정성이 존재하는 것으로 본다.
> ㅁ. 금지보조금의 경우 조치가능보조금과 달리 협의 요청 등 다자적 구제절차 외에 상계조치를 취할 수 있다.

① ㄱ, ㄴ　② ㄱ, ㄹ
③ ㄴ, ㄷ　④ ㄹ, ㅁ

17 WTO의 의사결정에 대한 설명으로 옳지 않은 것은?

> ㄱ. WTO는 GATT1947에서 지켜졌던 총의(consensus)에 의한 결정의 관행을 계속 유지한다.
> ㄴ. 일반이사회가 투표에 의해 의무면제에 관하여 결정을 내릴 때 회원국 3분의 2 찬성을 요한다.
> ㄷ. 의사결정에 참여한 어떤 회원국도 공식적으로 제안에 반대하지 않으면 총의에 의하여 결정된 것으로 간주된다는 점에서, 총의와 만장일치는 개념상 일치한다.
> ㄹ. EU는 표결시 WTO의 회원국인 EU의 개별 회원국 수에 해당하는 표결 수를 행사한다.
> ㅁ. WTO설립협정 또는 다자간 무역협정에 달리 규정되어 있는 경우를 제외하고는 각료회의와 일반이사회의 의사결정은 원칙적으로 투표 과반수에 의하여 이루어진다.
> ㅂ. 총의에 의하여 의사결정이 이루어지지 않는 경우에는 부결된 것으로 본다.

① ㄱ, ㄹ, ㅁ ② ㄴ, ㄷ, ㄹ
③ ㄴ, ㄷ, ㅂ ④ ㄷ, ㄹ, ㅁ

18 국가승인의 취소 또는 철회에 대한 설명으로 옳지 않은 것은?

① 몬테비데오협약(1933) 제6조는 승인은 취소할 수 없다고 규정하고 있다.
② 영국은 이탈리아의 에티오피아 정복에 대해 1936년 사실상의 승인을 부여하고 이어서 1938년에는 법률상의 승인을 부여하였지만 1940년 이를 철회한 바 있다.
③ 우리나라가 대만과의 외교관계를 단절하고 중화인민공화국과 외교관계를 맺은 조치는 법적으로 대만에 대한 국가승인을 취소한 행위가 아니라 하나의 중국의 대표권이 북경 정부에 있음을 확인한 것이다.
④ 미국은 사실상 승인을 부여했던 당시 니카라과 정부가 국내적으로 통치권을 확립하고 있지 못하다는 이유를 들어 1856년 7월 승인을 취소했다.

19 GATT1994에 규정된 내국민대우(NT)에 대한 설명으로 옳은 것은?

① 다른 체약국의 영역 내에 수입된 체약국 영역의 산품에 대하여는 동종의 내국산품에 직접 또는 간접으로 부과되는 내국세 또는 기타 모든 종류의 내국과징금과 유사하지 아니하는 내국세 또는 기타 모든 종류의 내국과징금을 직접 또는 간접으로 부과하여서는 아니 된다.
② 체약국 영역의 산품으로서 다른 체약국의 영역에 수입된 산품은 동 국내에서의 판매, 판매를 위한 제공, 구입, 수송, 분배 또는 사용에 관한 모든 법률, 규칙 및 요건에 관하여 국내 원산의 동종 산품에 부여하고 있는 대우보다 유리한 대우를 부여하여야 한다.
③ 체약국은 특정한 수량 또는 비율에 의한 산품의 혼합, 가공 또는 사용에 관한 내국의 수량적 규칙으로서 그 적용을 받는 산품의 특정한 수량 또는 비율을 국내의 공급원으로부터 공급하여야 함을 직접 또는 간접으로 요구하는 규칙을 설정 또는 유지하여서는 아니 된다.
④ 내국세 또는 내국과징금에 의한 수입과 국내상품의 정부구매에 의하여 생기는 보조를 포함하여 국내 생산업자 및 동 상품을 구매하는 소비자에 한하여 보조금을 지불하는 것은 내국민대우에 반하지 아니한다.

20 WTO협정상 관세에 대한 설명으로 옳지 않은 것은?

① 관세양허표 수정을 위한 정기적 재협상에 있어서 재협상 요청국은 원협상국 및 최대공급국과는 합의해야 하나, 실질적 이해관계국가와는 협의의무만 있다.
② 통일물품품목기호제도는 GATT에 의해 관세양허표 작성을 위한 기초로 채택되었으며, 1987년 통일제도의 도입에 관한 GATT의정서에 의해 GATT협정에 수용되었다.
③ 관세평가란 수입품에 대해 종가세의 관세를 부과하는 경우에 과세표준으로 되는 수입품의 과세가격을 결정하는 것을 말한다.
④ 관세평가는 거래가격, 동종동질상품의 거래가격, 유사상품의 거래가격 중 수입국이 합리적으로 인정되는 가격을 기준으로 선택하여 산정할 수 있다.

MEMO

정답·해설 _해설집 p.61

12회 실전동형모의고사

제한시간: 20분 시작 시 분 ~ 종료 시 분 점수 확인 개/ 20개

01 국제환경법에 대한 설명으로 옳은 것을 모두 고른 것은?

ㄱ. 재판부는 2004년 Rhine강 염화물 오염방지협약에 관한 중재재판(네덜란드/프랑스)에서 오염자 부담 원칙이 국제관습법의 일부가 되었다고 판단했다.
ㄴ. Convention on Environmental Impact Assessment in a Transboundary Context(일명 Espoo 협정)은 국경을 넘어 악영향을 미칠 개연성이 있는 활동에 관해서 사전에 환경영향평가 실시를 의무화하고 있다.
ㄷ. 1997년 기후변화 기본협약에 관한 교토의정서는 선진국들의 감축대상인 온실가스 배출량을 2008년부터 2012년까지 1990년에 비해 최소 5%를 감축시키기로 하고, 각국별로 차등적 목표치를 부과했으나 개발도상국에 대하여는 감축이 요구되지 않았는데 한국은 개발도상국으로 분류되었다.
ㄹ. 1972년 폐기물 및 기타 물질의 투기에 의한 오염방지협약(런던협약)은 선박·항공기·해양 구조물 등으로부터의 고의적인 폐기물 투기는 규제하나 선박·항공기·구조물 자체를 투기하는 행위도 금지하지 못했다는 점에서 제한적이었다.

① ㄱ, ㄴ ② ㄴ, ㄷ
③ ㄱ, ㄹ ④ ㄴ, ㄹ

02 국제범죄 중 침략범죄에 대한 설명으로 옳지 않은 것은?

① 국제형사재판소(ICC)의 2010년 침략범죄 관련 개정안은 침략범죄의 정의로 '정치적 또는 군사적 행동을 실질적으로 통제하거나 지휘하는 자에 의한 침략행위의 계획, 준비, 개시 및 실행으로서 UN헌장의 명백한 위반을 구성하는 행위'라고 규정하였다.
② 군사력 사용의 위협(threat) 역시 침략범죄에 해당한다.
③ 국제형사재판소(ICC)는 침략범죄에 대해서 국제연합(UN) 안전보장이사회에 의한 회부뿐만 아니라 당사국에 의한 회부와 소추관의 직권기소를 모두 인정한다.
④ 국제형사재판소(ICC) 당사국에 의한 회부 또는 소추관의 직권기소는 해당 범죄가 비당사국에서 발생하거나 비당사국 국민이 범행을 저지른 경우에는 적용되지 않는다.

03 국가승계 관련 국제판례에 대한 설명으로 옳은 것만을 모두 고른 것은?

ㄱ. 제노사이드협약 적용 사건(2007)에서 국제사법재판소(ICJ)에 의하면 인권관련조약은 자동승계원칙(rule of automatic succession)이 적용된다.
ㄴ. 리비아-차드 국경분쟁 사건(1994)에 의하면 신생독립국이라 할지라도 국경선획정조약은 계속주의원칙을 적용하여 기존 국경조약을 승계할 의무가 있다.
ㄷ. 구유고연방 해외재산분배 사건(1996)에서 국제사법재판소(ICJ)는 구유고사회주의연방은 분열을 통해 소멸하고 5개 승계국으로 대체되었다고 판시하였다.
ㄹ. 일제와 대한민국 간 국유재산 승계 사건에서 한국 대법원은 구 조선총독부 소유 국유재산은 그에 부속된 권리의무와 함께 대한민국 정부의 국유재산으로 당연승계된다고 판시하였다.

① ㄱ, ㄹ ② ㄴ, ㄹ
③ ㄱ, ㄴ, ㄷ ④ ㄱ, ㄴ, ㄷ, ㄹ

04 1982년 UN해양법협약에서의 추적권(right of hot pursuit)에 대한 설명으로 옳지 않은 것은?

① 추적권은 국제관습법으로 성립되어 있다가 1958년 공해에 관한 제네바협약에서 처음으로 성문화되었다.
② 1893년 미국과 영국 간의 베링해 물개 사건 중재재판에서는 추적권을 국제관습법으로 인정하고 영국의 공해자유의 원칙이 우선된다는 주장을 배척하였다.
③ 1935년 미국과 캐나다 간의 I'm Alone호 사건에서 합동위원회는 추적권 행사의 정당성을 인정하였으나 선박의 나포가 아닌 격침은 위법임을 인정하였다.
④ 모선(母船)은 공해상에 있으나 자선(子船)이 연안국 관할수역에서 법령을 위반한 경우 모선도 추정적 존재이론(doctrine of constructive presence)에 입각하여 계속추적의 대상이 된다.

05 국제법과 국내법의 관계에 관한 국제관행에 대한 설명으로 옳지 않은 것은?

① 1919년 바이마르 헌법 제4조는 관습국제법의 국내적 직접효력을 인정한 최초의 성문 헌법 조항이다.
② 러시아는 조약에 대해 국내법률과 대등한 효력을 부여한다.
③ 영국 국내법에 의하면 비준을 필요로 하는 조약은 최소 비준 21일 전에 의회로 제출해야 하며, 이 기간 중 하원이 조약 비준에 반대하지 않아야 조약을 비준할 수 있다.
④ 미국법원은 Breard 사건에서 영사관계협약과 국내법이 저촉되자 후법우선의 원칙에 따라 의회제정법이 우선한다고 판시하였다.

06 조약에 대한 설명으로 옳지 않은 것만을 모두 고른 것은?

ㄱ. 국제사법재판소(ICJ)에 의하면 국가계약은 국가와 사인 간 합의 및 국가 간 합의의 성격을 동시에 갖는 '이중적 성격(double character)'을 갖는다.
ㄴ. 1975년 8월 1일 채택된 헬싱키의정서는 UN헌장 제102조에 의거하여 등록될 자격이 없다고 명시하여 법적 구속력을 부여하지 아니할 의도를 분명하게 밝혔다.
ㄷ. 조약은 다양한 명칭으로 불리나 국제법적 구속력에 있어서 차이가 있는 것은 아니며, 국제사법재판소(ICJ)는 분쟁당사국 간 회의의사록도 국제협정으로 인정될 수 있다고 하였다.
ㄹ. 트리펠(Triepel)은 조약을 입법부적 조약(legislative treaty)과 계약조약(contractual treaty)으로 대별하고 전자만을 국제법의 연원이라고 보았다.

① ㄱ, ㄴ ② ㄱ, ㄹ
③ ㄴ, ㄷ ④ ㄴ, ㄹ

07 국제환경 관련 국제판례에 대한 설명으로 옳지 않은 것만을 모두 고른 것은?

ㄱ. 트레일 제련소 사건(1941)은 최초로 초국경적 환경오염 피해에 대한 배상을 인정하여, 주권국가는 자국 영토 내에서 절대적인 주권행사가 가능함을 확인하였다.
ㄴ. 우루과이 강 펄프 공장 사건(2010)은 우루과이와 아르헨티나 합의에 기초하여 약정관할권이 성립한 것이며, 국제사법재판소(ICJ)는 환경영향평가는 국제관습법이나 우루과이가 이를 위반하였다고 판시하였다.
ㄷ. WTO판정례에 의하면 미국이 'dolphin safe'라는 라벨 부착을 요구한 것은 사실상 이를 강제한 것이므로 기술규정에 해당하며, 멕시코에 대한 차별적 조치를 구성한다.
ㄹ. 일본 포경 사건(2014)은 호주가 국제포경협약 규정에 따라 제소하여 약정관할권이 창설된 사례이며, 국제사법재판소(ICJ)는 일본이 국제포경협약을 위반하였다고 판시하였다.

① ㄱ, ㄹ ② ㄱ, ㄴ, ㄹ
③ ㄱ, ㄷ, ㄹ ④ ㄴ, ㄷ, ㄹ

08 조약의 등록에 대한 설명으로 옳지 않은 것은?

① UN회원국이 조약을 등록하면 그 타방 당사자인 UN 비회원국도 UN기관에서 이를 원용할 수 있다.
② 당사자가 아닌 제3국도 등록되지 않은 조약은 원용할 수 없다.
③ 모협정의 범위 혹은 적용을 변경하는 새로운 문서는 등록되어야 한다.
④ 조약으로서의 성격에 논란이 있는 경우, 일방 당사국이 등록을 하고 타방 당사국이 이에 항의하지 않았다고 하여 문서의 조약적 성격에 대한 묵시적 수락으로 해석하지 않는다.

09 국제사법재판소(ICJ)의 니카라과 사건(Case Concerning Military and Paramilitary Activities in and against Nicaragua) 판결에 대한 설명으로 옳지 않은 것은?

① 니카라과의 1929년 상설국제사법재판소(PCIJ)규정 선택조항 수락선언 이후의 계속적인 침묵은 국제사법재판소(ICJ)규정 제36조 제2항에 기초하는 강제관할권을 묵인하는 것으로 해석하였다.
② 국제사법재판소(ICJ)규정 제36조 제2항 수락선언의 내용을 변경하기 위한 1984년 미국의 '슐츠 선언(Shultz Letter)'이 국제사법재판소(ICJ)의 강제관할권에 따라야 할 미국의 의무를 해제하지 못한다고 보았다.
③ 엘살바도르의 반정부세력에 대한 니카라과의 무기공여는 무력공격과 동일시할 수 없고 무력행사금지의 원칙 위반을 구성하는 위법한 내정간섭에 해당할 만큼 중대하지는 않았다고 판단하였다.
④ 미국의 다자조약 유보의 문제에 대해 국제사법재판소(ICJ)는 유보 등의 이유로 조약의 적용이 배제되는 상황에서 문제의 사안에 대해 동일한 내용의 국제관습법까지 자동적으로 적용이 배제되지는 않는다고 판단하였다.

10 국가 및 그 재산의 관할권 면제에 관한 국제연합협약(2004)에 대한 설명으로 옳은 것을 모두 고른 것은?

ㄱ. 타국이 소송의 당사자로 거명된 경우에 한하여 국가의 법정에 제기된 소송은 타국을 상대로 제기된 것으로 간주한다.
ㄴ. 국가는 어떠한 사항 또는 사건과 관련하여 타국의 법정이 관할권을 행사하는 데에 국제협정을 통해 명시적으로 동의한 경우 그 사항 또는 사건과 관련하여 타국의 법정에 제기된 소송에서 관할권 면제를 원용할 수 없다.
ㄷ. 국가의 대리인이 타국의 법정에 증인으로서 출석하는 경우 이는 전자의 국가가 그 법정의 관할권 행사에 동의하는 것으로 해석될 수 없다.
ㄹ. 타국 법정에서 자기를 상대로 제기된 소송에서 반소를 제기하는 국가는 그 주된 청구와 관련하여 그 법정의 관할권으로부터의 면제를 주장할 수 있다.

① ㄱ, ㄴ　② ㄴ, ㄷ
③ ㄱ, ㄹ　④ ㄴ, ㄹ

11 위법행위책임에 관한 ILC 초안(2001)에 대한 설명으로 옳은 것은?

① 국가에게 일정한 사건을 방지할 것을 요구하는 국제의무의 위반은 그러한 사건이 발생하는 때에 한하여 발생한다.
② 타국이 국제위법행위를 실행하도록 타국을 지시하고 통제한 국가는 당해 국가가 실행하였더라도 그 행위는 국제적으로 위법할 경우 그 행위에 대하여 국제적으로 책임을 진다.
③ 손해배상을 결정함에 있어서는, 피해국 또는 손해배상 요구와 관련된 모든 개인 또는 단체의 고의 또는 과실에 의한 작위 또는 부작위가 피해에 기여한 바를 참작할 수 있다.
④ 피해국이 유효하게 청구를 포기한 경우 또는 피해국이 자신의 행위에 의하여 청구권의 소멸에 유효하게 묵인한 것으로 간주되는 경우 책임을 추궁할 권리를 상실한다.

12 국제법상 개인의 법적 지위에 대한 설명으로 옳은 것은?

① 1908년에 설립된 중미사법재판소는 개인이 국가를 상대로 한 직접 제소뿐만 아니라 국적국을 상대로 한 제소까지 허용되었다는 점에서 진일보된 재판소라는 평가를 받았다.
② 국가승계 시 자연인의 국적 초안(1999)에 의하면 자연인은 최소한 관련 1개국의 국적을 가질 권리가 있다고 전제하고 국가승계 시 해당 지역에 주소지를 둔 자는 승계국의 국적자로 추정함을 기본 원칙으로 제시했다.
③ 1974년 국가의 경제적 권리·의무 헌장은 국유화를 단행하는 국가는 자국의 관련 법령과 적절하다고 생각하는 모든 상황을 고려하여 적절한 보상을 지불해야 한다고 규정했다.
④ 이중국적에 대한 긍정적 태도를 견지하던 유럽심의회는 1997년 채택한 유럽국적협약에서 국적유일의 원칙을 규정하였다.

13 WTO의 SPS협정에 대한 설명으로 옳은 것은?

① EC - 호르몬 사건에서 패널은 EC의 조치에 과학적 정당성은 없으나, 잠정조치로서 인정된다고 판시하였다.
② 국제적 기준이 존재하지 않는 경우 회원국은 SPS조치를 취할 수 없다.
③ 과학적 정당성이 없는 경우 잠정조치를 취할 수 있으나, 원칙적으로 10년으로 제한된다.
④ 한국과 일본 간 후쿠시마 농수산물 분쟁 사건(2019)에서 패널은 한국의 조치가 잠정조치요건을 충족하지 못하다고 판시하였으나, 상소기구는 패널이 그 권한범위를 넘어서 심리한 위법이 있다고 보아 패널의 판정을 파기하였다.

14 국제인권 및 난민에 관한 국제판례에 대한 설명으로 옳지 않은 것만을 모두 고른 것은?

ㄱ. 쇠링(Söring) 사건(1989)은 국제인권위원회(Human Rights Committee)의 입장과 달리 사형폐지국이 사형유지국으로 범죄인을 인도하는 것은 인권협약 위반이라고 판시하였다.
ㄴ. 국제인권위원회(Human Rights Committee)는 한국의 병역법이 대체복무제의 마련 없이 일률적으로 병역의무를 부과하고 이를 거부하는 자를 처벌하는 것은 시민적·정치적 권리에 관한 국제규약상 종교의 자유에 위반된다고 판시하였으나, 최초 판단 이후 제기된 청원은 중복청원 금지를 규정한 B규약 제1선택의정서에 따라 관할권을 행사하지 않고 각하하였다.
ㄷ. 우리나라 대법원은 난민 판정시 박해에 대한 입증책임은 난민 신청자가 지며 박해의 경험에 대한 진술이 불일치하고 과장이 있다면 전반적인 난민 신청자의 불안정한 상황에도 불구하고 난민 지위를 인정하기 어렵다는 입장을 보여준 바 있다.
ㄹ. 우리나라는 1992년 12월 난민지위협약과 동 의정서에 동시에 가입하였고, 2013년 7월부터 난민법이 발효 중이다.

① ㄱ, ㄴ, ㄷ　　② ㄱ, ㄷ, ㄹ
③ ㄴ, ㄷ, ㄹ　　④ ㄱ, ㄴ, ㄷ, ㄹ

15 국제법상 국적에 관한 판례에 대한 설명으로 옳지 않은 것만을 모두 고른 것은?

ㄱ. 튀니지와 모로코에서의 프랑스 국적령 사건(1923)에서 상설국제사법재판소(PCIJ)는 이 사건의 경우 국적문제가 국제문제화되었으므로 연맹총회에서 관할권을 가질 수 있다고 판시하였다.
ㄴ. 노테봄 사건(1955)에서 국제사법재판소(ICJ)는 리히텐슈타인이 노테봄에게 부여한 국적이 이미 국내적으로 효력을 상실하였으므로 과테말라에 대해 대항력을 갖지 못한다고 보고 리히텐슈타인이 외교적 보호권을 발동할 수 없다고 판시하였다.
ㄷ. 이란 - 미국 이중국적자의 지위에 관한 중재 사건(1984)에서 중재법원은 1930년 국적법 저촉에 관한 헤이그협약 제4조를 반영하여 이중국적 중 실효적 국적이 확인될 수 있으면 이중국적국 상호간에도 외교적 보호권을 발동할 수 있다고 판시하였다.
ㄹ. 우리나라 헌법재판소는 일제강점시기 중국으로 이주한 후 중국 국적으로 생활해온 재중동포는 대한민국 국민으로 볼 수 없으나, 이들에게 대한민국 국적 선택을 위한 절차를 마련하지 않은 부작위가 있어 위헌이라고 판시하였다.

① ㄱ, ㄴ　　② ㄴ, ㄹ
③ ㄱ, ㄴ, ㄷ　　④ ㄱ, ㄴ, ㄷ, ㄹ

16 조약에 대한 설명으로 옳지 않은 것은?

① 1994년 카타르 - 바레인 간 해양경계획정 사건에서 국제사법재판소(ICJ)는 분쟁당사국 간 회의의사록도 국제법상의 권리와 의무를 창출하는 조약에 해당할 수 있다고 판단하였다.
② 행정협정은 국회의 동의 없이 행정부가 단독으로 체결할 수 있는 유형의 국제협정으로 상호주의원칙에 따라 일방 당사국이 특정 협정을 정식조약으로 간주하면 타방 당사국은 그 협정을 행정협정으로 간주할 수 없다.
③ 합의의사록(agreed minutes) 또는 의정서(protocol)는 그것 자체로 국가의 권리와 의무를 규정하는 정식 문서라기보다는 구체적인 이행 방법이나 특정 조항의 해석을 규정하는 등 이미 존재하는 조약을 수정 또는 보완하는 합의를 가리킨다.
④ SOFA 합의의사록은 조약의 일부로서 간주되나 한일어업협정의 합의의사록은 구속력을 당사국이 법적 구속력을 의도하지 않았기 때문에 조약의 일부가 아니다.

17 국제법에 대한 설명으로 옳지 않은 것은?

① 1648년 체결된 베스트팔렌조약에 의하면 유럽의 평화를 위해 체약국 간 갈등이 발생하더라도 3년의 냉각기간을 가져야 하며, 3년이 경과해도 해결에 이르지 못한 경우 피해국에게 전쟁을 벌일 권한이 인정되고, 이 경우 다른 모든 체약국은 무력사용을 통해 피해국을 원조해야 한다.
② Capitulation에 의하면 협정당사국의 국적을 가진 유럽인은 자국 영사의 동의 없이는 영토국으로부터 추방당하지 아니한다.
③ 초국경법은 국경선을 넘는 행동이나 사건을 규율하는 모든 법을 의미하며, 국제법과 국제사법이 포함된다.
④ 상인법은 원래 중세 유럽 전역에 걸쳐 보편적으로 승인되고 적용되던 상관습법으로서 국가 간의 관계를 규율하는 것을 목표로 하였다.

18 관세와 무역에 관한 일반협정(GATT1994) 제24조에 규정된 지역무역협정(RTA)에 대한 설명으로 옳지 않은 것만을 모두 고른 것은?

ㄱ. 관세동맹(Customs Union)과 자유무역지대(Free Trade Area)의 차이점은 체약국들이 공동역외관세를 도입하느냐 여부에 있다.
ㄴ. 자유무역지대에 참여하지 않은 WTO회원국에 대하여 무역장벽을 높이는 방법으로 FTA를 체결하는 것은 금지되어 있다.
ㄷ. 관세동맹 형성시 금전보상을 조건으로 역외국에 대해 관세 또는 비관세조치를 강화할 수 있다.
ㄹ. WTO회원국은 FTA를 체결하면 WTO에 통보해야 하며 WTO 출범 이후 설립된 지역무역협정위원회에서 그 합법성을 심사한다.
ㅁ. FTA 및 관세동맹을 위한 잠정협정을 체결할 수 있으나, 10년 내에 실제 협정으로 전환되어야 한다.
ㅂ. FTA 및 관세동맹의 역내국은 관세 및 비관세조치를 폐지해야 하나, GATT 제24조에 의하면 민감품목은 자유화 대상에서 제외할 수 있다.

① ㄱ, ㄷ ② ㄱ, ㅁ
③ ㄴ, ㄹ ④ ㄷ, ㅂ

19 최혜국대우원칙에 대한 설명으로 옳지 않은 것만을 모두 고른 것은?

ㄱ. 부속서 1A, 1B, 1C에 모두 규정되어 있으나, 서비스협정의 경우 구체적 약속에 포함된다.
ㄴ. 최혜국대우원칙은 재정조치와 관련해서는 관세 및 기타 관세과징금에 대해 적용되며 내국세나 내국과징금에 대해서는 적용되지 않는다.
ㄷ. 상품의 수입뿐만 아니라 상품의 수출에 대해서도 적용된다.
ㄹ. 최혜국대우원칙은 수입품의 통관시점에 적용되나, 내국민대우원칙은 통관 이후 시점부터 적용된다.
ㅁ. 법률상 차별뿐만 아니라 사실상의 차별도 금지되며, 스페인 - 볶지 않은 커피의 관세 대우 사건에서 패널은 스페인의 조치가 사실상의 차별에 해당된다고 판시하였다.
ㅂ. 최혜국이 WTO회원국이 아닌 경우 최혜국대우원칙이 적용되지 않는다.

① ㄱ, ㄴ, ㄷ, ㄹ ② ㄱ, ㄴ, ㄹ, ㅂ
③ ㄱ, ㄷ, ㄹ, ㅁ ④ ㄴ, ㄷ, ㄹ, ㅁ

20 UN안전보장이사회에 대한 설명으로 옳지 않은 것은?

① 안전보장이사회는 그 사업을 가장 쉽게 할 수 있다고 판단되는 기구의 소재지 외의 장소에서 회의를 개최할 수 있다.
② 안전보장이사회의 이사국이 아닌 어떠한 UN회원국도 언제든지 안전보장이사회에 회부된 어떠한 문제의 토의에도 투표권 없이 참가할 수 있는 권리를 갖는다.
③ UN의 회원국이 아닌 어떠한 국가도 안전보장이사회에서 심의 중인 분쟁의 당사자인 경우에는 이 분쟁에 대한 토의에 투표권 없이 참가하도록 초청된다.
④ 안전보장이사회의 각 이사국은 기구의 소재지에 항상 대표를 두어야 한다.

MEMO

정답·해설 _해설집 p.66

13회 실전동형모의고사

제한시간: 20분 시작 시 분 ~ 종료 시 분 점수 확인 개/ 20개

01 국제형사재판소설립을 위한 로마협약(1998)상 재심절차에 대한 설명으로 옳은 것은?

① 피고인을 대신한 소추관은 일정한 조건하에 유죄 또는 형의 확정판결에 대하여 재심을 청구할 수 있으며 재심은 전심재판부 또는 상소심재판부에 청구할 수 있다.
② 재판 당시에는 입수할 수 없었던 증거로서 그 입수불능에 대하여 전적으로든 부분적으로든 신청 당사자에게 귀책사유가 없었고, 재판 당시 입증되었다면 다른 판결을 가져 왔을 충분히 중요한 증거가 발견된 경우 재심을 신청할 수 있다.
③ 신청이 이유 있다고 판단되는 경우, 상소심재판부는 절차 및 증거규칙에 규정된 방식으로 각 당사자들을 심리한 후 판결이 수정되어야 할지 여부에 대한 결정에 이르기 위하여 전심재판부를 재소집할 수 있다.
④ 재판에서 고려되었고 유죄판결의 근거가 된 결정적 증거가 허위, 위조 또는 변조되었음이 새로이 판명된 경우 재심을 신청할 수 있으나 이 경우 전심재판부에 신청해야 한다.

02 조약 및 국제관습법에 대한 영국의 태도에 대한 설명으로 옳지 않은 것은?

① 국제관습법에 대해 원칙적으로 수용이론을 채택하고 있다.
② 조약에 대해 원칙적으로 변형이론을 채택하고 있다.
③ 조약의 경우 소극적 저촉은 발생할 수 있으나, 적극적 저촉은 발생하기 어렵다.
④ 영국 정부가 체결하려는 비준을 요하는 모든 조약은 일단 의회로 보내져 21일 이상 공개되는데 이를 Ponsonby Rule이라고 한다.

03 바르셀로나 트랙션 사건(ICJ, 1970)에 대한 설명으로 옳지 않은 것은?

① 국제사법재판소(ICJ)는 대세적 의무의 존재를 확인하고 대세적 의무는 국제공동체 전체에 대해 지고 있는 의무로서 인권존중의무, 무력사용금지의무, 노예금지의무 등이 있다고 판시하였다.
② 법인의 사실상 소멸한 경우 법인의 피해로 인한 자국 주주의 간접적 피해에 대해 주주의 국적국이 외교적 보호권을 발동할 수 있다고 하였다.
③ 법인의 국적국이 외교적 보호권을 명시적 또는 묵시적으로 포기한 것이 명백한 경우 법인의 피해로 손해를 입은 자국 주주를 위해 주주의 국적국이 외교적 보호권을 발동할 수 있다.
④ 법인의 국적 결정에 대한 국제법적 기준은 법인의 설립지국 또는 본점 소재지국이다.

04 국가승계에 관련된 자연인의 국적(2000)에 대한 설명으로 옳은 것은?

① 영토의 일부 이전 시 승계국은 이전된 영토 내에 주소를 갖는 자에게 자국적을 부여하며, 당사자가 기존 국적의 유지를 선택하지 않는 한 선행국 국적은 철회됨을 원칙으로 한다.
② 하나의 국가가 복수의 국가로 해체되는 경우 개인의 국적 선택권이 인정되지 않고, 상거소지국의 국적이 부여된다.
③ 영토의 일부가 분리 독립하는 경우 승계지역 주민에게는 국적 선택권의 부여를 전제로 신 국적이 부여된다.
④ 둘 이상의 국가가 하나로 통합하는 경우 선행국의 모든 국민은 원칙적으로 이전 국가의 국적을 유지한다.

05 국제사법재판소(ICJ)에 대한 설명으로 옳은 것만을 모두 고른 것은?

ㄱ. 당사자의 권리를 보전하기 위하여 취해지는 잠정조치는 법적 구속력이 없다는 것이 국제사법재판소(ICJ)의 입장이다.
ㄴ. 소송의 당사자는 아니지만 자신이 당사국으로 있는 협약의 해석이 문제가 되어 소송에 참가한 국가는 재판소의 판결에 의해 부여된 해석에 구속되지 않는다.
ㄷ. 판결이 선고되었을 당시 당사자와 재판소가 알지 못하였던 결정적 사실이 발견된 경우, 재심이 청구될 수 있으며 그 입증책임은 재심청구국이 진다.
ㄹ. 일방 당사자가 재판소에 출석하지 않거나 그 사건을 방어하지 않는 경우, 타방 당사자는 자기의 청구에 유리하게 결정할 것을 재판소에 요청할 수 있다.
ㅁ. UN헌장은 회원국이 그들 간의 분쟁을 해결하기 위하여 국제사법재판소(ICJ) 이외의 다른 재판소에 제소하는 것을 방해하지 않는다.

① ㄱ, ㄴ, ㄷ ② ㄱ, ㄴ, ㄹ
③ ㄱ, ㄷ, ㅁ ④ ㄷ, ㄹ, ㅁ

06 UN해양법협약(1982)상 군도수역에 대한 설명으로 옳은 것은?

① 군도직선기선의 길이는 원칙적으로 100해리를 초과할 수 없으나 총 기선 수의 3% 이내에서 최대 120해리까지로 확장될 수 있다.
② 간출지에는 군도직선기선을 설정할 수 없으나 등대와 같이 항구적으로 해면 위에 있는 유사한 시설물이 설치된 경우 예외적으로 군도직선기선을 설정할 수 있다.
③ 군도직선기선의 내측 수역은 군도수역이며 내수와 유사한 지위를 가지므로 선박의 무해통항권은 원칙적으로 허용되지 아니한다.
④ 군도직선기선 외측에 설정된 영해에서 군도국가는 군도해로대를 설정해야 하며 군도해로대에서는 잠수함의 잠항이 허용된다.

07 다음 사례와 관련한 국제법적 설명으로 옳지 않은 것은? (다툼이 있는 경우 2001년 ILC 위법행위책임초안에 따름)

A국 내에서 형성된 반란단체 X는 A국 내의 Y지역을 장악하고 있다. 현재 A국 중앙정부와 X단체 상호간 치열한 교전이 계속되고 있으며, A국은 B국에 대해 군사개입을 요청하였다. 한편 UN안전보장이사회는 이 사안을 정식의제로 설정하고 긴급회의를 소집하였다.

① Y지역에서 X단체의 국제위법행위에 대해 A국은 원칙적으로 책임을 지지 않는다.
② A국이 X단체에 대해 교전단체승인을 부여한 경우 A국은 Y지역에서 발생한 모든 사안에 대해 국제법상 책임을 부담한다.
③ B국 군대가 X단체에 대한 진압작전 진행 중 타국에 발생시킨 피해에 대해 B국은 원칙적으로 책임을 지지 않는다.
④ UN안전보장이사회가 이 사안에 대해 헌장 제7장상 조치를 취하는 것은 A국 국내문제에 대한 위법한 간섭으로 간주되지 않는다.

08 승인제도에 대한 설명으로 옳은 것은?

① 병합에 의해 신국가가 탄생한 경우 국가승인문제는 발생하지 않으나 정부승인문제는 발생한다.
② 창설적 효력설에 의해 승인은 법률행위이나 선언적 효력설에 의하면 사실행위이다.
③ 스팀슨주의에 의하면 위법하게 형성된 국가에 대해서는 승인을 부여할 수 없으나, 국가로서의 요건을 갖춘 경우 예외적으로 승인할 수 있다.
④ 국제기구 가입을 통해 신국가가 기존 회원국으로부터 승인을 받는 것을 집합적 승인이라고 하며 현행 법상 부정되는 것이 통설이다.

09 영사관계에 관한 비엔나협약(1963)에 대한 설명으로 옳은 것만을 모두 고른 것은?

> ㄱ. 영사관원은 파견국의 국민과 자유로이 통신할 수 있으며 또한 접촉할 수 있다.
> ㄴ. 파견국의 국민은 파견국의 영사관원과 자유롭게 통신 및 접촉할 수 있다.
> ㄷ. 파견국의 영사관할구역 내에서 파견국의 국민이 체포되는 경우 접수국의 권한 있는 당국은 지체 없이 통보해야 한다.
> ㄹ. 영사관원은 그 관할구역 내에 구금되어 있는 파견국 국민을 방문할 권리를 가지나 영사관원이 조치를 취하는 것을 국민이 반대하는 경우 영사관원은 이를 삼갈 의무가 있다.

① ㄱ, ㄴ　② ㄴ, ㄷ
③ ㄱ, ㄴ, ㄷ　④ ㄱ, ㄴ, ㄷ, ㄹ

10 국제법의 주체에 대한 설명으로 옳지 않은 것은?

① 한국은 2018년 국제적십자위원회와 조약을 체결하여 한국 내에서 위원회의 정부간 기구 지위를 인정하고 공관의 불가침 등 특권과 면제를 부여하기로 하였다.
② 반란단체는 전시인도법의 지배를 받으며 구성원은 국제형사재판소에서 처벌될 수 있다.
③ 국제기구가 그 직원에게 피해를 입힌 경우 직원의 국적국은 직무보호권을 발동할 수 있다.
④ 국제기구가 타국 국민에게 피해를 입힌 경우 피해자의 국적국은 외교적 보호권을 발동할 수 있다.

11 외교보호에 관한 ILC초안(2006)상 법인의 보호에 대한 설명으로 옳지 않은 것만을 모두 고른 것은?

> ㄱ. 법인의 피해에 대해서는 원칙적으로 설립지국이 보호권자이며, 예외적으로 본점 소재지국이나 재무지배 소재지국이 보호권을 발동할 수 있다.
> ㄴ. 법인의 국적이 피해시 또는 청구 제기시에 자국 국적을 가진 경우 국가는 보호권을 발동할 수 있으며, 자연인과 달리 법인의 국적이 피해시와 청구 제기시에 동일해도 국적 계속은 추정될 수 없다.
> ㄷ. 공식 청구 제기 후에 법인이 피청구국의 국적을 취득한 경우 국가는 자연인과 달리 외교적 보호권을 계속해서 발동할 수 있다.
> ㄹ. 법인이 피해시 청구국의 국적을 가졌으나 추후 피해로 인해서 청구국의 국적을 상실한 경우에도 계속해서 가해국에 대해 외교적 보호권을 발동할 수 있다.

① ㄱ, ㄴ　② ㄱ, ㄷ
③ ㄴ, ㄷ　④ ㄴ, ㄹ

12 국제법상 섬에 대한 설명으로 옳지 않은 것은?

① ICJ는 니카라과와 콜롬비아 영토 및 해양 분쟁 사건(2012)에서 유엔해양법협약상 섬에 관한 제121조의 3개 항은 관습법이 아니므로 비당사국에 대해서는 적용되지 않는다고 하였다.
② 남중국해 중재판정 재판부는 독자적 경제활동 요건을 충족시키기 위해 단순히 자원의 존재만으로는 부족하고, 그 자원을 이용 개발 분배하기 위한 일정 수준의 지속적 현지 인간활동이 필요하다고 판단했다.
③ 멩끼에 에끄레오 사건(1953)에서 ICJ는 실효적 지배의 상대적 힘에 따라 영국의 영유권을 인정하였다.
④ 흑해해양경계획정사건에서 국제사법재판소는 3단계 접근법을 적용하였고, 뱀섬은 경계획정의 기준점이 될 수 없으며, 잠정적 경계선을 이동할 만한 사정도 아니라고 하였다.

13 고문과 기타 잔혹하거나 비인도적이거나 모욕적인 대우 혹은 처벌에 반대하는 협약(1984)에 대한 설명으로 옳지 않은 것은?

① 당사국은 고문범죄를 실행한 것으로 추정되는 혐의자가 자국 영토 안에 소재하나, 이러한 범죄혐의자를 인도하지 아니하는 경우에는, 기소를 위하여 사건을 권한 있는 당국에 회부할 수 있다.
② 어떠한 당사국도 고문받을 위험이 있다고 믿을 만한 상당한 근거가 있는 다른 나라로 개인을 추방·송환 또는 인도하여서는 안 된다.
③ 고문방지위원회의 위원은 18명이고 4년 임기로 선출되며 재선될 수 있다.
④ 당사국은 어떤 당사국이 이 협약에 따른 의무를 다른 당사국이 이행하지 않고 있다고 통보하는 경우에 위원회가 이러한 통보를 수리하여 심리할 권능을 가지고 있음을 인정한다는 선언을 언제든지 할 수 있다.

14 국가책임의 성립요건에 대한 설명으로 옳지 않은 것만을 모두 고른 것은?

ㄱ. 국가기관이 아닌 민간인 개인이나 단체의 행위가 국가로 귀속되어 국가행위로 간주되는 경우는 없다.
ㄴ. 모든 국가기관의 직무상 행위는 국제법에 의하여 국가의 행위로 간주된다.
ㄷ. ILC초안에 의하면 국가기관이 자신의 권한을 벗어나거나 상부 지시를 위반하여 어떤 행위를 하였다 할지라도 국제법상 국가의 행위로 간주된다.
ㄹ. 국제법상 대세적 의무가 도입되면서 손해의 발생을 국가책임의 성립요건으로 간주하려는 견해가 유력하다.

① ㄱ, ㄴ ② ㄱ, ㄹ
③ ㄴ, ㄷ ④ ㄴ, ㄹ

15 UN의 강제조치에 대한 설명으로 옳은 것만을 모두 고른 것은?

ㄱ. 어떤 분쟁의 계속이 국제평화와 안전의 유지를 위태롭게 할 우려가 있을 때 적용된다.
ㄴ. 안전보장이사회는 권고를 하거나 조치를 결정하기 전에 잠정조치에 따르도록 관련당사자들에게 요청할 수 있다.
ㄷ. 안전보장이사회가 헌장 제41조에 의해 비군사적 강제조치를 취하기로 결정한 경우 이는 모든 회원국들에 대하여 법적 구속력을 가진다.
ㄹ. 안전보장이사회가 헌장 제42조에 의해 군사적 강제조치를 취하기로 결정한 경우 이는 모든 회원국들에 대하여 법적 구속력을 가진다.

① ㄱ, ㄴ ② ㄱ, ㄷ
③ ㄴ, ㄷ ④ ㄷ, ㄹ

16 국제환경보호를 위한 주요 다자 간 환경협약에 대한 설명으로 옳지 않은 것만을 모두 고른 것은?

ㄱ. '지속 가능한 개발'은 환경보존보다는 경제개발을 우선시하는 개념이다.
ㄴ. 교토의정서(Kyoto Protocol)는 이행에 있어 신축성을 강화하기 위해 공동이행, 청정개발체제, 배출차입제도를 도입하였다.
ㄷ. 지구온난화 방지를 위하여 교토의정서는 부속서I 국가들에게 온실가스 감축의무 및 개도국에 대한 재정적 및 기술적 지원을 제공할 의무를 부담하도록 하였다.
ㄹ. UN기후변화기본협약은 형평원칙에 입각하여 공동의 그러나 차별적 책임원칙을 적용하였다.

① ㄱ, ㄴ ② ㄱ, ㄷ
③ ㄱ, ㄴ, ㄷ ④ ㄴ, ㄷ, ㄹ

17 개인의 국제법적 지위에 대한 설명으로 옳지 않은 것은?

① Ahmadou Sadio Diallo 사건(2012)에서 재판부는 Diallo가 추방령(또는 재입국금지령) 철회를 청원하여 총리의 은혜를 기대하는 행위는 소진해야 할 구제 절차라고 볼 수 없다고 확인하였다.
② Questions of Mutual Assistance 사건에서 재판부는 검찰총장과 국방위원장에 대한 증인 소환과 관련하여 재판부는 외교관이 아닌 관리가 개인적인 면제권을 향유할 수 있는 국제법적인 근거는 없으며, 이들이 외교관이 아니므로 외교 관계에 관한 비엔나 협약은 적용할 수 없다고 언급하였다.
③ 구 유고전범재판소 Tadic 사건 상소심은 순수한 사인 행위의 경우에는 국가의 구체적인 지시·명령이 존재하여야 하지만, 무장집단이나 기타의 군사적 조직의 경우에는 해당 집단이 타국의 전반적 지배(overall control)하에 있는 것만으로도 사실상의 국가기관으로 인정되기에 충분하다고 하였다.
④ Barcelona Traction, Light and Power Company, Limited (Belgium v. Spain) 사건에서 재판부는 주주의 권리인 배당청구권, 총회에서의 의결권, 해산 후의 잔여 자산 분배청구권 등이 침해된 경우 주주의 국적국이 원칙적으로 외교적 보호권을 발동할 수 없으나, 법인이 법적으로 소멸되는 등의 특별 사정이 존재하는 경우에 한해 예외적으로 보호권을 발동할 수 있다고 하였다.

18 UN해양법협약(1982)상 해양분쟁해결제도에 대한 설명으로 옳지 않은 것을 모두 고른 것은?

ㄱ. 어떠한 국가도 이 협약의 서명, 비준, 가입 시 서면 선언에 의하여 이 협약의 해석이나 적용에 관한 분쟁의 해결을 위하여 협약에 열거된 수단 중의 어느 하나 또는 그 이상을 자유롭게 선택할 수 있으나, 협정 발효 후 또는 가입 후에도 자유롭게 선택할 수 있다.
ㄴ. 분쟁해결절차를 선택하는 선언은 취소통고가 국제연합사무총장에게 기탁된 후 6개월까지 효력을 가진다.
ㄷ. 중재재판소가 구성되는 동안 잠정조치의 요청이 있는 경우 당사자가 합의하는 재판소가, 만일 잠정조치의 요청이 있은 후 10일 이내에 이러한 합의가 이루어지지 아니하는 경우에는 국제해양법재판소(또는 심해저활동에 관하여서는 해저분쟁재판부)가, 이 조에 따라 잠정조치를 명령, 변경 또는 철회할 수 있다.
ㄹ. 분쟁이 회부된 중재재판소는 국제해양법재판소가 취한 잠정조치를 확인할 수 있으며, 변경하거나 철회할 수도 있다.

① ㄱ, ㄴ　② ㄴ, ㄷ
③ ㄱ, ㄹ　④ ㄴ, ㄹ

19 GATT1994 제20조 일반적 예외에 대한 설명으로 옳지 않은 것만을 모두 고른 것은?

ㄱ. 미국 - Shrimp 사건 상소심은 본문과 전문 검토에 있어서 전문을 먼저 검토하는 것이 GATT1994 제20조의 취지에 부합하다고 판정하였다.
ㄴ. 국내법의 준수를 확보하기 위해 취한 조치는 일반적 예외에 해당되며, 멕시코 - 청량음료 사건에 의하면, 국내법의 범위에 국내법에 편입된 조약이 포함된다.
ㄷ. GATT와 달리 서비스무역협정(GATS)의 경우 일반적 예외는 구체적 약속으로 규정되었다.
ㄹ. 미국 - 휘발유 사건에 의하면 미국의 조치는 GATT 제3조 제2항에 위반되고, 일반적 예외를 원용할 수 없다.

① ㄱ　② ㄱ, ㄴ
③ ㄱ, ㄴ, ㄷ　④ ㄱ, ㄴ, ㄷ, ㄹ

20 WTO 반덤핑협정에 대한 설명으로 옳지 않은 것만을 모두 고른 것은?

ㄱ. 반덤핑조치의 발동을 위해서는 덤핑사실이 존재할 것과 덤핑으로 인해 국내산업에 실질적인 피해 또는 피해의 우려가 있어야 한다.
ㄴ. 누적평가가 인정된다.
ㄷ. 피해의 결정은 명백한 증거(Positive evidence)에 근거해야 하는데 여기에는 덤핑수입의 물량 및 덤핑수입품이 동종물품의 가격에 미치는 영향 등에 대한 객관적 검토를 포함한다.
ㄹ. 패널은 반덤핑협정 규정에 기초하여 제로잉이 전면 금지된다고 판시하였다.
ㅁ. 표본조사는 인정되지 않는다.
ㅂ. 반덤핑조치를 원칙적으로 5년을 넘을 수 없으며, 재심을 통해 연장되지 않는 한 원칙적으로 종료된다.

① ㄱ, ㄷ　② ㄴ, ㅂ
③ ㄷ, ㅁ　④ ㄹ, ㅁ

MEMO

14회 실전동형모의고사

정답 · 해설 _해설집 p.71

제한시간: 20분 시작 시 분 ~ 종료 시 분 점수 확인 개/ 20개

01 국가면제에 대한 설명으로 옳지 않은 것은?

① 국가면제는 제한면제론에 따라 직무행위도 면제가 제한될 수 있으나, 외교면제는 직무에 관한 것이면 절대적으로 면제된다.
② 유엔국가면제협약(2004)에 의하면 고용계약은 면제가 제한되나, 고용계약의 전부 또는 일부가 법정지국 내에서 이행되었거나 이행될 예정이어야 한다.
③ 체포영장사건(2004)에서 국제사법재판소는 강행규범위반행위라도 법정지영토 밖에서 발생한 경우 면제를 인정하는 것이 현행관습이라고 보아 이탈리아의 조치는 관습법을 위반한 것이라고 판시하였다.
④ 유엔국가면제협약(2004)에 의하면 피고국이 재판정에 불출정한 것이 면제의 묵시적 포기로 간주되지 않는다.

02 UN사무총장에 대한 설명으로 옳지 않은 것은?

① 안전보장이사회의 권고에 기초하여 UN총회에서 출석·투표하는 회원국 2분의 1 다수결에 의해 임명된다.
② UN헌장에 따라 UN사무총장의 임기는 5년이며 재임명될 수 있다.
③ 국제평화와 안전을 위태롭게 하는 사항에 대해 안전보장이사회에 주의를 환기할 수 있으나 UN총회에 대해서는 주의를 환기할 수 없다.
④ UN사무총장은 UN안전보장이사회에 의해 창설된 UN평화유지군을 통할한다.

03 유해폐기물의 월경 이동 및 처리의 통제에 관한 바젤협약에 대한 설명으로 옳지 않은 것을 모두 고른 것은?

> ㄱ. 바젤협약과 관련하여 Ban Amendment(1995)를 채택하여 선진국으로부터 개발도상국으로의 유해폐기물 이동을 금지하였다.
> ㄴ. 당사국은 남위 60도 이남지역으로의 유해폐기물의 수출을 허가하지 않아야 한다.
> ㄷ. 수출국이 경유국에게 통고한 후 60일 내에 경유국의 회답이 없는 경우 수출국은 월경 이동을 허용할 수 없다.
> ㄹ. 당사국 간 분쟁이 교섭 등에 의해 해결되지 못한 경우 일방적으로 ICJ나 국제중재에 부탁될 수 있다.

① ㄱ, ㄴ ② ㄴ, ㄷ
③ ㄱ, ㄹ ④ ㄷ, ㄹ

04 파리협정(2015)에 대한 설명으로 옳지 않은 것은?

① 선진국 당사자는 가능하다면 개발도상국 당사자에게 제공될 공적 재원의 예상 수준을 포함하여, 정성적·정량적 관련 정보를 적용 가능한 범위에서 5년마다 통보한다.
② 산업화 전 수준 대비 지구 평균 기온 상승을 섭씨 2도보다 현저히 낮은 수준으로 유지하는 것 및 산업화 전 수준 대비 지구 평균 기온 상승을 섭씨 1.5도로 제한하기 위한 노력을 추구하는 것을 통해 기후변화의 위협에 대한 전지구적 대응을 강화하는 것을 목표로 한다.
③ 당사자총회는 당사자총회에서 달리 결정하는 경우가 아니면 2023년에 첫 번째 전지구적 이행점검을 실시하고 그 후 5년마다 이를 실시한다.
④ 당사자는 협정이 자신에 대하여 발효한 날부터 3년 후에는 언제든지 수탁자에게 서면통고를 하여 이 협정에서 탈퇴할 수 있으며, 탈퇴는 수탁자가 탈퇴통고서를 접수한 날부터 1년이 경과한 날 또는 탈퇴통고서에 그보다 더 나중의 날짜가 명시된 경우에는 그 나중의 날짜에 효력이 발생한다.

05 국제관습법의 효력에 대한 설명으로 옳은 것만을 모두 고른 것은?

> ㄱ. 국제법상 성문화된 법원이 불문법원보다 우월한 효력을 가지므로, 조약이 국제관습법보다 우월한 효력을 갖는다.
> ㄴ. 조약과 국제관습법 간의 충돌시 신법우선원칙 등 일반적인 규범충돌 해결방법이 적용될 수 있다.
> ㄷ. 일반관습법 규범이 지역관습법 규범보다 우월한 효력을 갖는다.
> ㄹ. 조약과 국제관습법 중에 강행규범에 해당하는 것이 있으면 그 강행규범이 우월한 효력을 갖는다.

① ㄱ, ㄴ ② ㄱ, ㄷ
③ ㄴ, ㄹ ④ ㄷ, ㄹ

06 국제형사재판소(ICC)에 대한 설명으로 옳은 것은?

① 국가원수에 의해 범해진 인도에 대한 죄를 처벌할 수 있으나 현직 국가원수의 경우 면제가 인정되므로 면제의 포기 또는 퇴임 이후가 아니면 처벌할 수 없다.
② 1948년 제노사이드 방지 및 처벌에 관한 협약 제6조에 기초하여 설치되었다.
③ 보충성의 원칙이 적용되어 물적 관할 대상범죄에 대한 1차적 처벌은 국내법에 따른다.
④ 자연인과 법인을 처벌대상으로 하며 국가는 기소될 수 없다.

07 무력사용에 관한 국제법에 대한 설명으로 옳지 않은 것만을 모두 고른 것은?

> ㄱ. 국제연맹규약은 전쟁을 포괄적으로 제한하였다. 재판소의 판결이나 이사회의 보고가 있은 후 6개월 이내에는 전쟁이 제한되었다.
> ㄴ. 부전조약(켈로그-브리앙조약, 1928)은 최초로 무력사용 자체를 불법화하였다.
> ㄷ. UN헌장은 무력사용 및 그 위협까지 금지하였다.
> ㄹ. 2017년 NPT당사국 총회는 핵무기 금지협약을 채택하였다. 핵무기의 개발, 실험, 생산, 저장, 이전, 사용 등을 포괄적으로 금지하고 있으며, 기존 핵보유국은 즉시 핵무기를 작전대상에서 제외시키고 가능한 한 빨리 핵무기를 해체시킬 것을 요구하고 있다.
> ㅁ. 국제사법재판소(ICJ)는 권고적 의견(1996)에서 핵무기의 위협이나 사용을 금지하는 관습국제법이나 조약은 존재하지 않으나, 핵무기의 위협이나 사용은 무력분쟁에 적용될 국제법 규칙, 특히 국제인도법상의 원칙에 일반적으로 배치된다고 하였다. 다만, 국가의 생존이 문제되는 극단적 상황하에서 핵무기의 위협 또는 사용이 합법인가 또는 위법인가에 대해 결론을 내릴 수 없다고 판단하였다.

① ㄱ, ㄴ, ㄷ ② ㄱ, ㄴ, ㄹ
③ ㄴ, ㄷ, ㄹ ④ ㄴ, ㄹ, ㅁ

08 외교보호에 관한 ILC초안(2006)에 대한 설명으로 옳지 않은 것만을 모두 고른 것은?

> ㄱ. 외교적 보호권을 발동할 수 있는 주체는 원칙적으로 피해자의 국적국이다.
> ㄴ. 자연인의 국적 결정에 있어서 '진정한 관련성'에 대해서는 명시적 규정이 없다.
> ㄷ. 국적계속의 원칙에 대해서는 추정이 인정되지 않으며, 청구 제기국이 국적계속에 대해 적극적으로 입증해야 한다.
> ㄹ. 피해자가 외교적 보호권 발동을 거부하는 경우 국적국은 이에 따라야 할 법적 의무가 있다.

① ㄱ, ㄴ ② ㄱ, ㄹ
③ ㄴ, ㄹ ④ ㄷ, ㄹ

09 전시인도법에 대한 설명으로 옳은 것은?

① 1949년 제네바협약은 육전법규에 관한 조례, 해상에서 군대의 상병자 및 조난자 상태개선 협약, 포로대우협약, 전시 민간인 보호협약으로 구성되어 있다.
② 몽트뢰 지침(2008)에 의하면 민간군사기업 직원은 원칙적으로 국제인도법상 민간인으로서 보호된다.
③ 2010년 스위스 정부 주도로 작성된 '민간군사기업을 위한 국제행동지침'은 몽트뢰지침에 법적 구속력을 부여하는 문서로서 민간군사기업의 구체적인 법적 지위를 규정하고 있다.
④ 마르텐스조항은 법규의 부존재를 이유로 하는 비인도적 행위를 방지하여 일반적 허용원칙을 적용하고 있다.

10 국가영역의 취득에 대한 설명으로 옳지 않은 것은?

① 국제사법재판소(ICJ)는 서부 사하라 사건(1975)에서 국가단계에까지 이르지는 못했지만 사회·정치조직을 갖춘 종족 또는 민족이 살고 있는 땅은 무주지로 간주되지 않는다고 정의하고 서부 사하라 지역은 무주지가 아니라고 판시하였다.
② 자연작용에 의하여 국경하천에서 급격한 전위(轉位)가 발생한 경우에는 원래의 국경선이 그대로 유지된다.
③ 리기탄 및 시파단 도서 영유권 분쟁 사건에서 국제사법재판소(ICJ)는 말레이시아의 이전 지배국이었던 영국이 동 도서를 영유하였으며 이러한 영유권이 말레이시아에 승계되었다고 보아 말레이시아의 주권을 승인하였다.
④ 프레아 비헤아 사원 사건(1962)은 시효에 의한 영토취득을 인정한 대표적 판례이다.

11 국가의 기본적 권리의무에 대한 설명으로 옳지 않은 것은?

① 우호관계선언은 국가의 기본적 권리의무로 무력사용금지, 분쟁의 평화적 해결, 내정불간섭, 국제협력의무, 자결권, 주권평등, 신의성실원칙을 규정하였다.
② ICJ는 Gabčikovo-Nagymaros Project에서 조약법협약 제26조에 반영된 신의성실 의무는 당사자들에게 조약을 합리적인 방식으로 그리고 조약의 목적이 실현될 수 있는 방식으로 적용할 의무를 지우고 있다고 하였다.
③ 집단적 자위권은 헌장에서 창설된 권리이나, 국제사법재판소는 이후 관습법으로 성립하였다고 보았다.
④ ICJ는 침격전술론을 인정하고 있으며 헌장 제51조에 따라 개별적 자위권과 집단적 자위권을 정당화한다고 본다.

12 국제법의 개념 및 역사에 대한 설명으로 옳은 것은?

① 푸펜도르프(Pufendorf)는 실정법만이 법적으로 구속력 있는 규칙을 담고 있다고 주장하였다.
② 바텔(Vattel)은 자국민의 피해를 국가의 피해로 의제한다는 이른바 바텔(Vattel)의 의제를 제시하였으며, 바텔(Vattel)의 의제는 국내구제완료원칙의 이론적 기초를 형성하였다.
③ 의사주의에 의하면 관습법은 묵시적 합의이므로 집요한 불복국가를 인정할 수 있다.
④ 그로티우스(Grotius)는 전쟁은 원칙적으로 정당하지 못하나, 방어전쟁 및 법적 청구권을 집행하기 위한 전쟁만은 예외적으로 정당한 전쟁이라고 보았다.

13 외교관계에 관한 비엔나협약(1961)상 외교면제의 범위에 대한 설명으로 옳은 것은?

① 외교관의 세대를 구성하는 그의 가족은 접수국 국민이라 하더라도 외교특권 및 면제와 유사한 특권과 면제를 향유한다.
② 공관의 행정 및 기능직원은 민사 및 행정재판관할권으로부터 면제되지 않는다.
③ 접수국의 국민이나 영주자가 아닌 공관의 노무직원은 직무 중에 행한 행위에 관하여 면제를 향유하며 그들이 취업으로 인해 받는 보수에 대한 부과금이나 조세로부터 면제된다.
④ 접수국의 국민이나 영주자인 외교관은 그의 직무수행 중에 행한 공적 행위 및 사적 행위에 대해서만 재판관할권 면제 및 불가침권을 향유한다.

14 조약에 대한 설명으로 옳지 않은 것만을 모두 고른 것은?

ㄱ. 1969년 조약법에 관한 비엔나협약상의 조약 개념에 의하면, 한미행정협정(SOFA) 합의의사록(agreed minutes)은 조약에 해당한다.
ㄴ. 1969년 조약법에 관한 비엔나협약은 구두에 의한 국가 간 합의에도 적용된다.
ㄷ. 대통령, 수상, 외무부장관은 직무로 인해 전권위임장을 제시하지 않아도 자국을 대표하는 것으로 간주된다.
ㄹ. 조약체결시 조약체결권에 관한 국내법규정의 위반이 명백하고 또한 근본적으로 중요한 국내법규칙에 관련되어 있을 경우 해당 조약은 무효이다.

① ㄱ, ㄴ　② ㄴ, ㄷ
③ ㄴ, ㄹ　④ ㄷ, ㄹ

15 이스라엘 장벽건설 사건(ICJ, 2004) 및 관련 쟁점에 대한 설명으로 옳은 것은?

① 이스라엘의 조치는 무력사용금지의무 및 민족자결권을 침해한다.
② 국제인권규약은 자국 영토 밖에서는 적용되지 않기 때문에 이스라엘은 국제인권규약을 위반하지 않았다.
③ 이스라엘은 UN총회의 승인하에 권고적 의견을 요청하였으며, 위법성 조각사유로 자위권 및 조난을 제시하였다.
④ 이스라엘의 조치는 테러리스트의 공격으로부터 이스라엘 사람들의 생명을 보호하기 위한 조치이므로 조난에 해당될 여지가 있으나, 다른 대체수단의 부존재에 대해 이스라엘이 충분히 증명하지 못하였다.

16 국제법의 연원에 대한 설명으로 가장 옳지 않은 것은?

① 국제사법재판소(ICJ)규정 제38조는 국제사법재판소(ICJ)의 재판준칙에 대한 규정이나 국제법의 연원을 규정한 것으로 인정되기도 한다.
② 국가계약은 당사자 간에 구속력을 갖기 때문에 조약법에 관한 비엔나협약(1969)상의 조약으로 인정된다.
③ 국제관습법이 성립하기 위해서는 반드시 일반관행과 법적 확신이 모두 존재해야 한다는 것이 국제사법재판소(ICJ)의 태도이다.
④ 일반관습과 지역적 차원의 조약이 상충하더라도 지역적 차원의 조약이 신법이라면 우선적용될 수 있다.

17 세계무역기구(WTO)에 대한 설명으로 옳은 것만을 모두 고른 것은?

> ㄱ. WTO는 법인격을 가지며, 각 회원국은 WTO에 필요한 특권과 면제를 부여한다.
> ㄴ. 각 회원국은 WTO설립협정에 부속된 다자간 무역협정상의 의무들을 이행함에 있어 자국의 법과 규칙 및 행정절차들이 이들 협정에 합치하도록 할 법적 의무를 가진다.
> ㄷ. WTO협정에 위반되는 회원국의 국내법은 WTO에 의하여 직접 무효화된다.
> ㄹ. WTO설립협정에 부속된 복수국간 무역협정(PTA)은 모든 회원국에 대해 구속력을 갖는다.

① ㄱ, ㄴ ② ㄴ, ㄷ
③ ㄴ, ㄹ ④ ㄷ, ㄹ

18 국제법위원회(ILC)가 작성한 조약 유보에 관한 실행지침(2011)에 대한 설명으로 옳지 않은 것을 모두 고른 것은?

> ㄱ. 통보를 받은 후 12개월 내에 어떠한 체약국의 반대도 없으면 유보의 지연 첨부나 기존 유보내용의 확대 또는 수정이 가능하다.
> ㄴ. 유보의 수락은 유보국과 수락국 사이에 조약관계가 성립됨을 의미하며, 일단 유보를 수락하면 이는 철회되거나 수정될 수 없다.
> ㄷ. 허용 불가능한 유보는 무효(null and void)이며 어떠한 법적 효과도 갖지 못하나, 이 같은 유보를 첨부한 국가는 유보를 철회하지 않는 한 당해 조약의 당사자가 될 수 없다.
> ㄹ. 타국의 해석선언에 침묵한 경우 이는 곧 수락으로 추정되므로, 반대하는 국가는 그 반대의 의사를 명확히 표시해야 한다.

① ㄱ, ㄴ ② ㄱ, ㄷ
③ ㄴ, ㄹ ④ ㄷ, ㄹ

19 국제법에 대한 설명으로 옳지 않은 것은?

① 켈젠의 근본규범설은 법단계설과 동의어이며 국제법과 국내법의 관계에 있어서 국제법상위 통일설을 주장한다.
② 제섭은 국제공법과 국제사법을 통칭하여 초국내법 또는 초국경법이라고 하였다.
③ 14세기 중엽 바르셀로나에서 집적된 콘솔라토 델 마레는 유럽국가들의 교전수칙에 지대한 영향을 주었다.
④ 초국가법은 Schwarzenberger가 제시한 개념으로서, 국가들이 조약을 체결하여 초국가적 기구를 설립하고 동 기구의 입법이 회원국의 헌법보다 우월한 지위를 가지는 경우 당해 법을 초국가법이라고 한다.

20 UN해양법협약(1982)상 대륙붕에 대한 설명으로 옳지 않은 것은?

① 1945년 트루먼선언이 최초 대륙붕 선언이며, 1958년 대륙붕협약에 최초 입법되었다.
② 200해리를 초과하는 대륙붕에 대해서는 비생물자원 개발에 대해 기여금을 금전이나 현물로 해저기구에 납부해야 한다.
③ 중첩 대륙붕 경계획정 관련 분쟁은 강제절차에서 배제되어 강제조정절차가 적용되나, 영유권 분쟁이 혼재된 혼합분쟁인 경우 강제조정절차로부터도 배제된다.
④ 1974년 한국과 일본은 조약을 통해 대한해협에서 대륙붕 경계를 중간선으로 설정하였으며, 1978년 조약을 통해 동중국해 중첩 대륙붕을 공동개발하기로 하였다.

MEMO

정답 · 해설 _해설집 p.76

15회 실전동형모의고사

제한시간: 20분 시작 시 분 ~ 종료 시 분 점수 확인 개/ 20개

01 국제법상 영역에 대한 설명으로 옳지 않은 것은?

① 가항하천의 경우 중심수류를 경계선으로 삼는 탈베크원칙이 일반적으로 적용된다.
② 국제사법재판소(ICJ)는 폰세카 만 사건에서 동 만이 니카라과, 엘살바도르, 온두라스의 공동 주권에 속하는 역사적 수역으로서의 Condominium에 해당하지 않는다고 판시하였다.
③ effectivites는 정부 권한의 행사로서 권원 취득에 직접 관계되는 주권의 표시 또는 이미 성립된 권원을 확인하기 위한 증거로서의 관할권 행사나 표시를 의미하는데, 부르키나파소와 말리 간 국경분쟁 사건에서 처음 등장하였다.
④ 국제사법재판소(ICJ)는 2002년 카메룬과 나이지리아 간 육지 및 해양경계획정 사건에서 de Vissher가 제시한 역사적 응고이론(historical consolidation) 개념에 대해 비판적 입장을 밝힌 바 있다.

02 1963년 영사관계에 관한 비엔나협약에 대한 설명으로 옳지 않은 것은?

① 외교활동의 수행이 허용되는 영사관원은 외교특권과 면제를 요구할 수 있는 권리를 부여받는다.
② 명예영사의 경우 공적 활동에 대해서만 특권과 면제가 인정되며, 직무수행에 관하여 증언의무가 없다.
③ 양국 간 외교관계의 수립에 부여된 동의는 달리 의사를 표시하지 아니하는 한 영사관계의 수립에 대한 동의를 포함한다.
④ 영사기관장은 영사인가장 부여 일자에 따라 각 계급 내에서 그 석차가 정하여진다.

03 항공범죄에 대한 설명으로 옳은 것은?

① 2014년 동경협약을 개정하기 위한 의정서에 의하면 항공기 내에서 행하여진 범죄에 대하여 재판관할권을 확립하기 위하여 필요한 조치를 취할 의무가 착륙국에서 등록국과 운영자의 국가에로 확대되었다.
② 헤이그협약(1970)은 항공기납치로 인하여 초래된 인적 · 물적 손해에 대해서는 가해자의 국적국이 민사배상책임을 부담해야 한다는 점을 명시하였다.
③ 1971년 민간항공의 안전에 대한 불법행위 억제를 위한 몬트리올협약에 의하면 비행 중이란 비행을 위하여 승무원에 의하여 항공기의 비행 전 준비가 시작된 때부터 착륙 후 24시간까지이다.
④ 북경협약과 북경의정서는 적용대상 범죄들을 정치범죄(political offence)로 간주하지 아니한다고 명시하고 있다.

04 국제법상 국가책임에 대한 설명으로 옳지 않은 것은?

① 정권교체에 성공한 반란단체의 행위에 대해서는 신정부로 귀속된다.
② 우주손해배상조약, 핵추진 선박운영상 책임에 관한 조약, ILC위법행위책임초안, 육전법규에 관한 조례는 무과실책임을 규정하였다.
③ 나울리아 사건(1928)에서 포르투갈 기지에 대한 독일의 공격에 대해 독일이 복구조치라고 주장하였으나, 중재재판부는 포르투갈의 위법행위가 없었고, 비례성을 충족하지 못한다고 보았다.
④ ILC가 작성한 위법행위책임초안(2001)에 의하면 손해배상 결정시 피해국이나 피해 사인의 고의나 과실에 의한 피해에 기여한 바를 참작해야 한다.

05 국제형사재판소(ICC) 로마규정에 대한 설명으로 옳지 않은 것은?

① 국제형사재판소(ICC) 로마규정은 전쟁범죄, 침략범죄, 마약범죄 및 테러범죄를 관할범죄로 정하고 있다.
② 국제형사재판소(ICC)는 관할범죄에 대하여 그 행위가 발생한 영역국 또는 그 범죄 혐의자의 국적국이 당사국이거나 국제형사재판소(ICC)의 관할권을 수락하였다면 그 사건에 대하여 관할권을 행사할 수 있다.
③ 국제형사재판소(ICC)는 관할범죄에 대하여 그 범죄 관련 사태가 UN안전보장이사회에 의하여 소추관에게 회부된 경우 그 사건에 대하여 관할권을 행사할 수 있다.
④ 특정 사건에 대하여 관할권을 갖는 국가가 이를 수사하고 있더라도 그 국가가 진정으로 수사할 의사가 없는 경우에는 국제형사재판소(ICC)는 그 사건에 대하여 재판권을 행사할 수 있다.

06 국가관할권에 대한 설명으로 옳은 것은?

① Achile Lauro호 사건에서 미국은 보편주의와 수동적 속인주의에 기초한 관할권을 주장하였다.
② 아이히만 사건에서 이스라엘은 보편주의와 수동적 속인주의에 기초하여 아이히만을 처벌하였다.
③ 체포영장 사건에서 국제사법재판소(ICJ)는 벨기에는 보호주의 및 보편주의에 기초하여 관할권을 가진다고 보았으나, 현직 외무장관에 대한 영장 발부는 인적 면제를 침해하여 위법이라고 보았다.
④ 미국은 Alvarez-Machain 사건에서 피고인이 납치에 의해 재판정에 출정하게 된 경우 적법절차에 위반되므로 재판관할권을 행사할 수 없다고 하였다.

07 국제법과 국내법의 관계에 대한 설명으로 옳은 것을 모두 고른 것은?

ㄱ. ICJ는 Ahmadou Sadio Diallo 사건(2010)에서 국가의 국내법 해석은 1차적으로 ICJ에 맡겨져 있다고 판시한 바 있다.
ㄴ. 미국 법원은 Breard v. Greene 사건에서 자기집행조약은 연방법률보다 하위의 효력을 갖는다고 하였다.
ㄷ. 영국 법원은 Regina v. Jones(Margaret) and Others 판결(2006)에서 의회 입법에 의해서만 새로운 형사처벌이 가능하다고 판시하여, 국제범죄의 처벌에 관하여는 관습국제법의 자동적 수용이 이루어지지 않는다고 하였다.
ㄹ. ICJ는 Applicability of the Obligation to Arbitrate under Section 21 of the UN Headquarters Agreement of 26 June 1947 권고적 의견(1988)에서 PLO 사무실 문제와 관련하여 UN과 미국 간에는 본부협정 제21조가 예정하고 있는 분쟁이 존재하며, 따라서 이 조약에 따라 미국은 중재재판에 응할 의무가 있다고 판시한 바 있다.

① ㄱ, ㄴ ② ㄱ, ㄷ
③ ㄴ, ㄹ ④ ㄷ, ㄹ

08 외교적 보호에 대한 설명으로 옳지 않은 것은?

① 외교보호초안(2006)에 의하면 이중국적자가 제3국에서 피해를 입은 경우 국적국은 모두 개별적 또는 공동으로 외교적 보호권을 발동할 수 있다.
② 외교보호초안(2006)에 의하면 자국에 거주하는 난민이 제3국에서 피해를 입은 경우 난민 자격을 부여하고 해당 난민이 자국에 합법적이고 상시적으로 거주한 경우 제3국에 대해 보호권을 발동할 수 있다.
③ 외교보호초안(2006)에 의하면 외교보호를 행사하고자 하는 국가의 국적이 가해국에 입국 시에 그리고 공식청구 제기 시에 모두 우세하지(perdominent) 않는 한, 그 국적국가는 타 국적국가를 상대로 외교보호를 행사할 수 없다.
④ 외교보호초안(2006)에 의하면 자발적 관련성의 요건은 그것이 존재하지 않는 경우 국내구제를 완료할 필요가 없는 예외의 하나로 언급되고 있으나, 다만 동 규정에서는 자발적 관련성 대신 적절한 관련성이란 다소 객관적인 술어를 사용하고 있으며, 또한 적절한 관련성이 존재해야 하는 시점은 침해 시임을 분명히 하고 있다.

09 국제사법재판소(ICJ)의 권고적 관할권에 대한 설명으로 옳은 것만을 모두 고른 것은?

ㄱ. 국제사법재판소(ICJ)규정 당사국은 국제사법재판소(ICJ)에 권고적 의견을 요청할 권리를 갖지 아니한다.
ㄴ. 총회와 안전보장이사회는 어떠한 문제에 대해서도 권고적 의견을 줄 것을 국제사법재판소(ICJ)에 요청할 수 있다.
ㄷ. 총회, 안전보장이사회 이외에도 사무국을 비롯한 3개의 UN기관과 15개 전문기구 및 국제원자력기구(IAEA)가 총회에 의해 권고적 의견을 요청할 자격을 사전적으로 인정받고 있다.
ㄹ. '전시 또는 기타 무력충돌시 국가에 의한 핵무기 사용의 적법성'에 관하여 국제보건기구(WHO)가 권고적 의견을 요청하자, 국제사법재판소(ICJ)는 제기된 문제는 WHO의 활동범위 내에서 발생하는 것이 아니라고 보아 동 요청을 거절하였다.

① ㄱ, ㄴ ② ㄱ, ㄹ
③ ㄴ, ㄷ ④ ㄴ, ㄹ

10 UN해양법협약상 영해에 대한 설명으로 옳은 것만을 모두 고른 것은?

ㄱ. 연안국은 영해의 폭을 기선으로부터 12해리 범위 내에서 설정할 수 있다.
ㄴ. 통상기선은 원칙적으로 연안국이 공인한 대축척해도에 표시된 해안의 저조선으로 한다.
ㄷ. 직선기선은 원칙적으로 24해리를 초과할 수 없다.
ㄹ. 대향국 간 또는 인접국 간의 영해의 경계획정은 반드시 중간선원칙에 따라야 한다.
ㅁ. 연안국은 기선을 결정함에 있어서 통상기선과 직선기선을 혼합하여 사용할 수 있다.

① ㄱ, ㄴ, ㄹ ② ㄱ, ㄴ, ㅁ
③ ㄱ, ㄷ, ㅁ ④ ㄴ, ㄷ, ㄹ

11 외기권에 발사된 물체의 등록에 관한 협약(1975)에 대한 설명으로 옳은 것은?

① 우주 물체가 지구 궤도 또는 그 이원에 발사되었을 때, 발사국은 유지하여야 하는 적절한 등록부에 등재하여 우주 물체를 등록해야 하고, 각 발사국은 동 등록의 확정을 외기권 평화적 이용 위원회에 통보해야 한다.
② 등록의 내용 및 그것이 유지되는 조건은 UN사무총장에 의하여 결정되어야 한다.
③ 등록국은 때때로 등록이 행해진 우주 물체에 관련된 추가 정보를 국제연합 사무총장에게 제공할 수 있다.
④ 협약의 어느 당사국도 발효 후 1년이 경과할 시에는 UN사무총장에 대한 서면 통지로서 협약에의 탈퇴를 통고할 수 있으며 그러한 탈퇴는 이 통고의 수령일로부터 6개월이 경과했을 시 효력이 있다.

12 국가승인 또는 정부승인에 대한 설명으로 옳은 것은?

① 티노코 중재 사건(1923)에 의하면 쿠데타로 집권한 정부를 승인하지 않은 국가라도 당해 정부 조치의 효력을 부인할 수 없다.
② 아란짜주 멘디호 사건(1939) 판결에서 영국 법원은 스페인 1개의 국가에 2개의 정부가 존재할 수는 없다고 하였다.
③ 루터 대 사고르 사건(1921)은 영국이 미승인국의 국내법적 지위에 있어서 선언적 효력설을 채택하고 있음을 보여준다.
④ 우리나라는 미승인국의 국내법적 지위에 있어서 창설적 효력설을 견지하고 있다.

13 UN에 대한 설명으로 옳지 않은 것은?

① 신회원국의 UN가입의 승인은 중요문제로서 그 문제에 대한 총회의 결정은 출석하여 투표하는 회원국의 3분의 2의 다수결로 한다.
② 사무국은 UN의 주요기관으로서 1인의 사무총장과 UN이 필요로 하는 직원으로 구성하고, 사무총장은 안전보장이사회의 권고로 총회가 임명한다.
③ 총회에 의하여 그러한 권한이 부여될 수 있는 UN의 전문기구는 그 활동범위 안에서 발생하는 법적 문제에 대하여 국제사법재판소(ICJ)의 권고적 의견을 요청할 수 있다.
④ 회원국은 타회원국들 간의 분쟁에 대해서는 안전보장이사회의 주의를 환기할 수 없다.

14 국가면제(State Immunity)에 대한 설명으로 옳지 않은 것은?

① 국가면제는 주권평등원칙에 기초하고 있다.
② 국가대표의 자격으로 행동하는 자도 국가면제의 목적상 국가로 간주된다.
③ 상업적 거래는 국가면제가 제한되나, 국가 간 상업적 거래가 이루어지는 경우에는 국가면제를 원용할 수 있다.
④ 국가면제는 법정지국의 입법관할권의 면제까지 포함하고 있다.

15 국제법상 강행규범에 대한 설명으로 옳은 것만을 모두 고른 것은?

ㄱ. 국제법위원회(ILC)는 민족자결권의 보호를 위해 본질적으로 중요한 의무에 대한 중대한 위반은 국제범죄에 해당된다고 한 바 있다.
ㄴ. 국제사법재판소(ICJ)는 Al Adsani 사건에서 고문금지가 강행규범에 해당된다고 하였다.
ㄷ. 의사주의자들은 강행규범의 대세효는 부정하나 집요한 불복국가는 인정한다.
ㄹ. 국가책임초안(2001)에 의하면 강행규범 위반시 피해국 이외의 국가도 국가책임을 원용할 수 있다.

① ㄱ, ㄴ　　② ㄱ, ㄷ
③ ㄴ, ㄷ　　④ ㄴ, ㄹ

16 국제법상 인권보호에 대한 설명으로 옳지 않은 것을 모두 고른 것은?

ㄱ. 2002년 채택된 고문방지협약 선택의정서는 고문 등의 발생을 방지하기 위해 구금장소를 정기적으로 방문하는 제도적 장치를 마련함을 목적으로 하고 있으며, 당사국은 국내에서 관련 기관을 수립해야 한다.
ㄴ. 2011년 아동의 권리에 관한 협약에 관해 개인통보절차를 인정하는 선택의정서가 채택되었는데 아동이라는 특성을 고려하여 아동의 보호자가 조사를 요청하는 경우에만 아동권리위원회가 심각하고 체계적인 아동권리의 침해에 관한 조사하고 해당국에 권고안을 제시하는 제도를 마련하고 있다.
ㄷ. 난민지위협약에 의하면 난민은 인종·종교·국적·특정 사회집단에의 소속·정치적 의견을 이유로 그의 생명이나 자유가 위협받을 우려가 있는 영역으로 추방되거나 송환되어서는 아니 되는데, 이때 금지되는 송환이란 국경에서의 입국거부를 포함해 결과적으로 난민을 생명 등이 위협받을 지역으로 보내는 결과를 가져오는 여러 간접적인 송환도 포함된다.
ㄹ. Human Rights Committee는 Broeks v. Netherlands에서 실업수당은 사회경제적 권리이므로 시민적 및 정치적 권리에 관한 국제규약 제26조가 적용되지 않는다고 하였다.

① ㄱ, ㄴ　　② ㄴ, ㄷ
③ ㄴ, ㄹ　　④ ㄷ, ㄹ

17 WTO분쟁해결절차에 대한 설명으로 옳은 것만을 모두 고른 것은?

> ㄱ. 대상협정의 해석 및 적용에 따른 모든 분쟁에 회원국들이 반드시 분쟁해결양해(DSU)상의 절차와 규칙을 원용하고 준수하도록 의무화하였다.
> ㄴ. 패널절차의 각 단계별로 엄격한 시한을 설정하여 분쟁해결절차의 신속성 및 효율성을 확보하였다.
> ㄷ. 분쟁해결창구가 일원화되지 못하여 이른바 Forum Shopping 문제가 야기될 수 있다.
> ㄹ. 위반제소의 경우 소위 '일응추정원칙'이 적용되므로 제소국은 피제소국의 협정 위반 및 무효화 또는 침해만 입증하면 인과관계는 별도로 입증할 필요가 없다.
> ㅁ. 분쟁해결기구(DSB)는 직권으로 분쟁을 심사할 수 있다.
> ㅂ. 패널은 사실관계를 조사할 수 있으나, 상소기구는 사실관계를 조사할 수 없고 패널 판정에 대한 파기환송권만 가진다.

① ㄱ, ㄴ ② ㄱ, ㅂ
③ ㄴ, ㄹ ④ ㄷ, ㅁ

18 WTO농업협정에 대한 설명으로 옳은 것만을 모두 고른 것은?

> ㄱ. 농업보조는 감축대상보조와 허용대상보조로 나누어지며 수출보조금은 감축대상이다.
> ㄴ. 시장접근의 예외로서 특별세이프가드조치를 발동할 수 있는데 관세인상만 가능하며 수입량이 기초발동수준 이상으로 증가한 경우에 한해 발동할 수 있다.
> ㄷ. 공정하고 시장지향적인 농산물무역체제를 확립하기 위해 수량제한조치 이외의 모든 장벽을 폐지하기로 합의하였다.
> ㄹ. 기준년도 특정 품목의 수입량의 국내소비량의 3% 이상인 경우, 기준년도 평균 수입량을 차액관세로 1995년부터 6년 동안 수입해야 한다.
> ㅁ. 우리나라는 당초 현행시장접근의 예외를 인정받았으나 2014년 관세화로 전환하였다.
> ㅂ. 무역왜곡적 효과나 생산에 미치는 효과가 없거나 보조가 있더라도 미미한 경우 국내보조는 감축대상이 되지 않는다.

① ㄱ, ㅁ ② ㄱ, ㅂ
③ ㄴ, ㄷ ④ ㄹ, ㅂ

19 국제연합에 대한 설명으로 옳지 않은 것은?

① 남아공에 대해 1974년 총회는 남아공 대표에게 신임장을 거부하여 그해 남아공 대표는 총회에 참석할 수 없었다.
② 현재 교황청과 팔레스타인이 상주 옵저버국 지위를 인정받고 있다.
③ 통일아랍공화국은 추후 이집트와 시리아로 재분열되었으나 통합 이전 과거 회원국 지위가 인정되어 별도로 가입하지 않았다.
④ UN헌장에 의하면 총회에서 모든 경우에 반드시 투표가 요구되는 것은 아니며, 안건에 따라서는 투표 없이 갈채나 컨센서스의 방식으로 채택되기도 한다.

20 WTO세이프가드협정에 대한 설명으로 옳은 것은?

① 세이프가드조치는 경감성원칙이 적용되어, 세이프가드조치 기간이 3년을 초과하면 동 조치를 적용하는 국가는 중간에 상황을 재검토하여 조치를 철회하거나 자유화 속도를 증가해야 한다.
② WTO농업협정과 WTO세이프가드협정이 상충하는 경우 신법우선의 원칙이 적용된다.
③ 세이프가드조치는 GATT의 경우 국내법에 의해 취해졌으나, WTO체제에서 최초로 세이프가드협정이 채택되어 국제법상의 조치가 되었다.
④ 세이프가드조치를 발동하기 위해서는 이해관계인의 청원이 있어야 하며 직권으로 조사할 수 없다.

16회 실전동형모의고사

정답·해설 _해설집 p.81

제한시간: 20분 시작 시 분 ~ 종료 시 분 점수 확인 개/ 20개

01 우주물체에 의하여 발생한 손해에 대한 국제책임에 관한 협약(1972)에 대한 설명으로 옳은 것을 모두 고른 것은?

ㄱ. 발사국이라 함은 우주 물체를 발사하거나 또는 우주 물체의 발사를 야기하는 국가, 우주 물체가 발사되는 지역 또는 시설의 소속국을 의미한다.
ㄴ. 협약의 규정은 발사국의 우주 물체에 의해 발사기 또는 발사기 이후 어느 시기로부터 하강할 때까지의 단계에서 그 우주 물체의 작동에 참여하는 동안 또는 발사국의 초청을 받아 발사 또는 회수 예정 지역의 인접지에 있는 동안의 외국인에 대한 손해에는 적용되지 않는다.
ㄷ. 손해를 입은 국민의 국적국이 보상을 청구하지 않는 경우 UN사무총장이 손해에 대하여 발사국에 보상을 청구할 수 있다.
ㄹ. 청구국과 보상 지불국이 다른 보상 방식에 합의하지 못할 경우, 보상은 지불국의 통화로 지불되며 만일 청구국이 요구하면 청구국의 통화로 지불된다.

① ㄱ, ㄴ ② ㄴ, ㄷ
③ ㄱ, ㄹ ④ ㄷ, ㄹ

02 국제법상 자위권에 대한 설명으로 옳지 않은 것만을 모두 고른 것은?

ㄱ. 콩고 영토무력분쟁 사건에서 국제사법재판소(ICJ)는 우간다의 콩고에 대한 무력공격이 자위권에 의해 정당화될 수 없다고 하였다.
ㄴ. UN헌장 제51조는 자위권 행사의 요건으로서 필요성과 비례성을 규정하고 있다.
ㄷ. 예방적 자위권을 부정하는 입장은 UN헌장 채택 전에도 예방적 자위권이 부정되었으며 UN헌장 체제에서도 여전히 예방적 자위권은 부정된다고 본다.
ㄹ. UN헌장 제51조는 개별적 자위권뿐만 아니라 집단적 자위권 역시 국가의 고유한 권리로서 인정하고 있다.
ㅁ. 국제사법재판소(ICJ)는 니카라과 사건(1986)에서 피침략국의 명시적이고 공식적인 요청이 없다면 집단적 자위권의 행사가 가능하지 않다고 하였다.

① ㄱ, ㅁ ② ㄴ, ㄷ
③ ㄴ, ㅁ ④ ㄷ, ㄹ

03 국제해양법상 내수에 대한 설명으로 옳지 않은 것은?

① UN해양법협약(1982)상 만으로 인정되기 위해서는 만을 둘러싼 육지가 동일국에 속하고, 만구의 폭이 24해리를 초과하지 않아야 하며, 만입은 만구를 직경으로 한 반원의 면적 이상이어야 한다.
② 미국 뉴저지 항구 내의 벨기에 기선 안에서 한 벨기에인이 동료 벨기에 승무원을 살해한 것과 관련한 Mali v. Keeper of the Common Jail 사건에서 벨기에 영사는 벨기에가 재판관할권을 갖는다고 주장하자 미국은 이를 국제관습으로 보고 인정하였다.
③ Chung Chi Cheung v. The King(1939) 사건에서 영국 추밀원은 외국의 국가선박이 내수에 합법적으로 존재하는 경우 연안국의 재판관할권으로부터 면제된다는 점을 인정했으나 정부선박이 기국 영토의 일부로 대우받을 권리, 즉 치외법권을 향유하는 것은 아니라고 판시하였다.
④ 1982년의 UN해양법 제10조 제6항은 영해와 접속수역에 관한 협약 제7조 제6항의 규정을 그대로 답습하여 역사적 만에 대하여 직선기선제도가 적용되지 않는다고 규정하였다.

04 국가면제에 대한 설명으로 옳은 것은?

① Al-Adsani 사건에서 영국은 불법행위가 영국 밖에서 발생했음을 이유로 아자니(Adsani)의 청구를 각하하였으며, 유럽인권법원은 이러한 영국의 조치가 아자니(Adsani)의 유럽인권협약상 재판청구권을 침해한 것이라고 판시하였다.
② 미국의 외국주권면제법은 국가테러 예외를 규정하고 있는데 국가테러가 미국 영토 밖에서 발생하였어도 일정한 조건하에 면제를 제한한다.
③ 이탈리아는 Ferrini 사건에서 면제의 묵시적 포기이론을 적용하였으나, 독일과의 국제사법재판소 소송 이후 강행규범위반에 해당하는 경우에 한해 법정지 영토 밖에서 발생한 불법행위에 대해 면제를 제한하는 것으로 입장을 변경하였다.
④ 영국 국가면제법은 상업적 거래 여부를 판단함에 있어서 거래의 성질을 일차적으로 고려하나 보충적으로 목적을 고려한다.

05 범죄인인도에 대한 설명으로 옳지 않은 것은?

① 국제관행에 의하면 인도 청구 경합 시 상이한 범죄로 청구한 경우 중한 범죄로 청구한 측에 인도한다.
② 유럽범죄인인도협약(1957)은 자국민 여부 결정에 있어서 범죄 행위시로 규정하고 있다.
③ 범죄특정성 원칙에 따라 청구국은 인도청구한 범죄에 대해서만 처벌해야 하고, 그보다 중한 범죄나, 경한 범죄로 처벌할 수 없는 것이 원칙이나, 인도 후 새로이 범한 범죄에 대해서는 피청구국의 동의와 무관하게 처벌할 수 있다.
④ 우리나라의 경우 법원의 인도허가 결정이 내려져도 대한민국의 이익보호를 위하여 인도가 특히 부적절하다고 인정되는 경우 법무부장관은 인도를 하지 않을 수 있다.

06 국제사법재판소(ICJ)의 소송참가에 대한 설명으로 옳지 않은 것은?

① 국제사법재판소(ICJ)는 엘살바도르와 온두라스 간 국경분쟁 사건(폰세카만 사건, 1990)에서 니카라과에게 소송참가를 처음으로 허용했다.
② 국제사법재판소(ICJ)는 니카라과와 콜롬비아 간 사건(2011)에서 국제사법재판소규정 제62조상의 소송참가를 비당사자참가와 당사자참가로 대별하고 비당사자 참가국은 소송당사국으로서의 권리의무를 갖지 못하며 판결도 참가국에게 구속력을 갖지 않는다고 하였다.
③ 국제사법재판소(ICJ)는 소송당사국들이 반대하거나, 당사국과 참가요청국 간 재판관할권이 성립하지 않아도 당사자 소송참가를 허용할 수 있다고 본다.
④ 남극해 포경 사건에서 뉴질랜드는 제63조에 따른 소송참가권을 행사하였고 국제사법재판소(ICJ)는 이를 허용하였다.

07 국제법상 외교관계에 관한 설명으로 옳지 않은 것은?

① 테헤란 주재 미 외교관 인질 사건(1980)에서 국제사법재판소(ICJ)는 미국의 과거 불법행위로 인하여 인질사태가 초래되었더라도 외교관계에 관한 비엔나협약상 이란의 유일한 합법적 대응수단은 기피인물로 선언하여 퇴거를 요청하는 것밖에 없으므로 이란 정부의 미국 외교관 불법억류는 정당화될 수 없다고 하여 동 협약이 자기완비적 체제임을 부인하였다.
② 1954년 외교적 비호에 관한 미주협약은 외교적 비호권을 인정하고 공관의 파견국이 범인의 정치적 성격을 결정할 권리가 있다고 규정하고 있다.
③ 외교행낭도 외부에 표시가 없으면 외교관의 개인수하물로 취급되어 외교관 입회하에 개봉할 수 있다.
④ 공관에 대한 일체의 조세나 부과금은 면제되나 전기요금이나 수도요금과 같이 접수국이 제공한 특별한 역무에 대한 급부는 면제되지 않는다.

08 국가책임 해제의 방법에 대한 설명으로 옳지 않은 것은?

① 국제위법행위가 발생하면 당사국은 발생한 피해에 대하여 완전한 배상의무를 지며 이때의 피해는 물질적 손해 또는 정신적 손해 모두를 포함하는 것이다.
② 원상회복(restitution)은 가장 기본적인 배상유형으로 원상회복이 법적으로 어려운 경우 금전배상이나 만족 등 다른 방식을 통해 국가책임을 해제한다.
③ 금전배상(compensation)의 경우 1872년 알라바마호 사건에서 간접손해에 대한 배상의무가 국제법상 처음 문제되었고 오늘날 간접손해 역시 금전배상의 범위에 포함된다.
④ 유감의 표시, 공식적인 사과 등 적절한 방식의 만족(satisfaction)을 제공하여 국가책임을 해제할 수 있으며 책임자에 대한 처벌도 만족의 방식 중 하나가 될 수 있다.

09 산 후안 강 사건(ICJ, 2009)에 대한 설명으로 옳은 것은?

① 니카라과와 코스타리카는 1858년 국경선 획정조약을 체결함에 있어서 산 후안 강에 탈베크원칙을 적용하여 가항수로의 중간선으로 국경을 획정하였다.
② 국제하천에서는 관습법상 연안국들의 항행의 자유가 인정되는 것이 원칙이다.
③ 장기간 지속이 예상되는 조약의 경우 조약체결 당시 의미가 변천될 수 있으며, 당사국이 당초 이를 인지하고 있었다면 추후 변화된 의미로 해석될 수 있다.
④ 국가는 국제하천의 이용에 있어서 자국 측 하천의 배타적 이용을 갖기 때문에 타국의 이익을 침해하는 문제가 있다고 하더라도 사전통고의무는 없다.

10 국제사법재판소(ICJ)규정상의 선택조항에 대한 설명으로 옳지 않은 것만을 모두 고른 것은?

ㄱ. 선택조항은 국제사법재판소(ICJ)규정에서 처음으로 도입되었다.
ㄴ. 선택조항을 수락할 수 있는 주체는 UN가입국과 국제사법재판소(ICJ)규정당사국에 한정된다.
ㄷ. 선택조항 수락시 국제사법재판소(ICJ)규정 제36조 제2항에 따라 유보를 부가할 수 있다.
ㄹ. 선택조항 수락선언의 승계 여부는 국제사법재판소(ICJ)규정에 명시되지 않았으나, 국제사법재판소(ICJ)는 니카라과 사건에서 그 승계가 인정된다고 판시하였다.

① ㄱ, ㄴ, ㄷ ② ㄱ, ㄷ, ㄹ
③ ㄴ, ㄷ, ㄹ ④ ㄱ, ㄴ, ㄷ, ㄹ

11 국제법상 대세적 의무(obligations erga omnes)에 대한 설명으로 옳은 것은?

① 모든 강행규범이 대세적 의무에 해당하는 것은 아니다.
② 국제법위원회(ILC) 최종초안(2001)에 의하면 대세적 의무 위반국에 대해 피해국은 손해배상을 청구할 수 있으나 대항조치는 취할 수 없다.
③ 국제사법재판소(ICJ)는 외교적 보호의 범주 내에서 한 국가와 다른 한 국가의 관계에서 발생하는 의무와 본질적으로 구분되는 국제공동체 전체에 대한 의무가 존재함을 확인하고 이러한 의무를 대세적 의무라고 하였다. 국제사법재판소(ICJ)는 침략금지의무, 집단살해금지의무, 인권보장의무를 열거적으로 제시하였다.
④ 대세적 의무를 위반하는 경우 국제공동체의 다른 모든 국가가 반드시 피해국이 되는 것은 아니다.

12 영사관계에 관한 비엔나협약(1963)에 대한 설명으로 옳지 않은 것만을 모두 고른 것은?

ㄱ. 접수국과 파견국 간의 외교관계의 수립에 부여된 동의는 달리 의사를 표시하지 아니하는 한 영사관계의 수립에 대한 동의를 포함한다.
ㄴ. 영사기관의 소재지, 그 등급 및 영사관할구역은 파견국에 의해 결정된다.
ㄷ. 총영사관 또는 영사관이 그 총영사관 또는 영사관이 설치되어 있는 지방 이외의 다른 지방에 부영사관 또는 영사대리사무소의 개설을 원하는 경우에는 접수국의 동의가 필요하다.
ㄹ. 영사기관의 소재지 이외의 다른 장소에 기존 영사기관의 일부를 이루는 사무소를 개설하기 위해 접수국의 동의가 필요하다.

① ㄱ, ㄴ ② ㄴ, ㄷ
③ ㄴ, ㄹ ④ ㄷ, ㄹ

13 주권면제에 대한 설명으로 옳지 않은 것은?

① 절대적 주권면제의 경향에서 점차 상대적(제한적) 주권면제의 경향으로 변하게 된 주요한 이유로는 러시아 혁명 이후 공산국가들이 출현하여 이들이 모든 대외무역을 국가 독점체제로 운영하고 국유화를 단행한 데에 따른 현실적 필요성을 들 수 있다.
② 주권면제란 자국 영역 내에서 외국 정부 및 그 재산에 대하여 주권평등원칙에 입각하여 당해 외국을 당사자로 한 소송에서 자국 관할권의 행사를 면제하는 것을 말한다.
③ 1812년 미국 연방대법원은 Schooner Exchange 대 McFaddon 사건에서 최초로 상대적 주권면제이론을 적용하였다.
④ 주권면제는 국내 재판관할권으로부터 면제된다는 것을 의미하는 것이며, 위법한 행위에 대해 국제법적으로 위법성이 전혀 없음을 의미하는 것은 아니다.

14 조약법에 관한 비엔나협약(1969)상 조약의 가분성에 대한 설명으로 옳지 않은 것은?

① 조약의 폐기·탈퇴 또는 조약을 시행 정지시킬 수 있는 당사국의 권리는 조약이 달리 규정하지 아니하거나 또는 당사국이 달리 합의하지 아니하는 한 조약 전체에 대해서만 행사될 수 있다.
② 조약법에 관한 비엔나협약에서 인정되는 부적법화의 사유는 원칙적으로 조약 전체에 대해서만 원용될 수 있다.
③ 조약의 무효사유 중 사기와 부패의 경우 원용국은 문제가 된 조항에 대해서만 무효를 주장할 수 있다.
④ 착오에 의해 무효를 주장하는 국가는 당해 조항이 분리 가능하다면 반드시 분리해야 한다.

15 위법행위에 관한 국가책임초안(ILC, 2001)에 대한 설명으로 옳지 않은 것은?

① 원상회복이 가능하다면 금전배상 대신 원상회복에 따른 이익에 비하여 원상회복이 현저히 불균형한 부담을 수반하는 경우라 하더라도 원상회복해야 할 의무가 있다.
② 국제위법행위에 책임이 있는 국가는 그로 인한 손해가 원상회복에 의하여 전보되지 않는 범위 내에서 금전배상을 해야 할 의무를 부담한다. 금전배상은 확정될 수 있는 범위 내의 상실이익을 포함하여 금전적으로 산정될 수 있는 모든 손해를 포괄한다.
③ 국제위법행위에 책임이 있는 국가는 그 행위로 인한 피해가 원상회복 또는 금전배상으로 전보될 수 없는 경우 이에 대하여 만족을 제공할 의무를 진다.
④ 손해배상을 결정함에 있어서는 피해국 또는 손해배상 요구와 관련된 모든 개인 또는 단체의 고의 또는 과실에 의한 작위 또는 부작위가 피해에 기여한 바를 참작하여야 한다.

16 국제법상 인권의 보호에 대한 설명으로 옳지 않은 것은?

① 1991년 한국 헌법재판소는 세계인권선언이 일반국제법에 해당한다고 보고 그 법적 효력을 일괄적으로 인정하였다.
② 국제연합 안전보장이사회는 아이티 군사쿠데타 과정에서 발생한 비인도적 사태가 국제평화에 대한 위협을 구성한다고 결정하였다.
③ 국제연합 인권고등판무관은 총회 동의를 얻어 UN사무총장이 임명하며, 임기는 4년이다.
④ A규약 선택의정서(2008)에 의하면 선택의정서로부터 탈퇴 시 탈퇴통보는 유엔사무총장에게 하며 통보 후 6개월 지나면 효력이 발생한다.

17 시민적·정치적 권리에 관한 국제협약(1966)상 특별조정위원회에 대한 설명으로 옳은 것을 모두 고른 것은?

> ㄱ. 특별조정위원회는 관계당사국에게 모두 수락될 수 있는 5인의 위원으로 구성된다.
> ㄴ. 관계당사국이 3개월 이내에 특별조정위원회의 전부 또는 일부의 구성에 관하여 합의에 이르지 못하는 경우, 합의를 보지 못하는 특별조정위원회의 위원은 비밀투표에 의하여 인권이사회 위원 중에서 인권이사회 위원 3분의 2 다수결 투표로 선출된다.
> ㄷ. 특별조정위원회의 위원은 관계당사국, 이 규약의 비당사국 또는 국가 간 고발제도의 수락 선언을 행한 당사국의 국민이어서는 아니 된다.
> ㄹ. 특별조정위원회는 당해문제를 접수한 후 어떠한 경우에도 12개월 이내에 관계당사국에 통보하기 위하여 UN사무총장에게 보고서를 제출한다.

① ㄱ, ㄴ　② ㄴ, ㄷ
③ ㄴ, ㄹ　④ ㄷ, ㄹ

18 WTO체제에 대한 설명으로 옳지 않은 것만을 모두 고른 것은?

> ㄱ. WTO체제는 1986년 9월 20일 우루과이의 푼타델에스테에서 개시된 우루과이 라운드를 통해 창설되었다.
> ㄴ. 협상 결과 우루과이 라운드 다자간무역협상의 결과를 담은 최종의정서가 1994년 4월 15일 모로코의 마라케쉬에서 채택되었다.
> ㄷ. 마라케쉬 최종의정서에는 설립협정을 포함하여 28개의 협정이 담겨 있으며, 국가별로 관세, 서비스, 무역관련 지적재산권에 대한 양허표가 첨부되어 있다.
> ㄹ. GATT체제와 달리 WTO체제에서 조부조항(grandfather clause)이 인정되는 경우는 없다.
> ㅁ. 무역정책검토제도(TPRM)가 처음 도입되었으며, 이와 관련된 분쟁은 분쟁해결양해(DSU)를 통해서 해결해야 한다.

① ㄱ, ㄴ, ㄷ　② ㄴ, ㄷ, ㄹ
③ ㄴ, ㄹ, ㅁ　④ ㄷ, ㄹ, ㅁ

19 내국민대우에 대한 설명으로 옳지 않은 것은?

① 상품무역협정상 간접세에 있어서 동종상품에 대해 차별 과세한 경우 내국민대우에 위반된다.
② 서비스무역협정상 내국민대우는 구체적 약속이므로 회원국이 양허표에 개방하기로 기재하지 않은 분야의 경우 양허표에 명시한 차별조치만 허용된다.
③ 무역관련 지적재산권협정상 내국민대우는 상품이 아니라 개인에 대해 적용되며 기존협약 플러스방식에 따라 기존협약상 차별조치는 WTO체제에서도 허용된다.
④ 직접경쟁 또는 대체가능상품에 대해 비재정조치로 불리한 대우를 한 경우 내국민대우원칙에 위반된다.

20 WTO SPS협정에 대한 설명으로 옳은 것은?

① SPS조치를 취하는 것은 회원국의 조건부 권리(qualified right)이므로 분쟁 발생시 조치를 취한 국가는 그 조건 충족 여부에 대해 적극적으로 입증해야 한다.
② 국제적 기준이 존재하지 않는 경우 회원국은 SPS조치를 취할 수 없다.
③ 회원국은 위험평가 결과 과학적 정당성이 없는 경우 어떠한 경우에도 SPS조치를 취할 수 없다.
④ SPS협정과 TBT협정이 동시에 적용될 수 있는 사안의 경우 SPS협정만이 배타적으로 적용된다.

MEMO

정답·해설 _해설집 p.86

17회 실전동형모의고사

제한시간: 20분 시작 시 분 ~ 종료 시 분 점수 확인 개/ 20개

01 보편주의에 대한 설명으로 옳지 않은 것만을 모두 고른 것은?

ㄱ. 임의적 보편관할권은 인도 아니면 소추 원칙의 적용을 받지 않는 보편관할권을 말한다.
ㄴ. 1973년 아파르트헤이트범죄의 억제와 처벌에 관한 협약은 '인도 아니면 소추 원칙'에 기초하여 자국에 소재하는 범죄인을 인도하지 않을 경우 국내법원에의 기소의무가 있다.
ㄷ. 국제체포영장 사건(2004)은 벨기에에 보편관할권이 성립하지 않으므로 벨기에의 체포영장 발부는 위법이라고 판시하였다.
ㄹ. 보편관할권이 성립하는 경우 집행관할권은 영토적 한계를 갖지 않는다.

① ㄱ, ㄴ, ㄷ ② ㄱ, ㄴ, ㄹ
③ ㄱ, ㄷ, ㄹ ④ ㄴ, ㄷ, ㄹ

02 외교보호에 관한 ILC초안(2006)상 국내구제완료원칙에 대한 설명으로 옳지 않은 것만을 모두 고른 것은?

ㄱ. 무국적자와 난민이 피해자인 경우 보호권을 가지는 국가는 국내구제완료원칙과 무관하게 보호권을 발동할 수 있다.
ㄴ. 국내구제수단이란 피해국의 상설적 또는 특별한 사법적 또는 행정적 구제수단으로서 피해자가 이용할 수 있는 모든 수단을 의미한다.
ㄷ. 가해국이 조약 위반으로 국민에게 피해를 야기한 경우 압도적 우세 기준에 따라 국내구제완료원칙이 적용될 수 있다.
ㄹ. 효과적인 구제를 제공할 수 있는 합리적으로 이용가능한 구제수단이 없는 경우 국내구제완료원칙은 적용되지 않는다.

① ㄱ, ㄴ ② ㄱ, ㄷ
③ ㄴ, ㄷ ④ ㄴ, ㄹ

03 국제환경법상 지속가능개발원칙에 대한 설명으로 옳지 않은 것만을 모두 고른 것은?

ㄱ. 국제사법재판소(ICJ)는 가브치코보-나기마로스(Gabčikovo-Nagymaros) 사건에서 지속가능개발원칙이 일반국제관습법임을 확인하였다.
ㄴ. 지속가능개발의 개념은 1987년 브룬트란드(Brundtland) 보고서를 계기로 국제사회에서 일반화되었다.
ㄷ. 지속가능개발원칙은 해양의 경우 공해 해양생물자원 이용과 관련한 '지속가능한 최대수준'(maximum sustainable yield)원칙에 반영되어 있다.
ㄹ. 스톡홀름원칙 21은 미래 세대를 위하여 지구의 자연유산을 보존할 필요가 있다는 참가국들의 합의를 밝히고, 인간은 현세대와 미래 세대를 위하여 환경을 보존하고 증진할 엄숙한 책임이 있다고 선언하였다.

① ㄱ, ㄴ, ㄷ ② ㄱ, ㄴ, ㄹ
③ ㄱ, ㄷ, ㄹ ④ ㄴ, ㄷ, ㄹ

04 국제사법재판소(ICJ) 소송참가에 대한 설명으로 옳지 않은 것은?

① 1990년 국제사법재판소(ICJ)는 엘살바도르와 온두라스 간 국경분쟁 사건에서 니카라과에게 소송참가를 처음으로 허용하였다.
② 국제사법재판소(ICJ)는 니카라과와 콜롬비아 간 사건(2011)에서 법원은 소송참가를 당사자참가와 비당사자참가로 구분하고 당사자참가의 경우 관할권적 근거가 있어야 하나, 판결의 구속을 받지는 않는다고 하였다.
③ 남극해 포경 사건에서 뉴질랜드는 제63조에 따른 소송참가권을 행사하였고 국제사법재판소(ICJ)는 이를 허용하였다.
④ 국제사법재판소(ICJ)는 소송당사국들이 반대하더라도 소송참가를 허용할 수 있다고 본다.

05 국제법과 국내법의 관계에 대한 설명으로 옳은 것은?

① 조약이 개인에게 직접 권리나 의무를 부과할 때 '직접적용성'이 있다고 표현하는데, 이는 조약 해석의 문제이다.
② 1919년 바이마르 헌법 제4조는 조약의 국내적 직접 효력을 인정한 최초의 성문 헌법 조항이다.
③ 영국은 원칙적으로 조약을 사후 변형하여 도입하나, 전쟁행위에 관한 조약, 영토할양조약, 행정협정 등은 수용한다.
④ 미국에서 행정부-의회협정은 상원의 사전동의를 받아 체결하는 조약으로서 연방법률과 대등하다.

06 경제적·사회적·문화적 권리에 관한 국제규약(A규약) 선택의정서에 대한 설명으로 옳은 것은?

① 청원인은 원칙적으로 국내구제완료 후 6개월 이내에 청원을 제기해야 한다.
② 위원회의 심리는 공개해야 한다.
③ 관련국은 위원회로부터 청원 제출 통지를 받은 후 6개월 이내에 해명서를 제출해야 한다.
④ 탈퇴가 인정된다. 탈퇴는 UN사무총장에게 통보하며 통보 후 12개월이 지나면 효력이 발생한다.

07 군도수역에 대한 설명으로 옳은 것만을 모두 고른 것은?

ㄱ. 제3차 해양법회의에서 새롭게 창설된 제도이다.
ㄴ. 군도국가는 군도직선기선을 설정할 수 있으며, 이러한 기선의 길이는 원칙적으로 100해리를 초과할 수 없다.
ㄷ. 군도수역의 내측은 영해이다.
ㄹ. 군도국가는 군도수역의 해저와 하층토 및 이에 포함된 자원에 대하여 주권을 가지나, 군도수역의 상공에 대해서는 배타적 지배권을 갖지 아니한다.
ㅁ. 군도수역에서는 무해통항은 인정되지 않으며 군도항로대통항만이 적용된다.

① ㄱ, ㄴ
② ㄱ, ㄷ
③ ㄱ, ㄹ
④ ㄴ, ㄷ

08 2001년 UN국제법위원회(ILC)가 채택한 국제위법행위에 대한 국가책임규정 초안상 위법성 조각사유에 해당하는 것만을 모두 고른 것은?

ㄱ. 긴급피난
ㄴ. 불가항력
ㄷ. 무력복구
ㄹ. 피해국의 동의
ㅁ. 인도적 간섭
ㅂ. UN헌장에 합치되는 합법적인 자위조치

① ㄱ, ㄴ, ㄷ, ㄹ
② ㄱ, ㄴ, ㄹ, ㅂ
③ ㄱ, ㄷ, ㄹ, ㅁ
④ ㄴ, ㄷ, ㄹ, ㅂ

09 국제연합(UN)에 대한 설명으로 옳지 않은 것은?

① UN가입 신청은 개개의 국가별로 판단하여야 하며 다른 국가의 가입을 조건으로 연계시킬 수 없다.
② UN가입은 안전보장이사회의 권고에 따라 총회가 결정하는데 안전보장이사회의 보조기관인 가입심사위원회가 가입권고 의결안 초안을 안전보장이사회가 제출한다.
③ 권리와 특권이 정지된 회원국은 표결권을 행사할 수 없으나 회원국으로 남아있는 한 의무는 여전히 존속하게 된다.
④ UN헌장에 규정된 원칙을 끈질기게 위반하는 회원국은 총회가 안전보장이사회의 권고에 따라 제명할 수 있으며 이 경우 UN전문기구 회원국의 자격까지 자동적으로 박탈된다.

10 조약법에 관한 비엔나협약(1969)상 조약의 종료에 대한 설명으로 옳은 것은?

① 다자조약의 중대한 위반이 있는 경우 개별 당사국은 위반국과 자국 간 조약종료를 위해 동 위반을 원용할 수 있다.
② 조약의무 이행에 불가결한 목적물이 항구적으로 멸실된 경우 조약은 자동적으로 종료된다.
③ 원칙적으로 조약당사국은 사정변경을 원용하여 조약을 종료할 수 없다.
④ 가브치코보-나기마로스 사건에서 국제사법재판소(ICJ)는 헝가리의 사정변경원칙에 기초한 조약종료 주장을 기각하였으나 후발적 이행불능 주장은 인용하였다.

11 국제법상 승인제도에 대한 설명으로 옳은 것을 모두 고른 것은?

ㄱ. 1933년 국가의 권리의무에 관한 몬테비데오협약은 창설적 효력설을 채택하고 있다.
ㄴ. UN 동시 가입은 최소한 가입국 상호 간의 국가승인의 효과를 발생시킨다.
ㄷ. Carl Zeiss v. Rayner and Keeler Ltd.(No.2)에서 영국 상원은 미승인국가 동독의 행위를 인정하기 위하여 동독을 독립국가가 아니라 영국의 승인을 받은 소련의 한 종속기구로 간주하였다.
ㄹ. 국가가 소멸하거나 정부가 새로운 체제로 대체되는 경우 소멸된 국가 또는 정부에 대한 승인은 합법적으로 철회될 수 있다.

① ㄱ, ㄴ　　② ㄴ, ㄷ
③ ㄱ, ㄹ　　④ ㄷ, ㄹ

12 국제법상 자위권에 대한 설명으로 옳지 않은 것만을 모두 고른 것은?

ㄱ. 국제사법재판소(ICJ)는 니카라과 사건에서 UN헌장 제51조의 자위권이 국제관습법상 자위권을 포괄하는 것이 아니라고 하였다.
ㄴ. 브라운리(Brownlie)에 따르면 무력공격의 위협단계에서는 분쟁의 평화적 해결방법에 의해 그 제거를 위해 노력해야 하는 것이 헌장의 태도이므로 예방적 자위권은 인정될 수 없다.
ㄷ. 국제사법재판소(ICJ)에 따르면 간접적 무력공격에 대해서는 자위권을 발동할 수 없다.
ㄹ. UN헌장에 따르면 무력공격의 주체는 국가에 한정되며 개별적 자위권 및 집단적 자위권이 국가의 고유한 권리로서 인정된다.

① ㄱ, ㄴ　　② ㄴ, ㄷ
③ ㄷ, ㄹ　　④ ㄴ, ㄷ, ㄹ

13 국제형사재판소(ICC)설립조약(로마협약)상 침략범죄에 대한 설명으로 옳지 않은 것만을 모두 고른 것은?

ㄱ. 침략범죄의 경우 협약이 발효되고 7년 경과 후 개최되는 당사국회의나 재검토회의에서 범죄의 정의와 관할권 행사방법을 채택한 이후 관할권을 행사할 수 있도록 하였으며, 2010년 재검토회의에서 이를 채택하였고, 2018년 7월 발효하였다.
ㄴ. 여타 범죄와 달리 침략범죄에 대한 제소는 안전보장이사회 및 소추관만 할 수 있다.
ㄷ. 안전보장이사회는 로마규정의 당사국은 물론 비당사국의 침략행위도 재판소로 회부할 수 있다.
ㄹ. 침략범죄는 지도자의 범죄이므로 국가의 침략행위에 단순참가하거나 동원된 자들은 침략범죄로 처벌되지 않는다.
ㅁ. 범죄의 특성상 주로 국가의 공조직의 고위 직책자가 해당하며 이에 속하지 않는 산업계 지도자는 포함될 수 없다.

① ㄱ, ㄴ
② ㄱ, ㅁ
③ ㄴ, ㅁ
④ ㄷ, ㄹ

14 국가의 영역에 대한 설명으로 옳지 않은 것은?

① 중재재판소는 Croatia-Slovenia Land and Maritime Border Disputes 사건에서 배타적 경제수역의 경계획정에도 육지영토에 적용되는 uti possidetis가 동일하게 적용된다고 판시한 바 있다.
② 차미잘 하천지역 사건(1911)에 의하면 하천의 수로가 홍수 등으로 급격하게 변경된 경우 국경선은 원래의 위치로부터 변경되지 않는다는 Thalweg의 예외가 적용된다.
③ 캐나다, 일본, 필리핀, 인도, 영국은 방공식별구역을 설정, 운영하고 있고 있으나, 러시아는 설정하지 않았다.
④ 북경의정서(2010)에 의하면 자국민이 범죄 피해자인 경우와 범죄가 자국 영토 내에 상주거소를 두고 있는 무국적자에 의해 행해진 경우 재판관할권을 수립할 수 있다.

15 UN해양법협약(1982)상 만(Bay)에 대한 설명으로 옳지 않은 것은?

① 만의 내부 수역은 내수로서 연안국의 배타적 주권이 미친다.
② 만을 둘러싼 육지가 동일국에 속해야 만으로 인정될 수 있다.
③ 만구는 24해리를 초과할 수 없으며, 만구에 소재하는 섬의 길이는 24해리에 포함된다.
④ 만의 굴곡은 해안선의 단순한 굴곡 이상이어야 하고 만입은 만구를 직경으로 한 반원의 면적보다 넓어야 한다.

16 국가의 대외기관에 대한 설명으로 옳은 것은?

① 외교관계협약(1961)에 의하면 노무직원은 공관직원의 가사에 종사하는 자로서 파견국의 피고용인이 아닌 자를 말한다.
② 테헤란 주재 미 외교관 인질사건(1980)에서 ICJ는 미국의 과거 불법행위로 인하여 인질사태가 초래되었더라도 외교관계협약상 이란의 유일한 합법적 대응수단은 기피인물로 선언하여 퇴거를 요청하는 것밖에 없으므로 이란 정부의 미국 외교관 불법억류는 정당화될 수 없다고 하여 외교관계협약이 자기완비적 체제가 아니라고 판시하였다.
③ 1989년 중국의 천안문 민주화 시위에 대해 중국 계엄군이 6월 4일 무자비한 진압 작전을 개시하자, 그 다음 날 중국의 반체제 물리학자 팡리즈가 북경 주재 미국대사관으로 피신하여 미국과 중국 간에 외교분쟁이 야기되었으나, 중국이 특별협정을 통해 외교적 비호를 허용함으로써 일단락되었다.
④ 특별사절에 관한 뉴욕협약(1969)에 의하면 특별사절단 공관의 불가침성 문제에 있어 그의 동의가 있는 것으로 추정하여 임시공관 내로 들어갈 수 있다.

17 조약해석에 대한 설명으로 옳지 않은 것만을 모두 고른 것은?

> ㄱ. 조약법에 관한 비엔나협약은 조약해석에 있어서 문언주의와 목적론주의를 원칙으로 하고, 주관주의를 보충적 해석 규칙으로 규정하고 있다.
> ㄴ. 조약의 본문, 부속서, 전문, 조약체결 당시 당사자 간 합의 등은 문맥을 구성한다.
> ㄷ. 조약해석시 추후 합의, 추후 관행, 관련 국제법규는 문맥과 함께 고려될 수 있다.
> ㄹ. 남극해 포경 사건(2014)에서 국제사법재판소(ICJ)는 문언은 체결시의 의미에 따라 해석하는 것이 원칙이나, 장기간 적용이 예정된 조약의 경우 시간의 경과에 따라 의미가 변할 수 있으므로 의미 변화를 포용하여 해석해야 한다고 하였다.

① ㄱ, ㄴ ② ㄴ, ㄷ
③ ㄷ, ㄹ ④ ㄴ, ㄷ, ㄹ

18 UN해양법협약(1982)상 해양분쟁 해결제도에 대한 설명으로 옳은 것을 모두 고른 것은?

> ㄱ. 강제절차 선택 선언은 유엔사무총장에게 통고하여 철회할 수 있으며 통고 후 6개월 지나면 발효한다.
> ㄴ. 강제절차가 자동배제되는 분쟁은 EEZ와 대륙붕에서 해양과학조사에 관한 연안국의 재량권 행사에 대한 분쟁, EEZ와 대륙붕에서 해양과학조사의 정지나 중지를 명령하는 연안국의 결정에 관한 분쟁, EEZ의 생물자원에 대한 연안국의 주권적 권리와 관련된 분쟁이며 이들 분쟁은 강제조정절차에 회부될 수 있다.
> ㄷ. 조정절차와 관련하여 모든 당사국은 각 4인의 조정위원을 지명하여 명부를 작성하고며 조정위원회는 5인으로 구성한다.
> ㄹ. 중재판정은 재판관 과반수로 하고 국제해양법법원과 달리 가부동수이면 부결되어 새로 의결해야 한다.

① ㄱ, ㄴ ② ㄴ, ㄷ
③ ㄱ, ㄹ ④ ㄷ, ㄹ

19 WTO 분쟁해결양해(DSU)상의 당사자적격성에 대한 설명으로 옳지 않은 것은?

① WTO 회원국(Members)만이 분쟁해결기구(DSB)에 분쟁을 회부할 수 있다.
② 원칙적으로 비회원국과 사인은 당사자적격성이 없지만, 회원국들의 동의가 있으면 당사자가 될 수 있다.
③ 유럽연합(EU)은 WTO 분쟁해결절차에서 당사자적격성을 가진다.
④ 분쟁해결절차에 참가하는 제3국은 당해 분쟁에 대하여 실질적인 이해관계가 있어야 한다.

20 WTO협정상 지역무역협정(RTA)에 대한 설명으로 옳지 않은 것은?

① 관세동맹을 형성하기 위해서는 역외국에 대해 실질적으로 동일한 관세 및 상거래규정을 적용해야 한다.
② 관세동맹 형성 시 역외국에 대해 관세나 기타 상거래규칙이 제한적이어서는 안되지만 현금보상을 조건으로 보다 제한적인 조치를 취할 수 있다.
③ 자유무역협정 체결 시 역내국은 실질적으로 모든 무역에 대한 관세나 기타 제한적 상거래규칙을 폐지해야 하나, 협정 제11조에 의해 허용된 제한조치는 자유무역협정 체결 이후에도 계속해서 유지할 수 있다.
④ 자유무역협정을 위한 잠정협정을 체결한 경우 10년 이내에 실제 협정으로 전환해야 한다.

MEMO

18회 실전동형모의고사

정답·해설 _해설집 p.91

제한시간: 20분 시작 시 분 ~ 종료 시 분 점수 확인 개/ 20개

01 국제법상 개인에 대한 설명으로 옳은 것은?

① 노테봄 사건에서 국제사법재판소는 국적이 국내법이나 국제법적으로 효력을 갖기 위해서는 '진정한 관련성'을 요건으로 한다고 판시하였으나, ILC외교보호초안(2006)은 진정한 관련성 규정을 두지 않았다.
② 1997년 채택한 유럽국적협약에서 국적유일의 원칙을 포기하고 일정한 경우 이중국적의 향유를 개인의 권리로 인정했다.
③ 중국 동포의 경우 현재 국적국은 한국이라는 전제하에 1949년 10월 공산 중국 수립 이전 중국으로 건너간 한국 출신 동포임을 증명할 수 있다면 국적회복절차를 적용하고, 그 이후 현지 출생자에게는 귀화절차를 적용한다.
④ 우리나라 대법원은 국가가 조약을 통하여 국민의 개인청구권을 소멸시키는 것이 국제법상 허용될 수 있다고 하더라도 국가와 국민 개인이 별개의 법적 주체임을 고려하면 조약에 명확한 근거가 없는 한 조약체결로 국가의 외교적 보호권이나 국민의 개인청구권을 소멸시킬 수 없다고 하였다.

02 위법행위에 관한 ILC초안(2001)상 손해배상에 대한 설명으로 옳은 것은?

① 책임국은 국제위법행위로 인한 피해에 대해 국내법에 따른 적절한 배상의무를 진다.
② 피해는 국가의 국제위법행위로 인한 물질적 손해를 의미하고, 정신적 손해는 위법행위가 중대한 경우에 한하여 피해의 범위에 포함된다.
③ 책임국은 의무 위반책임을 회피하기 위해 국내법규정에 의존할 수 없다.
④ 금전배상 대신 원상회복에 따른 이익에 비하여 원상회복이 현저히 불균형한 부담을 수반하는 경우에도 책임국은 원상회복이 불가능하지 않는 한 원상회복해야 한다.

03 난민의 국제적 보호에 대한 설명으로 옳지 않은 것은?

① 난민은 국적을 가진 자를 보호하는 것이 원칙이나 무국적자도 일정한 경우 난민으로 인정될 수 있다.
② 국제범죄인이나 체류시 중대한 비정치적 범죄를 범한 자 등은 난민자격이 인정될 수 없다.
③ 난민 인정국은 국가안보나 공공질서를 이유로 한 경우가 아니면 난민을 추방할 수 없다.
④ 재중국 탈북자가 경제적 난민인 경우 제네바난민협약상 난민으로 인정될 수 없으며, 이 경우 강제송환금지원칙의 적용 대상이 아니다.

04 배타적 경제수역(EEZ)에 대한 설명으로 옳은 것만을 모두 고른 것은?

ㄱ. 니카라과와 온두라스 해양경계획정 사건(2007)에서 국제사법재판소(ICJ)는 육지가 아닌 해양경계획정의 경우 uti possidetis원칙을 적용할 수 없다고 하였다.
ㄴ. 한일어업협정(1998)은 각국 기선으로부터 35해리 배타적 경제수역을 설정하고, 배타적 경제수역에서 타국의 입어를 허용하며, 독도 인근 수역은 중간수역으로 설정하고, 중간수역에 타국의 입어를 허용하되 한국의 관할권이 인정되었다.
ㄷ. 한중어업협정(2000)은 각국 기선으로부터 32해리 배타적 경제수역을 설정하였으며, 한시적 성격의 과도수역을 설정하였고, 과도수역에서 타국의 입어를 허용하되 기국주의원칙을 적용하였다.
ㄹ. 리비아-몰타 대륙붕 경계획정 사건(1985)에 의하면 배타적 경제수역제도는 해양법협약이 발효되기 전에 이미 국제관습법이 되었다.
ㅁ. M/V Virginia G호 사건(2014) 재판부는 어로활동을 하는 선박에 대한 연료 공급이 어업 관련 활동이라고 판단하고 연안국은 생물자원 보전 관리를 위해 자국의 배타적 경제수역 내의 외국 어선에게 연료를 공급하는 선박을 규제할 수 있다고 판단하였다.

① ㄱ, ㄴ, ㄷ ② ㄴ, ㄷ, ㄹ
③ ㄴ, ㄹ, ㅁ ④ ㄷ, ㄹ, ㅁ

05 해양법협약(1982)에 대한 설명으로 옳지 않은 것은?

① 항만체계의 불가분의 일부를 구성하는 영구적 항만시설은 해안의 일부를 구성하며 기선이 될 수 있으나, 육지에 직접 연결되지 않은 외항시설이나 인공섬은 영구적 항만시설에 해당하지 않는다.
② 선박이 화물을 내리고 싣고 닻을 내리기 위해 통상적으로 사용되는 연안의 정박지는 영해 밖에 위치하더라도 영해에 포함된다.
③ 배타적 경제수역이나 대륙붕 상부에 인공섬을 설치하는 경우, 주변 항행이나 시설의 안전보호를 위해 원칙적으로 주변 500m 범위 내의 안전수역을 설정할 수 있지만, 심해저 활동을 위해서도 상부 수역에 필요한 시설과 안전수역이 설치될 수 있다.
④ 공해상에서 국제법상 금지된 배출행위를 한 외국 선박이 입항한 경우, 항만국은 자국에 직접적인 피해가 있는 경우에 한해 이를 조사하고 자국 법원에 소송을 제기할 수 있다.

06 국가영역에 대한 판례로 옳은 것만을 모두 고른 것은?

> ㄱ. 팔마스 섬 사건(1928)에 의하면 발견은 영토 취득의 권원이 될 수 없고, 실효적 지배가 존재해야 한다.
> ㄴ. 멩끼에 에끄레오 섬 사건(1953)에서 국제사법재판소(ICJ)는 영국의 원시적 권원을 인정하여 영유권은 영국에 귀속된다고 하였다.
> ㄷ. 리기탄 및 시파단 섬 영유권 분쟁(2002)에서 국제사법재판소(ICJ)는 처음으로 effectivités라는 용어를 사용하였으며, 이는 권원 취득에 직접 관계되는 주권의 표시 또는 이미 성립된 권원을 확인하기 위한 증거로서 고려되는 관할권의 행사나 표시를 의미한다.
> ㄹ. 페드라 브랑카 섬 영유권 사건(2008)에서 국제사법재판소(ICJ)는 말레이시아의 원시적 권원을 인정하였다.

① ㄱ, ㄹ　　② ㄴ, ㄹ
③ ㄱ, ㄴ, ㄹ　　④ ㄱ, ㄴ, ㄷ, ㄹ

07 UN총회와 안전보장이사회의 관계에 대한 설명으로 옳지 않은 것은?

① 안전보장이사회가 어떠한 분쟁 또는 사태에 대하여 헌장에서 부여된 임무를 수행하는 동안에는 총회는 안전보장이사회가 요청하지 않는 한 이에 대하여 어떤 권고도 할 수 없다.
② 총회는 국제평화와 안전을 위태롭게 할 우려가 있는 사태에 대하여 안전보장이사회의 주의를 환기할 수 있다.
③ 안전보장이사회의 요청이 있는 경우 UN사무총장은 총회의 특별회기를 소집한다.
④ 안전보장이사회가 국제평화와 안전의 유지 또는 회복에 필요한 공군, 해군 또는 육군에 의한 조치를 취하려 할 때는 총회의 사전동의를 얻어야 한다.

08 국제법상 외국인 보호에 대한 설명으로 옳은 것은?

① 1973년 천연자원에 대한 영구주권결의는 국유화에 있어서 각국은 국제법에 따라 보상금액과 지급방법을 결정할 의무가 있다고 하였다.
② 유럽인권협약에 의하면 본국 정부는 추방된 자들을 받아들일 의무가 있다.
③ Amoco International Finance Corporation v. Iran 사건에서 이란-미국 청구 재판소는 수용을 합법적으로 결정할 수 있는 공공목적에 대한 정확한 정의는 국제법에서 합의된 바 없으며 제시조차 된 일이 없으므로 이 술어는 넓게 해석되고 있으므로, 수용의 유일한 목적이 계약상의 의무를 회피하기 위한 것이었다고 하더라도 그러한 수용은 국제법상 합법적인 것으로 볼 수 있다고 하였다.
④ 국가와 타국 국민 간 투자분쟁해결에 관한 협약에 의하면 투자자는 피투자국의 국민이어서는 아니 되며 이에 대한 예외는 없다.

09 국제사법재판소(ICJ)규정상의 선택조항에 대한 설명으로 옳은 것만을 모두 고른 것은?

ㄱ. 선택조항은 국제사법재판소(ICJ)규정에서 처음으로 도입되었다. ㄴ. 선택조항을 수락할 수 있는 주체는 국제사법재판소(ICJ)규정 당사국이다. ㄷ. 어떠한 조건, 기한 또는 유보 없이 선택조항을 수락한 국제사법재판소(ICJ)규정 당사국 상호간에 국제법상의 문제에 관한 분쟁 발생시 일방 당사국의 제소에 의하여 강제관할권이 성립한다. ㄹ. 선택조항의 수락은 다른 당사국과의 합의에 의하여야 한다. ㅁ. 선택조항 수락선언서는 UN사무총장에게 기탁된다.

① ㄱ, ㄴ, ㄷ ② ㄱ, ㄴ, ㄹ
③ ㄱ, ㄹ, ㅁ ④ ㄴ, ㄷ, ㅁ

10 국가의 관할권 행사에 대한 설명으로 옳지 않은 것은?

① 국가의 영토관할권 행사에서 영토는 육지 영토뿐만 아니라 영해와 영공, 공해상의 자국의 선박과 항공기까지 포함한다.
② 접속수역과 배타적 경제수역 및 대륙붕은 연안국의 영역이 아니므로 연안국이 관할권을 행사할 수 있는가에 대한 논란이 있다.
③ 1988년 United States 대 Fawaz Yunis 사건에서 미국 법원은 피해자 국적주의와 보편주의를 근거로 관할권 성립을 인정하였다.
④ 1992년 Alvarez-Machain 사건에서 미국 연방대법원은 미국-멕시코 범죄인 인도조약상 납치를 금지하는 명시적 규정이 없으므로 국제위법행위는 미국 법원의 관할권 행사에 영향을 미치지 않는다고 판시하였다.

11 국제환경법상 환경영향평가원칙에 대한 설명으로 옳은 것만을 모두 고른 것은?

ㄱ. 유엔환경계획(UNEP)의 공유자원행위규칙이 환경영향평가를 구체적으로 언급하고 있는 최초의 국제법 문서이다. ㄴ. 국제사법재판소(ICJ)는 2015년 판례(니카라과 대 코스타리카)에서 국경을 넘어 중대한 해를 끼칠 수 있는 위험을 내포한 활동에 대해서는 환경영향평가를 실시해야 하나, 반드시 사전에 실시해야 하는 것은 아니고, 사후적으로 실시할 수 있다고 판시하였다. ㄷ. 스톡홀름선언에는 개발도상국의 반대로 환경영향평가원칙이 명시되지 않았다. ㄹ. 리우선언 제17원칙에 명시되었고, 의제21에도 규정되었다. ㅁ. 2001년 ILC가 작성한 예방초안에도 규정되었다.

① ㄱ, ㄴ, ㄷ, ㄹ ② ㄱ, ㄴ, ㄷ, ㅁ
③ ㄱ, ㄷ, ㄹ, ㅁ ④ ㄴ, ㄷ, ㄹ, ㅁ

12 국제법의 법원에 대한 설명으로 옳지 않은 것은?

① ICC 규정은 세계의 법체제의 국내법들로부터 재판소가 도출한 법의 일반원칙을 적용법규의 하나로 규정하고 있다.
② 형식적 법원이란 국제법을 성립시키는(law-creating) 방법 또는 절차를 의미하고, 실질적 법원이란 그러한 국제법이 만들어지게 된 배경이나 요인 또는 국제법이 내용을 확인할 수 있는 자료 등을 의미한다.
③ ILC 관습국제법의 확인(2018)에 의하면 일정한 경우 국제기구의 실행도 관습국제법 형성에 기여하는데, 이때 국제기구의 실행이란 기구 자신의 임무 범위 내에서 기구 자체의 실행뿐만 아니라 당해 기구 기관의 월권행위도 포함한다.
④ ICJ는 Ahmadou Sadio Diallo 판결(2007)에서 합의 속에 특정한 내용이 공통적으로 포함되어 있다는 사실만으로 관습국제법이 증명되지 않는다고 판시한 바 있다.

13 UN해양법협약(1982)상 해양분쟁해결제도에 대한 설명으로 옳지 않은 것은?

① 협약 제15부는 분쟁해결제도로서 조정절차와 강제절차 2가지를 규정하고 있다.
② 강제절차에는 국제해양법재판소(ITLOS), 국제사법재판소(ICJ), 중재재판소, 특별중재재판소의 4가지가 예정되어 있으며, 당사국에 의한 하나 이상의 선택·선언이 없으면 중재재판소를 선택한 것으로 간주된다.
③ 분쟁의 당사국들이 분쟁의 해결을 위하여 동일한 절차를 수락하지 않았으면, 달리 합의하지 않는 한 그 분쟁은 중재재판에만 회부될 수 있다.
④ 조정절차의 경우 강제조정이 원칙이며, 조정의 법적 구속력은 없다.

14 국제분쟁의 비사법적 해결에 대한 설명으로 옳지 않은 것만을 모두 고른 것은?

ㄱ. 주선과 중개는 제3자가 개입하되, 주선은 분쟁의 내용에 개입하지 않으나, 중개는 분쟁의 내용에 개입하여 교섭의 기초나 해결안을 제공한다.
ㄴ. 1905년 포츠머스 강화조약은 미국에 의한 주선 사례이다.
ㄷ. 도거어장 사건은 러시아의 중개로 영국과 프랑스 간 분쟁을 사실심사위원회를 구성하여 해결하도록 하였다.
ㄹ. 사실심사와 조정은 통상위원회가 개입하며, 전자는 법적 문제에 개입하지 않으나 조정은 법적 문제를 검토하여 판단한다.
ㅁ. 1899년 제1차 만국평화회의에서 영국의 제안으로 국제분쟁의 평화적 해결에 관한 조약에 심사제도가 처음 도입되었다.

① ㄱ, ㄷ　② ㄴ, ㄷ
③ ㄷ, ㅁ　④ ㄹ, ㅁ

15 조약법에 관한 비엔나협약(1969)상 조약의 무효화 절차에 대한 설명으로 옳지 않은 것은?

① 강행규범과 무관한 무효 관련 분쟁은 합의에 의해 조정에 부탁될 수 있다.
② 통고 후 3개월이 지나도 상대방이 이의를 제기하지 않으면 그 조약의 무효를 선언할 수 있다.
③ 상대방이 이의를 제기하면 UN헌장 제33조에 규정된 바에 따라 분쟁을 평화적으로 해결하여야 한다.
④ 강행법규 위반의 경우에는 당사자 간 합의를 전제로 중재재판에 회부되며, 합의가 성립하지 않는 경우 일방적으로 국제사법법원에 사건을 회부할 수 있다.

16 국제형사법에 대한 설명으로 옳은 것은?

① 구유고 전범재판소에 의하면 피의자 자신의 책임 구역 내에서 집단학살이 진행 중이라는 사실을 충분히 인지할만한 상황임에도 이를 묵인한 것이 집단살해죄를 구성하지는 않는다고 하였다.
② 국제형사재판소 설치를 위한 로마협약(1998)에 의하면 당사국은 UN사무총장에게 서면통보하여 탈퇴할 수 있고 통보서 접수일로부터 원칙적으로 1년 후에 효력이 발생한다.
③ 구유고 국제형사재판소 상소부는 Tadic 사건에 대한 2000년 판결에서 인도에 대한 죄가 전쟁범죄보다 더 중대하며 따라서 더 무거운 과형을 정당화한다고 하였다.
④ 국제형사재판소 침략범죄에 관련하여 당사국의 제소나 소추관이 직권으로 수사하는 경우 비당사국 국민에 의해 또한 비당사국의 영토에 대해 범해진 침략범죄에 관해서는 재판소가 관할권을 행사할 수 없다.

17 WTO분쟁해결절차 중 이행절차에 대한 설명으로 옳지 않은 것은?

① 분쟁해결기구(DSB)는 양허정지조치를 역총의제(reverse consensus system)에 의해 승인한다.
② 합리적 이행기간 내에 이행하지 못한 국가는 보상협상에 따라 자발적으로 보상을 제공할 수 있으며, 이러한 보상은 대상협정에 합치되어야 한다.
③ 불이행 시 최종적인 제재수단은 양허 또는 그 밖의 의무를 정지하는 것이나 비례원칙을 준수해야 하며 원칙적으로 15개월을 초과할 수 없다.
④ 보복조치는 원칙적으로 동일한 분야에서 취해져야 하나 교차보복을 취할 수 있다.

18 국제연합(UN)에 대한 설명으로 옳지 않은 것은?

① 대만은 UN안전보장이사회 상임이사국으로 출발하였으나 1971년 UN총회는 북경 정부가 중국의 대표권을 갖는다고 결의하며 대만은 UN헌장 제6조에 의해 제명되었다.
② 강제조치의 대상인 회원국의 정지된 권리와 특권의 회복은 안전보장이사회의 전속적 권한이며 안전보장이사회가 단독으로 결정할 수 있다.
③ 인도네시아는 1965년 UN사무국에 탈퇴를 통지하였다가 다시 복귀하였으며 당시 UN은 재가입절차 없이 인도네시아의 회원국으로서의 지위를 회복시켜주었다.
④ UN에서는 회원국과는 별도로 상주 옵저버(Permanent Observer)제도가 인정되며 옵저버 국가는 총회에 참석하여 발언권을 행사할 수 있다.

19 조약에 대한 설명으로 옳지 않은 것은?

① ICC규정 제121조 제4항에 의하면, 당사국의 7/8이 개정조항을 비준하면 전 당사국에 대해 발효하게 된다.
② ILC는 강행규범의 확인을 위해서는 국제공동체에 속하는 모든 국가들에 의한 수락과 인정이 필요하다고 제시했다.
③ ICJ는 Legal Consequences for States of the Continued Presence of South Africa in Namibia notwithstanding Security Council Resolution 권고적 의견에서 위임통치의 합의 역시 조약의 일종으로서 일방의 중대한 위반이 있으면 이를 종료시킬 수 있다고 판단했다.
④ ILC Draft Articles on the Effects of Armed Conflicts on Treaties(2011)에 의하면 무력분쟁으로 인해 조약의 종료·정지·탈퇴 등의 효과가 발생하느냐를 판단하기 위해서는 조약의 성격, 특히 조약의 주제, 대상과 목적, 내용, 당사국 수 등과 함께 무력분쟁의 성격을 고려해야 한다.

20 WTO의 TBT협정에 대한 설명으로 옳지 않은 것만을 모두 고른 것은?

ㄱ. 기술장벽은 동경 라운드에서 처음 논의되어 1979년에 무역에 관한 기술장벽협정으로 채택되었다.
ㄴ. TBT협정은 농산품을 제외한 모든 공산품에 대해 적용된다.
ㄷ. WTO회원국은 기술규정의 제정과 적용에 있어서 WTO회원국에서 수입하는 동종 수입품에 대해 최혜국 대우를 부여해야 한다.
ㄹ. 정부조달 관련 기술규정은 TBT협정의 적용 대상이 아니다.
ㅁ. GATT와 마찬가지로 TBT협정은 생산 및 공정 방법(PPMS)에 대해서도 적용된다.
ㅂ. SPS협정과 달리 TBT협정은 동식물의 생명과 건강 보호를 목적으로 하지 않는다.

① ㄱ, ㄴ, ㅁ
② ㄴ, ㄷ, ㅂ
③ ㄴ, ㅁ, ㅂ
④ ㄷ, ㄹ, ㅁ

MEMO

정답·해설 _해설집 p.96

19회 실전동형모의고사

제한시간: 20분 시작 시 분 ~ 종료 시 분 점수 확인 개/ 20개

01 국제연합(UN)에 대한 설명으로 옳지 않은 것을 모두 고른 것은?

ㄱ. 일정 액수의 분담금 납부를 연체하는 회원국은 총회에서 투표권이 박탈되는데 이는 요건 충족 시 총회에서 달리 결정하지 않는 한 자동적으로(즉, 강제로) 적용된다.
ㄴ. 국제연합 탈퇴와 관련하여 회원국이 탈퇴를 선언한 경우 이행되지 아니한 의무가 있는 경우 이를 이행한 이후에 비로소 탈퇴의 효력이 발생한다.
ㄷ. UN총회에서 전자투표를 하는 경우 각국이 취한 입장이 나타나는 방식으로 할 수도 있고 그것이 나타나지 않는 방식으로 할 수도 있는데, 전자를 '기록되는 투표', 후자를 '기록되지 않는 투표'라고 부른다.
ㄹ. 일반적으로 기구 혹은 주요 기관이 자신의 직무수행을 돕기 위해 만드는 보조기관은 자신이 소속한 기구 혹은 주요 기관의 통제 내지는 감독하에 있다는 의미에서 종속적이나 보조기관의 결정은 자신을 만든 기관에 대해서만은 구속력을 갖는 것이 일반적이다.

① ㄱ, ㄴ ② ㄱ, ㄷ
③ ㄴ, ㄹ ④ ㄷ, ㄹ

02 국가의 국제법상 책임에 대한 설명으로 옳지 않은 것을 모두 고른 것은?

ㄱ. 긴급피난(necessity)을 원용하기 위해서는 위험이 객관적으로 존재해야 하며, 단지 예상되거나 가능성이 있는 정도로는 부족하다.
ㄴ. ICJ는 Pulp Mills on the River Uruguay 판결(2010)에서 절차적 의무 위반사안이라고 해도 원칙적으로 원상회복을 요구할 수 있다고 판시했다.
ㄷ. Merge 사건에서 조정위원회는 이중국적자의 국적국 상호간에 외교적 보호권을 행사할 수 없다는 원칙은 그중 한 국적이 실효적 국적(effective nationality)라고 증명되면 적용되지 않는다고 판시했다.
ㄹ. Oppenheim은 외국인에게 피해를 입힌 자는 간접적으로 그를 보호할 권리가 있는 국가를 침해한 것이라고 주장했다.

① ㄱ, ㄴ ② ㄴ, ㄷ
③ ㄴ, ㄹ ④ ㄷ, ㄹ

03 경제적·사회적·문화적 권리에 관한 국제규약(A규약)(1966) 및 선택의정서에 대한 설명으로 옳은 것은?

① 모든 당사국은 인권과 국가 경제를 충분히 고려하여 규약에서 인정된 경제적 권리를 어느 정도까지 자국의 국민이 아닌 자에게 보장할 것인가를 결정할 수 있다.
② 당사국은 규약에서 인정된 권리의 준수를 실현하기 위하여 취한 조치와 성취된 진전사항에 관한 보고서를 UN총회에 제출한다.
③ UN경제사회이사회는 당사국이 제출한 보고서 검토를 담당하기 위해 경제적·사회적·문화적 권리에 관한 위원회를 설치하였다. 18명으로 구성되며 임기는 2년이다.
④ 선택의정서에 의하면 국가 간 고발제도와 관련하여 분쟁이 발생한 경우 국내구제가 완료되어야 위원회가 주선을 제공할 수 있으나, 구제절차가 부당하게 지연되는 경우 적용되지 않는다.

04 우리나라 난민법에 대한 설명으로 옳지 않은 것은?

① 난민 인정 등의 결정은 원칙적으로 난민 인정 신청서를 접수한 날부터 12개월 안에 하여야 한다.
② 난민 불인정 결정을 받은 사람 또는 난민 인정이 취소 또는 철회된 사람은 그 통지를 받은 날부터 30일 이내에 법무부장관에게 이의신청을 할 수 있다.
③ 난민으로 인정되어 국내에 체류하는 외국인은 타법률에도 불구하고 대한민국 국민과 같은 수준의 사회보장을 받는다.
④ 난민위원회나 법원은 난민신청자나 그 가족 등의 안전을 위하여 필요하다고 인정하면 난민 신청자의 신청에 따라 또는 직권으로 심의 또는 심리를 공개하지 아니하는 결정을 할 수 있다.

05 국가의 대외기관에 대한 설명으로 옳지 않은 것은?

① ICJ는 Arrest Warrant 판결에서 주로 근무지 국가와의 관계에서 인정되는 외교사절의 특권과 면제와 달리, 외교장관의 특권과 면제는 성격상 전세계 모든 국가에서 인정되어야 한다고 하였다.
② 외교관계가 단절되었거나 화재 등으로 손괴되어 공관기능을 할 수 없게 된 경우 해당 공관은 불가침권을 누리지 못한다.
③ ILC의 Draft Articles on the Status of the Diplomatic Courier and the Diplomatic Bag no Accompanied by the Diplomatic Courier에 의하면 전자장비를 통한 외교행낭의 조사는 금지된다.
④ 외교관계에 관한 빈협약(1961)에 의하면 외교행낭은 공문서와 함께 상업용 항공기 기장을 통해서도 전달될 수 있으며 이 경우 기장은 임시외교신서사로 간주된다.

06 국제환경법에 대한 설명으로 옳은 것을 모두 고른 것은?

ㄱ. 1998년 특정 유해화학물질 및 농약의 국제교역에 있어서의 사전 통보 승인에 관한 로테르담조약, 2001년 생명공학안전성에 관한 생물다양성협약 카타헤나의정서는 지속가능한 개발을 위해 환경정책과 무역정책이 상호 협력적인 관계에 놓이도록 하자는 견해를 담고 있다.
ㄴ. 1990년 유류오염대비협약, 1992년 산업사고협약은 오염자부담원칙을 규정하고 있는바 이는 기존 관습의 성문화로 인정된다.
ㄷ. 2004년 네덜란드와 프랑스 간 중재재판에서 오염자부담원칙이 국제법의 일부라고 판시하였다.
ㄹ. 파리협정(2015)에 의하면 지역경제통합기구와 당해 기구 회원국이 모두 협정의 당사자가 된 경우 기구와 그 회원국들은 협정하의 권리를 공동으로 행사할 수 없다.

① ㄱ, ㄴ
② ㄴ, ㄷ
③ ㄱ, ㄹ
④ ㄷ, ㄹ

07 국제법상 외국인의 지위에 대한 설명으로 옳은 것은?

① 외국인에 대한 추방은 국가의 재량이나 난민의 지위를 갖는 외국인의 추방에 있어서 난민에 대한 강제송환금지(principle of non-refoulement)원칙에 의한 제한이 있다.
② 외국인은 거류지국으로부터 속지적 관할하에 놓이며 본국의 속인적 관할권은 일시적으로 정지된다.
③ 외국인의 사법상의 권리는 절대적 권리이므로 재류국에 의해 어떠한 경우에도 제한이 가해질 수 없다.
④ 외국인 재산의 국유화에 있어서 계약상의 권리(contractual rights)는 재산의 개념에 포함되지 않는다.

08 우리나라 난민법에 대한 설명으로 옳은 것은?

① 난민 인정자가 자발적으로 국적국의 보호를 받고 있는 경우 등에는 난민 인정결정을 취소할 수 있다.
② 난민위원회나 법원은 난민 신청자나 그 가족 등의 안전을 위하여 필요하다고 인정하면 난민 신청자의 신청에 따라 또는 직권으로 심의 또는 심리를 공개하지 아니하는 결정을 할 수 있다.
③ 외교부장관은 유엔난민기구(UNHCR)가 난민 인정자 상황 등에 대하여 통계 등의 자료를 요청하는 경우 협력하여야 한다.
④ 대한민국에 체류하는 난민지위 신청자는 다른 법률에도 불구하고 난민협약에 따른 처우를 받는다.

09 유해폐기물의 월경이동 및 처리의 통제에 관한 바젤협약(1989)에 대한 설명으로 옳지 않은 것은?

① 당사국은 남위 60도 이남지역으로의 유해폐기물의 수출을 허가하지 않을 것에 합의한다.
② 수출국은 수입국의 동의서를 수령하기 전까지는 생산자 또는 수출자의 월경이동을 허용해서는 안 된다.
③ 경유국이 있는 경우 수출국이 경유국에게 통고한 후 30일 내에 경유국의 회답이 없는 경우 수출국은 월경이동을 허용할 수 있다.
④ 수출국은 불법무역된 유해폐기물을 관계당사국으로부터의 통보 후 30일 또는 달리 합의한 기간 내에 수출국으로 반입하거나 그것이 불가능하면 협약에 의거하여 다른 방법으로 처리해야 한다.

10 국제분쟁해결제도에 대한 설명으로 옳지 않은 것을 모두 고른 것은?

ㄱ. 1981년 동카리브 국가기구 설립조약은 사실 심사위원회의 권고가 구속력이 있음을 규정하고 있다.
ㄴ. 국제사법재판소규정에 의하면 간이절차부는 3인으로 구성되며 매년 설치되고, 출석 불가한 재판관을 대리할 1인의 재판관을 선정해야 한다.
ㄷ. 2002년 콩고의 일방적 제소와 프랑스의 응소 동의로 확대관할권이 성립하였으나 후일 콩고의 제소철회로 판결 없이 종결되었다.
ㄹ. Application of the Convention on the Prevention and Punishment of the Crime of Genocide 사건(Preliminary Objections)(Croatia v. Serbia)에서 소제기 당시에는 당사자 중의 일방(세르비아)이 재판소 출입을 위한 규정의 장벽을 넘지 못한 상태였다 하더라도 이 요건은 소 제기 후 UN 가입 등의 사건으로 인하여 사후에 충족될 수도 있다고 하였다.

① ㄱ, ㄴ
② ㄴ, ㄷ
③ ㄱ, ㄹ
④ ㄷ, ㄹ

11 일방행위에 관한 ILC지도원칙(2006)에 대한 설명으로 옳지 않은 것은?

① 일방행위의 구속력의 기초는 신의성실원칙(good faith)이다.
② 모든 국가는 일방적 선언을 통해 법적 의무를 부담할 수 있다.
③ 일방적 선언의 법적 효력을 결정하기 위해 일방행위의 내용, 일방행위가 형성되는 실제적인 조건들 및 일방행위가 야기하는 반응들을 고려해야 한다.
④ 국가원수, 정부수반, 외무장관은 일방행위를 할 권한이 있으나 특정 문제에 있어서 국가를 대표하는 다른 개인들은 일방행위의 권한이 없다.

12 국가와 재산의 면제에 관한 협약(2004)에 대한 설명으로 옳지 않은 것은?

① 국가의 대리인이 타국의 법정에 증인으로서 출석하는 경우, 국가가 그 법정의 관할권 행사에 동의하는 것으로 해석될 수 있다.
② 타국 법정에서 자기를 상대로 제기된 소송에서 반소를 제기하는 국가는 그 주된 청구와 관련하여 그 법정의 관할권으로부터의 면제를 주장할 수 없다.
③ 법정절차 진행 중 국가가 특정의 행위를 하거나 삼가도록 또는 소송목적상 서류를 작성하거나 정보를 공개하도록 지시하는 타국의 법정의 명령을 이행하지 않았거나 이를 거부하는 경우, 그러한 불이행 또는 거부를 이유로 국가에 대해 여하한 벌금 또는 처벌도 부과될 수 없다.
④ 국가는 타국의 권한 있는 법정에서 자국에게 귀속되는 것으로 주장되는 작위 또는 부작위로 인한 사망 기타 인적 피해 또는 유형의 재산상의 피해에 대한 금전적 배상에 관한 소송에 있어서 관할권 면제를 원용할 수 없으나, 작위 또는 부작위가 전체적으로 또는 부분적으로 그 타국의 영토상에서 발생하였으며 그 작위 또는 부작위의 주체가 그 작위 또는 부작위의 발생 당시에 그 영토상에 있는 경우에 한한다.

13 The Artic Sunrise호 중재 사건에 대한 설명으로 옳은 것을 모두 고른 것은?

ㄱ. 중재재판소에 의하면 러시아 EEZ 내의 석유시추 플랫폼 프리라즈롬나야는 선박이 아닌 고정된 플랫폼이나 넓게 보아 해적의 대상인 타 선박의 요건에 해당한다.
ㄴ. 중재재판소에 의하면 러시아의 추적은 도중에 중단되었기 때문에 추적권 행사를 위한 누적적 요건을 충족시키지 못하였다.
ㄷ. 네덜란드는 국제해양법재판소에 자국 출신 재판관이 없어 임시재판관 1인을 선정할 것을 주장했으나, 재판소는 잠정조치 결정에 있어서는 임시재판관 선임이 인정되지 않는다고 하였다.
ㄹ. 네덜란드와 러시아는 해양법협약상 동일한 분쟁해결절차를 수락하지 않았으므로 협약 제7부속서에 따라 중재재판에 회부되었다.

① ㄱ, ㄴ ② ㄴ, ㄷ
③ ㄴ, ㄹ ④ ㄷ, ㄹ

14 국제환경법상 사전주의원칙(precautionary principle)에 대한 설명으로 옳지 않은 것은?

① 사전주의의 개념은 독일 연방 임미시온방지법 제5조에서 규정하고 있는 Vorsorge-prinzip(사전배려원칙)에서 유래하여 1980년대 중반부터 국제환경법 문서에 나타나기 시작하였다.
② 1992년 리우선언 제15원칙은 사전주의원칙을 천명하고 있으며, Agenda21은 사전주의적 조치, 환경영향평가, 청정생산기술, 재활용 등 사전주의원칙을 실천하는 구체적인 방법을 제시하고 있다.
③ 1992년 생물다양성협약과 기후변화협약, 1995년 경계성 왕래 어족 및 고도 회유성 어족의 보존과 관리에 관한 협약, 1996년 런던협약 개정의정서, 2000년 생물다양성협약 생물안정성에 관한 카르타헤나의정서 등에서 사전주의원칙을 도입하고 있다.
④ 국제해양법법원은 사전주의원칙이 관습국제법으로 확립되었다고 평가하였다.

15 유보를 명시적으로 금지한 조약으로 옳은 것만을 모두 고른 것은?

ㄱ. WTO설립협정
ㄴ. 핵무기의 비확산에 관한 조약(NPT)
ㄷ. 기후변화에 관한 국제연합 기본협약
ㄹ. 국제형사재판소(ICC)에 관한 로마조약
ㅁ. 난민의 지위에 관한 협약
ㅂ. 조약법에 관한 비엔나협약
ㅅ. 경제적·사회적·문화적 권리에 관한 국제규약

① ㄱ, ㄴ, ㄹ ② ㄱ, ㄷ, ㄹ
③ ㄱ, ㄷ, ㄹ, ㅂ ④ ㄱ, ㄷ, ㅁ, ㅅ

16 국제사법재판소에 대한 설명으로 옳은 것은?

① UN 전문기구가 아닌 국제원자력기구(IAEA)는 권고적 의견 요청 관련 경제사회이사회로부터 사전적·포괄적 승인을 받았다.
② 1990년 ICJ는 엘살바도르와 온두라스 간 국경분쟁사건에서 니카라과에게 자발적·비당사자 소송참가를 처음으로 허용하였다.
③ ICJ는 비호권 사건에서 최초로 쿠바가 해석적 참가요건을 충족했다고 판시하였다.
④ 쟁송사건 및 부수적 사건에 있어서 국가는 특정 판사에 대해 기피신청을 할 수 있다.

17 달과 기타 천체를 포함한 외기권의 탐색과 이용에 있어서의 국가활동을 규율하는 원칙에 관한 조약(1967)에 대한 설명으로 옳지 않은 것은?

① 달과 기타 천체를 포함한 외기권에 있어서의 과학적 조사의 자유가 있으며 국가는 이러한 조사에 있어서 국제적인 협조를 용이하게 하고 장려한다.
② 당사국은 지구주변의 궤도에 핵무기 또는 기타 모든 종류의 대량파괴 무기를 설치하지 않으며, 천체에 이러한 무기를 장치하거나 기타 어떠한 방법으로든지 이러한 무기를 외기권에 배치하지 아니할 것을 약속한다.
③ 달과 기타 천체의 평화적 탐색에 필요한 어떠한 장비 또는 시설의 사용도 금지되지 아니한다.
④ 당사국은 달과 기타 천체를 포함한 외기권에 있어서 그 활동을 정부기관이 행한 경우에 한해 국가활동에 관하여 그리고 본 조약에서 규정한 조항에 따라서 국가활동을 수행할 것을 보증함에 관하여 국제적 책임을 져야 하나, 비정부 주체가 행한 경우 국가는 국제적 책임을 지지 아니한다.

18 WTO보조금 및 상계조치협정에 대한 설명으로 옳은 것은?

① US - Lumber 사건의 패널은 벌채권 부여가 상품의 제공에 해당된다고 판시하였다.
② 간접보조금은 직접보조금과 달리 혜택이 존재하지 않더라도 규제대상이 된다.
③ 수출보조금의 경우 특정성이 적극적으로 입증된 경우에 한하여 규제대상이 된다.
④ 수출보조금에 대해서는 조치가능보조금과 달리 다자간 구제절차가 적용되지 않는다.

19 WTO설립협정상 협정 개정절차에 대한 설명으로 옳지 않은 것만을 모두 고른 것은?

ㄱ. 세계무역기구(WTO) 회원국은 각료회의에 개정안을 제출함으로써 이 협정 또는 부속서 1의 다자간무역협정에 대한 개정을 발의할 수 있다. ㄴ. 이사회는 자신이 그 운영을 감독하는 부속서 1의 다자간무역협정의 규정에 대한 개정안을 각료회의에 제출할 수 있다. ㄷ. 각료회의가 보다 긴 기간을 결정하지 아니하는 한, 각료회의에 개정안이 공식적으로 상정된 날로부터 30일 동안에 각료회의는 개정안을 회원국의 수락을 위하여 회원국에게 제출할 것인지 여부에 관하여 컨센서스에 의하여 결정한다. ㄹ. 컨센서스가 이루어지는 경우, 각료회의는 즉시 동 개정안을 회원국의 수락을 위하여 회원국에게 제출한다. ㅁ. 정해진 기간 내에 각료회의에서 컨센서스가 이루어지지 아니할 경우, 각료회의는 동 개정안을 회원국의 수락을 위하여 회원국에게 제출할 것인지 여부를 회원국 4분의 3 다수결로 결정한다.

① ㄱ, ㄴ
② ㄷ, ㅁ
③ ㄱ, ㄴ, ㅁ
④ ㄷ, ㄹ, ㅁ

20 UN인권이사회(Human Rights Council)에 대한 설명으로 옳은 것은?

① 인권이사회는 2008년 UN안전보장이사회의 결의에 의해 설립되었다.
② 인권이사회는 UN의 전문기구(specialized agency)로서의 지위를 가진다.
③ 인권이사회는 국가의 인권의무 이행과 관련하여 보편적 정례검토(Universal Periodic Review)를 수행한다.
④ 인권이사회 자문위원회는 개인자격으로 봉사하는 20명의 인권전문가로 구성된다.

MEMO

최종점검 기출모의고사

잠깐! 최종점검 기출모의고사 전 확인사항

최종점검 기출모의고사도 실전처럼 문제를 푸는 연습이 필요합니다.

✔ 휴대전화는 전원을 꺼주세요.
✔ 연필과 지우개를 준비하세요.
✔ 제한시간 20분 내 최대한 많은 문제를 정확하게 풀어보세요.

매 회 최종점검 기출모의고사 전, 위 사항을 점검하고 시험에 임하세요.

최종점검 기출모의고사

실제 기출문제를 실전동형모의고사 형태에 맞추어
학습함으로써, 최신 출제경향을 파악하고
문제풀이 능력을 극대화시킬 수 있습니다.

승리는 가장 끈기 있는 자에게 돌아간다.

\- 나폴레옹 보나파르트

공개경쟁채용 필기시험 대비

해커스공무원 최종점검 기출모의고사

응시번호	
성명	

문제회차
01회

【시 험 과 목】

과목명	소요시간	문항수	점 수
국제법개론	20분	20문항	100점

응시자 주의사항

1. **시험 시작 전**에 시험문제를 열람하는 행위나 시험종료 후 답안을 작성하는 행위를 한 사람은 부정행위자로 처리됩니다.
2. 시험 시작 즉시 **문제 누락 여부, 인쇄상태 이상유무 및 표지와 과목의 일치 여부** 등을 확인한 후 문제책 표지에 응시번호, 성명을 기재합니다.
3. 문제는 **총 20문항**으로 구성되어 있으니, 문제지와 답안지를 확인하시기 바랍니다.
   - 답안지는 **'해커스공무원 실전동형모의고사 답안지'**를 사용합니다.
4. 시험이 시작되면 문제를 주의 깊게 읽은 후, **문항의 취지에 가장 적합한 하나의 정답만**을 고르시기 바랍니다.
5. 답안을 잘못 표기하였을 경우에는 답안지를 교체하여 작성하거나 **수정테이프만을 사용**하여 수정할 수 있으며(수정액 또는 수정스티커 등은 사용 불가), 부착된 수정테이프가 떨어지지 않게 손으로 눌러주어야 합니다.
   - 불량 수정테이프의 사용과 불완전한 수정 처리로 인해 발생하는 **모든 문제는 응시자에게 책임**이 있습니다.
6. **시험시간 관리의 책임**은 전적으로 응시자 본인에게 있습니다.

해커스공무원 최종점검 기출모의고사 정답 공개 및 안내

1. 해커스공무원 최종점검 기출모의고사의 문제들은 **7/9급 국가직, 경찰간부시험**에서 중요한 문제들로만 선별하여 수록하였습니다.
2. 각 문제별 **기출연도 및 시행처, 정답 및 해설은 해설집에 수록**되어 있으니, 참고하시기 바랍니다.

해커스공무원

국제법개론

문 1. 조약법에 관한 비엔나협약상 조약의 부적법 사유에 대한 설명으로 옳은 것은?

① 국가 대표의 부정을 사유로 조약의 부적법을 주장할 수 있는 국가가 사후 명시적 또는 묵시적으로 조약의 유효성에 동의하더라도 그 하자는 치유되지 않는다.

② 기만을 조약의 부적법 사유로 원용할 권리가 있는 국가는 특정 조항에 대해서만 부적법화를 주장할 수 있다.

③ 조약체결 당시에 존재한 사실의 착오 또는 법의 착오가 조약에 대한 동의의 본질적 기초를 형성하는 경우, 착오는 조약의 부적법 사유로 원용될 수 있다.

④ 국제연합헌장에 구현된 국제법의 제 원칙을 위반하여 힘의 위협 또는 사용에 의하여 체결된 조약은 무효이며, 분쟁당사국은 강행규범과 충돌하는 조약에 관한 분쟁의 결정을 국제사법재판소에 부탁할 수 있다.

문 2. 국제법과 국내법의 관계에 대한 설명으로 옳지 않은 것은?

① 국제재판소는 국제법에 위반되는 국내법의 효력을 무효로 할 수 있다.

② 각국의 국내법 질서 속에서 국제법은 국내적으로 직접 적용되기도 하고 국내법으로 변형되어 실현되기도 한다.

③ 대한민국 헌법에 의하여 체결·공포된 조약은 변형 없이도 국내법과 같은 효력을 가진다.

④ 국가는 조약 및 다른 국제법에 따른 의무불이행의 정당화 사유로 자국 헌법이나 국내법 규정을 원용할 수 없다.

문 3. 국제기구의 법인격에 대한 설명으로 옳지 않은 것은?

① 국제기구가 소재지국과 조약 체결을 통해 국내법상 법인격을 부여받게 되는 경우에는 그 기구에 속한 모든 회원국의 국내법상 법인격을 인정받게 된다.

② UN헌장에는 UN의 국제법상 법인격을 부여하는 직접적인 명문 규정이 없음에도 UN의 목적, 직무, 권한 등에 따라 UN의 국제법상 법인격이 인정되고 있다.

③ UN헌장 제43조의 조약체결권과 제105조의 목적 달성에 필요한 특권과 면제에 대한 권한 부여는 UN의 국제법상 법인격을 전제로 한 것이다.

④ UN은 다른 국제법주체에 대한 국제청구를 제기하여 자신의 권리를 지킬 능력을 가지고 있다.

문 4. 국가승인에 대한 국제실행(practice)으로 옳은 것을 모두 고른 것은?

ㄱ. 1965년 UN 안전보장이사회는 인종차별적 소수 백인 국가인 로디지아를 승인하지 말 것을 요구하는 결의를 채택하였다.
ㄴ. '국가의 권리와 의무에 관한 몬테비데오협약'은 "국가는 다른 국가의 승인과 상관없이 존재한다." 라고 규정하여 '선언적 효과설'에 입각하고 있다.
ㄷ. 미국에 의해서 승인된 피승인국은 미국 법원에 제소할 수 있는 권리를 취득한다.

① ㄱ, ㄴ　　② ㄱ, ㄷ
③ ㄴ, ㄷ　　④ ㄱ, ㄴ, ㄷ

문 5. 국제법상 자위(self - defence)에 대한 설명으로 옳지 않은 것은?

① 뉘른베르크 국제군사재판소는 자위권 행사의 합법성 여부는 궁극적으로 조사 및 재판의 대상이 된다고 판결하였다.

② ICJ는 콩고민주공화국과 우간다 간의 Armed Activities on the Territory of the Congo 사건에서 콩고령에 주둔하는 비정규군 조직이 우간다를 공격한 행위에 대하여 우간다는 자위권을 행사할 수 있는 상황은 아니라고 판단하였다.

③ UN국제법위원회의 2001년 「국제위법행위에 대한 국가책임 초안」 주해에 따르면 자위권 행사가 「UN헌장」 제2조 제4항 의무 외 다른 국제의무의 불이행을 구성하는 경우, 그러한 불이행의 위법성은 동 항의 위반과 관련되는 한 조각된다.

④ 아직 임박하지 않은 추정적 공격에 대한 자위권 행사는 UN헌장이 아닌 Caroline공식에 의하면 수락될 가능성이 크다.

문 6. 국제법상 주권면제에 대한 설명으로 옳은 것은?

① 주권면제는 국제법상 강행규범이므로 침해할 수 없다.

② 국가는 법정지국에 소재하는 부동산과 관련된 소송에서 주권면제를 원용할 수 없다.

③ 본소에서 피고가 된 외국이 반소를 제기하더라도 본소에서는 주권면제를 향유한다.

④ 국가가 타국 법의 적용에 동의하면 그 국가 법원의 관할권을 수락한 것으로 간주된다.

문 7. 국제연합 국제법위원회의 외교적 보호에 관한 규정 초안상 국내 구제절차 완료 규칙의 예외에 해당하지 않는 것은?

① 국내법원이 해당 사건에 대한 재판관할권을 행사할 권한이 없는 경우

② 실효적 구제를 제공할 수 있는 합리적 수단이 국내에서 제공되지 않는 경우

③ 피해자가 구제조치 판결을 받을 가능성이 작거나 비용상 사법적 접근의 어려움이 큰 경우

④ 피해자가 국내 구제절차로부터 명백하게 배제되고 있는 경우

문 8. 국제법에 대한 설명으로 옳은 것은?

① 20세기 초까지 다수의 국제법 학자들은 국제기구 및 개인을 국가와 동일한 국제법 주체로 간주하였다.

② 'Jus gentium'이라는 용어는 현재에도 국제법의 다른 표현으로 널리 이용되고 있다.

③ 푸펜도르프(Pufendorf)는 실정법만이 법적으로 구속력 있는 규칙을 담고 있다고 주장하였다.

④ 국제사법은 국제적 규범체제, 즉 국제법이 아닌 특정 국가의 국내법의 명칭에 불과하다.

문 9. 국가의 기본적 권리·의무에 대한 설명으로 옳지 않은 것은?

① 「국제연합(UN)헌장」에 따르면, 모든 UN 회원국은 제55조에 명시된 목적을 달성하기 위해서 UN과 협력할 것을 약속하고 있다.
② 자결권을 갖는 민족에 대해서 압제국이 무력을 행사하는 경우 제3국이 해당 민족을 군사적으로 지원해도 이는 압제국 국내문제의 불간섭원칙을 위반하지 않는다.
③ 「국제연합(UN)헌장」에 따르면, 제7장의 규정은 UN 회원국의 본질적인 국내관할권에 대한 사항에 적용될 수 없다.
④ 국가를 대표할 정부가 없거나 정상적인 기능을 수행하지 못하는 국가도 국제법상 법주체성을 유지한다.

문 10. 다음 중 UN총회가 단독으로 처리할 수 있는 것은 모두 몇 개인가?

가. 안전보장이사회 비상임이사국 선출
나. 경제사회이사회, 신탁통치이사회 이사국의 선거
다. 사무총장의 임명
라. 예산승인 및 각 회원국에 대한 경비할당
마. 회원국의 권리와 특권의 행사정지

① 1개 ② 2개
③ 3개 ④ 4개

문 11. 우리나라 「국적법」에 대한 설명으로 옳은 것만을 모두 고르면?

ㄱ. 국적은 국가의 인적 관할권 행사의 기초가 된다.
ㄴ. 「국적법」은 부모양계혈통주의를 적용하고 있다.
ㄷ. 국가는 국내법에 따라 자국민의 범위를 결정할 재량권을 갖지 못한다.
ㄹ. 국가는 개인의 국적을 자의적으로 박탈할 수 없고, 개인은 자신의 국적을 변경할 권리를 갖지 않는다.
ㅁ. 「국적법」은 후천적 복수국적자가 국내에서 외국 국적을 행사하지 않겠다는 서약을 하는 경우 외국 국적의 유지를 허용하고 있다.

① ㄱ, ㄴ, ㄹ ② ㄱ, ㄴ, ㅁ
③ ㄴ, ㄷ, ㄹ ④ ㄷ, ㄹ, ㅁ

문 12. 국가관할권의 결정준칙에 대한 설명으로 옳지 않은 것은?

① 속지주의 이론에 따르면, 국가는 행위자의 국적에 상관없이 자국 영역 내에서 발생한 사건에 대해 관할권을 가지므로 범죄행위의 개시국과 범죄결과의 최종발생국 모두 관할권을 행사할 수 있다.
② 능동적 속인주의 이론에 따르면, A국 국적의 갑이 B국에서 C국 국적의 을을 살해한 경우 C국이 갑에 대하여 형사관할권을 행사할 수 있다.
③ 보호주의 이론에 따르면, A국 국적의 갑이 B국 영역 내에서 C국의 화폐를 위조하여 사용한 경우 C국이 갑에 대하여 형사관할권을 행사할 수 있다.
④ 효과이론에 따르면, 외국인이 자국 영역 밖에서 행한 행위로 인하여 그 결과가 자국에게 실질적인 영향을 미친 경우 역외에 있는 해당 외국인에 대해서도 관할권을 갖는다.

문 13. 조약과 국제관습법의 관계에 대한 설명으로 옳지 않은 것은?

① 국제사법재판소는 조약과 국제관습법이 충돌하면 국제사법재판소 규정 제38조 제1항에 규정된 순서대로 조약을 우선하여 적용한다.

② 국제관습법은 성문법전화를 통해 조약으로 만들어지더라도 소멸하지 않고 국제법적 효력을 계속 갖는다.

③ 조약은 국제관습법 성립 요건인 국가실행의 증거가 되어 국제관습법의 확립에 기여할 수 있다.

④ 조약법에 관한 비엔나협약의 상당 부분은 기존 국제관습법을 성문법전화한 것이지만, 일부 조항은 새로운 발전적 요소를 제시하고 있다.

문 14. 1972년 우주 물체에 의하여 발생한 손해에 대한 국제책임에 관한 협약에 따른 책임문제의 설명으로 옳은 것은?

① UN헌장과 1967년의 우주조약을 포함한 국제법과 일치하지 않는 발사국의 활동 결과로 야기된 손해에 대해서는 피해국의 과실 여부에 관계없이 발사국이 절대책임을 진다.

② 우주 물체가 지구 표면의 사람에 끼친 손해에 대해서 발사국은 피해자의 중대한 과실 유무의 입증에 관계없이 절대책임을 진다.

③ 지구 표면 이외의 영역에서 발사국의 우주 물체가 다른 발사국의 우주 물체에 대해 손해를 끼친 경우에 발사국은 피해국의 과실 유무에 상관없이 배상책임을 진다.

④ 손해는 달과 기타 천체를 포함한 외기권, 대기권에서 발생한 손해를 의미하고 지구 표면에서 일어난 손해는 제외한다.

문 15. 범죄인인도에 대한 설명으로 옳지 않은 것은?

① 범죄인이 체류하고 있는 국가는 범죄인 인도청구에 응할 국제관습법상의 의무가 있다.

② 범죄인인도의 대상이 되는 범죄는 중대한 범죄로 한정하는 것이 일반적이다.

③ 청구국은 범죄인이 인도된 이후에 피청구국의 추가 동의가 없는 한 인도청구사유에 명시된 범죄에 대해서만 처벌할 수 있다.

④ 인도가 청구된 범죄에 대하여 피청구국에서 재판이 진행 중이거나, 피청구국 또는 제3국에서 이미 확정판결을 받은 경우라면 범죄인인도가 거부될 수 있다.

문 16. 기후변화 관련 환경협정에 대한 설명으로 옳지 않은 것은?

① 기후변화에 관한 국제연합 기본협약은 공통적이면서 차별적인 책임과 각각의 능력에 따른 이행원칙을 견지한다.

② 기후변화에 관한 국제연합 기본협약에 대한 교토의정서는 선진국과 개발도상국에 걸쳐 공통의 온실가스 배출량 감축 의무를 부과한다.

③ 파리협정은 당사국이 온실가스 배출량 감축 목표를 자발적으로 설정하고 그 이행 여부를 정기적으로 점검받도록 하고 있다.

④ 기후변화에 관한 국제연합 기본협약에 대한 교토의정서는 온실가스 배출 감축량을 평가하는 기준시점을 1990년으로 삼고, 파리협정은 평균기온 상승의 억제 정도를 평가하는 기준 시점을 산업혁명 이전으로 삼는다.

문 17. 다음 설명 중 옳은 것은?

① 중앙 정부가 자신을 상대로 반란을 일으킨 단체를 교전단체로 승인한 경우 생포된 교전단체 소속 전투원은 포로의 지위를 누린다.

② 정당성이 없거나 억압적인 체제에 대항하고, 민주적 정부체제를 지지하거나 수립하기 위한 무력개입은 국제관습법에서 인정 된다.

③ 타국 내에서 극악한 인권침해로 인하여 대규모 난민이 발생 하거나 전국적으로 인도에 반한 죄가 빈번한 경우 어느 국가든지 '보호책임법리'에 의하여 그 국가에 대해서 무력을 사용하는 것이 국제관습법에서 인정된다.

④ 어느 국가의 인도주의적 위기 사태로 인하여 발생한 다수의 실향민이나 난민에게 구호품이 안전하게 전달되도록 하기 위하여 외국의 군대가 출동하는 경우 UN안전보장이사회는 이를 불법적인 무력사용으로 간주하여 허가한 적이 없다.

문 18. 국제분쟁의 사법적 해결에 대한 설명으로 옳은 것은?

① 중재는 그 결과가 분쟁당사국에 대해 구속력을 지닌다는 점에서 조정과 다르고 중개와 같다.

② 중재는 오로지 국가 간 혹은 사인 간에 행해지고, 일방의 국가와 타방의 비국가적 실체 사이에는 행해지지 않는다.

③ 중재에서 재판준칙은 당사국이 합의하여 결정하지만, 특정 국가의 국내법을 재판준칙으로 삼을 수 없다.

④ 국제사법재판소의 판결에 대해서는 재심절차가 있지만 권고적 의견에는 재심절차가 없다.

문 19. 1994년 관세와 무역에 관한 일반협정(GATT)의 최혜국대우원칙에 대한 설명으로 옳지 않은 것은?

① 최혜국대우원칙은 동종상품에 대한 법률상의 차별뿐만 아니라 사실상의 차별도 금지한다.

② GATT 제24조에 근거한 관세동맹 회원국 간의 특혜는 최혜국대우원칙의 예외로 허용된다.

③ 최혜국대우원칙은 관세뿐만 아니라 과징금의 부과방법에도 적용된다.

④ 최혜국대우원칙은 원칙적으로 수입상품에 대해서만 적용된다.

문 20. 세계무역기구(WTO) 분쟁해결절차상 보상과 양허의 정지에 대한 설명으로 옳지 않은 것은?

① 권고 및 판정이 합리적인 기간 내에 이행되지 아니하는 경우 취해지는 잠정적인 조치이다.

② 분쟁해결기구가 승인하는 양허 또는 그 밖의 의무의 정지의 수준은 무효화 또는 침해의 수준에 상응하여야 한다.

③ 보상은 자발적인 성격을 띠며, 이를 행하는 경우 대상협정과 합치하여야 한다.

④ 양허 또는 그 밖의 의무의 정지의 승인은 총의제(consensus)에 의한다.

정답·해설_해설집 p.104

공개경쟁채용 필기시험 대비
해커스공무원 최종점검 기출모의고사

응시번호	
성명	

문제회차
02회

【시 험 과 목】

과목명	소요시간	문항수	점 수
국제법개론	20분	20문항	100점

응시자 주의사항

1. **시험 시작 전**에 시험문제를 열람하는 행위나 시험종료 후 답안을 작성하는 행위를 한 사람은 부정행위자로 처리됩니다.
2. 시험 시작 즉시 **문제 누락 여부, 인쇄상태 이상유무 및 표지와 과목의 일치 여부** 등을 확인한 후 문제책 표지에 응시번호, 성명을 기재합니다.
3. 문제는 **총 20문항**으로 구성되어 있으니, 문제지와 답안지를 확인하시기 바랍니다.
   - 답안지는 **'해커스공무원 실전동형모의고사 답안지'**를 사용합니다.
4. 시험이 시작되면 문제를 주의 깊게 읽은 후, **문항의 취지에 가장 적합한 하나의 정답만**을 고르시기 바랍니다.
5. 답안을 잘못 표기하였을 경우에는 답안지를 교체하여 작성하거나 **수정테이프만을 사용**하여 수정할 수 있으며(수정액 또는 수정스티커 등은 사용 불가), 부착된 수정테이프가 떨어지지 않게 손으로 눌러주어야 합니다.
   - 불량 수정테이프의 사용과 불완전한 수정 처리로 인해 발생하는 **모든 문제는 응시자에게 책임**이 있습니다.
6. **시험시간 관리의 책임**은 전적으로 응시자 본인에게 있습니다.

해커스공무원 최종점검 기출모의고사 정답 공개 및 안내

1. 해커스공무원 최종점검 기출모의고사의 문제들은 **7/9급 국가직, 경찰간부시험**에서 중요한 문제들로만 선별하여 수록하였습니다.
2. 각 문제별 **기출연도 및 시행처, 정답 및 해설은 해설집에 수록**되어 있으니, 참고하시기 바랍니다.

해커스공무원

국제법개론

문 1. 국제법상 국가승인에 대한 설명으로 옳지 않은 것은?

① 국가승인은 승인국의 재량에 따른 일방적 의사표시이다.

② 영사인가장의 부여는 묵시적인 국가승인에 해당한다.

③ 1992년 대한민국이 중화인민공화국과 외교 관계를 수립한 것은 대한민국에 의한 묵시적 국가승인으로 본다.

④ 국제연합 회원국으로의 가입은 기존 회원국들의 집단적 국가승인으로 간주되지 않는다.

문 2. 국제법과 국내법의 관계에 대한 설명으로 옳은 것은?

① 변형이란 국제법이 국제법의 자격으로 직접 국내적으로 적용되고, 사법부도 국제법에 직접 근거하여 재판을 함으로써 국제법을 실현하는 방식을 의미한다.

② 국가행위의 국제위법성 결정은 국제법에 의하여 정해지며, 이는 동일한 행위가 국내법상 적법하다는 결정에 의하여 영향받지 아니한다.

③ 대한민국 대법원은 급식조례사건(대법원 2005. 9. 9. 선고, 2004추10판결)에서 학교급식에 우리 농산물을 사용하도록 한 조례가 「관세 및 무역에 관한 일반협정(GATT)」 제1조 최혜국대우원칙에 위반된다고 하였다.

④ 상설국제사법재판소(PCIJ)는 1926년 Certain German Interests in Polish Upper Silesia 사건에서 국내법은 단순한 사실이 아니라 구속력 있는 규범이라는 점을 확인하였다.

문 3. 「조약의 국가승계에 관한 비엔나협약」상 조약의 승계에 대한 설명으로 옳지 않은 것은?

① 국가승계란 영토의 국제관계 관련 책임이 한 국가로부터 다른 국가로 이전되는 것을 말한다.

② 국가의 일부 분리에 있어서 선행국 영토 전체에 유효한 조약은 각 승계국의 승계통고에 의해 효력을 가진다.

③ 새로 독립한 국가는 승계통고에 의해 기존 다자조약의 당사자로 될 수 있다.

④ 조약에 의해 수립된 국경은 국가승계의 영향을 받지 않는다.

문 4. 국제법 역사에 대한 설명으로 옳은 것은?

① Bynkershoek는 자연법론에 입각한 국제법관을 주장한 대표적인 학자이다.

② Gentili는 국제법학을 신학이나 윤리학으로부터 분리하고 확립한 학자로 평가된다.

③ Zouche는 국제법을 jus inter gentes 대신 jus gentium으로 호칭하자고 주장하였다.

④ Bentham은 jus gentium을 law of nations로 번역하여 사용한 최초의 학자이다.

문 5. 국제법상 특수한 국가형태에 대한 다음 설명 중 옳은 것으로만 묶인 것은?

> 가. 피보호국(protected state)은 국제법상 국가의 자격을 상실하며 보호국이 피보호국의 영토관할권을 행사하게 된다.
> 나. 스위스는 국제조약을 통해 영세중립국의 지위를 인정받았음에 비해 오스트리아는 국내법으로 영세중립을 다른 국가에 통고하는 형식을 취하였다.
> 다. 국가연합(confederation of states)은 설립조약이 부여하기로 한 범위 내에서만 국제법적 능력을 가지고, 독자적인 국제법상의 법인격을 갖지 못한다.
> 라. 연방국가(federal state)의 중앙정부는 그 구성 국가에 대해서만 권한을 미칠 수 있을 뿐이며, 그 국민에게 직접 적용되는 법을 제정할 권한은 갖지 못한다.

① 가, 나　② 가, 라
③ 나, 다　④ 다, 라

문 6. 국제법상 자위권에 대한 다음 설명 중 옳은 것은 모두 몇 개인가?

> 가. UN헌장 제51조는 개별적 자위권뿐만 아니라 집단적 자위권을 규정하고 있다.
> 나. UN헌장상 자위권을 행사함에 있어 회원국이 취한 조치는 즉시 안전보장이사회에 보고되어야 한다.
> 다. UN헌장상 집단적 자위권의 경우에는 그 행사에 있어 UN안전보장이사회의 사전승인을 얻어야 한다.
> 라. 국제사법재판소(ICJ)의 노테봄(Nottebohm) 사건은 개별적 자위권과 관련된 대표적 사례이다.
> 마. UN헌장에 의하면 집단적 자위권은 국가의 고유한 권리이다.

① 2개　② 3개
③ 4개　④ 5개

문 7. 국제연합(UN)에서 근무하는 직원에 대한 설명으로 옳은 것은?

① UN의 직원은 임무수행에 있어 오직 UN과 자신의 국적국에 대해서만 책임을 진다.
② 1946년 「UN의 특권과 면제에 관한 협약」에서는 UN의 직원과 UN과 밀접한 관계를 갖는 전문기구의 직원에 대해서 특권과 면제를 인정한다.
③ UN의 직원이 공무수행 중에 국제위법행위로 인하여 손해를 입은 경우 직원의 국적국이 외교적 보호권에 근거하여 가해국에 대하여 국제책임을 물을 수 있다.
④ UN의 직원은 그 국적이나 직무에 상관없이 외교적 보호를 받을 수 있으나, 만일 외교적 보호를 받을 수 없다면 부득이 그 국적국이 직무적 보호를 행사할 수 있다.

문 8. 국제법상 주권면제에 대한 설명으로 옳지 않은 것은?

① 2004년 채택된 「국가 및 국유재산의 관할권 면제에 관한 UN협약」상 타국 법의 적용에 대한 국가의 동의는 그 타국 법정의 관할권 행사에 대한 동의로 간주될 수 없다.
② ICJ는 Arrest Warrant 사건에서 주권면제의 법리보다 강행규범의 실현이 우선되어야 한다는 다수의견을 제시하였다.
③ ICJ는 Jurisdictional Immunities of the State 사건에서 주권면제의 법리와 강행규범의 내용은 서로 충돌의 여지가 없다고 판단하였다.
④ 이탈리아 최고법원인 Corte di Cassazione는 Ferrini 사건에서 국제범죄행위에 대하여는 주권면제를 인정할 필요가 없다고 판시하였다.

문 9. 국제위법행위에 대한 국가책임 초안상 위법성 조각사유에 대한 설명으로 옳지 않은 것은?

① 국제의무를 위반한 국가는 위법성 조각사유가 있는 경우 손실에 대한 보상 의무가 면제된다.

② 긴급피난 행위는 그 국가에게 있어서 중대하고 급박한 위험으로부터 본질적 이익을 보호하기 위한 유일한 수단이어야 하고, 그 행위가 그 의무상대국 또는 국제공동체 전체의 본질적 이익을 중대하게 침해하지 않아야 한다.

③ 국가행위가 국제연합헌장에 따른 적법한 자위조치인 경우 그 행위의 위법성이 조각된다.

④ 국제법상 강행규범을 위반한 국가행위는 위법성 조각사유에 의해서도 정당화되지 않는다.

문 10. 영사제도에 대한 설명으로 옳은 것은?

① 영사는 파견국에 등록된 항공기에 대하여 파견국의 법령에 따른 감독권을 행사할 수 있다.

② 영사는 어떠한 경우에도 본국을 외교적으로 대표할 수 없다.

③ 영사 면제 및 특권은 파견국의 국적을 가진 영사만이 향유한다.

④ 영사인가장 부여를 거절한 접수국은 그 이유를 서면으로 설명해야 한다.

문 11. 국제연합(UN)에 대한 설명으로 옳은 것은?

① 회원국의 제명은 해당 조항이 실제 적용된 사례가 있고, 탈퇴는 관련 명문 조항이 없으나 실제 제기된 사례가 있다.

② 신탁통치이사회는 신탁통치지역 주민의 정치, 경제, 사회 및 교육 분야의 발전에 관하여 총회에 매년 보고를 하고 있다.

③ 안전보장이사회 상임이사국은 안전보장이사회의 권한 사항에 대한 모든 의결에서 거부권을 행사할 수 있다.

④ 총회는 안전보장이사회가 국제평화와 안전의 1차적 책임을 다할 수 없는 경우 회원국에 집단적 조치를 권고할 수 있다.

문 12. 2006년 UN 국제법위원회(ILC)의 외교적 보호 규정 초안의 내용에 대한 설명으로 옳지 않은 것은?

① 외교적 보호를 행사할 수 있는 국적국의 정의에 노테봄(Nottebohm) 사건에서 유래된 '진정한 유대'(genuine link) 기준이 명시되었다.

② 피해 발생시와 외교적 보호의 청구 제기시의 국적이 동일한 경우에는 피해자 국적이 계속되었다고 추정한다.

③ 이중국적자에 대해서는 그 중 어느 국가라도 또는 공동으로 제3국에 대하여 외교적 보호를 청구할 수 있다.

④ 회사가 등록지국법상 더 이상 존속하고 있지 않을 때는 그 회사 주주의 국적국도 외교적 보호를 행사할 수 있다.

문 13. 외교관계에 관한 비엔나협약 및 국제관행상 서류와 문서의 불가침성에 대한 설명으로 옳은 것은?

① 양국 간의 무력충돌이 발생하거나 외교관계가 단절된 경우에는 외교공관 문서의 불가침성은 보호되지 않는다.
② 외교문서가 공관원에 의해 제3자에게 공식적으로 전달되었다면 그 순간부터는 불가침성을 상실한다.
③ 외교관의 개인서류 역시 불가침성을 향유하나 상업적 활동으로 인해 접수국의 재판관할권에 복종하여야 하는 경우에는 재판에 필수적인 개인서류의 제출을 강제할 수 있다.
④ 분실이나 도난 등 어떤 이유로든 접수국 수중에 들어간 외교공관 문서는 반환되어야 하나 재판 등 사법절차 등의 목적을 위해서는 활용될 수 있다.

문 14. 국제형사재판소(ICC)의 관할 대상 범죄 중 보호책임(responsibility to protect: R2P)과 관련이 없는 국제범죄는?

① 집단살해죄(crime of genocide)
② 전쟁범죄(war crimes)
③ 인도에 반한 죄(crimes against humanity)
④ 침략범죄(crime of aggression)

문 15. 국제연합 국제법위원회의 「법적 의무를 창출하는 국가의 일방적 선언에 관한 적용원칙」에 대한 설명으로 옳지 않은 것은?

① 구두로 발표된 일방적 선언은 이를 명백히 수락한 제3국에 의무를 부과할 수 있다.
② 국가원수, 정부수반, 외교장관은 법적 구속력 있는 일방적 선언을 발표할 수 있는 권한 있는 자로 인정된다.
③ 법적 구속력을 갖는 일방적 선언은 특정 국가가 아닌 국제공동체 전체에 대해 발표되어야 한다.
④ 법적 구속력 있는 일방적 선언에 포함된 의무의 범위에 의심이 발생하는 경우, 그 범위는 엄격하게 해석되어야 한다.

문 16. 국제연합(UN) 체제하에서의 무력사용에 대한 설명으로 옳지 않은 것은?

① 지역적 약정의 회원국은 해당 지역의 분쟁을 안전보장이사회에 회부하기 전에 지역적 약정을 통한 해결에 노력해야 하며, 안전보장이사회의 허가 없이는 지역적 약정에 의해 강제조치(enforcement action)를 실시할 수 없다.
② UN 창설 이후 군사적 강제조치에 필요한 군사력을 동원하기 위한 특별협정이 회원국과 안전보장이사회 사이에 체결된 적은 없다.
③ 안전보장이사회가 국제평화와 안전을 위한 1차적 책임을 다하지 못할 경우 총회는 집단적 조치를 권고할 수 있다.
④ 안전보장이사회가 무력분쟁과 관련하여 UN헌장상의 임무를 수행하는 동안에 총회는 안전보장이사회의 요청이 없더라도 그 분쟁에 관하여 권고할 수 있다.

문 17. 국제법상 관할권에 대한 설명으로 옳은 것만을 모두 고르면?

ㄱ. 다른 국가에서 착수되었으나 자국에서 완성된 범죄를 저지른 외국인에 대해 형사관할권을 행사하는 근거는 주관적 속지주의이다.
ㄴ. 외국에서 범죄를 저지른 자국민에 대해 형사관할권을 행사하는 근거는 속인주의이다.
ㄷ. 복수 국가가 동일 행위를 중복하여 처벌하는 것을 일반적으로 금지하는 국제법은 확립되어 있지 않다.
ㄹ. 조약에 '기소 또는 인도'의 대상으로 명시된 범죄를 저지른 사람에 대해서는 어느 국가라도 보편적 관할권을 행사할 수 있다.

① ㄱ, ㄴ　② ㄱ, ㄹ
③ ㄴ, ㄷ　④ ㄴ, ㄹ

문 18. 국제사법재판소(ICJ)규정 제36조 제2항에 대한 설명으로 옳은 것은?

① 선택조항 수락선언은 UN사무총장에게 기탁되어야 하고 기탁을 받은 UN사무총장은 그 사본을 ICJ규정 당사국들과 ICJ행정처장에게 송부하여야 하며, ICJ는 Right of Passage over Indian Territory 사건에서 기탁의 법적 효력은 UN사무총장의 송부 행위에 의존한다고 판단하였다.
② ICJ는 Certain Norwegian Loans 사건에서, 원고국이 일정한 유보를 첨부하여 선택조항을 수락한 경우 피고국은 수락선언의 성격에 따라 원고국의 유보를 원용할 수 없다고 하였다.
③ ICJ는 Military and Paramilitary Activities in and against Nicaragua 사건에서, 선택조항에 따른 상호주의는 동 조항하에서 부담한 약속의 범위와 실질에 적용되는 것이지 약속의 종료를 위한 조건과 같은 형식적 조건에는 적용되지 않는다고 하였다.
④ ICJ는 Anglo-Iranian Oil Co. 사건에서, 피고국의 선택조항 수락범위가 원고국의 선택조항 수락범위보다 제한적인 경우라 할지라도, ICJ의 관할권은 수락선언의 상호 원용 가능성에 따라 원고국의 선택조항 수락범위에 기초할 수 있다고 하였다.

문 19. 관세와 무역에 관한 일반협정(GATT) 제11조에 따른 수량제한의 예외에 해당하지 않는 것은?

① 산품의 국내생산이 비교적 근소하여 생산의 대부분을 수입산품에 직접적으로 의존하는 동물성 산품의 생산허용량을 제한하기 위해 정부의 시장안정프로그램으로 부과되는 쿼터
② 자국의 통화준비의 현저한 감소라는 급박한 위협을 저지할 목적으로 국제수지를 보호하기 위한 수입제한조치로서 부과되는 쿼터
③ 식료품의 위급한 부족을 방지하기 위해 일시적으로 적용한 수출제한조치로서 부과되는 쿼터
④ 덤핑 방지를 위해 특정가격 이하의 수출을 제한하는 정부의 수출허가제도에 따라 부과되는 쿼터

문 20. 조약법에 관한 비엔나협약상 조약 해석에 대한 설명으로 옳지 않은 것은?

① 조약은 조약문의 문맥 및 조약의 대상과 목적으로 보아 그 조약의 문언에 부여되는 통상적 의미에 따라 성실하게 해석되어야 한다.
② 조약 문언의 의미가 모호해지거나 애매하게 되는 경우 또는 명백히 불투명하거나 불합리한 결과를 초래하는 경우 해석의 보충적 수단에 의존할 수 있다.
③ 조약 문언의 의미를 결정하기 위해 조약의 해석 또는 조약규정의 적용에 관한 모든 당사국 간의 추후의 합의를 해석의 보충적 수단으로 이용할 수 있다.
④ 여러 언어로 작성된 조약의 정본들은 달리 합의하거나 규정하지 아니하는 한 동등한 효력을 갖는다.

정답·해설_해설집 p.110

공개경쟁채용 필기시험 대비

해커스공무원 최종점검 기출모의고사

응시번호	
성명	

문제회차
03회

【시 험 과 목】

과목명	소요시간	문항수	점 수
국제법개론	20분	20문항	100점

응시자 주의사항

1. **시험 시작 전**에 시험문제를 열람하는 행위나 시험종료 후 답안을 작성하는 행위를 한 사람은 부정행위자로 처리됩니다.
2. 시험 시작 즉시 **문제 누락 여부, 인쇄상태 이상유무 및 표지와 과목의 일치 여부** 등을 확인한 후 문제책 표지에 응시번호, 성명을 기재합니다.
3. 문제는 **총 20문항**으로 구성되어 있으니, 문제지와 답안지를 확인하시기 바랍니다.
   - 답안지는 **'해커스공무원 실전동형모의고사 답안지'**를 사용합니다.
4. 시험이 시작되면 문제를 주의 깊게 읽은 후, **문항의 취지에 가장 적합한 하나의 정답만**을 고르시기 바랍니다.
5. 답안을 잘못 표기하였을 경우에는 답안지를 교체하여 작성하거나 **수정테이프만을 사용**하여 수정할 수 있으며(수정액 또는 수정스티커 등은 사용 불가), 부착된 수정테이프가 떨어지지 않게 손으로 눌러주어야 합니다.
   - 불량 수정테이프의 사용과 불완전한 수정 처리로 인해 발생하는 **모든 문제는 응시자에게 책임**이 있습니다.
6. **시험시간 관리의 책임**은 전적으로 응시자 본인에게 있습니다.

해커스공무원 최종점검 기출모의고사 정답 공개 및 안내

1. 해커스공무원 최종점검 기출모의고사의 문제들은 **7/9급 국가직, 경찰간부시험**에서 중요한 문제들로만 선별하여 수록하였습니다.
2. 각 문제별 **기출연도 및 시행처, 정답 및 해설은 해설집에 수록**되어 있으니, 참고하시기 바랍니다.

해커스공무원

국제법개론

문 1. 외국선박에 대한 연안국의 관할권에 대한 설명으로 옳지 않은 것은?

① A국에서 죄를 저지른 범죄인이 B국 상선을 타고 C국 내수에 들어온 경우, C국은 A국의 범죄인인도 요청이 있다면 B국 상선에 진입하여 범죄인을 체포할 수 있다.

② 연안국은 내수 내에 있는 외국상선에 대해 자국의 관할권을 완전하게 행사할 수 있으므로, 연안국의 재판소는 타국인 D국 선박회사의 제소에 따라 내수 내에 있는 또 다른 타국인 E국의 선박을 억류할 수 있다.

③ 공해상에서 국제법상 금지된 배출행위를 한 외국선박이 입항한 경우, 항만국은 자국에 직접적인 피해가 없는 경우라도 이를 조사하고 자국 법원에 소송을 제기할 수 있다.

④ 연안국의 내수를 떠나 영해를 통항중인 외국선박 내에서 범죄가 발생한 경우 연안국은 형사관할권의 행사를 위한 어떠한 조치도 취할 수 없다.

문 2. 국제기구의 권한에 대한 설명으로 옳지 않은 것은?

① 국제사법재판소(ICJ)에 따르면, UN은 비회원국에 대해서는 법인격을 갖지 않는다.

② UN의 옵저버 지위는 UN 총회의 결의에 의해서 부여되며 결의 이행에 필요한 행동은 사무총장에게 일임되고 있다.

③ 국제기구는 보통의 경우 설립조약에서 특권 및 면제에 대한 원칙을 설정하고 상세협정을 통해 이를 구체화하는 경향이 있다.

④ 국제기구가 개별 국가의 국내 법원의 재판관할권으로부터 면제를 향유할지라도, 그 위법행위에 대한 국제법상의 책임까지도 면제되는 것은 아니다.

문 3. 국제연합의 특권과 면제에 대한 설명으로 옳은 것은?

① 국제연합의 재산과 자산은 어디에 소재하든 누가 보유하든 행정조치를 통한 징발이나 수용으로부터 면제된다.

② 직급과 관계없이 국제연합 직원과 그 가족들은 외교사절에 해당하는 특권과 면제, 면책과 편의가 부여된다.

③ 한정적 임무를 수행하는 국제연합 전문가는 공적 자격으로 행한 모든 행위에 대해 임기 중에만 특권과 면제를 부여받는다.

④ 회원국 대표에 대한 특권과 면제는 국제연합이 소집하는 회의에 일회적으로 참석할 목적으로 체류하는 대표에게 부여되지 않고 기구 소재지에 상주하는 대표에게 부여된다.

문 4. 외국인의 법적 지위에 대한 설명으로 옳은 것은?

① 국내 표준주의는 외국인의 대우가 다루어지는 영역을 정치적 및 공적 권리 보장으로 한정하고 그 보장이 내국인과 같은 수준이면 충분하다고 본다.

② 국제 표준주의는 국제사회에서 정해진 보호 수준의 처우를 자국민도 받지 못한다는 것을 내세워 국가책임을 회피하는 것을 정당화할 수 없다고 본다.

③ 국제법상으로 국가는 외국인을 입국시킬 일반적 의무가 없고 합법적으로 입국한 외국인을 국가가 선택한 방법과 절차에 따라 자유롭게 추방할 수 있다.

④ 1962년 천연자원에 관한 영구주권 선언은 1974년 국가의 경제적 권리·의무 헌장과는 달리 국유화 보상 기준으로 '신속하고 충분하고 효과적인 보상'을 명시하고 있다.

문 5. 국가승인에 대한 설명으로 옳지 않은 것은?

① 창설적 효과설에 따르면 신생국은 기존 국가의 승인을 받아야만 법적으로 존재하게 된다.
② 최근 사인의 권리의무에 관하여 미승인국의 법률은 준거법으로 수락되지 않는 것이 원칙이다.
③ Tinoco 중재판정은 정부의 실효적 통제를 중시하여 선언적 효과설을 따르고 있다.
④ 미국 법원에서 미승인국가나 미승인정부의 제소권은 인정되지 않는 것이 원칙이다.

문 6. 「국제연합(UN) 헌장」상 자위권에 대한 설명으로 옳지 않은 것은?

① 무력공격을 받은 국가는 안전보장이사회가 침략국에 대해 경제제재조치를 취하면 피(被)점령상태가 지속되고 있더라도 자위권 행사를 계속할 수 없다.
② 국제사법재판소는 국제법상 자위권이 조약상 권리이면서 국제관습법상 고유한 권리로도 병존하고 있다고 밝혔다.
③ 비정규군이나 무장단체의 무력행사는 무력공격에 해당될 수 있으나, 반군에 대한 단순한 무기·병참 지원은 해당되지 않는다.
④ 집단적 자위권은 무력공격의 직접적 피해자가 아닌 제3국이 독자적으로 판단하여 행사할 수는 없다.

문 7. 국제법상 국내문제불간섭원칙에 대한 설명으로 옳지 않은 것은?

① 국내문제는 국가의 대내적 문제와 대외적 문제를 포함하므로, 영토적 개념에 기반을 두지 않는다.
② 국제사법재판소(ICJ)는 1986년 Nicaragua 사건에서 미국의 니카라과에 대한 경제원조의 중단은 관습법상 동 원칙의 위반으로 볼 수 없다고 판결하였다.
③ 일국이 타국의 문제에 개입할 경우 그것이 강제적인 것이 아닐지라도 간섭에 해당한다.
④ 「UN헌장」 제2조 제7항에 따르면 본질상 국내 관할권 안에 있는 사항에 대하여는 UN도 간섭할 수 없다.

문 8. 국가의 형사관할권 행사에 대한 설명으로 옳지 않은 것은?

① 국가는 자국에서 살인을 저지르고 외국으로 도주한 자국민에 대하여 재판관할권을 가지지만 외국에서 그를 직접 체포할 권한은 없다.
② 영토에 근거한 관할권은 영토국의 이해관계가 국적에 근거한 타국의 이해를 압도하므로 국적에 근거한 관할권보다 우월한 지위를 가진다.
③ 국제법상 관할권 행사의 여러 근거로 인하여 동일 사안에서 동일인에 대해 형사관할권을 행사할 수 있는 국가가 복수로 존재할 수 있다.
④ 항공기 납치나 테러 등 일정 범죄의 방지와 처벌을 다루는 조약에서는 당사국에게 기소 또는 인도 의무(aut dedere aut judicare)를 규정하기도 한다.

문 9. 1969년 「조약법에 관한 비엔나협약」상의 강행규범(jus cogens)에 대한 설명으로 옳은 것은?

① 조약당사국은 합의에 의하여 특정 강행규범의 적용을 배제할 수 있다.
② 새로운 강행규범과 저촉되는 기존의 조약은 소급하여 무효가 된다.
③ 강행규범은 새롭게 출현하는 강행규범에 의하여 수정될 수 있다.
④ 조약규정의 일부가 강행규범에 반하는 경우라 하더라도 조약의 나머지 규정은 유효하다.

문 10. 국제법상 국가책임과 관련된 내용으로 옳지 않은 것은?

① 1986년 Nicaragua 사건에서 미국의 일반적 통제에 따른 콘트라반군의 행위는 미국에 귀속될 수 있다고 하였다.
② 1928년 Factory at Chorzów 사건에서 원상회복이 불가능한 경우 금전배상이 이루어져야 한다고 하였다.
③ 1997년 Gabčikovo - Nagymaros Project 사건에서 위법성조각사유가 문제의 의무를 종료시키는 것은 아니라고 하였다.
④ 1987년 Yeager 사건에서 혁명수비대원들이 공권력 부재시 정부권한을 행사한 것을 인정하였다.

문 11. 1961년 '외교관계에 관한 비엔나협약'상 외교공관의 불가침성에 관한 설명으로 옳은 것은?

① 경찰이 대사관 차량의 운전자를 차량 밖으로 강제로 끌어내는 것은 허용되지 않는다.
② 경찰은 불법무기를 적발하기 위하여 공관장의 동의없이도 대사관을 수색할 수 있다.
③ 외교공관에서의 비호가 인정되지 않음을 명시적으로 규정하고 있다.
④ 접수국당국에 의한 외교공관의 도청금지를 명시적으로 규정하고 있다.

문 12. 2006년 UN국제법위원회(ILC)가 채택한 외교적 보호에 관한 규정 초안(Draft Articles on Diplomatic Protection)의 내용으로 옳지 않은 것은?

① 국가가 무국적자에게 외교적 보호를 행사할 경우, 무국적자가 피해를 입을 시에 또한 공식적으로 청구를 제기할 시에 그 국가에 합법적으로 상주하여야 한다.
② 기업의 경우 주주의 국적국이 외교적 보호를 행사할 수 있는 경우가 있다.
③ 이중국적자의 경우 국적국 상호간에는 외교적 보호를 행사할 수 없다.
④ 피해 발생 이후 청구와 관계없는 이유로 국적이 변경된 경우, 새로운 국적 취득이 국제법에 반하지 않으면 현재의 국적국이 외교적 보호를 행사할 수 있다.

문 13. 국제형사재판소에 관한 로마규정에 대한 설명으로 옳지 않은 것은?

① 국제형사재판소는 국제적 법인격을 가지며 그 기능의 행사와 목적 달성에 필요한 법적 능력을 가진다.

② 국제형사재판소 소추관은 국제형사재판소에 관한 로마규정상의 범죄구성요건에 대한 개정을 제안할 수 있다.

③ 국제형사재판소 소추관이 독자적으로 개시한 수사를 진행하기 위해서는 전심재판부로부터 허가 받아야 한다.

④ 국제형사재판소는 국제연합 안전보장이사회가 기소의 연기를 요청한 경우 6개월이 지나야 기소할 수 있다.

문 14. 섬과 관련한 국제 판결 및 판정에 대한 설명으로 옳지 않은 것은?

① 멩끼에와 에크레오(Minquiers and Ecrehos) 사건 판결에서는 영유권 문제를 지리적 근접성이 아니라 각종 증거로부터 뒷받침되는 실효적 지배를 기준으로 다루었다.

② 페드라 브랑카(Pedra Branca) 사건 판결에서는 섬이 말레이시아에 지리적으로 가깝지만, 싱가포르가 등대와 해상사고, 방문자 등을 관리한 것을 실효적 지배의 증거로 보고 싱가포르에 영유권이 있다고 밝혔다.

③ 리기탄과 시파단(Ligitan & Sipadan) 사건 판결에서는 영유권 확인의 결정적 요소인 실효적 지배의 증거로 정부의 공무 행위와 함께 사인의 행위가 동등하게 인정될 수 있다고 밝혔다.

④ 남중국해(South China Sea) 사건 중재판정에서는 배타적경제수역을 가질 수 있는 섬인지를 판단할 수 있는 일정한 구체적 기준을 명시적으로 밝혔다.

문 15. 1961년 외교관계에 관한 비엔나협약의 내용에 대한 설명 중 옳은 것은?

① 외교사절의 특권과 면제의 시기는 외교사절의 직무개시 시기와 동일하다.

② 접수국은 외교사절단의 수가 지나치게 많다는 이유로 접수를 거부할 수 없다.

③ 외교관의 공적 행위에 관한 면제는 그 직무 종료 후에도 계속된다.

④ 본 협약에 따르면 '인도적 동기'에서 외교공원의 비호권이 인정된다.

문 16. 국제법의 연원(sources of law)에 관한 설명으로 옳지 않은 것은?

① 국제사법재판소의 판결은 국내법원 판결의 원용을 배제하지 않는다.

② 국제법의 일반원칙은 당사자의 동의 없이 국제사법재판소의 재판준칙이 될 수 있다.

③ 학설의 경우는 국제법의 법원성은 부정되나 간접적·보조적 법원으로 원용될 수 있다.

④ 조약과 국제관습법 간의 위계에 있어서 원칙적으로 조약이 우선한다.

문 17. 국제사법재판소가 밝힌 국제기구에 대한 설명으로 옳지 않은 것은?

① 국제연합 행정재판소 판정의 효력에 관한 권고적 의견에서는 정치적 기관인 총회가 사법기관인 행정재판소를 설립할 권한이 있는지가 헌장에 명시되어 있지 않지만 이른바 묵시적 권한에 따라 설립할 수 있다고 하였다.

② 국제연합 근무 중 입은 손해의 배상에 관한 권고적 의견에서는 국제연합이 국제적 법인격을 갖는지에 관한 규정이 헌장에 없으나 국제연합이 헌장의 목적 달성을 위해 국제적 법인격을 묵시적으로 가질 수 있다고 하였다.

③ 국제연합 근무 중 입은 손해의 배상에 관한 권고적 의견에서는 실질적으로 헌장이 정하는 목적이 추상적이고 일반적인 만큼 범세계적 국제기구인 국제연합이 주권국가와 같거나 유사한 정도의 포괄적 법인격을 갖는다고 하였다.

④ 국제연합의 일정 경비(헌장 제17조 제2항)에 관한 권고적 의견에서는 평화유지활동(peace-keeping operation)이 헌장 제7장에 따른 강제조치가 아니라고 하였다.

문 18. 국가의 무력사용을 제한하려는 국제공동체의 노력에 대한 설명으로 옳지 않은 것은?

① 1907년 계약상의 채무회수를 위한 병력 사용의 제한에 관한 협약(Porter Convention)은 채무국이 중재 제의를 거부하거나 중재 판정을 준수하지 않을 경우에는 병력 사용을 금지하지 않는다.

② 1919년 국제연맹규약은 전쟁을 완전히 금지하지는 않고 분쟁에 대한 중재 판정이나 사법 판결 또는 연맹이사회의 심사 보고 후 3개월 이내에는 연맹회원국이 전쟁에 호소하지 못하도록 하였다.

③ 1928년 부전조약은 캐롤라인(Caroline)호 사건에서 나온 자위권 요건을 명시적으로 반영하여 무력사용의 금지를 규정하였다.

④ 1945년 UN헌장은 국제관계에서 무력의 위협이나 무력사용을 일반적으로 금지하였다.

문 19. 비호와 난민의 보호에 대한 설명으로 옳지 않은 것은?

① 비호를 구하는 난민은 비호를 구하려는 국가의 국내법에 따른 입국허가를 받아야 하며 난민에게 국제법에 따라 입국할 수 있는 권리 자체가 보장되는 것은 아니다.

② 콜롬비아-페루 비호 사건에서 국제사법재판소는 영토적 비호와 외교적 비호 모두 국제관습법으로 확립된 원칙임을 확인하고 외교적 비호가 중남미 지역에서 국제법적으로 인정된다고 밝혔다.

③ 난민의 지위에 관한 협약에 따라 국제연합 난민고등판무관은 난민의 국제적 보호와 난민협약체제의 이행감시 권한을 가지며 이에 근거해 체약국들의 난민 지위 결정 과정에 여러 형태로 관여한다.

④ 난민의 지위에 관한 협약 체약국은 난민에게 동산 및 부동산의 소유권과 기타 관련 권리의 취득 및 부동산의 임대차 등에서 가능한 한 유리한 대우를 부여하며 외국인에게 부여되는 일반적인 대우보다 불리하게 해서는 아니 된다.

문 20. 세계무역기구 분쟁해결절차에 대한 설명으로 옳지 않은 것은?

① 세계무역기구 회원국은 다른 회원국의 세계무역기구 협정 위반에 해당하지 않는 조치의 적용에 대해서는 제소할 수 없다.

② 패널은 보고서의 최종 채택 전에 잠정보고서를 분쟁당사국에 회람하고 최종보고서 단계에서 당사국의 의견을 참작한다.

③ 패널 설치일로부터 20일 이내에 패널위원 구성에 대한 합의가 이루어지지 않는 경우, 일방 당사국의 요청에 의해 세계무역기구 사무총장이 분쟁해결기구 의장 등과 협의를 거쳐 임명한다.

④ 분쟁해결기구가 보고서를 채택한 뒤에 패소국은 판정을 즉각적으로 이행하지 않고 이행유예를 받을 수도 있다.

정답·해설_해설집 p.115

해커스공무원 실전동형모의고사 답안지

컴퓨터용 흑색사인펜만 사용

회차	

[필적감정용 기재]
*아래 예시문을 옮겨 적으시오
본인은 OOO(응시자성명)임을 확인함
기 재 란

성명	
자필성명	본인 성명 기재
응시직렬	
응시지역	
시험장소	

응 시 번 호						
	⓪	⓪	⓪	⓪	⓪	⓪
	①	①	①	①	①	①
	②	②	②	②	②	②
	③	③	③	③	③	③
	④	④	④	④	④	④
	⑤	⑤	⑤	⑤	⑤	⑤
⑥	⑥	⑥	⑥	⑥	⑥	⑥
⑦	⑦	⑦	⑦	⑦	⑦	⑦
	⑧	⑧	⑧	⑧	⑧	⑧
	⑨	⑨	⑨	⑨	⑨	⑨

생 년 월 일					
⓪	⓪	⓪	⓪	⓪	⓪
	①	①	①	①	①
	②		②	②	②
	③		③	③	③
	④		④	④	④
	⑤		⑤	⑤	⑤
⑥	⑥		⑥	⑥	⑥
⑦	⑦		⑦	⑦	⑦
⑧	⑧		⑧	⑧	⑧
⑨	⑨		⑨	⑨	⑨

※ 시험감독관 서명
(서명을 정자로 기재할 것)
적색 볼펜만 사용

문번	제1과목			
1	①	②	③	④
2	①	②	③	④
3	①	②	③	④
4	①	②	③	④
5	①	②	③	④
6	①	②	③	④
7	①	②	③	④
8	①	②	③	④
9	①	②	③	④
10	①	②	③	④
11	①	②	③	④
12	①	②	③	④
13	①	②	③	④
14	①	②	③	④
15	①	②	③	④
16	①	②	③	④
17	①	②	③	④
18	①	②	③	④
19	①	②	③	④
20	①	②	③	④

문번	제2과목			
1	①	②	③	④
2	①	②	③	④
3	①	②	③	④
4	①	②	③	④
5	①	②	③	④
6	①	②	③	④
7	①	②	③	④
8	①	②	③	④
9	①	②	③	④
10	①	②	③	④
11	①	②	③	④
12	①	②	③	④
13	①	②	③	④
14	①	②	③	④
15	①	②	③	④
16	①	②	③	④
17	①	②	③	④
18	①	②	③	④
19	①	②	③	④
20	①	②	③	④

문번	제3과목			
1	①	②	③	④
2	①	②	③	④
3	①	②	③	④
4	①	②	③	④
5	①	②	③	④
6	①	②	③	④
7	①	②	③	④
8	①	②	③	④
9	①	②	③	④
10	①	②	③	④
11	①	②	③	④
12	①	②	③	④
13	①	②	③	④
14	①	②	③	④
15	①	②	③	④
16	①	②	③	④
17	①	②	③	④
18	①	②	③	④
19	①	②	③	④
20	①	②	③	④

문번	제4과목			
1	①	②	③	④
2	①	②	③	④
3	①	②	③	④
4	①	②	③	④
5	①	②	③	④
6	①	②	③	④
7	①	②	③	④
8	①	②	③	④
9	①	②	③	④
10	①	②	③	④
11	①	②	③	④
12	①	②	③	④
13	①	②	③	④
14	①	②	③	④
15	①	②	③	④
16	①	②	③	④
17	①	②	③	④
18	①	②	③	④
19	①	②	③	④
20	①	②	③	④

문번	제5과목			
1	①	②	③	④
2	①	②	③	④
3	①	②	③	④
4	①	②	③	④
5	①	②	③	④
6	①	②	③	④
7	①	②	③	④
8	①	②	③	④
9	①	②	③	④
10	①	②	③	④
11	①	②	③	④
12	①	②	③	④
13	①	②	③	④
14	①	②	③	④
15	①	②	③	④
16	①	②	③	④
17	①	②	③	④
18	①	②	③	④
19	①	②	③	④
20	①	②	③	④

해커스공무원 실전동형모의고사 답안지

컴퓨터용 흑색사인펜만 사용

회차	

[필적감정용 기재]
*아래 예시문을 옮겨 적으시오
본인은 OOO(응시자성명)임을 확인함
기 재 란

성명	
자필성명	본인 성명 기재
응시직렬	
응시지역	
시험장소	

응 시 번 호

생 년 월 일

※ 시험감독관 서명
(성명을 정자로 기재할 것)
적색 볼펜만 사용

문번	제1과목	제2과목	제3과목	제4과목	제5과목
1	① ② ③ ④	① ② ③ ④	① ② ③ ④	① ② ③ ④	① ② ③ ④
2	① ② ③ ④	① ② ③ ④	① ② ③ ④	① ② ③ ④	① ② ③ ④
3	① ② ③ ④	① ② ③ ④	① ② ③ ④	① ② ③ ④	① ② ③ ④
4	① ② ③ ④	① ② ③ ④	① ② ③ ④	① ② ③ ④	① ② ③ ④
5	① ② ③ ④	① ② ③ ④	① ② ③ ④	① ② ③ ④	① ② ③ ④
6	① ② ③ ④	① ② ③ ④	① ② ③ ④	① ② ③ ④	① ② ③ ④
7	① ② ③ ④	① ② ③ ④	① ② ③ ④	① ② ③ ④	① ② ③ ④
8	① ② ③ ④	① ② ③ ④	① ② ③ ④	① ② ③ ④	① ② ③ ④
9	① ② ③ ④	① ② ③ ④	① ② ③ ④	① ② ③ ④	① ② ③ ④
10	① ② ③ ④	① ② ③ ④	① ② ③ ④	① ② ③ ④	① ② ③ ④
11	① ② ③ ④	① ② ③ ④	① ② ③ ④	① ② ③ ④	① ② ③ ④
12	① ② ③ ④	① ② ③ ④	① ② ③ ④	① ② ③ ④	① ② ③ ④
13	① ② ③ ④	① ② ③ ④	① ② ③ ④	① ② ③ ④	① ② ③ ④
14	① ② ③ ④	① ② ③ ④	① ② ③ ④	① ② ③ ④	① ② ③ ④
15	① ② ③ ④	① ② ③ ④	① ② ③ ④	① ② ③ ④	① ② ③ ④
16	① ② ③ ④	① ② ③ ④	① ② ③ ④	① ② ③ ④	① ② ③ ④
17	① ② ③ ④	① ② ③ ④	① ② ③ ④	① ② ③ ④	① ② ③ ④
18	① ② ③ ④	① ② ③ ④	① ② ③ ④	① ② ③ ④	① ② ③ ④
19	① ② ③ ④	① ② ③ ④	① ② ③ ④	① ② ③ ④	① ② ③ ④
20	① ② ③ ④	① ② ③ ④	① ② ③ ④	① ② ③ ④	① ② ③ ④

해커스공무원 실전동형모의고사 답안지

컴퓨터용 흑색사인펜만 사용

회차	

[필적감정용 기재]
*아래 예시문을 옮겨 적으시오

본인은 OOO(응시자성명)임을 확인함

기 재 란

성명	
자필성명	본인 성명 기재
응시직렬	
응시지역	
시험장소	

응 시 번 호

⓪ ① ② ③ ④ ⑤ ⑥ ⑦ ⑧ ⑨

생 년 월 일

⓪ ① ② ③ ④ ⑤ ⑥ ⑦ ⑧ ⑨

※ 시험감독관 서명
(성명을 정자로 기재할 것)

적색 볼펜만 사용

문번	제1과목	제2과목	제3과목	제4과목	제5과목
1	① ② ③ ④	① ② ③ ④	① ② ③ ④	① ② ③ ④	① ② ③ ④
2	① ② ③ ④	① ② ③ ④	① ② ③ ④	① ② ③ ④	① ② ③ ④
3	① ② ③ ④	① ② ③ ④	① ② ③ ④	① ② ③ ④	① ② ③ ④
4	① ② ③ ④	① ② ③ ④	① ② ③ ④	① ② ③ ④	① ② ③ ④
5	① ② ③ ④	① ② ③ ④	① ② ③ ④	① ② ③ ④	① ② ③ ④
6	① ② ③ ④	① ② ③ ④	① ② ③ ④	① ② ③ ④	① ② ③ ④
7	① ② ③ ④	① ② ③ ④	① ② ③ ④	① ② ③ ④	① ② ③ ④
8	① ② ③ ④	① ② ③ ④	① ② ③ ④	① ② ③ ④	① ② ③ ④
9	① ② ③ ④	① ② ③ ④	① ② ③ ④	① ② ③ ④	① ② ③ ④
10	① ② ③ ④	① ② ③ ④	① ② ③ ④	① ② ③ ④	① ② ③ ④
11	① ② ③ ④	① ② ③ ④	① ② ③ ④	① ② ③ ④	① ② ③ ④
12	① ② ③ ④	① ② ③ ④	① ② ③ ④	① ② ③ ④	① ② ③ ④
13	① ② ③ ④	① ② ③ ④	① ② ③ ④	① ② ③ ④	① ② ③ ④
14	① ② ③ ④	① ② ③ ④	① ② ③ ④	① ② ③ ④	① ② ③ ④
15	① ② ③ ④	① ② ③ ④	① ② ③ ④	① ② ③ ④	① ② ③ ④
16	① ② ③ ④	① ② ③ ④	① ② ③ ④	① ② ③ ④	① ② ③ ④
17	① ② ③ ④	① ② ③ ④	① ② ③ ④	① ② ③ ④	① ② ③ ④
18	① ② ③ ④	① ② ③ ④	① ② ③ ④	① ② ③ ④	① ② ③ ④
19	① ② ③ ④	① ② ③ ④	① ② ③ ④	① ② ③ ④	① ② ③ ④
20	① ② ③ ④	① ② ③ ④	① ② ③ ④	① ② ③ ④	① ② ③ ④

해커스공무원 실전동형모의고사 답안지

컴퓨터용 흑색사인펜만 사용

회차	[필적감정용 기재] *아래 예시문을 옮겨 적으시오 본인은 OOO(응시자성명)임을 확인함 기 재 란

성명	
자필성명	본인 성명 기재
응시직렬	
응시지역	
시험장소	

응 시 번 호							
	⓪	⓪	⓪	⓪	⓪	⓪	⓪
	①	①	①	①	①	①	①
	②	②	②	②	②	②	②
	③	③	③	③	③	③	③
	④	④	④	④	④	④	④
	⑤	⑤	⑤	⑤	⑤	⑤	⑤
⑥	⑥	⑥	⑥	⑥	⑥	⑥	⑥
⑦	⑦	⑦	⑦	⑦	⑦	⑦	⑦
	⑧	⑧	⑧	⑧	⑧	⑧	⑧
	⑨	⑨	⑨	⑨	⑨	⑨	⑨

생 년 월 일					
⓪	⓪	⓪	⓪	⓪	⓪
	①	①	①	①	①
	②		②	②	②
	③		③	③	③
	④		④	④	④
	⑤		⑤	⑤	⑤
⑥	⑥		⑥	⑥	⑥
⑦	⑦		⑦	⑦	⑦
⑧	⑧		⑧	⑧	⑧
⑨	⑨		⑨	⑨	⑨

※ 시험감독관 서명 (성명을 정자로 기재할 것)	적색 볼펜만 사용

문번	제1과목	문번	제2과목	문번	제3과목	문번	제4과목	문번	제5과목
1	① ② ③ ④	1	① ② ③ ④	1	① ② ③ ④	1	① ② ③ ④	1	① ② ③ ④
2	① ② ③ ④	2	① ② ③ ④	2	① ② ③ ④	2	① ② ③ ④	2	① ② ③ ④
3	① ② ③ ④	3	① ② ③ ④	3	① ② ③ ④	3	① ② ③ ④	3	① ② ③ ④
4	① ② ③ ④	4	① ② ③ ④	4	① ② ③ ④	4	① ② ③ ④	4	① ② ③ ④
5	① ② ③ ④	5	① ② ③ ④	5	① ② ③ ④	5	① ② ③ ④	5	① ② ③ ④
6	① ② ③ ④	6	① ② ③ ④	6	① ② ③ ④	6	① ② ③ ④	6	① ② ③ ④
7	① ② ③ ④	7	① ② ③ ④	7	① ② ③ ④	7	① ② ③ ④	7	① ② ③ ④
8	① ② ③ ④	8	① ② ③ ④	8	① ② ③ ④	8	① ② ③ ④	8	① ② ③ ④
9	① ② ③ ④	9	① ② ③ ④	9	① ② ③ ④	9	① ② ③ ④	9	① ② ③ ④
10	① ② ③ ④	10	① ② ③ ④	10	① ② ③ ④	10	① ② ③ ④	10	① ② ③ ④
11	① ② ③ ④	11	① ② ③ ④	11	① ② ③ ④	11	① ② ③ ④	11	① ② ③ ④
12	① ② ③ ④	12	① ② ③ ④	12	① ② ③ ④	12	① ② ③ ④	12	① ② ③ ④
13	① ② ③ ④	13	① ② ③ ④	13	① ② ③ ④	13	① ② ③ ④	13	① ② ③ ④
14	① ② ③ ④	14	① ② ③ ④	14	① ② ③ ④	14	① ② ③ ④	14	① ② ③ ④
15	① ② ③ ④	15	① ② ③ ④	15	① ② ③ ④	15	① ② ③ ④	15	① ② ③ ④
16	① ② ③ ④	16	① ② ③ ④	16	① ② ③ ④	16	① ② ③ ④	16	① ② ③ ④
17	① ② ③ ④	17	① ② ③ ④	17	① ② ③ ④	17	① ② ③ ④	17	① ② ③ ④
18	① ② ③ ④	18	① ② ③ ④	18	① ② ③ ④	18	① ② ③ ④	18	① ② ③ ④
19	① ② ③ ④	19	① ② ③ ④	19	① ② ③ ④	19	① ② ③ ④	19	① ② ③ ④
20	① ② ③ ④	20	① ② ③ ④	20	① ② ③ ④	20	① ② ③ ④	20	① ② ③ ④

해커스공무원 실전동형모의고사 답안지

컴퓨터용 흑색사인펜만 사용

회차	[필적감정용 기재] *아래 예시문을 옮겨 적으시오
	본인은 OOO(응시자성명)임을 확인함
	기 재 란

성명	
자필성명	본인 성명 기재
응시직렬	
응시지역	
시험장소	

응 시 번 호							
	⓪①②③④⑤⑥⑦⑧⑨	⓪①②③④⑤⑥⑦⑧⑨	⓪①②③④⑤⑥⑦⑧⑨	⓪①②③④⑤⑥⑦⑧⑨	⓪①②③④⑤⑥⑦⑧⑨	⓪①②③④⑤⑥⑦⑧⑨	⓪①②③④⑤⑥⑦⑧⑨

생 년 월 일					
⓪⑥⑦⑧⑨	⓪①②③④⑤⑥⑦⑧⑨	⓪①	⓪①②③④⑤⑥⑦⑧⑨	⓪①②③④⑤⑥⑦⑧⑨	⓪①②③④⑤⑥⑦⑧⑨

※ 시험감독관 서명 (성명을 정자로 기재할 것)
적색 볼펜만 사용

문번	제1과목	제2과목	제3과목	제4과목	제5과목
1	① ② ③ ④	① ② ③ ④	① ② ③ ④	① ② ③ ④	① ② ③ ④
2	① ② ③ ④	① ② ③ ④	① ② ③ ④	① ② ③ ④	① ② ③ ④
3	① ② ③ ④	① ② ③ ④	① ② ③ ④	① ② ③ ④	① ② ③ ④
4	① ② ③ ④	① ② ③ ④	① ② ③ ④	① ② ③ ④	① ② ③ ④
5	① ② ③ ④	① ② ③ ④	① ② ③ ④	① ② ③ ④	① ② ③ ④
6	① ② ③ ④	① ② ③ ④	① ② ③ ④	① ② ③ ④	① ② ③ ④
7	① ② ③ ④	① ② ③ ④	① ② ③ ④	① ② ③ ④	① ② ③ ④
8	① ② ③ ④	① ② ③ ④	① ② ③ ④	① ② ③ ④	① ② ③ ④
9	① ② ③ ④	① ② ③ ④	① ② ③ ④	① ② ③ ④	① ② ③ ④
10	① ② ③ ④	① ② ③ ④	① ② ③ ④	① ② ③ ④	① ② ③ ④
11	① ② ③ ④	① ② ③ ④	① ② ③ ④	① ② ③ ④	① ② ③ ④
12	① ② ③ ④	① ② ③ ④	① ② ③ ④	① ② ③ ④	① ② ③ ④
13	① ② ③ ④	① ② ③ ④	① ② ③ ④	① ② ③ ④	① ② ③ ④
14	① ② ③ ④	① ② ③ ④	① ② ③ ④	① ② ③ ④	① ② ③ ④
15	① ② ③ ④	① ② ③ ④	① ② ③ ④	① ② ③ ④	① ② ③ ④
16	① ② ③ ④	① ② ③ ④	① ② ③ ④	① ② ③ ④	① ② ③ ④
17	① ② ③ ④	① ② ③ ④	① ② ③ ④	① ② ③ ④	① ② ③ ④
18	① ② ③ ④	① ② ③ ④	① ② ③ ④	① ② ③ ④	① ② ③ ④
19	① ② ③ ④	① ② ③ ④	① ② ③ ④	① ② ③ ④	① ② ③ ④
20	① ② ③ ④	① ② ③ ④	① ② ③ ④	① ② ③ ④	① ② ③ ④

MEMO

이상구

약력
서울대학교 대학원 졸업
성균관대학교 졸업
현 | 해커스공무원 국제법·국제정치학 강의
현 | 해커스 국립외교원 대비 국제법·국제정치학 강의
현 | 해커스 변호사시험 대비 국제법 강의
전 | 베리타스법학원(5급) 국제법·국제정치학 강의
전 | 합격의 법학원(5급) 국제법·국제정치학 강의

저서
해커스공무원 패권 국제법 기본서 일반국제법
해커스공무원 패권 국제법 기본서 국제경제법
해커스공무원 패권 국제법 조약집
해커스공무원 패권 국제법 판례집
해커스공무원 패권 국제법 핵심요약집
해커스공무원 패권 국제법 단원별 핵심지문 OX
해커스공무원 패권 국제법 단원별 기출문제집
해커스공무원 패권 국제법 단원별 적중 1000제
해커스공무원 패권 국제법 실전동형모의고사
해커스공무원 패권 국제법개론 실전동형모의고사

해커스공무원 패권 국제법개론 실전동형모의고사

개정 3판 1쇄 발행 2024년 10월 24일

지은이	이상구 편저
펴낸곳	해커스패스
펴낸이	해커스공무원 출판팀
주소	서울특별시 강남구 강남대로 428 해커스공무원
고객센터	1588-4055
교재 관련 문의	gosi@hackerspass.com 해커스공무원 사이트(gosi.Hackers.com) 교재 Q&A 게시판 카카오톡 플러스 친구 [해커스공무원 노량진캠퍼스]
학원 강의 및 동영상강의	gosi.Hackers.com
ISBN	979-11-7244-401-3 (13360)
Serial Number	03-01-01

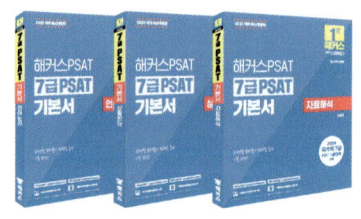

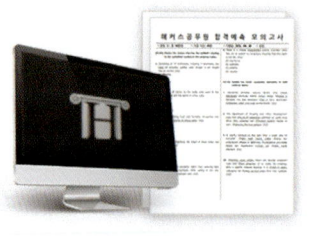

해커스공무원

패권

국제법개론

실전동형모의고사

약점 보완 해설집

해커스공무원

해커스공무원

패권

국제법개론

실전동형모의고사

약점 보완 해설집

해커스공무원

이상구

약력

서울대학교 대학원 졸업
성균관대학교 졸업

현 | 해커스공무원 국제법 · 국제정치학 강의
현 | 해커스 국립외교원 대비 국제법 · 국제정치학 강의
현 | 해커스 변호사시험 대비 국제법 강의
전 | 베리타스법학원(5급) 국제법 · 국제정치학 강의
전 | 합격의 법학원(5급) 국제법 · 국제정치학 강의

저서

해커스공무원 패권 국제법 기본서 일반국제법
해커스공무원 패권 국제법 기본서 국제경제법
해커스공무원 패권 국제법 조약집
해커스공무원 패권 국제법 판례집
해커스공무원 패권 국제법 핵심요약집
해커스공무원 패권 국제법 단원별 핵심지문 OX
해커스공무원 패권 국제법 단원별 기출문제집
해커스공무원 패권 국제법 단원별 적중 1000제
해커스공무원 패권 국제법 실전동형모의고사
해커스공무원 패권 국제법개론 실전동형모의고사
해커스공무원 패권 국제정치학 기본서 사상 및 이론
해커스공무원 패권 국제정치학 기본서 외교사
해커스공무원 패권 국제정치학 기본서 이슈
해커스공무원 패권 국제정치학 핵심요약집
해커스공무원 패권 국제정치학 단원별 핵심지문 OX
해커스공무원 패권 국제정치학 기출+적중문제집
해커스공무원 패권 국제정치학 실전동형모의고사

: 목차

실전동형 모의고사

01회 실전동형모의고사

정답

p. 8

01	①	V	06	④	VI	11	②	II	16	④	II
02	①	I	07	③	IV	12	④	I	17	③	VI
03	②	I	08	③	V	13	③	II	18	③	VII
04	③	VI	09	④	II	14	③	V	19	②	VII
05	①	III	10	②	IV	15	①	V	20	④	VII

I 국제법 총론 / II 국가 / III 국제기구 / IV 개인 / V 국제법의 규율 대상 / VI 국제분쟁해결 및 무력사용 / VII 국제경제법

취약 단원 분석표

단원	맞힌 답의 개수
I	/ 3
II	/ 4
III	/ 1
IV	/ 3
V	/ 4
VI	/ 2
VII	/ 3
TOTAL	/ 20

01 국제환경법 정답 ①

❶ [O] 핵사고의 조기 통고에 관한 협약(1986)에 의하면 협약은 국제적 월경누출에만 적용되기 때문에 그 결과가 국경선을 넘지 않거나 혹은 전적으로 공해상에서 발생하는 핵사고에는 적용되지 않는다.
⇨ 월경누출에 대해서만 적용된다.

② [X] GATT/WTO 체제의 경우 GATT 제11조에서 국제환경보호를 이유로 통상을 제한할 수 있는 규정을 두었다.
⇨ GATT/WTO 체제에서 국제환경보호를 이유로 통상을 제한할 수 있는 허용조항은 없다.

③ [X] 멸종위기에 처한 야생동식물의 국제적 거래에 관한 협약(1973)에 의하면 당사국이 협약규정을 효과적으로 이행하지 못한 경우, 타 당사국은 손해배상을 청구할 수 있다.
⇨ 사무국은 동 사실을 해당 당사국에 통보하고 시정조치를 요구할 수 있으며, 차기 당사국회의에서 동 문제를 재검토하고 구체적인 제재조치를 논의한다.

④ [X] Basel협약에 의하면 유해폐기물 수출 금지 의무를 부담하는 국가들은 OECD 회원국인 당사국, EU, 리히텐슈타인 등이다.
⇨ Basel Ban Amendment의 내용이다.

02 조약법 정답 ①

제노사이드협약의 유보에 대한 권고적 의견에 대한 설명으로 옳지 않은 것은 ㄱ, ㄴ이다.

ㄱ. [X] 제노사이드 방지 및 처벌에 관한 조약에는 유보가 전면 금지되었으나 일부 국가가 유보를 부가하고 서명함으로써 이 유보의 유효성이 문제되었다.
⇨ 유보가능성에 대한 규정이 없었다. 따라서 기존 방식에 따라 만장일치원칙을 적용해야 하는지가 문제된 것이다.

ㄴ. [X] UN총회는 안전보장이사회의 승인하에 국제사법재판소(ICJ)에 권고적 의견을 요청하였다.
⇨ 총회는 헌장 규정에 따라 독자적으로 권고적 의견을 요청할 수 있다.

ㄷ. [O] 국제사법재판소(ICJ)는 유보를 반대한 국가가 있는 경우라 하더라도 수락국이 있다면 동 협약의 당사국이 될 수 있다고 하였다.
⇨ 기존의 만장일치원칙을 변경한 것이다.

ㄹ. [O] 국제사법재판소(ICJ)는 유보에 대해 일부 당사국이 반대하였으나 다른 당사국들이 반대하지 않은 경우 유보가 조약의 목적과 양립한다면 조약당사국으로 간주될 수 있다고 하였다.
⇨ 유보와 조약의 대상 및 목적과의 양립성을 의미한다.

ㅁ. [O] 국제사법재판소(ICJ)는 양립성 여부에 대해 타당사국이 개별적으로 판단할 수 있다고 하였다.
⇨ 개별적 판단이 가능하다고 보는 것을 '대항성이론'이라고 한다. 반면, '허용성이론'은 양립성에 대해 객관적으로 판단해야 한다는 주장이다.

03 조약법 정답 ②

조약에 대한 설명으로 옳지 않은 것은 ㄴ, ㄹ이다.

ㄱ. [O] 국제사법재판소(ICJ)에 의하면 국가 간 회의의사록도 일정한 경우 조약으로 인정될 수 있다.
⇨ 회의의사록도 당사국의 기속의사가 확인되면 조약과 같이 구속력을 가진다.

ㄴ. [X] 1969년 조약법에 관한 비엔나협약에 의하면 구두조약은 국제법적 효력이 없다.
⇨ 구두조약에 적용되지 않으나 구두조약의 효력을 부인하지 않는다.

ㄷ. [O] 대통령, 수상, 외무부장관은 직무로 인해 전권위임장을 제시하지 않아도 자국을 대표하는 것으로 간주된다.
⇨ 조약 체결 시 전권위임장이 원칙적으로 필요하지만 국가원수, 정부수반, 외무부장관은 이를 필요로 하지 않는다.

ㄹ. [X] 조약 체결 시 조약체결권에 관한 국내법규정의 위반이 명백하고 또한 근본적으로 중요한 국내법규칙에 관련되어 있을 경우 해당 조약은 무효이다.
⇨ 국내법규정을 위반하여 체결된 조약은 무효사유로서 '원용'될 수 있으나, 그 자체로 조약이 무효가 되는 것은 아니다. 즉, 상대적 무효사유에 해당한다.

04 국제분쟁해결 정답 ③

① [O] UN사무총장의 중개, 국가 간 중재 재판 등으로 해결된 사건이다.
⇨ 프랑스가 뉴질랜드에 정박 중인 그린피스 소속 선박에 폭탄을 설치하여 사상자를 낸 사건으로 프랑스와 뉴질랜드 간 UN사무총장의 개입으로 해결되었다. UN사무총장이 중개(mediation)한 것이나 이에 양국이 구속력을 부여하였다. 한편, UN사무총장의 중개 결과에 따라 프랑스 공무원을 Hao섬에 3년간 유배하기로 하였으나, 유배기간 종료 전에 프랑스가 본국으로 귀환시킨 사건은 양국 간 '중재'로 해결되었다. 이 사건에서 프랑스가 위법성 조각사유로 '불가항력'과 '조난'을 원용하였으나 기각되었다.

② [O] 그린피스(GreenPeace)와 프랑스 간 중재재판을 통해 프랑스가 손해배상책임을 졌다.
⇨ 그린피스(GreenPeace)는 국가가 아닌 '개인'이나 중재재판의 당사자가 된 다소 이례적인 사건이다.

❸ [X] 프랑스와 뉴질랜드와의 합의를 프랑스가 위반하였으나 중재법정은 긴급피난에 의해 위법성이 조각된다고 판시하였다.
⇨ 중재법정은 프랑스가 불가항력을 원용하였으나 급박한 의료처치의 필요가 질병이라도 불가항력으로 보기는 어렵다고 판시하였다.

④ [O] 개인도 국가의 의사에 의해 중재재판의 당사자가 될 수 있다는 것을 보여주는 사례이다.
⇨ 중재재판은 당사자 간 합의가 중요하다. 합의에 따라 개인을 중재재판의 당사자로 인정할 수 있다.

05 국제기구 총론 정답 ①

국제기구에 관한 국제법위원회(ILC)초안(2011)에 대한 설명으로 옳은 것은 ㄱ, ㄴ, ㄷ, ㄹ이다.

ㄱ. [O] 국제기구의 모든 국제위법행위는 기구의 책임을 유발한다.
⇨ 국제기구는 국제책임능력이 있으므로 자신의 위법행위에 대해 책임을 진다.

ㄴ. [O] 국제기구는 기능적 단체이므로 원칙적으로 국제기구의 기능을 행사하는 기관이나 대리인의 행위를 통해서만 국제책임이 성립한다.
⇨ 국가가 공무원을 통해 법률행위를 하는 것과 유사하다.

ㄷ. [O] 국제기구의 기관이란 공식적 지위를 갖고 있는 자를 가리킨다.
⇨ 기관에는 사람과 실체(entity)가 포함된다.

ㄹ. [O] 대리인은 기관이 아니라도 국제기구에 의해 기구의 기능을 수행하거나 이를 조력하도록 임무가 부여된 자로 그를 통해 기구가 행동하는 자를 의미한다.
⇨ 대리인의 행위도 국제기구로 귀속되어 국제기구의 책임이 성립할 수 있다.

ㅁ. [X] 국가와 달리 국제기구는 회원국 국민이나 다른 기구의 직원을 파견받은 경우 이들의 행동에 대해서는 책임을 지지 않으며, 파견국이나 파견한 국제기구가 책임을 지는 것이 원칙이다.
⇨ 파견받은 국제기구가 실효적으로 통제한 범위 내에서 책임을 진다.

06 국제분쟁해결 정답 ④

① [O] 판결이 내려진 후 그 의미나 범위에 관해 분쟁이 생기는 경우 당사국은 재판소에 해석을 요청할 수 있는데, 해석 요청은 판결의 주문에 관련되어야 하며, 판결의 이유에 대해서는 제기될 수 없다.

② [O] ICJ는 국가와 국제기구 간에 분쟁이 진행 중인 쟁점사항에 대하여는 권고적 의견을 부여하고 있다.

③ [O] 재심 청구는 새로운 사실의 발견으로부터 6개월 이내 그리고 판결 시점으로부터 10년 이내에 이루어져야 한다.

❹ [X] ICJ의 권고적 의견에는 특정 국가의 권리와 관계되는 사건인 경우 Judge ad hoc이 임명될 수 있으나, 쟁송사건과 달리 자국민을 임명해야 한다.
⇨ 반드시 자국민을 임명해야 하는 것은 아니다.
1. 프레아-비헤아 사원 사건 판결 주문에 관해 해석이 제기된 바 있다.
2. ICJ는 의견 부여를 제한하는 강제사유가 없는 한 의견을 부여하는 관행을 보여주고 있다.

07 외교적 보호권 정답 ③

외교보호에 관한 ILC초안(2006)에 대한 설명으로 옳지 않은 것은 ㄴ, ㄷ, ㅁ이다.

ㄱ. [O] 국가승계에 의해 국적이 변경된 경우 승계국은 새로 자국 국적을 취득한 자에 대해 외교적 보호권을 행사할 수 있다.
⇨ 국적계속원칙의 예외가 인정되는 것이다.

ㄴ. [X] 승계국은 선행국이 가해국인 경우 승계로 국적을 새로 취득한 피해 사인을 위해 선행국에 대해 외교적 보호권을 발동할 수 있다.
⇨ 승계국은 가해국인 선행국에 대해 외교적 보호권을 발동할 수 없다.

ㄷ. [X] 외교적 보호권 발동 이후 피해사인이 피청구국의 국적을 취득한 경우에도 청구 제기 시 국적이 자국 국적이었으므로 계속해서 외교적 보호권을 행사할 수 있다.
⇨ 피해사인이 피청구국의 국적을 취득한 경우 외교적 보호권을 행사할 수 없다.

ㄹ. [O] 이중국적자가 제3국에서 피해를 입은 경우 국적국은 모두 제3국에 대해 보호권을 발동할 수 있다.
⇨ 이 경우 제3국이 이중배상의무를 지는 것은 아니다.

ㅁ. [X] 이중국적국 상호 간 원칙적으로 지배적 국적국은 타방 국적국에 대해 보호권을 발동할 수 있으며, 피청구국은 지배적 국적국이 아니라는 점에 대해 입증할 책임이 있다.
⇨ 이중국적국 상호 간에는 예외적으로 일방이 타방에 비해 지배적 국적국인 경우 외교적 보호권을 발동할 수 있다. 지배적 국적국임에 대한 입증책임은 보호권 발동국이 진다.

08 영토취득 정답 ③

① [O] 클리퍼튼섬 사건과 동부그린란드 사건에 따르면 무인도, 정주인구가 없는 지역에 대해서는 상징적 지배가 인정된다고 하였다.

② [O] 페드라 브랑카 섬 사건에서 동 섬은 말레이시아의 고유영토였으나 말레이시아가 영유권을 포기하고, 싱가포르에게 영유권이 승계되었다고 판시하였다.

❸ [X] 리기탄 시파단 섬 사건에서 말레이시아의 영유권 승계를 인정하는 한편, 실효적 지배의 정도를 따져 말레이시아에게 영유권이 인정되었다.
⇨ 영유권의 승계는 부인되었다.

④ [O] 1885년 베를린회의에서 작성된 콩고의정서는 선점요건으로서 통고를 규정하였다.

09 국내문제 불간섭의무 정답 ④

① [X] 국내문제는 정치체제나 경제체제 등 대내적 문제를 의미하므로 외교관계와 같은 대외적 문제는 국내문제로 인정되지 않는다.
⇨ 대외적 문제 역시 국내문제의 범위에 포함된다.

② [X] 국제사법재판소(ICJ)에 따르면 타국의 반란단체에 활동자금을 지원하는 것은 국내문제에 대한 위법한 간섭을 구성하므로 자금 지원국에 대해 자위권을 발동할 수 있다.
⇨ 자금 지원이 국내문제에 대한 위법한 간섭을 구성하나 이는 무력공격은 아니므로 지원국에 대해 자위권을 발동할 수는 없다.

③ [X] 상설국제사법재판소(PCIJ)에 의하면 국적문제에 대해서는 어떤 경우에도 국제연맹에서 다룰 수 없다.
⇨ 국적문제가 원칙적으로 국내문제이나 타국과의 관계에서 국제문제가 될 수 있으므로 국제연맹규약상 국내문제 불간섭의무에도 불구하고 국제연맹에서 다룰 수 있다고 하였다.

❹ [O] UN헌장은 UN의 국내문제에 대한 불간섭의무를 규정하였으나 국내문제에 대한 판단권자를 명시하지 않았다.
⇨ UN헌장에 판단권자가 명시되지 않았으므로 해당 문제가 제기된 기관에서 결정한다.

10 국제형사재판소 정답 ②

① [X] 각 당사국은 ICC의 범죄수사 및 기소와 관련하여 로마규정에 따라 완전히 협력할 의무를 지며, 그 한 결과로서 당사국들은 규정에 명시된 모든 형태의 협력을 위하여 국내법상 이용가능한 절차를 협약 발효 후 1년 이내에 마련하여야 한다.
⇨ 국내법 정비 기간은 규정이 없다.

❷ [O] ICC는 정부간기구들에 대하여 정보·서류 제공을 요청할 수 있다.

③ [X] ICC는 동 재판소의 명에 따라 이미 구금된 기간이 조금이라도 있으면 그 기간은 공제하여야 하며, 당해 범죄의 기초가 된 행위와 관련하여 달리 구금된 기간이 있으면 이것 역시 공제해야 한다.
⇨ 당해 범죄의 기초가 된 행위와 관련하여 달리 구금된 기간이 있으면 이것은 공제'할 수' 있다.

④ [X] 총회에서 컨센서스에 도달할 수 없는 경우, '실체문제'(matters of substance)에 관한 결정은 당사국의 절대다수가 투표를 위한 정족수를 구성할 것을 조건으로 출석하여 투표한 당사국의 4분의 3의 다수결로 승인되어야 하며, 절차문제(matters of procedure)에 관한 결정은 출석하여 투표한 당사국의 단순과반수에 의하여 채택된다.
⇨ 실체문제의 경우 출석하여 투표한 당사국의 3분의 2의 다수결로 승인되어야 한다.

11 영사 정답 ②

영사보호에 대한 설명으로 옳은 것은 ㄱ, ㄷ이다.

ㄱ. [O] 외국인이 범죄혐의로 인해 체포된 경우 접수국은 당해 혐의자에게 파견국 영사관에 통보해 줄 것을 접수국에게 요청할 권리가 있음을 알려줄 의무가 있다.
⇨ 이를 영사고지의무라고 한다.

ㄴ. [X] 국제사법재판소(ICJ)는 체포 즉시 영사고지를 해야 한다고 판시하였다.
⇨ 영사고지의 시점은 '체포 즉시'가 아니라 '외국인임을 알았거나 알 수 있었을 때 즉시'라는 것이 국제사법재판소(ICJ)의 입장이었다.

ㄷ. [O] 미국과 멕시코 간 'Avena case'에서 국제사법재판소(ICJ)는 미국이 영사고지의무를 태만히 함으로써 영사관계에 관한 비엔나협약을 위반하였다고 판시하였다.
⇨ 미국의 위법성을 인정한 것이며, 미국은 이와 관련하여 멕시코 국민에게 재심 기회를 줌으로써 판결을 이행할 수 있다고 하였다.

ㄹ. [X] LaGrand형제 사건에서 국제사법재판소(ICJ)는 독일이 영사고지의무를 태만히 함으로써 미국에 대한 국가책임이 성립한다고 하였다.
⇨ 미국이 독일에 대해 위법행위책임을 진 사건이다.

12 조약법 정답 ④

조약해석에 대한 설명으로 옳지 않은 것은 ㄷ, ㄹ이다.

ㄱ. [O] 조약법에 관한 비엔나협약은 조약해석에 있어서 문언주의와 목적론주의를 원칙으로 하고, 주관주의를 보충적 해석 규칙으로 규정하고 있다.
⇨ 문언주의는 조약문의 통상적 의미를 밝히는 것이며, 목적론주의는 조약 체결의 목적을 고려하는 것이다. 주관주의는 조약 체결 당시 사정이나 교섭기록 등을 살피는 것을 말한다.

ㄴ. [O] 조약의 본문, 부속서, 전문, 조약체결 당시 당사자 간 합의 등은 문맥을 구성한다.
⇨ 문맥 자체를 구성하는 것과 ㄷ과 같이 문맥과 함께 고려하는 사항을 잘 구분해야 한다.

ㄷ. [X] 조약 해석 시 추후 합의, 추후 관행, 관련 국제법규는 문맥과 함께 고려될 수 있다.
⇨ 이는 의무조항으로, 추후 합의, 추후 관행, 관련 국제법규는 조약 해석 시 고려해야 하는 사항이다.

ㄹ. [×] 남극해 포경 사건(2014)에서 국제사법재판소(ICJ)는 문언은 체결 시의 의미에 따라 해석하는 것이 원칙이나, 장기간 적용이 예정된 조약의 경우 시간의 경과에 따라 의미가 변할 수 있으므로 의미 변화를 포용하여 해석해야 한다고 하였다.
⇨ 남극해 포경 사건(2014)이 아닌 산 후안 강 항행에 관한 권리분쟁 사건(2009)의 판결 내용이다.

13 승인제도 정답 ③

① [○] UN회원국으로의 가입이 그 국가에 대한 국제공동체 또는 기존 UN회원국들의 집단적 승인으로 해석되지 않고 여전히 승인은 개별 국가의 행위로 인정되고 있다.
⇨ 집단적 승인이란 UN가입 시 기존 회원국 모두가 신생국을 승인한 것을 의미하는데, 승인은 개별적인 법률행위이므로 이것이 인정되지는 않는다.

② [○] 혁명에 의해 정부가 변경된 경우에도 국가의 동일성은 유지되므로 국가승인문제는 제기되지 않는다.
⇨ 국가승인은 신생국의 성립을 전제로 하므로, 정권이 위헌적으로 변경되어도 국가승인문제는 대두되지 않는다. 단, 정부승인 문제는 대두될 수 있다.

❸ [×] 정부승인이 내포하고 있는 정치적 함의를 고려한 각국은 1970년대부터 윌슨주의를 많이 채용하고 있다. 즉, 정부승인 여부에 대한 공식적인 입장은 밝히지 않고, 양국 간 필요한 외교관계만을 추구하는 방식이다.
⇨ 이를 에스트라다주의라고 한다.

④ [○] UN총회는 1948년의 결의 제195(Ⅲ)호에서 UN 감시하의 총선거를 통해 구성된 대한민국 정부를 합법정부로 선언하고 회원국들에게 대한민국 정부와 한국인에 대한 지원을 요청했다.
⇨ UN의 결의는 국가승인과는 무관하다.

14 국제환경법 정답 ③

① [○] 런던덤핑협약 제1부속서에 기재된 폐기물과 기타 물질의 투기는 절대적으로 금지되고, 제2부속서에 기재된 폐기물과 기타 물질의 투기는 사전특별허가를 필요로 하며, 기타 모든 폐기물과 물질의 투기는 사전일반허가를 필요로 한다.

② [○] 런던덤핑협약에 의하면, 특별허가나 일반허가를 부여할 일차적 책임은 선박·항공기의 국적이나 투기장소에 관계없이 폐기물이 선적되는 국가에 있다.

❸ [×] UN해양법협약 제210조 제5항은 EEZ에서의 투기와 대륙붕상의 투기에 대해서도 영해에서의 투기와 달리 연안국의 명시적 또는 묵시적인 동의를 얻을 것을 요구하고 있다.
⇨ 영해에서의 투기와 마찬가지로 연안국의 명시적인 동의를 얻을 것을 요구하고 있다.

④ [○] 1996년 의정서는 이른바 역리스트 방식(reverse list approach)을 채택하여 체약국들에게 제1부속서에 열거된 것을 제외하고는 일체의 폐기물이나 기타 물질의 투기를 금지시킬 의무를 지우고 있다.

15 항공범죄 정답 ①

❶ [×] 협약에 따라 법인이 책임을 진 경우 당해 범죄에 책임이 있는 개인의 형사책임은 면제된다.
⇨ 법인이 책임을 진 경우 그러한 책임은 범죄를 저지른 개인의 형사책임을 침해함이 없이 발생한다.

② [○] 범죄가 자국민에 대하여 범하여진 경우 당사국은 그런 범죄에 대해 관할권을 확립할 수 있다.

③ [○] 범죄가 자국 영토 내에 상거소를 가진 무국적자에 의해 범하여진 경우 당사국은 그런 범죄에 대해 관할권을 확립할 수 있다.

④ [○] 어떠한 체약국도 수탁자에 대한 서면통고로써 본 협약을 폐기할 수 있다.

16 국가책임 정답 ④

국가책임의 성립요건으로 옳지 않은 것은 ㄹ, ㅁ이다.

ㄱ. [○] ILC초안은 국가책임의 성립요건으로 작위 또는 부작위행위의 국가로의 귀속, 국제의무 위반이라는 2가지 요건만을 규정하고 있다.
⇨ 고의 또는 과실, 손해의 발생은 요건성이 명확하지 않아 규정되지 않았다.

ㄴ. [○] 모든 국가기관의 직무상 행위는 국제법에 의하여 국가의 행위로 간주된다.
⇨ 직무행위가 아니면 원칙적으로 국가의 행위로 귀속되지 않는다.

ㄷ. [○] ILC초안에 의하면 국가기관이 자신의 권한을 벗어나거나 상부지시를 위반하여 어떤 행위를 하였다 할지라도 국제법상 국가의 행위로 간주된다.
⇨ 초안은 모든 월권행위의 국가귀속성을 명시하고 있다.

ㄹ. [×] 국제법상 대세적 의무가 도입되면서 손해의 발생을 국가책임의 성립요건으로 간주하려는 견해가 유력하다.
⇨ 대세적 의무의 도입으로 손해가 발생하지 않아도 국가책임을 원용할 수 있다는 견해가 유력하다. 따라서 국가책임의 성립요건으로 볼 수 없다는 견해가 지배적이다.

ㅁ. [×] ILC초안에 의하면 오늘날 국제법의 발달에 따라 고의 또는 과실은 국가책임의 성립요건으로 인정되지 않는다.
⇨ 고의 또는 과실의 요건성을 부인하는 것은 아니다.

17 국제인도법 정답 ③

① [×] 충돌 당사국에 계속 머물게 된 외국인은 원칙적으로 평상시 외국인에 관한 규정의 적용을 받으며, 어떤 경우에도 노동을 강제당하지 않는다.
⇨ 현지 국민과 같은 수준 이상의 노동을 강제당하지 않는다.

② [×] 피점령국 국민이 아닌 피보호자는 그 지역에서 퇴거할 수 없다.
⇨ 피점령국 국민이 아닌 피보호자는 그 지역에서 퇴거할 수 있다.

❸ [○] 전시 점령이 그 지역의 국제법적 지위를 확정적으로 변경시키지는 못하므로 점령국은 원칙적으로 형법을 포함한 현지 법령을 존중해야 한다. 다만 기존 법령이 점령국의 안전을 위협하는 경우 점령국은 이를 폐지하거나 정지시킬 수 있다.
⇨ 원칙과 예외의 구분에 주의한다.

④ [×] 제네바 제2추가의정서는 자결권을 행사하기 위해 식민통치, 외세의 점령, 인종차별에 대항해 투쟁하는 무력충돌을 국제적 무력충돌로 격상시켜 제네바협약을 전면적으로 적용시켰다.
⇨ 민족해방투쟁은 제네바 제1추가의정서의 규율을 받는다.

18 WTO설립협정 정답 ③

① [O] WTO는 달리 규정되지 아니하는 한 1947년 GATT의 틀 내에서 이루어진 결정, 절차 및 통상적인 관행에 따른다.
⇨ GATT체제에서 형성된 결정 등을 승계함을 의미한다.

② [O] WTO설립협정과 부속서상의 다자간무역협정의 규정이 상충하는 경우 WTO설립협정이 우선한다.
⇨ WTO설립협정이 상위법이므로 상위법 우선원칙이 적용되는 것이다.

❸ [×] WTO설립협정 부속서 1A(상품교역협정) 중의 GATT1994와 다른 MTA가 충돌하는 경우 전자가 우선한다.
⇨ WTO설립협정 부속서 1A(상품교역협정) 중의 GATT1994와 다른 MTA가 충돌하는 경우 후자(다른 MTA)가 우선한다.

④ [O] 각 회원국은 자기 나라의 법률, 규정, 행정절차가 부속협정상 자기 나라의 의무에 합치할 것을 보장한다.
⇨ 국제법우위원칙이 적용되는 것이다.

19 WTO기본원칙 정답 ②

일반적 예외에 대한 설명으로 옳은 것은 ㅁ이다.

ㄱ. [×] 최혜국대우의무 및 내국민대우의무로부터만 이탈할 수 있다.
⇨ 그 밖에 수량제한금지의무 등으로부터도 이탈할 수 있다.

ㄴ. [×] 입증에 있어서 제소국은 전문요건에 대해, 피제소국은 본문요건에 대해 각각 입증책임을 진다.
⇨ 전문과 본문 모두 피제소국이 입증책임을 진다.

ㄷ. [×] EC-석면 사건에 의하면 석면사용제한 등의 조치는 일반적 예외로 정당화될 수 없다.
⇨ 일반적 예외를 인정하였다.

ㄹ. [×] 한국-소고기 사건에 의하면 소고기구분판매제도는 동종상품에 대해 한국이 불리한 대우를 하였으나 일반적 예외로서 허용된다.
⇨ 일반적 예외 원용요건을 충족하지 못한다고 판시하였다.

ㅁ. [O] 중국-천연자원 사건에 의하면 가입의정서 위반에 대해서는 원칙적으로 일반적 예외를 원용할 수 없다.
⇨ 가입의정서는 WTO설립협정과 동등한 효력을 갖는다. 따라서 일반적 예외를 규정하고 있는 GATT에 비해서는 상위법이므로, 일반적 예외를 통해 상위법 위반을 정당화할 수 없다.

20 반덤핑협정 정답 ④

① [×] 조사절차는 수입국의 국내산업 또는 이를 대신하여 행해진 서면신청으로만 개시된다.
⇨ 반덤핑협정 제5조 제6항에 대한 설명으로 직권으로 개시할 수 있다.

판례 이론 **조문**

> **반덤핑협정 제5조 제6항** 당사자의 신청이 없어도 관계당국이 충분한 증거가 있다고 판단하는 경우 직권으로 조사개시를 결정할 수 있다.

② [×] 국내산업이 신청하는 경우 찬성한 생산자의 총생산량이 의사표시를 한 생산자의 총생산량의 25%를 초과하고 국내산업의 총체적 산출량의 50% 이상의 생산자의 지지를 받아야 한다.
⇨ 반덤핑협정 제5조 제4항에 대한 설명이다.

판례 이론 **조문**

> **반덤핑협정 제5조 제4항** 국내산업이 신청하는 경우 찬성한 생산자의 총생산량이 의사표시를 한 생산자의 총생산량의 50%를 초과하고 국내산업의 총체적 산출량의 25% 이상의 생산자의 지지를 받아야 한다.

③ [×] 덤핑마진 산정 시 모든 수출입자 및 상품을 조사해야 하며 표본조사(sampling)는 허용되지 않는다.
⇨ 반덤핑협정 제6조 제10항에 대한 설명이다.

판례 이론 **조문**

> **반덤핑협정 제6조 제10항** 원칙적으로 각 수출자 혹은 생산자별로 덤핑마진을 사전조사해야 하나, 관련 수출자, 수입자, 상품 수가 많은 경우 표본조사(sampling)를 할 수 있다.

❹ [O] 이해당사자가 합리적 기간 내에 정보 접근을 거부하거나 제공하지 아니하는 경우에는 입수 가능한 사실에 근거하여 판정을 내릴 수 있다.
⇨ 이해당사자가 합리적인 기간 내에 필요한 정보에의 접근을 거부하거나 달리 동 정보를 제공하지 아니하는 경우 또는 조사를 중대하게 방해하는 경우에는 입수 가능한 사실, 즉 입수가능증거(best information available: BIA)에 기초하여 판정을 내릴 수 있다.

02회 실전동형모의고사

➲ 정답

p. 14

01	①	Ⅳ	06	④	Ⅰ	11	③	Ⅱ	16	②	Ⅶ
02	④	Ⅰ	07	③	Ⅱ	12	②	Ⅳ	17	②	Ⅶ
03	②	Ⅰ	08	②	Ⅱ	13	②	Ⅰ	18	①	Ⅶ
04	①	Ⅰ	09	④	Ⅴ	14	①	Ⅵ	19	③	Ⅳ
05	③	Ⅴ	10	③	Ⅱ	15	②	Ⅳ	20	④	Ⅶ

Ⅰ 국제법 총론 / Ⅱ 국가 / Ⅲ 국제기구 / Ⅳ 개인 / Ⅴ 국제법의 규율 대상 / Ⅵ 국제분쟁해결 및 무력사용 / Ⅶ 국제경제법

➲ 취약 단원 분석표

단원	맞힌 답의 개수
Ⅰ	/ 5
Ⅱ	/ 4
Ⅲ	/
Ⅳ	/ 4
Ⅴ	/ 2
Ⅵ	/ 1
Ⅶ	/ 4
TOTAL	/ 20

01 국제인권법 정답 ①

❶ [O] 집단살해의 방지와 처벌에 관한 협약은 집단살해범에 대하여는 범죄행위가 발생한 국가의 국내법원이나 국제형사재판소가 관할권을 갖는다고 규정하였으며, 이 협약에 규정된 국제형사재판소가 설립되지 못하였다. 또한 범인소재지국에 대해 범죄인인도 의무도 부과되지 않았기 때문에 처벌제도는 매우 불충분하게 규정되었다.

⇨ 국제형사재판소는 별도의 조약에 의해 추후 설치되었다.

② [X] 유럽인권재판소 출범 당시에는 개인이 직접 인권재판소에 제소할 수 없었고, 유럽인권위원회와 각료위원회가 중심적인 기능을 했으나, 1998년 제11의정서가 발효된 이후 유럽 인권위원회 심사를 거친 개인의 유럽인권재판소에 대한 직접 제소도 가능해졌다.

⇨ 제11의정서의 경우 유럽인권위원회를 거치지 않고도 유럽인권재판소에 개인의 직접 제소가 가능하다.

③ [X] 미주인권재판소에는 국가나 위원회뿐만 아니라 법인을 포함하여 개인도 제소할 수 있다.

⇨ 국가나 위원회만 제소할 수 있다.

④ [X] 동남아국가연합인 아세안의 경우 2012년 아세안인권선언을 채택하고 아세안인권법원을 설치하였다.

⇨ 인권법원을 설치한 것은 아니다.

02 국제법 총론 정답 ④

① [O] Hugo Grotius는 신학이론과 결별하고 평등한 주권국가 간에 새로운 법질서를 세우려는 시대적 요청에 부응하고자 하였다.

② [O] S. Samuel Pufendorf는 실정국제법을 부인하고 국제법을 자연법의 일부라고 하였다.

③ [O] Cornelius van Bynkershoek는 국제법의 기초는 국가의 의사에 있다고 보고 관습국제법이나 조약의 형성으로 존재한다고 하였다.

❹ [X] Zorn은 법은 주권자의 명령이므로 주권자가 없는 국제법은 실정적 도덕(positive morality)에 불과하다고 하여 국제법의 법적 성질을 부인하였다.

⇨ John Austin의 입장이다.

03 일방행위 정답 ②

일방행위에 관한 ILC지도원칙(2006)에 대한 설명으로 옳은 것은 ㄴ, ㄷ, ㄹ이다.

ㄱ. [X] 일방적 선언은 반드시 문서에 의해 형성되어야 한다.

⇨ 일방적 선언은 구두로 할 수도 있다.

ㄴ. [O] 일방적 선언은 국제공동체 전체, 일 국가 또는 여러 국가, 그리고 다른 실체들을 대상으로 하여 행해질 수 있다.

⇨ 일방행위의 상대방에 대해서는 특별한 제한은 없다.

ㄷ. [O] 일반국제법의 강행규범과 상충되는 일방적 선언은 무효이다.

⇨ 조약과 마찬가지로 강행규범과 상충되면 안 된다.

ㄹ. [O] 일방적 선언을 통해 타국에 대해 의무를 부과할 수는 없으나, 타국이 명확하게 그러한 선언을 수락한 경우 예외적으로 타국에 대해 의무를 부과할 수 있다.

⇨ 타국에 대한 의무 부과는 예외적인 것이다. 타국이 명시적으로 수락해야 한다.

ㅁ. [X] 일방적 선언은 어떠한 경우에도 취소될 수 없다.

⇨ 자의적으로 취소될 수는 없으나, 자의적이지 않은 경우 취소될 수 있다.

04 조약법 정답 ①

❶ [X] 조약의 일부에 대한 국가의 기속적 동의는 그 조약이 이를 인정하는 경우에만 유효하다.

⇨ 조약의 일부에 대한 국가의 기속적 동의는 그 조약이 이를 인정하거나 또는 다른 체약국이 이에 동의하는 경우에만 유효하다.

② [O] 조약에 의하여 명시적으로 인정된 유보는 다른 체약국에 의한 추후의 수락이 필요한 것으로 그 조약이 규정하지 아니하는 한 그러한 추후의 수락을 필요로 하지 아니한다.

③ [O] 조약은 관련 규정 또는 합의가 없는 경우에는 조약에 대한 기속적 동의가 모든 교섭국에 대하여 확정되는 대로 발효한다.

④ [O] 원칙적으로 어느 국가가 조약이 잠정적으로 적용되고 있는 다른 국가에 대하여 그 조약의 당사국이 되지 아니하고자 하는 의사를 통고하여 그 국가에 대한 그 조약 또는 그 조약의 일부의 잠정적 적용을 종료할 수 있다.

05 해양분쟁해결 정답 ③

중재재판소의 구성에 대한 설명으로 옳은 것은 ㄱ, ㄷ, ㄹ, ㅁ이다.

ㄱ. [O] 중재재판소는 5인으로 구성된다.
⇨ 중재재판소 구성은 UN해양법협약 제7부속서에서 규정한다.

ㄴ. [X] 분쟁당사자는 각각 1인의 중재관을 선임할 수 있으나, 자국민은 배제해야 한다.
⇨ 자국민도 중재관으로 선임할 수 있다.

ㄷ. [O] 5인의 중재관 중 다른 3인의 중재재판관은 당사자 사이의 합의에 따라 선임한다. 가능한 한 그들은 명부 안에서 선출되어야 하며 당사자가 달리 합의하지 아니하는 한 제3국 국민이어야 한다. 분쟁당사자는 이 중재재판관 3인 가운데에서 중재재판소 소장을 선임한다.
⇨ 각 당사자가 1인씩 지명하고 나머지 3인을 합의에 의해 구성하는 것이다.

ㄹ. [O] 분쟁당사자 간 중재재판관 선임에 대해 합의하지 못하는 경우 국제해양법재판소(ITLOS) 소장이 필요한 선임을 행한다.
⇨ UN사무총장이 중재재판관을 선임하지 않는 것에 주의해야 한다.

ㅁ. [O] 국제해양법재판소(ITLOS) 소장이 어느 한 분쟁당사자의 국민일 경우, 선임은 분쟁당사자의 국민이 아니며 출정 가능한 국제해양법재판소(ITLOS)의 다음 연장자에 의하여 이루어진다.
⇨ 공정성을 위한 규정이다.

06 조약법 정답 ④

조약의 유보(reservation)에 대한 설명으로 옳은 것은 ㄷ, ㅁ, ㅂ이다.

ㄱ. [X] 조약법에 관한 비엔나협약에 따르면 유보란 표현·명칭 여하를 불문하고 조약의 서명, 비준, 수락, 승인 또는 가입 시에 국가가 조약의 일부 규정의 의미를 구체화·명확화하기 위해 행하는 일방적 선언을 말한다.
⇨ 유보란 표현·명칭 여하를 불문하고 조약의 서명, 비준, 수락, 승인 또는 가입 시에 국가가 자국에 대해 조약의 일부 조항의 효력을 배제하기 위해 행하는 일방적 선언을 말한다[조약법에 관한 비엔나협약 제2조 제1항 제(d)호]. 국가 또는 국제기구가 조약의 일부 규정의 의미를 구체화·명확화하기 위해 행하는 일방적 선언은 '해석선언'이라고 한다.

ㄴ. [X] 유보는 양자조약 체결을 용이하게 하기 위한 제도이다.
⇨ 유보는 다자조약의 고유한 문제이다. 양자조약에서 유보는 사실상 새로운 조약내용의 제안으로 받아들여진다.

ㄷ. [O] 유보는 조약적용의 통일성은 저해하지만, 현실적으로 인적 적용범위를 확대하기 위한 제도이다.
⇨ 유보의 제도적 취지를 설명하고 있는 옳은 문장이다.

ㄹ. [X] 유보는 타방 체약국의 동의를 얻어야 유효하게 성립한다는 점에서 쌍방행위이다.
⇨ 유보는 조약의 적용을 제한함으로써 실질적으로 조약 내용을 변경시키기 때문에 당연히 타방 체약국의 동의를 얻어야 하나, 이로 인해서 유보가 곧 쌍방행위가 되는 것은 아니다.

ㅁ. [O] 유보의 철회는 언제든지 가능하며 그 시기에 제한이 없다.
⇨ 조약법에 관한 비엔나협약 제22조에 대한 내용이다.

ㅂ. [O] 국제사법재판소(ICJ)는 집단살해방지협약의 유보에 관한 권고적 의견(1951)에서 유보의 제한사유로서 유보와 조약의 대상 및 목적과의 양립성(compatibility) 기준을 제시하였다.
⇨ 기존의 만장일치원칙을 양립성원칙으로 변경한 것이다.

07 국가승계 정답 ③

① [X] 한 국가 영토의 한 부분 또는 부분들이 그 국가로부터 분리되어 하나의 신국가를 형성하는 경우 전임국가와 신국가 간에 달리 합의가 없으면, 분리된 영토 내에 위치한 국유부동산은 형평한 비율로 분할하여 신국가에게로 이전된다.
⇨ 분리된 영토 내에 위치한 국유부동산은 신국가에게로 이전된다.

② [X] 한 국가가 분열하여 소멸하고 그 대신 전임국가의 부분들이 둘 이상의 신국가를 형성하는 경우 관련 신국가들 간에 달리 합의가 없으면 전임국가의 영토 밖에 위치한 국유부동산은 신국가들에게로 이전되지 않는다.
⇨ 영토 밖에 위치한 국유부동산은 형평한 비율로 신국가들에게로 이전된다.

❸ [O] 전임국가는 영토권과 국경선 문제에 관련한 자국의 국가문서로부터 이용가능한 최선의 증거자료를 신생독립국에게 제공할 의무가 있다.
⇨ 의무로 규정되어 있는 점에 주의한다.

④ [X] 국가부채(state debt)란 전임국가가 국제법에 따라 오로지 타 국가에 대해서 지고 있는 일체의 재정적 의무를 의미한다.
⇨ 전임국가가 국제법에 따라 타국가, 국제기구 또는 기타 국제법의 주체에 대해서 지고 있는 일체의 재정적 의무를 의미한다.

08 국가관할권 정답 ②

① [O] 국가의 영토관할권 행사에서 영토는 육지 영토뿐만 아니라 영해와 영공, 공해상의 자국의 선박과 항공기까지 포함한다.
⇨ 선박이나 항공기의 경우 속지주의가 확장되는 것으로 이해된다.

❷ [X] 접속수역과 배타적 경제수역 및 대륙붕은 연안국 영역이 아니므로 연안국이 관할권을 행사할 수 있는가에 대해 논란이 있다.
⇨ 접속수역, 배타적 경제수역 및 대륙붕은 연안국 영역이 아니지만 그 설정목적의 범위 내에서는 연안국이 관할권을 행사할 수 있다.

③ [O] 1988년 'United States v. Fawaz Yunis 사건'에서 미국 법원은 피해자 국적주의와 보편주의를 근거로 관할권 성립을 인정하였다.
⇨ 피해자 국적주의를 수동적 속인주의라고 한다.

④ [O] 1992년 'Alvarez-Machain 사건'에서 미국 연방대법원은 미국-멕시코 범죄인 인도조약상 납치를 금지하는 명시적 규정이 없으므로 국제위법행위는 미국 법원의 관할권 행사에 영향을 미치지 않는다고 판시하였다.
⇨ 미국 연방대법원은 미국 법원의 관할권을 인정하였다.

판례 이론 조문

1992년 Alvarez-Machain 사건
미국 마약단속국 요원들이 살인사건에 가담한 혐의를 받고 있는 Alvarez-Machain을 납치하여 미국으로 압송한 후 미국 법원에 기소하였다. 이에 멕시코는 미국-멕시코 범죄인 인도조약과 관습법상의 일반원칙을 위반하였다고 미국에 항의하였고 Alvarez-Machain은 범죄인 인도조약상 국제의무를 위반한 국가의 소추를 금지하고 있는 규정을 근거로 미국 법원에 관할권이 없음을 주장하였다. 그러나 미국 연방대법원은 미국-멕시코 범죄인 인도조약상 납치를 금지하는 명시적 규정이 없으므로 Alvarez-Machain을 납치한 국제위법행위는 미국 법원의 관할권 행사에 영향을 미치지 않는다고 하여 미국 법원의 관할권을 인정하였다.

09 해양법 정답 ④

섬에 대한 설명으로 옳지 않은 것은 ㄱ, ㄴ, ㄷ, ㄹ 모두이다.
ㄱ. [X] 섬은 자연적으로 형성된 육지영토로서 간조 시 수면 위에 부상해 있어야 한다.
⇨ 섬은 '만조 시' 수면 위에 부상해야 한다.
ㄴ. [X] 간조노출지(low tide elevation)는 만조 시 수면 위에 부상해 있는 자연형성 육지영토로서 해양법협약상 섬으로 볼 수 없다.
⇨ 간조노출지(low tide elevation)는 '간조 시'에만 드러나는 육지영토이다.
ㄷ. [X] 섬에는 원칙적으로 직선기선을 설정할 수 없으나 항구적 시설물이 설치된 경우 예외적으로 직선기선을 설정할 수 있다.
⇨ 섬에는 직선기선이 설정될 수 있다. 간조노출지(low tide elevation)는 원칙적으로 직선기선이 설정될 수 없으나 항구적 시설물이 있는 경우 예외적으로 직선기선의 기점이나 종점이 될 수 있다.
ㄹ. [X] 흑해 해양경계획정 사건에서 국제사법재판소(ICJ)는 우크라이나가 영유한 도서는 해양법협약상의 섬(Island)이라고 볼 수 없으므로 경계획정에서 형평을 위해 고려할 사안이 아니라고 판시하였다.
⇨ 국제사법재판소(ICJ)는 우크라이나가 영유한 도서가 섬인지 여부에 대해 판단하지 않았다.

10 국가면제 정답 ③

① [X] 동 협약상 국가면제는 포기될 수 있으나 포기는 반드시 명시적이어야 한다.
⇨ 묵시적 포기도 인정된다.
② [X] UN협약에 의하면 국가원수는 재직 시 인적 면제를 향유하나 국제범죄를 범한 경우 면제가 제한된다.
⇨ 현직 국가원수의 경우 국제범죄를 범하더라도 타국 관할권으로부터 완전한 면제를 향유한다.
❸ [O] UN협약에 의하면 불법행위와 관련된 소송의 경우 금전배상소송에서만 국가면제가 제한된다.
⇨ 금전배상소송이 아닌 명예훼손소송의 경우 면제가 인정된다.
④ [X] 고용계약에 대한 소송의 경우 영토관련성이 있어야 하므로 고용계약의 전부 또는 일부가 법정지국 이외의 국가에서 이행될 것을 요구한다.
⇨ 영토관련성이란 고용계약의 전부 또는 일부가 '법정지국 영토 내에서' 전부 또는 일부 이행되었거나 이행될 예정이어야 한다는 것이다.

11 국가책임 정답 ③

국제법상 국가책임에 대한 설명으로 옳지 않은 것은 모두 ㄱ, ㄹ이다.
ㄱ. [X] 이란-미국 간 중재재판사건(1987)에서 중재법원은 이란의 혁명수비대의 위법행위는 이란 당국의 지시나 통제하에서 발생한 것이므로 이란의 행위로 귀속된다고 보았다.
⇨ 이란의 혁명수비대의 위법행위는 이란 당국 부재시 공공기능을 자발적으로 수행하는 과정에서 발생한 것이므로 이란의 행위로 귀속된다고 보았다.
ㄴ. [O] 니카라과 사건에서 콘트라반군은 미국의 사실상 국가기관이 아니므로 반군의 활동에 대해서는 책임을 지지 않는다고 보았다.
ㄷ. [O] 순수사인의 행위로 인한 피해가 국가의 충분한 주의의무 태만으로 발생한 경우 국가는 순수사인의 행위에 대해 예외적으로 책임을 진다.
ㄹ. [X] 국가는 자국 영토에서 발생한 타국이나 국제기구의 행동에 대해 영토주권의 완전성 원칙에 따라 원칙적으로 책임을 진다.
⇨ 국가는 자국 영토에서 발생한 타국이나 국제기구의 행동에 대해 원칙적으로 책임을 지지 않는다.

12 범죄인 인도 정답 ②

우리나라의 범죄인 인도법에 대한 설명으로 옳지 않은 것은 ㄱ, ㄹ, ㅁ이다.
ㄱ. [X] 범죄인 인도조약이 체결되지 않은 경우 어떠한 경우에도 범죄인 인도에 응하지 아니한다.
⇨ 타국이 동종의 범죄인에 대하여 인도한다는 보증을 한 경우 인도할 수 있다.
ㄴ. [O] 대한민국과 청구국의 법률에 의하여 인도범죄가 사형·무기·장기 1년 이상의 징역 또는 금고에 해당하는 경우에 한하여 범죄인을 인도할 수 있다.
⇨ 최소 중대성의 원칙에 대한 내용이다.

ㄷ. [O] 대한민국 또는 청구국의 법률에 의하여 인도범죄에 관한 공소시효 또는 형의 시효가 완성된 경우 범죄인을 인도할 수 없다.
⇨ 절대적 인도거절사유에 해당된다.
ㄹ. [X] 범죄인이 인종·종교·국적·성별·정치적 신념 또는 특정 사회단체에 속함 등을 이유로 처벌되거나 그 밖의 불이익한 처분을 받을 염려가 있다고 인정되는 경우 범죄인을 인도하지 아니할 수 있다.
⇨ 절대적 인도거절사유에 해당된다.
ㅁ. [X] 범죄인이 대한민국 국민인 경우 범죄인을 인도할 수 없다.
⇨ 임의적 인도거절사유에 해당된다.

13 국제기구 정답 ②

국제기구에 대한 설명으로 옳지 않은 것은 ㄴ, ㄷ이다.
ㄱ. [O] ICJ는 '나우르 인산염사건(1992)'에서 호주, 뉴질랜드, 영국 3개국의 합의로 설립된 기구가 국제법상의 법인격을 갖지 않는다고 판단하였다.
ㄴ. [X] 국가와 달리 국제기구는 설립헌장에 규정된 목적과 기능을 수행하기 위한 범위 내에서만 법인격과 권한이 인정되는데, 이를 묵시적 권한이론이라고 한다.
⇨ 기능적인 전문성 원칙이라고 한다.
ㄷ. [X] 국제기구의 법인격의 범위는 1차적으로는 설립헌장을 통해 명시적으로 규정되기도 하지만, 설립헌장에 명시되어 있지 않더라도 기구의 목적과 기능 그리고 실행을 통해 묵시적으로 결정되기도 하는데, 이를 전문성의 원칙이라고 한다.
⇨ 묵시적 권한이론이라고 한다.
ㄹ. [O] UN헌장 제104조와 WTO설립협정 제8조 등을 포함한 대부분의 국제기구 설립헌장상의 법인격 규정은 국내적 법인격에 관한 것이다.

14 무력사용법 정답 ①

❶ [X] 국가의 정책수단으로 전쟁을 일반적으로 금지시킨 조약이며 미국, 프랑스, 영국 등이 가입하였으나 독일과 일본은 가입을 거부하였다.
⇨ 미국, 프랑스, 영국, 독일, 일본, 이탈리아 등 15개국이 부전조약에 가입하였다.
② [O] 전쟁의 범주에 속하지 않는 무력행사를 금지하는 구체적 규정을 두지 않아 자의적 해석의 여지를 남겼다는 한계가 있다.
⇨ 전쟁과 무력행사는 구분된다. 무력행사는 전쟁에 이르지 아니하는 경우도 포함하기 때문이다. 부전조약은 전쟁에 해당되는 무력사용을 최초로 불법화(금지)한 것이다.
③ [O] 뉘른베르크 국제군사재판소는 부전조약을 원용하여 나치 독일의 일부 지도자를 평화에 반한 죄로 처벌하였다.
⇨ 평화에 반한 죄는 침략전쟁을 모의하고 개시한 개인의 국제범죄에 해당한다. 전쟁의 불법화를 전제로 평화에 반한 죄에 대한 처벌이 가능하다.
④ [O] 조약의 이행을 강제하고 위반을 처벌할 수 있는 제도적 장치나 분쟁해결에 대한 규정이 부재하였다.
⇨ 부전조약에 한계로 거론되는 지점이다. 자위권이 인정되어 남용될 가능성이 있었던 것도 문제로 보기도 한다.

15 국제형사재판소 정답 ②

국제형사재판소 설치를 위한 로마조약(1998)에 대한 설명으로 옳지 않은 것은 ㄱ, ㅁ이다.
ㄱ. [X] 상소심부는 재판소장과 4인의 다른 재판관, 1심부는 6인 이상의 재판관, 전심부는 8인 이상의 재판관으로 구성된다.
⇨ 전심부는 6인 이상의 재판관으로 구성된다.
ㄴ. [O] 재판관은 어떠한 사유에서든 자신의 공정성이 합리적으로 의심받을 수 있는 어떠한 사건에도 참여하지 아니한다.
⇨ 이는 강제제척규정이다.
ㄷ. [O] 소추관 또는 수사 중이거나 기소 중인 자는 재판관의 제척을 요청할 수 있다. 재판관의 제척에 관한 모든 문제는 재판관의 절대다수결에 의해 결정된다. 이의가 제기된 재판관은 이 문제에 관한 자신의 의견을 진술할 권리가 있으나, 결정에는 참여하지 아니한다.
⇨ 소추관에게도 강제제척이 적용된다.
ㄹ. [O] 소추관은 당사국총회에서 회원국의 비밀투표에 의해 절대다수결로 선출된다.
⇨ 재판관 선출과 다름에 주의한다. 재판관은 당사국총회에서 출석·투표 3분의 2 이상 찬성으로 선출한다.
ㅁ. [X] 소추관과 부소추관의 임기는 원칙적으로 9년이며 재선될 수 있다.
⇨ 소추관과 부소추관도 재선될 수 없다.

16 세이프가드협정 정답 ②

① [O] 반덤핑, 상계관세 등 불공정무역을 규제하는 제도보다도 발동요건이 엄격하다.
⇨ 세이프가드조치는 수출국의 위법행위를 전제로 하지 않으나, 반덤핑이나 상계조치는 수출자나 수출국 행위의 불공정성을 전제로 수입국이 조치를 취하는 것이므로 발동요건에 차이가 있는 것이다.
❷ [X] 수출자율규제 등의 회색지대조치는 금지되므로 협약 발효 후 4년 내에 폐지해야 하나, 최대 8년까지 연장할 수 있으며, 개발도상국은 추가적으로 2년 더 연장할 수 있다.
⇨ 회색지대조치는 4년 내에 폐지해야 하며, 추가적인 유예조치 규정은 없다.
③ [O] 동종상품 및 직접경쟁상품의 수입 증가로 인하여 산업 피해가 발생한 경우 조치를 취할 수 있다.
⇨ 동종상품이 아니어도 직접경쟁상품에 해당하면 관련 산업 피해 판정시 조사할 수 있다.
④ [O] 수입의 상대적 또는 절대적 증가 시 조치를 취할 수 있으나 반드시 예측하지 못한 사태의 발전(unforeseen development)에 의해 수입이 증가해야 한다.
⇨ '예측하지 못한 사태의 발전(unforeseen development)' 규정은 GATT 제19조에는 규정되었으나, 세이프가드협정에는 규정되지 않아 요건성에 논란이 있었다. 하지만 상소기구는 GATT 제19조와 세이프가드협정을 양립 가능한 조약으로 보아 예측하지 못한 사태의 발전이 세이프가드를 취하기 위한 요건에 포함된다고 판정하였다.

17 WTO분쟁해결양해 정답 ②

WTO분쟁해결절차에 대한 설명으로 옳지 않은 것은 ㄱ, ㄹ, ㅁ이다.

ㄱ. [×] 분쟁해결양해(DSU)와 대상협정의 특별 또는 추가적 규칙 및 절차가 상이한 경우 분쟁해결양해(DSU)가 상위법이므로 분쟁해결양해(DSU)가 우선 적용된다.
⇨ 특별 또는 추가적 규칙 및 절차가 우선 적용된다.

ㄴ. [O] 분쟁해결에 관한 특별 또는 추가적 규칙 및 절차가 2개 이상인 경우 20일 이내에 분쟁당사국이 합의하지 못한 경우 분쟁해결기구(DSB) 의장이 최종적으로 적용 규칙을 결정한다.
⇨ WTO 사무총장에 의해 의사결정이 되지 않는다는 점에 주의한다.

ㄷ. [O] 분쟁해결기구(DSB)의 의사결정은 컨센서스에 의한다.
⇨ 컨센서스가 원칙이나 역총의제로 결정하는 경우도 있다.

ㄹ. [×] 패널은 분쟁당사자가 패널 설치로부터 20일 이내에 5인의 패널위원으로 패널을 구성하는 데에 합의하지 아니하는 한 3인의 패널위원으로 구성된다.
⇨ 10일 이내에 분쟁당사국이 합의하지 못한 경우 분쟁해결기구(DSB) 의장이 최종적으로 적용 규칙을 결정한다.

ㅁ. [×] 패널보고서는 제공된 정보 및 행하여진 진술 내용에 비추어 분쟁당사자의 입회하에 작성된다.
⇨ 패널보고서는 분쟁당사자의 참석 없이 작성된다(제14조 제2항).

18 반덤핑협정 정답 ①

❶ [O] 상품이 2개국 이상으로부터 수입되고, 동시에 반덤핑조사의 대상이 되는 경우 조사기관은 수입상품으로 발생하는 피해의 효과를 누적적으로 평가할 수 있으나 각국으로부터 수입된 상품의 덤핑마진이 최소허용수준을 초과해야 한다.
⇨ 협정상 누적평가가 허용된다. 최소허용수준은 덤핑마진이 2% 미만인 경우를 말한다.

② [×] 덤핑의 결과로서 국내산업에 피해가 야기되었어야 함을 입증하기 위해 조사기관은 제시된 모든 관련증거를 검토해야 하며, 국내산업에 피해를 초래하는 덤핑수입품 이외의 요소는 검토할 의무가 없다.
⇨ 국내산업에 피해를 초래하는 덤핑수입품 이외 모든 알려진 요소를 검토해야 한다.

③ [×] 덤핑조사가 개시되면 조사기간은 통상적으로 1년 이내에 조사절차가 종료되어야 하나, 특별한 상황이 있는 경우라 하더라도 24개월을 초과해서는 안 된다.
⇨ 특별한 상황이 있는 경우라 하더라도 18개월을 초과해서는 안 된다.

④ [×] 잠정조치의 적용은 4월을 초과할 수 없으나 관련 무역에 상당한 비율을 차지하는 수출자의 요청에 따라 조사기관이 결정한 경우 12월까지 연장할 수 있다.
⇨ 최장 6개월까지 연장할 수 있다.

19 외교적 보호 정답 ③

① [O] 국적국은 자국의 국적이 피해 일자와 공식청구 제기일자 양일에 우세하지 않다면 그 개인이 국적자인 다른 국가에 대하여 그 개인과 관련하여 외교적 보호를 행사할 수 없다.

② [O] 회사가 다른 국가의 국적인에 의해 지배되고 있고 설립지국에 실질적인 사업활동이 없으며 그 회사의 본점소재지 및 재무지 배소재지가 모두 다른 국가에 위치하는 경우 그 국가가 국적국으로 간주된다.

❸ [×] 회사의 주주의 국적국은 회사가 피해로 인해서 설립지국의 법에 따라 더 이상 존재하지 않는 경우 회사의 피해와 관련하여 주주에 대하여 일차적으로 외교적 보호를 행사할 권리가 있다.
⇨ 회사의 주주의 국적국은 회사가 피해와 관련없는 이유로 설립지국의 법에 따라 더 이상 존재하지 않는 경우 회사의 피해와 관련하여 주주에 대하여 외교적 보호를 행사할 권리가 있다. 만약, 회사가 입은 피해로 법적으로 소멸한 경우 법인의 국적국이 1차적 보호권을 가진다.

④ [O] 국가의 국제위법행위가 회사 자체의 권리와 별개로 주주의 권리에 직접적인 피해를 야기하는 경우 그 주주의 국적국은 그 자국민에 대하여 외교적 보호를 행사할 권리를 가진다.

20 원산지협정 정답 ④

① [O] 각국의 원산지규정은 그 사용목적에 따라 특혜원산지규정과 비특혜원산지규정으로 구분할 수 있다.
⇨ 특혜원산지규정이란 지역무역협정 등에 규정된 원산지규정을 말한다.

② [O] 원산지협정은 비특혜원산지규정만을 규제대상으로 한다.
⇨ 비특혜원산지규정이란 특혜원산지규정 이외의 모든 규정을 말한다.

③ [O] 일반특혜관세의 적용, 반덤핑·상계관세의 부과, GATT·WTO의 최혜국대우조항의 적용 등의 경우에 관세 관련 원산지규정이 적용된다.
⇨ 비특혜원산지규정의 사례들이다. 원산지규정협정이 적용되는 대상들이다.

❹ [×] 실질적 변형을 판단함에 있어서 부가가치기준을 적용하도록 의무화하였다.
⇨ 실질적 변형을 판단하는 기준으로 세번변경기준, 부가가치기준, 제조·가공공정기준 등이 있으나 원산지협정은 특정 기준을 적용할 것을 의무화하지 않고, WTO회원국들의 재량에 맡기되 특정 기준을 적용함에 있어서 비차별적으로 명확하게 적용할 것을 요구하였다.

03회 실전동형모의고사

정답 p. 20

01	④	Ⅴ	06	④	Ⅱ	11	②	Ⅱ	16	②	Ⅶ
02	①	Ⅱ	07	④	Ⅵ	12	④	Ⅳ	17	①	Ⅶ
03	②	Ⅱ	08	③	Ⅰ	13	①	Ⅰ	18	③	Ⅶ
04	④	Ⅱ	09	③	Ⅴ	14	④	Ⅰ	19	④	Ⅶ
05	①	Ⅲ	10	④	Ⅴ	15	④	Ⅳ	20	③	Ⅶ

Ⅰ 국제법 총론 / Ⅱ 국가 / Ⅲ 국제기구 / Ⅳ 개인 / Ⅴ 국제법의 규율 대상 / Ⅵ 국제분쟁해결 및 무력사용 / Ⅶ 국제경제법

취약 단원 분석표

단원	맞힌 답의 개수
Ⅰ	/ 3
Ⅱ	/ 5
Ⅲ	/ 1
Ⅳ	/ 2
Ⅴ	/ 3
Ⅵ	/ 1
Ⅶ	/ 5
TOTAL	/ 20

01 배타적 경제수역 정답 ④

① [×] 동일 어족이나 연관된 종의 어족들이 2개국 이상의 연안국의 EEZ에 출현하는 경우, 이러한 연안국들은 직접 또는 적절한 소지역기구나 지역기구를 통하여 이러한 어족의 보존과 개발을 조정하고 보장하는 데 필요한 조치에 합의해야 한다.
⇨ 연안국들은 직접 또는 적절한 소지역기구나 지역기구를 통하여 이러한 어족의 보존과 개발을 조정하고 보장하는 데 필요한 조치에 합의하도록 노력해야 한다.

② [×] 프랑스-캐나다 중재재판소는 Franco-Canadian Arbitration 사건(1986)에서 EEZ 내에서 고기 가공(fish processing)에 종사하는 선박은 생물자원의 이용에 대한 주권적 권리를 갖는 연안국의 관할권에 종속된다고 판시하였다.
⇨ EEZ 내에서 고기 가공(fish processing)에 종사하는 선박은 연안국의 관할권에 종속되지 않는다고 판시한 바 있다.

③ [×] 연안국과 고도회유성어종(highly migratory species)을 어획하는 국민이 있는 그 밖의 국가는 EEZ와 그 바깥의 인접수역에서 그러한 어종의 보존을 보장하고 최적이용목표를 달성하기 위하여 국제기구의 매개 없이 반드시 직접적으로 협력해야 한다.
⇨ 직접 또는 적절한 국제기구를 통하여 협력해야 한다.

❹ [O] 소하성어족(anadromus stocks)이 기원하는 하천의 국가는 이 어족에 대한 일차적 이익과 책임을 가진다.
⇨ 기원국임에 주의한다.

02 국가승계 정답 ①

국가승계에 대한 내용으로 옳은 것은 ㄱ, ㄹ이다.

ㄱ. [O] 소비에트연방(소련) 해체 후 러시아연방은 소련의 양·다자조약을 승계하였다.
⇨ 러시아가 구소련의 모든 조약을 승계하였다.

ㄴ. [×] 한국은 1978년 조약에 대한 국가승계에 관한 비엔나협약에 가입하였다.
⇨ 한국은 협약에 가입하지 않았다.

ㄷ. [×] 지역권 설정조약과 외국군대기지 설정조약은 처분적 조약으로 모두 승계된다.
⇨ 지역권 설정조약은 승계되지만, 외국군대기지 설정조약은 승계되지 않는다.

ㄹ. [O] 국제관습법상 처분적 조약은 승계하는 것을 원칙으로 한다.
⇨ 처분적 조약이란 영토와 관련된 조약을 말한다.

03 자위권 정답 ②

자위권에 대한 설명으로 옳지 않은 것은 ㄱ, ㄹ이다.

ㄱ. [×] UN은 상대방으로부터 위법한 무력공격이 없더라도 그 징후가 뚜렷하다면 미리 이를 타결할 수 있다는 예방적(anticipatory) 자위권의 행사가 허용된다는 논리를 지지하고 있다.
⇨ UN이 명확하게 예방적(anticipatory) 자위권에 대해 허용하는 입장을 제시한 바 없다. UN헌장상 예방적(anticipatory) 자위권이 인정되는지 여부에 대해서는 학설이 대립한다.

ㄴ. [O] 비정규군이나 무장단체, 용병의 무력행사도 그 규모와 효과에 따라 자위권의 행사대상인 무력공격에 해당할 수 있다.
⇨ 이를 간접적 무력공격이라고 한다. 간접적 무력공격에 대해서도 자위권을 발동할 수 있다.

ㄷ. [O] 1834년 Caroline호 사건을 통해 미국의 국무장관 Daniel Webster는 자위권을 행사할 필요성은 '급박하고, 압도적이며, 다른 수단을 선택할 여지가 없고, 숙고할 여지가 없으며, 그 내용이 비합리적이거나 과도한 행사가 아닌 경우'에 인정됨을 주장하였다.
⇨ 이를 'Webster Formula'라고 한다. 현행법상 자위권에 대한 관습법상의 요건으로 인정되고 있다.

ㄹ. [×] UN헌장은 집단적 자위권을 인정하지 않는다.
⇨ 집단적 자위권은 UN헌장 제51조에 명시되어 있다.

04 영사관계 정답 ④

영사관계에 관한 비엔나협약(1963)에 대한 설명으로 옳은 것은 ㄷ, ㄹ이다.

ㄱ. [×] 영사관계에 관한 비엔나협약에 의하면 '영사관원(consular officer)'이란 영사기관의 장을 제외하고, 영사직무의 수행을 위임받은 자를 말한다.
⇨ 영사관원(consular officer)이란 영사기관의 장을 포함하여 영사직무의 수행을 위임받은 자를 말한다.

ㄴ. [×] 영사공관은 '소유자를 불문하고, 오로지 영사기관의 목적을 위해서만 사용되는 건물 또는 건물의 일부와 부속토지'로 정의되며, 해석상 영사기관장의 개인적 주거도 영사공관에 포함된다.
⇨ 영사기관장의 개인적 주거는 영사공관에 포함되지 아니한다.

ㄷ. [O] 영사관계에 관한 비엔나협약에 의하면 영사는 특별한 사정하에서 접수국의 '동의'를 받는 경우를 제외하고는 그의 영사관할구역 밖에서 직무를 수행할 수 없다.

ㄹ. [O] ICJ는 LaGrand 사건에서 미국이 구금된 외국인에게 그의 국적국 영사를 접촉할 권리를 통보하지 아니함으로써 영사관계에 관한 비엔나협약 제36조를 위반하였다고 판시한 바 있다.

05 국제기구 정답 ①

❶ [O] 국제기구가 직원이 아닌 개인에게 손해를 야기한 경우 국적국은 국제기구를 상대로 하여 외교적 보호권을 발동할 수 있다.

② [×] 국제기구가 직원에게 손해를 야기한 경우 직원의 국적국은 국제기구를 상대로 외교적 보호권을 발동할 수 있으며, 직원이 자신의 피해를 구제할 수 있는 수단이 국제기구 내에 존재하더라도 이 내부 절차를 먼저 완료해야 하는 것은 아니다.
⇨ 직원이 자신의 피해를 구제할 수 있는 수단이 국제기구 내에 존재한다면 이 내부 절차를 먼저 완료해야 한다.

③ [×] UN 직원이 직무와 무관하게 피해를 입은 경우 UN의 직무보호권은 문제되지 않고, 피해 직원 국적국의 외교적 보호권만 문제되며, 이 경우 국내구제 완료원칙의 적용은 배제된다.
⇨ 국내구제 완료원칙이 적용된다.

④ [×] 국제기구 직원이 업무 중 타국에 의해 피해를 본 경우, 국제기구의 직무보호권과 피해자 본국의 외교적 보호권이 모두 문제되며, 국제기구가 직무보호권을 발동한다면 가해국 국내구제를 먼저 완료해야 한다.
⇨ 국제기구가 직무보호권을 발동한다면 국제기구의 직접피해에 해당하므로 국내구제완료의 원칙은 적용되지 않는다.

06 국가의 대외기관 정답 ④

외교사절에 대한 설명으로 옳지 않은 것은 ㄷ, ㄹ, ㅁ이다.

ㄱ. [O] 국가면제의 포기는 묵시적으로도 가능하나, 외교면제는 명시적으로 포기해야 한다.
⇨ 외교면제의 경우 보다 엄격하게 적용해야 하므로 포기에 있어서도 명시적 포기만 인정되는 것이다.

ㄴ. [O] 외교관은 세금에서 면제되나 간접세, 개인 소유 부동산세, 자본세 등은 면제되지 않는다.
⇨ 외교관이 접수국의 모든 과세에서 면제되는 것은 아니다.

ㄷ. [×] 외교관 개인의 거주 용품은 관세와 조세가 면제되나, 가족의 개인적 사용을 위한 물품은 관세와 조세가 면제되지 않는다.
⇨ 가족의 개인적 사용을 위한 물품도 관세와 조세가 면제된다.

ㄹ. [×] 외교관의 개인적 수하물은 검사대상에서 제외되나, 반입금지 품목이 들어 있다고 추정할 만한 중대한 이유가 있으면 압류할 수 있다.
⇨ 외교관 입회하에 개봉하여 개인적 수하물을 검사할 수 있다.

ㅁ. [×] 역무직원의 경우 보수에 대한 조세 면제 및 사회보장규정 면제만 인정된다.
⇨ 직무수행에 대한 재판권도 면제된다.

07 국제분쟁해결제도 정답 ④

① [×] 국제사법재판소규정 당사국이 아닌 경우 총회의 권고에 따라 안전보장이사회가 부과한 조건을 따라 재판사건 당사자가 될 수 있다.
⇨ 안전보장이사회가 부과한 조건을 따라 재판의 당사자가 될 수 있다.

② [×] 국제사법재판소(ICJ) 관할권 성립 여부는 제소시점을 기준으로 판단하며 추후 상황변화로 인해 제소가 가상적인 일로 되는 경우 재판소의 관할권이 자동으로 소멸한다.
⇨ 재판소의 관할권이 자동으로 소멸하지는 않는다. 재판소의 결정에 따라 종결될 수 있다.

③ [×] 2002년 콩고와 프랑스 간 사건에서 콩고의 일방적 제소 이후 프랑스가 이에 응소하였으나 국제사법재판소(ICJ)는 확대관할권을 확립시키는 동의에는 미치지 못한다고 판단하였다.
⇨ 콩고의 일방적 제소와 프랑스의 응소 동의로 확대관할권은 성립하였다.

❹ [O] 금화원칙(Monetary Gold Principle)과 관련하여 판결의 결과 제3국의 법익이 단지 영향을 받을 수 있다는 이유만으로는 국제사법재판소(ICJ)가 재판관할권의 행사를 거부하지 않는다.
⇨ 금화원칙(Monetary Gold Principle)이 적용되기 위해서는 제3국의 법익 침해 여부가 재판의 전제가 되어야 한다. 단지 영향을 받을 가능성이 있다고 해서 재판적격성이 부정되는 것은 아니다.

08 국제법과 국내법의 관계 정답 ③

① [O] 범죄인 인도에 관한 조약은 별도의 입법조치 없이 미국 국내법에 도입되며, 연방법률과 상충 시 신법우선원칙이 적용된다.
⇨ 범죄인 인도에 관한 조약은 자기집행조약에 해당한다. 미국에서 자기집행조약은 연방법률과 대등하므로, 상충 시 신법우선원칙의 지배를 받는다.

② [O] 영사권리에 관한 조약은 국내법 체계에 수용되며 연방법률과 상충 시 신법우선원칙이 적용된다.
⇨ 영사의 권리도 자기집행조약에 해당한다.

❸ [×] 행정부 - 의회협정은 조약당사자의 의사에 따라 변형 또는 수용되며, 연방법률과 상충 시 신법우선원칙이 적용된다.
⇨ 행정부 - 의회협정은 일종의 자기집행조약이다. 별도의 입법조치 없이 국내법에 도입된다.
④ [O] 모든 자기집행조약은 주법률이나 헌법보다 우위에 있다.
⇨ 연방의 법률행위는 주의 법률보다는 상위법이다. 조약도 마찬가지이다.

09 국제환경법 정답 ③

① [O] 1983년 UN총회는 장기적으로 지구환경보전전략을 수립하기 위해 세계환경개발위원회를 설립하였다.
⇨ 세계환경개발위원회는 '브룬트란트 위원회'라고도 하며, 1987년 '우리의 공동의 미래'라는 보고서를 통해 '지속가능개발원칙'을 처음으로 제시하였다.
② [O] UN총회는 Agenda 21의 이행상황을 정기적으로 검토 및 감시하기 위해 경제사회이사회 산하에 지속가능개발위원회를 설치하기로 결의하였다.
⇨ Agenda 21은 1992년 리우회의에서 채택된 것으로서 리우선언의 실천강령에 해당한다.
❸ [×] 국제해양법재판소(ITLOS)는 사전주의원칙(precautionary principle)이 관습법으로 확립되었다고 판시하였다.
⇨ 국제해양법재판소(ITLOS)는 사전주의원칙(precautionary principle)이 관습국제법으로 가는 과정에 있다고 평가하여, 관습법으로 확립된 것은 아니라고 하였다.
④ [O] 오염자부담원칙은 1972년 OECD에서 처음 논의되었고, 스톡홀름선언에는 반영되어 있지 않으나 리우선언 제16원칙에 반영되어 있다.
⇨ 오염자부담원칙은 오염을 야기한 측에서 오염제거비용을 지불하게 하라는 원칙을 말한다. 이는 리우선언 제16원칙에 반영되어 있다.

10 해양법 정답 ④

① [×] 만(Bay)에서 외국 선박이 무해통항권을 행사하는 경우는 없다.
⇨ 직선기선 설정으로 새롭게 내수로 포함된 기존 영해의 경우 무해통항권이 인정된다. 만(Bay)은 내수에 포함된다.
② [×] 영해 진입 전 접속수역에서 살인 사건이 발생한 외국 선박에 대해 연안국은 영해에서 형사관할권을 행사할 수 있다.
⇨ 영해 밖에서 발생한 범죄에 대해서는 영해에서 형사관할권을 행사할 수 없다.
③ [×] 배타적 경제수역에서 연안국의 관세법령을 위반한 외국 선박에 대해 연안국은 추적권을 발동할 수 있다.
⇨ 관세문제에 대한 관할권은 접속수역에서 인정되는 것이므로 배타적 경제수역에서 관련 법령 위반을 이유로 추적권을 발동할 수는 없다(M/V Saiga호 사건).
❹ [O] 위법한 추적권 행사로 선박이 피해를 입은 경우 그 기국은 국내구제완료 없이 곧바로 추적권 발동국에 대해 책임을 추궁할 수 있다.
⇨ 추적권 관련 규정을 위반한 경우 선박의 기국에 대한 직접침해로 인정되므로 국내구제완료의무가 없다.

11 국가면제 정답 ②

① [O] 법정이란 그 명칭이 무엇이든 간에 사법적 기능의 수행을 위임받은 모든 국가기관을 말한다.
⇨ 면제가 문제되는 법정은 '기능'을 중심으로 평가한다.
❷ [×] 직무상으로 행동하는 국가의 대리인은 국가의 범위에 포함되지 않는다.
⇨ 직무상으로 행동하는 국가의 대리인도 국가의 범위에 포함된다.
③ [O] 연방국가의 구성단위 또는 국가의 주권적 권위의 행사를 위임받아 그 자격으로 행동하는 국가의 정치적 하부 조직은 국가에 포함된다.
⇨ UN협약은 연방의 주나 지방자치단체도 면제를 향유한다.
④ [O] 국가의 주권적 권위의 행사를 위임받아 실제로 이를 수행하는 국가의 기관 또는 조직은 국가에 포함된다.
⇨ 국가의 기관 역시 문제의 주체가 된다.

12 난민 정답 ④

① [×] 난민이란 인종, 종교, 국적, 특정 사회집단의 구성원인 신분 또는 정치적 견해를 이유로 박해를 받을 수 있다고 인정할 충분한 근거가 있는 공포로 인하여 국적국의 보호를 받을 수 없거나 보호받기를 원하지 아니하는 외국인을 말하며, 무국적자는 제외한다.
⇨ 대한민국에 입국하기 전에 거주한 국가로 돌아갈 수 없거나 돌아가기를 원하지 아니하는 무국적자인 외국인을 포함한다.
② [×] 난민인정을 받은 자에 한해 난민협약 제33조 및 고문 및 그 밖의 잔혹하거나 비인도적 또는 굴욕적인 대우나 처벌의 방지에 관한 협약 제3조에 따라 본인의 의사에 반하여 강제로 송환되지 아니한다.
⇨ 난민신청자도 강제송환할 수 없다.
③ [×] 난민 인정 결정은 난민인정신청서를 접수한 날부터 6개월 안에 하여야 하나 부득이한 경우에는 3개월의 범위에서 기간을 정하여 연장할 수 있다.
⇨ 6개월 연장할 수 있다.
❹ [O] 법무부장관은 난민신청자가 난민에 해당한다고 인정하는 경우에도 유엔난민기구(UHNCR)를 제외하고 유엔의 다른 기구 또는 기관으로부터 보호 또는 원조를 현재 받고 있는 경우 난민불인정결정을 할 수 있다.

13 조약법 정답 ①

❶ [×] 국가 이외의 국제법 주체 간 체결되는 국제적 합의에 대해서는 그 다른 국제법 주체 간 합의가 있다고 해도 동 협약을 적용할 수 없다.
⇨ 합의에 의해 조약법에 관한 비엔나협약을 적용할 수 있다.
② [O] 국제기구 내에서 채택되는 조약에 대해 동 협약은 적용된다.
⇨ 국제기구 내에서 채택되는 조약도 국가들이 체결한 조약이므로 조약법에 관한 비엔나협약의 적용대상이다.

③ [O] 조약체결을 위해 국가를 대표하는 자로 간주될 수 없는 자가 행한 조약체결에 대한 행위는 그 국가에 의해 추후 확인되지 아니하는 한 법적 효과를 가지지 아니한다.
⇨ 전권대표가 아닌 자가 체결한 조약에 대한 사항이다.

④ [O] 국제회의에서 조약문을 채택하는 경우 출석하여 투표하는 국가의 3분의 2 이상 찬성에 의하여 채택을 위한 의결규칙을 결정할 수 있다.
⇨ 원칙적으로는 3분의 2 이상 다수결이나, 변경할 수 있다.

14 국제법의 의의 정답 ④

① [×] 현대 국제법상 국제법은 국가 간의 법으로 정의된다.
⇨ 현대 국제법상 국제법은 국제사회의 법으로 정의된다.

② [×] 국제법 위반에 대해서는 대항조치가 인정되나, 국제예양 위반행위에 대해서는 복구조치(reprisal)가 인정된다.
⇨ 국제예양 위반행위에 대해서는 보복조치(retaliation)가 인정된다.

③ [×] 제섭(Jessup)은 초국내법(transnational law)을 국경선을 넘는 행동이나 사건을 규율하는 모든 공법으로 정의하였다.
⇨ 초국내법(transnational law)은 모든 공법이 아니라 모든 법을 말한다. 사법도 포함된다.

❹ [O] 스피노자(Baruch de Spinoza)는 국제법을 실정국제도덕에 불과하다고 규정하였다.
⇨ 스피노자(Baruch de Spinoza)는 국제법의 구속력을 부인한다.

15 국제인권법 정답 ④

① [×] 당사국은 고문범죄를 실행한 것으로 추정되는 혐의자가 자기 나라 영토 안에 소재하나, 이러한 범죄혐의자를 인도하지 아니하는 경우에는, 기소를 위하여 사건을 권한 있는 당국에 회부할 수 있다.
⇨ 기소를 위하여 사건을 권한 있는 당국에 회부해야 한다.

② [×] 당사국은 향후 그들 사이에 체결될 모든 범죄인 인도조약에 고문 범죄를 인도대상 범죄로 포함시킬 것이 권고되었다.
⇨ 고문 범죄를 인도대상 범죄로 포함시킨다.

③ [×] 고문방지위원회의 위원은 18명이고 4년 임기로 선출되며 재선될 수 있다.
⇨ 고문방지위원회의 위원은 10명이다.

❹ [O] 고문방지위원회는 관련당사국과 합의하는 경우 관련당사국의 영토를 방문하여 고문범죄에 관해 조사할 수 있다.

16 WTO설립협정 정답 ②

① [O] 의무면제 결정 시 GATT와 달리 WTO 각료회의는 전 회원국 4분의 3 이상 찬성으로 결정한다.
⇨ GATT의 경우 전회원국 3분의 2 이상 찬성을 필요로 하였다.

❷ [×] WTO협정 부속서에 대한 의무면제는 일반이사회에서 90일간 검토되며 최종 결정은 각료회의에서 한다.
⇨ 부속서에 대한 의무면제는 90일간 일반이사회가 아닌 관련 이사회에서 검토한다.

③ [O] 각료회의의 의사결정의 원칙은 총의제이다.
⇨ 총의로 결정되지 않는 경우 다수결로 결정한다.

④ [O] 복수국간무역협정을 추가하는 경우에는 총의로만 결정한다.
⇨ 총의로만 결정하므로 총의가 형성되지 않는 경우 부결된다.

17 GATS 정답 ①

❶ [O] 서비스의 정의에 대해 명시적 규정을 두지 않았다.
⇨ 서비스에 대한 정의규정은 없다.

② [×] 서비스무역협정(GATS)에서 MFN원칙은 구체적 약속에 해당한다.
⇨ 일반적 의무사항으로서 원칙적으로 WTO회원국 전체에 대한 의무사항이다.

③ [×] 특정 사안에 대해 서비스무역협정(GATS)과 GATT는 동시에 적용될 수 없다.
⇨ 하나의 사안에 대해 서비스무역협정(GATS)과 GATT는 동시에 적용될 수 있다.

④ [×] 정부가 비상업적 기초에서 제공하는 서비스에 대해서도 적용된다.
⇨ 정부서비스는 적용대상에서 원칙적으로 배제되나, 상업적 기초에서 제공되는 서비스는 협정의 적용범위에 포함된다.

18 TRIMs 정답 ③

① [O] 상품무역과 관련된 투자조치에만 적용되며 서비스무역관련 투자조치에는 적용되지 않는다.
⇨ 무역관련 투자조치협정(TRIMs)은 상품무역협정에 포함되므로 서비스에는 적용되지 않는다.

② [O] 무역관련 투자조치가 모두 금지되는 것은 아니다.
⇨ 협정은 GATT 제3조 제4항이나 GATT 제11조 제1항에 위반되는 TRIMs만을 금지한다.

❸ [×] GATT 1994 제3조 제4항에 위반되는 무역관련 투자조치만을 규제대상으로 한다.
⇨ GATT 제11조 제1항에 위반되는 TRIMs도 금지된다.

④ [O] 1994년 관세 및 무역에 관한 일반협정(GATT) 제20조(일반적 예외)와 제21조(국가안보 예외)에 입각한 무역관련투자조치는 예외적으로 허용된다.
⇨ GATT에서 허용되는 사항은 TRIMs협정에서도 허용된다.

19 반덤핑협정 정답 ④

① [O] 덤핑으로 인해 수입국의 관련 산업이 실질적 피해(material injury)를 입거나 피해의 우려가 있거나 또는 국내산업의 설립을 실질적으로 지연시켜야 한다.
⇨ 피해의 범위에는 실질적 피해(material injury), 실질적 피해의 우려, 산업 설립의 실질적 지연이 포함된다.

② [O] 긴급수입제한조치 발동을 위해 요구되는 중대한 피해(serious injury)와 실질적 피해와는 차이가 있다.
⇨ 중대한 피해(serious injury)는 실질적 피해보다 광범위하고 심각한 피해를 의미한다.

③ [O] WTO반덤핑협정은 최소허용덤핑마진율을 2%로 규정하였다.
⇨ 덤핑마진율이 2%를 초과하지 않는 경우 반덤핑조치를 취할 수 없다.

❹ [X] 국내산업의 제소적격은 지지 또는 반대의 의사표명을 한 기업 중 동종물품 총생산의 25%를 상회하는 생산자 및 국내산업의 총체적 산출량의 25% 이상 생산자의 지지를 받아야 한다.
⇨ 반덤핑협정 제5조 제4항에 의하면, 동 신청에 찬성한 국내생산자의 동종물품의 총생산량이 찬반의사표시에 참여한 국내생산자의 총생산량의 50%를 초과하고 국내산업의 총체적 산출량의 25% 이상의 생산자의 지지를 받아야만 제소적격이 인정된다.

20 GATT1994 정답 ③

미국-새우 사건의 주요 쟁점과 판결 내용으로 옳지 않은 것은 ㄴ, ㄹ이다.

ㄱ. [O] 패널 및 상소기구는 미국이 수량제한금지원칙(GATT1994 제11조 제1항)을 위반하였다고 판단하였다.
⇨ 미국은 바다거북제외장치(TED)를 장착하지 않고 잡은 새우의 수입을 금지하였으므로 GATT 제11조 제1항을 위반하였다고 판시하였다.

ㄴ. [X] 상소기구는 미국이 GATT 제20조 제(g)호의 본문의 요건 중 동등성 요건을 충족하지 못하였다고 판시하였다.
⇨ 상소기구는 첫째, 바다거북은 유한천연자원이고, 둘째, 미국의 조치는 '보존에 관한(relating to the conservation)' 조치이며, 셋째, 미국 내 생산 또는 소비에 대한 제한과 관련하여 실시되었으므로 제20조 제(g)호상 본문의 요건을 모두 충족하였다고 판단하였다.

ㄷ. [O] 상소기구는 미국이 미승인 국가에 대해서 TEDs를 사용하여 어획하더라도 수입을 금지한 것은 부당한 차별(unjustifiable discrimination)에 해당한다고 판시했다.
⇨ 패널은 미국의 조치가 GATT 제20조 제(g)호의 본문은 충족하였으나, 전문의 요건을 충족하지 못했다고 판단하였다.

ㄹ. [X] GATT1994 제20조상 일반적 예외의 입증책임은 제소국에 있다.
⇨ 패널과 상소기구는 GATT 제20조와 같은 적극적 항변(Affirmative Defense)은 이를 주장하는 측에 입증책임이 있다고 보아 피제소국인 미국 측에 입증책임이 있다고 판결하였다.

04회 실전동형모의고사

정답

p. 26

01	③	Ⅳ	06	②	Ⅳ	11	④	Ⅱ	16	②	Ⅳ
02	②	Ⅱ	07	③	Ⅳ	12	②	Ⅳ	17	④	Ⅶ
03	④	Ⅵ	08	①	Ⅲ	13	④	Ⅱ	18	④	Ⅶ
04	④	Ⅴ	09	②	Ⅳ	14	②	Ⅵ	19	①	Ⅶ
05	④	Ⅴ	10	④	Ⅱ	15	②	Ⅰ	20	③	Ⅶ

Ⅰ 국제법 총론 / Ⅱ 국가 / Ⅲ 국제기구 / Ⅳ 개인 / Ⅴ 국제법의 규율 대상 / Ⅵ 국제분쟁해결 및 무력사용 / Ⅶ 국제경제법

취약 단원 분석표

단원	맞힌 답의 개수
Ⅰ	/ 1
Ⅱ	/ 4
Ⅲ	/ 1
Ⅳ	/ 6
Ⅴ	/ 2
Ⅵ	/ 2
Ⅶ	/ 4
TOTAL	/ 20

01 국적 정답 ③

① [×] 미성년 시 입양되었던 자는 한국 국적을 취득한 경우 기존 외국 국적을 유지할 수 없다.
⇨ 한국 국적을 취득한 경우에도 국내에서 외국국적을 행사하지 않겠다는 서약을 한 경우 기존 외국 국적을 유지할 수 있다.

② [×] 한국인과 혼인을 위해 이주해 온 외국인 배우자는 한국 국적을 취득한 경우 기존 외국 국적을 유지할 수 없다.
⇨ 한국 국적을 취득한 경우에도 국내에서 외국국적을 행사하지 않겠다는 서약을 한 경우 기존 외국 국적을 유지할 수 있다.

❸ [○] 출생으로 복수국적자가 된 경우 일정한 연령에 달하면 국적선택을 해야 하나, 국내에서 외국 국적을 행사하지 않겠다는 서약을 조건으로 한국 국적을 유지할 수 있다.

④ [×] 복수국적자가 법정 기간 내에 한국 국적을 선택하지 않으면, 법무부장관이 국적선택을 명령하고, 응하지 않으면 외국 국적을 상실한다.
⇨ 응하지 않으면 한국 국적을 상실한다.

02 교전단체 정답 ②

① [×] 교전단체승인은 본질적으로 선언적 효력을 가진다.
⇨ 교전단체는 승인에 의해 비로소 국제법 주체로 승격되므로 창설적 효력을 가진다.

❷ [○] 중앙정부에 의한 승인이 있는 경우 제3국은 교전단체승인요건을 갖추지 아니한 반도단체에 대해 승인을 부여할 수 있다.
⇨ 중앙정부승인의 효력은 절대적이므로 제3국은 승인요건을 갖추었는지와 무관하게 승인할 수 있다.

③ [×] 본국 정부에 의한 승인이 있더라도 내란의 성격은 유지되며 전시인도법이 적용된다.
⇨ 본국 정부에 의해 교전단체가 승인되면 내란에서 국제전으로 성격이 변경된다.

④ [×] 교전단체가 중앙정부를 전복하고 영토 전체를 장악한 경우 신국가가 성립되어 국가승인문제가 발생한다.
⇨ 위헌적 방법으로 정권이 교체된 것이므로 정부승인문제가 발생한다.

03 국제사법재판소(ICJ) 정답 ④

① [○] 관할권에 대한 선결적 항변(preliminary objection)이 국제사법재판소(ICJ)에 의해 거절되면, 국제사법재판소(ICJ)는 추가 소송절차를 위한 기한(time - limits)을 정한다.
⇨ 선결적 항변(preliminary objection)이 기각되면 추후 본안 소송절차가 진행된다는 의미이다.

② [○] UN회원국은 국제사법재판소규정 제36조 제2항의 선택조항(optional clause)을 수락하는 경우 유보를 첨부할 수 있다.
⇨ 선택조항(optional clause) 수락선언에 대한 유보 가능 여부는 국제사법재판소규정에 명시되지는 않았다. 따라서 양립성 원칙에 따라 유보가 허용될 수 있다.

③ [○] 국제사법재판소규정 제36조 제2항의 선택조항에 따른 국제사법재판소 관할권은 분쟁당사국들이 공통적으로 수락한 범위 내에서만 성립되므로, 분쟁의 피소국은 자신이 첨부한 유보뿐만 아니라 제소국이 첨부한 유보를 근거로도 국제사법재판소 관할권의 성립을 부인할 수 있다.
⇨ 유보의 상대적 효과에 대한 설명이다. 상대방의 유보를 원용하여 관할권을 배척할 수 있다.

❹ [×] 모든 UN회원국은 자동적으로 국제사법재판소규정의 당사국이 되므로, 국제사법재판소(ICJ)는 UN회원국 간의 분쟁에 대하여 강제관할권을 갖는다.
⇨ 강제관할권이 창설되기 위해서는 회원국이 별도로 선택조항을 수락해야 한다.

04 해양법 정답 ④

① [×] 1958년 제1차 해양법회의에서 채택된 제도로서 1982년 UN해양법협약에도 유사한 규정을 두고 있다.
⇨ 배타적 경제수역(EEZ)은 제3차 해양법회의에서 최초로 도입된 제도이다.

② [×] 영해기선으로부터 최대 200해리 이내에서 국제해사기구(IMO)의 허가를 받아 연안국이 설정한다.
⇨ 연안국의 자유재량이다. 국제해사기구(IMO)의 허가를 요하지 아니한다.

③ [X] 중첩 배타적 경제수역(EEZ) 경계획정은 형평한 해결을 위해 중간선원칙에 따라야 한다.
⇨ 형평한 해결을 위해 합의할 것을 규정하고 있으나, 중간선원칙에 따를 의무는 규정되어 있지 않다. 다만, 최근 국제사법재판소(ICJ)의 판례들은 대체로 중간선원칙을 형평한 해결수단으로 적용하고 있다.

❹ [O] 대륙붕과 달리 배타적 경제수역(EEZ)에서는 생물자원에 대한 포괄적 권리가 인정된다.
⇨ 대륙붕에서는 정착성 생물자원에 대한 권리만 인정된다.

05 파리협정 정답 ④

① [O] 산업화 전 수준 대비 지구 평균 기온 상승을 섭씨 2도보다 현저히 낮은 수준으로 유지하는 것 및 산업화 전 수준 대비 지구 평균 기온 상승을 섭씨 1.5도로 제한하기 위한 노력의 추구를 통해 기후변화의 위협에 대한 전지구적 대응을 강화하는 것을 목표로 한다.

② [O] 협정은 상이한 국내 여건에 비추어 형평 그리고 공통적이지만 그 정도에 차이가 나는 책임과 각자의 능력의 원칙을 반영하여 이행될 것이다.

③ [O] 파리협정의 선진 당사국들은 경제 전반에 걸친 절대량 배출 감축목표를 약속함으로써 주도적 역할을 지속하여야 한다.

❹ [X] 당사자는 당사자총회의 결정에 따라 2년마다 국가결정기여를 통보한다.
⇨ 당사자는 당사자총회의 결정에 따라 5년마다 국가결정기여를 통보한다.

06 난민 정답 ②

① [O] 탈북자가 경제적 난민이라면 난민협약(1951)의 보호를 받을 수 없다.
⇨ 난민협약은 정치적 난민만을 보호대상으로 한다.

❷ [X] 탈북자에 대해 한국은 외교적 보호권을 발동할 수 있다.
⇨ 탈북자의 국적국이 한국이라고 보기는 어렵기 때문에 한국은 중국에 대해 외교적 보호권을 발동할 수 없다.

③ [O] 탈북자에 대해 UN난민고등판무관은 인도적 지원조치를 할 수 있으나 반드시 중국의 동의를 얻어야 한다.
⇨ UN난민고등판무관은 관행상 경제난민도 보호대상으로 할 수 있다. 그러나, 보호대상자 체류국의 동의 없이 일방적으로 보호조치를 취할 수는 없다.

④ [O] 난민협약당사국인 중국이 탈북자를 북한으로 강제송환하는 것은 강제송환금지의무를 반드시 위반하는 것은 아니다.
⇨ 강제송환금지의무는 '정치적 난민'을 대상으로 하므로 탈북자의 강제북송이 동 원칙을 위반한 것은 아니다.

07 외교적 보호 정답 ③

법인의 보호에 대한 설명으로 옳지 않은 것은 ㄴ, ㄷ이다.

ㄱ. [O] 법인이 피해시 청구국의 국적을 가졌으나 추후 피해로 인해서 청구국의 국적을 상실한 경우에도 계속해서 가해국에 대해 외교적 보호권을 발동할 수 있다.
⇨ 청구국 국적 상실이 법인에 대한 '피해'로 인해서 발생한 경우라면 청구국이 계속 보호권을 발동할 수 있다. 반면, 법인의 국적 변경이 법인에 대한 피해와 무관하게, 즉 법인이 자발적으로 청구국의 국적을 이탈한 경우라면 청구국의 보호권은 종료된다.

ㄴ. [X] 법인의 국적이 피해시 또는 청구 제기시에 자국 국적을 가진 경우 국가는 보호권을 발동할 수 있으며, 자연인과 달리 법인의 국적이 피해시와 청구 제기시에 동일해도 국적 계속은 추정될 수 없다.
⇨ 피해시 '그리고' 청구 제기시에 국적을 가져야 한다. 피해시와 청구 제기시 법인의 국적이 동일한 경우 국적 계속은 추정된다. 자연인과 같다.

ㄷ. [X] 공식 청구 제기 후에 법인이 피청구국의 국적을 취득한 경우 국가는 자연인과 달리 외교적 보호권을 계속해서 발동할 수 있다.
⇨ 법인이 청구 제기 후에 피청구국의 국적을 취득한 경우 청구를 계속해서 제기할 수 없다. 자연인과 같다.

ㄹ. [O] 법인의 피해에 대해서는 원칙적으로 설립지국이 보호권자이며, 예외적으로 본점소재지국이나 재무지배소재지국이 보호권을 발동할 수 있다.
⇨ 법인의 1차적 국적국은 설립지국임에 주의한다.

08 국제기구 정답 ①

❶ [O] UN총회결의가 신규회원국 가입 승인 등 내부적 문제에 대한 것이면 구속력을 가진다.
⇨ 내부적 문제에 대한 결의는 헌장규정에 따라 구속력을 가진다.

② [X] UN안전보장이사회에서 채택된 '국가 간 우호협력관계에 관한 선언'과 같이 기존 법규범을 선언한 경우 법적 구속력이 인정된다.
⇨ '국가 간 우호협력관계에 관한 선언'은 UN총회에서 채택된 결의이다.

③ [X] UN총회가 새로운 법규범을 선언한 '천연자원의 영구주권선언'과 같은 결의는 연성법규(soft law)로서 약한 구속력을 가진다.
⇨ 연성법규(soft law)에 대한 통설적 견해는 구속력이 없는 규범을 말한다.

④ [X] UN총회에서 채택된 조약은 원칙적으로 입법부적 조약으로서 모든 국가에 대해 구속력을 가진다.
⇨ UN총회가 조약을 채택하는 경우도 있으나, 입법부적 조약은 아니다. 따라서 수락한 국가에 대해서만 효력이 있다.

09 국제인권법 정답 ②

① [O] 당사국은 규약에서 인정된 권리의 준수를 실현하기 위하여 취한 조치와 성취된 진전사항에 관한 보고서를 국제연합 사무총장에게 제출한다.

❷ [X] A규약은 개인통보를 심사하기 위해 18인으로 구성되는 '경제적·사회적·문화적 권리에 관한 위원회'를 설치했다.

⇨ 유엔경제사회이사회결의로 설치하였다.

③ [O] 사실심사제도는 선택의정서 체약국으로서 이들 절차에 대한 경제적·사회적·문화적 권리 위원회의 권한을 인정한다고 선언한 국가들에 대해서만 발동이 가능하다.

④ [O] 선택의정서에 의하면 국가간고발제도에 따라 타 당사국의 통보를 받은 당사국은 통보 받은 날로부터 3개월 이내에 문서로써 해명해야 한다.

10 국가의 권리의무 정답 ④

① [O] A국의 X단체에 대한 재정지원은 국제관습법상 무력사용금지의무에 위반되지 않는다.

⇨ 재정지원은 무력사용이 아니기 때문에 무력사용금지의무에 위반되지 않는다.

② [O] A국이 B국에 대한 경제원조를 일방적으로 중단하여 B국이 재정적 손실을 입은 것에 대해 A국은 국제법상 책임을 지지 않는다.

⇨ 경제원조의 일방적 중단은 별단의 지속에 대한 합의가 없는 한 일방적 시혜조치에 불과하므로 국제책임이 성립하지 않는다.

③ [O] B국이 C국 반군단체 Y에 대해 소량의 무기를 지원한 행위는 무력사용금지의무에 위반되나 A국이 집단적 자위권을 발동할 수 없다.

⇨ 소량의 무기지원은 무력공격에 해당되지 않으므로 집단적 자위권을 발동할 수 없다.

❹ [X] 만약 B국이 UN원회원국이 아니어도 PCIJ규정상 선택조항 수락선언의 승계가 인정되므로 A국과 B국 간 재판관할권이 성립한다.

⇨ ICJ판례에 의하면 PCIJ규정상 선택조항 수락선언의 승계는 국제연합 원회원국에 대해서만 인정된다.

11 국가면제 정답 ④

① [O] 강제집행에 대해 국가가 국제협정에 의해 명시적으로 동의한 경우

⇨ 국가가 강제집행을 명시적으로 포기한 것을 의미한다.

② [O] 강제집행에 대해 국가가 중재협정에 의해 명시적으로 동의한 경우

⇨ 국가가 강제집행을 명시적으로 포기한 것을 의미한다.

③ [O] 강제집행에 대해 국가가 서면상의 계약에서 명시적으로 동의한 경우

⇨ 강제집행을 명시적으로 포기한 것이므로 법정지국은 피고국의 재산에 대해 강제집행을 할 수 있다.

❹ [X] 강제조치가 오로지 그 소송이 상대로 하고 있는 단체와 관련을 가지는 재산에 대해서만 취하여질 수 있는 경우로서, 그 재산이 특별히 비상업적 공무목적 이외의 용도를 위해 국가에 의해 사용되거나 그 같이 의도되었고 법정지국의 영토상에 존재하는 것이 확인된 경우

⇨ 판결 후 강제조치의 경우에만 해당한다. 판결 전 강제조치로서는 취할 수 없다.

12 외국인 정답 ②

① [O] ILC가 작성한 외국인 추방에 관한 규정 초안(2014)(이하, ILC초안)상 추방은 외국인에게 국가를 떠나도록 강제하는 그 국가에게 귀속되는 공식적인 행위 또는 행동을 말한다.

❷ [X] ILC초안에 의하면 타 국가나 국제재판소로의 범죄인인도 또는 외국인의 입국거부는 추방에 해당한다.

⇨ ILC초안에 의하면 타 국가나 국제재판소로의 범죄인인도 또는 외국인의 입국거부는 추방이 아니다.

③ [O] ILC초안에 의하면 외국인은 그가 현재 들어가 있는 영토국가의 국적을 갖고 있지 아니한 개인을 말하며 무국적자를 포함한다.

④ [O] 시민적·정치적 권리에 관한 국제규약 제13조는 외국인 추방 시 원칙적으로 자기변호의 기회를 제공하도록 규정하고 있다.

13 국가관할권 정답 ④

국가관할권에 대한 설명으로 옳은 것은 ㄷ, ㄹ이다.

ㄱ. [X] 속인주의란 국가는 자국민을 대상으로 한 외국인의 외국에서의 일정 행위를 범죄로 규정하고 그에 대해 형사관할권을 행사할 수 있다는 원칙이다.

⇨ 수동적 속인주의에 대한 설명이다.

ㄴ. [X] 보편주의란 국가는 외국인의 외국에서의 행위라 하더라도 그로인하여 국가의 이익, 즉 국가안보 또는 사활적 경제이익을 침해당한 경우 이를 범죄로 규정하여 형사관할권을 행사할 수 있다는 원칙이다.

⇨ 보호주의에 대한 설명이다.

ㄷ. [O] 구유고국제형사재판소는 Furundzija 사건에서 고문과 같은 개인의 강행규범 위반행위에 대해서는 범죄인이 자국 관할하의 영토 내에 있는 경우 모든 국가가 보편관할권을 행사할 권리가 있다고 언급한 바 있다.

⇨ 보편관할권은 국제범죄를 대상으로 한다.

ㄹ. [O] UN해양법협약 제105조는 모든 국가는 해적선 또는 해적항공기를 나포할 수 있다고 규정하여 임의적 보편관할권을 인정하고 있다.

⇨ 관할권 행사가 의무적이지 않으므로 임의적 보편관할권이라고 칭한다.

14 국제인도법 정답 ②

국제인도법에 대한 설명으로 옳은 것은 ㄴ, ㄷ이다.

ㄱ. [X] 포로에게 군사작전과 직접 관계되는 노동을 요구할 수 있다.
⇨ 포로에게 군사작전과 직접 관계되는 노동을 요구할 수 없다.

ㄴ. [O] ICJ는 Legality of the Threat or Use of Nuclear Weapons(1996)에서 국가는 민간인을 공격목표로 해선 안 되며, 따라서 민간목표물과 군사목표물을 구분할 수 없는 무기는 결코 사용해서는 안 된다고 하였다.

ㄷ. [O] 방어되지 아니하여 민간적 성격을 보유하는 마을이나 건물에 대해서는 어떤 수단에 의해서도 공격이나 포격해서는 안 된다.

ㄹ. [X] 간첩활동을 한 군대 구성원은 포로가 될 수 있다.
⇨ 간첩활동을 한 군대 구성원은 포로가 될 수 없다.

15 국제법과 국내법의 관계 정답 ②

① [X] 뉴질랜드와 프랑스 간 '무지개 전사호 사건'에서 중재재판부는 국내법의 부존재를 이유로 국제법 위반을 정당화할 수 없고 국제법상 책임을 진다고 보았다.
⇨ 알라바마호 중재 사건(1872)에 대한 판시 사항이다.

❷ [O] 영국에서 Regina v. Jones(Margart) and Others 판결(2006)은 국제범죄에 관한 국제관습은 변형되어야 함을 확인한 판례이다.
⇨ 영국에서 관습은 '수용'되나 국제범죄에 대한 관습은 변형되어야 한다.

③ [X] PCIJ는 브라질공채사건(1929)에서는 국내법이 사실의 문제이므로 국제재판소는 국내법을 해당국 국내법원과 같은 방법으로 해석하거나 적용하지 않아도 된다고 판시하였다.
⇨ 국내법이 사실의 문제이긴 하나, 국제재판소는 국내법을 해당국 국내법원과 같은 방법으로 해석하거나 적용해야 한다고 판시하였다.

④ [X] 미국 관행에서 최혜국대우 규정은 비자기집행조항으로서 집행법률이 제정되어야 국내법에 편입될 수 있다.
⇨ 최혜국대우 규정은 자기집행조항으로 인정된다.

16 국적 정답 ②

① [O] 아마두 사디오 디알로 사건(2007)에서 국제사법재판소(ICJ)는 주주로서의 권리침해에 대해서는 주주의 국적국이 보호권을 발동할 수 있으나, 주주와 다른 국적을 가진 회사의 권리를 침해한 부분에 대해서는 주주의 국적국이 외교적 보호권을 행사할 수 없다고 하였다.
⇨ 주주의 권리가 회사에 대한 피해로 2차적 간접적 피해를 입은 경우 법인이 아닌 주주의 국적국은 원칙적으로 보호권을 발동할 수 없다.

❷ [X] 캐나다, 호주, 영국, 프랑스, 스웨덴, 스위스는 귀화자에게 구 국적 포기를 요구하지 않으나, 자국민이 외국 국적을 취득하는 경우 자국 국적은 당연히 상실하도록 하였다.
⇨ 자국민이 외국 국적을 취득했다는 사실만으로 국적을 당연히 박탈하지 않는다.

③ [O] 미국은 출생에 의한 이중국적자에게 국적선택의무를 강제하지 않으며, 귀화자에게 구 국적을 상실했다는 법적 확인을 요구하지도 않는다.
⇨ 자국에서 이중국적을 허용하는 국가들의 사례이다.

④ [O] 1997년 채택한 유럽국적협약에서 국적유일의 원칙을 포기하고 일정한 경우 이중국적의 향유를 개인의 권리로 인정하였다.
⇨ 유럽 역시 이중국적을 허용하는 최근 트렌드를 반영한 것이다.

17 WTO설립협정 정답 ④

① [X] WTO는 GATT1947에서 지켜졌던 총의제(consensus) 대신 다수결을 원칙으로 한다.
⇨ 총의제(consensus)에 의한 결정의 관행이 원칙적으로 유지되며, 예외적으로 다수결이 행하여진다.

② [X] 다수결로 표결이 이루어지는 경우 유럽연합(EU)은 EU회원국 수만큼 투표권을 가진다.
⇨ 다수결로 표결이 이루어지는 경우 각료회의와 일반이사회의 결정에 있어서 EC는 WTO에 가입한 회원국의 수만큼의 투표권을 가진다.

③ [X] WTO설립협정과 다자간무역협정(MTA) 해석문제에 관한 경우 각료회의가 독점적 해석권을 갖는바, 해석의 채택 여부는 회원국 4분의 3 이상 다수결에 의한다.
⇨ 각료회의와 일반이사회가 독점적 해석권을 가진다.

❹ [O] 의무면제(waiver) 부여 여부는 각료회의의 결정사항으로 요청 후 90일 이내 총의에 의해 결정되지 아니하는 한 각료회의에서 4분의 3 이상 다수결에 의해 결정한다.
⇨ 회원국 전체의 4분의 3 이상 찬성해야 한다.

18 GATT1994 정답 ④

EC-Asbestos(2001) 사건의 주요 쟁점과 판결 내용에 대한 설명으로 옳은 것은 ㄷ, ㄹ이다.

ㄱ. [X] 패널은 EC의 수입제한조치가 GATT1994 제3조 제4항을 위반한 조치가 아니라고 판정하였으나 상소기구는 위반된다고 판정하였다.
⇨ 동 사건에서 패널은 온석면과 캐나다산 석면은 최종 용도가 같고 물리적 특성이나 성질이 유사하므로 동종상품으로 간주하고 프랑스의 조치가 GATT 제3조 제4항을 위반하였다고 판정하였다. 그러나 상소기구는 상품에 내재된 건강에의 유해가능성(health risks)이 상품의 물리적 특성이나 소비자의 기호에 관련되어 있으므로 이를 동종상품 판단 시 고려할 수 있다고 판시하였다. 이에 기초하여 인체유해성이 적은 온석면과 유해성이 높은 캐나다산 석면은 동종상품이라고 볼 수 없으므로 프랑스의 조치는 제3조 제4항에 위반되지 않는다고 판단하였다.

ㄴ. [X] 상소기구는 프랑스의 국내법이 기술규정에 해당한다고 보았다.
⇨ 패널은 프랑스 국내법 중 '금지'에 대한 부분은 기술규정에 해당하지 않고 '예외'에 대한 부분은 기술규정에 포함되나 캐나다는 '예외' 부분이 TBT협정이 적용되는 것에 대해 주장하지 않았으므로 검토하지 않는다고 하였다. 이에 대해 상소기구는 패널이 프랑스 국내법을 '전체적으로' 평가하지 아니하고 '부

분적으로' 판단한 것은 패널의 오류라고 보고 이러한 해석을 파기하였다. 그러나 패널이 TBT협정 적용을 배제하였으므로 추가적인 검토를 진행하지는 않았다.

ㄷ. [O] 상소기구는 필요성 테스트에 있어 대체수단이 '추구하는 목적 실현'에 기여하는 정도를 기준으로 판단하여야 한다고 판시하였다.
⇨ GATT1994 제20조 제(b)호에 해당되는지 평가함에 있어서 요구되는 필요성은 '합목적적이면서도 덜 무역제한적인 대체수단의 존부'를 기준으로 판단한다. 상소심은 대체수단이 국가가 추구하는 목적 달성에 기여할 수 없다면 현행 조치가 필요한 조치라고 판단한다.

ㄹ. [O] GATT1994 제20조상 일반적 예외의 본문 및 전문의 요건을 모두 충족한 유일한 판례이다.
⇨ US-Shrimp 사건 등 '본문'을 통과한 사례는 있으나 '전문'까지 모두 통과한 사례는 WTO 판례의 경우 EC-석면 사건이 유일하다.

19 세이프가드협정 정답 ①

❶ [O] GATT 제19조와 세이프가드협정은 불가분의 관계로서 양자의 규정이 모두 준수된다.
⇨ WTO 부속서 1A에 대한 일반해석은 충돌 시 세이프가드협정이 우선한다는 것이다. 그러나 'Argentina-Footware SG case'에서 상소기구는 패널의 판결을 뒤집고 WTO 이후 세이프가드조치는 '제19조'와 '세이프가드협정' 양자의 규정을 준수해야 한다고 결론내렸다. 또한 'US-Steel case'에서 '제19조'와 '세이프가드협정'은 불가분의 관계로서 예견하지 못한 사태의 발전의 존재를 입증해야한다고 밝힌 바 있다.

② [X] 세이프가드조치란 급격한 수입 증가로 인한 국내산업의 피해를 구제하기 위해 불공정무역 관행에 대처하여 발동하는 조치이다.
⇨ 세이프가드조치는 반덤핑조치나 상계관세조치와는 달리 공정무역 관행에 대한 규제를 부과할 수 있도록 허용하는 조치이다.

③ [X] 세이프가드협정은 긍정적 예비판정이 있을 경우에도 잠정조치를 취할 수 없다.
⇨ 세이프가드협정 제6조에 따라 잠정조치를 취할 수 있다.

판례 이론 **조문**

> **세이프가드협정 제6조** 세이프가드협정은 긍정적 예비판정이 있은 후에 잠정조치를 취할 수 있다. 이때 심각한 피해 또는 피해의 우려에 대한 명백한 증거가 있어야 한다.

④ [X] 세이프가드조치는 필요한 기간 동안 적용되면 5년을 초과할 수 없으며 연장되는 경우 10년을 초과할 수 없다.
⇨ 세이프가드협정 제7조 제1항에 따라 옳지 않은 설명이다.

판례 이론 **조문**

> **세이프가드협정 제7조 제1항** 세이프가드조치는 연장되지 않는 한 4년을 초과해서는 안 되며, 연장되는 경우에도 잠정조치기간을 포함하여 8년을 초과할 수 없다.

20 GATT1994 정답 ③

일반적 예외에 대한 설명으로 옳지 않은 것은 ㄴ, ㄷ, ㄹ이다.

ㄱ. [O] 자유무역원칙을 훼손하는 조치라 할지라도 WTO회원국이 추구하는 가치를 인정하자는 취지에서 매우 제한적으로 허용되고 있다.
⇨ 일반적 예외는 GATT 제20조에 규정되어 있다. 매우 엄격한 요건하에 최혜국대우원칙 등으로부터 벗어나는 것을 허용한다.

ㄴ. [X] 일반적 예외가 인정되기 위해서는 전문과 본문 요건을 모두 충족시켜야 하며 전문에 대해서는 제소국이, 본문에 대해서는 피제소국이 각각 입증책임을 진다.
⇨ 전문과 본문 모두 피제소국이 입증책임을 진다.

ㄷ. [X] EC-호르몬 사건에서 패널은 EC의 수입제한조치가 인간이나 동물의 생명이나 건강을 보호하기 위해 필요한 조치에 해당되나, 전문의 요건을 충족하지 못한다고 하였다.
⇨ EC-호르몬 사건은 일반적 예외와 무관하다.

ㄹ. [X] US-Shrimp 사건에서 패널은 미국의 조치가 유한천연자원 보존에 관한 조치이나 동등성 요건을 충족하지 못한다고 하였다.
⇨ 동등성도 충족하여 본문 요건은 충족하나, 전문 요건은 충족하지 못한다고 하였다.

05회 실전동형모의고사

정답

p. 32

01	③	Ⅴ	06	④	Ⅵ	11	①	Ⅴ	16	④	Ⅳ
02	③	Ⅲ	07	③	Ⅳ	12	③	Ⅱ	17	①	Ⅶ
03	①	Ⅱ	08	③	Ⅴ	13	②	Ⅰ	18	②	Ⅶ
04	②	Ⅱ	09	③	Ⅴ	14	②	Ⅵ	19	④	Ⅱ
05	①	Ⅱ	10	①	Ⅳ	15	④	Ⅱ	20	④	Ⅶ

Ⅰ 국제법 총론 / Ⅱ 국가 / Ⅲ 국제기구 / Ⅳ 개인 / Ⅴ 국제법의 규율 대상 / Ⅵ 국제분쟁해결 및 무력사용 / Ⅶ 국제경제법

취약 단원 분석표

단원	맞힌 답의 개수
Ⅰ	/ 1
Ⅱ	/ 6
Ⅲ	/ 1
Ⅳ	/ 3
Ⅴ	/ 4
Ⅵ	/ 2
Ⅶ	/ 3
TOTAL	/ 20

01 국제해양법 정답 ③

① [×] 중재재판소는 The Arctic Sunrise Arbitration 사건에서 연안국들이 단속해야 할 수역이 광대하고 더욱 신뢰할 수 있는 발전된 과학기술이 이용가능하다고 하더라도 협약 규정에 따라 정선명령은 보거나 들을 수 있는 거리에서 시각신호와 청각 신호로 해야 하고, 무선통신에 의한 정선명령은 허용되지 않는다고 판시하였다.

⇨ 연안국들이 단속해야 할 수역이 광대하고 더욱 신뢰할 수 있는 발전된 과학기술도 이용가능한 마당에 '무선통신(radio communications/messages)'에 의한 정선명령을 보거나 들을 수 있는 거리로 국한하는 것은 이치에 맞지 않는다고 판시하였다.

② [×] 선박이 무허가방송에 종사하고 있다고 판단되는 경우 임검권을 행사할 수 있는 군함의 기국은 선박의 소유자의 국적국, 시설의 등록국, 무허가방송종사자의 국적국, 송신이 수신될 수 있는 국가, 허가된 무선통신이 방해받는 국가이다.

⇨ 선박의 기국이 포함된다. 선박 소유자의 국적국은 제외된다.

❸ [O] UN해양법협약에 의하면, 군함의 임검권은 다섯 가지 혐의(해적행위, 노예무역, 무허가방송, 무국적선이라고 의심되는 경우, 외국기 게양하고 있거나 국기제시를 거절하였음에도 불구하고 실제로 군함과 동일한 국적을 보유하고 있다고 의심되는 경우)가 있는 경우에만 발동될 수 있다.

⇨ 기국주의가 원칙이므로 그 예외는 제한적으로 인정된다.

④ [×] 공해생물자원의 허용어획량을 결정하고 기타 보존조치를 수립함에 있어 국가들은 최대 생산량(maximum yield)을 생산할 수 있는 수준에서 포획어족의 자원량을 유지 또는 회복하기 위한 조치를 취해야 한다.

⇨ 국가들은 최대 지속적 생산량(maximum sustainable yield)을 생산할 수 있는 수준에서 포획어족의 자원량을 유지 또는 회복하기 위한 조치를 취해야 한다.

02 국제연합(UN) 정답 ③

UN안전보장이사회에 대한 설명으로 옳은 것은 ㄷ, ㅁ이다.

ㄱ. [×] 안전보장이사회는 20개의 UN회원국으로 구성된다.

⇨ 15개의 UN회원국으로 구성된다.

ㄴ. [×] 비상임이사국의 임기는 3년이다.

⇨ 비상임이사국의 임기는 2년이다. 재선될 수 있으나 연속해서 재선될 수는 없다.

ㄷ. [O] 절차사항에 관한 안전보장이사회의 결정은 9개 이사국의 찬성투표로써 한다.

⇨ 안전보장이사회의 결의는 절차사항과 비절차사항으로 구분된다.

ㄹ. [×] 안전보장이사회의 이사국이 아닌 UN회원국도 안전보장이사회가 그 회원국의 이해에 특히 영향이 있다고 인정하는 때에는 언제든지 안전보장이사회에 회부된 어떠한 문제의 토의에도 참가하여 투표권을 행사할 수 있다.

⇨ 이사국이 아닌 UN회원국이 투표권을 갖는 것은 아니다.

ㅁ. [O] 안전보장이사회가 계속적으로 임무를 수행할 수 있도록 각 이사국은 UN소재지에 항상 대표를 두어야 한다.

⇨ 대표를 상주하도록 하는 것을 UN헌장상 의무로 규정하고 있다.

03 국가관할권 정답 ①

국가관할권에 대한 설명으로 옳은 것은 ㄱ, ㄴ이다.

ㄱ. [O] 유럽인권재판소는 Chahal v. United Kingdom 사건(1996)에서 영국 정부가 시크 분리운동주의자를 인도로 송환하려는 결정은 그것이 만일 실행된다면 비록 인도 정부로부터 그에게 고문을 가하지 않겠다는 외교보증을 받았다 하더라도, 유럽인권협약 제3조하의 절대적 의무를 위반하게 될 것이라고 판시한 바 있다.

ㄴ. [O] 시민적·정치적 권리규약 인권위원회는 Roger Judge v. Canada 사건(2003)에서 사형을 이미 폐지한 캐나다가 아직 그렇지 아니한 미국으로부터 사형을 집행하지 않을 것이라는 보증을 받지 않고 추방한 것은 캐나다가 아직 사형폐지에 관한 규약 제2선택의정서를 비준하지 않고 있는 사실과는 관계없이 B규약 제6조 제1항하의 생명권 침해라고 판단하였다.

ㄷ. [×] 미국 연방최고재판소는 Alvarez-Machain 사건에서 미국·멕시코 간의 범죄인인도협정에서 납치를 명시적으로 허용하고 있다는 이유를 들어 미국 재판소의 형사관할권 행사를 인정하였다.
⇨ 미국·멕시코 간의 범죄인인도협정에서 납치를 명시적으로 혹은 묵시적으로 금지하고 있지 않다는 이유를 들었다.

ㄹ. [×] 1985년 10월 이탈리아 여객선 Achille Lauro호를 나포한 혐의로 기소된 팔레스타인인들이 그 후 이집트 국영비행기로 이집트로 압송되던 도중 미국 전투기들의 요격으로 이탈리아에 강제착륙되어 체포된 뒤 이탈리아 당국에 인계되었으나 이탈리아 재판소는 그들이 사실상 납치된 것이므로 재판권을 행사할 수 없다고 판시하였다.
⇨ 이탈리아 재판소는 그들을 재판하는 데 어떤 장애물이 있는 것으로 보지 않았다.

04 국가면제 정답 ②

① [O] 국가는 국제협정, 서면상의 계약, 특정 소송 관련 법정에서의 선언 또는 서면상의 통고를 통하여 타국 법정이 관할권을 행사하는 것을 명시적으로 동의한 경우, 타국 법정에 제기된 소송에서 관할권 면제를 원용할 수 없다.
⇨ 국가면제의 명시적 포기에 대한 사항이다.

❷ [×] 타국 법의 적용에 대한 국가의 동의는 그 타국 법정에 의한 그 국가의 관할권 행사에 대한 동의로 간주된다.
⇨ 법의 적용에 대한 동의와 관할권 행사에 대한 동의, 즉 면제의 포기는 구분되어야 한다. 따라서 법의 적용에 대한 동의는 면제의 포기에 대한 동의로 간주될 수 없다.

③ [O] 국가 간의 상업적 거래와 관련된 분쟁이 타국 법정의 관할권에 속하는 경우, 국가는 그 관할권으로부터 면제를 주장할 수 있다.
⇨ 상업적 거래의 경우 관할권으로부터의 면제가 제한되나, 국가 간 상업적 거래는 면제가 인정된다.

④ [O] 국가의 대리인이 타국 법정에 증인으로 출석하는 경우, 이는 전자의 국가가 타국 법정의 관할권 행사에 동의하는 것으로 해석될 수 없다.
⇨ 묵시적 포기로 간주되지 않는다는 것이다.

05 외교관 정답 ①

❶ [O] 파견국이 외교공관을 가지지 아니하고 또한 제3국의 외교공관에 의하여 대표되지 아니하는 국가 내에서 영사관원은 접수국의 동의를 받아 또한 그의 영사지위에 영향을 미침이 없이 외교활동을 수행하는 것이 허용될 수 있다.

② [×] 영사관원이 접수국에 통고한 후 정부간국제기구에 대한 파견국의 대표로서 활동하는 경우 동 영사관원에 부여되는 특권과 면제는 이 협약에 따라 영사관원이 부여받을 권리가 있는 것보다 더 큰 특권과 면제를 부여받을 수 있다.
⇨ 더 큰 특권과 면제를 부여받을 수 없다.

③ [×] 명예영사는 접수국에 거주하는 자 중에서 파견국이 선임하여 영사의 사무를 위임하는 영사를 말하며, 명예영사 선임에 접수국의 동의를 필요로 한다.
⇨ 동의를 필요로 하지 않는다.

④ [×] 파견국은 접수국의 동의 없이 접수국 또는 제3국 국민을 영사기관장으로 임명할 수 없다.
⇨ 파견국은 접수국의 명시적 동의 없이 접수국 또는 제3국 국민을 영사기관장으로 임명할 수 없다.

06 국제분쟁해결제도 정답 ④

① [×] 1899년 제1차 만국평화회의에서 러시아의 제안으로 국제분쟁의 평화적 해결에 관한 조약에서 국제조정제도가 처음 도입되었다.
⇨ 사실심사제도가 처음 도입되었다.

② [×] 국제사법재판소 및 국제형사재판소는 궐석재판이 인정된다.
⇨ 국제형사재판소는 궐석재판이 인정되지 않는다.

③ [×] ICJ는 1993년 처음으로 7인의 판사로 구성된 영토분쟁 담당 소재판부를 설치하였다.
⇨ 환경 담당 소재판부를 처음으로 설치하였다.

❹ [O] 미국과 캐나다 간 메인만 사건(1982)에서 ICJ 역사상 처음으로 특별재판부가 설치되었다.
⇨ 이러한 특별재판부의 재판관 수는 당사국과 ICJ가 합의해서 정한다.

07 난민 정답 ③

외교적 보호(diplomatic protection)에 대한 설명으로 옳지 않은 것은 ㄴ, ㄹ, ㅂ이다.

ㄱ. [O] ILC외교보호초안(2006)에 의하면 이중국적자가 국적국으로부터 피해를 입은 경우 타방 국적국은 원칙적으로 보호권을 발동할 수 없으나, 지배적 국적국임을 입증한 경우 보호권을 발동할 수 있다.
⇨ 이중국적국 상호 간에는 원칙적으로 보호권을 발동할 수 없으나, 일방이 타방에 비해 '지배적 국적국'에 해당되면 예외적으로 보호권을 발동할 수 있다.

ㄴ. [×] 메르재 중재 사건, 인터한델 사건, 미국-이란 청구권 사건, 카네바로 사건은 이중국적국 상호 간 보호권을 발동할 수 있다고 본 사건이다.
⇨ 인터한델 사건은 이중국적자 보호와 무관한 사건이다.

ㄷ. [O] ILC외교보호초안(2006)에 의하면 이중국적국 상호 간 보호권 발동을 위해서는 보호권 발동국은 자국이 침해 시 그리고 청구 제기 시에 모두 지배적 국적국임을 입증해야 한다.
⇨ 침해 시와 국제청구 제기 시에 모두 지배적 국적이어야 한다. 입증책임은 보호권 발동국이 진다.

ㄹ. [×] ILC외교보호초안(2006)에 의하면 자국에 거주하는 난민이 제3국에서 피해를 입은 경우 제3국이 난민 자격을 부여하고 해당 난민이 자국에 합법적, 상시적으로 거주한 경우 제3국에 대해 보호권을 발동할 수 있다.
⇨ 제3국이 아니라 보호권 발동국이 난민 자격을 부여해야 한다.

ㅁ. [O] ILC외교보호초안(2006)에 의하면 난민 인정국은 난민의 국적국에 대해서는 보호권을 발동할 수 없다.
⇨ 난민의 국적국이 가해자인 경우 난민 인정국이 보호권을 발동할 수 없다.

ㅂ. [X] ILC외교보호초안(2006)에 의하면 등록국 선박에 승선한 외국인에 대해 등록국(기국)이 가해국에 대해 보호권을 발동할 수 있으며, 이 경우 외국인의 국적국의 보호권은 묵시적 포기로 간주된다.
⇨ 제3국의 보호권이 배제되지 않는다.

08 국제환경법 정답 ③

① [O] 오염자부담원칙은 행위의 편익을 취한 자가 그와 관련된 불이익을 부담해야 한다(ubi emolumentum, ibi onus)는 법언(法諺)에 근거한다.
⇨ 오염자부담원칙은 오염원을 제공한 측에서 오염제거비용을 부담해야 한다는 원칙이다.

② [O] 오염자부담원칙은 오염방지비용뿐만 아니라 오염의 피해 복구에 소용되는 비용을 기본적으로 해당 환경오염의 원인을 제공한 자가 부담해야 한다는 원칙이다.
⇨ 오염자부담원칙에서 부담의 범위는 명확하지 않다. 방지비용, 결과제거비용뿐 아니라 오염으로 피해를 입은 자에 대한 배상도 포함시키기도 한다.

❸ [X] 오염자부담원칙은 1972년 유럽공동체(EC) 각료이사회가 채택한 환경정책의 국제경제적인 측면에 관한 지도원칙에 관한 권고에서 최초로 언급되었다.
⇨ OECD 각료이사회가 채택하였다.

④ [O] OECD는 1974년 오염자부담원칙의 이행에 관한 권고에서 오염 방지 및 제거 비용뿐 아니라 잔여오염물질로 인해 피해를 입은 자에 대한 보상도 오염자부담원칙의 내용에 포함된다고 하였다.
⇨ OECD는 책임범위를 넓게 설정하고 있는 것이다.

09 영토 정답 ③

uti possidetis(현상유지)원칙에 대한 설명으로 옳은 것은 ㄱ, ㄴ, ㄹ이다.

ㄱ. [O] 국제법상 민족자결원칙과 충돌할 수 있는 이론이다.
⇨ 민족의 분계선과 국경선이 달라질 수도 있으므로 민족자결권과 충돌할 수 있다.

ㄴ. [O] 국제사법재판소(ICJ)는 부르키나 파소-말리 간 국경분쟁(Burkina Faso-Mali) 사건에서 이 원칙이 독립국 수립 시에 일반적으로 적용될 수 있는 원칙이라고 하였다.
⇨ 동 판례는 uti possidetis(현상유지)원칙이 '일반관습'임을 확인하였다.

ㄷ. [X] 아프리카단결기구(OAU)는 자결권에 의거하여 uti possidetis(현상유지)원칙의 적용을 반대하는 결의를 채택하였다.
⇨ 아프리카단결기구(OAU)는 uti possidetis(현상유지)원칙을 인정하였다.

ㄹ. [O] 실효적 지배원칙보다 우선적인 권원성이 인정된다.
⇨ uti possidetis(현상유지)원칙이 관습법이므로 실효적 지배 여부보다 우선적용된다.

10 범죄인인도 정답 ①

❶ [X] 1984년의 고문반대협약(Convention against Torture and Other Cruel, Inhumane or Degrading Treatment or Punishment)은 고문당할 염려가 있는 국가로의 추방, 송환 또는 인도를 금지하고 있으나, 관련자가 국제범죄를 범하였거나, UN의 목적과 원칙에 반하는 행위를 한 경우 예외를 인정한다.
⇨ 예외는 규정되지 않았다.

② [O] 유럽체포영장에 관한 EU이사회 골격결정에 의하면 그 누구도 사형, 고문, 기타 잔혹하거나 모욕적인 대우 또는 처벌에 처해질 수 있는 중대한 위험이 있는 국가로는 이송, 추방 혹은 인도되어서는 안 된다.

③ [O] 1996년 유럽인권재판소는 Chahal v. United Kingdom사건에서 Soering v. United Kingdom 사건에서 적용한 잠재적 위반의 논리에 따라 영국 정부가 시크 분리운동주의자를 인도로 송환하려는 결정은 그것이 만일 실행된다면 비록 인도를 받는 정부로부터 그에게 고문을 가하지 않겠다는 외교보증을 받았다 하더라도 현재 인도의 관련 인권 상황에 비추어 볼 때 고문의 위험이 있는 곳으로 송환하지 아니할 유럽인권협약 제3조하의 절대적 의무를 위반하게 될 것이라고 판시하였다.

④ [O] B규약위원회는 Roger Judge v. Canada사건에서 사형을 이미 폐지한 캐나다가 아직 그렇지 아니한 미국으로부터 사형을 집행하지 않을 것이라는 보증을 받지 않고 추방한 것은 캐나다가 아직 사형폐지에 관한 규약 제2선택의정서를 비준하지 않고 있는 사실과는 관계없이 미국에서 사형선고를 받고 탈옥하여 캐나다로 도주하였던 미국인 신청인의 규약 제6조 제1항하의 생명권을 침해한 것이라고 판단하였다.

11 국제해양분쟁해결제도 정답 ①

❶ [O] 분쟁해결수단을 선택하는 선언과 통고는 국제연합사무총장에게 기탁되어야 하며 사무총장은 그 사본을 당사국에 전달한다.

② [X] 중재재판소가 구성되는 동안 잠정조치의 요청이 있는 경우 당사자가 합의하는 재판소가, 만일 잠정조치의 요청이 있은 후 30일 이내에 이러한 합의가 이루어지지 아니하는 경우에는 국제해양법재판소가 잠정조치를 명령할 수 있다.
⇨ 2주 이내이다.

③ [X] 국제해양법재판소가 중재재판소가 구성되는 동안 잠정조치를 취하는 경우 장차 구성될 중재재판소가 관할권을 확실하게 가지고 있고 상황이 긴급하여 필요하다고 인정된 경우에 한한다.
⇨ 중재재판소가 일응 관할권을 가지고 있고 상황이 긴급하여 필요하다고 인정된 경우에 한한다.

④ [X] 분쟁이 회부된 중재재판소는 국제해양법재판소가 취한 잠정조치를 인정해야 한다.
⇨ 중재재판소는 국제해양법재판소가 취한 잠정조치를 확인, 변경, 철회할 수 있다.

12 국가책임 정답 ③

국가책임에 대한 설명으로 옳은 것은 ㄱ, ㄷ, ㅁ이다.

ㄱ. [O] 지방자치단체의 국제위법행위에 대해서도 국가책임이 성립한다.
⇨ 지방자치단체의 행위는 국가로 귀속되어 국가가 책임을 진다.

ㄴ. [X] 2001년 국제연합(UN) 국제법위원회는 기존의 국제위법행위에 대한 국가책임 초안을 수정하여 국제위법행위 개념에 국제범죄의 개념을 추가하였다.
⇨ 국제범죄의 개념은 잠정초안에 규정되었으나, 2001년 최종 초안에서는 삭제되었다. 다만, 대세적 의무 개념을 도입하여 비피해국에 대해서도 국가책임을 원용할 수 있는 규정을 두었다.

ㄷ. [O] 사인의 행위라도 국가책임이 발생하는 경우가 있다.
⇨ 사인이 국가의 위임을 받거나, 지시 또는 통제를 받은 경우, 공공당국 부재 또는 마비 시 공무를 자발적으로 대신 수행한 사인의 행위의 경우, 사인의 행위를 정부가 추후에 추인하는 경우 사인의 행위에 대해 국가가 책임을 질 수 있다.

ㄹ. [X] 행정부가 국제관계에서 국가를 대표하므로 행정부의 행위만이 국가책임을 발생시킨다.
⇨ 행정부뿐만 아니라 입법부나 사법부의 행위도 국가로 귀속되어 책임을 질 수 있다. 예컨대, 사법부의 경우 재판의 거절(denial of justice)에 해당하는 경우 국가가 책임을 진다.

ㅁ. [O] 국가기관의 행위가 비권력적·상업적 성격을 지녔더라도 이로부터 국가책임이 성립될 수 있다.
⇨ 국가책임에 있어서 국가의 행위가 비권력적·상업적 행위인지 또는 권력적·정치적 행위인지 구분하지 않는다. 양자 모두 국가의 직무행위에 해당하며, 위법성이 있는 경우 국가책임을 진다. 국가면제에서는 양자를 구분하여 비권력적·상업적 행위에 대해서는 면제가 인정되지 않는다.

13 국제법과 국내법의 관계 정답 ②

① [O] 관습국제법은 자동적으로 영국법의 일부로 편입되고, 영국 법원에서의 재판 근거가 될 수 있다.
⇨ 영국은 관습법을 원칙적으로 수용한다.

❷ [X] 관습국제법에 따른 판결에 대해 선례구속성의 원칙이 인정되어 영국 법원은 기존 판결에 따라 판단해야 한다.
⇨ 관습국제법에 대해서는 선례구속성의 원칙이 인정되지 않으며, 영국 법원은 항상 재판 당시의 관습국제법에 입각한 판결을 내려야 한다.

③ [O] 관습국제법은 의회제정법에 우선할 수 없다.
⇨ 의회제정법이 관습국제법보다 상위법이다.

④ [O] 관습국제법이 영국법의 일부로 수용된다고 해도 관습국제법상의 범죄도 자동적으로 수용되어 영국 법원에서 형사처벌의 대상이 되는 것은 아니며, 형사범죄에 대한 한 영국 의회만이 새로운 범죄를 창설할 수 있다. 즉, 관습법상의 범죄는 변형되어야 한다.
⇨ 국제범죄에 대한 관습법은 영국에서 예외적으로 변형원칙이 적용된다.

14 국제사법재판 정답 ②

국제사법재판소(ICJ)의 소송절차에 대한 설명으로 옳지 않은 것은 ㄱ, ㄷ이다.

ㄱ. [X] 판결의 의미나 범위에 대한 분쟁은 재판소에 요청할 수 있으나, 분쟁당사국 간 합의가 선행되어야 한다.
⇨ 일방적으로 요청할 수 있다.

ㄴ. [O] 소송절차는 서면절차와 구두절차로 구분된다.
⇨ 참고로 개인청원제도는 대체로 서면절차 위주로 진행된다.

ㄷ. [X] 모든 문제는 출석한 재판관들의 3분의 2 이상 찬성에 의하여 결정된다.
⇨ 출석한 재판관 과반수 찬성으로 의결하며, 가부동수인 경우 재판소장이 결정투표권(casting vote)을 행사한다.

ㄹ. [O] 재심청구는 판결의 선고 시 분쟁당사자와 재판소 모두가 알지 못하였던 결정적 요소가 되는 사실의 발견에 근거하여야 한다.
⇨ 단, 알지 못하였던 점에 대해 과실이 없어야 하고, 이에 대한 입증책임은 재심청구국이 진다.

ㅁ. [O] 해석적 소송참가는 참가국의 권리이므로 재판부의 허가를 필요로 하지 않으나, 반드시 분쟁당사국들이 가입한 조약의 당사국 지위를 가져야 한다.
⇨ 해석적 참가가 인정된 경우 판결에서 제시된 조약해석에는 구속을 받으나, 판결 자체에는 구속을 받지 않는다.

15 국가승인 정답 ④

① [O] 티노코 사건 판결(1923)에 의하면 정부의 사실상 존재 여부는 국제법적 기준에 의해 객관적으로 판단되어야 하며 승인의 부여 여부를 통해 결정될 수 없다.
⇨ 위헌적으로 수립된 정부라도 해당 국가를 확고하게 장악하고 있으면 당해 국가를 대표하는 정부로 인정될 수 있다는 '사실주의'를 확인한 판례이다.

② [O] 몬테비데오협약(1933)에 의하면 국가의 존재 여부는 타국의 승인과는 무관하다.
⇨ 몬테비데오협약(1933)은 국가승인에 있어서 '선언적 효력설'을 규정하였다.

③ [O] 미주국가기구(OAS)는 승인에 대해 선언적 효력설을 지지한다.
⇨ 선언적 효력설은 타국의 승인과 무관하게 국가로 성립할 수 있다는 입장이다.

❹ [X] 신국가가 수립되는 경우 국가승인, 정부승인, 국가승계, 정부승계문제가 모두 발생한다.
⇨ 정부승계문제는 한 국가 내에서 신정부가 수립된 경우 발생하는 문제이다.

16 범죄인 인도 정답 ④

① [×] 일반 관행에 따르면, 인도청구 경합 시 상이한 범죄로 청구한 경우 속지주의가 우선이며, 속지주의 국가가 없는 경우 먼저 청구한 측에 인도한다.
⇨ 동일한 범죄로 인도가 청구되었을 때 적용되는 관행이다.
② [×] 영미법계는 속지주의를 원칙으로 하고, 속인주의를 예외로 규정하고 있어 자국민을 인도하지 않는 관행을 보이고 있다.
⇨ 영미법계는 자국민을 인도한다.
③ [×] 미주 범죄인 인도조약은 1년 이상의 자유형을 인도대상범죄로 규정한다.
⇨ 2년 이상의 자유형을 인도대상범죄로 규정한다.
❹ [O] UN모델조약에 의하면 자국민이라는 이유로 인도를 거절한 경우, 상대국의 요청이 있으면 기소를 위해 그를 자국 관헌에 회부하도록 요구하고 있다.
⇨ UN모델조약은 범죄인 인도조약의 표준을 제시할 목적으로 만들어졌다.

17 TRIPs 정답 ①

❶ [O] 기존의 지적재산권 관련 국제협약과 달리 최혜국대우원칙을 최초로 도입하였다.
⇨ 최혜국대우원칙은 외국인 상호 간 비차별을 의미한다.
② [×] 권리소진의 원칙이 적용되는 경우 병행수입이 인정되나 TRIPs 협정에는 규정되지 않았으며, 동 협정은 국내법을 통해 권리소진원칙을 적용하도록 하였다.
⇨ 국내법을 통해 적용하도록 강제한 것은 아니다.
③ [×] 저작인격권이란 실연자가 갖는 복제방송의 독점권, 음반제작자가 갖는 복제권 등을 의미하며, 50년을 최소보호기간으로 한다.
⇨ 저작인접권에 대한 설명이다.
④ [×] 상표권의 보호에는 기본적으로 베른협약이 준용된다.
⇨ 상표권의 보호에는 파리협약이 준용된다.

18 무역관련 투자조치에 관한 협정 정답 ②

① [O] 전적으로 상품무역에 관련된 투자조치에만 적용된다.
⇨ 무역관련 투자조치에 관한 협정(TRIMs)은 부속서 1A에 해당되므로 상품무역에 관련된 투자만을 대상으로 한다.
❷ [×] 해외직접투자뿐만 아니라, 증권투자 등 간접투자에 대해서도 적용된다.
⇨ 직접투자를 대상으로 적용된다.
③ [O] 외국인의 국내 투자뿐 아니라 자국민의 국내 투자에 대해서도 적용된다.
⇨ '인도네시아 - 자동차 사건'에 의하면 자국민의 국내 투자도 무역관련 투자조치에 관한 협정의 대상이다.
④ [O] 1994년 GATT상의 내국민대우원칙과 수량제한금지원칙에 위반하는 무역관련투자조치를 허용하지 않는다.
⇨ TRIMs에서 모든 무역관련투자조치를 금지하는 것이 아니라, GATT 제3조 제4항이나 GATT 제11조 제1항에 위배되는 무역관련투자조치를 금지한다.

19 외교관계 정답 ④

① [×] 외교관계가 단절되거나 외교사절단이 소환되어 더이상 사용되지 않고 있는 공관은 외교공관으로서의 성격을 상실하나 자동적으로 불가침성을 상실하는 것은 아니다.
⇨ 외교공관으로서의 성격을 상실하여 협약 제22조에 규정된 불가침성을 상실하게 된다.
② [×] ICJ는 Armed Activities on the Territory of the Congo 사건에서 외교관계에 관한 비엔나협약은 접수국 자신이 사절단의 불가침성을 침해하는 것을 금지하고 있을 뿐 다른 사람들이 사절단의 불가침성을 침해하는 것을 방지할 의무를 접수국에 지우고 있는 것은 아니라고 하였다.
⇨ 다른 사람들이 사절단의 불가침성을 침해하는 것을 방지할 의무도 접수국에 지우고 있다고 하였다.
③ [×] 영국재판소는 런던 주재 청국 공사관이 Sun Yat-Sen을 불법감금한 사건(1896)에서 외교공관의 불가침성에도 불구하고 불법감금의 경우 예외적으로 청국 공사관에 인신보호영장을 발부할 수 있다고 하였다.
⇨ 외교공관의 불가침성을 이유로 청국 공사관에 인신보호영장을 발부하는 것을 거절하였다.
❹ [O] ICJ는 U.S Diplomatic and Consular Staff in Tehran 사건에서 외교법의 규칙들은 한 개의 자기완비적 체제(a self-contained regime)를 구성하고 있다고 하였다.
⇨ 조약 내에 실체규범과 실체규범 위반에 대한 대응조치가 같이 존재할 때 당해 조약을 자기완비적 체제라고 한다.

20 보조금 및 상계조치협정 정답 ④

① [O] 보조금은 금지보조금(Prohibited subsidy), 상계보조금(Actionable subsidy), 상계불가보조금(Non-actionable subsidy)으로 나뉜다.
⇨ 신호등 분류법에 따라 3가지로 구분한 것이다.
② [O] 수입품 대신 국내상품의 사용을 조건으로 지급되는 보조금은 금지보조금이다.
⇨ 수입대체보조금에 대한 정의이다. 금지된다.
③ [O] 특정성이 있다고 판단되는 경우 상계조치에 관한 규정이 적용된다.
⇨ 협정상 보조금요건에 해당되어도 특정성이 없으면 허용보조금이므로 상계조치 등을 취할 수 없다.
❹ [×] 정부 또는 공공기관에 의해 지급되는 보조금만을 규제대상으로 한다.
⇨ 민간기관에 대한 정부의 지시 또는 위임에 의해 지급되는 '간접보조금'도 규제대상이다.

06회 실전동형모의고사

정답

p. 38

01	③	Ⅳ	06	②	Ⅴ	11	③	Ⅴ	16	②	Ⅰ
02	②	Ⅰ	07	②	Ⅴ	12	③	Ⅲ	17	④	Ⅱ
03	③	Ⅱ	08	①	Ⅰ	13	④	Ⅴ	18	③	Ⅶ
04	④	Ⅱ	09	④	Ⅳ	14	①	Ⅵ	19	①	Ⅶ
05	①	Ⅳ	10	④	Ⅱ	15	③	Ⅱ	20	②	Ⅶ

Ⅰ 국제법 총론 / Ⅱ 국가 / Ⅲ 국제기구 / Ⅳ 개인 / Ⅴ 국제법의 규율 대상 / Ⅵ 국제분쟁해결 및 무력사용 / Ⅶ 국제경제법

취약 단원 분석표

단원	맞힌 답의 개수
Ⅰ	/ 3
Ⅱ	/ 5
Ⅲ	/ 1
Ⅳ	/ 3
Ⅴ	/ 4
Ⅵ	/ 1
Ⅶ	/ 3
TOTAL	/ 20

01 국제인권법 정답 ③

특별조정위원회에 대한 설명으로 옳은 것은 ㄱ, ㄷ이다.

ㄱ. [O] 특별조정위원회는 관계당사국에게 모두 수락될 수 있는 5인의 위원으로 구성된다.

ㄴ. [×] 관계당사국이 1개월 이내에 특별조정위원회의 전부 또는 일부의 구성에 관하여 합의에 이르지 못하는 경우, 합의를 보지 못하는 특별조정위원회의 위원은 비밀투표에 의하여 인권이사회 위원 중에서 인권이사회 위원 3분의 2 다수결 투표로 선출된다.

⇨ 3개월 이내에 특별조정위원회의 전부 또는 일부의 구성에 관하여 합의에 이르지 못하는 경우이다.

ㄷ. [O] 특별조정위원회의 위원은 관계당사국, 이 규약의 비당사국 또는 국가 간 고발제도의 수락선언을 행하지 아니한 당사국의 국민이어서는 아니 된다.

ㄹ. [×] 특별조정위원회는 당해문제를 접수한 후 어떠한 경우에도 15개월 이내에 관계당사국에 통보하기 위하여 인권이사회의 위원장에게 보고서를 제출한다.

⇨ 12개월 이내에 보고서를 제출한다.

02 국제법과 국내법의 관계 정답 ②

① [O] 별도의 시행법률 없이도 국내법원에 의하여 직접 적용될 수 있는 조약을 가리킨다.

⇨ 자기집행적 조약(self-executing treaty)은 국내법에 수용된다고 볼 수 있으며, 효력은 연방법률과 대등하다.

❷ [×] 자기집행적 조약과 비자기집행적 조약 여부를 판단함에 있어서 1차적으로 조약체결 당시 사정이나 준비문서에 따른다.

⇨ 당사자의 의사를 확인함에 있어서 1차적으로는 조약문언을 파악한다. 준비문서 등은 2차적 평가 수단이다.

③ [O] 동일한 조약이 그 당사자들 중 어느 국가에서는 자기집행적 조약으로 그리고 다른 국가에서는 비(非)자기집행적 조약으로 취급될 수 있다.

⇨ 조약의 자기집행성 문제는 국내문제이므로 조약당사국들 간에 별도의 합의가 없는 한 달리 취급될 수 있다.

④ [O] 미국은 자기집행적 조약과 관련하여 수용이론을 취하고 있다.

⇨ 자기집행적 조약(self-executing treaty)은 별도의 집행법률을 요하지 않으므로 수용된다고 볼 수 있다. 반면, 비자기집행적 조약은 별도의 집행법률을 요하므로 변형에 해당된다고 볼 수 있다.

03 국가책임 정답 ③

① [O] 피해국은 유책국이 손해배상을 이행하도록 하기 위하여 당해 국가에 대한 대응조치를 취할 수 있다.

⇨ 따라서 대응조치는 잠정조치이다.

② [O] 대응조치는 가능한 한 문제된 의무의 이행을 재개시킬 수 있는 방법으로 취해져야 한다.

⇨ 대응조치는 상대국이 손해배상을 하도록 촉구하는 목적을 가진 제도이다.

❸ [×] 대응조치는 국제환경보호의무에 대하여 영향을 주어서는 안 된다.

⇨ 위법행위에 관한 ILC초안 제50조 제1항은 무력사용금지의무, 기본적 인권보호의무, 복구가 금지되는 인도적 성격의 의무를 명시하고 있다. 제(d)호에서 일반국제법상의 강행규범에 따른 기타 의무를 명시하고 있으나, 국제환경보호의무가 강행규범인지 명확하지는 않으므로 대응조치가 국제환경보호의무에 영향을 줄 수 없다고 단정할 수 없다.

④ [O] 대응조치를 취하는 국가는 자국과 책임국 간에 적용되는 분쟁해결절차에 따를 의무의 이행으로부터 면제되지 아니한다.

⇨ 대응조치는 강행규범을 위반해서는 안 된다.

04 국가의 기본적 권리의무 정답 ④

① [O] 집단적 자위권을 행사하기 위해 방위조약과 같은 사전합의가 존재할 수도 있다.
⇨ 사전합의가 반드시 요구되는 것은 아니다.

② [O] 비군사적 강제라 할지라도 타국의 주권적 권리의 종속을 꾀하거나 타국의 정치적·경제적·문화적 체제의 선택권을 박탈할 목적으로 사용된 경우에는 위법한 간섭이 된다.
⇨ 간섭은 상대국의 의사를 강제하는 것이므로, 반드시 무력을 수반하지 않은 경우에도 간섭이 성립할 수 있다.

③ [O] 1948년 프랑스 헌법 전문은 프랑스가 상호주의의 유보하에 평화조직과 방위에 필요한 주권 제한에 동의한다고 규정하여 주권 제한을 인정하고 있다.
⇨ 주권 제한은 주권국가의 재량이다.

❹ [X] 일반국제법상 인권존중원칙에 의해 금지되는 국가의 행위는 중대한 인권침해, 즉 반복적이고 체계적인(repeated and systematic) 인권침해뿐만 아니라 일회적 인권침해도 포함된다.
⇨ 일회적 인권침해는 인권존중원칙에 의해 금지되는 국가의 행위에 포함하지 않는다.

05 범죄인 인도제도 정답 ①

❶ [X] 인도청구가 경합하는 경우 국제법상 속지주의에 따라 청구한 국가에게 우선 인도된다.
⇨ 청구의 경합을 해결하는 구체적인 국제법규칙은 부존재한다.

② [O] 북경협약(2010)에 의하면 항공기를 통해 대량살상무기를 운반한 자는 정치범으로 인정되지 않는다.
⇨ 대량살상무기 운반범죄 등 북경협약에 명시된 범죄를 범한 자는 정치범으로 보지 않는다.

③ [O] 우리나라 범죄인 인도법에 의하면 다수인의 생명이나 신체를 침해하거나 이에 대한 위험을 야기한 범죄인에 대해서는 정치범 불인도원칙이 적용되지 않는다.
⇨ 테러범이 다수인의 생명이나 신체를 침해하거나 이에 대한 위험을 야기한 범죄인에 해당될 수 있다.

④ [O] 쇠링(Söring) 사건에 따르면 유럽인권협약에 대한 위반이 예견되는 경우에도 유럽인권협약이 적용된다.
⇨ 쇠링(Söring)의 사형판결이 언도되거나 판결이 집행되기 전에도 유럽인권협약 위반이 발생할 수 있다고 본 판례이다.

06 항공범죄 정답 ②

① [O] 환경에 중대한 피해를 야기할 목적으로 운항 중인 항공기를 사용하는 경우 협약상 범죄에 해당할 수 있다.

❷ [X] 범죄가 자국민에 대하여 범하여진 경우 당사국은 그런 범죄에 대해 관할권을 확립한다.
⇨ 범죄가 자국민에 대하여 범하여진 경우 당사국은 그런 범죄에 대해 관할권을 확립할 수 있다.

③ [O] 당사국은 자국 영토에 위치하고 있는 법인의 경영 또는 감독에 책임 있는 자가 그 자격으로 동 협약에 규정된 범죄를 범하였을 경우 그 법인의 책임을 물을 수 있으며 나아가 당해 법인의 경영이나 감독에 책임이 있는 자도 별도로 처벌 대상이 될 수 있다.

④ [O] 협약 폐기를 수탁자에 대해 통고한 경우 통고가 접수된 일자로부터 1년 후에 효력이 발생한다.

07 해양법 정답 ②

① [O] 보편주의원칙에 기초하여 모든 국가가 관할권을 행사할 수 있다.
⇨ 해적은 국제범죄이므로 보편주의원칙이 적용된다.

❷ [X] UN해양법협약상 해적에 대한 관할권은 의무적 관할권이다.
⇨ 해적행위에 대한 관할권은 '임의적 보편관할권'의 성격을 띤다. 즉, 보편관할권은 국가의 권리이고 의무가 아니다.

③ [O] 해적행위의 혐의가 있는 선박의 나포가 충분한 근거 없이 행하여진 경우, 나포를 행한 국가는 그 선박의 국적국에 대하여 나포로 인하여 발생한 손실 또는 손해에 대한 책임을 진다.
⇨ 나포를 행한 국가는 선박의 국적국에 대해 손해배상책임을 진다.

④ [O] 해적행위를 이유로 한 나포는 군함·군용항공기 또는 정부업무를 수행 중인 것으로 명백히 표시되고 식별이 가능하며 그러한 권한이 부여된 그 밖의 선박이나 항공기만이 행할 수 있다.
⇨ 군함에 국한되지 않는다는 점에 주의한다.

08 조약 정답 ①

❶ [X] UN회원국은 국제사법재판소규정 제36조 제2항에 따른 선택조항 수락선언을 UN사무국에 등록해야 한다.
⇨ 조약을 UN사무국에 등록할 수 있다. 즉, 등록이 의무는 아니다.

② [O] UN헌장 발효 후 UN에 가입하는 경우 가입 이후에 체결하는 조약에 대해서만 등록의무가 있다.
⇨ UN헌장 가입 이후 헌장상 등록의무가 적용되기 때문이다.

③ [O] 조약에 해당하지 않는 양해각서(MOU)도 사무국에 등록되고 있지만, 등록으로 법적 지위가 변경되는 것은 아니다.
⇨ 양해각서는 대체로 구속력이 없는 정치적 합의를 말한다. 법적 성격 차원에서는 신사협정과 유사하다.

④ [O] UN총회가 1946년 채택한 조약의 등록과 공표에 관한 명령에 의하면 일방 당사자가 등록하면 타방 당사자는 등록의무가 면제된다.
⇨ 조약당사국 중 일국만 등록하면 충분하다는 것이다.

09 난민 정답 ④

난민의 국제적 보호에 대한 설명으로 옳지 않은 것은 ㄴ, ㄹ이다.

ㄱ. [O] UNHCR의 기본 임무는 국제협약의 체결과 비준을 장려하고 각국 정부와의 특별협정을 통하여 자발적 본국 귀환이나 새로운 국내공동체 내에서의 동화를 장려하는 일등이다.

ㄴ. [X] 1954년 UN난민고등판무관실 결의에 기초하여 1955년 UN난민기금이 설치되었다.
⇨ UN총회 결의에 기초한 것이다.

ㄷ. [O] 난민은 현재 국적국이나 상주국 밖에 사람이긴 하지만 이들이 국가를 떠날 때 이미 정치적 박해를 받고 있었을 것이 요구되지는 않는데 이처럼 개인이 국적국인 상주국을 떠난 뒤 외국 땅에서 나중에 난민이 되는 경우를 현장난민으로 부르기도 한다.
⇨ 우리나라는 현장난민에 대해서도 난민지위를 부여하고 있다.

ㄹ. [X] 피난국 당국에 의하여 1951년 협약이나 1967년 의정서 중에서 하나에 의거하여 난민으로 인정된 자는 그가 1951년 협약이나 1967년 의정서의 당사국인 국가 내에 있는지에 관계없이 UNHCR이 제공하는 UN의 보호를 받을 자격이 있다.
⇨ UNHCR사무소규정의 난민기준을 충족하는 자는 그가 1951년 협약이나 1967년 의정서의 당사국인 국가 내에 있는지에 관계없이, 또는 그가 피난국 당국에 의하여 이들 두 조약 중에서 하나에 의거하여 난민으로 인정되었는지에 관계없이, UNHCR이 제공하는 UN의 보호를 받을 자격이 있다.

10 영사기관 정답 ④

영사관계에 관한 비엔나협약(1963)에 대한 설명으로 옳은 것은 ㄱ, ㄴ, ㄷ, ㄹ 모두이다.

ㄱ. [O] 접수국은 그 법령상 필요한 경우 영사기관장을 제외한 기타의 영사관원에게 영사인가장을 부여할 수 있다.
⇨ 영사인가장은 보통 영사공관장(기관장)에게 부여하나 필요한 경우 기관장이 아닌 자에게도 부여할 수 있다.

ㄴ. [O] 접수국이 영사기관원을 영사직원으로 간주하지 아니함을 통고하는 경우 영사기관원의 직무는 종료된다.
⇨ 접수국은 기피인물선언을 할 수 있다.

ㄷ. [O] 영사관계가 단절되는 경우 파견국은 접수국이 수락하는 제3국에 대하여 영사관사와 그 재산 및 영사문서의 보관을 위탁할 수 있다.
⇨ 이 때의 제3국을 이익보호국이라고 한다. 접수국의 수락을 요건으로 함에 주의한다.

ㄹ. [O] 영사관계가 단절되는 경우 파견국은 접수국이 수락하는 제3국에 대하여 그 이익과 그 국민의 이익에 대한 보호를 위탁할 수 있다.
⇨ 이익보호국은 파견국의 이익뿐 아니라 파견국 국민의 이익도 보호할 수 있다.

11 국제환경협약 정답 ③

① [O] 런던덤핑협약은 전면적으로 해양투기가 금지되는 폐기물의 종류(부속서 I) 및 사전에 특별허가를 요하는 물질(부속서 Ⅱ)로 대별하여 규정하였다.

② [O] 천재지변 등 불가항력과 국제법에 의해 주권면제가 부여되는 선박과 항공기의 경우 런던덤핑협약 적용에서 제외된다.

❸ [X] 1996년 개정의정서는 종래의 투기허용품목의 명시방법(Positive Listing System)에서 투기금지품목의 명시방법(Negative Listing System)으로 전환하여 투기를 보다 엄격하게 금지하고자 하였다.
⇨ 종래의 투기금지품목의 명시방법(Negative Listing System)에서 투기허용품목의 명시방법으로 전환하여 Positive Listing System을 도입하였다.

④ [O] 1996년 개정의정서는 런던덤핑협약이 적용되는 해양의 범위에 내수(Internal Waters)를 포함하여 협약의 적용 범위를 확대하였다.

12 국제연합 정답 ③

① [O] 헌장 발효 이후 UN회원국이 체결하는 모든 조약과 모든 국제협정은 가능한 한 신속히 사무국에 등록되고 사무국에 의해 공표된다.
⇨ UN회원국들은 조약등록의무가 있다. 미등록 시 UN기관에서 이를 원용할 수 없다.

② [O] UN회원국의 헌장상의 의무와 다른 국제협정상의 의무가 상충하는 경우 헌장상의 의무가 우선한다.
⇨ 헌장상의 의무에는 안전보장이사회의 구속적 결의도 포함된다.

❸ [X] UN은 그 임무의 수행과 그 목적의 달성을 위하여 필요한 법적 능력을 모든 국가의 영역 안에서 향유한다.
⇨ UN헌장 제104조에 대한 내용이다.

판례 이론 **조문**

UN헌장 제104조 '각 회원국의 영역 안에서' 향유한다.

④ [O] UN, UN회원국 대표 및 UN직원은 UN과 관련된 임무를 독립적으로 수행하기 위하여 필요한 특권과 면제를 향유한다.
⇨ 또한, 특권과 면제를 위해 별도의 조약이 체결되었다.

13 해양법 정답 ④

① [O] 연안국은 대륙붕을 탐사하고 그 천연자원을 개발할 수 있는 대륙붕에 관한 주권적 권리를 행사한다.
⇨ 대륙붕에 대한 연안국의 권리는 주권이 아니라 주권적 권리이다.

② [O] 대륙변계의 외측 한계가 영해기선으로부터 200해리에 미치지 않는 경우, 대륙붕은 영해기선으로부터 200해리까지의 해서 지역의 해저와 하층토로 이루어진다.
⇨ 상부 수역은 대륙붕에 포함되지 않는다.

③ [O] 대륙변계가 영해기선으로부터 200해리 밖으로 확장되는 경우, 대륙붕의 외측 한계는 영해기선으로부터 350해리를 넘거나 2,500m 등심선으로부터 100해리를 넘을 수 없다.
⇨ 2,500m 등심선으로부터 100해리 기준에 의하면 기선으로부터는 350해리를 넘을 수도 있다.

❹ [X] 연안국이 자원개발을 수행하고 있는 지점의 반경 12해리 이내에서는 제3국 선박들의 항행이 금지된다.
⇨ 대륙붕 상부 수역은 공해로서의 법적 지위를 가지므로 자유통항이 인정되며, 따라서 연안국은 대륙붕에서 권리를 행사함에 있어 제3국 선박들의 항행을 방해해서는 안 된다.

14 국제사법재판 정답 ①

❶ [X] 2013년 호주와 일본 간의 남극해 포경 사건에서 뉴질랜드가 포경규제협약의 당사국으로서 다자조약의 해석을 문제로 소송참가를 신청하자 국제사법재판소(ICJ)는 뉴질랜드는 호주와 동일한 법률적 이해관계를 가지므로 국제사법재판소(ICJ)규정 제62조에 의한 소송참가를 신청해야 한다고 결정하였다.
⇨ 국제사법재판소(ICJ)는 뉴질랜드의 제63조에 따른 해석적 소송참가를 결정하였다.

② [O] 국제사법재판소(ICJ)는 아야 데 라 토레 사건에서 제63조에 따른 해석적 참가를 처음으로 인정하였다.
⇨ 해석적 참가는 다자조약의 당사국이 권리로서 참가하는 것이다. 아야 데 라 토레 사건에서는 하바나조약의 당사국이었던 쿠바가 소송참가하였다.

③ [O] 2011년 니카라과와 콜롬비아 간 영토 및 해양분쟁 사건에서 국제사법재판소(ICJ)는 소송참가를 당사자참가와 비당사자참가로 구분하고 당사자참가국은 소송과정에서 본안 사건 당사국과 동일한 권한을 행사할 수 있고 본안 판결의 구속력을 받는다고 판시하였다.
⇨ 당사자참가가 인정되기 위해서는 소송당사자들과의 관할권의 기초가 존재해야 한다. 당사자참가의 경우 판결에도 구속을 받는다.

④ [O] 1993년 나우르 인산염 사건에서 국제사법재판소(ICJ)는 사건과 관련된 법률상 이해관계를 가진 당사국들 모두가 소송에 참가하여야 하는 것은 아니라고 판시하였다.
⇨ 자발적 참가의 경우 소송참가 신청은 재량이며, 재판부의 허가가 있어야 참가할 수 있다.

15 조약법 정답 ③

조약의 유보에 대한 설명으로 옳은 것은 ㄷ, ㅁ, ㅂ이다.

ㄱ. [X] 유보에 대한 수락은 서면에 의해 명시적으로 해야 한다.
⇨ 유보는 묵시적으로 수락할 수 있다.

ㄴ. [X] 유보는 양자조약 체결을 용이하게 하기 위한 제도이다.
⇨ 유보는 다자조약의 보편성을 위한 제도이다.

ㄷ. [O] 유보는 조약적용의 통일성은 저해하지만, 현실적으로 인적 적용범위를 확대하기 위한 제도이다.
⇨ 유보의 제도적 취지를 설명하고 있다.

ㄹ. [X] 유보는 타방 체약국의 동의를 얻어야 유효하게 성립한다는 점에서 쌍방행위이다.
⇨ 유보는 일방행위로 보는 것이 통설이다.

ㅁ. [O] 유보의 철회는 언제든지 가능하며 그 시기에 제한이 없다.
⇨ 유보의 철회는 일방적 행위이며, 수락국의 동의를 요하지 않는다.

ㅂ. [O] 국제사법재판소(ICJ)는 집단살해방지협약의 유보에 관한 권고적 의견(1951)에서 유보의 제한 사유로서 유보와 조약의 대상 및 목적과의 양립성(compatibility)기준을 제시하고 대항성이론을 인정하였다.
⇨ 대항성이론은 상대 당사국이 양립성 여부를 판단한다는 이론이다.

16 국제법과 국내법의 관계 정답 ②

아마두 사디오 디알로(Ahamadou Sadio Diallo) 사건에 대한 설명으로 옳은 것은 ㄱ, ㄴ, ㄷ이다.

ㄱ. [O] 기니 국민이 입은 피해에 대해 기니(Guinea)가 외교적 보호권을 발동한 사건이다.
⇨ 아마두 사디오 디알로(Ahamadou Sadio Diallo)가 콩고로부터 강제추방된 점, 영사 보호를 받지 못한 점 등이 쟁점이 되었다.

ㄴ. [O] 국제사법재판소(ICJ)는 국내법을 해석함에 있어서 해당 국가 당국, 특히 최고 재판소의 입장을 존중해야 한다고 판시하였다.
⇨ 국제사법재판소(ICJ)는 국내법이 국제재판에서 국제법으로서 구속력을 가진 것은 아니라도 국내기관의 판단이 현저하게 불공정한 것이 아닌 한 국내기관의 판단을 존중해야 한다고 하였다.

ㄷ. [O] 상설국제사법재판소(PCIJ)는 Certain German Interests in Polish Upper Silesia 판결에서 국제재판시 각국의 국내법은 구속력을 지닌 법이 아닌 단순한 사실로 취급된다는 점을 명확히 하였다.
⇨ 국내법은 국제재판에서 법이 아닌 사실에 불과하다.

ㄹ. [X] 국제사법재판소(ICJ)는 Brazilian Loans 사건에서 국내법의 내용은 사실의 문제이긴 하나, 이는 특별한 성격의 사실로서 국제재판소는 국내법을 해당 국가의 법원과 같은 방법으로 해석 및 적용해야 한다고 판시하였다.
⇨ Brazilian Loans 사건은 국제사법재판소(ICJ)가 아닌 상설국제사법재판소(PCIJ)의 판례이다.

17 국가승계 정답 ④

① [X] 조약승계협약(1978)에 의하면 다자조약 승계 통고 시 신생국은 유보와 관련하여 별다른 의사표시를 하지 않으면 선행국의 유보의 불승계로 간주된다.
⇨ 다자조약 승계 통고 시 신생국은 유보와 관련하여 별다른 의사표시를 하지 않으면 선행국의 유보도 유지한다고 간주되며, 추후 새로운 유보를 부가할 수 있다.

② [X] 재산문서채무의 승계에 관한 협약(1983)에 의하면 신생독립의 경우 식민지 안에 있던 전임국가의 국유부동산은 형평한 비율로 신생독립국에게 이전된다.
⇨ 전부 신생국에 이전된다.

③ [×] 재산문서채무의 승계에 관한 협약(1983)에 의하면 분열의 경우 전임국가의 부채는 인구 수에 비례하여 신 국가에 이전된다.
⇨ 형평한 비율로 이전된다.

❹ [O] 조약승계협약(1978)에 의하면 다자조약의 승계 통고 시 신생독립국은 독립일로부터 조약 당사국의 지위를 인정받으나, 독립일과 승계통고일 사이의 기간에는 적용이 정지된다.

18 서비스무역에 관한 일반협정 정답 ③

내국민대우원칙에 대한 설명으로 옳지 않은 것은 ㄱ, ㄷ, ㄹ이다.

ㄱ. [×] 내국민대우의무는 '구체적 약속(specific commitments)'의 형태로 규정되어 있다.
⇨ 내국민대우의무는 서비스무역협정(GATS)과 달리 '일반의무'로 규정되어 있어서 모든 회원국은 원칙적으로 타회원국에 대해 내국민대우를 부여해야 한다. GATS에서는 내국민대우가 '구체적 약속(specific commitments)'의 형태로 규정되어 있다. 즉, 회원국은 양허표에 대한 기재를 요건으로 하여 자국민과 타회원국 국민을 차별할 수 있다.

ㄴ. [O] 내국민대우원칙에 따르면, 수입품에 유리한 대우를 부여하는 것은 허용된다.
⇨ 수입품에 불리하지 아니한 대우를 부여해야 하므로, 유리한 대우를 부여할 수는 있는 것으로 본다.

ㄷ. [×] 외국 상품에 대해 자국 상품에 적용되는 조치보다 불리하지 아니한 조치를 취해야 하며 불리한 조치인지의 여부는 실질적인 시장접근에 있어서의 변화를 중심으로 판단한다.
⇨ 경쟁조건의 변화를 중심으로 판단한다.

ㄹ. [×] 자국 생산자에게 감면보조금을 지급하는 경우 내국민대우의무에서 면제된다.
⇨ 생산보조금은 내국민대우의 예외이지만 직접 지급되는 보조금만 예외이고, 감면보조금은 예외가 아니다.

19 농업협정 정답 ①

❶ [×] 농업협정은 모든 국내보조를 금지하였다.
⇨ 국내보조 중에서 Green box(정부서비스 정책) 및 Blue box(생산자에 대한 직접 지불)는 허용대상보조로서 허용된다.

② [O] 감축대상보조금은 6년 동안 20%를 감축해야 한다.
⇨ 감축대상보조의 원칙은, 농업보조총액(AMS)+농업보조상당액(EMS)을 기준연도비교 6[10]년 동안 20[13.3]% 감축하는 것이다([]는 개발도상국).

③ [O] 예외 없는 관세화를 추진하기 위해 최소시장접근(MMA)과 현행시장접근(CMA)원칙을 도입하였다.
⇨ 최소시장접근(MMA)은, 1986~1988년 기준 국내소비량의 3% 미만인 경우 이행년도에 3%를 MMA로 보장하되 이행 중 5%까지 수입물량을 증대시켜야 한다는 원칙이며, 현행시장접근(CMA)은 1986~1988년 기준 국내소비량의 3% 이상인 경우 이행기간 동안 기준연도 수입수준을 계속 부과하여야 하며 소비량을 증가시킬 의무는 없다는 원칙이다.

④ [O] 농업협정은 별도의 세이프가드조치를 규정하고 있다.
⇨ 수량과 가격기준에 따르며 피해를 요구하지 않는 별도의 세이프가드조치를 규정하고 있다.

20 분쟁해결양해(DSU) 정답 ②

① [×] WTO상소기구 판정과 국제사법재판소(ICJ) 판결은 양자 모두 전원재판정에 의한다.
⇨ 국제사법재판소(ICJ)의 경우 재판소는 전원이 출석하여 개정하는 것이 원칙이다(ICJ규정 제25조 제1항). 상소기구는 7인으로 구성되나 3인이 하나의 사건을 담당한다(DSU 제17조 제1항).

❷ [O] WTO분쟁해결기구의 관할권은 WTO회원국 간의 분쟁에 대하여 성립하지만, 국제사법재판소(ICJ)에 의한 분쟁해결은 국제사법재판소규정의 비당사국에게도 개방된다.
⇨ 국제사법재판소(ICJ)의 경우 비당사국이라 할지라도 안전보장이사회가 정하는 조건에 따라 재판당사자가 될 수 있다.

③ [×] WTO회원국이 국제사법재판소(ICJ) 판결을 이행하지 않은 경우 WTO에 의한 무역보복조치가 가능하다.
⇨ 관련 규정은 없다. 국제사법재판소(ICJ) 판결 불이행 시 안전보장이사회가 제재조치를 취할 수 있다.

④ [×] WTO협정은 판정을 이행하기 전에 잠정적으로 일정한 보상에 합의할 수도 있음을 규정하고 있고, 국제사법재판소규정은 판결불이행 시 보상에 대하여 명시하고 있다.
⇨ 국제사법재판소규정에는 보상에 대한 규정이 없다.

07회 실전동형모의고사

정답

p. 44

01	③	Ⅳ	06	②	Ⅲ	11	②	Ⅳ	16	③	Ⅳ
02	③	Ⅴ	07	④	Ⅴ	12	②	Ⅱ	17	④	Ⅰ
03	①	Ⅴ	08	①	Ⅱ	13	④	Ⅰ	18	②	Ⅶ
04	④	Ⅵ	09	①	Ⅱ	14	②	Ⅱ	19	②	Ⅶ
05	③	Ⅵ	10	①	Ⅳ	15	①	Ⅰ	20	③	Ⅶ

Ⅰ 국제법 총론 / Ⅱ 국가 / Ⅲ 국제기구 / Ⅳ 개인 / Ⅴ 국제법의 규율 대상 / Ⅵ 국제분쟁해결 및 무력사용 / Ⅶ 국제경제법

취약 단원 분석표

단원	맞힌 답의 개수
Ⅰ	/ 3
Ⅱ	/ 4
Ⅲ	/ 1
Ⅳ	/ 4
Ⅴ	/ 3
Ⅵ	/ 2
Ⅶ	/ 3
TOTAL	/ 20

01 국제형사재판소 정답 ③

① [×] 어느 국가가 협약의 발효 후에 규정의 당사국이 되는 경우 원칙적으로 재판소는 로마협약이 발효된 이후에 범하여진 범죄에 대하여만 당해국과 관련하여 관할권을 행사할 수 있다.
⇨ 로마협약 규정이 당해 국가에 대하여 발효된 이후에 범하여진 범죄에 대하여만 관할권을 행사할 수 있다.

② [×] 소추관이 수사허가를 요청한 경우 1심재판부가 수사허가요청서와 증빙자료를 검토한 후, 수사를 진행시킬만 한 합리적인 근거가 있고 당해 사건이 재판소의 관할권에 속한다고 판단하는 경우, 1심재판부는 수사의 개시를 허가한다.
⇨ 수사 개시 허가는 전심재판부의 권한이다.

❸ [○] 재판소는 자신에게 회부된 모든 사건에 대하여 재판소가 관할권을 가지고 있음을 확인하여야 하며, 재판소는 직권으로 사건의 재판적격성을 결정할 수 있다.

④ [×] 국제형사재판소에 의하여 이미 유죄 또는 무죄판결을 받은 범죄에 대하여 다른 국제재판소에서 재판받지 아니하나, 로마협약 당사국 국내 재판소에서는 재판을 받을 수 있다.
⇨ 누구도 국제형사재판소에 의하여 이미 유죄 또는 무죄판결을 받은 범죄에 대하여 다른 재판소에서 재판받지 아니한다.

02 국제환경법 정답 ③

① [×] 1972년 런던덤핑협약은 지구온난화 방지를 위한 온실가스 배출권의 거래를 제한하고 있다.
⇨ 런던덤핑협약은 해상투기오염을 규제하는 조약이다.

② [×] 1985년 오존층보호협약에 따르면 협약당사국은 개발도상국에 대체 기술을 신속히 이전할 의무를 부담한다.
⇨ 오존층보호협약에 기술이전의무규정은 존재하지 않는다.

❸ [○] 1987년 오존층 파괴물질에 관한 의정서는 비당사국들과 통제물질을 교역하는 것을 금지함으로써 환경과 무역을 연계시키고 있다.
⇨ 몬트리올의정서에 대한 설명이다.

④ [×] 1999년 바젤협약 책임배상에 관한 의정서는 국경을 넘는 대기오염에 있어서의 지역적 협력을 의무화하고 있다.
⇨ 바젤협약 책임배상에 관한 의정서는 유해(有害)폐기물이 국가간에 이동할 때 발생한 사고에 대한 책임배상을 규정하고 있다. 이는 제5차 바젤협약 당사국총회에서 채택되었으며, 환경관련 협약 가운데 책임배상문제에 대해 다룬 최초의 국제규범이다.

03 해양법 정답 ①

❶ [×] 1951년 노르웨이와 영국 간의 어업권 사건(Fisheries case)에서 관습법으로 인정된 내용으로 1982년 UN해양법협약에서 처음 성문화되었다.
⇨ 어업권 사건(Fisheries case)은 직선기선의 관습법성 및 집요한 불복국가를 인정한 판례이다. 배타적 경제수역제도는 1982년 UN해양법협약에서 처음 도입되었다.

② [○] 연안국은 배타적 경제수역에서의 해양과학조사에 대한 관할권을 가진다.
⇨ 해양과학조사는 관할권의 대상이다.

③ [○] 연안국은 해저의 상부수역, 해저 및 그 하층토의 생물이나 무생물 등 천연자원의 탐사, 개발, 보존 및 관리를 목적으로 하는 주권적 권리를 가진다.
⇨ 자원에 대한 권리는 주권적 권리이다. 관할권과 구분해야 한다.

④ [○] 연안국은 배타적 경제수역에서의 인공섬, 시설 및 구조물의 설치와 사용에 대한 관할권을 가진다.
⇨ 배타적 경제수역에서 인공섬을 설치하는 것도 연안국의 관할권 대상이다.

04 국제사법재판소 정답 ④

국제사법재판소(ICJ)의 재판관에 대한 설명으로 옳은 것은 ㄷ, ㄹ, ㅁ이다.

ㄱ. [×] 재판관이 소송당사자의 국민인 경우 동 재판관은 재판에 참여할 수 없다.
⇨ 재판관이 소송당사자의 국민인 경우 동 재판관은 재판에 참여할 수 있다. 이 경우 소송당사국 중 일방이 자국 출신 재판관을 갖지 않는 경우 '임시재판관'을 선임할 수 있다.

ㄴ. [×] 판결에는 결정에 참여한 재판관의 성명이 포함되지 않는다.
⇨ 판결문은 재판관의 실명으로 작성된다.

ㄷ. [O] 재판관은 9년의 임기로 선출되며 재선될 수 있다.
⇨ 참고로 국제형사재판소(ICC)의 경우 임기는 9년으로 같으나 재선될 수 없다는 차이가 있다.

ㄹ. [O] 재판관은 이전에 그가 변호인으로 관여하였던 사건의 판결에 참여할 수 없다.
⇨ ICJ규정 제17조 제2항에 따라 옳은 설명이다.

판례 이론 **조문**

> **ICJ규정 제17조 제2항** 재판소의 재판관은 일방당사자의 대리인·법률고문 또는 변호인으로서, 국내법원 또는 국제법원의 법관으로서, 조사위원회의 위원으로서 또는 다른 어떠한 자격으로서도, 이전에 그가 관여하였던 사건의 판결에 참여할 수 없다.

ㅁ. [O] 임기가 만료된 재판관은 후임자가 충원될 때까지 계속 직무를 수행한다.
⇨ 임기가 만료되어도 자신이 담당하는 사건은 종결 시까지 재판관의 직을 유지한다.

05 국가의 무력사용 정답 ③

국가의 무력사용에 대한 설명으로 옳지 않은 것은 ㄴ, ㄹ이다.

ㄱ. [O] ICJ는 Legality of the Threat or Use of Nuclear Weapons 사건에서 비례의 요건은 그 자체로 자위를 위한 핵무기의 사용을 여하한 사정에서도 배제하는 것은 아니라고 하였다.

ㄴ. [×] 에리트리아-에티오피아 청구 위원회는 소규모 보병부대 간 국경에서의 국지적인 조우전이 인명 손실을 동반하는 경우 UN헌장의 목적상 무력공격을 구성한다고 하였다.
⇨ 무력공격을 구성하지 않는다고 하였다.

ㄷ. [O] 단독으로는 무력공격의 정의에 해당하지 아니하는 무력의 사용이라도 누적되면 무력공격과 같은 것으로 보고 자위권 행사의 대상이 될 수 있다고 보는 '침격전술론' 또는 '누적적 사건론'에 대해 ICJ는 이를 인정하는 것으로 평가된다.

ㄹ. [×] Oil Platforms 사건에서 ICJ는 미국 국기를 게양한 한 상선에 대한 기뢰에 의한 공격은 무력공격을 구성할 수 있지만, 미국인이 소유하지만 미국 국기를 게양하지 아니한 다른 상선에 대한 공격은 미국에 대한 무력공격에 해당하지 아니한다고 하여, 특정 국가의 국기를 게양한 단 한 척의 상선에 대한 무력공격은 그 국가에 대한 공격과 동일시 할 수 없음을 시사하였다.
⇨ 특정 국가의 국기를 게양한 단 한 척의 상선에 대한 무력공격도 그 국가에 대한 공격과 동일시 할 수 있음을 시사하였다.

06 국제연맹 정답 ②

① [×] 국제연맹이 다수결제를 표결방식으로 채택하고 있는 반면, UN은 만장일치제를 취하고 있다.
⇨ 국제연맹이 만장일치제를, UN이 다수결제를 표결방식으로 채택하였다.

❷ [O] 상설국제사법재판소(PCIJ)는 국제연맹의 주요기관이 아닌 반면, 국제사법재판소(ICJ)는 UN의 주요기관 중 하나이다.
⇨ 국제연맹의 주요기관은 총회, 이사회, 사무국이다. UN의 주요기관은 총회, 안전보장이사회, 경제사회이사회, 신탁통치이사회, 사무국, 국제사법재판소(ICJ)이다.

③ [×] 탈퇴에 대해 국제연맹은 명문규정을 두지 않은 반면, UN은 명문규정을 두고 있다.
⇨ 국제연맹에는 명문규정이 있으나, UN헌장에는 명문규정이 없다.

④ [×] 국제연맹은 조약등록을 대항요건으로 하고 있는 반면, UN은 조약등록을 효력요건으로 하고 있다.
⇨ 조약등록은 국제연맹에서는 효력요건이고 UN헌장에서는 대항요건(원용요건)이다.

07 해양법 정답 ④

국제해양분쟁해결 사례에 대한 설명으로 옳지 않은 것은 ㄱ, ㄴ, ㄷ, ㄹ 모두이다.

ㄱ. [×] 코르푸 해협 사건(1949)에서 국제사법재판소(ICJ)는 안전보장이사회가 당해 사건을 국제사법재판소(ICJ)에 회부하도록 한 결의는 법적 구속력이 있으므로 영국의 일방적 제소에 대해 관할권을 가진다고 판시하였다.
⇨ 헌장 제6장에 따른 결의이므로 권고적 효력만 갖는다. 본 사건은 알바니아의 자발적 출정으로 관할권이 창설되었다.

ㄴ. [×] 흑해 해양경계획정 사건(2009)에 비추어볼 때 독도는 해양경계획정에 있어서 중간선의 조정을 위한 고려요소가 될 것으로 예상할 수 있다.
⇨ 본 사건에서 뱀섬이 본토로부터 약 20해리 밖에 위치하여 해안의 일반적 형상을 이루는 것이 아니라고 판단되어 중간선 조정요소가 아니라고 하였다. 이같은 판결에 따를 때 독도는 울릉도로부터 약 47.2해리, 경북 죽변으로부터는 약 117.1해리 떨어져 있어서 중간선 조정요소로서는 무시될 것으로 예상할 수 있다.

ㄷ. [×] M/V Saiga호 사건(1999)에 의하면 위법한 추적권 발동으로 선박이 피해를 입은 경우 선박의 국적국은 국내구제완료 및 국적계속원칙을 충족하여야만 외교적 보호권을 발동할 수 있다.
⇨ 추적권 관련 해양법을 위반한 것은 선박 국적국에 대한 직접적 침해라고 보아 외교적 보호권 발동요건을 충족하지 않아도 청구를 제기할 수 있다고 본 사건이다.

ㄹ. [×] 벵갈만 해양경계획정 사건(2012)에서 국제사법재판소(ICJ)는 크기와 인구, 경제활동에 있어서 상당한 규모의 섬은 영해 경계획정 시 완전한 효과가 부여된다고 판시하였다.
⇨ 국제사법재판소(ICJ)가 아닌 국제해양법법원 사례이지만 내용은 옳다.

08 외교관 정답 ①

외교관계에 관한 빈협약(1961)에 대한 설명으로 옳지 않은 것은 ㄱ, ㄴ이다.

ㄱ. [X] 외교관계가 단절되어 더 이상 사용되지 않고 있는 공관은 외교공관으로서의 성격을 상실하나 빈협약에 규정된 불가침성은 유지된다.
⇨ 불가침성을 상실한다.

ㄴ. [X] 외교사절단이 소환되어 더 이상 사용되지 않고 있는 공관은 외교공관으로서의 성격을 상실하나 빈협약에 규정된 불가침성은 유지된다.
⇨ 외교공관으로서의 성격을 상실하여 빈협약에 규정된 불가침성은 상실된다.

ㄷ. [O] 외교공관으로서의 성격을 상실한 경우에도 접수국은 사절단의 재산 및 문서와 더불어 외교공관을 존중하고 보호하여야 한다.

ㄹ. [O] Armed Activities on the Territory of the Congo 사건에서 ICJ는 콩고민주공화국의 수도 주재 우간다 대사관과 대사관 내의 사람들에 대한 콩고 군대의 공격은 외교공관의 불가침의무 및 외교관에 대한 신체 불가침 의무를 위반한 것이라고 하였다.

09 정부승인 정답 ①

정부승인에 대한 설명으로 옳은 것은 ㄱ이다.

ㄱ. [O] 정부승인은 정부가 비합법적 방법으로 변경된 경우 신정부를 국가의 대표로 인정하는 일방적이고 정치적인 의사표시이다.
⇨ 정부승인은 위헌적 정권 변경을 전제로 대두되는 승인문제이다.

ㄴ. [X] 정부승인을 위해서는 우선 국가영역 전체에 대한 완전한 지배에 기반한 '일반적 사실상의 정부'가 수립되어야 한다.
⇨ 반드시 국가영역 전체에 대한 지배를 요구하지 않는다.

ㄷ. [X] 루터 대 사고르 사건(1921)과 티노코 사건(1923)은 모두 정부승인에 있어서 사실주의를 확인하였다.
⇨ 루터 대 사고르 사건은 정부승인의 소급효에 대한 판례로서 사실주의와 무관하다. 티노코 사건은 사실주의를 인정하였다.

ㄹ. [X] 미국은 정부승인의 국내적 효력에 있어서 제소권을 영국과 달리 미승인국에게도 인정한다.
⇨ 미국은 미승인국에게 제소권을 인정하지 않는다. 다만, 미승인국에 대해 국가면제나 국가행위이론은 적용한다.

10 고문방지협약 정답 ①

고문방지협약에 대한 설명으로 옳은 것은 ㄱ, ㄴ이다.

ㄱ. [O] 전쟁상태, 전쟁의 위협, 국내의 정치불안정 또는 그 밖의 사회적 긴급상황 등 어떠한 예외적인 상황도 고문을 정당화하기 위하여 원용될 수 없다.
⇨ 고문금지의무는 절대적 의무이다.

ㄴ. [O] 피해자가 자기나라의 국민이며 자기나라의 관할권 행사가 적절하다고 인정하는 경우 당사국은 범죄에 대한 관할권을 확립하기 위하여 필요한 조치를 취한다.
⇨ 의무규정임에 주의한다.

ㄷ. [X] 당사국은 범죄를 실행한 것으로 추정되는 혐의자가 자기나라 영토 안에 소재하는 경우에, 입수된 정보를 검토한 후 상황에 비추어 정당하다고 판단하게 되면, 국적국의 통고하고 동의를 받은 즉시 범죄혐의자를 구금하거나 또는 그의 신병을 확보하기 위한 그 밖의 법적 조치를 취한다.
⇨ 즉시 범죄혐의자를 구금하거나 또는 그의 신병을 확보하기 위한 그 밖의 법적 조치를 취한다. 통고나 동의는 규정되지 않았다.

ㄹ. [X] 고문방지위원회의 위원은 3년 임기로 선출되며 위원은 후보로 재지명되는 경우 재선될 수 있다.
⇨ 고문방지위원회의 위원은 4년 임기로 선출된다.

11 국제인권규약 정답 ②

국제인권 A규약 선택의정서에 대한 설명으로 옳은 것은 ㄴ, ㄷ이다.

ㄱ. [X] 당사국은 언제라도 국제연합 사무총장에게 서면 통지함으로써 이 의정서를 폐기할 수 있으며 폐기는 사무총장이 통지를 접수한 날로부터 3개월 후에 효력을 발생한다.
⇨ 폐기는 사무총장이 통지를 접수한 날로부터 6개월 후에 효력을 발생한다.

ㄴ. [O] 위원회는 원칙적으로 국내적 구제방법이 소진된 후 1년 이내에 통보가 제출되지 않은 경우 통보를 허용할 수 없다고 선언한다.
⇨ 참고로 B규약 선택의정서는 이러한 기한 제한 규정이 없다.

ㄷ. [O] 위원회는 의정서에 따라 비밀리에 제출받은 통보에 대해 관련 당사국의 주의를 환기시키며, 통보를 송부 받은 당사국은 문제 및 동 당사국이 제공했을 수도 있는 구제방법을 해명하는 설명서 또는 진술서를 6개월 이내에 위원회에 제출한다.
⇨ 당사국의 의무이다.

ㄹ. [X] 당사국은 위원회의 견해, 그리고 권고사항이 있다면 이것을 충분히 고려하며, 위원회의 견해와 권고를 감안하여 취한 조치에 관한 정보를 포함하는 답서를 3개월 이내에 위원회에 제출한다.
⇨ 위원회의 견해와 권고를 감안하여 취한 조치에 관한 정보를 포함하는 답서를 6개월 이내에 위원회에 제출한다.

12 국가승계 정답 ②

Gabcikova-Nagymaros Project(1997) 사건의 쟁점에 대한 설명으로 옳은 것은 ㄱ, ㄷ, ㄹ이다.

ㄱ. [O] 조약법에 관한 비엔나협약이 발효되기 전에 체결된 조약이라 하더라도 조약법에 관한 비엔나협약의 일부 규정이 관습법을 성문화한 경우 조약법에 관한 비엔나협약 발효 전에 체결된 조약에 대해서도 적용될 수 있다고 판시하였다.
⇨ 관습법을 성문화한 조항은 관습법이 형성된 시점까지 소급해서 적용할 수 있다.

ㄴ. [X] 국제사법재판소(ICJ)는 헝가리 내부 정치적 상황의 심각한 변화, 환경법규범의 발달 등을 조약의 종료사유로서 사정변경원칙 적용의 요건을 충족한다고 판단하였다.
⇨ 국제사법재판소(ICJ)는 그 당시의 정치적 조건이 당사국들의 동의의 본질적 기초는 아니였으며 그 변화가 장차 이행되어야 할 의무의 범위를 급격히 변화시킬 정도가 아니었다고 판단하고 사정변경의 원용요건이 충족되지 않았다고 판단하였다.

ㄷ. [O] 헝가리는 긴급피난을 조약의 종료사유로 원용하였으나 조약종료사유가 아니라는 이유로 인정하지 않았다.
⇨ 긴급피난은 조약종료사유가 아니라 위법성 조각사유이다.
ㄹ. [O] 국가의 분열에 있어서 선행국이 체결한 영토 관련 조약은 승계국이 승계할 의무가 있다고 하였다.
⇨ 영토 관련 조약은 처분적 조약이다. 관습법상 승계국의 승계의무가 있다고 하였다.

13 일방행위 정답 ④

① [O] 호주와 뉴질랜드는 남태평양 수역에서 프랑스의 핵실험이 국제법 위반이므로 프랑스가 향후 더 이상의 핵실험을 실시하지 못하도록 명령하여 달라는 소송을 제기하면서 잠정조치도 함께 제시하였다.
⇨ 선택조항 수락선언에 기초한 강제관할권 사례이다.
② [O] 국제사법재판소(ICJ)는 일방적 선언이라도 이를 준수할 의도 하에서 발표된 것이라면 당사국은 이에 법적으로 구속되며 그 같은 의도는 당사국의 행위의 내용을 통하여 확인될 수 있다고 하였다.
⇨ 준수할 의사, 즉 기속의사가 있는 경우 일방적 선언도 구속력을 가질 수 있다고 하였다.
③ [O] 이 판결과 달리 국제사법재판소(ICJ)는 Frontier Dispute 사건에서는 언론사와의 인터뷰를 통하여 밝힌 말리 대통령의 발언에 대해 법적 구속력을 인정하지 않았다.
⇨ 말리 대통령의 일방적 약속에 기속의사가 없었다고 본 판례이다.
❹ [X] 1995년 프랑스가 8차례 핵실험을 남태평양 지역에서 실시할 계획임을 발표하자 뉴질랜드는 1974년 판결을 근거로 1974년 사건을 국제사법재판소(ICJ)가 재개할 것을 청구하였고 국제사법재판소(ICJ)는 청구를 받아들여 프랑스 측이 일방행위를 통한 약속을 위반하였다고 판시하였다.
⇨ 국제사법재판소(ICJ)는 뉴질랜드의 청구를 받아들이지 않았다. 1974년 사건은 대기권 핵실험에 관한 것인 반면, 1995년 프랑스가 선언한 것은 지하핵실험이라는 것을 이유로 하였다.

14 국가책임 정답 ②

위법성 조각사유에 대한 설명으로 옳은 것은 ㄴ, ㄷ이다.
ㄱ. [X] 한 국가가 타국의 행위 실행에 대해서 한 유효한 동의는 그 행위가 동의의 범위 밖에서 실행된 경우라 하더라도 위법성이 조각된다.
⇨ 동의의 범위 내에서 실행되어야 한다.
ㄴ. [O] 대응조치를 취하는 국가는 그에 앞서 반드시 책임국에게 손해배상청구를 해야 하나 자국의 권리 보호를 위해 필요한 경우에 한해 긴급대응조치를 취할 수 있다.
⇨ 긴급대응조치는 손해배상청구에 앞서 취하는 대응조치를 말한다. 예외적인 것이다.
ㄷ. [O] 불가항력의 경우 긴급피난과 달리 비례원칙을 요구하지 않는다.
⇨ 긴급피난, 조난, 자위권의 경우 비례성을 요건으로 한다.
ㄹ. [X] 피해국의 동의, 불가항력, 긴급피난의 경우 국가 간 배상의무는 성립하지 않으나 피해자에 대한 보상책임은 성립할 수 있다.
⇨ 불가항력, 조난, 긴급피난의 경우 보상책임이 성립할 수 있다.

15 국제기구 정답 ①

❶ [X] 국제기구의 직원이 업무 중 타국에 의해 피해를 본 경우, 국제기구의 직무 보호권과 피해자 본국의 외교적 보호권이 모두 문제되며, 국제기구가 직무 보호권을 발동한다면 먼저 국내구제를 완료해야 한다.
⇨ 국제기구의 직접피해에 해당되어 국내구제완료의 원칙은 적용되지 않는다.
② [O] 국제기구가 직원이 아닌 개인에게 손해를 야기한 경우 국적국은 국제기구를 상대로 하여 외교적 보호권을 발동할 수 있다.
⇨ 간접피해에 해당하므로 국제기구 내에 구제수단이 있는 경우 구제수단을 먼저 거쳐야 한다.
③ [O] 국제기구가 직원에게 손해를 야기한 경우 직원의 국적국은 국제기구를 상대로 외교적 보호권을 발동할 수 있으나, 직원이 자신의 피해를 구제할 수 있는 수단이 국제기구 내에 존재한다면 이 내부 절차를 먼저 완료해야 한다.
⇨ 직원의 국적국은 간접피해를 당한 것이므로 먼저 구제를 완료해야 한다.
④ [O] 국제기구가 제3자에게 손해를 끼친 경우 국제기구는 회원국과 별개의 법인격을 향유하므로 국제기구의 위법행위에 대해서는 국제기구만 책임을 지는 것이 원칙이다.
⇨ 예외적으로 국제기구와 그 회원국들이 공동책임을 질 수도 있다.

16 외국인 추방제도 정답 ③

① [X] 추방은 원칙적으로 외국인에게 국가를 떠나도록 강제하는 그 국가에게 귀속되는 공식적인 행위 또는 행동을 의미하나, 일정한 경우 타국가나 국제재판소로의 범죄인 인도 혹은 외국인의 입국거부도 추방에 포함될 수 있다.
⇨ 타국가나 국제재판소로의 범죄인 인도 혹은 외국인의 입국거부는 추방에 포함되지 아니한다.
② [X] 어떤 추방결정도 대상자가 요구한 경우 추방에 대한 이유를 설명해야 한다.
⇨ 대상자의 요구 여부를 떠나서 이유를 설명해야 한다.
❸ [O] 외국인의 집단적 추방을 금지하고 있다.
④ [X] 타국의 영토에서 합법적으로 존재하다가 위법하게 추방된 외국인은 추방이 위법하였다는 것이 권한 있는 당국에 의해 입증되는 경우라 하더라도 추방국으로 재입국할 권리를 갖는 것은 아니고 권한 있는 당국에 대한 신청 및 결정에 따라 재입국할 수 있다.
⇨ 추방이 위법하였다는 것이 권한 있는 당국에 의해 입증되는 경우 추방국으로 재입국할 권리를 가진다.

17 국제관습법 정답 ④

① [×] ICJ는 Military and Paramilitary Activities in and against Nicaragua 사건에서 어떤 국가가 국내문제 불간섭 원칙에 대한 새로운 권리 혹은 선례가 없는 예외를 원용하고 타 국가들이 뜻을 같이한다고 해도 국제관습법의 변경으로 이어질 수 없다고 하였다.

⇨ 어떤 국가가 국내문제 불간섭 원칙에 대한 새로운 권리 혹은 선례가 없는 예외를 원용하고 타국가들이 뜻을 같이하는 경우 국제관습법의 변경으로 이어질 수 있다고 하였다.

② [×] ILC는 현재 검토 중인 국제관습법의 확인에 대한 결론 초안에서 NGO, 비국가무장단체, 다국적기업 및 사인의 관행은 관습법규를 창설할 수 없다고 하였다.

⇨ NGO, 비국가무장단체, 다국적기업 및 사인의 관행이 관습법규를 창설할 수 있는지와 관련하여 법인격과 법창설 능력은 구별하여야 하고 관습법을 창설하는 것이 개인들의 행위인지 아니면 그에 대한 국가들의 반응인지를 구별할 필요가 있다고 하였다.

③ [×] ILC는 국제관습법의 확인에 대한 결론 초안에서 국제기구의 관행은 국제관습법규의 형성에 기여할 수 없다고 보아야 한다고 하였다.

⇨ 국제기구의 관행도 국제관습법규의 형성에 기여할 수 있다고 보아야 한다고 하였다.

❹ [O] Bin Cheng은 국제사법재판소(ICJ)가 Military and Paramilitary Activities in and against Nicaragua 사건에서 일반 관행의 필요성을 강조하였으므로 인스턴트 관습 이론은 ICJ에 의해서 암묵적으로나마 배척한 것이라고 주장하였다.

18 분쟁해결양해(DSU) 정답 ②

① [O] 비위반제소를 다룬 사례로 '일본-필름 사건'(Japan-Measures Affecting Consumer Photographic Film and Paper)이 있다.

⇨ 미국이 제소한 사례로 위반제소 및 비위반제소 모두 기각되었다.

❷ [×] 이익이 무효화 또는 침해되었다는 판정이 내려지는 경우 피소국은 문제된 조치를 철회하여야 한다.

⇨ 철회할 의무는 없으나, 패널이나 상소기구가 조정을 권고한다.

③ [O] 비위반제소는 위반제소와 병행하여 제기될 수 있다.

⇨ 일본-필름 사건은 미국이 GATT1994 제3조 제4항에 대한 위반제소와 함께 비위반제소도 제기한 것이다.

④ [O] 피소국의 조치로 인해 대상협정상의 이익이 무효화 또는 침해되어야 한다.

⇨ 비위반제소에서 승소하기 위해서는 제소국이 정부의 조치의 존재, 협정상 이익의 무효화 또는 침해, 인과관계 3가지 요건을 모두 입증해야 한다.

19 GATT1994 정답 ②

Korea-Various Measures on Beef 사건(2001)에 대한 주요 쟁점 및 판결 내용에 대한 설명으로 옳은 것은 ㄱ, ㄴ, ㄷ이다.

ㄱ. [O] 패널은 한국의 '수입쇠고기 구분판매제도'는 GATT1994 제3조 제4항 위반조치에 해당한다고 판시하였다.

⇨ GATT 제3조 제4항은 내국민대우에 대한 조항이다. 우리나라 쇠고기 구분판매제도는 수입동종상품 판매에 있어서 불리한 대우를 하고 있다는 판단을 받았다.

ㄴ. [O] 상소기구는 GATT1994 제3조 제4항상 '불리한 대우(treatment less favourable)'의 유무를 결정하기 위해서는 그러한 구분조치가 수입품에 불리한 방향으로 경쟁의 조건을 변경시켰는가를 기준으로 판단하여야 한다고 보았다.

⇨ 불리한 대우(treatment less favourable) 판단 시 실제 수입상품의 시장접근이 감소하였는지가 기준이 아니라 경쟁조건을 수입품에 불리하게 변경하였는지가 기준이다.

ㄷ. [O] 상소기구는 GATT1994 제20조상 '필요한' 조치의 의미를 필수불가결한(indispensible)의 의미로 파악하였다.

⇨ 우리나라는 GATT 제20조 제(d)호를 원용하였으나 기각되었다. 쇠고기 구분판매제도가 둔갑판매를 막기 위한 제도로는 인정되나, 그것이 필요한 조치, 즉 최후수단으로 보기는 어렵다고 판단되었다. 즉, 구분판매제도가 둔갑판매를 막기 위한 '필수불가결한(indispensible)' 조치는 아니라고 본 것이다.

ㄹ. [×] 패널은 한국의 '수입쇠고기 구분판매제도'는 GATT1994 제20조 제(d)호상 본문의 요건을 충족하였으나 전문의 요건을 충족하지 못한다고 판단하였다.

⇨ 패널은 구분판매제도가 불공정경쟁법상 둔갑판매를 방지하기 위한 목적의 범위 내에서 적용되는 조치라고 보았다. 그러나 패널은 동 조치가 반드시 필요한(necessary) 조치라고 보지는 않았다. 패널은 다른 경제 분야에서 구분판매제도의 도입 사실이 없다는 점, 구분판매제도 이외의 WTO협정에 합치되는 대안적 조치(벌금 부과, 조사 강화, 회계기록 보존 등)를 통하여 수입쇠고기 둔갑판매를 억제할 수 있다고 보고 한국의 조치는 GATT 제20조 제(d)호상 본문의 요건을 충족하지 못한다고 판시하였다.

20 기술무역장벽협정(TBT) 정답 ③

① [×] 기술무역장벽협정(TBT)은 기만적 관행의 방지라는 단일목표를 지니고 있다.

⇨ 동 협정은 사람의 안전과 건강의 보호, 동식물의 생명과 건강의 보호, 환경보호, 기만적 관행의 방지라는 4가지 목표를 가지고 있다.

② [×] 내국민대우원칙과는 관련이 없다.

⇨ 내국민대우원칙을 준수해야 한다.

❸ [O] 기술규정, 표준 및 적합판정절차를 적용범위로 한다.

⇨ 기술규정은 준수가 강제적이나 표준은 강제적이지 않다는 차이가 있다.

④ [×] 국제표준은 참고대상일 뿐 준수의무는 없다.

⇨ 각 중앙정부는 각국 기술규정 제정에 있어 이미 존재하거나 그 성립이 조만간 이루어질 국제표준을 따라야 한다(동 협정 제2조 제4항).

08회 실전동형모의고사

정답 p. 50

01	③	Ⅴ	06	②	Ⅳ	11	④	Ⅵ	16	④	Ⅶ
02	①	Ⅰ	07	②	Ⅴ	12	②	Ⅰ	17	②	Ⅶ
03	③	Ⅱ	08	②	Ⅳ	13	②	Ⅴ	18	②	Ⅶ
04	②	Ⅱ	09	④	Ⅱ	14	②	Ⅰ	19	②	Ⅵ
05	②	Ⅴ	10	②	Ⅴ	15	①	Ⅱ	20	①	Ⅶ

Ⅰ 국제법 총론 / Ⅱ 국가 / Ⅲ 국제기구 / Ⅳ 개인 / Ⅴ 국제법의 규율 대상 / Ⅵ 국제분쟁해결 및 무력사용 / Ⅶ 국제경제법

취약 단원 분석표

단원	맞힌 답의 개수
Ⅰ	/ 3
Ⅱ	/ 4
Ⅲ	/
Ⅳ	/ 2
Ⅴ	/ 5
Ⅵ	/ 2
Ⅶ	/ 4
TOTAL	/ 20

01 국제항공범죄 처벌제도 정답 ③

① [X] 항공기는 일정 비행을 위하여 지상원 혹은 승무원에 의하여 항공기의 비행 전 준비가 시작된 때부터 착륙 직후까지 운항 중에 있는 것으로 본다.
⇨ 항공기의 비행 전 준비가 시작된 때부터 착륙 후 24시간까지 운항 중에 있는 것으로 본다.

② [X] 협약은 항공시설이 국제항공 및 국내항공에 사용되는 경우에 적용된다.
⇨ 항공시설이 국제항공에 사용되는 경우에만 적용된다.

❸ [O] 범인 및 범죄혐의자가 그 영토 내에 소재하고 있는 체약국은 그를 구치하거나 그의 신병확보를 위한 기타 조치를 취하여야 한다.

④ [X] 협상을 통하여 해결될 수 없는 본 협약의 해석 또는 적용에 관한 2개국 또는 그 이상의 체약국들 간의 어떠한 분쟁도 그들 중 일국가의 요청에 의하여 중재에 회부되며, 중재 요청일로부터 12개월 이내에 체약국들이 중재구성에 합의하지 못할 경우에는, 그들 당사국 중의 어느 일국가가 국제사법재판소에 동 재판소규정에 따라 분쟁을 부탁할 수 있다.
⇨ 중재 요청일로부터 6개월 이내에 체약국들이 중재구성에 합의하지 못할 경우에는, 그들 당사국 중의 어느 일국가가 국제사법재판소에 동 재판소규정에 따라 분쟁을 부탁할 수 있다.

02 조약법 정답 ①

❶ [X] 인권조약에서 허용불가능한 유보를 행한 국가가 조약의 당사자로 인정될 것인가 여부는 1차적으로 당해 조약의 타 당사자의 의사에 달려 있다고 하였다.
⇨ 1차적으로 유보 첨부국의 의사에 따른다고 규정하였다.

② [O] 무효인 유보를 첨부한 국가가 별다른 의사표시를 하지 않는 경우 일단 유보 없는 가입으로 간주한다고 하여 분리이론을 규정하였다.

③ [O] 무효인 유보의 첨부국이 유보 없는 가입으로 간주되는 경우 그 국가는 유보의 이익 없이는 조약의 당사국이 될 의사가 없다는 점을 추후 언제라도 표시할 수 있다.

④ [O] 특정 인권조약기구가 인권조약에 대한 특정국의 유보를 무효라고 선언한 경우, 유보를 첨부했던 국가는 12개월 이내에 탈퇴 의사를 밝히지 않는 경우 계속해서 당사자로서 인정된다.

03 외교사절 정답 ③

① [X] 공관장이라 함은 접수국이 그러한 자격으로 행동할 임무를 부여한 자를 말한다.
⇨ 공관장은 '파견국'이 그러한 자격으로 행동할 임무를 부여한 자를 말한다.

② [X] 공관원이라 함은 공관장과 공관의 외교직원을 말한다.
⇨ 공관원은 '공관장'과 '공관직원'을 말한다.

❸ [O] 공관직원이라 함은 공관의 외교직원, 행정 및 기능직원과 노무직원을 말한다.
⇨ 공관원과 구분해야 한다. 공관원은 공관장과 공관직원을 합한 개념이다.

④ [X] 개인적 사용인이라 함은 공관직원의 가사에 종사하며 접수국의 피고용인이 아닌 자를 말한다.
⇨ 개인적 사용인은 '파견국'의 피고용인이 아닌 자를 말한다.

04 국가책임 정답 ②

① [X] 갑(甲)의 피해에 대해서는 주권평등의 원칙상 C국과 D국 모두 외교적 보호권을 발동할 수 없다.
⇨ 제3국이 가해국인 경우이므로 C국과 D국이 모두 외교적 보호권을 발동할 수 있다.

❷ [O] A국과 B국 상호 간 원칙적으로 국제법상 책임이 성립하지 않으나 B국이 A국이 요청한 범위를 벗어나서 군사행동을 한 경우 그러한 행위에 대해서는 A국에 대해 국제법적 책임이 성립한다.
⇨ 피해국의 동의에 의해 위법성이 조각될 수 있으나, 피해국의 동의를 벗어난 행위의 경우 벗어난 범위에 대해서는 피해국에 대해 법적 책임이 성립한다.

③ [×] 만약 C국이나 D국이 외교적 보호권을 발동한다면 갑(甲)은 국내구제완료를 할 필요가 없다.
⇨ 간접책임에 대한 것이므로 갑(甲)은 국내구제를 먼저 완료해야 한다.

④ [×] B국의 갑(甲)에 대한 피해에 대하여 A국과 B국이 공동책임을 지며, 양국 간 구상권이 행사될 수 있다.
⇨ B국의 행위가 A국으로 귀속되므로 A국만이 전적으로 책임을 진다.

05 파리협정 정답 ②

① [O] 선진국 당사자는 가능하다면 개발도상국 당사자에게 제공될 공적 재원의 예상 수준을 포함하여, 정성적·정량적 관련 정보를 적용 가능한 범위에서 2년마다 통보한다.

❷ [×] 당사자는 이 협정이 자신에 대하여 발효한 날부터 3년 후에는 언제든지 수탁자에게 서면통고를 하여 이 협정에서 탈퇴할 수 있으며, 탈퇴는 수탁자가 탈퇴통고서를 접수한 날부터 2년이 경과한 날 또는 탈퇴통고서에 그보다 더 나중의 날짜가 명시된 경우에는 그 나중의 날에 효력이 발생한다.
⇨ 최근 미국이 탈퇴했다가 재가입했다. 탈퇴는 수탁자가 탈퇴통고서를 접수한 날부터 1년이 경과한 날 또는 탈퇴통고서에 그보다 더 나중의 날짜가 명시된 경우에는 그 나중의 날에 효력이 발생한다.

③ [O] 선진국 당사자는 공적 개입을 통하여 제공 및 조성된 개발도상국 당사자에 대한 지원에 관하여 투명하고 일관된 정보를 2년마다 제공한다.

④ [O] 산업화 전 수준 대비 지구 평균 기온 상승을 섭씨 2도보다 현저히 낮은 수준으로 유지하는 것 및 산업화 전 수준 대비 지구 평균 기온 상승을 섭씨 1.5도로 제한하기 위한 노력의 추구를 통해 기후변화의 위협에 대한 전지구적 대응을 강화하는 것을 목표로 한다.

06 외교적 보호 정답 ②

국내구제완료원칙의 적용이 면제되는 경우로 옳은 것은 ㄱ, ㄴ, ㄹ이다.

ㄱ. [O] 효과적인 구제를 제공할 수 있는 합리적으로 이용 가능한 구제수단이 없는 경우
⇨ 구제수단이 존재하더라도 실효성이 없는 경우 국내구제완료원칙에서 면제된다.

ㄴ. [O] 구제절차가 가해국에 의해 부당하게 지연되는 경우
⇨ 구제절차의 부당한 지연은 국제인권조약과 관련하여 개인청원을 제기할 때도 적용된다.

ㄷ. [×] 피해 시에 피해자와 피해국 간 적절한 관련성(relevant connection)이 없는 경우
⇨ 피해자와 '가해국' 간 적절한 관련성(relevant connection)이 없는 경우 국내구제완료원칙의 적용이 면제된다.

ㄹ. [O] 조약에 의해 국내구제완료가 명백하게 배제된 경우
⇨ 국내구제완료원칙은 강행규범이 아니므로 조약이나 합의에 의해 배제할 수 있다.

ㅁ. [×] 피해국이 국내구제완료에 대한 요구를 포기한 경우
⇨ '가해국'이 국내구제완료에 대한 요구를 포기한 경우 국내구제완료원칙의 적용이 면제된다.

07 해양법 정답 ②

영해에서 군함의 통항에 대한 설명으로 옳은 것은 ㄱ, ㄴ, ㄷ, ㅁ이다.

ㄱ. [O] 우리나라의 경우 3일 전에 외교부장관에게 대한 사전통고를 요건으로 군함이 무해통항할 수 있다.
⇨ 우리나라는 사전통고제도를 취하고 있다.

ㄴ. [O] 구소련은 군함의 무해통항에 대해 30일 전 사전허가제도를 도입하고 있었으나, 1983년 국내법을 통해 군함의 무해통항권을 인정하고 있다.
⇨ 러시아는 군함의 무해통항권을 인정하고 있다.

ㄷ. [O] 미국은 제2차 세계대전 전까지는 군함의 무해통항권을 부인하였으나, 현재는 군함의 무해통항권을 인정하고 있다.
⇨ 미국의 입장은 러시아와 같다.

ㄹ. [×] 중국은 군함의 통항에 있어서 사전통고제도를 도입하고 있다.
⇨ 중국은 사전허가제도를 도입하고 있다.

ㅁ. [O] 북한은 군함의 무해통항권을 부인하고 있다.

08 국제인도법 정답 ②

① [×] 1907년 육전의 법규 및 관습에 관한 헤이그협약 및 그 부속규칙에는 총가입조항이 삽입되어 있고, 1949년의 4개 제네바협약은 총가입조항을 명시적으로 인정하고 있다.
⇨ 명시적으로 배척하고 있다.

❷ [O] 인권조약들은 체약국들이 국가의 생존이 위협받는 비상사태에서 직면하여 일정 인권을 일시적으로 훼손하는 조치를 채택하는 것을 허용하고 있는데 반해, 무력충돌이라는 비상사태에서 적용되는 국제인도법은 그 정의에 의해 이 같은 훼손가능성을 인정하지 않는다.
⇨ 인권조약의 경우 조약의 '이행정지(derogation)'이라고 한다.

③ [×] 마르텐스 조항이란 어떤 무기 또는 전쟁방식이 구체적으로 혹은 명시적으로 금지되지 않은 경우 국가의 전쟁 권한을 제한해서는 안 된다는 이론을 반영한 조항을 말한다.
⇨ 구체적으로 혹은 명시적으로 금지되지 않았더라도 공공양심의 요구가 적용된다는 이론이다.

④ [×] 헤이그법은 전쟁의 희생자 보호에 관한 법을 지칭하는 것으로서, 전투능력을 상실한 전투원(군부상자, 병자, 조난자)과 적대행위에 참여하지 않는 사람들(포로, 민간인)에 대한 보호장치를 제공하고 있다.
⇨ 제네바법에 대한 설명이다.

09 국가승인 정답 ④

국가승인에 대한 설명으로 옳지 않은 것은 ㄷ, ㄹ이다.

ㄱ. [O] 구겐하임이나 라우터팩트와 같이 창설적 효력설을 주장하는 학자들은 승인 요건을 갖춘 경우 승인의무가 있다고 주장하나 승인은 재량행위이므로 인정될 수 없다고 보는 것이 일반적 견해다.

ㄴ. [O] 국가의 권리의무에 관한 몬테비데오협약(1933)은 선언적 효력설을 채택하고 있으며, 승인은 철회할 수 없고, 조건부 승인을 부여할 수 없음을 규정하고 있다.

ㄷ. [X] 유엔 가입이 인정되는 경우 가입에 찬성한 유엔 회원국은 신생국을 명시적으로 승인한 것으로 볼 수 있다.

⇨ 묵시적 승인에 해당한다.

ㄹ. [X] 미승인국의 법적 지위에 대해서는 원칙적으로 창설적 효력설이 인정된다.

⇨ 미승인국의 법적 지위 문제는 국내문제이다.

10 대륙붕 정답 ②

① [X] 대륙변계는 연안국 육지의 해면 아래쪽 연장으로서, 대륙붕·대륙사면·대륙융기의 해저와 하층토로 이루어지며, 해양산맥을 포함하되 심해대양저나 그 하층토는 포함하지 않는다.

⇨ 해양산맥을 포함한 심해대양저나 그 하층토는 포함하지 않는다.

❷ [O] 대륙붕에서 국가의 관선 부설경로의 설정은 연안국의 동의를 받아야 한다.

⇨ 반면, 관선 부설 자체는 타국의 권리이므로 이에 대한 동의를 얻어야 하는 것은 아니다.

③ [X] 연안국은 영해기선으로부터 200해리 밖에 있는 대륙붕의 무생물 자원 개발에 관하여 금전을 지급하거나 현물을 공여해야 하며, 금전지급과 현물공여는 생산개시 10년 후부터 그 광구에서 생산되는 모든 생산물에 대하여 매년 납부된다.

⇨ 생산개시 5년 후부터 그 광구에서 생산되는 모든 생산물에 대하여 매년 납부된다.

④ [X] 대향국 간 또는 인접국간의 대륙붕의 경계획정에 있어서 관련국은 합의에 이르는 동안 이해와 상호협력의 정신으로 실질적인 잠정약정을 체결해야 한다.

⇨ 실질적인 잠정약정을 체결할 수 있도록 모든 노력을 다해야 한다.

11 국제사법재판소 정답 ④

① [O] 2013년 호주와 일본간의 '남극해 포경 사건'에서 뉴질랜드가 포경규제협약의 당사국으로서 다자조약의 해석을 문제로 소송참가를 신청하자 ICJ는 이를 인정하였다.

② [O] ICJ는 아야 데 라 토레 사건에서 제63조에 따른 해석적 참가를 처음으로 인정하였다.

③ [O] 2011년 니카라과와 콜롬비아 간 영토 및 해양 분쟁사건에서 ICJ는 소송참가를 당사자 참가과 비당사자 참가로 구분하고 당사자 참가국은 소송과정에서 본안사건 당사국과 동일한 권한을 행사할 수 있고 본안 판결의 구속력을 받는다고 판시하였다.

❹ [X] 1993년 '나우르 인산염 사건'에서 ICJ는 사건과 관련된 법률상 이해관계를 가진 당사국들 모두가 소송참가를 신청해야 소송 참가를 허가할 수 있다고 판시하였다.

⇨ 1993년 '나우르 인산염 사건'에서 ICJ는 사건과 관련된 법률상 이해관계를 가진 당사국들 모두가 소송에 참가하여야 하는 것은 아니라고 판시하였다.

12 조약법 정답 ②

① [O] 가서명은 조약의 서명을 구성하는 것으로 교섭국 간 합의한 경우 조약문의 서명을 구성한다.

⇨ 가서명은 원래 정식 서명이 아니나, 합의에 의해 (정식)서명으로 인정될 수 있다.

❷ [X] 등록되지 아니한 조약에 대해 제3국은 UN기관에서 원용할 수 없다.

⇨ 제3국은 원용할 수 있다.

③ [O] 조약의 등록과 공표에 관한 명령(1946)에 의하면 이미 종료된 조약도 등록할 수 있다.

⇨ 종료된 조약을 등록할 의무는 없다.

④ [O] 정식조약에서 서명시 유보한 경우 비준 시 재확인해야 하나, 유보는 확인일자에 첨부된 것으로 처리한다.

⇨ 유보국은 비준 시 재확인해야 하나, 유보 반대국이나 수락국의 의사표시는 별도로 확인될 필요가 없다.

13 해양법 정답 ②

① [O] 코르푸 해협 사건(1949)에서 국제사법재판소(ICJ)는 안전보장이사회가 당해 사건을 ICJ에 회부하도록 한 결의는 법적 구속력이 없으므로 영국의 일방적 제소에 대해 관할권을 가질 수 없으나 영국과 알바니아 간 관할권에 관한 묵시적 합의가 존재하므로 관할권을 행사할 수 있다고 하였다.

❷ [X] 흑해 해양경계획정 사건(2009)에 따르면 루마니아가 영유하고 있는 뱀섬은 해양경계획정에 있어서 '무효과(zero effect)'가 인정된다고 하였다.

⇨ 뱀섬은 우크라이나의 영역이다.

③ [O] M/V Saiga호 사건(1999)에 의하면 위법한 추적권 발동으로 선박이 피해를 입었다고 하더라도 이는 국가의 직접 피해로 인한 부수적 피해에 불과하므로 선박의 국적국은 국내구제완료 원칙과 무관하게 국제청구를 제기할 수 있다.

④ [O] 벵갈만 해양경계획정 사건(2012)에서 국제해양법법원은 크기와 인구, 경제활동에 있어서 상당한 규모의 섬은 영해 경계획정 시 완전한 효과가 부여된다고 판시하였다.

14 국제법의 주체 정답 ②

국제법의 주체에 대한 설명으로 옳은 것은 ㄱ, ㄷ이다.

ㄱ. [O] 국가를 구성하지 못한 일정 범주의 민족도 제한된 범위 내에서 국제인격을 갖는다.
⇨ 민족은 조약체결권, 사절권 등의 제한적 권리의무를 갖는다.

ㄴ. [X] 개인은 제한적·능동적 주체로 인정받고 있다.
⇨ 개인은 조약체결권이 없으므로 '수동적 주체'이다.

ㄷ. [O] 국제기구는 국제법의 주체로서 조약체결권 및 손해배상청구권을 가질 수 있다.
⇨ 국제기구도 능동적 주체이므로 조약을 체결할 수 있으며, 책임능력이 있으므로 손해배상을 청구하거나 책임을 질 수도 있다.

ㄹ. [X] 연방국가의 구성국들은 대외적으로 각각 하나의 독립국가로 취급된다.
⇨ 연방국가의 구성국은 국가성을 갖지 않는다. 연방이 국제법상 국가로 인정된다.

15 국가면제 정답 ①

❶ [X] 국가의 대리인이 타국의 법정에 증인으로서 출석하는 경우 국가가 법정지국의 관할권 행사에 동의한 것으로 해석될 수 있다.
⇨ 증인으로서의 출석은 면제의 묵시적 포기에 해당하지 않는다.

② [O] 타국 법정에서 소송을 제기한 국가는 그 주된 청구와 동일한 법적 관계 또는 사실로부터 제기되는 여하한 반소와 관련하여 그 법정의 관할권으로부터의 면제를 주장할 수 없다.

③ [O] 타국 법정에서의 소송에서 당사자로서 당해 소송에 참가하는 국가는 그 국가에 의해 제기된 청구와 동일한 법적 관계 또는 사실로부터 제기되는 반소에 대해 법정의 관할권으로부터의 면제를 주장할 수 없다.

④ [O] 타국 법정에서 자기를 상대로 제기된 소송에서 반소를 제기하는 국가는 그 주된 청구와 관련하여 그 법정의 관할권으로부터의 면제를 주장할 수 없다.

16 GATT1994 정답 ④

① [X] 최혜국대우는 WTO회원국 간 적용되므로 최혜국(Most Favored Nation)이 WTO회원국이 아닌 경우 당해 대우를 WTO회원국에 대해 적용할 의무가 없다.
⇨ 최혜국(Most Favored Nation)이 WTO회원국이 아닌 경우 당해 대우를 WTO회원국에 대해 적용할 의무가 있다.

② [X] 최혜국대우원칙의 예외로서 역사적 예외는 조부조항(grandfather clause) 때문에 인정되지 않는다.
⇨ 역사적 예외가 인정된다.

③ [X] 최혜국대우원칙에서의 차별금지는 관세부과 등의 국경조치와 관련한 것이며 내국세 등의 국내조치와 관련된 것이 아니다.
⇨ 내국세에 대해서도 최혜국대우원칙이 적용된다. 예를 들어, 우리나라는 미국 자동차와 일본 자동차에 대한 부가가치세를 원칙적으로 차등부과할 수 없다.

❹ [O] 수입영역에만 적용되는 것이 아니라 수출영역에도 적용된다.
⇨ 수출대상국을 차별하면 최혜국대우의무에 위반될 수 있다.

17 GATS 정답 ②

① [X] GATT는 상품무역을 다루고 GATS는 서비스무역을 다루기 때문에 상호배타적이다.
⇨ GATT와 GATS의 관계는 상호배타적이지 않으며 사안에 따라 양 협정이 모두 적용될 수 있다. '캐나다 - 정기간행물 사건'에서 패널은 GATT와 GATS는 동일한 계층에 있으며 두 협정의 의무는 서로 양립할 수 있고 중첩되는 부분에 있어서 어느 일방의 적용을 배척하지는 않는다고 평결하였고 상소기구도 이를 지지한 바 있다.

❷ [O] 각국은 자국 양허표에 기재된 분야에 있어서 명시된 조건에 대해서만 NT의무를 진다.
⇨ NT는 일반적 의무가 아니며 자국이 양허표상에 기재한 서비스분야에 대해서만 동 의무가 존재한다.

판례 이론 **조문**

> **GATS 제17조 제1항** 자국의 양허표에 기재된 분야에 있어서(positive), 양허표에 명시된 조건 및 제한(negative)을 기준으로 각 회원국은 그 밖의 회원국의 서비스 및 서비스 공급자에게 영향을 미치는 모든 조치와 관련하여 자국의 동종서비스와 서비스 공급자들에게 부여하는 대우보다 불리하지 아니한 대우를 부여한다고 규정하고 있다.

③ [X] 양허표는 협정 발표일로부터 3년이 경과한 후에는 수정할 수 없다.
⇨ GATS 제18조에 대한 설명으로 3년이 경과하여도 언제든지 양허표를 수정할 수 있다.

판례 이론 **조문**

> **GATS 제18조** 양허표는 '추가적 약속'란을 두어 시장접근과 내국민대우에 관한 사항이 아니나 서비스무역에 영향을 미치는 조치와 관련하여 이를 양허표상에 기재할 수 있도록 하고 있다. 양허표는 발효일로부터 3년이 경과한 후에는 언제든지 수정될 수 있다.

④ [X] 회원국은 GATS의 대상이 되는 모든 조치에 관하여 예외 없이 무조건적인 MFN을 부여해야 한다.
⇨ GATT와는 달리 일정한 서비스 분야에 대해서는 '제2조의 면제에 관한 부속서'에 따라 선별적으로 적용할 수 있도록 하고 있다. 그 외에도 인접국 간의 무역 역시 MFN 예외가 인정된다.

18 TBT협정 정답 ②

EC-Sardines(2002)의 주요 쟁점 및 판결 내용에 대한 설명으로 옳지 않은 것은 ㄱ, ㄷ이다.

ㄱ. [×] EC는 시장에서 통조림 정어리로 상표가 부착되어 판매되기 위해서는 반드시 Sardina pilchardus 정어리만 사용해야 한다고 규제하였는데, 이에 대해 패널은 EC의 조치가 기술규정에 해당하여 SPS협정이 적용된다고 보았다.
⇨ 기술규정은 TBT협정의 적용 대상이 된다.

ㄴ. [O] 기술규정의 강제는 적극적(positive) 형태뿐만 아니라 부정적(negative) 양식으로 행사될 수 있다.
⇨ 기술규정은 상품의 특성을 규정하고 그 준수가 강제적인 것을 말한다. 정어리 통조림 표시를 하기 위해 특정 정어리 제품만을 쓰게 하는 경우 이는 다른 통조림은 쓰지 말라는 것으로 해석할 수 있으므로 제품의 특성을 부정적으로 규정한 것이라고 볼 수 있다.

ㄷ. [×] 상소기구는 국제표준의 비효율성 또는 부적합성에 대한 입증책임은 피제소국(EC) 측에 있다고 판시하였다.
⇨ TBT협정 제2조 제4항에 따르면 정당한 목적을 달성하는 데에 비효율적이나 부적절한 수단일 경우를 제외하고 국제표준이 존재하는 경우 이를 기술규정의 기초로 사용할 것을 명시하고 있다. 이에 EC는 관련 국제표준 Codes Stan94는 EC가 추구하는 정당한 목적을 달성하는 데에 비효율적이고 부적절하다고 주장하였다. 패널은 국제표준의 비효율성 및 부적절성을 EC가 입증하여야 한다고 하였으나 상소기구는 이를 번복하고 제소국, 즉 페루가 비효율적이거나 부적절하지 않다는 점을 입증해야 한다고 판시하였다.

ㄹ. [O] 국제표준을 기술규정의 '기초로서 사용한다'의 의미를 상소기구는 기술규정이 국제표준과 상충한다면 기술규정이 국제표준에 기초하지 않은 것이라고 판단하였다.
⇨ 조화의무, 즉 국제표준에 기초할 의무에 대한 것이다.

19 국제분쟁해결제도 정답 ②

① [×] 상설중재재판소(PCA)는 국가 간 사건뿐만 아니라 국제기구와 국가, 국가와 개인, 혹은 국제기구와 개인 간 사건도 다루나, 국가 간 중재를 혼합중재보다 더 많이 제공하고 있다.
⇨ 국가 간 중재보다 혼합중재를 더 많이 제공하고 있다.

❷ [O] 분쟁당사자들은 PCA에 중재뿐만 아니라 조정이나 사실심사도 의뢰할 수 있다.

③ [×] ICJ는 Aegean Sea Continental Shelf 사건에서 소송 진행 중에 교섭이 적극적으로 추구되고 있는 경우 재판적격성 부존재에 해당하므로 재판소가 사법기능을 지속 수행할 수 없다고 하였다.
⇨ 소송 진행 중에 교섭이 적극적으로 추구되고 있다는 사실은 법적으로 동 재판소의 사법기능 행사에 전혀 장애물이 되지 아니한다고 하였다.

④ [×] 1979년 팔레스타인-이스라엘 평화조약을 성사시킨 미국 Carter 대통령의 개입은 중개사례로 들 수 있다.
⇨ 이집트-이스라엘 간 평화조약을 성사시켰다.

20 WTO원산지협정 정답 ①

❶ [O] 원산지표시제도가 보호주의적 비관세장벽으로 사용되는 것을 방지하기 위하여 GATT 제9조에서는 원산지표시에 관한 규정을 두고 있다.

② [×] 원산지규정은 원산지를 부여받을 수 있는 기준을 중심으로 기술하는 소극적인 기준(Negative Standard)을 기초로 하여야 한다.
⇨ 적극적인 기준(Positive Standard)을 기초로 하여야 한다.

③ [×] 과도기간 중 원산지 판정에 있어서 가공공정기준이나 부가가치기준을 선택적으로 적용할 수 있으나 세번 변경기준은 적용할 수 없다.
⇨ 가공공정기준을 적용해야 하는 것은 아니나 가공공정기준이 적용되는 경우 관련 제품의 원산지를 부여하는 공정이 정확하게 명시되어야 한다.

④ [×] 쿼터제도의 적용의 목적으로 사용되는 원산지규정은 특혜 원산지규정으로서 원산지규정협정의 적용 대상이다.
⇨ 비특혜 원산지규정으로서 원산지규정협정의 적용 대상이다.

09회 실전동형모의고사

정답

p. 56

01	②	Ⅲ	06	②	Ⅴ	11	②	Ⅰ	16	①	Ⅳ
02	②	Ⅱ	07	①	Ⅴ	12	③	Ⅱ	17	④	Ⅶ
03	④	Ⅳ	08	②	Ⅵ	13	①	Ⅰ	18	③	Ⅱ
04	③	Ⅰ	09	③	Ⅵ	14	④	Ⅴ	19	②	Ⅶ
05	②	Ⅵ	10	③	Ⅴ	15	②	Ⅰ	20	④	Ⅶ

Ⅰ 국제법 총론 / Ⅱ 국가 / Ⅲ 국제기구 / Ⅳ 개인 / Ⅴ 국제법의 규율 대상 / Ⅵ 국제분쟁해결 및 무력사용 / Ⅶ 국제경제법

취약 단원 분석표

단원	맞힌 답의 개수
Ⅰ	/ 4
Ⅱ	/ 3
Ⅲ	/ 1
Ⅳ	/ 2
Ⅴ	/ 4
Ⅵ	/ 3
Ⅶ	/ 3
TOTAL	/ 20

01 국제연합 정답 ②

① [O] 대만은 UN 안전보장이사회 상임이사국으로 출발하였으나 1971년 UN 총회는 북경 정부가 중국의 대표권을 갖는다고 결의하였다.

❷ [×] 강제조치의 대상인 회원국의 정지된 권리와 특권의 회복은 총회의 전속적 권한이다.
⇨ 안전보장이사회의 전속 권한이다.

③ [O] 현재까지 탈퇴하거나 제명된 회원국은 없다.

④ [O] UN에서 옵저버 국가는 총회에 참석하여 발언권을 행사할 수 있다.

02 국가의 기본적 권리의무 정답 ②

① [×] 미국과 니카라과는 모두 국제사법재판소규정 제36조 제2항의 선택조항을 수락하였으므로 니카라과는 일방적으로 미국을 국제사법재판소(ICJ)에 제소하였다.
⇨ 니카라과는 국제사법재판소규정상의 선택조항을 수락하지 않았다. 다만, 상설국제사법재판소규정상의 선택조항을 수락하였고, 이는 국제사법재판소규정상 선택조항 수락선언으로 승계되므로 양국 간 관할권은 성립한다고 보았다.

❷ [O] 미국은 미국과 니카라과 간 분쟁이 UN안전보장이사회에서 다루어지고 있으므로 국제사법재판소(ICJ)가 심리할 수 없다는 항변을 제기하였으나 국제사법재판소(ICJ)는 이를 기각하였다.
⇨ 이후 미국은 소송에 참여하지 않았다. 국제사법재판소(ICJ)는 니카라과의 잠정조치를 수락하였고, 본안판결이 이루어짐으로써 종료되었다.

③ [×] 국제사법재판소(ICJ)는 사실상의 국가기관인 미국 CIA의 니카라과 반군에 대한 무력지원조치에 대해 니카라과 측의 입증이 성립하지 않았음을 이유로 미국의 책임을 인정하지 않았다.
⇨ 미국의 CIA는 '법률상 미국의 국가기관'이며 그 활동에 대해서는 니카라과의 입증이 성립하여 법적 책임을 인정하였다.

④ [×] 국제사법재판소(ICJ)는 법률상의 국가기관인 콘트라 반군의 반정부활동에 대한 미국의 책임을 정면으로 인정하였다.
⇨ 콘트라 반군이 미국의 '사실상' 국가기관인지 논쟁이 되었으나 이에 대해서는 니카라과 측의 입증이 성립하지 않았다고 판시하였다.

03 외교적 보호권 정답 ④

① [O] 외교적 보호권을 발동하는 경우 다른 구제수단이 배제되는 것은 아니다.
⇨ 투자협정 등에 다른 조치가 있는 경우 그러한 조치들을 취할 수 있다.

② [O] 동 초안과 투자 보호에 대한 조약규정이 양립하지 않는 경우 동 초안은 적용되지 않는다.
⇨ 투자 보호에 대한 규정이 특별법으로서 우선적용된다.

③ [O] 가해국의 국제법 위반으로 자국 선박이 피해를 입은 경우 선박 승무원이 외국인이더라도 선박의 등록국은 당해 외국인 승무원을 위해 손해배상을 가해국에 청구할 수 있으나, 승무원 국적국의 외교적 보호권 발동이 배제되는 것은 아니다.
⇨ 승무원 국적국의 외교적 보호권이 배제되지 않는 점에 주의해야 한다.

❹ [×] 가해국으로부터 배상을 받은 경우 청구 제기국은 합리적 공제를 전제로 피해자에게 전달해야 한다.
⇨ 동 초안 제19조는 관행의 권고(recommended practice)로서 법적 구속력을 갖는 것은 아니다. 따라서 배상금을 피해자에게 청구 제기국이 전달해야 할 의무가 있는 것은 아니다.

04 국제법과 국내법의 관계 정답 ③

① [O] 자기집행성의 판단기준은 조약당사자의 의도이다.
⇨ 조약당사자의 의도는 조약해석을 통해 확인한다.

② [O] Sei Fujii 사건에 의하면 UN헌장의 인권관련규정은 비자기집행조항이다.
⇨ 비자기집행조항의 경우 별도의 입법조치가 있어야 국내법체계에 편입된다.

❸ [×] 최혜국대우규정은 자기집행조항이므로 연방법률보다 하위의 효력을 가진다.
⇨ 자기집행조항(조약)은 연방법률과 대등한 지위를 가진다.

④ [O] 예산지출을 필요로 하는 조약, 형법규정과 관련된 조약, 미국의 영토나 재산의 처분에 관한 조약, 종전부터 의회가 주로 규제해 오던 주제에 관한 조약은 비자기집행조약이다.
⇨ 비자기집행조약은 연방시민들의 권리나 의무에 중대한 영향을 미치는 조약(조항)에 적용된다.

05 국제사법재판소 정답 ②

① [×] ICJ 규칙에 의하면 별도의 관할권 성립의 근거가 없고 피소국도 응소에 동의하지 않은 경우라 하더라도 일단 제소된 경우 ICJ 사건 목록에 등재되나 후속절차는 진행되지 않는다.
⇨ 제소사실만으로는 ICJ 사건 목록에 등재되지 않으며 후속절차도 진행되지 않는다.

❷ [O] UN총회와 안전보장이사회에서 절대다수를 얻은 자가 ICJ 판사로 선임되는데, 총회와 안전보장이사회의 선거 결과가 다를 경우 재선거를 실시해 일치시킨다.
⇨ 절대다수는 재적과반수를 말한다.

③ [×] ICJ 약식절차 재판부(Chamber of summary Procedure)는 신속한 재판 진행을 위해 매년 소장 및 부소장을 제외하고 5명의 판사로 설치된다.
⇨ 소장 및 부소장 포함 5명의 판사로 설치된다.

④ [×] ICJ규칙상 사건 당사국은 재판소의 판결 이전 언제든지 소재판부의 구성을 요청할 수 있다.
⇨ 서면절차의 종료 이전 언제든지 소재판부의 구성을 요청할 수 있다.

06 국제환경법 정답 ②

① [O] 1991년 세계은행과 UNEP 및 UNDP가 함께 세계생태계보호에 혜택을 주는 프로젝트에 재정적 지원을 하기 위해 지구환경기금(Global Environment Facility)이 설치되었다.
⇨ 지구환경기금(Global Environment Facility)의 설립은 브룬트란드 보고서를 통해 알 수 있다.

판례 **이론** 조문

1987년 Brundland Commission 보고서

1. 과정
   환경보전을 위한 Project 및 전략사업에 자금이 부족함을 지적, UN World Resource Institute에 이에 대한 연구를 위임하였고, 1991년 세계은행 이사회에서 지구환경기금의 설립을 승인하였다. 1991년 5월 첫 회의를 개최하였으며 우리나라는 1994년 5월 가입하였다.
2. 설립목적
   지구환경 보호를 위해 개도국의 지구환경 관련 투자사업 및 기술지원사업에 대해 무상지원 및 장기저리의 양허성 자금지원, 국제환경협약의 재정체계 역할(현재 생물다양성, 기후변화협약의 임시재정체계의 역할 수행)과 UN환경개발회의(UNCED)에서 합의한 의제21 이행에 필요한 재정기구 역할 수행이다.
3. 기관
   (1) 총회, 이사회, 사무국 등이 있다.
   (2) 총회는 3년마다 개최한다.
   (3) 이사회는 32개 이사국 그룹으로 구성(개발도상국 16개국, 선진국 14개국, 전환국 2개국)된다.
4. 의사결정
   Consensus원칙이나, 합의 도달에 실패할 경우 이중다수결(Double Weighted Majority)을 적용한다. 이중다수결은 총 참여자수의 60%, 총 출연액의 60% 이상 찬성으로 의결한다.

❷ [×] 1982년 채택된 세계자연헌장(World Charter for Nature)은 기존의 환경조약이나 문서들과 달리 생물중심적 접근(biocentric approach)보다는 인간중심적 접근을 추구한다는 점에서 매우 중요한 의미를 갖는다.
⇨ 세계자연헌장(World Charter for Nature)은 기존의 인간중심적 접근에서 벗어나 생물중심적 접근(biocentric approach)을 보여준 문서이다.

③ [O] 1983년 UN총회 결의로 설치된 세계환경개발위원회(WEDC)는 '우리 공동의 미래(Our Common Future)'라는 보고서를 제출하고 지속가능발전 개념의 실천을 우선과제로 제시하였다.
⇨ 지속가능개발원칙은 현세대와 미래세대의 형평한 자원이용을 추구하는 원칙이다.

④ [O] 1992년 리우환경회의에서는 환경과 개발에 관한 리우선언, 산림원칙 및 의제21과 같은 구속력 없는 문서와 생물다양성협약과 기후변화협약이 채택되어 서명을 위하여 개방되었다.
⇨ 리우환경회의의 정식 명칭은 유엔환경개발회의(UNCED)이다.

07 국제해양법 정답 ①

❶ [O] 재판소는 업무를 신속하게 처리하기 위하여 약식절차에 따라 분쟁을 처리하고 결정할 수 있는 5인의 재판관으로 구성되는 재판정을 매년 구성한다.
⇨ 특별재판부 및 특정사건재판부와의 차이점에 주의한다.

② [×] 제6부속서 규정상 재판소는 직권으로 특별재판정을 구성하여 심리 및 결정할 수 있다.
⇨ 당사자의 요청이 있어야 한다.

③ [×] 국제사법재판소(ICJ)와 달리 분쟁당사자의 국적재판관은 당해 사건에 재판관으로서 참여할 수 없다.
⇨ 분쟁당사자의 국적재판관은 당해 사건에 재판관으로서 참여할 수 있다.

④ [×] 재판소의 경비는 당사국회의가 결정하는 기간과 방법에 따라 당사국이 부담한다.
⇨ 재판소의 경비는 당사국과 심해저기구가 부담한다.

08 국제사법재판소 정답 ②

국제사법재판소(ICJ)의 판결에 대한 설명으로 옳은 것은 ㄱ, ㄷ, ㅁ이다.

ㄱ. [O] 국제사법재판소(ICJ)는 출석재판관의 과반수로 판결하고, 가부동수인 때에는 재판장이 결정투표권을 행사한다.
⇨ 재판장이 부재한 경우 그를 대리하는 자가 결정투표권을 갖는다.

ㄴ. [×] 국제사법재판소(ICJ) 판결의 해석에 대한 분쟁을 재판하기 위해서는 분쟁당사국들 간의 합의가 필요하다.
⇨ 판결의 해석은 '부수적 관할권'의 하나이므로 일방적으로 해석을 요청할 수 있다.

ㄷ. [O] 분쟁당사국은 판결 당시 알지 못하였던 결정적 사실이 발견된 경우에 한하여 재심을 청구할 수 있다.
⇨ 분쟁당사국과 재판소 모두 알지 못한 사실이 발견된 때여야 하고, 알지 못한 것에 있어서 과실이 없어야 한다.

ㄹ. [×] 판결은 당해 사건의 당사국만 구속하며 선례구속(stare decisis)의 원칙이 인정된다.
⇨ 선례구속(stare decisis)의 원칙은 인정되지 않는다. 즉, 재판소의 결정은 당해 사건에 대해서만 구속력이 인정된다.

ㅁ. [O] 판결은 종국적이며 상소가 허용되지 않는다.
⇨ 국제사법재판소(ICJ)는 단심제로 운영된다.

09 국가의 무력사용 정답 ③

무력사용에 대한 설명으로 옳은 것은 ㄴ, ㄷ이다.

ㄱ. [×] Thomas Aquinas는 타국의 무력공격을 받을 것을 정전(just war)의 요건으로 들었다.
⇨ 군주의 정당한 권위, 올바른 의도, 정당한 원인을 정전의 요건으로 들었다.

ㄴ. [O] ICJ는 Certain Expenses of the UN 권고적 의견에서 안전보장이사회의 결의를 근거로 설치되는 평화유지군은 UN헌장 제29조에 근거한 보조기관에 해당한다고 판시하였다.

ㄷ. [O] 1928년 「부전조약」은 당사국들이 국제관계에서 국가정책의 이행수단으로서의 전쟁을 포기하고, 국가 간 분쟁은 평화적 수단에 의하여만 해결하기로 규정했으나, 자위권의 행사를 전혀 통제하지 않았다.

ㄹ. [×] ICJ는 Armed Activities on the Territory of the Congo 사건에서 일련의 월경공격에 대응한 자위권의 행사로 국경에서 수백km 안쪽까지 진입해 공항과 마을을 점령했다면 이는 필요성 원칙에 위반된다고 보았다.
⇨ 비례성 원칙에 위반된다고 하였다.

10 국제환경법 정답 ③

국제환경법의 원칙에 대한 설명으로 옳지 않은 것은 ㄴ, ㄷ이다.

ㄱ. [O] 지속가능한 개발원칙(sustainable development)은 세대 간 형평의 원칙, 지속가능한 사용의 원칙, 세대 내 형평의 원칙, 환경과 개발의 통합원칙을 포함하는 개념이다.
⇨ 지속가능한 개발원칙(sustainable development)은 '우산개념'으로서 다양한 하위의 원칙을 포함한다.

ㄴ. [×] 사전주의원칙은 일정한 물질이나 활동의 결과 피해발생의 리스크가 매우 높고, 적절한 규제조치를 취하는 데에 대한 과학적 정당성이 충분한 경우 적용되는 원칙이다.
⇨ 사전주의원칙은 적절한 규제조치를 취하는 데에 요구되는 필요하고도 충분한 과학적 인과관계의 증명(full scientific certainty)이 기술적으로 매우 어려운 경우 적용되는 원칙이다.

ㄷ. [×] 사전예방원칙과 사전주의원칙은 일반국제법상 확립된 법규이다.
⇨ 사전예방원칙은 일반국제법상 확립된 법규로서 관습법에 해당하나 사전주의원칙은 연성법규성을 강하게 갖는다.

ㄹ. [O] 오염자부담원칙은 오염방지책임에 대한 원칙인 측면보다는 오염통제비용의 배분을 위한 경제정책적인 측면이 강하다.
⇨ 오염자부담원칙은 오염결과제거비용을 오염자에게 부담시키자는 원칙이다.

11 국제법의 연원 정답 ②

① [×] ILC는 국제관습법의 확인에 대한 결론 초안(2016)에서 오로지 국가나 국제기구의 관행만 관습법을 창설할 수 있고, NGO, 비국가무장단체, 다국적기업 및 사인의 관행은 관습법을 창설할 수 없다고 하였다.
⇨ NGO, 비국가무장단체, 다국적기업 및 사인의 관행도 일정한 경우 관습법을 창설할 수 있다고 하였다.

❷ [O] ICJ는 Maritime Delimitation in the Indian Ocean(Somalia v. Kenya) 사건에서 MOU에 발효에 관한 조항이 담겨있다면 이는 이 문서가 구속력 있는 것임을 시사한다고 언급했다.

③ [×] PCIJ는 뮤즈강 수로 변경 사건에서 약속위반이 배상의무를 동반한다는 것은 국제법의 일반원칙이자 법의 일반개념이라고 언급한 바 있다.
⇨ Chorzow Factory 사건(1928)이다.

④ [×] 국가의 침묵(silence)이나 무위(inaction)는 특정 관행에 대한 반대로 인정되므로, 집요한 불복국가로서 인정되는 데 장애가 되는 것은 아니다.
⇨ 반대가 아니라 묵인으로 간주되므로, 당해 국가는 완강한 반대국가로서의 지위를 얻지 못하고 문제의 규칙에 구속된다.

12 영사 정답 ③

① [O] 영사기관의 소재지는 파견국에 의해 결정되며 또한 접수국의 승인을 받아야 한다.

② [O] 접수국과 파견국 간의 외교관계의 수립에 부여된 동의는 달리 의사를 표시하지 아니하는 한 영사관계의 수립에 대한 동의를 포함한다.

❸ [×] 영사기관의 소재지 이외의 다른 장소에 기존 영사기관의 일부를 이루는 사무소를 개설하기 위해서는 접수국의 동의가 필요하다.
⇨ 접수국의 명시적 사전동의가 필요하다.

④ [O] 총영사관 또는 영사관이, 그 총영사관 또는 영사관이 설치되어 있는 지방 이외의 다른 지방에, 부영사관 또는 영사대리사무소의 개설을 원하는 경우에는 접수국의 동의가 필요하다.

13 국제기구 정답 ①

❶ [×] 국제기구는 객관적 법 주체이므로 비회원국에 대해 면제를 권리로서 주장할 수 있다.
⇨ 통설에 의하면 국제기구는 파생적 법 주체이다. 비회원국에 대해 면제를 권리로서 주장할 수 없다.

② [O] European Molecular Biology Laboratory 대 Germany 사건에서 중재재판소는 국제기구 면제의 범위를 확정함에 있어서 무엇보다 활동의 목적이 중요하다고 하였다.
⇨ 국제기구의 활동이 그 기구의 목적 달성을 위한 것이면 면제가 인정된다.

③ [O] 유럽인권재판소는 Beer and Regan 대 Germany 사건에서 국가가 국제기구에게 면제를 부여하는 것이 유럽인권협약에서 허용될 수 있는지를 결정함에 있어서 중요한 요소는 개인들이 협약하의 자신들의 권리를 보호하는 데에 합리적인 대체수단을 가지고 있는지 여부라고 하였다.
⇨ 개인들의 피해를 구제할 수 있는 합리적 대체수단이 존재한다면 국제기구의 면제가 인정된다고 하였다.

④ [O] UN의 특권과 면제에 관한 협약에 의하면 UN을 위한 임무를 수행하는 직원 이외의 전문가에게는 그 임무에 관련되는 여행에 드는 시간을 포함하여 임무기간 중 직무를 독립적으로 수행하기 위하여 필요한 면제가 주어진다.
⇨ 직무수행을 위한 여행에 대해서도 면제가 인정됨에 주의해야 한다.

14 영공 정답 ④

① [O] 군용, 세관용, 경찰용 업무에 사용되는 항공기에는 적용되지 아니한다.
⇨ 동경협약은 민간항공기에 대해서만 적용된다.

② [O] 체약국에서 등록된 항공기 내에서 범하여진 범행은 범죄인 인도에 있어서는 범죄가 실제로 발생한 장소에서뿐만 아니라 항공기 등록국의 영토에서 발생한 것과 같이 취급되어야 한다.
⇨ 범죄가 발생한 항공기의 등록국은 형사관할권을 행사할 수 있다.

③ [O] 체약국은 국제민간항공기구에 통고함으로써 협약을 폐기할 수 있으며 폐기통고가 접수된 날로부터 6개월 이후에 효력을 발생힌다.
⇨ 국제민간항공기구(ICAO)에 통고함에 주의한다.

❹ [×] 협약에 대한 유보가 전면금지된다.
⇨ 체약국은 동경협약 제24조 분쟁해결조항에 대해 유보할 수 있으며, 그 이외의 조항에 대해서는 유보할 수 없다. 협의를 통한 분쟁해결이 어려운 경우 당사자 간 합의를 통해 중재재판에 회부할 수 있으나, 6개월 내 합의가 이루어지지 않은 경우 일방은 타방을 국제사법재판소(ICJ)에 제소할 수 있다.

15 국제법의 연원 정답 ②

① [O] 대세적 의무 위반 시 비피해국은 손해배상을 청구할 수 없으나 유책국에 대해 국가책임은 추궁할 수 있다.
⇨ 비피해국은 구체적인 손해를 입지 않았으므로 손해배상을 청구할 수 없으나, 손해배상 이행청구권 등의 국가책임추궁(원용)권을 갖는다.

❷ [×] 조약의 명칭은 조약, 협약, 협정, 교환각서, 신사협정 등으로 다양하게 표현되며, 이들은 법적 구속력을 갖는다.
⇨ 신사협정은 법적 구속력을 갖지 않는다.

③ [O] 국제사회를 국가 간의 사회로 생각하던 과거에는 국가만이 국제법주체로 주장되었으나, 오늘날은 국제법주체의 인정범위가 확대되어 교전단체도 조약의 당사자로 인정된다.
⇨ 전통적으로는 국제법 정립 참여능력자를 국제법의 주체로 보았으나, 오늘날에는 국제법상 권리의무의 수범자를 국제법의 주체로 본다.

④ [O] 법의 일반원칙에 대한 정의와 관련하여 여러 문명국가에서 공통적으로 인정되는 국내법의 일반원칙이라고 보는 견해가 지배적이다.
⇨ 법의 일반원칙은 보충적 연원에 해당한다.

16 국제형사재판소 정답 ①

❶ [×] 판사와 소추관의 임기 및 선출방식은 동일하다.
⇨ 판사와 소추관의 임기는 9년으로 동일하며 모두 재선될 수 없다. 단, 판사의 경우 당사국 총회에서 비밀투표로 선출되면 출석·투표 3분의 2 이상 찬성을 받아야 한다. 소추관은 당사국 총회에서 절대다수결로 선출된다.

② [O] 소추관은 재판관과 마찬가지로 자신의 공정성이 합리적으로 의심받을 수 있는 사건을 수사할 수 없으며, 이 점에 대해 의문이 있는 경우 상소부에서 결정한다.
⇨ 강제제척에 대한 설명이다.

③ [O] 유죄선고를 받은 자뿐 아니라 소추관도 유무죄나 양형부당에 대해 상소할 수 있다.
⇨ 소추관도 상소권을 갖는 것은 대륙법계 전통을 따른 것이다.

④ [O] 범죄인에 대해 청구가 경합하는 경우 반드시 국제형사재판소(ICC)에 우선 인도되는 것은 아니다.
⇨ 청구 경합 시 피청구국이 로마협약 당사국인지 여부, 재판적격성의 존부 등을 따져서 결정된다.

17 서비스무역협정 정답 ④

WTO 서비스무역협정(GATS)에 대한 설명으로 옳은 것은 ㄴ, ㄹ이다.

ㄱ. [×] 시장접근에 있어서 GATS는 '소극적 약속(negatiive commitment)' 방식을 취하여, 회원국이 양허표에 기재한 개방을 약속한 분야에 대해서만 시장접근 의무를 부과한다.
⇨ '적극적 약속(positive commitment)' 방식을 취하고 있다.

ㄴ. [O] 비차별주의, 우월적 지위의 남용방지, 절차의 공정성과 투명성 등은 일반적 의무사항이다.

ㄷ. [×] EC-바나나 사건에서 바나나의 도매서비스는 관세분류를 고려하여 바나나의 원산지와 무관하게 모두 동종으로 판정되었다.
⇨ 동종성 판단은 관세분류를 고려하는 것이 아니다. 비교대상인 서비스가 시장에서 '경쟁관계'에 있는지를 기준으로 판단한다.

ㄹ. [O] GATS 제2조 면제에 관한 부속서에 기재할 것을 조건으로 MFN 의무로부터 면제되나, 면제기간이 5년 이상인 면제조치의 경우, 서비스무역이사회의 정기적인 검토를 받아야 하며 면제기간은 원칙적으로 10년을 초과할 수 없다.

18 국가관할권 정답 ③

① [O] 국가의 영토관할권 행사에서 영토는 육지 영토뿐만 아니라 영해와 영공, 공해상의 자국의 선박과 항공기까지 포함한다.

② [O] 배타적경제수역은 연안국의 영역이 아니나 국제법에서 허용하는 한도 내에서 연안국은 주권적 권리나 관할권을 행사할 수 있다.

❸ [×] 1988년 'United States v. Fawaz Yunis 사건'에서 미국 법원은 능동적 속인주의와 보편주의를 근거로 관할권 성립을 인정하였다.
⇨ 미국 법원은 수동적 속인주의와 보편주의를 근거로 관할권 성립을 인정하였다.

④ [O] 보편관할권이 인정된다고 해서 역외적용이 인정되는 것은 아니다.

19 TRIPs 정답 ②

WTO 무역관련 지적재산권협정에 대한 설명으로 옳지 않은 것은 ㄱ, ㄴ, ㄷ, ㅁ, ㅂ이다.

ㄱ. [×] 지적재산권에 대한 최초의 통일적인 협정이다.
⇨ 무역과 관련된 지적재산권에 대한 최초의 통일적 협정이다. 지적재산권에 대한 최초 통일적 규정이 아니다.

ㄴ. [×] 지적재산권협정 체결로 인해 기존협정은 실효되었다.
⇨ 기존협정 플러스방식을 채택하여 4개의 기존협정을 준용하는 바, 파리협약, 베른협약, 로마협약, 집적회로에 관한 지적재산권협약이 그것이다.

ㄷ. [×] 지적재산권 보호를 위해 최고보호수준의 원칙을 채택하였다.
⇨ 최저보호수준의 원칙을 채택하였다(TRIPs 제1조 제1항).

ㄹ. [O] 기존의 지적재산권 관련 국제협약과 달리 최혜국대우원칙을 최초로 도입하였다.
⇨ 최혜국대우원칙은 외국 국민 상호간 비차별원칙을 의미한다.

ㅁ. [×] 권리소진의 원칙이 적용되는 경우 병행수입이 인정되나 TRIPs협정에는 규정되지 않았으며, 동 협정은 국내법을 통해 권리소진원칙을 적용하도록 하였다.
⇨ 국내법을 통해 적용하도록 강제한 것은 아니다.

ㅂ. [×] 저작인격권이란 실연자가 갖는 복제방송의 독점권, 음반제작자가 갖는 복제권 등을 의미하며, 50년을 최소보호기간으로 한다.
⇨ 저작인접권에 대한 설명이다.

20 SPS협정 정답 ④

① [×] EC-호르몬 사건에서 패널은 EC의 조치에 과학적 정당성은 없으나, 잠정조치로서 인정된다고 판시하였다.
⇨ 잠정조치로 정당화될 수 없다고 하였다.

② [×] 국제적 기준이 존재하지 않는 경우 회원국은 SPS조치를 취할 수 없다.
⇨ 국제적 기준이 존재하지 않는 경우 회원국은 위험평가를 통해 과학적 정당성이 있다고 판단하는 경우 SPS조치를 취할 수 있다.

③ [×] 과학적 정당성이 없는 경우 잠정조치를 취할 수 있으나, 원칙적으로 10년으로 제한된다.
⇨ 잠정조치의 기한은 명시되지 않았다.

❹ [O] SPS조치는 모든 회원국의 권리이므로 제소국 측에서 그 위반에 대해 입증책임을 지며, 일응추정의 원칙이 적용된다.
⇨ 일응추정의 원칙이란 제소국이 피소국의 위반을 입증한 경우 위반조치로 인한 이익의 무효화 또는 침해가 있었을 것이라고 추정해주는 것이다.

10회 실전동형모의고사

정답

p. 62

01	③	Ⅳ	06	④	Ⅴ	11	②	Ⅳ	16	①	Ⅴ
02	③	Ⅱ	07	③	Ⅱ	12	①	Ⅴ	17	③	Ⅶ
03	③	Ⅴ	08	③	Ⅲ	13	④	Ⅴ	18	③	Ⅳ
04	④	Ⅰ	09	③	Ⅱ	14	③	Ⅳ	19	②	Ⅶ
05	①	Ⅱ	10	②	Ⅰ	15	②	Ⅰ	20	②	Ⅶ

Ⅰ 국제법 총론 / Ⅱ 국가 / Ⅲ 국제기구 / Ⅳ 개인 / Ⅴ 국제법의 규율 대상 / Ⅵ 국제분쟁해결 및 무력사용 / Ⅶ 국제경제법

취약 단원 분석표

단원	맞힌 답의 개수
Ⅰ	/ 3
Ⅱ	/ 4
Ⅲ	/ 1
Ⅳ	/ 4
Ⅴ	/ 5
Ⅵ	/
Ⅶ	/ 3
TOTAL	/ 20

01 침략범죄 정답 ③

① [×] 뉘른베르크 국제군사재판소 헌장은 침략범죄를 평화에 반하는 죄로 규정하였고, 재판소는 이 범죄가 제2차 세계대전 이후부터 국제사회에 성립되어 있었다고 판단했다.
⇨ 제2차 세계대전 이전부터 이미 국제사회에 성립되어 있었다고 판단했다.

② [×] 2010년 6월 국제형사재판소 규정 당사국들은 침략범죄에 관한 정의규정을 채택하고 이를 로마협약 제8조에 추가로 규정하였는바, 침략범죄에 관한 정의규정에 의하면 침략은 포괄적인 강제를 수반하는 것을 의미하므로 무력행사를 비롯하여 경제적 봉쇄나 정치적 압력도 침략행위에 해당한다.
⇨ 침략은 무력행사를 가리키므로 경제적 봉쇄나 정치적 압력은 침략행위에 해당하지 않는다.

❸ [O] 침략범죄에 관한 정의규정에 의하면 국가만이 침략행위의 주체가 될 수 있으므로 테러단체의 유사 행위는 침략에 포함되지 않는다.

④ [×] UN안전보장이사회가 침략범죄를 국제형사재판소에 회부한 경우 개별국가가 침략범죄에 대한 재판소의 관할권을 수락한 경우에 한해 ICC가 관할권을 행사할 수 있다.
⇨ 개별국가가 침략범죄에 대한 재판소의 관할권을 수락하였는지 여부는 문제되지 않는다.

02 국가 정답 ③

① [×] 일단 국가로 성립하더라도 장기간의 내란으로 인해 정부가 실질적인 기능을 현저히 수행하지 못하는 경우 국가로서의 지위는 소멸된다.
⇨ 정부가 실질적인 기능을 현저히 수행하지 못한다 하더라도 국가로서의 지위는 소멸되지 않는다.

② [×] 피보호국은 보호국의 국내법에 의해 외교능력이 제한되는 국가를 말한다.
⇨ 피보호국과 보호국은 조약에 의해 창설되는 관계이다.

❸ [O] 영연방 구성국 상호 간 체결한 조약은 UN에 등록하지 않는다.
⇨ 영연방의 관행에 해당한다.

④ [×] 말타 기사단은 현재 다수의 국가와 외교관계를 수립하고 있으므로 국가로서의 법인격을 갖추었다고 보는 것이 일반적인 견해이다.
⇨ 말타 기사단은 객관적으로 국가로서의 법인격을 갖추었다고 보기는 어렵다는 것이 일반적인 평가이다.

03 해양법 정답 ③

① [O] 모든 국가는 영해기선으로부터 12해리를 초과하지 아니하는 범위에서 영해의 폭을 설정할 권리를 가진다.
⇨ 영해의 최대 폭은 기선으로부터 12해리이다.

② [O] 영해의 폭을 측정하기 위한 통상기선은 원칙적으로 연안국이 공인한 대축척해도에 표시된 해안의 저조선(low-water line)으로 한다.
⇨ 저조선(low-water line)은 썰물 시의 해안선을 말한다.

❸ [×] 모든 국가의 선박과 항공기는 영해에서 무해통항권(right of innocent passage)을 향유한다.
⇨ 공기는 무해통항권을 갖지 않는다.

④ [O] 잠수함과 기타 잠수항행기기는 외국 영해에서 해수면 위로 국기를 게양하고 항행하여야 한다.
⇨ 잠수함의 잠항이 허용되지 않는다.

04 조약법 정답 ④

① [O] 조약의 폐기·탈퇴 또는 시행 정지시킬 수 있는 당사국의 권리는 조약이 달리 규정하지 아니하거나 또는 당사국이 달리 합의하지 아니하는 한 원칙적으로 조약 전체에 관해서만 행사될 수 있다.

② [O] 조약법협약에서 인정되는 부적법화의 사유는 원칙적으로 조약 전체에 관해서만 원용될 수 있다.

③ [O] 조약의 무효 사유 중 사기와 부패의 경우 원용국은 문제가 된 조항에 대해서만 무효를 주장할 수 있는 것은 아니다.

❹ [X] 착오에 의해 무효를 주장하는 국가는 당해 조항이 분리가능하다고 해서 반드시 분리해서 당해 조항에 대해서만 무효를 주장할 수 있는 것은 아니다.
⇨ 당해 조항이 분리가능하다면 반드시 분리해서 당해 조항에 대해서만 무효를 주장할 수 있다.

05 국가의 대외기관 정답 ①

외교관계에 대한 판례로 옳은 것은 ㄴ, ㄷ이다.

ㄱ. [X] 비호권 사건(1950)에서 국제사법재판소(ICJ)는 일반관습법상 영토적 비호와 외교적 비호는 인정되지 않으며, 지역관습으로도 성립하지 않았다고 판시하였다.
⇨ 영토적 비호는 관습법으로 성립하였다.

ㄴ. [O] 테헤란 주재 미 외교관 인질 사건(1980)에 의하면 파견국 정부의 불법행위에 대한 대응조치로 외교관을 불법 억류할 수 없으며, 접수국의 유일한 합법적 대응수단은 기피인물(persona non grata)로 선언하여 퇴거를 요청하는 것뿐이다.
⇨ 외교관계협약은 '자기완비적 체제'이므로 협약에 규정되지 아니한 다른 조치를 취할 수 없다.

ㄷ. [O] 콩고 외무장관 체포영장 발부 사건(2000)은 현직 외무장관에 대해서는 범죄의 경중 및 시점과 관계없이 1961년 외교관계에 관한 비엔나협약상의 특권 및 면제가 적용되어 타국에서 형사소추 대상이 되지 않음을 확인하였다.
⇨ 외무장관 취임 이전에 범죄를 범했다고 해도 현재 현직 외무장관인 경우 외무장관 면제가 적용된다고 하였다.

ㄹ. [X] Avena 사건(2004) 이후 미국은 판결에 따라 대부분의 사건에 대해 재심을 허용하여 감형을 허용하였다.
⇨ 미국은 대부분 사건의 재심을 부인하고 처벌하였다.

06 해양법 정답 ④

해양법재판소에 대한 설명으로 옳지 않은 것은 ㄴ, ㄹ, ㅂ이다.

ㄱ. [O] 판사는 당사국총회에서 출석 투표당사국 3분의 2 이상 찬성을 받은 자 중 최다득표순으로 선발한다. 이 때, 출석 투표당사국 3분의 2 이상은 전 당사국 과반수 이상을 포함해야 한다.
⇨ 판사선출방식을 명확하게 암기해야 한다.

ㄴ. [X] 협약의 당사국이 아닌 경우 소송당사자가 될 수 없다.
⇨ 협약의 당사국이 아니어도 소송당사자능력이 인정된다.

ㄷ. [O] 다른 협약에 의해 해양법법원의 관할권이 인정된 경우에도 관할권을 가진다.
⇨ 해양법법원은 해양법협약의 당사국이 아닌 경우에도 당사자능력을 인정한다.

ㄹ. [X] 억류된 선박이나 선원의 석방 관련 분쟁만이 해양법법원의 전속관할이다.
⇨ 심해저 분쟁도 해양법법원의 전속관할이다.

ㅁ. [O] 출석재판관 과반수로 판결하며 가부동수인 경우 재판소장이 결정투표권을 갖는다.
⇨ 재판소장을 대리하는 재판관도 결정투표권을 갖는다.

ㅂ. [X] 재판소에 대해 국제기구와 달리 국가는 권고적 의견을 요청할 수 없다.
⇨ 국가도 권고적 의견을 요청할 수 있다.

07 국가의 기본적 권리의무 정답 ③

① [O] 국제사법재판소(ICJ)는 니카라과 사건(1986)에서 타국으로부터 무력공격을 받은 국가를 위하여 제3국이 집단적 자위권을 행사하려면 그 무력공격을 받은 국가의 요청이 있어야만 한다고 하였다.
⇨ 그밖에도 집단적 자위권 발동 요건은 제3국에 대한 무력공격의 발생, 안전보장이사회에 사후보고, 필요성, 비례성이 있다.

② [O] 무력사용 또는 무력사용의 위협이 금지된 것은 국제관계에서 이므로, 국내관계에서 정부가 반란단체에 대하여 군사력을 행사하는 것은 UN헌장 제2조 제4항에 의해 금지되지 않는다.
⇨ 무력사용금지의무는 기본적으로 국제관계를 전제로 적용된다.

❸ [X] 국제사법재판소(ICJ)에 의하면 자위권 발동을 위해서는 무력공격이 반드시 자국 영토 밖에서 개시되어야 하는 것은 아니다.
⇨ 국제사법재판소(ICJ)에 의하면 권고적 의견 사건에서 자위권의 대상으로서의 무력공격은 반드시 자국 영토 밖에서 영토 내로 행해지는 경우에 한한다.

④ [O] 1950년 한국전쟁은 UN에 의하여 '평화의 파괴'의 범주에 속하는 것으로 인정되었다.
⇨ 안전보장이사회가 개입하기 위해서는 먼저 평화에 대한 위협, 평화의 파괴, 침략 중 하나를 결정해야 한다.

08 국제연합 정답 ③

① [O] 한 국가 내의 내전 등 극단적인 폭력사태에도 UN헌장 제7장에 따른 강제조치를 취할 수 있다.
⇨ 북한 등 특정 국가의 대량파괴무기 개발, 이라크의 쿠르드족 탄압, 소말리아 사태와 같은 일국 내의 극단적인 폭력사태에도 헌장 제7장에 따른 강제조치를 취할 수 있다.

② [O] UN헌장 제41조 비군사적 강제조치는 주로 일반적으로 무역금지 등의 경제제재가 활용되며 근래에는 사태에 책임이 있는 특정 정치지도자나 기관을 대상으로 하는 표적제재(smart sanction)가 자주 활용된다.
⇨ 특정 국가를 제재대상으로 하는 경우 제재의 피해가 일반 국민에게 전가된다는 비판이 제기되어 표적제재(스마트제재, smart sanction)가 도입되었다.

❸ [X] 안전보장이사회에 의한 표적제재(smart sanction)의 경우 그 대상의 선정은 비공개로 진행되며 당사자에게는 별도의 소명 기회가 주어진다.
⇨ 안전보장이사회에 의한 표적제재(smart sanction)의 대상 선정은 비공개로 진행되며 당사자에게 별다른 소명기회가 주어지지 않는다. 표적제재(smart sanction)란 특정한 개인이나 단체만을 제재의 대상으로 한정하거나 제재 대상 품목이나 행위를 구체화하는 것을 말한다.

④ [O] 1949년 UN국제법위원회(ILC)가 작성한 국가의 권리의무에 관한 초안에서 UN의 방지 또는 제재조치에 역행하지 않을 것은 UN비회원국을 포함한 모든 국가의 의무라고 규정하였다.
⇨ UN비회원국도 제재조치에 따를 의무가 있다는 것이다.

09 국가책임 정답 ③

① [O] 국제위법행위를 실행하는 타국을 지원하거나 원조하는 국가는 당해 국가가 그 국제위법행위의 상황을 인식하고 그같이 행동하며, 당해 국가가 실행하였더라도 그 행위는 국제적으로 위법할 경우 그같이 행동하는 데에 대하여 국제적으로 책임을 진다.
⇨ 지원국과 불법행위국이 국제위법행위에 대해 공동책임을 진다.

② [O] 타국이 국제위법행위를 실행하도록 타국을 지시하고 통제한 국가는 당해 국가가 그 국제위법행위의 상황을 인식하고 그같이 행동하며, 당해 국가가 실행하였더라도 그 행위는 국제적으로 위법할 경우 그 행위에 대하여 국제적으로 책임을 진다.
⇨ 지시국은 국제위법행위에 대해 불법행위국과 공동책임을 진다.

❸ [X] 사인으로 하여금 위법행위를 하도록 지시하거나 통제한 국가는 사인의 위법행위상황을 인식하고 그같이 행동하며, 당해 국가가 실행하였더라도 그 행위는 국제적으로 위법할 경우 사인의 행위에 대하여 국제적으로 책임을 진다.
⇨ 사인의 경우 '사인의 위법행위상황을 인식하고 그같이 행동하며, 당해 국가가 실행하였더라도 그 행위는 국제적으로 위법할 경우'와 같은 요건이 필요하지 않다. 사인의 행위를 지시하거나 통제한 경우라면 지시한 국가로 귀속되어 책임을 진다.

④ [O] 타국으로 하여금 어떠한 행위를 실행하도록 강제한 국가는 그러한 강제가 없었다면 그 행위는 피강제국의 국제위법행위가 될 것이며, 강제국이 그 행위의 상황을 인식하고 강제한 경우 그 행위에 대하여 국제적으로 책임을 진다.
⇨ 피강제국은 불가항력으로 위법성이 조각되어 강제국만 책임을 진다.

10 국제법의 연원 정답 ②

① [O] 국제사법재판소규정 제38조는 국제사법재판소(ICJ)의 재판준칙에 대한 규정이나 국제법의 연원을 규정한 것으로 인정되기도 한다.
⇨ 국제사법재판소규정 제38조가 국제법의 연원을 모두 열거한 것은 아니다.

❷ [X] 국가계약은 당사자 간에 구속력을 갖기 때문에 조약법에 관한 비엔나협약(1969)상의 조약으로 인정된다.
⇨ 국가계약은 당사자 간에 구속력을 갖는다. 그러나 조약법에 관한 비엔나협약상의 조약은 아니다. 국가 간에 체결된 것이 아니기 때문이다. 국가계약은 국가와 사인 간 체결되는 약정이다.

③ [O] 국제관습법이 성립하기 위해서는 반드시 일반관행과 법적 확신이 모두 존재해야 한다는 것이 국제사법재판소(ICJ)의 태도이다.
⇨ 국제사법재판소(ICJ)는 '이요소설'을 따르고 있는 것이다.

④ [O] 일반관습과 지역관습이 상충하더라도 지역관습이 신법이라면 우선적용될 수 있다.
⇨ 지역관습이 특별법인 경우 지역관습이 우선적용되나, 그렇지 않은 경우 신법우선의 원칙이 적용된다.

11 국제범죄 정답 ②

① [O] 집단 전체가 아닌 일부만을 대상으로 하는 제노사이드도 성립할 수 있으나 일부의 파괴가 전체 집단에 상당한 충격을 줄 정도의 규모가 되어야 한다.
⇨ 일부 파괴의사를 가진 행위도 제노사이드가 될 수 있다.

❷ [X] 르완다 국제형사재판소는 제노사이드로부터의 보호집단(group)은 선천적으로 소속이 결정되는 안정적 집단이 아닌 개인이 자발적 의사를 통하여 소속될 수 있는 가변적 집단을 의미한다고 해석하였다.
⇨ 르완다 국제형사재판소는 제노사이드로부터의 보호집단(group)은 선천적으로 소속이 결정되는 안정적 집단으로 개인이 자발적 의사를 통해 소속될 수 있는 가변적 집단을 의미하는 것이 아니라고 해석하였다.

③ [O] 국제사법재판소(ICJ)는 제노사이드범죄의 대상인 집단에 해당하기 위한 판단기준으로 특정 집단의 상당한 부분을 차지할 것, 지리적으로 제한된 지역 내의 집단일 것, 단순한 숫자 외의 질적 성격도 고려할 것을 기준으로 제시하였다.
⇨ 국제사법재판소(ICJ)는 이 중 상당한 부분이라는 요소가 가장 중요하다고 판단하였다.

④ [O] 언어와 문화의 파괴 같은 문화적 말살행위는 제노사이드에 해당하지 않으며 특정 정치집단 역시 제노사이드로부터의 보호집단에 포함되지 않는다.
⇨ 문화적 말살행위는 제노사이드가 아니다. 또한 정치집단은 자발적으로 형성된 집단이므로 제노사이드와 관련이 없다. 제노사이드는 비자발적으로 형성된 집단을 대상으로 한다.

12 국제환경법 정답 ①

❶ [X] 1969년 유럽에서 최초로 도입되었으며, 전세계적으로 보편적인 제도로 자리 잡아가고 있다.
⇨ 환경영향평가는 1969년 미국의 국가환경정책법에 이 제도가 규정되면서 시작되었다.

② [O] 많은 국가가 이 제도를 시행하고 있지만, 국가별로 이 제도가 다양한 형태를 띠고 있기 때문에 이를 조화·통합하기는 쉽지 않다.
⇨ 환경영향평가의무는 국제관습법상 국가의 의무이나 세부내용은 국내법에 위임되어 있다.

③ [O] 리우선언 제17원칙은 환경에 심각한 악영향을 끼칠 것이 우려되는 사업계획에 대하여는 각국이 환경영향평가를 실시하도록 요구하고 있다.
⇨ 리우선언과 달리 1972년 스톡홀름원칙선언에는 환경영향평가가 규정되지 않았다.

④ [O] 환경영향평가를 명시적으로 언급하고 있는 협약은 1982년 UN해양법협약, 1985년 아세안 자연보전협정, 1991년 초국경적 환경영향평가에 관한 협약, 1992년 생물다양성협약 등이 있다.
⇨ 환경영향평가원칙의 연원들이므로 암기할 필요가 있다.

13 항공범죄 정답 ④

① [O] 몬트리올협약은 국내항공에 종사하는 항공기에 대해서도 적용된다.
② [O] 몬트리올협약은 항공기의 이륙 또는 착륙장소가 항공기 등록국 영토 밖에 위치하는 경우 적용된다.
③ [O] 몬트리올협약 보충의정서(1988)에 따르면 몬트리올협약 탈퇴 시 동 의정서에서도 탈퇴한 것으로 간주된다.
❹ [X] 몬트리올협약에 따르면 범죄혐의자 소재지국은 당해국이 범죄혐의자를 처벌할 수 없으며, 적법하게 관할권을 가진 타 당사국에게 그를 인도할 의무가 있다.
⇨ 범죄혐의자 소재지국이 처벌할 수도 있다.

14 외국인 정답 ③

① [O] 미국과 영국 간의 1794년 Jay조약을 계기로 외국인의 피해에 대한 배상 요구가 국가 간 사법절차의 대상이 되기 시작하였다.
⇨ Jay조약은 중재재판제도를 도입하였다.
② [O] 1962년 UN총회의 천연자원에 관한 영구주권 선언은 외국인 재산의 국유화 수용의 권리를 인정하면서 소유주는 '국제법에 따른 적절한 보상'을 지급받는다고 규정하였다.
⇨ UN총회의 결의는 법적 구속력을 갖는 것은 아니다.
❸ [X] 외국인 재산은 원칙적으로 수용할 수 없고, 보상 등 요건을 갖춘 경우 예외적으로 허용된다.
⇨ 수용은 국가의 고유한 권리로 인정된다. 다만, 공익, 비차별, 보상 등의 요건을 충족해야 한다.
④ [O] 1974년 UN총회결의인 국가의 경제적 권리, 의무헌장에서는 국유화에 대한 적절한 보상과 국내법에 따른 해결을 규정하였다.
⇨ 1974년 UN총회결의는 1962년 UN총회결의의 '국제법에 따른'이라는 부분을 삭제하여 더욱더 제3세계의 입장을 반영한 것으로 평가된다.

15 국제기구 정답 ②

국제기구에 대한 설명으로 옳은 것은 ㄱ, ㄷ이다.
ㄱ. [O] 국제기구는 조약뿐만 아니라 국제법에 의하여 규율되는 기타 문서에 의해서도 수립될 수 있다.
⇨ 국제기구 결의에 의해서도 국제기구가 창설될 수 있다.
ㄴ. [X] 국제기구는 셋 이상의 국제법 주체 간 형성될 수 있으므로 단지 하나의 국가와 타국제기구 간에는 설립될 수 없다.
⇨ 국제기구는 단지 하나의 국가와 타국제기구 간에도 설립될 수 있다.
ㄷ. [O] 국제기구가 조약이나 국제법에 의하여 규율되는 기타 문서에 의하여 수립된다고 해서 그 같은 국제문서의 채택에는 참여할 능력이 없는 실체가 수립된 기구의 회원이 되는 것을 막는 것은 아니다.
⇨ 개인이 국제기구 회원이 될 수 있다는 의미이다.
ㄹ. [X] 국제기구 직원이 직무 수행 중 비회원국에 의해 피해를 입은 경우 당해 직원의 국적국은 객관적 존재설에 따라 외교적 보호권을 발동할 수 있다.
⇨ 국가 간 외교적 보호권 문제이므로 객관적 존재설과 관련이 없다.

16 국제환경법 정답 ①

❶ [X] 오존층 보호를 위한 비엔나협약(1985)은 오존층의 보호를 위해 염화불화탄소(CFC) 및 할론의 사용을 전면 금지하였다.
⇨ 오존층보호를 위한 비엔나협약은 구체적 행동 의무는 부과하지 않았고, 조치의 대상이 될 원인물질을 명확히 지적하지도 않았다. 규제물질과 행동의무는 몬트리올의정서에서 구체적으로 규정하였다.
② [O] 오존층 보호를 위한 비엔나협약의 몬트리올의정서(1987)는 규제물질이나 규제물질을 사용하여 생산한 제품에 대해 비당사국과의 무역을 원칙적으로 금지하였으나, 비당사국이 의정서에 따른 규제조치를 준수하고 있음을 당사국회의에서 확인한 경우 비당사국과의 규제물질 교역이 허용될 수 있다.
⇨ 몬트리올의정서에서도 사전주의원칙이 규정되었다.
③ [O] 기후변화협약(1992)에 의하면 부속서1 선진당사국들은 온실가스 배출량을 감축하기 위한 법적 의무를 부담한다.
⇨ 기후변화협약은 차별적 공동책임원칙에 따라 감축의무를 지는 국가와 그렇지 않은 국가로 구분하였다.
④ [O] 파리협정(2015)에 의하면 최빈개발도상국과 군소도서국가를 제외하고, 모든 당사국은 2년마다 국가결정공약 이행보고서를 UN기후변화사무국에 제출해야 한다.
⇨ 이행보고서 제출은 법적 의무이다.

17 GATT1994 정답 ③

GATT1994에 대한 설명으로 옳지 않은 것은 ㄱ, ㄷ, ㄹ이다.
ㄱ. [X] 최혜국대우와 달리 내국민대우의 경우 사실상의 차별은 협정 위반이 아니다.
⇨ 사실상의 차별도 위반이다.
ㄴ. [O] 수량제한금지원칙은 수출 및 수입에 모두 적용된다.
⇨ 수입수량제한뿐만 아니라 수출수량제한도 원칙적으로 금지된다.
ㄷ. [X] 패널은 1985년 미국의 니카라과에 대한 무역제한조치는 국가안보 예외를 규정한 GATT 제21조에 의해 정당화된다고 하였다.
⇨ 패널 판정이 이뤄진 사례는 아니다.
ㄹ. [X] 관세동맹 형성을 위한 잠정협정은 5년 이내에 실제 협정으로 전환되어야 한다.
⇨ 10년 이내에 실제 협정으로 전환되어야 한다.

18 여성차별철폐협약 정답 ③

① [O] 남성과 여성 사이의 사실상의 평등을 촉진할 목적으로 당사국이 채택한 잠정적 특별조치는 차별로 보지 아니한다.
⇨ 잠정적 조치일 것을 조건으로 한다.

② [O] 당사국은 특히 외국인과의 결혼 또는 혼인 중 부에 의한 국적의 변경으로 처의 국적이 자동적으로 변경되거나, 처가 무국적으로 되거나 또는 부의 국적이 처에게 강제되지 아니하도록 확보하여야 한다.
⇨ 부부국적 독립주의에 관한 규정이다.

❸ [X] 본 협약의 이행상 행하여진 진전을 심의할 목적으로 여성에 대한 차별 철폐위원회를 설치하며, 위원회는 협약의 발효 시에는 18인 그리고 35번째 당사국이 비준 또는 가입한 후에는 25인의 본 협약의 규율 분야에서 높은 도덕적 명성과 능력을 갖춘 전문가로서 구성한다.
⇨ 35번째 당사국이 비준 또는 가입한 후에는 23인의 본 협약의 규율 분야에서 높은 도덕적 명성과 능력을 갖춘 전문가로서 구성한다.

④ [O] 당사국은 그들이 본 협약의 규정을 실시하기 위하여 채택한 입법, 사법, 행정 또는 기타 조치와 이와 관련하여 이루어진 진전에 대한 보고서를 위원회가 심의하도록 국제연합 사무총장에게 제출할 의무를 진다. 보고서는 관계국에 대하여 발효한 후 1년 이내에, 그 이후에는 최소한 매 4년마다 제출하며 위원회가 요구하는 때는 언제든지 제출한다.
⇨ 보고서제도에 대한 규정이다.

19 SCM협정 정답 ②

① [X] 상황변경재심은 이해당사자의 요청에 근거하여 진행해야 하고 직권으로는 진행할 수 없다.
⇨ 직권으로 할 수 있다.

❷ [O] 보조금에 대응한 조치로는 잠정조치, 가격약속, 확정조치가 있으며, 그 밖의 조치는 취할 수 없다.
⇨ 3가지 조치 이외에 보조금에 대응한 조치를 취할 수 없다. 미국 - Offset Act 사건의 경우 미국이 상계관세 수입을 미국 내 동종기업에게 정기적으로 배분하는 조치는 보조금에 대응한 조치이나, 협정에서 허용되지 않는 조치로서 SCM협정 제32조에 위반되는 조치라고 판정되었다.

③ [X] EC - 선박보조금 사건에서 EC 측이 취한 잠정보호조치(TDM)는 보조금에 대응한 조치에 해당한다고 판시하였다.
⇨ 보조금에 대응한 조치가 아니라고 판시하였다.

④ [X] 상계조치 기한은 원칙적으로 5년이며 조치국이 종료를 선언하지 않는 한 유지되는 것이 원칙이다.
⇨ 연장되지 않는 한 상계조치는 종료되는 것이 원칙이다. 즉, 일몰조항에 해당한다.

20 국제경제법 총론 정답 ②

국제경제법에 대한 설명으로 옳지 않은 것은 ㄱ, ㄷ이다.

ㄱ. [X] 최혜국대우원칙은 국제관습법이므로 WTO회원국이 최혜국인 경우 당해 혜택을 비회원국에 대해서도 적용해야 한다.
⇨ 최혜국대우원칙은 관습법이 아니다. 따라서 비회원국에 대해 최혜국대우를 부여할 의무가 없다.

ㄴ. [O] EC - 호르몬 사건 패널에 따르면 국제환경법상 '사전주의원칙(precautionary principle)'은 국제관습법으로 확립되지 않았다.
⇨ 사전주의원칙(precautionary principle)이 관습법으로 성립되지 않았고, 성립되었다고 하더라도 WTO회원국 간에는 WTO협정이 적용된다고 판시하였다.

ㄷ. [X] 미국은 대공황 심화의 원인이 각국의 보호무역조치라고 보고 1930년 스무트 - 홀리 관세법(Smoot - Hawley Tariff Act)을 제정하여 수입액의 60%에 달하는 외국 상품에 대해 관세를 인하하였다.
⇨ 스무트 - 홀리 관세법(Smoot - Hawley Tariff Act)은 미국의 보호주의조치에 대한 법으로 관세를 인하한 것이 아닌 인상하였다.

ㄹ. [O] 제2차 세계대전 이후 국가들은 국제무역기구(ITO) 설립을 추진하면서 동시에 1947년 관세 및 무역에 관한 일반협정(GATT)을 체결하였으며, 미국, 영국, 캐나다, 프랑스 등 8개국은 GATT의 잠정적용에 관한 의정서를 채택하여 GATT를 잠정적용하였다.
⇨ GATT1947은 1995년 12월까지 효력을 유지하였다.

11회 실전동형모의고사

정답

p. 68

01	①	Ⅱ	06	③	Ⅴ	11	④	Ⅱ	16	②	Ⅶ
02	①	Ⅳ	07	④	Ⅵ	12	④	Ⅴ	17	③	Ⅶ
03	①	Ⅲ	08	③	Ⅳ	13	③	Ⅰ	18	④	Ⅱ
04	②	Ⅱ	09	③	Ⅱ	14	④	Ⅰ	19	③	Ⅶ
05	③	Ⅰ	10	②	Ⅳ	15	①	Ⅳ	20	④	Ⅶ

취약 단원 분석표

단원	맞힌 답의 개수
Ⅰ	/3
Ⅱ	/5
Ⅲ	/1
Ⅳ	/4
Ⅴ	/2
Ⅵ	/1
Ⅶ	/4
TOTAL	/20

Ⅰ 국제법 총론 / Ⅱ 국가 / Ⅲ 국제기구 / Ⅳ 개인 / Ⅴ 국제법의 규율 대상 / Ⅵ 국제분쟁해결 및 무력사용 / Ⅶ 국제경제법

01 국가의 유형 정답 ①

국가에 대한 설명으로 옳은 것은 ㄱ, ㄴ이다.

ㄱ. [O] 종속국은 종주국의 국내법에 의해 외교관계의 일부만을 스스로 유지하고 다른 부분은 종주국에 의해 유지되는 국가를 말한다.
⇨ 종속관계는 종주국의 국내법에 의해 창설된다.

ㄴ. [O] 연방구성국 상호 간의 무력투쟁은 내전이나 국가연합 구성국 상호 간의 무력투쟁은 전쟁이다.
⇨ 연방구성국은 국가가 아니나, 국가연합의 구성국은 국가이다.

ㄷ. [X] 연방구성국은 국가연합 구성국과 달리 국가책임을 부담하지 않으며 또한 국가면제를 향유하지 않는다.
⇨ 연방구성국은 국가면제도 향유한다.

ㄹ. [X] 영연합(Commonwealth) 구성국들은 영국과는 조약을 체결할 수 있으나 구성국 상호 간에는 조약 대신 신사협정만 체결할 수 있다.
⇨ 구성국 상호 간에도 조약을 체결할 수 있으며, 구성국 이외의 국가와 조약을 체결하는 경우 타 구성국에게 사전통고해야 한다.

02 범죄인 인도 정답 ①

❶ [X] 독일 연방헌법재판소는 'male captus, bene detentus (wrongly captured, properly detained)' 관념에 따라 납치된 자에 대해 관할권을 행사할 수 없다고 하였다.
⇨ 불법납치에 의한 관할권을 인정한다는 표현이다.

② [O] 미국은 Manuel Antonio Noriega 사건에서 마약 밀수범과 기타 범죄용의자들을 미국 영토 밖에서 불법적으로 체포하여 미국 법정에 세울 수 있다고 하였다.
⇨ 미국은 불법체포된 자에 대해서도 형사관할권을 행사할 수 있다고 본다.

③ [O] 영국 법원은 1994년 Bennett 사건에서 당국이 범죄인 인도라는 적법절차를 무시하고 피고인의 신병을 강제로 확보한 경우라면 그에 대한 재판을 거부한다고 하였다.
⇨ 영국, 남아프리카공화국 등은 불법 납치에 의한 관할권 행사를 부인한다.

④ [O] 뉴질랜드 법원은 R v. Hartley 사건에서 피고가 납치를 통해 뉴질랜드로 송환되었기 때문에 재판관할권이 결여된다고 판시하였다.
⇨ 뉴질랜드는 납치에 의한 관할권 행사가 허용되지 않는 국가이다.

03 국제연합 정답 ①

❶ [O] 얄타회담(1945.2.)은 안전보장이사회의 의사결정에 있어서 거부권을 도입하기로 최종 결정하였다.
⇨ 얄타회담에서는 안전보장이사회 안건 중 비절차사항에 대해서만 거부권을 부여하기로 합의하였다.

② [X] UN헌장 제1조상의 설립목적을 고려할 때 UN의 목적 달성을 위한 무력사용은 헌장체제에서 인정된다고 보는 것이 국제사법재판소(ICJ)의 입장이다.
⇨ 인도적 간섭을 지지하는 측의 입장이지만 국제사법재판소(ICJ)가 지지하는 입장은 아니다.

③ [X] UN헌장은 조약의 성질을 고려할 때 탈퇴가 인정된다고 보는 것이 통설이다.
⇨ 탈퇴가 인정되는 것은 옳다. 그러나 UN창설 당시 헌장 기초자들의 합의에 의해 탈퇴가 허용되는 것이다.

④ [X] 구유고연방을 승계한 신유고연방은 별다른 절차 없이 UN회원국 지위를 갖게 되었다.
⇨ 신유고연방의 구유고연방 승계를 인정할 수 없다고 보았다. 추후 별도로 가입하였다.

04 외교관계협약 정답 ②

① [X] 파견국은 관계 접수국들에 적절한 통고를 행한 후 접수국들이 동의한 경우 한 사정에 따라서 1개국 이상의 국가에 1인의 공관장을 파견하거나 외교직원을 임명할 수 있다.
⇨ 접수국 중 어느 국가의 명백한 반대가 없는 한 1개국 이상의 국가에 1인의 공관장을 파견하거나 외교직원을 임명할 수 있다.

❷ [O] 접수국에 공관의 외교직원이 없는 경우에는, 파견국은 접수국의 동의를 얻어 행정 및 기능직원을, 공관의 일상관리사무를 담당하도록 지명할 수 있다.
⇨ 이 경우 접수국의 동의를 요한다는 것에 주의한다.

③ [X] 공관에 대한 조세의 면제는 파견국 또는 공관장과 계약을 체결하는 자가 접수국의 법률에 따라 납부하여야 하는 조세나 부과금에도 적용된다.
⇨ 파견국 또는 공관장과 계약을 체결하는 자가 접수국의 법률에 따라 납부하여야 하는 조세나 부과금에는 적용되지 아니한다.

④ [X] 파견국은 자국 및 자국민의 이익보호를 접수국의 수락 여부와 무관하게 제3국에 위탁할 수 있다.
⇨ 접수국이 수락할 수 있는 제3국에 위탁할 수 있다.

05 국제기구 정답 ③

① [O] 국제기구 책임의 성립요건과 위법성 조각사유, 책임의 이행 등에 관한 기본적 내용은 국가책임 초안과 유사하다.
⇨ 국제기구의 책임성립요건은 국가와 같이 귀속성과 위법성이다.

② [O] 국제기구의 기능을 행사하는 기관(organ)이나 담당자(agent)의 행위를 통하여야만 국제기구의 국제책임이 성립한다.
⇨ 국제기구는 법인격체이므로 기관에 의해 의사를 표시하고 행위한다.

❸ [X] 국제기구가 회원국의 국민이나 다른 기구의 직원을 절차에 따라 파견 받아 기능을 수행한 경우 국제기구는 이들의 행동에 대한 책임을 진다.
⇨ 이 경우 국제기구는 이들의 행동을 실효적으로 통제할 수 있었던 범위에서 그들의 행동에 대한 책임을 진다.

④ [O] UN평화유지군의 행위는 파견국 간 '통제적 관련성(control link)'에 따라 파견국에 귀속될 수도 있다.
⇨ 평화유지활동을 하는 병력의 위법행위에 대해서는 UN이 행위자에 대하여 실효적 통제를 할 수 있었느냐에 따라서 책임의 귀속성이 결정된다.

06 영공 정답 ③

영공에 대한 설명으로 옳은 것은 ㄴ, ㄷ, ㄹ, ㅂ이다.

ㄱ. [X] 영토와 영수의 상공으로서, 영토에는 육지와 섬이, 영수에는 내수, 영해, 배타적 경제수역만 포함된다.
⇨ 배타적 경제수역은 영수가 아니다. 군도수역이 영수에 포함된다.

ㄴ. [O] 민간항공기가 조난으로 영공을 침범한 경우 시카고협약 제25조에 의하면 영토국이 원조의무를 진다.
⇨ 조난으로 영공을 침범한 경우에는 침범을 이유로 책임을 물을 수도 없다.

ㄷ. [O] 연안국은 접속수역 상공에서 접속수역 관련 법령을 위반한 항공기에 대해 규제할 수 있고, 위법 현이이 항공기를 인근 공항에 착륙하도록 요구할 수 있다.
⇨ 접속수역 상공에 대해서도 연안국이 통제권을 행사할 수 있으나, 관세, 재정, 위생, 출입국관리문제에 한해서만 인정된다.

ㄹ. [O] 방공식별구역(Air Defence Identification Zone: ADIZ)은 현재 미국, 캐나다, 일본, 필리핀, 인도, 영국, 중국 등이 설정하고 있다.
⇨ 방공식별구역(Air Defence Identification Zone: ADIZ)은 현재 형성되고 있는 관행이며, 관습법으로 성립한 것은 아니다.

ㅁ. [X] 비행정보구역(Flight Information Region)은 국제연합(UN)에서의 합의를 바탕으로 할당되어 비행정보와 경보 등의 서비스가 제공되는 일정 구간의 공역이다.
⇨ 국제민간항공기구(ICAO)에서 시행하는 제도이다.

ㅂ. [O] 대한항공 007기 사건을 계기로 1984년 ICAO총회는 시카고협정에 '체약국은 모든 국가가 비행 중인 민간항공기에 대한 무기사용을 자제해야 하며, 요격할 경우 탑승자의 생명과 항공기의 안전을 위험에 빠뜨리지 말아야 함을 인정한다'는 조항을 신설하였다.
⇨ 민간항공기에 대한 무력사용을 전면적으로 금지한 것은 아니라는 점에서 한계가 있다.

07 투자보호제도 정답 ④

① [X] 1962년 UN총회는 결의에 의해 천연자원의 항구주권선언을 채택함으로써 국유화는 원칙적으로 허용되지 않는다고 하였다.
⇨ 국유화의 합법성을 인정한 결의이다.

② [X] 국가와 타국 국민 간의 투자분쟁해결에 관한 협약은 상설기관으로 행정이사회를 설치하였으며, 행정이사회 의장은 IMF총재이다.
⇨ 행정이사회 의장은 IBRD총재이다.

③ [X] 국가와 타국 국민 간의 투자분쟁해결에 관한 협약에 의하면 중재재판부는 직권으로 형평과 선에 따라(ex aequo et bono) 분쟁을 해결할 수 있다.
⇨ 당사자 간 합의를 전제로 형평과 선에 따라(ex aequo et bono) 분쟁을 해결할 수 있다.

❹ [O] 국가와 타국 국민 간의 투자분쟁해결에 관한 협약에 의하면 분쟁해결절차에 있어서 분쟁당사자 간 서면으로 부탁에 대해 합의해야 하며, 합의 후에는 양당사자 모두 일방적으로 철회할 수 없다.
⇨ 합의에 의해 중재나 조정절차에 분쟁을 회부할 수 있다.

08 범죄인인도 정답 ③

① [O] 범죄인의 인도심사 및 그 청구와 관련된 사건은 서울고등법원과 서울고등검찰청의 전속관할로 한다.

② [O] 대한민국과 청구국의 법률에 따라 인도범죄가 사형·무기징역·무기금고·장기 1년 이상의 징역 또는 금고에 해당하는 경우에만 범죄인을 인도할 수 있다.

❸ [X] 범죄인이 인도범죄 외의 범죄에 관하여 대한민국 법원에 재판이 계속 중인 경우 또는 형의 선고를 받고 그 집행이 끝나지 아니하거나 면제받지 아니한 경우 범죄인을 인도하지 아니한다.
⇨ 범죄인을 인도하지 아니할 수 있다. 임의적 인도 거절 사유

판례 이론 **조문**

> **범죄인인도법 제10조(인도가 허용된 범죄 외의 처벌금지에 관한 보증)** 인도된 범죄인이 다음 각 호의 어느 하나에 해당하는 경우를 제외하고는 인도가 허용된 범죄 외의 범죄로 처벌받지 아니하고 제3국에 인도되지 아니한다는 청구국의 보증이 없는 경우에는 범죄인을 인도하여서는 아니 된다.
> 1. 인도가 허용된 범죄사실의 범위에서 유죄로 인정될 수 있는 범죄 또는 인도된 후에 범한 범죄로 범죄인을 처벌하는 경우
> 2. 범죄인이 인도된 후 청구국의 영역을 떠났다가 자발적으로 청구국에 재입국한 경우
> 3. 범죄인이 자유롭게 청구국을 떠날 수 있게 된 후 45일 이내에 청구국의 영역을 떠나지 아니한 경우
> 4. 대한민국이 동의하는 경우

④ [O] 범죄인이 자유롭게 청구국을 떠날 수 있게 된 후 45일 이내에 청구국의 영역을 떠나지 아니한 경우 인도가 허용된 범죄 외의 범죄로 처벌받지 아니하고 제3국에 인도되지 아니한다는 청구국의 보증이 없더라도 범죄인을 인도할 수 있다.

09 국가면제 정답 ③

① [O] 국가의 대리인이 타국의 법정에 증인으로서 출석하는 경우 국가가 법정지국의 관할권 행사에 동의한 것으로 해석될 수 없다.
⇨ 증인으로 출석한 경우는 면제의 묵시적 포기로 인정되지 않는다.

② [O] 타국 법정에서 소송을 제기한 국가는 그 주된 청구와 동일한 법적 관계 또는 사실로부터 제기되는 여하한 반소와 관련하여 그 법정의 관할권으로부터의 면제를 주장할 수 없다.
⇨ 소송을 제기한 것은 면제의 묵시적 포기에 해당되므로, 반소에 대해서도 면제를 주장할 수 없다.

❸ [×] 타국 법정에서의 소송에서 청구를 제기하기 위해 참가하는 국가는 그 국가에 의해 제기된 청구와 동일한 법적 관계 또는 사실로부터 제기되는 반소에 대해 법정의 관할권으로부터의 면제를 주장할 수 있다.
⇨ 국가 및 그 재산의 관할권 면제에 관한 국제연합협약 제9조 제2항에 대한 내용으로, 면제를 주장할 수 없다.

④ [O] 타국 법정에서 자기를 상대로 제기된 소송에서 반소를 제기하는 국가는 그 주된 청구와 관련하여 그 법정의 관할권으로부터의 면제를 주장할 수 없다.
⇨ 반소를 제기하는 것은 국가면제의 묵시적 포기에 해당된다.

10 국제인권법 정답 ②

① [O] 여성차별철폐협약은 부부국적독립주의를 규정하고 있다.

❷ [×] 무국적자 보호를 전담하는 국제기구는 없으며 현재 유엔 인권고등 판무관(UNHCHR)에 무국적 보호 업무가 위임되어 있다.
⇨ 유엔난민기구(UNHCR)에 무국적 보호 업무가 위임되어 있다.

③ [O] 한국 국적법에 의하면 복수국적자가 법정 기간 내에 한국 국적을 선택하지 않으면 우선 법무부장관이 국적선택 명령을 하고, 그럼에도 불구하고 이에 응하지 않으면 한국 국적이 상실된다.

④ [O] ILC가 작성한 국가승계 시 자연인의 국적 초안(1999)에 의하면 국가승계 시 해당 지역의 상거주자는 승계국의 국적자로 추정한다.

11 국가관할권 정답 ④

① [O] 형사관할권 행사의 근거 중 하나로서 보편적 관할권은 주로 해적행위, 전쟁범죄, 집단살해 등 국제범죄를 대상으로 적용되며 발전되어 왔다.
⇨ 보편주의는 영토, 국적, 국가이익 침해 등 국가와 관련성이 없이 모든 국가가 행사할 수 있는 관할권을 말한다.

② [O] 우리나라 형법 제3조의 '본 법은 대한민국 영역 외에서 죄를 범한 내국인에게 적용한다'는 규정은 속인주의를 반영하고 있는 조항이다.
⇨ 우리나라 형법은 속인주의뿐 아니라 속지주의, 수동적 속인주의, 보호주의, 보편주의 등도 규정하고 있다.

③ [O] 국가의 기본적인 권리인 주권의 독립성에 비추어 볼 때, 국가의 집행관할권 행사는 역내관할(intra-territorial jurisdiction)이 원칙이다.
⇨ 집행관할권의 역외적용은 영토적 한계 때문에 원칙적으로 허용되지 않는다.

❹ [×] 우주공간에 대해서도 원칙적으로 국가의 영유권이 인정된다.
⇨ 우주공간의 법적 성격은 '공공물'이다. 따라서 어떤 국가도 우주공간에 대해 주권을 선포하거나 관할권을 행사할 수 없다. 국제법에 따라 자유롭게 이용할 수 있을 따름이다.

12 해양법 정답 ④

① [O] 연안국은 UN해양법협약에 부합하게 제정한 국내법령을 집행하기 위하여 승선, 검색, 나포 및 사법절차를 포함한 필요한 조치를 취할 수 있다.
⇨ 배타적 경제수역 관련 법령의 집행조치를 취할 수 있다.

② [O] 나포된 선박과 승무원은 적절한 보석금이나 그 밖의 보증금을 예치한 뒤에는 즉시 석방된다.
⇨ 보석금 관련 분쟁이 발생한 경우 해양법법원에 제소할 수 있다.

③ [O] 외국 선박을 나포하거나 억류한 경우 그 연안국은 적절한 경로를 통하여 취하여진 조치와 그 이후 부과된 처벌에 관하여 기국(旗國)에 신속히 통고하여야 한다.
⇨ 기국에 대한 통고는 법적 의무이다.

❹ [×] 연안국은 배타적 경제수역에서 어업법령을 위반한 자에 대하여 금고 또는 다른 형태의 체형을 부과할 수 있다.
⇨ 금고 또는 다른 형태의 체형을 부과할 수 없다.

13 조약법 정답 ③

① [O] ICJ는 1952년 Case concerning Right of Nationals of the United Stats of America in Moroco에서 조약문언의 통상적 의미는 원칙적으로 체결 당시의 통상적 의미를 말하나 경우에 따라서는 이후의 국제실행의 발전에 따른 의미의 변화를 고려에 넣을 수도 있다고 판시하였다.

② [O] ICJ는 2009년 Dispute regarding Navigational and Related Rights(Costa Rica v. Nicaragua)에서 조약이 일반적인 용어를 사용하고 있는 경우 당사자들은 시간의 경과에 따라 그 의미가 발전할 수 있다는 사실을 예상하고 있다고 판단했다.

❸ [X] 조약법협약(1969)에 의하면 국제법의 관계규칙은 문맥자체를 구성한다.

⇨ 국제법의 관계규칙이 있는 경우 이는 문맥과 함께 고려되어야 한다.

④ [O] 특정 용어에 특별한 의미가 부여되었다는 주장이 있는 경우 이 주장에 대하여는 주장자가 증명책임을 진다.

14 조약법 정답 ④

① [O] 조약의 적용정지는 특별한 비상시 제한된 기간 동안만 조약의 적용을 배제하는 것으로 이는 조약의 유보와는 구별된다.

⇨ 유보의 기한에 대해서는 특별한 규정이 없다.

② [O] 주로 인권조약에서 활용되며 비상상황이 해제된다면 다시 원래대로 조약을 적용해야 한다.

⇨ 국제인권B규약 제4조가 대표적인 적용정지 조항이다.

③ [O] 적용정지는 조약 자체의 허용조항이 있어야만 취할 수 있다.

⇨ 유보의 경우 허용조항이 없어도 양립성원칙에 따라 허용될 수 있다.

❹ [X] 적용정지를 취하는 경우 상호주의에 따라 타방 당사국도 일시적으로 적용이 배제된다.

⇨ 조약의 적용정지는 유보와 달리 상호주의적으로 적용되지 않는다.

15 외교적 보호권 정답 ①

외교적 보호권에 대한 설명으로 옳지 않은 것은 ㄱ, ㄴ, ㄷ, ㄹ이다.

ㄱ. [X] 외교적 보호권은 국제관습법상의 권리가 아니다.

⇨ 외교적 보호권은 국제관습법상의 권리이다.

ㄴ. [X] A국 국민 갑(甲)이 B국과 투자계약을 체결하면서, 계약서에 어떠한 경우에도 본국 정부의 외교적 보호를 요구하지 않는다는 특수조항을 삽입하였다면 A국 정부는 갑(甲)에 대하여 외교적 보호권을 행사할 수 없다.

⇨ '칼보조항(Calvo clause)'은 어떠한 경우에도 본국 정부의 외교적 보호를 요구하지 않는다는 특수조항이다. 칼보조항의 국제법적 효력에 대해서는 견해가 일치하지 않으나, 이론적으로 칼보조항이 국내적 구제를 이용하려는 약속인 경우에 한해서는 유효하다. 외교적 보호권은 국가 자신의 권리이며 개인이 본국 정부의 주권적 권리를 포기할 수 없기 때문에, 본국 정부는 개인의 요청이 없는 경우에도 칼보조항의 존재 여부에 관계없이 외교적 보호권을 발동할 수 있다고 보는 것이 다수의 견해이다.

ㄷ. [X] 회사의 국적국과 주주의 본국이 상이한 경우, 회사의 국적국이 상당 기간 외교적 보호권을 행사하지 않으면 원칙적으로 주주의 본국 정부가 자국민에 대해 외교적 보호권을 행사할 수 있다.

⇨ 국제사법재판소(ICJ)는 Barcelona Traction Co. 사건(1970)에서 회사의 국적국만이 외교적 보호권을 행사할 권리가 있다고 판시하였다. 따라서 회사의 국적국과 주주 또는 투자자의 본국이 상이한 경우, 회사의 국적국이 1차적으로 보호권을 발동할 수 있다. 단, 회사가 청산절차를 밟아 법인격을 완전히 상실하게 되면 그 때는 주주 또는 투자자의 본국이 외교적 보호권을 행사할 수 있게 된다.

ㄹ. [X] 국제사법재판소(ICJ)는 외교적 보호권과 직무 보호권이 경합할 경우 직무 보호권이 우선한다고 판시하였다.

⇨ 국제사법재판소(ICJ)는 양자 경합 시 직무 보호권이 우선함을 명시하지 않았다. 이 경우 국제기구와 국가가 우호적인 방법으로 해결할 것을 권고하고 있다.

ㅁ. [O] 이중국적국 상호 간에는 외교적 보호권을 발동할 수 없으나, 일방이 타방에 비해 지배적 국적국임을 입증하는 경우 예외적으로 외교적 보호권을 발동할 수 있다.

⇨ 전통규칙에서는 상호 청구권을 포기하나, 현대국제법에서는 '지배적 국적국'의 법리가 인정된다.

ㅂ. [O] 이중국적자의 경우 양국 모두 외교적 보호권을 가지나, 가해국인 제3국은 양국 모두에게 손해배상을 할 의무는 없다.

⇨ 가해국이 제3국인 경우에 대한 규정이다.

16 SCM협정 정답 ②

WTO 보조금 및 상계조치협정에 대한 설명으로 옳은 것은 ㄱ, ㄹ이다.

ㄱ. [O] 금지보조금은 특정성이 있는 것으로 간주된다.

⇨ 수출보조금이나 수입대체보조금이 금지보조금이다.

ㄴ. [X] 간접보조금의 경우 정부의 지시 또는 위임이 입증되는 경우 재정적 기여나 혜택이 부존재하더라도 협정상 보조금으로서 규제를 받는다.

⇨ 간접보조금이란 민간기관이 정부의 지시나 위임에 의해 재정적 기여를 하고 혜택이 존재하는 경우를 의미한다. 따라서 재정적 기여와 혜택이 존재해야 한다.

ㄷ. [X] 정부가 상품이나 서비스를 시장가격보다 높게 제공하는 경우 혜택이 존재한 것으로 본다.

⇨ 상품이나 서비스의 경우 '시장가격보다 낮게' 제공하는 경우 혜택이 존재한다.

ㄹ. [O] 사실상의 특정성이 있는 경우에도 특정성이 존재하는 것으로 본다.

⇨ 사실상의 특정성은 보조금을 받을 수 있는 기준이 지나치게 엄격하거나, 공무원의 재량이 개입되는 경우에 존재할 수 있다.

ㅁ. [X] 금지보조금의 경우 조치가능보조금과 달리 협의 요청 등 다자적 구제절차 외에 상계조치를 취할 수 있다.

⇨ 금지보조금과 조치가능보조금은 모두 협의 등의 다자적 구제절차 및 상계조치를 취할 수 있다. 다만, 금지보조금의 경우 다자적 구제절차가 보다 신속하게 진행되도록 규정되어 있다.

17 WTO설립협정 정답 ③

WTO의 의사결정에 대한 설명으로 옳지 않은 것은 ㄴ, ㄷ, ㅂ이다.

ㄱ. [O] WTO는 GATT1947에서 지켜졌던 총의(consensus)에 의한 결정의 관행을 계속 유지한다.
⇨ 설립협정 제9조 제1항에 대한 내용이다.

ㄴ. [X] 일반이사회가 투표에 의해 의무면제에 관하여 결정을 내릴 때 회원국 3분의 2 찬성을 요한다.
⇨ 회원국 전체 4분의 3 찬성을 요한다.

ㄷ. [X] 의사결정에 참여한 어떤 회원국도 공식적으로 제안에 반대하지 않으면 총의에 의하여 결정된 것으로 간주된다는 점에서, 총의와 만장일치는 개념상 일치한다.
⇨ 의사결정에 참여한 어느 한 회원국의 공식적인 반대에 의하여 총의가 형성되지 않는 점에서 총의는 모든 회원국들의 적극적인 찬성을 요구하는 만장일치와 구별된다.

ㄹ. [O] EU는 표결시 WTO의 회원국인 EU의 개별 회원국 수에 해당하는 표결 수를 행사한다.
⇨ EU회원국 중 WTO회원국 수만큼 표결권을 행사한다는 것이다. EU는 WTO 내에서 하나의 단일한 실체로 행동한다.

ㅁ. [O] WTO설립협정 또는 다자간 무역협정에 달리 규정되어 있는 경우를 제외하고는 각료회의와 일반이사회의 의사결정은 원칙적으로 투표 과반수에 의하여 이루어진다.
⇨ 설립협정 제9조 제1항에 대한 내용이다.

ㅂ. [X] 총의에 의하여 의사결정이 이루어지지 않는 경우에는 부결된 것으로 본다.
⇨ WTO설립협정 제9조 제1항에 따라 표결에 의한다.

판례 이론 **조문**

> **WTO설립협정 제9조 제1항** 총의에 의해 의사결정이 이루어지지 않을 경우 표결에 의한다.

18 국가승인 정답 ④

① [O] 몬테비데오협약(1933) 제6조는 승인은 취소할 수 없다고 규정하고 있다.

② [O] 영국은 이탈리아의 에티오피아 정복에 대해 1936년 사실상의 승인을 부여하고 이어서 1938년에는 법률상의 승인을 부여하였지만 1940년 이를 철회한 바 있다.

③ [O] 우리나라가 대만과의 외교관계를 단절하고 중화인민공화국과 외교관계를 맺은 조치는 법적으로 대만에 대한 국가승인을 취소한 행위가 아니라 하나의 중국의 대표권이 북경 정부에 있음을 확인한 것이다.

❹ [X] 미국은 사실상 승인을 부여했던 당시 니카라과 정부가 국내적으로 통치권을 확립하고 있지 못하다는 이유를 들어 1856년 7월 승인을 취소했다.
⇨ 법률상 승인을 부여했던 당시 니카라과 정부에 대한 승인을 취소했다.

19 내국민대우 정답 ③

① [X] 다른 체약국의 영역 내에 수입된 체약국 영역의 산품에 대하여는 동종의 내국산품에 직접 또는 간접으로 부과되는 내국세 또는 기타 모든 종류의 내국과징금과 유사하지 아니하는 내국세 또는 기타 모든 종류의 내국과징금을 직접 또는 간접으로 부과하여서는 아니 된다.
⇨ 내국과징금을 초과하는 내국세 또는 기타 모든 종류의 내국과징금을 직접 또는 간접으로 부과하여서는 아니 된다.

② [X] 체약국 영역의 산품으로서 다른 체약국의 영역에 수입된 산품은 동 국내에서의 판매, 판매를 위한 제공, 구입, 수송, 분배 또는 사용에 관한 모든 법률, 규칙 및 요건에 관하여 국내 원산의 동종 산품에 부여하고 있는 대우보다 유리한 대우를 부여하여야 한다.
⇨ 불리하지 아니한 대우를 부여하여야 한다.

❸ [O] 체약국은 특정한 수량 또는 비율에 의한 산품의 혼합, 가공 또는 사용에 관한 내국의 수량적 규칙으로서 그 적용을 받는 산품의 특정한 수량 또는 비율을 국내의 공급원으로부터 공급하여야 함을 직접 또는 간접으로 요구하는 규칙을 설정 또는 유지하여서는 아니 된다.
⇨ 혼합요건에 대한 규정이다. 혼합요건은 금지된다.

④ [X] 내국세 또는 내국과징금에 의한 수입과 국내상품의 정부구매에 의하여 생기는 보조를 포함하여 국내 생산업자 및 동 상품을 구매하는 소비자에 한하여 보조금을 지불하는 것은 내국민대우에 반하지 아니한다.
⇨ 국내 생산업자에 한하여 보조금을 지불하는 것은 내국민대우에 반하지 아니한다.

20 GATT1994 정답 ④

① [O] 관세양허표 수정을 위한 정기적 재협상에 있어서 재협상 요청국은 원협상국 및 최대공급국과는 합의해야 하나, 실질적 이해관계국가와는 협의의무만 있다.
⇨ 합의대상국과 협의대상국을 구분해야 한다.

② [O] 통일물품품목기호제도는 GATT에 의해 관세양허표 작성을 위한 기초로 채택되었으며, 1987년 통일제도의 도입에 관한 GATT의정서에 의해 GATT협정에 수용되었다.
⇨ 관세분류에 대한 선지이다.

③ [O] 관세평가란 수입품에 대해 종가세의 관세를 부과하는 경우에 과세표준으로 되는 수입품의 과세가격을 결정하는 것을 말한다.
⇨ 관세평가에 대해서는 관세평가협정이 적용된다.

❹ [X] 관세평가는 거래가격, 동종동질상품의 거래가격, 유사상품의 거래가격 중 수입국이 합리적으로 인정되는 가격을 기준으로 선택하여 산정할 수 있다.
⇨ 선택하여 산정하는 것이 아닌 거래가격이 1차적 기준이며, 순차적으로 동종동질상품, 유사상품 거래가격 순으로 산정한다.

12회 실전동형모의고사

정답 p. 74

01	②	Ⅴ	06	②	Ⅰ	11	④	Ⅱ	16	②	Ⅰ
02	②	Ⅳ	07	②	Ⅴ	12	③	Ⅳ	17	④	Ⅰ
03	②	Ⅱ	08	②	Ⅰ	13	④	Ⅶ	18	④	Ⅶ
04	②	Ⅴ	09	③	Ⅵ	14	①	Ⅳ	19	②	Ⅶ
05	②	Ⅰ	10	②	Ⅱ	15	④	Ⅳ	20	②	Ⅲ

Ⅰ 국제법 총론 / Ⅱ 국가 / Ⅲ 국제기구 / Ⅳ 개인 / Ⅴ 국제법의 규율 대상 / Ⅵ 국제분쟁해결 및 무력사용 / Ⅶ 국제경제법

취약 단원 분석표

단원	맞힌 답의 개수
Ⅰ	/ 5
Ⅱ	/ 3
Ⅲ	/ 1
Ⅳ	/ 4
Ⅴ	/ 3
Ⅵ	/ 1
Ⅶ	/ 3
TOTAL	/ 20

01 국제환경법 정답 ②

국제환경법에 대한 설명으로 옳은 것은 ㄴ, ㄷ이다.

ㄱ. [×] 재판부는 2004년 Rhine강 염화물 오염방지협약에 관한 중재재판(네덜란드/프랑스)에서 오염자 부담 원칙이 국제관습법의 일부가 되었다고 판단했다.
⇨ 재판부는 오염자 부담 원칙이 국제법의 일부가 아니라고 판단하였다.

ㄴ. [O] Convention on Environmental Impact Assessment in a Transboundary Context(일명 Espoo 협정)은 국경을 넘어 악영향을 미칠 개연성이 있는 활동에 관해서 사전에 환경영향평가 실시를 의무화하고 있다.

ㄷ. [O] 1997년 기후변화 기본협약에 관한 교토의정서는 선진국들의 감축대상인 온실가스 배출량을 2008년부터 2012년까지 1990년에 비해 최소 5%를 감축시키기로 하고, 각국별로 차등적 목표치를 부과했으나 개발도상국에 대하여는 감축이 요구되지 않았는데 한국은 개발도상국으로 분류되었다.

ㄹ. [×] 1972년 폐기물 및 기타 물질의 투기에 의한 오염방지협약(런던협약)은 선박·항공기·해양 구조물 등으로부터의 고의적인 폐기물 투기는 규제하나 선박·항공기·구조물 자체를 투기하는 행위도 금지하지 못했다는 점에서 제한적이었다.
⇨ 고의적인 폐기물 투기와 함께 선박·항공기·구조물 자체를 투기하는 행위도 금지한다.

02 국제형사재판소 정답 ②

① [O] 국제형사재판소(ICC)의 2010년 침략범죄 관련 개정안은 침략범죄의 정의로 '정치적 또는 군사적 행동을 실질적으로 통제하거나 지휘하는 자에 의한 침략행위의 계획, 준비, 개시 및 실행으로서 UN헌장의 명백한 위반을 구성하는 행위'라고 규정하였다.
⇨ 침략범죄는 지도자범죄이다.

❷ [×] 군사력 사용의 위협(threat) 역시 침략범죄에 해당한다.
⇨ 군사력 사용의 위협(threat)은 침략범죄에 대한 정의에서 제외되었다.

③ [O] 국제형사재판소(ICC)는 침략범죄에 대해서 국제연합(UN) 안전보장이사회에 의한 회부뿐만 아니라 당사국에 의한 회부와 소추관의 직권기소를 모두 인정한다.
⇨ 안전보장이사회가 침략행위의 존재에 대해서 결정을 내리지 않는 경우 당사국에 의한 회부와 소추관의 직권기소로 수사할 수 있다.

④ [O] 국제형사재판소(ICC) 당사국에 의한 회부 또는 소추관의 직권기소는 해당 범죄가 비당사국에서 발생하거나 비당사국의 국민이 범행을 저지른 경우에는 적용되지 않는다.
⇨ 안전보장이사회가 제소하는 경우에는 이러한 제한을 받지 않는다.

03 국가승계 정답 ②

국가승계에 대한 국제판례로 옳은 것은 ㄴ, ㄹ이다.

ㄱ. [×] 제노사이드협약 적용 사건(2007)에서 국제사법재판소(ICJ)에 의하면 인권관련조약은 자동승계원칙(rule of automatic succession)이 적용된다.
⇨ 자동승계원칙이 적용되는지 판단하지 않았다.

ㄴ. [O] 리비아-차드 국경분쟁 사건(1994)에 의하면 신생독립국이라 할지라도 국경선획정조약은 계속주의원칙을 적용하여 기존 국경조약을 승계할 의무가 있다.
⇨ 국경선획정조약은 처분적 조약으로서 관습법상 승계의무가 있는 조약이다.

ㄷ. [×] 구유고연방 해외재산분배 사건(1996)에서 국제사법재판소(ICJ)는 구유고사회주의연방은 분열을 통해 소멸하고 5개 승계국으로 대체되었다고 판시하였다.
⇨ 국제사법재판소(ICJ)가 아닌 오스트리아 국내법원 판결이다.

ㄹ. [O] 일제와 대한민국 간 국유재산 승계 사건에서 한국 대법원은 구 조선총독부 소유 국유재산은 그에 부속된 권리의무와 함께 대한민국 정부의 국유재산으로 당연승계된다고 판시하였다.
⇨ 국유재산은 승계가 인정된다.

04 국제해양법 정답 ②

① [O] 추적권은 국제관습법으로 성립되어 있다가 1958년 공해에 관한 제네바협약에서 처음으로 성문화되었다.
⇨ 추적권은 대체로 19세기 말 국제관습법으로 성립되었다는 것이 통설이다.

❷ [X] 1893년 미국과 영국 간의 베링해 물개 사건 중재재판에서는 추적권을 국제관습법으로 인정하고 영국의 공해자유의 원칙이 우선된다는 주장을 배척하였다.
⇨ 당시 중재재판관은 추적권 이론이 국제법상 확립된 원칙이 아님을 나타내고 당시 영국이 주장한 공해자유의 원칙을 지지하였다.

③ [O] 1935년 미국과 캐나다 간의 I'm Alone호 사건에서 합동위원회는 추적권 행사의 정당성을 인정하였으나 선박의 나포가 아닌 격침은 위법임을 인정하였다.
⇨ 추적권 발동 시 예외적으로 무력을 사용할 수 있으나, 비례원칙을 준수해야 하나, 이 사건의 경우 비례원칙 위반으로 판정되었다.

④ [O] 모선(母船)은 공해상에 있으나 자선(子船)이 연안국 관할수역에서 법령을 위반한 경우 모선도 추정적 존재이론(doctrine of constructive presence)에 입각하여 계속추적의 대상이 된다.
⇨ 추정적 존재이론(doctrine of constructive presence)에 따라 공해상의 모선을 추적할 수 있다.

05 국제법과 국내법의 관계 정답 ②

① [O] 1919년 바이마르 헌법 제4조는 관습국제법의 국내적 직접효력을 인정한 최초의 성문 헌법 조항이다.

❷ [X] 러시아는 조약에 대해 국내법률과 대등한 효력을 부여한다.
⇨ 러시아는 조약에 대해 국내법률보다 상위의 효력을 부여한다.

③ [O] 영국 국내법에 의하면 비준을 필요로 하는 조약은 최소 비준 21일 전에 의회로 제출해야 하며, 이 기간 중 하원이 조약 비준에 반대하지 않아야 조약을 비준할 수 있다.

④ [O] 미국법원은 Breard 사건에서 영사관계협약과 국내법이 저촉되자 후법우선의 원칙에 따라 의회제정법이 우선한다고 판시하였다.

06 조약법 정답 ②

조약에 대한 설명으로 옳지 않은 것은 ㄱ, ㄹ이다.

ㄱ. [X] 국제사법재판소(ICJ)에 의하면 국가계약은 국가와 사인 간 합의 및 국가 간 합의의 성격을 동시에 갖는 '이중적 성격(double character)'을 갖는다.
⇨ 국가계약이 이중적 성격(double character)을 갖지 않는다고 하였다.

ㄴ. [O] 1975년 8월 1일 채택된 헬싱키의정서는 UN헌장 제102조에 의거하여 등록될 자격이 없다고 명시하여 법적 구속력을 부여하지 아니할 의도를 분명하게 밝혔다.
⇨ 헬싱키의정서는 대표적인 신사협정이다.

ㄷ. [O] 조약은 다양한 명칭으로 불리나 국제법적 구속력에 있어서 차이가 있는 것은 아니며, 국제사법재판소(ICJ)는 분쟁당사국 간 회의의사록도 국제협정으로 인정될 수 있다고 하였다.
⇨ 조약인지에 대한 판단에 있어서 당사국의 의도가 중요하다.

ㄹ. [X] 트리펠(Triepel)은 조약을 입법부적 조약(legislative treaty)과 계약조약(contractual treaty)으로 대별하고 전자만을 국제법의 연원이라고 보았다.
⇨ 입법조약(law-making treaty)과 계약조약(contractual treaty)으로 대별하였으며 입법조약(law-making treaty)만 국제법의 연원으로 인정하였다.

07 국제환경법 정답 ②

국제환경에 대한 국제판례로 옳지 않은 것은 ㄱ, ㄴ, ㄹ이다.

ㄱ. [X] 트레일 제련소 사건(1941)은 최초로 초국경적 환경오염 피해에 대한 배상을 인정하여, 주권국가는 자국 영토 내에서 절대적인 주권행사가 가능함을 확인하였다.
⇨ 절대적 주권행사가 인정되는 것이 아니라 타국에 피해를 주지 않는 한도 내에서 제한적으로 주권을 행사할 수 있다고 하였다.

ㄴ. [X] 우루과이 강 펄프 공장 사건(2010)은 우루과이와 아르헨티나 합의에 기초하여 약정관할권이 성립한 것이며, 국제사법재판소(ICJ)는 환경영향평가는 국제관습법이나 우루과이가 이를 위반하였다고 판시하였다.
⇨ 환경영향평가의무의 내용이 명확하지 않으므로 우루과이가 이를 위반한 것은 아니라고 하였다.

ㄷ. [O] WTO판정례에 의하면 미국이 'dolphin safe'라는 라벨 부착을 요구한 것은 사실상 이를 강제한 것이므로 기술규정에 해당하며, 멕시코에 대한 차별적 조치를 구성한다.
⇨ 미국이 기술무역장벽협정(TBT협정) 위반으로 판정받은 사건이다.

ㄹ. [X] 일본 포경 사건(2014)은 호주가 국제포경협약 규정에 따라 제소하여 약정관할권이 창설된 사례이며, 국제사법재판소(ICJ)는 일본이 국제포경협약을 위반하였다고 판시하였다.
⇨ 호주와 일본이 모두 선택조항을 수락하고 있어 '강제관할권'이 창설된 사건이다.

08 조약법 정답 ②

① [O] UN회원국이 조약을 등록하면 그 타방 당사자인 UN비회원국도 UN기관에서 이를 원용할 수 있다.

❷ [X] 당사자가 아닌 제3국도 등록되지 않은 조약은 원용할 수 없다.
⇨ 당사자가 아닌 제3국은 등록되지 않은 조약이라고 하더라도 언제든지 원용할 수 있다.

③ [O] 모협정의 범위 혹은 적용을 변경하는 새로운 문서는 등록되어야 한다.

④ [O] 조약으로서의 성격에 논란이 있는 경우, 일방 당사국이 등록을 하고 타방 당사국이 이에 항의하지 않았다고 하여 문서의 조약적 성격에 대한 묵시적 수락으로 해석하지 않는다.

09 국제사법재판소 정답 ③

① [O] 니카라과의 1929년 상설국제사법재판소(PCIJ)규정 선택조항 수락선언 이후의 계속적인 침묵은 국제사법재판소(ICJ)규정 제36조 제2항에 기초하는 강제관할권을 묵인하는 것으로 해석하였다.
⇨ 니카라과는 상설국제사법재판소(PCIJ)규정상 선택조항을 수락하였고, 국제사법재판소(ICJ)규정상 선택조항을 승계에 의해 수락한 것으로 인정되었다.

② [O] 국제사법재판소(ICJ)규정 제36조 제2항 수락선언의 내용을 변경하기 위한 1984년 미국의 '슐츠 선언(Shultz Letter)'이 국제사법재판소(ICJ)의 강제관할권에 따라야 할 미국의 의무를 해제하지 못한다고 보았다.
⇨ 국가는 선택조항 수락선언을 폐기할 수 있다. 그러나, 합리적 기간을 두어야 한다. 슐츠 선언(Shultz Letter)의 경우 당초 폐기 후 6개월이 지난 다음 효력이 발생한다고 하였으므로, 이와 다른 슐츠 선언(Shultz Letter)의 효력을 부인한 것이다.

❸ [X] 엘살바도르의 반정부세력에 대한 니카라과의 무기 공여는 무력공격과 동일시할 수 없고 무력행사금지의 원칙 위반을 구성하는 위법한 내정간섭에 해당할 만큼 중대하지는 않았다고 판단하였다.
⇨ 국제사법재판소(ICJ)는 니카라과의 무기 공여는 무력행사금지의 원칙을 위반한 위법한 내정간섭에 해당하지만 무력공격과 동일시할 수는 없다고 판단하였다.

④ [O] 미국의 다자조약 유보의 문제에 대해 국제사법재판소(ICJ)는 유보 등의 이유로 조약의 적용이 배제되는 상황에서 문제의 사안에 대해 동일한 내용의 국제관습법까지 자동적으로 적용이 배제되지는 않는다고 판단하였다.
⇨ 미국은 자국이 선택조항 수락선언에서 다자조약에 대해서 유보를 하였음에도 불구하고 니카라과가 UN헌장 및 미주기구헌장 등과 같은 다자조약을 원용하고 있다고 주장하였다. 그러나 국제사법재판소(ICJ)는 니카라과의 청구는 국제관습법을 근거로 한 청구이기 때문에 미국의 그러한 다자조약 유보로 인하여 배척될 수 없다고 하였다.

10 국가면제 정답 ②

국가 및 그 재산의 관할권 면제에 관한 국제연합 협약에 대한 설명으로 옳은 것은 ㄴ, ㄷ이다.

ㄱ. [X] 타국이 소송의 당사자로 거명된 경우에 한하여 국가의 법정에 제기된 소송은 타국을 상대로 제기된 것으로 간주한다.
⇨ 타국이 소송의 당사자로 거명되지 않았으나 실제에 있어서 그 소송이 그 타국의 재산, 권리, 이익 또는 활동에 영향을 줄 목적을 가지는 경우에도 국가의 법정에 제기된 소송은 타국을 상대로 제기된 것으로 간주한다.

ㄴ. [O] 국가는 어떠한 사항 또는 사건과 관련하여 타국의 법정이 관할권을 행사하는 데에 국제협정을 통해 명시적으로 동의한 경우 그 사항 또는 사건과 관련하여 타국의 법정에 제기된 소송에서 관할권 면제를 원용할 수 없다.
⇨ 면제의 명시적 포기에 대한 규정이다.

ㄷ. [O] 국가의 대리인이 타국의 법정에 증인으로서 출석하는 경우 이는 전자의 국가가 그 법정의 관할권 행사에 동의하는 것으로 해석될 수 없다.
⇨ 증인 출석은 묵시적 포기로 인정되지 않는다.

ㄹ. [X] 타국 법정에서 자기를 상대로 제기된 소송에서 반소를 제기하는 국가는 그 주된 청구와 관련하여 그 법정의 관할권으로부터의 면제를 주장할 수 있다.
⇨ 그 주된 청구와 관련하여 그 법정의 관할권으로부터의 면제를 주장할 수 없다.

11 국가책임 정답 ④

① [X] 국가에게 일정한 사건을 방지할 것을 요구하는 국제의무의 위반은 그러한 사건이 발생하는 때에 한하여 발생한다.
⇨ 그러한 사건이 발생하는 때에 발생하며, 그러한 사건이 계속되어 그 의무와 불합치하는 상태로 남아있는 전 기간 동안에 걸쳐 연장된다.

② [X] 타국이 국제위법행위를 실행하도록 타국을 지시하고 통제한 국가는 당해 국가가 실행하였더라도 그 행위는 국제적으로 위법할 경우 그 행위에 대하여 국제적으로 책임을 진다.
⇨ 당해 국가가 그 국제위법행위의 상황을 인식하고 그같이 행동하며, 또한 당해 국가가 실행하였더라도 그 행위는 국제적으로 위법할 경우 그 행위에 대하여 국제적으로 책임을 진다.

③ [X] 손해배상을 결정함에 있어서는, 피해국 또는 손해배상 요구와 관련된 모든 개인 또는 단체의 고의 또는 과실에 의한 작위 또는 부작위가 피해에 기여한 바를 참작할 수 있다.
⇨ 작위 또는 부작위가 피해에 기여한 바를 참작하여야 한다.

❹ [O] 피해국이 유효하게 청구를 포기한 경우 또는 피해국이 자신의 행위에 의하여 청구권의 소멸에 유효하게 묵인한 것으로 간주되는 경우 책임을 추궁할 권리를 상실한다.

12 개인 정답 ③

① [X] 1908년에 설립된 중미사법재판소는 개인이 국가를 상대로 한 직접 제소뿐만 아니라 국적국을 상대로 한 제소까지 허용되었다는 점에서 진일보된 재판소라는 평가를 받았다.
⇨ 국적국을 상대로 한 제소는 허용되지 않았다.

② [X] 국가승계 시 자연인의 국적 초안(1999)에 의하면 자연인은 최소한 관련 1개국의 국적을 가질 권리가 있다고 전제하고 국가승계 시 해당지역에 주소지를 둔 자는 승계국의 국적자로 추정함을 기본 원칙으로 제시했다.
⇨ 국가승계 시 해당지역의 상거주자는 승계국의 국적자로 추정함을 기본 원칙으로 제시했다.

❸ [O] 1974년 국가의 경제적 권리·의무 헌장은 국유화를 단행하는 국가는 자국의 관련 법령과 적절하다고 생각하는 모든 상황을 고려하여 적절한 보상을 지불해야 한다고 규정했다.
⇨ 적절한 보상 원칙을 규정하였다.

④ [×] 이중국적에 대한 긍정적 태도를 견지하던 유럽심의회는 1997년 채택한 유럽국적협약에서 국적유일의 원칙을 규정하였다.
⇨ 이중국적에 대한 부정적 태도를 견지하던 유럽심의회는 1997년 채택한 유럽국적협약에서 국적유일의 원칙을 포기하고, 일정한 경우 이중국적을 허용했다.

13 SPS협정 정답 ④

① [×] EC-호르몬 사건에서 패널은 EC의 조치에 과학적 정당성은 없으나, 잠정조치로서 인정된다고 판시하였다.
⇨ 잠정조치로 EC의 조치가 정당화될 수 없다고 하였다.

② [×] 국제적 기준이 존재하지 않는 경우 회원국은 SPS조치를 취할 수 없다.
⇨ 국제적 기준이 존재하지 않는 경우 회원국은 위험평가를 통해 과학적 정당성이 있다고 판단하면 SPS조치를 취할 수 있다.

③ [×] 과학적 정당성이 없는 경우 잠정조치를 취할 수 있으나, 원칙적으로 10년으로 제한된다.
⇨ 잠정조치기한은 명시되지 않았다.

❹ [O] 한국과 일본 간 후쿠시마 농수산물 분쟁 사건(2019)에서 패널은 한국의 조치가 잠정조치요건을 충족하지 못하다고 판시하였으나, 상소기구는 패널이 그 권한범위를 넘어서 심리한 위법이 있다고 보아 패널의 판정을 파기하였다.
⇨ 상소기구는 패널요청서에 적시되지 않은 사항을 패널이 다루었으므로 그 심사범위를 벗어나서 무효라고 본 것이다.

14 난민 정답 ①

국제인권 및 난민에 관한 국제판례에 대한 설명으로 옳지 않은 것은 ㄱ, ㄴ, ㄷ이다.

ㄱ. [×] 쇠링(Söring) 사건(1989)은 국제인권위원회(Human Rights Committee)의 입장과 달리 사형폐지국이 사형유지국으로 범죄인을 인도하는 것은 인권협약 위반이라고 판시하였다.
⇨ 인권위원회도 인권협약을 위반하였다고 판시하였다.

ㄴ. [×] 국제인권위원회(Human Rights Committee)는 한국의 병역법이 대체복무제의 마련 없이 일률적으로 병역의무를 부과하고 이를 거부하는 자를 처벌하는 것은 시민적·정치적 권리에 관한 국제규약상 종교의 자유에 위반된다고 판시하였으나, 최초 판단 이후 제기된 청원은 중복청원 금지를 규정한 B규약 제1선택의정서에 따라 관할권을 행사하지 않고 각하하였다.
⇨ 중복청원은 금지되나, 중복청원으로 인정되어 각하된 건은 없다.

ㄷ. [×] 우리나라 대법원은 난민 판정시 박해에 대한 입증책임은 난민 신청자가 지며 박해의 경험에 대한 진술이 불일치하고 과장이 있다면 전반적인 난민 신청자의 불안정한 상황에도 불구하고 난민 지위를 인정하기 어렵다는 입장을 보여준 바 있다.
⇨ 부분적으로 불일치와 과장이 있다고 해도 전체적으로 판단하여 박해를 받을 근거 있는 공포가 존재하면 난민 지위를 인정할 수 있다고 하였다.

ㄹ. [O] 우리나라는 1992년 12월 난민지위협약과 동 의정서에 동시에 가입하였고, 2013년 7월부터 난민법이 발효 중이다.
⇨ 우리나라는 난민 인정에 있어 대체로 적극적인 국가로 인정된다.

15 국민 정답 ④

국적에 관한 판례에 대한 설명으로 옳지 않은 것은 ㄱ, ㄴ, ㄷ, ㄹ 모두이다.

ㄱ. [×] 튀니지와 모로코에서의 프랑스 국적령 사건(1923)에서 상설국제사법재판소(PCIJ)는 이 사건의 경우 국적문제가 국제문제화 되었으므로 연맹총회에서 관할권을 가질 수 있다고 판시하였다.
⇨ 연맹이사회가 관할권을 가질 수 있다고 하였다.

ㄴ. [×] 노테봄 사건(1955)에서 국제사법재판소(ICJ)는 리히텐슈타인이 노테봄에게 부여한 국적이 이미 국내적으로 효력을 상실하였으므로 과테말라에 대해 대항력을 갖지 못한다고 보고 리히텐슈타인이 외교적 보호권을 발동할 수 없다고 판시하였다.
⇨ 국내적 유효성은 문제되지 않았다.

ㄷ. [×] 이란-미국 이중국적자의 지위에 관한 중재 사건(1984)에서 중재법원은 1930년 국적법 저촉에 관한 헤이그협약 제4조를 반영하여 이중국적 중 실효적 국적이 확인될 수 있으면 이중국적국 상호간에도 외교적 보호권을 발동할 수 있다고 판시하였다.
⇨ 헤이그협약은 이중국적국 상호간 외교적 보호권이 인정되지 않는다고 규정하였다.

ㄹ. [×] 우리나라 헌법재판소는 일제강점시기 중국으로 이주한 후 중국 국적으로 생활해온 재중동포는 대한민국 국민으로 볼 수 없으나, 이들에게 대한민국 국적 선택을 위한 절차를 마련하지 않은 부작위가 있어 위헌이라고 판시하였다.
⇨ 국적 선택을 위한 조치를 취할 국가의 의무가 없다고 판시하였다.

16 조약법 정답 ②

① [O] 1994년 카타르-바레인 간 해양경계획정 사건에서 국제사법재판소(ICJ)는 분쟁당사국 간 회의의사록도 국제법상의 권리와 의무를 창출하는 조약에 해당할 수 있다고 판단하였다.
⇨ 국제사법재판소(ICJ)는 회의기록을 검토한 결과 당사국이 합의했던 약속사항을 열거하였다는 점에서 국제법상 권리와 의무를 창출하고 있는 조약에 해당한다고 판단하였다.

❷ [×] 행정협정은 국회의 동의 없이 행정부가 단독으로 체결할 수 있는 유형의 국제협정으로 상호주의원칙에 따라 일방 당사국이 특정 협정을 정식조약으로 간주하면 타방 당사국은 그 협정을 행정협정으로 간주할 수 없다.
⇨ 특정 협정이 일방 당사자에게는 행정협정이나 타방 당사자에게는 정식조약일 수 있다.

③ [O] 합의의사록(agreed minutes) 또는 의정서(protocol)는 그 것 자체로 국가의 권리와 의무를 규정하는 정식 문서라기보다는 구체적인 이행 방법이나 특정 조항의 해석을 규정하는 등 이미 존재하는 조약을 수정 또는 보완하는 합의를 가리킨다.
⇨ 합의의사록(agreed minutes)이나 의정서(protocol) 역시 기속의사 존부에 따라 조약으로 인정될 수 있다.

④ [O] SOFA 합의의사록은 조약의 일부로서 간주되나 한일어업협정의 합의의사록은 구속력을 당사국이 법적 구속력을 의도하지 않았기 때문에 조약의 일부가 아니다.
⇨ 합의의사록으로 명칭이 같더라도 당사국의 의사에 따라 조약이 될 수도 있고, 신사협정이 될 수도 있다. 신사협정은 법적 구속력을 갖지 않는다.

17 국제법 총론 정답 ④

① [O] 1648년 체결된 베스트팔렌조약에 의하면 유럽의 평화를 위해 체약국 간 갈등이 발생하더라도 3년의 냉각기간을 가져야 하며, 3년이 경과해도 해결에 이르지 못한 경우 피해국에게 전쟁을 벌일 권한이 인정되고, 이 경우 다른 모든 체약국은 무력사용을 통해 피해국을 원조해야 한다.

② [O] Capitulation에 의하면 협정당사국의 국적을 가진 유럽인은 자국 영사의 동의 없이는 영토국으로부터 추방당하지 아니한다.

③ [O] 초국경법은 국경선을 넘는 행동이나 사건을 규율하는 모든 법을 의미하며, 국제법과 국제사법이 포함된다.

❹ [X] 상인법은 원래 중세 유럽 전역에 걸쳐 보편적으로 승인되고 적용되던 상관습법으로서 국가 간의 관계를 규율하는 것을 목표로 하였다.

⇨ 상인법은 원래 중세 유럽 전역에 걸쳐 보편적으로 승인되고 적용되던 상관습법으로서 국가 간의 관계를 규율하는 것을 목표로 한 것은 아니었다.

18 GATT1994 정답 ④

지역무역협정(RTA)에 대한 설명으로 옳지 않은 것은 ㄷ, ㅂ이다.

ㄱ. [O] 관세동맹(Customs Union)과 자유무역지대(Free Trade Area)의 차이점은 체약국들이 공동역외관세를 도입하느냐 여부에 있다.

⇨ 관세동맹은 자유무역지대와 달리 공동역외관세를 도입한다.

ㄴ. [O] 자유무역지대에 참여하지 않은 WTO회원국에 대하여 무역장벽을 높이는 방법으로 FTA를 체결하는 것은 금지되어 있다.

⇨ FTA 체결을 위한 역외요건이다.

ㄷ. [X] 관세동맹 형성시 금전보상을 조건으로 역외국에 대해 관세 또는 비관세조치를 강화할 수 있다.

⇨ 보상적 조정 제공시 역외국에 대해 관세 및 비관세조치를 강화할 수 있으나, 보상은 금전보상을 의미하는 것이 아니다.

ㄹ. [O] WTO회원국은 FTA를 체결하면 WTO에 통보해야 하며 WTO 출범 이후 설립된 지역무역협정위원회에서 그 합법성을 심사한다.

⇨ 그 밖에 정보제공의무도 있다.

ㅁ. [O] FTA 및 관세동맹을 위한 잠정협정을 체결할 수 있으나, 10년 내에 실제 협정으로 전환되어야 한다.

⇨ 잠정협정은 10년간만 허용된다.

ㅂ. [X] FTA 및 관세동맹의 역내국은 관세 및 비관세조치를 폐지해야 하나, GATT 제24조에 의하면 민감품목은 자유화 대상에서 제외할 수 있다.

⇨ 민감품목 제외 여부에 대해 동 조항에 명시되어 있지는 않다. 다만, 국제관행상 민감품목은 자유화 대상에서 배제할 수 있는 것으로 본다.

19 GATT1994 정답 ②

최혜국대우원칙에 대한 설명으로 옳지 않은 것은 ㄱ, ㄴ, ㄹ, ㅂ이다.

ㄱ. [X] 부속서 1A, 1B, 1C에 모두 규정되어 있으나, 서비스협정의 경우 구체적 약속에 포함된다.

⇨ 서비스협정의 경우 최혜국대우원칙은 일반적 의무에 해당된다. 양허표 기재사항이 아니다.

ㄴ. [X] 최혜국대우원칙은 재정조치와 관련해서는 관세 및 기타 관세 과징금에 대해 적용되며 내국세나 내국과징금에 대해서는 적용되지 않는다.

⇨ 내국세 및 내국과징금에 대해서도 최혜국대우원칙이 적용된다.

ㄷ. [O] 상품의 수입뿐만 아니라 상품의 수출에 대해서도 적용된다.

⇨ 수출에 있어서도 원산지에 따라 차별하는 것은 최혜국대우원칙을 위반하는 것이다.

ㄹ. [X] 최혜국대우원칙은 수입품의 통관시점에 적용되나, 내국민대우원칙은 통관 이후 시점부터 적용된다.

⇨ 최혜국대우원칙은 통관 이후 시점에도 적용된다.

ㅁ. [O] 법률상 차별뿐만 아니라 사실상의 차별도 금지되며, 스페인-볶지 않은 커피의 관세 대우 사건에서 패널은 스페인의 조치가 사실상의 차별에 해당된다고 판시하였다.

⇨ 사실상의 차별은 결과적인 차별을 의미한다.

ㅂ. [X] 최혜국이 WTO회원국이 아닌 경우 최혜국대우원칙이 적용되지 않는다.

⇨ 비회원국이 최혜국이어도 당해 혜택을 회원국에게 부여해야 한다.

20 국제연합 정답 ②

① [O] 안전보장이사회는 그 사업을 가장 쉽게 할 수 있다고 판단되는 기구의 소재지 외의 장소에서 회의를 개최할 수 있다.

⇨ 필요한 경우 미국 뉴욕 이외에서도 안전보장이사회 회의를 개최할 수 있다.

❷ [X] 안전보장이사회의 이사국이 아닌 어떠한 UN회원국도 언제든지 안전보장이사회에 회부된 어떠한 문제의 토의에도 투표권 없이 참가할 수 있는 권리를 갖는다.

⇨ UN헌장 제31조에 대한 설명으로 특히 영향이 있다고 인정하는 때에 참가 가능하다.

판례 이론 **조문**

> **UN헌장 제31조** 안전보장이사회의 이사국이 아닌 어떠한 국제연합 회원국도 안전보장이사회가 그 회원국의 이해에 특히 영향이 있다고 인정하는 때에는 언제든지 안전보장이사회에 회부된 어떠한 문제의 토의에도 투표권 없이 참가할 수 있다.

③ [O] UN의 회원국이 아닌 어떠한 국가도 안전보장이사회에서 심의중인 분쟁의 당사자인 경우에는 이 분쟁에 대한 토의에 투표권 없이 참가하도록 초청된다.

⇨ 비회원국인 경우 분쟁당사국에 한해 안전보장이사회에 회의에 초대될 수 있다.

④ [O] 안전보장이사회의 각 이사국은 기구의 소재지에 항상 대표를 두어야 한다.

⇨ 안전보장이사회는 임시회의를 개최하는 경우가 많기 때문에 소재지에 대표를 두어야 한다.

13회 실전동형모의고사

정답 p. 80

01	②	Ⅳ	06	②	Ⅴ	11	③	Ⅳ	16	③	Ⅴ
02	③	Ⅰ	07	②	Ⅱ	12	①	Ⅴ	17	④	Ⅳ
03	②	Ⅱ	08	②	Ⅱ	13	①	Ⅳ	18	②	Ⅴ
04	③	Ⅱ	09	①	Ⅱ	14	②	Ⅱ	19	④	Ⅶ
05	④	Ⅵ	10	③	Ⅰ	15	③	Ⅲ	20	④	Ⅶ

Ⅰ 국제법 총론 / Ⅱ 국가 / Ⅲ 국제기구 / Ⅳ 개인 / Ⅴ 국제법의 규율 대상 / Ⅵ 국제분쟁해결 및 무력사용 / Ⅶ 국제경제법

취약 단원 분석표

단원	맞힌 답의 개수
Ⅰ	/ 2
Ⅱ	/ 6
Ⅲ	/ 1
Ⅳ	/ 4
Ⅴ	/ 4
Ⅵ	/ 1
Ⅶ	/ 2
TOTAL	/ 20

01 국제형사재판소 정답 ②

① [×] 피고인을 대신한 소추관은 일정한 조건하에 유죄 또는 형의 확정판결에 대하여 재심을 청구할 수 있으며 재심은 전심재판부 또는 상소심재판부에 청구할 수 있다.
⇨ 재심은 상소심재판부에 청구할 수 있다.

❷ [O] 재판 당시에는 입수할 수 없었던 증거로서 그 입수불능에 대하여 전적으로든 부분적으로든 신청 당사자에게 귀책사유가 없었고, 재판 당시 입증되었다면 다른 판결을 가져 왔을 충분히 중요한 증거가 발견된 경우 재심을 신청할 수 있다.

③ [×] 신청이 이유 있다고 판단되는 경우, 상소심재판부는 절차 및 증거규칙에 규정된 방식으로 각 당사자들을 심리한 후 판결이 수정되어야 할지 여부에 대한 결정에 이르기 위하여 전심재판부를 재소집할 수 있다.
⇨ 심리한 후 판결이 수정되어야 할지 여부에 대한 결정에 이르기 위하여, 원래의 1심재판부를 재소집할 수 있다.

④ [×] 재판에서 고려되었고 유죄판결의 근거가 된 결정적 증거가 허위, 위조 또는 변조되었음이 새로이 판명된 경우 재심을 신청할 수 있으나 이 경우 전심재판부에 신청해야 한다.
⇨ 재심은 상소심재판부에 신청한다.

02 국제법과 국내법의 관계 정답 ③

① [O] 국제관습법에 대해 원칙적으로 수용이론을 채택하고 있다.
⇨ 국제범죄에 대한 관습은 예외적으로 수용한다.

② [O] 조약에 대해 원칙적으로 변형이론을 채택하고 있다.
⇨ 행정협정 등 수용하는 조약도 있다.

❸ [×] 조약의 경우 소극적 저촉은 발생할 수 있으나, 적극적 저촉은 발생하기 어렵다.
⇨ 적극적 저촉도 발생할 수 있다. 조약과 변형법률이 상충할 수 있다.

④ [O] 영국 정부가 체결하려는 비준을 요하는 모든 조약은 일단 의회로 보내져 21일 이상 공개되는데 이를 Ponsonby Rule이라고 한다.
⇨ 소극적 저촉을 피하기 위한 절차이다.

03 국가책임 정답 ②

① [O] 국제사법재판소(ICJ)는 대세적 의무의 존재를 확인하고 대세적 의무는 국제공동체 전체에 대해 지고 있는 의무로서 인권존중의무, 무력사용금지의무, 노예금지의무 등이 있다고 판시하였다.
⇨ 바르셀로나 트랙션 사건은 대세적 의무를 예시해 준 판례이다.

❷ [×] 법인의 사실상 소멸한 경우 법인의 피해로 인한 자국 주주의 간접적 피해에 대해 주주의 국적국이 외교적 보호권을 발동할 수 있다고 하였다.
⇨ 법인이 '법적으로' 소멸한 경우 주주의 국적국이 보호권을 발동할 수 있다고 판시하였다. 즉, 법인이 '청산'되어 법적으로 존재하지 않은 경우여야 한다.

③ [O] 법인의 국적국이 외교적 보호권을 명시적 또는 묵시적으로 포기한 것이 명백한 경우 법인의 피해로 손해를 입은 자국 주주를 위해 주주의 국적국이 외교적 보호권을 발동할 수 있다.
⇨ 법인이 1차적 피해자인 경우 주주의 국적국은 원칙적으로 외교적 보호권을 갖지 않으며, 2차적으로만 가질 수 있다.

④ [O] 법인의 국적 결정에 대한 국제법적 기준은 법인의 설립지국 또는 본점 소재지국이다.
⇨ 동 판례와 달리 2006년 ILC가 작성한 외교보호초안은 법인의 설립지국이 1차적 국적국임을 명시하고 있다.

04 국가승계 정답 ③

① [×] 영토의 일부 이전 시 승계국은 이전된 영토 내에 주소를 갖는 자에게 자국적을 부여하며, 당사자가 기존 국적의 유지를 선택하지 않는 한 선행국 국적은 철회됨을 원칙으로 한다.
⇨ 이전된 영토 내에 상거소를 갖는 자에게 자국적을 부여한다.

② [×] 하나의 국가가 복수의 국가로 해체되는 경우 개인의 국적 선택권이 인정되지 않고, 상거소지국의 국적이 부여된다.
⇨ 원칙적으로 개인의 국적 선택권이 존중되어야 한다.

❸ [O] 영토의 일부가 분리 독립하는 경우 승계지역 주민에게는 국적 선택권의 부여를 전제로 신 국적이 부여된다.

④ [×] 둘 이상의 국가가 하나로 통합하는 경우 선행국의 모든 국민은 원칙적으로 이전 국가의 국적을 유지한다.
⇨ 선행국의 모든 국민에게 승계국 국적이 부여된다.

05 국제사법재판소 정답 ④

국제사법재판소(ICJ)에 대한 설명으로 옳은 것은 ㄷ, ㄹ, ㅁ이다.

ㄱ. [×] 당사자의 권리를 보전하기 위하여 취해지는 잠정조치는 법적 구속력이 없다는 것이 국제사법재판소(ICJ)의 입장이다.
⇨ 국제사법재판소(ICJ)는 잠정조치의 법적 구속력을 정면으로 인정하고 있다(LaGrand형제 사건).

ㄴ. [×] 소송의 당사자는 아니지만 자신이 당사국으로 있는 협약의 해석이 문제가 되어 소송에 참가한 국가는 재판소의 판결에 의해 부여된 해석에 구속되지 않는다.
⇨ 해석적 소송참가에 있어서 소송참가한 제3국은 '판결'에는 구속을 받지 않는다. 그러나, '협약의 해석'에는 구속을 받는다.

ㄷ. [O] 판결이 선고되었을 당시 당사자와 재판소가 알지 못하였던 결정적 사실이 발견된 경우, 재심이 청구될 수 있으며 그 입증책임은 재심청구국이 진다.
⇨ 재심절차가 규정되어 있다.

ㄹ. [O] 일방 당사자가 재판소에 출석하지 않거나 그 사건을 방어하지 않는 경우, 타방 당사자는 자기의 청구에 유리하게 결정할 것을 재판소에 요청할 수 있다.
⇨ 불출정(궐석재판제도)에 대한 규정이다.

ㅁ. [O] UN헌장은 회원국이 그들 간의 분쟁을 해결하기 위하여 국제사법재판소(ICJ) 이외의 다른 재판소에 제소하는 것을 방해하지 않는다.
⇨ UN회원국들은 합의에 의해 재량으로 분쟁해결절차를 선택할 수 있다.

06 국제해양법 정답 ②

① [×] 군도직선기선의 길이는 원칙적으로 100해리를 초과할 수 없으나 총 기선 수의 3% 이내에서 최대 120해리까지로 확장될 수 있다.
⇨ 군도직선기선의 최대 길이는 125해리이다.

❷ [O] 간출지에는 군도직선기선을 설정할 수 없으나 등대와 같이 항구적으로 해면 위에 있는 유사한 시설물이 설치된 경우 예외적으로 군도직선기선을 설정할 수 있다.
⇨ 간출지가 인접한 섬의 영해범위 내에 있는 경우에도 간출지에도 군도기선을 설정할 수 있다.

③ [×] 군도직선기선의 내측 수역은 군도수역이며 내수와 유사한 지위를 가지므로 선박의 무해통항권은 원칙적으로 허용되지 아니한다.
⇨ 군도수역에서는 원칙적으로 선박의 무해통항권이 인정된다.

④ [×] 군도직선기선 외측에 설정된 영해에서 군도국가는 군도해로대를 설정해야 하며 군도해로대에서는 잠수함의 잠항이 허용된다.
⇨ 군도해로대는 군도수역 내에 설정되어 있으며, 잠수함의 잠항, 항공기의 상공비행, 군함을 포함한 선박의 통항 등이 인정된다.

07 국가책임 정답 ②

① [O] Y지역에서 X단체의 국제위법행위에 대해 A국은 원칙적으로 책임을 지지 않는다.
⇨ 반란단체의 행위에 대해서는 중앙정부가 원칙적으로 책임을 지지 않고, 일정한 경우 '부작위책임'이 예외적으로 인정될 수도 있다.

❷ [×] A국이 X단체에 대해 교전단체승인을 부여한 경우 A국은 Y지역에서 발생한 모든 사안에 대해 국제법상 책임을 부담한다.
⇨ A국이 교전단체승인을 부여한 경우 예외적 부작위책임으로부터도 면제되어, X단체의 행위에 대해서는 어떠한 책임도 지지 않는다.

③ [O] B국 군대가 X단체에 대한 진압작전 진행 중 타국에 발생시킨 피해에 대해 B국은 원칙적으로 책임을 지지 않는다.
⇨ B국 군대는 A국의 지시하에 행동하고 있으므로 A국이 책임을 진다.

④ [O] UN안전보장이사회가 이 사안에 대해 헌장 제7장상 조치를 취하는 것은 A국 국내문제에 대한 위법한 간섭으로 간주되지 않는다.
⇨ 헌장 제2조 제7항 단서는 안전보장이사회가 강제조치를 취하는 경우를 국내문제 불간섭의무의 예외로 명시하고 있다.

08 국가승인 정답 ②

① [×] 병합에 의해 신국가가 탄생한 경우 국가승인문제는 발생하지 않으나 정부승인문제는 발생한다.
⇨ 정부승인문제도 발생하지 않는다.

❷ [O] 창설적 효력설에 의해 승인은 법률행위이나 선언적 효력설에 의하면 사실행위이다.
⇨ 창설적 효력설은 승인에 의해 비로소 국제법상 국가로 창설되므로 승인이 법률행위라고 본다. 그러나 선언적 효력설은 요건을 갖춘 경우 승인과 무관하게 국제법주체로 인정되므로 승인은 사실행위 또는 확인행위에 불과하다고 본다.

③ [×] 스팀슨주의에 의하면 위법하게 형성된 국가에 대해서는 승인을 부여할 수 없으나, 국가로서의 요건을 갖춘 경우 예외적으로 승인할 수 있다.
⇨ 승인제도에 있어서 예외는 존재하지 않는다.

④ [×] 국제기구 가입을 통해 신국가가 기존 회원국으로부터 승인을 받는 것을 집합적 승인이라고 하며 현행법상 부정되는 것이 통설이다.
⇨ 집단적 승인이라고 한다. 집합적 승인은 국제회의를 통해 신국가를 기존 국가가 양자 차원에서 승인하는 것을 말한다.

09 영사 정답 ①

영사관계에 관한 비엔나협약(1963)에 대한 설명으로 옳은 것은 ㄱ, ㄴ이다.

ㄱ. [O] 영사관원은 파견국의 국민과 자유로이 통신할 수 있으며 또한 접촉할 수 있다.
⇨ 협약 제36조의 규정이다. 국민이 거부하는 경우 영사보호를 할 수 없다.

ㄴ. [O] 파견국의 국민은 파견국의 영사관원과 자유롭게 통신 및 접촉할 수 있다.
⇨ 영사보호는 파견국의 권리이기도 하고, 파견국의 국민이 보호를 받을 수 있는 권리이기도 하다.

ㄷ. [X] 파견국의 영사관할구역 내에서 파견국의 국민이 체포되는 경우 접수국의 권한 있는 당국은 지체 없이 통보해야 한다.
⇨ '당해 국민이 파견국의 영사기관에 통보할 것을 요청하면' 통보해야 한다.

ㄹ. [X] 영사관원은 그 관할구역 내에 구금되어 있는 파견국 국민을 방문할 권리를 가지나 영사관원이 조치를 취하는 것을 국민이 반대하는 경우 영사관원은 이를 삼갈 의무가 있다.
⇨ '국민이 명시적으로 반대하는 경우' 영사관원은 조치를 취하는 것을 삼갈 의무가 있다.

10 국제법의 주체 정답 ③

① [O] 한국은 2018년 국제적십자위원회와 조약을 체결하여 한국 내에서 위원회의 정부간 기구 지위를 인정하고 공관의 불가침 등 특권과 면제를 부여하기로 하였다.

② [O] 반란단체는 전시인도법의 지배를 받으며 구성원은 국제형사재판소에서 처벌될 수 있다.

❸ [X] 국제기구가 그 직원에게 피해를 입힌 경우 직원의 국적국은 직무보호권을 발동할 수 있다.
⇨ 직원의 국적국은 외교적 보호권을 발동할 수 있다.

④ [O] 국제기구가 타국 국민에게 피해를 입힌 경우 피해자의 국적국은 외교적 보호권을 발동할 수 있다.

11 외교적 보호권 정답 ③

외교보호에 관한 ILC초안상 법인의 보호에 대한 설명으로 옳지 않은 것은 ㄴ, ㄷ이다.

ㄱ. [O] 법인의 피해에 대해서는 원칙적으로 설립지국이 보호권자이며, 예외적으로 본점 소재지국이나 재무지배 소재지국이 보호권을 발동할 수 있다.
⇨ 법인의 국적국이 1차적으로 설립지국이라는 의미이다.

ㄴ. [X] 법인의 국적이 피해시 또는 청구 제기시에 자국 국적을 가진 경우 국가는 보호권을 발동할 수 있으며, 자연인과 달리 법인의 국적이 피해시와 청구 제기시에 동일해도 국적 계속은 추정될 수 없다.
⇨ 피해시 '그리고' 청구 제기시에 국적을 가져야 한다. 피해시와 청구 제기시 법인의 국적이 동일한 경우 국적 계속은 추정된다. 자연인과 같다.

ㄷ. [X] 공식 청구 제기 후에 법인이 피청구국의 국적을 취득한 경우 국가는 자연인과 달리 외교적 보호권을 계속해서 발동할 수 있다.
⇨ 법인이 청구 제기 후에 피청구국의 국적을 취득한 경우 청구를 계속해서 제기할 수 없다. 자연인과 동일하다.

ㄹ. [O] 법인이 피해시 청구국의 국적을 가졌으나 추후 피해로 인해서 청구국의 국적을 상실한 경우에도 계속해서 가해국에 대해 외교적 보호권을 발동할 수 있다.
⇨ '피해로 인해서' 국적을 상실한 경우에는 기존 법인의 국적국이 계속 보호권을 발동할 수 있다. 그러나, 피해와 무관하게 국적을 상실한 경우 법인의 국적국이 보호권을 발동할 수 없다. 더이상 당해 법인의 국적국이 아니기 때문이다.

12 해양법 정답 ①

❶ [O] ICJ는 니카라과와 콜롬비아 영토 및 해양 분쟁 사건(2012)에서 유엔해양법협약상 섬에 관한 제121조의 3개 항은 관습법이 아니므로 비당사국에 대해서는 적용되지 않는다고 하였다.
⇨ 유엔해양법협약상 섬에 관한 제121조의 3개 항은 모두 관습법에 해당된다고 하였다.

② [O] 남중국해 중재판정 재판부는 독자적 경제활동 요건을 충족시키기 위해 단순히 자원의 존재만으로는 부족하고, 그 자원을 이용 개발 분배하기 위한 일정 수준의 지속적 현지 인간활동이 필요하다고 판단했다.

③ [O] 멩끼에 에끄레오 사건(1953)에서 ICJ는 실효적 지배의 상대적 힘에 따라 영국의 영유권을 인정하였다.

④ [O] 흑해해양경계획정사건에서 국제사법재판소는 3단계 접근법을 적용하였고, 뱀섬은 경계획정의 기준점이 될 수 없으며, 잠정적 경계선을 이동할 만한 사정도 아니라고 하였다.

13 국제인권법 정답 ①

❶ [X] 당사국은 고문범죄를 실행한 것으로 추정되는 혐의자가 자국 영토 안에 소재하나, 이러한 범죄혐의자를 인도하지 아니하는 경우에는, 기소를 위하여 사건을 권한 있는 당국에 회부할 수 있다.
⇨ 당사국은 사건을 의무적으로 회부해야 한다.

② [O] 어떠한 당사국도 고문받을 위험이 있다고 믿을 만한 상당한 근거가 있는 다른 나라로 개인을 추방·송환 또는 인도하여서는 안 된다.
⇨ 강제송환금지원칙에 대한 규정이다.

③ [O] 고문방지위원회의 위원은 18명이고 4년 임기로 선출되며 재선될 수 있다.
⇨ 참고로 이 고문방지위원회는 보고서 심사, 개인청원 심사, 국가 간 고발 심사 등을 담당한다.

④ [O] 당사국은 어떤 당사국이 이 협약에 따른 의무를 다른 당사국이 이행하지 않고 있다고 통보하는 경우에 위원회가 이러한 통보를 수리하여 심리할 권능을 가지고 있음을 인정한다는 선언을 언제든지 할 수 있다.
⇨ 국가 간 고발제도에 대한 것이다. 별도로 이 제도를 수락한 국가 상호 간에 적용된다.

14 국가책임 정답 ②

국가책임의 성립요건에 대한 설명으로 옳지 않은 것은 ㄱ, ㄹ이다.

ㄱ. [X] 국가기관이 아닌 민간인 개인이나 단체의 행위가 국가로 귀속되어 국가행위로 간주되는 경우는 없다.

⇨ 국가의 명령, 지시, 통제에 의한 행위(ILC초안 제8조), 공공당국의 부재 또는 마비로 인해 공권력 행사가 요구되는 상황에서의 사인에 의한 행위(ILC초안 제9조)의 경우 그 행위는 국가로 귀속되어 국가행위로 간주된다.

ㄴ. [O] 모든 국가기관의 직무상 행위는 국제법에 의하여 국가의 행위로 간주된다.

⇨ 단, 직무상 행위가 아닌 경우 원칙적으로 국가 귀속성이 인정되지 않는다.

ㄷ. [O] ILC초안에 의하면 국가기관이 자신의 권한을 벗어나거나 상부지시를 위반하여 어떤 행위를 하였다 할지라도 국제법상 국가의 행위로 간주된다.

⇨ 월권행위도 국가로 귀속되어 책임을 질 수 있다.

ㄹ. [X] 국제법상 대세적 의무가 도입되면서 손해의 발생을 국가책임의 성립요건으로 간주하려는 견해가 유력하다.

⇨ 대세적 의무의 도입으로 손해가 발생하지 않아도 국가책임을 원용할 수 있다는 견해가 유력하며, 따라서 국가책임의 성립요건으로 볼 수 없다는 견해가 지배적이다.

15 국제연합 정답 ③

UN의 강제조치에 대한 설명으로 옳은 것은 ㄴ, ㄷ이다.

ㄱ. [X] 어떤 분쟁의 계속이 국제평화와 안전의 유지를 위태롭게 할 우려가 있을 때 적용된다.

⇨ 이는 헌장 제6장이 적용되는 경우이다. 헌장 제7장은 '평화에 대한 위협, 평화의 파괴 또는 침략행위가 존재할 때' 적용된다.

ㄴ. [O] 안전보장이사회는 권고를 하거나 조치를 결정하기 전에 잠정조치에 따르도록 관련당사자들에게 요청할 수 있다.

⇨ 헌장 제40조에 대한 내용으로 옳은 지문이다.

판례 이론 **조문**

> **UN헌장 제40조** 사태 악화를 방지하기 위해 제39조에 따른 권고나 강제조치를 결정하기 전에 관련 당사자에게 잠정조치에 따르도록 요청할 수 있다.

ㄷ. [O] 안전보장이사회가 헌장 제41조에 의해 비군사적 강제조치를 취하기로 결정한 경우 이는 모든 회원국들에 대하여 법적 구속력을 가진다.

⇨ 헌장 제41조에 따른 '요청(call upon)'은 법적 구속력을 포함하고 있으며, 따라서 무력의 사용을 동반하지 않는 조치와 관련하여 안전보장이사회가 제41조에 의거하여 취하는 결정은 모든 회원국들에게 구속력이 있다.

ㄹ. [X] 안전보장이사회가 헌장 제42조에 의해 군사적 강제조치를 취하기로 결정한 경우 이는 모든 회원국들에 대하여 법적 구속력을 가진다.

⇨ 회원국들은 제43조에 의거하여 특별협정을 체결하지 않는 한 제42조하의 군사적 의무에 참여할 법적 의무가 없다. 현재까지 특별협정이 체결된 예는 없으며, UN관행상 안전보장이사회는 제7장에 근거하여 개별 회원국들에게 평화유지 회복을 위한 무력사용의 권한을 부여해오고 있다.

16 국제환경법 정답 ③

다자 간 환경협약에 대한 설명으로 옳지 않은 것은 ㄱ, ㄴ, ㄷ이다.

ㄱ. [X] '지속 가능한 개발'은 환경보존보다는 경제개발을 우선시하는 개념이다.

⇨ 지속 가능한 개발은 환경보존과 경제개발을 양립하려는 시도이다.

ㄴ. [X] 교토의정서(Kyoto Protocol)는 이행에 있어 신축성을 강화하기 위해 공동이행, 청정개발체제, 배출차입제도를 도입하였다.

⇨ 교토의정서(Kyoto Protocol)는 이행에 있어 신축성을 강화하기 위해 공동이행, 청정개발체제, 배출권거래, 배출적립 등의 제도를 도입하였으나 배출차입제도는 도입하지 않았다.

ㄷ. [X] 지구온난화 방지를 위하여 교토의정서는 부속서 I 국가들에게 온실가스 감축의무 및 개도국에 대한 재정적 및 기술적 지원을 제공할 의무를 부담하도록 하였다.

⇨ 재정적 및 기술적 지원의무는 부속서 II 국가만 부담한다. 부속서 II 국가는 부속서 I 국가 중 일부가 해당한다. 교토의정서에 의하면 협약부속서 I 국가는 단독 또는 공동으로 부속서 A에 열거된 온실가스 총배출량이 부속서 B에 등록된 각국의 공약 할당량을 초과하지 않아야 한다.

ㄹ. [O] UN기후변화기본협약은 형평원칙에 입각하여 공동의 그러나 차별적 책임원칙을 적용하였다.

⇨ 공동의 그러나 차별책임원칙은 환경보호는 선진국과 개도국 모두의 책임이나, 책임의 정도는 선진국과 개도국이 차별적으로 설정할 수 있다는 원칙이다.

17 외교적 보호 정답 ④

① [O] Ahmadou Sadio Diallo 사건(2012)에서 재판부는 Diallo가 추방령(또는 재입국금지령) 철회를 청원하여 총리의 은혜를 기대하는 행위는 소진해야 할 구제 절차라고 볼 수 없다고 확인하였다.

② [O] Questions of Mutual Assistance 사건에서 재판부는 검찰총장과 국방위원장에 대한 증인 소환과 관련하여 재판부는 외교관이 아닌 관리가 개인적인 면제권을 향유할 수 있는 국제법적인 근거는 없으며, 이들이 외교관이 아니므로 외교 관계에 관한 비엔나 협약은 적용할 수 없다고 언급하였다.

③ [O] 구 유고전범재판소 Tadic 사건 상소심은 순수한 사인 행위의 경우에는 국가의 구체적인 지시·명령이 존재하여야 하지만, 무장집단이나 기타의 군사적 조직의 경우에는 해당 집단이 타국의 전반적 지배(overall control)하에 있는 것만으로도 사실상의 국가기관으로 인정되기에 충분하다고 하였다.

❹ [X] Barcelona Traction, Light and Power Company, Limited (Belgium v. Spain) 사건에서 재판부는 주주의 권리인 배당청구권, 총회에서의 의결권, 해산 후의 잔여 자산 분배청구권 등이 침해된 경우 주주의 국적국이 원칙적으로 외교적 보호권을 발동할 수 없으나, 법인이 법적으로 소멸되는 등의 특별 사정이 존재하는 경우에 한해 예외적으로 보호권을 발동할 수 있다고 하였다.

⇨ Barcelona Traction, Light and Power Company, Limited (Belgium v. Spain) 사건에서 재판부는 주주의 권리인 배당청구권, 총회에서의 의결권, 해산 후의 잔여 자산 분배청구권 등이 침해된 경우 주주의 국적국이 일차적으로 외교적 보호권을 발동할 수 있다고 하였다.

18 해양법 정답 ②

해양분쟁해결제도에 대한 설명으로 옳지 않은 것은 ㄴ, ㄷ이다.

ㄱ. [O] 어떠한 국가도 이 협약의 서명, 비준, 가입 시 서면 선언에 의하여 이 협약의 해석이나 적용에 관한 분쟁의 해결을 위하여 협약에 열거된 수단 중의 어느 하나 또는 그 이상을 자유롭게 선택할 수 있으나, 협정 발효 후 또는 가입 후에도 자유롭게 선택할 수 있다.

ㄴ. [X] 분쟁해결절차를 선택하는 선언은 취소통고가 국제연합사무총장에게 기탁된 후 6개월까지 효력을 가진다.
⇨ 3개월까지 효력을 가진다.

ㄷ. [X] 중재재판소가 구성되는 동안 잠정조치의 요청이 있는 경우 당사자가 합의하는 재판소가, 만일 잠정조치의 요청이 있은 후 10일 이내에 이러한 합의가 이루어지지 아니하는 경우에는 국제해양법재판소(또는 심해저활동에 관하여서는 해저분쟁재판부)가, 이 조에 따라 잠정조치를 명령, 변경 또는 철회할 수 있다.
⇨ 2주일 이내에 이러한 합의가 이루어지지 아니하는 경우 국제해양법재판소가 잠정조치를 명령, 변경 또는 철회할 수 있다.

ㄹ. [O] 분쟁이 회부된 중재재판소는 국제해양법재판소가 취한 잠정조치를 확인할 수 있으며, 변경하거나 철회할 수도 있다.

19 GATT1994 정답 ④

일반적 예외에 대한 설명으로 옳지 않은 것은 ㄱ, ㄴ, ㄷ, ㄹ 모두이다.

ㄱ. [X] 미국-Shrimp 사건의 상소심은 본문과 전문 검토에 있어서 전문을 먼저 검토하는 것이 GATT1994 제20조의 취지에 부합하다고 판정하였다.
⇨ 상소심은 본문을 먼저 검토해야 한다고 판정하였다.

ㄴ. [X] 국내법의 준수를 확보하기 위해 취한 조치는 일반적 예외에 해당하며, 멕시코-청량음료 사건에 의하면, 국내법의 범위에 국내법에 편입된 조약이 포함된다.
⇨ 조약은 포함되지 않는다.

ㄷ. [X] GATT와 달리 서비스무역협정(GATS)의 경우 일반적 예외는 구체적 약속으로 규정되었다.
⇨ 일반적 의무 파트에 규정되어 있다.

ㄹ. [X] 미국-휘발유 사건에 의하면 미국의 조치는 GATT 제3조 제2항에 위반되고, 일반적 예외를 원용할 수 없다.
⇨ 미국의 조치는 GATT 제3조 제4항에 위반된다.

20 반덤핑협정 정답 ④

반덤핑협정에 대한 설명으로 옳지 않은 것은 ㄹ, ㅁ이다.

ㄱ. [O] 반덤핑조치의 발동을 위해서는 덤핑사실이 존재할 것과 덤핑으로 인해 국내산업에 실질적인 피해 또는 피해의 우려가 있어야 한다.
⇨ 덤핑사실의 존재, 실질적인 피해 및 피해의 우려는 반덤핑조치를 취하기 위한 실체적 요건이다.

ㄴ. [O] 누적평가가 인정된다.
⇨ 누적평가는 여러 기업으로부터 덤핑이 행해진 경우 이들 덤핑수입을 포괄하여 피해를 판정하는 기법이다.

ㄷ. [O] 피해의 결정은 명백한 증거(Positive evidence)에 근거해야 하는데 여기에는 덤핑수입의 물량 및 덤핑수입품이 동종물품의 가격에 미치는 영향 등에 대한 객관적 검토를 포함한다.
⇨ 피해는 가격에 대한 효과, 덤핑 물량, 수입국 국내산업에 대한 영향을 종합적으로 평가하여 판정한다.

ㄹ. [X] 패널은 반덤핑협정의 규정에 기초하여 제로잉이 전면금지된다고 판시하였다.
⇨ 제로잉은 금지되나, 협정에 명시적 규정이 존재하는 것은 아니다.

ㅁ. [X] 표본조사는 인정되지 않는다.
⇨ 표본조사는 인정된다.

ㅂ. [O] 반덤핑조치를 원칙적으로 5년을 넘을 수 없으며, 재심을 통해 연장되지 않는 한 원칙적으로 종료된다.
⇨ 반덤핑조치가 연장되는 경우 그 기한에 제한은 없다.

14회 실전동형모의고사

정답 p. 86

01	③	Ⅱ	06	③	Ⅳ	11	④	Ⅱ	16	②	Ⅰ
02	②	Ⅲ	07	②	Ⅵ	12	③	Ⅰ	17	①	Ⅶ
03	④	Ⅴ	08	④	Ⅳ	13	③	Ⅱ	18	④	Ⅰ
04	①	Ⅴ	09	②	Ⅳ	14	③	Ⅰ	19	③	Ⅰ
05	③	Ⅰ	10	③	Ⅴ	15	①	Ⅱ	20	③	Ⅴ

Ⅰ 국제법 총론 / Ⅱ 국가 / Ⅲ 국제기구 / Ⅳ 개인 / Ⅴ 국제법의 규율 대상 / Ⅵ 국제분쟁해결 및 무력사용 / Ⅶ 국제경제법

취약 단원 분석표

단원	맞힌 답의 개수
Ⅰ	/ 6
Ⅱ	/ 4
Ⅲ	/ 1
Ⅳ	/ 3
Ⅴ	/ 4
Ⅵ	/ 1
Ⅶ	/ 1
TOTAL	/ 20

01 국가면제 정답 ③

① [O] 국가면제는 제한면제론에 따라 직무행위도 면제가 제한될 수 있으나, 외교면제는 직무에 관한 것이면 절대적으로 면제된다.

② [O] 유엔국가면제협약(2004)에 의하면 고용계약은 면제가 제한되나, 고용계약의 전부 또는 일부가 법정지국 내에서 이행되었거나 이행될 예정이어야 한다.

❸ [X] 체포영장사건(2004)에서 국제사법재판소는 강행규범위반행위라도 법정지영토 밖에서 발생한 경우 면제를 인정하는 것이 현행관습이라고 보아 이탈리아의 조치는 관습법을 위반한 것이라고 판시하였다.

⇨ 독일-이탈리아 간 국가면제 사건에 관한 내용이다. 체포영장사건은 외무장관의 인적면제 침해에 관한 사건이다.

④ [O] 유엔국가면제협약(2004)에 의하면 피고국이 재판정에 불출정한 것이 면제의 묵시적 포기로 간주되지 않는다.

02 국제연합 정답 ②

① [O] 안전보장이사회에 권고에 기초하여 UN총회에서 출석·투표하는 회원국 2분의 1 다수결에 의해 임명된다.

⇨ 안전보장이사회의 권고 안건은 비절차사항이므로 상임이사국들의 거부권이 적용된다.

❷ [X] UN헌장에 따라 UN사무총장의 임기는 5년이며 재임명될 수 있다.

⇨ 사무총장의 임기는 헌장에 규정되지 않았다. 총회결의에 의해 5년으로 설정되었다.

③ [O] 국제평화와 안전을 위태롭게 하는 사항에 대해 안전보장이사회에 주의를 환기할 수 있으나 UN총회에 대해서는 주의를 환기할 수 없다.

⇨ 안전보장이사회에 대해서만 주의를 환기할 수 있다.

④ [O] UN사무총장은 UN안전보장이사회에 의해 창설된 UN평화유지군을 통할한다.

⇨ UN평화유지군은 총회나 안전보장이사회가 창설하지만 UN사무총장이 통할한다.

03 국제환경법 정답 ④

유해폐기물의 월경 이동 및 처리의 통제에 관한 바젤협약에 대한 설명으로 옳지 않은 것은 ㄷ, ㄹ이다.

ㄱ. [O] 바젤협약과 관련하여 Ban Amendment(1995)를 채택하여 선진국으로부터 개발도상국으로의 유해폐기물 이동을 금지하였다.

⇨ 바젤협약은 폐기물의 국경 간 이동을 '제한'한 반면, 개정에서는 '금지'한 것이다.

ㄴ. [O] 당사국은 남위 60도 이남지역으로의 유해폐기물의 수출을 허가하지 않아야 한다.

⇨ 남극지역으로의 수출허가를 금지한다.

ㄷ. [X] 수출국이 경유국에게 통고한 후 60일 내에 경유국의 회답이 없는 경우 수출국은 월경 이동을 허용할 수 없다.

⇨ 월경 이동을 허용할 수 있다.

ㄹ. [X] 당사국 간 분쟁이 교섭 등에 의해 해결되지 못한 경우 일방적으로 ICJ나 국제중재에 부탁될 수 있다.

⇨ 합의에 기초하여 부탁될 수 있다.

04 국제환경법 정답 ①

❶ [X] 선진국 당사자는 가능하다면 개발도상국 당사자에게 제공될 공적 재원의 예상 수준을 포함하여, 정성적·정량적 관련 정보를 적용 가능한 범위에서 5년마다 통보한다.

⇨ 선진국 당사자는 개발도상국 당사자에게 2년마다 정보를 통보한다.

② [O] 산업화 전 수준 대비 지구 평균 기온 상승을 섭씨 2도보다 현저히 낮은 수준으로 유지하는 것 및 산업화 전 수준 대비 지구 평균 기온 상승을 섭씨 1.5도로 제한하기 위한 노력을 추구하는 것을 통해 기후변화의 위협에 대한 전지구적 대응을 강화하는 것을 목표로 한다.

⇨ 온도 상승 통제의 최소한의 목표치는 섭씨 2도이고, 최대한의 목표치가 섭씨 1.5도이다.

③ [O] 당사자총회는 당사자총회에서 달리 결정하는 경우가 아니면 2023년에 첫 번째 전지구적 이행점검을 실시하고 그 후 5년마다 이를 실시한다.
⇨ 전지구적 이행점검은 각 당사국의 목표치 달성 여부를 평가하는 것이 아니라 모든 회원국의 이행상황을 종합적으로 점검하는 것이다.

④ [O] 당사자는 협정이 자신에 대하여 발효한 날부터 3년 후에는 언제든지 수탁자에게 서면통고를 하여 이 협정에서 탈퇴할 수 있으며, 탈퇴는 수탁자가 탈퇴통고서를 접수한 날부터 1년이 경과한 날 또는 탈퇴통고서에 그보다 더 나중의 날짜가 명시된 경우에는 그 나중의 날짜에 효력이 발생한다.
⇨ 파리협정에는 탈퇴조항이 명시되어 있다. 기후변화협약 탈퇴조항과 같다.

05 국제관습법 정답 ③

국제관습법의 효력에 대한 설명으로 옳은 것은 ㄴ, ㄹ이다.

ㄱ. [X] 국제법상 성문화된 법원이 불문법원보다 우월한 효력을 가지므로, 조약이 국제관습법보다 우월한 효력을 갖는다.
⇨ 국내법과 달리 국제법에서 성문법인 조약과 불문법인 관습은 대등한 지위를 갖는다. 따라서 양법이 상충할 시 원칙적으로 신법우선의 원칙이 적용된다.

ㄴ. [O] 조약과 국제관습법 간의 충돌시 신법우선원칙 등 일반적인 규범충돌 해결방법이 적용될 수 있다.
⇨ 조약과 관습은 상호 대등한 지위를 갖는다.

ㄷ. [X] 일반관습법 규범이 지역관습법 규범보다 우월한 효력을 갖는다.
⇨ 일반관습과 지역관습 역시 대등한 지위에 있으므로 지역관습이 특별법에 해당하지 아니하는 한 신법우선원칙의 지배를 받는다.

ㄹ. [O] 조약과 국제관습법 중에 강행규범에 해당하는 것이 있으면 그 강행규범이 우월한 효력을 갖는다.
⇨ 강행규범이 상위법이다.

06 국제형사재판소 정답 ③

① [X] 국가원수에 의해 범해진 인도에 대한 죄를 처벌할 수 있으나 현직 국가원수의 경우 면제가 인정되므로 면제의 포기 또는 퇴임 이후가 아니면 처벌할 수 없다.
⇨ 현직 국가원수라도 면제가 인정되지 않는다.

② [X] 1948년 제노사이드 방지 및 처벌에 관한 협약 제6조에 기초하여 설치되었다.
⇨ 국제형사재판소(ICC)는 1998년 체결된 로마조약에 기초하여 창설되었다.

❸ [O] 보충성의 원칙이 적용되어 물적 관할 대상범죄에 대한 1차적 처벌은 국내법에 따른다.
⇨ 국내적 처벌 의사나 능력이 없는 경우에만 국제형사재판소(ICC)에서 처벌한다. 이를 보충성원칙이라고 한다.

④ [X] 자연인과 법인을 처벌대상으로 하며 국가는 기소될 수 없다.
⇨ 자연인만을 처벌대상으로 한다. 법인이나 국가는 국제형사재판소(ICC)의 처벌대상이 아니다.

07 무력사용금지원칙 정답 ②

무력사용에 관한 국제법에 대한 설명으로 옳지 않은 것은 ㄱ, ㄴ, ㄹ이다.

ㄱ. [X] 국제연맹규약은 전쟁을 포괄적으로 제한하였다. 재판소의 판결이나 이사회의 보고가 있은 후 6개월 이내에는 전쟁이 제한되었다.
⇨ 3개월간 전쟁이 제한되었다.

ㄴ. [X] 부전조약(켈로그-브리앙조약, 1928)은 최초로 무력사용 자체를 불법화하였다.
⇨ 무력사용이 아니라 전쟁을 불법화하였다.

ㄷ. [O] UN헌장은 무력사용 및 그 위협까지 금지하였다.
⇨ UN헌장은 전쟁을 포함하여 전쟁에 이르지 아니하는 무력사용 및 그 위협도 금지한 것이다.

ㄹ. [X] 2017년 NPT당사국 총회는 핵무기 금지협약을 채택하였다. 핵무기의 개발, 실험, 생산, 저장, 이전, 사용 등을 포괄적으로 금지하고 있으며, 기존 핵보유국은 즉시 핵무기를 작전대상에서 제외시키고 가능한 한 빨리 핵무기를 해체시킬 것을 요구하고 있다.
⇨ UN총회에서 채택된 협약이다.

ㅁ. [O] 국제사법재판소(ICJ)는 권고적 의견(1996)에서 핵무기의 위협이나 사용을 금지하는 관습국제법이나 조약은 존재하지 않으나, 핵무기의 위협이나 사용은 무력분쟁에 적용될 국제법 규칙, 특히 국제인도법상의 원칙에 일반적으로 배치된다고 하였다. 다만, 국가의 생존이 문제되는 극단적 상황하에서 핵무기의 위협 또는 사용이 합법인가 또는 위법인가에 대해 결론을 내릴 수 없다고 판단하였다.
⇨ 국제사법재판소(ICJ)는 자위권 발동시 핵무기를 사용하는 것이 국제법에 위배되는지 결론을 내릴 수 없다고 판단하였다.

08 외교적 보호권 정답 ④

외교보호에 관한 ILC초안(2006)에 대한 설명으로 옳지 않은 것은 ㄷ, ㄹ이다.

ㄱ. [O] 외교적 보호권을 발동할 수 있는 주체는 원칙적으로 피해자의 국적국이다.
⇨ 예외적으로는 난민 인정국, 무국적자의 상주국 등이 외교적 보호권을 발동할 수 있다.

ㄴ. [O] 자연인의 국적 결정에 있어서 '진정한 관련성'에 대해서는 명시적 규정이 없다.
⇨ 노테봄 사건과 다름에 주의한다.

ㄷ. [X] 국적계속의 원칙에 대해서는 추정이 인정되지 않으며, 청구 제기국이 국적계속에 대해 적극적으로 입증해야 한다.
⇨ 국적계속에 대한 추정은 인정된다. 피해시 및 청구 제기시 국적이 동일하면 그 기간 동안 국적이 계속된 것으로 추정된다. 따라서 피제소국(가해국)이 국적이 계속되지 않았다는 점에 대해 반박해야 한다.

ㄹ. [X] 피해자가 외교적 보호권 발동을 거부하는 경우 국적국은 이에 따라야 할 법적 의무가 있다.
⇨ 국적국이 이를 따라야 할 법적 의무는 없다. 다만, 초안은 이 경우 국가가 이를 존중할 것을 권고하고 있다.

09 전시인도법 정답 ②

① [×] 1949년 제네바협약은 육전법규에 관한 조례, 해상에서 군대의 상병자 및 조난자 상태개선 협약, 포로대우협약, 전시 민간인 보호협약으로 구성되어 있다.
⇨ 1949년 제네바협약은 육전법규에 관한 조례가 아닌 군대 상병자 상태개선협약으로 구성되어 있다.

❷ [O] 몽트뢰 지침(2008)에 의하면 민간군사기업 직원은 원칙적으로 국제인도법상 민간인으로서 보호된다.
⇨ 민간군사기업 직원이 용병인지가 문제되나 현재로서는 민간인 대우를 받는다.

③ [×] 2010년 스위스 정부 주도로 작성된 '민간군사기업을 위한 국제행동지침'은 몽트뢰 지침에 법적 구속력을 부여하는 문서로서 민간군사기업의 구체적인 법적 지위를 규정하고 있다.
⇨ 몽트뢰 지침은 법적 구속력이 없다. 민간군사기업의 자발적 준수를 목표로 하는 문서이다.

④ [×] 마르텐스조항은 법규의 부존재를 이유로 하는 비인도적 행위를 방지하여 일반적 허용원칙을 적용하고 있다.
⇨ 마르텐스조항은 일반적 허용원칙의 적용을 배제한다.

10 영토취득 정답 ③

① [O] 국제사법재판소(ICJ)는 서부 사하라 사건(1975)에서 국가단계에까지 이르지는 못했지만 사회·정치조직을 갖춘 종족 또는 민족이 살고 있는 땅은 무주지로 간주되지 않는다고 정의하고 서부 사하라 지역은 무주지가 아니라고 판시하였다.
⇨ 무주지의 정의에 대한 판례이다.

② [O] 자연작용에 의하여 국경하천에서 급격한 전위(轉位)가 발생한 경우에는 원래의 국경선이 그대로 유지된다.
⇨ 급격한 전위(avulsion)의 경우 영토 취득으로 인정되지 않는다. 다만, 점진적 증가(accretion)의 경우에는 영토 취득으로 인정된다.

❸ [×] 리기탄 및 시파단 도서 영유권 분쟁 사건에서 국제사법재판소(ICJ)는 말레이시아의 이전 지배국이었던 영국이 동 도서를 영유하였으며 이러한 영유권이 말레이시아에 승계되었다고 보아 말레이시아의 주권을 승인하였다.
⇨ 국제사법재판소(ICJ)는 영유권 승계의 법리를 배척하였다.

판례 이론 조문

리기탄 및 시파단 도서 영유권 분쟁 사건
말레이시아의 영유권을 긍정하였으나, '영유권 승계'의 법리는 배척하였고, '실효적 지배'의 법리를 인정한 것이다. 말레이시아는 리기탄과 시파단 섬에서의 거북알 채집 규제조치와 두 섬에 건설한 등대를 근거로 제시하였는데, ICJ는 그러한 활동이 실효적 지배에 해당된다고 하였다. 이와 함께 ICJ는 당시 네덜란드와 인도네시아가 말레이시아의 조치에 대해 거의 항의하지 않은 점도 중요하게 고려하였다. 결국 ICJ는 실효적 지배를 근거로 말레이시아의 영유권을 승인하였다.

④ [O] 프레아 비헤아 사원 사건(1962)은 시효에 의한 영토취득을 인정한 대표적 판례이다.
⇨ 착오에 대한 판례이기도 하다. 태국 측이 착오를 원용하였으나 인정되지 않았다.

11 국가의 기본적 권리의무 정답 ④

① [O] 우호관계선언은 국가의 기본적 권리의무로 무력사용금지, 분쟁의 평화적 해결, 내정불간섭, 국제협력의무, 자결권, 주권평등, 신의성실원칙을 규정하였다.

② [O] ICJ는 Gabčikovo-Nagymaros Project에서 조약법협약 제26조에 반영된 신의성실 의무는 당사자들에게 조약을 합리적인 방식으로 그리고 조약의 목적이 실현될 수 있는 방식으로 적용할 의무를 지우고 있다고 하였다.

③ [O] 집단적 자위권은 헌장에서 창설된 권리이나, 국제사법재판소는 이후 관습법으로 성립하였다고 보았다.

❹ [×] ICJ는 침격전술론을 인정하고 있으며 헌장 제51조에 따라 개별적 자위권과 집단적 자위권을 정당화한다고 본다.
⇨ 침격전술론이 집단적 자위까지 정당화하기는 어렵다고 평가된다.

12 국제법의 개념 및 역사 정답 ③

① [×] 푸펜도르프(Pufendorf)는 실정법만이 법적으로 구속력 있는 규칙을 담고 있다고 주장하였다.
⇨ 푸펜도르프(Pufendorf)는 자연법만이 국제법이라고 하였다.

② [×] 바텔(Vattel)은 자국민의 피해를 국가의 피해로 의제한다는 이른바 바텔(Vattel)의 의제를 제시하였으며, 바텔(Vattel)의 의제는 국내구제완료원칙의 이론적 기초를 형성하였다.
⇨ 외교적 보호권의 이론적 기초를 형성하였다.

❸ [O] 의사주의에 의하면 관습법은 묵시적 합의이므로 집요한 불복국가를 인정할 수 있다.
⇨ 의사주의는 관습을 묵시적 합의로 보기 때문에 특정 관습에 동의하지 않는 국가, 즉 집요한 불복국가가 존재할 수 있다고 보는 것이다.

④ [×] 그로티우스(Grotius)는 전쟁은 원칙적으로 정당하지 못하나, 방어전쟁 및 법적 청구권을 집행하기 위한 전쟁만은 예외적으로 정당한 전쟁이라고 보았다.
⇨ 그로티우스(Grotius)는 모든 전쟁은 원칙적으로 금지되고, 예외적으로 불법을 응징하기 위한 전쟁도 포함하여 3가지 전쟁만 정당한 전쟁으로 인정된다고 하였다.

13 국가의 대외기관 정답 ③

① [×] 외교관의 세대를 구성하는 그의 가족은 접수국 국민이라 하더라도 외교특권 및 면제와 유사한 특권과 면제를 향유한다.
⇨ 접수국 국민이 아닌 경우 외교관과 동일한 특권과 면제를 향유한다.

② [×] 공관의 행정 및 기능직원은 민사 및 행정재판관할권으로부터 면제되지 않는다.
⇨ 행정 및 기능직원은 민사 및 행정재판관할권에 있어서 직무행위에 대해서 면제가 인정된다.

❸ [O] 접수국의 국민이나 영주자가 아닌 공관의 노무직원은 직무 중에 행한 행위에 관하여 면제를 향유하며 그들이 취업으로 인해 받는 보수에 대한 부과금이나 조세로부터 면제된다.
⇨ 노무직원에게는 인적 면제가 인정되지 않음에 주의한다.

④ [X] 접수국의 국민이나 영주자인 외교관은 그의 직무수행 중에 행한 공적 행위 및 사적 행위에 대해서만 재판관할권 면제 및 불가침권을 향유한다.
⇨ 접수국의 국민이나 영주자인 경우 직무수행 중에 행한 공적 행위에 대해서만 면제가 인정된다. 사적 행위에 대해서는 면제가 인정되지 않는다.

14 조약법 정답 ③

조약에 대한 설명으로 옳지 않은 것은 ㄴ, ㄹ이다.

ㄱ. [O] 1969년 조약법에 관한 비엔나협약상의 조약 개념에 의하면, 한미행정협정(SOFA) 합의의사록(agreed minutes)은 조약에 해당한다.
⇨ 1969년 조약법에 관한 비엔나협약은 제2조에 따르면 한미행정협정(SOFA) 합의의사록(agreed minutes)은 '그 명칭에 관계없이' '서면형식으로' '국가 간에' 체결되며 또한 '국제법에 의하여 규율되는' '국제적 합의'에 해당하므로 조약이다.

ㄴ. [X] 1969년 조약법에 관한 비엔나협약은 구두에 의한 국가 간 합의에도 적용된다.
⇨ 1969년 조약법에 관한 비엔나협약은 '서면 형식'으로 체결되는 국가 간 합의에 적용되므로 구두에 의한 국가 간 합의에는 적용되지 않는다.

ㄷ. [O] 대통령, 수상, 외무부장관은 직무로 인해 전권위임장을 제시하지 않아도 자국을 대표하는 것으로 간주된다.
⇨ 전권위임장 없이 전체적인 조약체결절차를 진행할 수 있다.

ㄹ. [X] 조약체결시 조약체결권에 관한 국내법규정의 위반이 명백하고 또한 근본적으로 중요한 국내법규칙에 관련되어 있을 경우 해당 조약은 무효이다.
⇨ 국내법규정을 위반하여 체결된 조약은 무효사유로서 '원용'될 수 있으나, 그 자체로 조약이 무효가 되는 것은 아니다. 즉, 상대적 무효사유에 해당한다.

15 국가의 기본적 권리의무 정답 ①

❶ [O] 이스라엘의 조치는 무력사용금지의무 및 민족자결권을 침해한다.
⇨ 이스라엘이 불법점령 중인 팔레스타인 영토에 장벽을 건설한 사건으로서 국제인권규약, 민족자결권 존중의무, 무력사용금지의무 등을 위반하였다고 판시되었다.

② [X] 국제인권규약은 자국 영토 밖에서는 적용되지 않기 때문에 이스라엘은 국제인권규약을 위반하지 않았다.
⇨ 국제인권규약은 영토 밖에서도 적용된다.

③ [X] 이스라엘은 UN총회의 승인하에 권고적 의견을 요청하였으며, 위법성 조각사유로 자위권 및 조난을 제시하였다.
⇨ 총회가 요청한 것이며, 위법성 조각사유로 자위권과 긴급피난을 원용하였다.

④ [X] 이스라엘의 조치는 테러리스트의 공격으로부터 이스라엘 사람들의 생명을 보호하기 위한 조치이므로 조난에 해당할 여지가 있으나, 다른 대체수단의 부존재에 대해 이스라엘이 충분히 증명하지 못하였다.
⇨ 긴급피난에 대한 설명이다.

16 국제법의 연원 정답 ②

① [O] 국제사법재판소(ICJ)규정 제38조는 국제사법재판소(ICJ)의 재판준칙에 대한 규정이나 국제법의 연원을 규정한 것으로 인정되기도 한다.
⇨ 국제법의 연원을 예시한 것으로 본다.

❷ [X] 국가계약은 당사자 간에 구속력을 갖기 때문에 조약법에 관한 비엔나협약(1969)상의 조약으로 인정된다.
⇨ 국가계약이 당사자 간 구속력을 갖는 것은 옳다. 그러나 조약법협약상의 조약은 아니다. 국가 간에 체결된 것이 아니기 때문이다. 국가계약은 국가와 사인 간 체결되는 약정이다.

③ [O] 국제관습법이 성립하기 위해서는 반드시 일반관행과 법적 확신이 모두 존재해야 한다는 것이 국제사법재판소(ICJ)의 태도이다.
⇨ 일반관행과 법적 확신이 모두 필요하다는 것이 국제사법재판소(ICJ)의 일관된 견해이다.

④ [O] 일반관습과 지역적 차원의 조약이 상충하더라도 지역적 차원의 조약이 신법이라면 우선적용될 수 있다.
⇨ 일반관습과 지역적 차원의 조약은 대등하기 때문에 신법우선의 원칙이 적용된다.

17 WTO설립협정 정답 ①

세계무역기구(WTO)에 대한 설명으로 옳은 것은 ㄱ, ㄴ이다.

ㄱ. [O] WTO는 법인격을 가지며, 각 회원국은 WTO에 필요한 특권과 면제를 부여한다.
⇨ WTO의 법인격은 설립협정에 명시되어 있다.

ㄴ. [O] 각 회원국은 WTO설립협정에 부속된 다자간 무역협정상의 의무들을 이행함에 있어 자국의 법과 규칙 및 행정절차들이 이들 협정에 합치하도록 할 법적 의무를 가진다.
⇨ WTO협정이 상위법이므로 국내법을 이에 합치시켜야 한다.

ㄷ. [X] WTO협정에 위반되는 회원국의 국내법은 WTO에 의하여 직접 무효화된다.
⇨ 비자기집행적 조약에 해당하며, WTO협정에 위반되는 회원국의 국내법은 WTO에 의하여 직접 무효화되지 않는다. 위반되는 국내법의 폐지 또는 개정문제는 전적으로 해당 국가의 책임이다.

ㄹ. [X] WTO설립협정에 부속된 복수국간 무역협정(PTA)은 모든 회원국에 대해 구속력을 갖는다.
⇨ 복수국간 무역협정(PTA)은 이를 수락한 회원국에게만 구속력을 갖는다.

18 조약법 정답 ④

조약 유보에 관한 실행지침에 대한 설명으로 옳지 않은 것은 ㄷ, ㄹ이다.

ㄱ. [O] 통보를 받은 후 12개월 내에 어떠한 체약국의 반대도 없으면 유보의 지연 첨부나 기존 유보내용의 확대 또는 수정이 가능하다.
⇨ 지연첨부는 원칙적으로 금지되나 예외적으로 허용되는 것이다.

ㄴ. [O] 유보의 수락은 유보국과 수락국 사이에 조약관계가 성립됨을 의미하며, 일단 유보를 수락하면 이는 철회되거나 수정될 수 없다.
⇨ 유보 수락은 일방적으로 철회할 수 없다.

ㄷ. [X] 허용 불가능한 유보는 무효(null and void)이며 어떠한 법적 효과도 갖지 못하나, 이 같은 유보를 첨부한 국가는 유보를 철회하지 않는 한 당해 조약의 당사자가 될 수 없다.
⇨ 이 같은 유보를 첨부한 국가가 조약의 당사자로 인정될지 여부는 1차적으로 유보 첨부국의 의사에 따르자고 제시했다.

ㄹ. [X] 타국의 해석선언에 침묵한 경우 이는 곧 수락으로 추정되므로, 반대하는 국가는 그 반대의 의사를 명확히 표시해야 한다.
⇨ 타국의 해석선언에 침묵한다고 해서 곧바로 수락으로 추정되지는 않으며, 해석선언에 대한 수락 여부는 모든 관련상황을 고려해 당사국의 행동에 비추어 판단해야 한다.

19 국제법 총론 정답 ③

① [O] 켈젠의 근본규범설은 법단계설과 동의어이며 국제법과 국내법의 관계에 있어서 국제법상위 통일설을 주장한다.

② [O] 제섭은 국제공법과 국제사법을 통칭하여 초국내법 또는 초국경법이라고 하였다.

❸ [X] 14세기 중엽 바르셀로나에서 집적된 콘솔라토 델 마레는 유럽국가들의 교전수칙에 지대한 영향을 주었다.
⇨ 콘솔라토 델 마레는 유럽국가들의 해상법(海商法)에 지대한 영향을 주었다.

④ [O] 초국가법은 Schwarzenberger가 제시한 개념으로서, 국가들이 조약을 체결하여 초국가적 기구를 설립하고 동 기구의 입법이 회원국의 헌법보다 우월한 지위를 가지는 경우 당해 법을 초국가법이라고 한다.

20 국제해양법 정답 ③

① [O] 1945년 트루먼선언이 최초 대륙붕 선언이며, 1958년 대륙붕협약에 최초 입법되었다.
⇨ 배타적 경제수역과 달리 대륙붕은 1958년 제1차 해양법회의에서 제도화되었다.

② [O] 200해리를 초과하는 대륙붕에 대해서는 비생물자원 개발에 대해 기여금을 금전이나 현물로 해저기구에 납부해야 한다.
⇨ 200해리를 초과하는 대륙붕을 전제로 하는 납부의무이다.

❸ [X] 중첩 대륙붕 경계획정 관련 분쟁은 강제절차에서 배제되어 강제조정절차가 적용되나, 영유권 분쟁이 혼재된 혼합분쟁인 경우 강제조정절차로부터도 배제된다.
⇨ '선택적 배제'를 통해 강제절차로부터 배제할 수 있다.

④ [O] 1974년 한국과 일본은 조약을 통해 대한해협에서 대륙붕 경계를 중간선으로 설정하였으며, 1978년 조약을 통해 동중국해 중첩 대륙붕을 공동개발하기로 하였다.
⇨ 한국과 관련된 규범이 출제될 가능성이 있으므로 조약에 따른 규정을 기억해두어야 한다.

15회 실전동형모의고사

정답

p. 92

01	②	Ⅴ	06	①	Ⅱ	11	③	Ⅴ	16	③	Ⅳ
02	①	Ⅱ	07	④	Ⅰ	12	①	Ⅱ	17	①	Ⅶ
03	④	Ⅴ	08	③	Ⅳ	13	④	Ⅲ	18	②	Ⅶ
04	②	Ⅱ	09	②	Ⅵ	14	④	Ⅱ	19	④	Ⅲ
05	①	Ⅳ	10	②	Ⅴ	15	②	Ⅰ	20	①	Ⅶ

Ⅰ 국제법 총론 / Ⅱ 국가 / Ⅲ 국제기구 / Ⅳ 개인 / Ⅴ 국제법의 규율 대상 / Ⅵ 국제분쟁해결 및 무력사용 / Ⅶ 국제경제법

취약 단원 분석표

단원	맞힌 답의 개수
Ⅰ	/ 2
Ⅱ	/ 5
Ⅲ	/ 2
Ⅳ	/ 3
Ⅴ	/ 4
Ⅵ	/ 1
Ⅶ	/ 3
TOTAL	/ 20

01 영역 정답 ②

① [O] 가항하천의 경우 중심수류를 경계선으로 삼는 탈베크원칙이 일반적으로 적용된다.
⇨ 항행이 가능하지 않은 경우 단순한 중간선으로 경계획정한다.

❷ [X] 국제사법재판소(ICJ)는 폰세카 만 사건에서 동 만이 니카라과, 엘살바도르, 온두라스의 공동 주권에 속하는 역사적 수역으로서의 Condominium에 해당하지 않는다고 판시하였다.
⇨ 폰세카 만을 Condominium으로 인정하였다. Condominium은 한 지역이나 주민에 대해 복수의 국가가 동등하게 주권을 행사하는 것을 말한다.

③ [O] effectivites는 정부 권한의 행사로서 권원 취득에 직접 관계되는 주권의 표시 또는 이미 성립된 권원을 확인하기 위한 증거로서의 관할권 행사나 표시를 의미하는데, 부르키나파소와 말리 간 국경분쟁 사건에서 처음 등장하였다.
⇨ effectivites는 정부 권한의 행사로서 권원 취득에 직접 관계되는 주권의 표시 또는 이미 성립된 권원을 확인하기 위한 증거로서의 관할권 행사나 표시를 의미한다. 유효한 권원이 성립되어 있는 경우 effectivites는 권원을 확인시켜주는 역할을 하나, 확립된 권원과 충돌되는 effectivites는 별다른 효력을 가질 수 없다. 아직 권원이 확인되지 않는 경우에는 국가의 실행인 effectivites가 영유권 판단에 있어서 중요한 역할을 한다. 이 개념은 부르키나파소와 말리 간 국경분쟁 사건에서 처음 등장하였다.

④ [O] 국제사법재판소(ICJ)는 2002년 카메룬과 나이지리아 간 육지 및 해양경계획정 사건에서 de Vissher가 제시한 역사적 응고이론(historical consolidation) 개념에 대해 비판적 입장을 밝힌 바 있다.
⇨ 판례 **이론** 조문

역사적 응고이론(historical consolidation)
de Vissher가 주장한 이론이다. 영역주권이 특정한 권원 취득 방식에 의해 획득되기보다는 처음에는 불안정한 상태에서 출발할지라도 장기간의 이용, 합의, 승인, 묵인 등과 같은 다양한 요인들의 상호작용에 의해 역사적으로 서서히 응고되며 확정되어간다는 주장이다. ICJ는 2002년 카메룬과 나이지리아 간 육지 및 해양경계획정 사건에서 이 개념에 대해 비판적 입장을 밝혔다.

02 영사 정답 ①

❶ [X] 외교활동의 수행이 허용되는 영사관원은 외교특권과 면제를 요구할 수 있는 권리를 부여받는다.
⇨ 협약 제17조 제1항에 대한 내용이다.

판례 이론 **조문**

영사관계에 관한 비엔나협약 제17조 제1항 영사는 접수국의 동의를 얻어 외교업무를 수행할 수 있으나, 외교특권과 면제가 적용되는 것은 아니다.

② [O] 명예영사의 경우 공적 활동에 대해서만 특권과 면제가 인정되며, 직무수행에 관하여 증언의무가 없다.
⇨ 협약 제58조에 대한 내용이다.

③ [O] 양국 간 외교관계의 수립에 부여된 동의는 달리 의사를 표시하지 아니하는 한 영사관계의 수립에 대한 동의를 포함한다.
⇨ 협약 제2조 제2항에 대한 내용이다.

④ [O] 영사기관장은 영사인가장 부여 일자에 따라 각 계급 내에서 그 석차가 정하여진다.
⇨ 협약 제16조 제1항에 대한 내용이다.

03 항공범죄 정답 ④

① [X] 2014년 동경협약을 개정하기 위한 의정서에 의하면 항공기 내에서 행하여진 범죄에 대하여 재판관할권을 확립하기 위하여 필요한 조치를 취할 의무가 착륙국에서 등록국과 운영자의 국가에로 확대되었다.
⇨ 등록국에서 착륙국과 운영자의 국가에로 확대되었다.

② [X] 헤이그협약(1970)은 항공기납치로 인하여 초래된 인적·물적 손해에 대해서는 가해자의 국적국이 민사배상책임을 부담해야 한다는 점을 명시하였다.
⇨ 누가 민사배상책임을 질 것인가에 관해서는 규정하지 않았다.

③ [×] 1971년 민간항공의 안전에 대한 불법행위 억제를 위한 몬트리올협약에 의하면 비행 중이란 비행을 위하여 승무원에 의하여 항공기의 비행 전 준비가 시작된 때부터 착륙 후 24시간까지이다.
⇨ '운항 중'에 대한 정의이다.

❹ [O] 북경협약과 북경의정서는 적용대상 범죄들을 정치범죄(political offence)로 간주하지 아니한다고 명시하고 있다.

04 국가책임 정답 ②

① [O] 정권교체에 성공한 반란단체의 행위에 대해서는 신정부로 귀속된다.

❷ [×] 우주손해배상조약, 핵추진 선박운영상 책임에 관한 조약, ILC 위법행위책임초안, 육전법규에 관한 조례는 무과실책임을 규정하였다.
⇨ ILC위법행위책임초안은 무과실책임을 규정하지 않았다.

③ [O] 나울리아 사건(1928에서 포르투갈 기지에 대한 독일의 공격에 대해 독일이 복구조치라고 주장하였으나, 중재재판부는 포르투갈의 위법행위가 없었고, 비례성을 충족하지 못한다고 보았다.

④ [O] ILC가 작성한 위법행위책임초안(2001)에 의하면 손해배상 결정시 피해국이나 피해 사인의 고의나 과실에 의한 피해에 기여한 바를 참작해야 한다.

05 국제형사재판소 정답 ①

❶ [×] 국제형사재판소(ICC) 로마규정은 전쟁범죄, 침략범죄, 마약범죄 및 테러범죄를 관할범죄로 정하고 있다.
⇨ 마약범죄 및 테러범죄는 물적 관할권의 대상이 아니다.

② [O] 국제형사재판소(ICC)는 관할범죄에 대하여 그 행위가 발생한 영역국 또는 그 범죄 혐의자의 국적국이 당사국이거나 국제형사재판소(ICC)의 관할권을 수락하였다면 그 사건에 대하여 관할권을 행사할 수 있다.
⇨ 관할권 행사의 전제조건에 관한 것이다.

③ [O] 국제형사재판소(ICC)는 관할범죄에 대하여 그 범죄 관련 사태가 UN안전보장이사회에 의하여 소추관에게 회부된 경우 그 사건에 대하여 관할권을 행사할 수 있다.
⇨ 제소장치는 당사국, UN안전보장이사회 및 소추관이다.

④ [O] 특정 사건에 대하여 관할권을 갖는 국가가 이를 수사하고 있더라도 그 국가가 진정으로 수사할 의사가 없는 경우에는 국제형사재판소(ICC)는 그 사건에 대하여 재판권을 행사할 수 있다.
⇨ 재판적격성에 대한 지문이다. 특정 사건에 대해 국가가 수사를 하는 경우 원칙적으로 국제형사재판소(ICC)의 재판적격성이 부인된다. 그러나, 기소의사부재 또는 기소능력부재에 해당하는 것으로 인정되는 경우 국제형사재판소(ICC)가 재판할 수 있다.

06 국가관할권 정답 ①

❶ [O] Achile Lauro호 사건에서 미국은 보편주의와 수동적 속인주의에 기초한 관할권을 주장하였다.
⇨ 실제로는 이탈리아가 관할권을 행사하였다.

② [×] 아이히만 사건에서 이스라엘은 보편주의와 수동적 속인주의에 기초하여 아이히만을 처벌하였다.
⇨ 보편주의와 보호주의에 기초하여 아이히만을 처벌하였다.

③ [×] 체포영장 사건에서 국제사법재판소(ICJ)는 벨기에는 보호주의 및 보편주의에 기초하여 관할권을 가진다고 보았으나, 현직 외무장관에 대한 영장 발부는 인적 면제를 침해하여 위법이라고 보았다.
⇨ 보호주의는 체포영장 사건의 쟁점이 되지 않았다.

④ [×] 미국은 Alvarez - Machain 사건에서 피고인이 납치에 의해 재판정에 출정하게 된 경우 적법절차에 위반되므로 재판관할권을 행사할 수 없다고 하였다.
⇨ 미국은 재판관할권을 행사할 수 있다고 하였다.

07 국제법과 국내법의 관계 정답 ④

국제법과 국내법의 관계에 대한 설명으로 옳은 것은 ㄷ, ㄹ이다.

ㄱ. [×] ICJ는 Ahmadou Sadio Diallo 사건(2010)에서 국가의 국내법 해석은 1차적으로 ICJ에 맡겨져 있다고 판시한 바 있다.
⇨ 당해 국가가 자국의 이익 등을 위해 명백히 잘못된 해석을 내리는 경우가 아닌 한, 국내법의 해석은 1차적으로 해당국 법원에 맡겨져 있다고 판시하였다.

ㄴ. [×] 미국 법원은 Breard v. Greene 사건에서 자기집행조약은 연방법률보다 하위의 효력을 갖는다고 하였다.
⇨ 조약과 의회제정법이 충돌된다면 후법 우선 원칙에 따라 국내제정법이 우선한다고 판시하였다.

ㄷ. [O] 영국 법원은 Regina v. Jones(Margaret) and Others 판결(2006)에서 의회 입법에 의해서만 새로운 형사처벌이 가능하다고 판시하여, 국제범죄의 처벌에 관하여는 관습국제법의 자동적 수용이 이루어지지 않는다고 하였다.

ㄹ. [O] ICJ는 Applicability of the Obligation to Arbitrate under Section 21 of the UN Headquarters Agreement of 26 June 1947 권고적 의견(1988)에서 PLO 사무실 문제와 관련하여 UN과 미국 간에는 본부협정 제21조가 예정하고 있는 분쟁이 존재하며, 따라서 이 조약에 따라 미국은 중재재판에 응할 의무가 있다고 판시한 바 있다.
⇨ UN과 미국 간 분쟁이 존재하는지 여부가 쟁점이 된 사건이다. 재판부는 분쟁이 존재한다고 판시하였다.

08 외교적 보호 정답 ③

① [O] 외교보호초안(2006)에 의하면 이중국적자가 제3국에서 피해를 입은 경우 국적국은 모두 개별적 또는 공동으로 외교적 보호권을 발동할 수 있다.

② [O] 외교보호초안(2006)에 의하면 자국에 거주하는 난민이 제3국에서 피해를 입은 경우 난민 자격을 부여하고 해당 난민이 자국에 합법적이고 상시적으로 거주한 경우 제3국에 대해 보호권을 발동할 수 있다.

❸ [X] 외교보호초안(2006)에 의하면 외교보호를 행사하고자 하는 국가의 국적이 가해국에 입국 시에 그리고 공식청구 제기 시에 모두 우세하지(perdominent) 않는 한, 그 국적국가는 타 국적국가를 상대로 외교보호를 행사할 수 없다.
⇨ 침해 시에 그리고 공식청구 제기 시에 모두 우세(perdominent)해야 한다.

④ [O] 외교보호초안(2006)에 의하면 자발적 관련성의 요건은 그것이 존재하지 않는 경우 국내구제를 완료할 필요가 없는 예외의 하나로 언급되고 있으나, 다만 동 규정에서는 자발적 관련성 대신 적절한 관련성이란 다소 객관적인 술어를 사용하고 있으며, 또한 적절한 관련성이 존재해야 하는 시점은 침해 시임을 분명히 하고 있다.

09 국제사법재판소 정답 ②

권고적 관할권에 대한 설명으로 옳은 것은 ㄱ, ㄹ이다.

ㄱ. [O] 국제사법재판소(ICJ)규정 당사국은 국제사법재판소(ICJ)에 권고적 의견을 요청할 권리를 갖지 아니한다.
⇨ '국가'에게는 권고적 의견을 요청할 수 있는 권한이 부여되지 않았다.

ㄴ. [X] 총회와 안전보장이사회는 어떠한 문제에 대해서도 권고적 의견을 줄 것을 국제사법재판소(ICJ)에 요청할 수 있다.
⇨ 총회와 안전보장이사회는 어떠한 '법적' 문제에 대해서도 권고적 의견을 요청할 수 있다.

ㄷ. [X] 총회, 안전보장이사회 이외에도 사무국을 비롯한 3개의 UN기관과 15개 전문기구 및 국제원자력기구(IAEA)가 총회에 의해 권고적 의견을 요청할 자격을 사전적으로 인정받고 있다.
⇨ 사무국은 사전적으로 권고적 의견 요청 권한을 부여받지 못했다.

ㄹ. [O] '전시 또는 기타 무력충돌시 국가에 의한 핵무기 사용의 적법성'에 관하여 국제보건기구(WHO)가 권고적 의견을 요청하자, 국제사법재판소(ICJ)는 제기된 문제는 WHO의 활동범위 내에서 발생하는 것이 아니라고 보아 동 요청을 거절하였다.
⇨ 같은 문제에 대하여 WHO와 총회가 순차적으로 권고적 의견을 요청하였는데, 국제사법재판소(ICJ)는 WHO의 요청에 대해서는 권고적 의견의 제시를 거절하였으나 총회의 요청에 대해서는 권고적 의견을 제시하였다.

10 해양법 정답 ②

영해에 대한 설명으로 옳은 것은 ㄱ, ㄴ, ㅁ이다.

ㄱ. [O] 연안국은 영해의 폭을 기선으로부터 12해리 범위 내에서 설정할 수 있다.
⇨ 영해의 최대 폭이 12해리이다.

ㄴ. [O] 통상기선은 원칙적으로 연안국이 공인한 대축척해도에 표시된 해안의 저조선으로 한다.
⇨ 저조선은 간조시의 해안선을 말한다.

ㄷ. [X] 직선기선은 원칙적으로 24해리를 초과할 수 없다.
⇨ 직선기선 1개의 최대거리에 대한 제한은 없다.

ㄹ. [X] 대향국 간 또는 인접국 간의 영해의 경계획정은 반드시 중간선원칙에 따라야 한다.
⇨ 합의가 우선이고, 합의가 형성되지 않으면 중간선원칙에 따른다.

ㅁ. [O] 연안국은 기선을 결정함에 있어서 통상기선과 직선기선을 혼합하여 사용할 수 있다.
⇨ 우리나라의 경우 동해안은 대체로 통상기선, 남해안과 서해안은 직선기선을 설정하고 있다.

11 우주법 정답 ③

① [X] 우주 물체가 지구 궤도 또는 그 이원에 발사되었을 때, 발사국은 유지하여야 하는 적절한 등록부에 등재하여 우주 물체를 등록해야 하고, 각 발사국은 동 등록의 확정을 외기권 평화적 이용 위원회에 통보해야 한다.
⇨ 각 발사국은 동 등록의 확정을 UN사무총장에게 통보해야 한다.

② [X] 등록의 내용 및 그것이 유지되는 조건은 UN사무총장에 의하여 결정되어야 한다.
⇨ 등록의 내용 및 그것이 유지되는 조건은 관련 등록국에 의하여 결정되어야 한다.

❸ [O] 등록국은 때때로 등록이 행해진 우주 물체에 관련된 추가 정보를 국제연합 사무총장에게 제공할 수 있다.
⇨ 추가 정보 제공은 재량으로 규정되어 있다.

④ [X] 협약의 어느 당사국도 발효 후 1년이 경과할 시에는 UN사무총장에 대한 서면 통지로서 협약에의 탈퇴를 통고할 수 있으며 그러한 탈퇴는 이 통고의 수령일로부터 6개월이 경과했을 시 효력이 있다.
⇨ 탈퇴는 이 통고의 수령일로부터 1년이 경과했을 시 효력이 있다.

12 승인 정답 ①

❶ [O] 티노코 중재 사건(1923)에 의하면 쿠데타로 집권한 정부를 승인하지 않은 국가라도 당해 정부 조치의 효력을 부인할 수 없다.
⇨ 정부승인과 성립에 있어서 '사실주의' 또는 '선언적 효력설'을 적용하였다.

② [X] 아란짜주 멘디호 사건(1939) 판결에서 영국 법원은 스페인 1개의 국가에 2개의 정부가 존재할 수는 없다고 하였다.
⇨ 일시적으로 2개의 정부가 존재할 수 있다고 판시하였다.

③ [×] 루터 대 사고르 사건(1921)은 영국이 미승인국의 국내법적 지위에 있어서 선언적 효력설을 채택하고 있음을 보여준다.
⇨ 창설적 효력설을 적용하였다.

④ [×] 우리나라는 미승인국의 국내법적 지위에 있어서 창설적 효력설을 견지하고 있다.
⇨ 일관된 입장은 없으나, 미승인국인 소련 법령의 효력을 인정한 판례도 있다.

13 국제연합 정답 ④

① [O] 신회원국의 UN가입의 승인은 중요문제로서 그 문제에 대한 총회의 결정은 출석하여 투표하는 회원국의 3분의 2의 다수결로 한다.
⇨ 가입은 안전보장이사회의 권고에 기초하여 총회가 의결한다.

② [O] 사무국은 UN의 주요기관으로서 1인의 사무총장과 UN이 필요로 하는 직원으로 구성하고, 사무총장은 안전보장이사회의 권고로 총회가 임명한다.
⇨ 사무총장 임명에 있어서 안전보장이사회의 권고는 비절차사항이며, 총회는 기타문제로 분류된다.

③ [O] 총회에 의하여 그러한 권한이 부여될 수 있는 UN의 전문기구는 그 활동범위 안에서 발생하는 법적 문제에 대하여 국제사법재판소(ICJ)의 권고적 의견을 요청할 수 있다.
⇨ 총회나 안전보장이사회는 모든 법적 문제에 대해 권고적 의견을 요청할 수 있다.

❹ [×] 회원국은 타회원국들 간의 분쟁에 대해서는 안전보장이사회의 주의를 환기할 수 없다.
⇨ 회원국은 자국이 분쟁당사자가 아닌 분쟁에 대해서도 안전보장이사회에 주의를 환기할 수 있다.

14 국가면제 정답 ④

① [O] 국가면제는 주권평등원칙에 기초하고 있다.
⇨ 국가면제는 대등한 자 상호간에 지배권을 행사할 수 없다는 원리에 기반한 것이다.

② [O] 국가대표의 자격으로 행동하는 자도 국가면제의 목적상 국가로 간주된다.
⇨ 국가대표의 자격으로 행동하는 국가기관도 면제를 향유한다.

③ [O] 상업적 거래는 국가면제가 제한되나, 국가 간 상업적 거래가 이루어지는 경우에는 국가면제를 원용할 수 있다.
⇨ 2004년 국가 및 재산에 대한 면제에 대한 UN협약 제10조에 의하면 상업적 거래는 원칙적으로 국가면제의 대상이 아니나, 국가 간 상업적 거래는 예외적 국가면제의 대상으로 규정하고 있다.

❹ [×] 국가면제는 법정지국의 입법관할권의 면제까지 포함하고 있다.
⇨ 입법관할권의 면제란 '법정지국 국내법 자체'로부터의 면제 또는 '법정지국의 실체법'으로부터의 면제를 의미한다. 이는 국가에 대해서는 법정지국의 국내법 자체가 적용되지 않는다는 의미로서 현행 국제법과 배치되는 진술이다. 국가면제란 법정지국의 재판관할권 또는 강제집행권 등 '집행관할권'으로부터의 면제를 의미하는 것이다.

15 강행규범 정답 ②

국제법상 강행규범에 대한 설명으로 옳은 것은 ㄱ, ㄷ이다.

ㄱ. [O] 국제법위원회(ILC)는 민족자결권의 보호를 위해 본질적으로 중요한 의무에 대한 중대한 위반은 국제범죄에 해당된다고 한 바 있다.
⇨ 잠정초안의 규정이다.

ㄴ. [×] 국제사법재판소(ICJ)는 Al Adsani 사건에서 고문금지가 강행규범에 해당된다고 하였다.
⇨ Al Adsani 사건은 유럽인권법원의 판례이다.

ㄷ. [O] 의사주의자들은 강행규범의 대세효는 부정하나 집요한 불복국가는 인정한다.
⇨ 대세효는 조약의 경우 당사자가 아닌 제3국에 대한 효력을 의미하며, 의사주의는 부정한다. 또한 의사주의는 집요한 불복국가의 경우 강행규범인 관습으로부터도 이탈할 수 있다고 본다.

ㄹ. [×] 국가책임초안(2001)에 의하면 강행규범 위반시 피해국 이외의 국가도 국가책임을 원용할 수 있다.
⇨ 대세적 의무 위반을 전제로 한다. 강행규범과 대세적 의무가 같다고 단정할 수 없으므로 옳지 않다.

16 국제인권법 정답 ③

국제법상 인권보호에 대한 설명으로 옳지 않은 것은 ㄴ, ㄹ이다.

ㄱ. [O] 2002년 채택된 고문방지협약 선택의정서는 고문 등의 발생을 방지하기 위해 구금장소를 정기적으로 방문하는 제도적 장치를 마련함을 목적으로 하고 있으며, 당사국은 국내에서 관련 기관을 수립해야 한다.
⇨ 사실심사절차라고 한다.

ㄴ. [×] 2011년 아동의 권리에 관한 협약에 관해 개인통보절차를 인정하는 선택의정서가 채택되었는데 아동이라는 특성을 고려하여 아동의 보호자가 조사를 요청하는 경우에만 아동권리위원회가 심각하고 체계적인 아동권리의 침해에 관한 조사하고 해당국에 권고안을 제시하는 제도를 마련하고 있다.
⇨ 아동권리위원회가 심각하고 체계적인 아동권리의 침해에 관한 정보를 입수한 경우 상황을 직권으로 조사하고 해당국에 권고안을 제시하는 제도를 마련하고 있다.

ㄷ. [O] 난민지위협약에 의하면 난민은 인종·종교·국적·특정 사회집단에의 소속·정치적 의견을 이유로 그의 생명이나 자유가 위협받을 우려가 있는 영역으로 추방되거나 송환되어서는 아니 되는데, 이때 금지되는 송환이란 국경에서의 입국거부를 포함해 결과적으로 난민을 생명 등이 위협받을 지역으로 보내는 결과를 가져오는 여러 간접적인 송환도 포함된다.
⇨ 강제송환금지원칙에 대한 규정이다.

ㄹ. [×] Human Rights Committee는 Broeks v. Netherlands에서 실업수당은 사회경제적 권리이므로 시민적 및 정치적 권리에 관한 국제규약 제26조가 적용되지 않는다고 하였다.
⇨ 실업수당은 사회경제적 권리의 일종이나 시민적 및 정치적 권리에 관한 국제규약 제26조 법 앞의 평등조항의 위반이 성립될 수 있다고 보았다.

17 DSU 정답 ①

WTO분쟁해결절차에 대한 설명으로 옳은 것은 ㄱ, ㄴ이다.

ㄱ. [O] 대상협정의 해석 및 적용에 따른 모든 분쟁에 회원국들이 반드시 분쟁해결양해(DSU)상의 절차와 규칙을 원용하고 준수하도록 의무화하였다.
⇨ WTO회원국들은 협정 관련 분쟁을 분쟁해결양해(DSU)를 통해서만 해결해야 한다.

ㄴ. [O] 패널절차의 각 단계별로 엄격한 시한을 설정하여 분쟁해결절차의 신속성 및 효율성을 확보하였다.
⇨ 패널절차의 경우 원칙적으로 패널설치일로부터 6개월 이내에 보고서를 제출해야 한다.

ㄷ. [X] 분쟁해결창구가 일원화되지 못하여 이른바 Forum Shopping 문제가 야기될 수 있다.
⇨ 이는 동경 라운드 이후 9개의 부속협정이 마련되고 각 협정별로 독자적인 분쟁해결절차를 갖고 있던 GATT체제의 문제점이었다. Forum Shopping이란 원고국이 소송을 제기하는 데에 있어서 자국에게 유리한 분쟁해결절차를 선택하는 것이다.

ㄹ. [X] 위반제소의 경우 소위 '일응추정원칙'이 적용되므로 제소국은 피제소국의 협정 위반 및 무효화 또는 침해만 입증하면 인과관계는 별도로 입증할 필요가 없다.
⇨ 위반만 입증하면 무효화 또는 침해와 인과관계는 존재한다고 추정된다.

ㅁ. [X] 분쟁해결기구(DSB)는 직권으로 분쟁을 심사할 수 있다.
⇨ 직권으로 분쟁을 심사할 수 없다.

ㅂ. [X] 패널은 사실관계를 조사할 수 있으나, 상소기구는 사실관계를 조사할 수 없고 패널 판정에 대한 파기환송권만 가진다.
⇨ 상소기구는 패널 판정에 대한 파기환송권을 가지지 않는다.

18 농업협정 정답 ②

WTO농업협정에 대한 설명으로 옳은 것은 ㄱ, ㅂ이다.

ㄱ. [O] 농업보조는 감축대상보조와 허용대상보조로 나누어지며 수출보조금은 감축대상이다.
⇨ 국내보조의 경우 허용보조가 열거되어 있고, 나머지는 감축대상보조이다. 수출보조금은 금지대상이 아니며, 6가지 열거된 수출보조금에 대한 감축의무가 부과되어 있다.

ㄴ. [X] 시장접근의 예외로서 특별세이프가드조치를 발동할 수 있는데 관세인상만 가능하며 수입량이 기초발동수준 이상으로 증가한 경우에 한해 발동할 수 있다.
⇨ 수입상품의 가격이 기초발동수준 미만으로 떨어진 경우에도 발동할 수 있다. 다만, SSG는 현재 관련규정이 종료되어 더 이상 발동할 수 없다.

ㄷ. [X] 공정하고 시장지향적인 농산물무역체제를 확립하기 위해 수량제한조치 이외의 모든 장벽을 폐지하기로 합의하였다.
⇨ 수량제한조치를 취할 수 없다.

ㄹ. [X] 기준년도 특정 품목의 수입량의 국내소비량의 3% 이상인 경우, 기준년도 평균 수입량을 차액관세로 1995년부터 6년 동안 수입해야 한다.
⇨ 현행관세로 수입해야 한다(현행시장접근).

ㅁ. [X] 우리나라는 당초 현행시장접근의 예외를 인정받았으나 2014년 관세화로 전환하였다.
⇨ 최소시장접근의 예외를 인정받았다.

ㅂ. [O] 무역왜곡적 효과나 생산에 미치는 효과가 없거나 보조가 있더라도 미미한 경우 국내보조는 감축대상이 되지 않는다.
⇨ 국내보조 중에서 허용보조에 대한 설명이다.

19 국제연합 정답 ④

① [O] 남아공에 대해 1974년 총회는 남아공 대표에게 신임장을 거부하여 그해 남아공 대표는 총회에 참석할 수 없었다.

② [O] 현재 교황청과 팔레스타인이 상주 옵저버국 지위를 인정받고 있다.
⇨ 국가대표의 자격으로 행동하는 국가기관도 면제를 향유한다.

③ [O] 통일아랍공화국은 추후 이집트와 시리아로 재분열되었으나 통합 이전 과거 회원국 지위가 인정되어 별도로 가입하지 않았다.

❹ [X] UN헌장에 의하면 총회에서 모든 경우에 반드시 투표가 요구되는 것은 아니며, 안건에 따라서는 투표 없이 갈채나 컨센서스의 방식으로 채택되기도 한다.
⇨ UN헌장에 갈채나 컨센서스 규정은 존재하지 않는다.

20 세이프가드협정 정답 ①

❶ [O] 세이프가드조치는 경감성원칙이 적용되어, 세이프가드조치 기간이 3년을 초과하면 동 조치를 적용하는 국가는 중간에 상황을 재검토하여 조치를 철회하거나 자유화 속도를 증가하여야 한다.
⇨ 세이프가드는 자유무역을 제한하는 조치이므로 경감성원칙이 규정되어 있다.

② [X] WTO농업협정과 WTO세이프가드협정이 상충하는 경우 신법우선의 원칙이 적용된다.
⇨ 양 협정은 상충되지 않는다. 농업 분야의 경우 농업협정만 배타적으로 적용된다.

③ [X] 세이프가드조치는 GATT의 경우 국내법에 의해 취해졌으나, WTO체제에서 최초로 세이프가드협정이 채택되어 국제법상의 조치가 되었다.
⇨ GATT1947 제19조에 세이프가드조치를 취할 수 있는 근거가 있었다.

④ [X] 세이프가드조치를 발동하기 위해서는 이해관계인의 청원이 있어야 하며 직권으로 조사할 수 없다.
⇨ 직권으로 조사할 수 있다.

16회 실전동형모의고사

정답

p. 98

01	①	Ⅴ	06	③	Ⅵ	11	④	Ⅰ	16	①	Ⅳ
02	②	Ⅱ	07	①	Ⅱ	12	③	Ⅱ	17	①	Ⅳ
03	②	Ⅴ	08	②	Ⅱ	13	③	Ⅱ	18	④	Ⅶ
04	②	Ⅱ	09	③	Ⅴ	14	③	Ⅰ	19	②	Ⅶ
05	②	Ⅳ	10	②	Ⅵ	15	①	Ⅱ	20	④	Ⅶ

Ⅰ 국제법 총론 / Ⅱ 국가 / Ⅲ 국제기구 / Ⅳ 개인 / Ⅴ 국제법의 규율 대상 / Ⅵ 국제분쟁해결 및 무력사용 / Ⅶ 국제경제법

취약 단원 분석표

단원	맞힌 답의 개수
Ⅰ	/ 2
Ⅱ	/ 7
Ⅲ	/
Ⅳ	/ 3
Ⅴ	/ 3
Ⅵ	/ 2
Ⅶ	/ 3
TOTAL	/ 20

01 우주법 정답 ①

우주물체에 의하여 발생한 손해에 대한 국제책임에 관한 협약에 대한 설명으로 옳은 것은 ㄱ, ㄴ이다.

ㄱ. [O] 발사국이라 함은 우주 물체를 발사하거나 또는 우주 물체의 발사를 야기하는 국가, 우주 물체가 발사되는 지역 또는 시설의 소속국을 의미한다.

ㄴ. [O] 협약의 규정은 발사국의 우주 물체에 의해 발사기 또는 발사기 이후 어느 시기로부터 하강할 때까지의 단계에서 그 우주 물체의 작동에 참여하는 동안 또는 발사국의 초청을 받아 발사 또는 회수 예정 지역의 인접지에 있는 동안의 외국인에 대한 손해에는 적용되지 않는다.

ㄷ. [X] 손해를 입은 국민의 국적국이 보상을 청구하지 않는 경우 UN 사무총장이 손해에 대하여 발사국에 보상을 청구할 수 있다.

⇨ 손해를 입은 국민의 국적국이 보상을 청구하지 않는 경우 타국가는 어느 자연인 또는 법인이 자국의 영역 내에서 입은 손해에 대하여 발사국에 보상을 청구할 수 있다.

ㄹ. [X] 청구국과 보상 지불국이 다른 보상 방식에 합의하지 못할 경우, 보상은 지불국의 통화로 지불되며 만일 청구국이 요구하면 청구국의 통화로 지불된다.

⇨ 보상은 청구국의 통화로 지불되며 만일 청구국이 요구하면 보상 지불국의 통화로 지불된다.

02 자위권 정답 ②

자위권에 대한 설명으로 옳지 않은 것은 ㄴ, ㄷ이다.

ㄱ. [O] 콩고 영토무력분쟁 사건에서 국제사법재판소(ICJ)는 우간다의 콩고에 대한 무력공격이 자위권에 의해 정당화될 수 없다고 하였다.

⇨ 자위권이 인정되지 않은 이유는 다음과 같다. 첫째, 콩고 내 우간다 대사관에 대한 공격은 무력공격으로 볼 수 없다. 둘째, 무력공격이라고 해도 콩고가 공격한 것인지 명확하게 입증되지 않았다. 셋째, 우간다가 콩고 마을을 점령하고 약탈한 것은 '비례성'원칙을 위반한 것이다.

ㄴ. [X] UN헌장 제51조는 자위권 행사의 요건으로서 필요성과 비례성을 규정하고 있다.

⇨ 필요성과 비례성은 '국제관습법상' 자위권의 요건이다.

ㄷ. [X] 예방적 자위권을 부정하는 입장은 UN헌장 채택 전에도 예방적 자위권이 부정되었으며 UN헌장 체제에서도 여전히 예방적 자위권은 부정된다고 본다.

⇨ 예방적 자위권 부정설도 UN헌장 채택 이전에는 예방적 자위권이 인정되었다고 본다. 그러나, UN헌장 제51조에 의해 UN헌장 체제에서는 예방적 자위권이 부정된다고 보는 것이다.

ㄹ. [O] UN헌장 제51조는 개별적 자위권뿐만 아니라 집단적 자위권 역시 국가의 고유한 권리로서 인정하고 있다.

⇨ 집단적 자위권은 UN헌장에서 처음 도입된 것이나, 현행법상으로는 관습법에 해당한다.

ㅁ. [O] 국제사법재판소(ICJ)는 니카라과 사건(1986)에서 피침략국의 명시적이고 공식적인 요청이 없다면 집단적 자위권의 행사가 가능하지 않다고 하였다.

⇨ 판례에 의하면 요청은 사전적으로 또는 사후적으로 가능하다.

03 해양법 정답 ②

① [O] UN해양법협약(1982)상 만으로 인정되기 위해서는 만을 둘러싼 육지가 동일국에 속하고, 만구의 폭이 24해리를 초과하지 않아야 하며, 만입은 만구를 직경으로 한 반원의 면적 이상이어야 한다.

❷ [X] 미국 뉴저지 항구 내의 벨기에 기선 안에서 한 벨기에인이 동료 벨기에 승무원을 살해한 것과 관련한 Mali v. Keeper of the Common Jail 사건에서 벨기에 영사는 벨기에가 재판관할권을 갖는다고 주장하자 미국은 이를 국제관습으로 보고 인정하였다.

⇨ 벨기에 영사는 벨기에가 재판관할권을 갖는다고 주장하였으나 수락되지 않았다.

③ [O] Chung Chi Cheung v. The King(1939) 사건에서 영국 추밀원은 외국의 국가선박이 내수에 합법적으로 존재하는 경우 연안국의 재판관할권으로부터 면제된다는 점을 인정했으나 정부선박이 기국 영토의 일부로 대우받을 권리, 즉 치외법권을 향유하는 것은 아니라고 판시하였다.

④ [O] 1982년의 UN해양법 제10조 제6항은 영해와 접속수역에 관한 협약 제7조 제6항의 규정을 그대로 답습하여 역사적 만에 대하여 직선기선제도가 적용되지 않는다고 규정하였다.

04 국가면제 정답 ②

① [×] Al-Adsani 사건에서 영국은 불법행위가 영국 밖에서 발생했음을 이유로 아자니(Adsani)의 청구를 각하하였으며, 유럽인권법원은 이러한 영국의 조치가 아자니(Adsani)의 유럽인권협약상 재판청구권을 침해한 것이라고 판시하였다.
⇨ 영국이 관습법에 따라 판단한 것이므로 재판청구권을 침해한 것은 아니라고 하였다.

❷ [O] 미국의 외국주권면제법은 국가테러 예외를 규정하고 있는데 국가테러가 미국 영토 밖에서 발생하였어도 일정한 조건하에 면제를 제한한다.
⇨ 최근의 오토 웜비어 사건에 국가테러 예외가 적용되었다.

③ [×] 이탈리아는 Ferrini 사건에서 면제의 묵시적 포기이론을 적용하였으나, 독일과의 국제사법재판소 소송 이후 강행규범위반에 해당하는 경우에 한해 법정지영토 밖에서 발생한 불법행위에 대해 면제를 제한하는 것으로 입장을 변경하였다.
⇨ 면제의 묵시적 포기이론이 강행규범 위반에 대해서는 면제의 묵시적 포기로 간주하여 면제를 제한하자는 것이다.

④ [×] 영국 국가면제법은 상업적 거래 여부를 판단함에 있어서 거래의 성질을 일차적으로 고려하나 보충적으로 목적을 고려한다.
⇨ 목적은 고려하지 않는다.

05 범죄인인도 정답 ②

① [O] 국제관행에 의하면 인도 청구 경합 시 상이한 범죄로 청구한 경우 중한 범죄로 청구한 측에 인도한다.

❷ [×] 유럽범죄인인도협약(1957)은 자국민 여부 결정에 있어서 범죄 행위시로 규정하고 있다.
⇨ 자국민 여부 결정에 있어서 인도에 관한 결정의 시로 규정하고 있다.

③ [O] 범죄특정성 원칙에 따라 청구국은 인도청구한 범죄에 대해서만 처벌해야 하고, 그보다 중한 범죄나, 경한 범죄로 처벌할 수 없는 것이 원칙이나, 인도 후 새로이 범한 범죄에 대해서는 피청구국의 동의와 무관하게 처벌할 수 있다.

④ [O] 우리나라의 경우 법원의 인도허가 결정이 내려져도 대한민국의 이익보호를 위하여 인도가 특히 부적절하다고 인정되는 경우 법무부장관은 인도를 하지 않을 수 있다.

06 국제분쟁해결제도 정답 ③

① [O] 국제사법재판소(ICJ)는 엘살바도르와 온두라스 간 국경분쟁사건(폰세카만 사건, 1990)에서 니카라과에게 소송참가를 처음으로 허용했다.
⇨ 자발적 참가 및 비당사자참가가 인정된 사례이다.

② [O] 국제사법재판소(ICJ)는 니카라과와 콜롬비아 간 사건(2011)에서 국제사법재판소규정 제62조상의 소송참가를 비당사자참가와 당사자참가로 대별하고 비당사자 참가국은 소송당사국으로서의 권리의무를 갖지 못하며 판결도 참가국에게 구속력을 갖지 않는다고 하였다.
⇨ 반면, 당사자참가의 경우 관할권적 관련성이 있어야 하고, 판결에 구속된다.

❸ [×] 국제사법재판소(ICJ)는 소송당사국들이 반대하거나, 당사국과 참가요청국 간 재판관할권이 성립하지 않아도 당사자 소송참가를 허용할 수 있다고 본다.
⇨ 당사자참가를 위해서는 반드시 재판관할권의 기초가 있어야 한다.

④ [O] 남극해 포경 사건에서 뉴질랜드는 제63조에 따른 소송참가권을 행사하였고 국제사법재판소(ICJ)는 이를 허용하였다.
⇨ 제63조는 해석적 참가를 규정하고 있다. 다자조약의 당사국이 권리로서 참가하는 제도이다.

07 외교관계협약 정답 ①

❶ [×] 테헤란 주재 미 외교관 인질 사건(1980)에서 국제사법재판소(ICJ)는 미국의 과거 불법행위로 인하여 인질사태가 초래되었더라도 외교관계에 관한 비엔나협약상 이란의 유일한 합법적 대응수단은 기피인물로 선언하여 퇴거를 요청하는 것밖에 없으므로 이란 정부의 미국 외교관 불법억류는 정당화될 수 없다고 하여 동 협약이 자기완비적 체제임을 부인하였다.
⇨ 테헤란 주재 미 외교관 인질 사건(1980)은 외교관계에 관한 비엔나협약이 자기완비적 체제임을 인정한 판결이다.

② [O] 1954년 외교적 비호에 관한 미주협약은 외교적 비호권을 인정하고 공관의 파견국이 범인의 정치적 성격을 결정할 권리가 있다고 규정하고 있다.
⇨ 조약을 통해 외교적 비호권이 인정될 수 있다.

③ [O] 외교행낭도 외부에 표시가 없으면 외교관의 개인수하물로 취급되어 외교관 입회하에 개봉할 수 있다.
⇨ 외교행낭은 외부적 표시가 있어야 절대적 불가침권을 향유한다.

④ [O] 공관에 대한 일체의 조세나 부과금은 면제되나 전기요금이나 수도요금과 같이 접수국이 제공한 특별한 역무에 대한 급부는 면제되지 않는다.
⇨ 전기요금 등은 면제되지 않음에 주의한다.

08 국가책임 정답 ②

① [O] 국제위법행위가 발생하면 당사국은 발생한 피해에 대하여 완전한 배상의무를 지며 이때의 피해는 물질적 손해 또는 정신적 손해 모두를 포함하는 것이다.
⇨ 정신적 손해도 포함된다는 점에 주의해야 한다.

❷ [X] 원상회복(restitution)은 가장 기본적인 배상유형으로 원상회복이 법적으로 어려운 경우 금전배상이나 만족 등 다른 방식을 통해 국가책임을 해제한다.
⇨ 원상회복(restitution)의 의무는 가장 기본적이지만 무제한적이지는 않다. 원상회복이 실질적으로 불가능한 경우에는 다른 방식으로 국가책임을 해제한다. 다만 원상회복이 단지 법적으로 어렵다거나 특별한 노력이 필요한 경우에는 실질적 불가능에 해당하지 않는다.

③ [O] 금전배상(compensation)의 경우 1872년 알라바마호 사건에서 간접손해에 대한 배상의무가 국제법상 처음 문제되었고 오늘날 간접손해 역시 금전배상의 범위에 포함된다.
⇨ 당시 영국은 중립법을 위반하여 군함을 남북전쟁을 수행하던 남군 측에 판매했고, 이로 인해 북군이 피해를 입었다. 이와 같은 경우를 간접손해라고 한다.

④ [O] 유감의 표시, 공식적인 사과 등 적절한 방식의 만족(satisfaction)을 제공하여 국가책임을 해제할 수 있으며 책임자에 대한 처벌도 만족의 방식 중 하나가 될 수 있다.
⇨ 만족(satisfaction)의 방식으로는 위반사실의 인정, 유감의 표시, 공식적인 사과 또는 기타 적절한 방식을 취할 수 있다. 기타 적절한 방식으로는 책임자에 대한 처벌, 재판소에 의한 행위의 위법성 판정, 비금전적 피해에 대한 상징적 손해배상 및 재발방지 약속과 같은 방법이 활용될 수 있다.

09 해양법 정답 ③

① [X] 니카라과와 코스타리카는 1858년 국경선 획정조약을 체결함에 있어서 산 후안 강에 탈베크원칙을 적용하여 가항수로의 중간선으로 국경을 획정하였다.
⇨ 탈베크원칙이 적용되지 않았다. 강의 대부분을 니카라과 측 영역으로 포함시키는 방향으로 국경선을 획정하였다.

② [X] 국제하천에서는 관습법상 연안국들의 항행의 자유가 인정되는 것이 원칙이다.
⇨ 국제하천은 내수에 해당되므로 자유항행이 인정되지 않는다. 다만, 유역국들이 조약을 체결하여 자유항행권을 주고, 이와 함께 제3자효를 인정하기도 한다.

❸ [O] 장기간 지속이 예상되는 조약의 경우 조약체결 당시 의미가 변천될 수 있으며, 당사국이 당초 이를 인지하고 있었다면 추후 변화된 의미로 해석될 수 있다.
⇨ 진화적 해석을 인정한 것이다.

④ [X] 국가는 국제하천의 이용에 있어서 자국 측 하천의 배타적 이용을 갖기 때문에 타국의 이익을 침해하는 문제가 있다고 하더라도 사전통고의무는 없다.
⇨ 사전통고해야 하는 의무가 있다.

10 국제사법재판소 정답 ②

선택조항에 대한 설명으로 옳지 않은 것은 ㄱ, ㄷ, ㄹ이다.

ㄱ. [X] 선택조항은 국제사법재판소(ICJ)규정에서 처음으로 도입되었다.
⇨ 선택조항은 상설국제사법재판소(PCIJ)규정에서 처음으로 도입되었다.

ㄴ. [O] 선택조항을 수락할 수 있는 주체는 UN가입국과 국제사법재판소(ICJ)규정당사국에 한정된다.
⇨ 국제사법재판소(ICJ)비당사국은 선택조항을 수락할 수 없다.

ㄷ. [X] 선택조항 수락시 국제사법재판소(ICJ)규정 제36조 제2항에 따라 유보를 부가할 수 있다.
⇨ 유보규정이 없다.

ㄹ. [X] 선택조항 수락선언의 승계 여부는 국제사법재판소(ICJ)규정에 명시되지 않았으나, 국제사법재판소(ICJ)는 니카라과 사건에서 그 승계가 인정된다고 판시하였다.
⇨ 선택조항 수락선언의 승계 여부는 국제사법재판소(ICJ)규정 제36조 제5항에 명시되어 있다.

11 대세적 의무 정답 ④

① [X] 모든 강행규범이 대세적 의무에 해당하는 것은 아니다.
⇨ 모든 강행규범은 대세적 의무에 해당한다. 그러나, 모든 대세적 의무가 강행규범에 해당하지는 않는다.

② [X] 국제법위원회(ILC) 최종초안(2001)에 의하면 대세적 의무 위반국에 대해 피해국은 손해배상을 청구할 수 있으나 대항조치는 취할 수 없다.
⇨ 피해국이므로 대항조치도 취할 수 있다.

③ [X] 국제사법재판소(ICJ)는 외교적 보호의 범주 내에서 한 국가와 다른 한 국가의 관계에서 발생하는 의무와 본질적으로 구분되는 국제공동체 전체에 대한 의무가 존재함을 확인하고 이러한 의무를 대세적 의무라고 하였다. 국제사법재판소(ICJ)는 침략금지의무, 집단살해금지의무, 인권보장의무를 열거적으로 제시하였다.
⇨ 이는 대세적 의무를 예시적으로 제시한 것이다.

❹ [O] 대세적 의무를 위반하는 경우 국제공동체의 다른 모든 국가가 반드시 피해국이 되는 것은 아니다.
⇨ 대세적 의무의 성질에 따라 다른 모든 국가가 피해국이 되는 경우도 있고 일부는 피해국, 나머지는 비피해국이 되는 경우도 있다.

12 국가의 대외기관 정답 ③

영사관계에 관한 비엔나협약(1963)에 대한 설명으로 옳지 않은 것은 ㄴ, ㄹ이다.

ㄱ. [O] 접수국과 파견국 간의 외교관계의 수립에 부여된 동의는 달리 의사를 표시하지 아니하는 한 영사관계의 수립에 대한 동의를 포함한다.
⇨ 외교관계를 수립하는 경우 별도의 의사표시가 없어도 영사관계를 수립할 수 있다.

ㄴ. [×] 영사기관의 소재지, 그 등급 및 영사관할구역은 파견국에 의해 결정된다.
⇨ 파견국에 의해 결정되며 또한 접수국의 승인을 받아야 한다.
ㄷ. [O] 총영사관 또는 영사관이 그 총영사관 또는 영사관이 설치되어 있는 지방 이외의 다른 지방에 부영사관 또는 영사대리사무소의 개설을 원하는 경우에는 접수국의 동의가 필요하다.
⇨ 영사기관이 설치된 지역 내의 다른 장소에 영사관의 분관을 설치하는 경우에는 접수국의 '명시적 사전동의'를 요하는 것과 구분해야 한다.
ㄹ. [×] 영사기관의 소재지 이외의 다른 장소에 기존 영사기관의 일부를 이루는 사무소를 개설하기 위해 접수국의 동의가 필요하다.
⇨ 접수국의 명시적 사전동의가 필요하다.

13 국가면제 정답 ③

① [O] 절대적 주권면제의 경향에서 점차 상대적(제한적) 주권면제의 경향으로 변하게 된 주요한 이유로는 러시아 혁명 이후 공산국가들이 출현하여 이들이 모든 대외무역을 국가 독점체제로 운영하고 국유화를 단행한 데에 따른 현실적 필요성을 들 수 있다.
⇨ 국가가 경제의 주체가 되면서 절대면제론을 적용하면 사인의 피해를 구제하기가 어려운 사정을 고려하여 제한면제론이 발전한 것이다.
② [O] 주권면제란 자국 영역 내에서 외국 정부 및 그 재산에 대하여 주권평등원칙에 입각하여 당해 외국을 당사자로 한 소송에서 자국 관할권의 행사를 면제하는 것을 말한다.
⇨ 국가면제는 기본적으로 주권평등원칙을 고려한 법리이다.
❸ [×] 1812년 미국 연방대법원은 Schooner Exchange 대 McFaddon 사건에서 최초로 상대적 주권면제이론을 적용하였다.
⇨ 절대적 주권면제이론을 적용한 판례이며 미국 사법사상 최초의 주권면제 관련 판례이다.
④ [O] 주권면제는 국내 재판관할권으로부터 면제된다는 것을 의미하는 것이며, 위법한 행위에 대해 국제법적으로 위법성이 전혀 없음을 의미하는 것은 아니다.
⇨ 국가면제와 국가책임은 별개이다. 즉, 국가가 타국의 재판관할권으로부터 면제된다고 해서 그 위법행위에 대한 책임도 면제됨을 의미하는 것은 아니다.

14 조약법 정답 ③

① [O] 조약의 폐기·탈퇴 또는 조약을 시행 정지시킬 수 있는 당사국의 권리는 조약이 달리 규정하지 아니하거나 또는 당사국이 달리 합의하지 아니하는 한 조약 전체에 대해서만 행사될 수 있다.
⇨ 조약 전체적으로 정지나 종료하는 것이 원칙이다.
② [O] 조약법에 관한 비엔나협약에서 인정되는 부적법화의 사유는 원칙적으로 조약 전체에 대해서만 원용될 수 있다.
⇨ 조약의 무효 역시 전체적으로 무효화, 즉 가분성을 부인하는 것이 원칙이다.
❸ [×] 조약의 무효사유 중 사기와 부패의 경우 원용국은 문제가 된 조항에 대해서만 무효를 주장할 수 있다.
⇨ 사기와 부패는 선택적 분리사유이다. 즉, 분리를 주장할 수도 있고, 조약 전체에 대해 무효를 주장할 수도 있다.
④ [O] 착오에 의해 무효를 주장하는 국가는 당해 조항이 분리 가능하다면 반드시 분리해야 한다.
⇨ 착오는 '필수적 분리'에 해당하므로 분리할 수 있다면 분리해야 한다.

15 국가책임 정답 ①

❶ [×] 원상회복이 가능하다면 금전배상 대신 원상회복에 따른 이익에 비하여 원상회복이 현저히 불균형한 부담을 수반하는 경우라 하더라도 원상회복해야 할 의무가 있다.
⇨ 원상회복이 가능하다고 하더라도 금전배상 대신 원상회복에 따른 이익에 비하여 원상회복이 현저히 불균형한 부담을 수반하는 경우라면 원상회복이 요구되지 않는다.
② [O] 국제위법행위에 책임이 있는 국가는 그로 인한 손해가 원상회복에 의하여 전보되지 않는 범위 내에서 금전배상을 해야 할 의무를 부담한다. 금전배상은 확정될 수 있는 범위 내의 상실이익을 포함하여 금전적으로 산정될 수 있는 모든 손해를 포괄한다.
⇨ 금전배상의 경우 포괄적으로 배상책임을 진다.
③ [O] 국제위법행위에 책임이 있는 국가는 그 행위로 인한 피해가 원상회복 또는 금전배상으로 전보될 수 없는 경우 이에 대하여 만족을 제공할 의무를 진다.
⇨ 만족(사죄)은 원상회복이나 금전배상과 동시에 행해질 수도 있고, 단독으로 행해질 수도 있다.
④ [O] 손해배상을 결정함에 있어서는 피해국 또는 손해배상 요구와 관련된 모든 개인 또는 단체의 고의 또는 과실에 의한 작위 또는 부작위가 피해에 기여한 바를 참작하여야 한다.
⇨ 손해 발생에 '피해국'의 과실이 개입하면 이를 고려하여 배상금액을 삭감할 수 있다. 즉, 과실상계원칙이 적용되는 것이다.

16 국제인권법 정답 ①

❶ [×] 1991년 한국 헌법재판소는 세계인권선언이 일반국제법에 해당한다고 보고 그 법적 효력을 일괄적으로 인정하였다.
⇨ 세계인권선언의 법적 효력을 일괄적으로 부인하였다.
② [O] 국제연합 안전보장이사회는 아이티 군사쿠데타 과정에서 발생한 비인도적 사태가 국제평화에 대한 위협을 구성한다고 결정하였다.
③ [O] 국제연합 인권고등판무관은 총회 동의를 얻어 UN사무총장이 임명하며, 임기는 4년이다.
④ [O] A규약 선택의정서(2008)에 의하면 선택의정서로부터 탈퇴 시 탈퇴통보는 유엔사무총장에게 하며 통보 후 6개월 지나면 효력이 발생한다.

17 국제인권법 정답 ①

특별조정위원회에 대한 설명으로 옳은 것은 ㄱ, ㄴ이다.

ㄱ. [O] 특별조정위원회는 관계당사국에게 모두 수락될 수 있는 5인의 위원으로 구성된다.

ㄴ. [O] 관계당사국이 3개월 이내에 특별조정위원회의 전부 또는 일부의 구성에 관하여 합의에 이르지 못하는 경우, 합의를 보지 못하는 특별조정위원회의 위원은 비밀투표에 의하여 인권이사회 위원 중에서 인권이사회 위원 3분의 2 다수결 투표로 선출된다.

ㄷ. [X] 특별조정위원회의 위원은 관계당사국, 이 규약의 비당사국 또는 국가 간 고발제도의 수락 선언을 행한 당사국의 국민이어서는 아니 된다.

⇨ 이 규약의 비당사국 또는 국가 간 고발제도의 수락 선언을 행하지 아니한 당사국의 국민이어서는 아니 된다.

ㄹ. [X] 특별조정위원회는 당해문제를 접수한 후 어떠한 경우에도 12개월 이내에 관계당사국에 통보하기 위하여 UN사무총장에게 보고서를 제출한다.

⇨ 인권이사회의 위원장에게 보고서를 제출한다.

18 WTO 총설 정답 ④

WTO체제에 대한 설명으로 옳지 않은 것은 ㄷ, ㄹ, ㅁ이다.

ㄱ. [O] WTO체제는 1986년 9월 20일 우루과이의 푼타델에스테에서 개시된 우루과이 라운드를 통해 창설되었다.

⇨ WTO체제는 GATT체제를 대체한 것이다.

ㄴ. [O] 협상 결과 우루과이 라운드 다자간무역협상의 결과를 담은 최종의정서가 1994년 4월 15일 모로코의 마라케쉬에서 채택되었다.

⇨ 최종의정서는 1995년 1월 1일 발효되어 WTO체제가 공식 출범하였다.

ㄷ. [X] 마라케쉬 최종의정서에는 설립협정을 포함하여 28개의 협정이 담겨 있으며, 국가별로 관세, 서비스, 무역관련 지적재산권에 대한 양허표가 첨부되어 있다.

⇨ 무역관련 지적재산권에 대한 양허표는 첨부되지 않았다.

ㄹ. [X] GATT체제와 달리 WTO체제에서 조부조항(grandfather clause)이 인정되는 경우는 없다.

⇨ 최혜국대우원칙의 예외에서 역사적 예외의 경우는 조부조항이 인정되는 경우에 해당된다. 조부조항(grandfather clause)은 GATT 또는 WTO 출범 이전의 법적 상태를 출범 이후에도 허용하는 것을 말한다.

ㅁ. [X] 무역정책검토제도(TPRM)가 처음 도입되었으며, 이와 관련된 분쟁은 분쟁해결양해(DSU)를 통해서 해결해야 한다.

⇨ 무역정책검토제도(TPRM)는 분쟁해결양해(DSU)의 적용 대상이 아니다.

19 GATT1994 정답 ②

① [O] 상품무역협정상 간접세에 있어서 동종상품에 대해 차별 과세한 경우 내국민대우에 위반된다.

⇨ 간접세는 상품을 통해 납세자에게 부과되는 조세를 말한다.

❷ [X] 서비스무역협정상 내국민대우는 구체적 약속이므로 회원국이 양허표에 개방하기로 기재하지 않은 분야의 경우 양허표에 명시한 차별조치만 허용된다.

⇨ 양허표에 기재하지 않은 분야에 있어서는 내국민대우의무가 없다.

③ [O] 무역관련 지적재산권협정상 내국민대우원칙은 상품이 아니라 개인에 대해 적용되며 기존협약 플러스방식에 따라 기존협약상 차별조치는 WTO체제에서도 허용된다.

⇨ 무역관련 지적재산권협정은 내국민대우 및 최혜국대우를 기본원칙으로 규정하고 있다.

④ [O] 직접경쟁 또는 대체가능상품에 대해 비재정조치로 불리한 대우를 한 경우 내국민대우원칙에 위반된다.

⇨ 내국민대우원칙은 동종상품뿐 아니라 직접경쟁 및 대체가능상품에 대해서도 적용된다.

20 SPS협정 정답 ④

① [X] SPS조치를 취하는 것은 회원국의 조건부 권리(qualified right)이므로 분쟁 발생시 조치를 취한 국가는 그 조건 충족 여부에 대해 적극적으로 입증해야 한다.

⇨ SPS조치는 회원국의 권리이므로 제소국이 권리 행사조건을 갖추지 못했음을 적극적으로 입증해야 한다.

② [X] 국제적 기준이 존재하지 않는 경우 회원국은 SPS조치를 취할 수 없다.

⇨ 과학적 정당성이 있는 경우 조치를 취할 수 있다.

③ [X] 회원국은 위험평가 결과 과학적 정당성이 없는 경우 어떠한 경우에도 SPS조치를 취할 수 없다.

⇨ 잠정조치는 과학적 정당성이 없어도 일정한 조건하에 취해질 수 있다.

❹ [O] SPS협정과 TBT협정이 동시에 적용될 수 있는 사안의 경우 SPS협정만이 배타적으로 적용된다.

⇨ 양 협정 모두 인간이나 동식물의 생명이나 건강보호를 목적으로 하므로 중첩될 여지가 있다.

17회 실전동형모의고사

p. 104

❯ 정답

01	④	Ⅱ	06	③	Ⅳ	11	④	Ⅱ	16	④	Ⅱ
02	①	Ⅳ	07	①	Ⅴ	12	③	Ⅱ	17	③	Ⅰ
03	③	Ⅴ	08	②	Ⅱ	13	③	Ⅳ	18	②	Ⅴ
04	②	Ⅵ	09	④	Ⅲ	14	①	Ⅴ	19	②	Ⅶ
05	③	Ⅰ	10	③	Ⅰ	15	③	Ⅴ	20	②	Ⅶ

Ⅰ 국제법 총론 / Ⅱ 국가 / Ⅲ 국제기구 / Ⅳ 개인 / Ⅴ 국제법의 규율 대상 / Ⅵ 국제분쟁해결 및 무력사용 / Ⅶ 국제경제법

❯ 취약 단원 분석표

단원	맞힌 답의 개수
Ⅰ	/ 3
Ⅱ	/ 5
Ⅲ	/ 1
Ⅳ	/ 3
Ⅴ	/ 5
Ⅵ	/ 1
Ⅶ	/ 2
TOTAL	/ 20

01 국가관할권 정답 ④

보편주의에 대한 설명으로 옳지 않은 것은 ㄴ, ㄷ, ㄹ이다.

ㄱ. [O] 임의적 보편관할권은 인도 아니면 소추 원칙의 적용을 받지 않는 보편관할권을 말한다.

⇨ 임의적 보편관할권은 해적의 경우와 같이 국가들이 관할권을 행사할 의무를 부담하지는 않는 것을 말한다.

ㄴ. [X] 1973년 아파르트헤이트범죄의 억제와 처벌에 관한 협약은 '인도 아니면 소추 원칙'에 기초하여 자국에 소재하는 범죄인을 인도하지 않을 경우 국내법원에의 기소의무가 있다.

⇨ 인도 아니면 소추 원칙 규정이 없다.

ㄷ. [X] 국제체포영장 사건(2004)은 벨기에의 보편관할권이 성립하지 않으므로 벨기에의 체포영장 발부는 위법이라고 판시하였다.

⇨ 벨기에의 보편관할권은 성립한다. 그러나 체포영장을 발부한 것은 현직 외무장관의 관습법상 면제를 침해하였다고 판시하였다.

ㄹ. [X] 보편관할권이 성립하는 경우 집행관할권은 영토적 한계를 갖지 않는다.

⇨ 모든 입법관할권은 원칙적으로 영토적 한계를 갖는다. 보편주의도 마찬가지이다.

02 외교적 보호권 정답 ①

국내구제완료원칙에 대한 설명으로 옳지 않은 것은 ㄱ, ㄴ이다.

ㄱ. [X] 무국적자와 난민이 피해자인 경우 보호권을 가지는 국가는 국내구제완료원칙과 무관하게 보호권을 발동할 수 있다.

⇨ 무국적자와 난민의 경우에도 국민과 마찬가지로 가해국에서 국내구제를 완료해야 한다.

ㄴ. [X] 국내구제수단이란 피해국의 상설적 또는 특별한 사법적 또는 행정적 구제수단으로서 피해자가 이용할 수 있는 모든 수단을 의미한다.

⇨ 국내구제완료원칙은 '가해국'에서의 구제완료를 의미한다.

ㄷ. [O] 가해국이 조약 위반으로 국민에게 피해를 야기한 경우 압도적 우세 기준에 따라 국내구제완료원칙이 적용될 수 있다.

⇨ 직접책임과 간접책임이 혼재된 경우 '압도적 우세 기준'이 적용된다. 압도적으로 직접책임을 추궁하는 것이면 국내구제완료의무가 없으나, 압도적으로 간접책임을 추궁하는 것이면 국내구제완료의무가 있다.

ㄹ. [O] 효과적인 구제를 제공할 수 있는 합리적으로 이용 가능한 구제수단이 없는 경우 국내구제완료원칙은 적용되지 않는다.

⇨ 구제수단이 비실효적인 경우 완료의무가 없다.

03 지속가능개발원칙 정답 ③

지속가능개발원칙에 대한 설명으로 옳지 않은 것은 ㄱ, ㄷ, ㄹ이다.

ㄱ. [X] 국제사법재판소는 가브치코보-나기마로스(Gabčikovo-Nagymaros) 사건에서 지속가능개발원칙이 일반 국제관습법임을 확인하였다.

⇨ 관습법을 확인한 판례는 아니다.

ㄴ. [O] 지속가능개발의 개념은 1987년 브룬트란드(Brundtland) 보고서를 계기로 국제사회에서 일반화되었다.

⇨ 브룬트란드(Brundtland)위원회는 '우리의 공동의 미래'라는 보고서에서 지속가능개발원칙을 공식 천명하였다.

ㄷ. [X] 지속가능개발원칙은 해양의 경우 공해 해양생물자원 이용과 관련한 '지속가능한 최대수준'(maximum sustainable yield) 원칙에 반영되어 있다.

⇨ 배타적 경제수역의 해양자원과 관련이 있다.

ㄹ. [X] 스톡홀름원칙 21은 미래 세대를 위하여 지구의 자연유산을 보존할 필요가 있다는 참가국들의 합의를 밝히고, 인간은 현세대와 미래 세대를 위하여 환경을 보존하고 증진할 엄숙한 책임이 있다고 선언하였다.

⇨ 스톡홀름원칙 1의 내용이다. 스톡홀름원칙 21은 영역사용의 관리책임원칙에 대한 내용이다.

04 국제사법재판소 정답 ②

① [O] 1990년 국제사법재판소(ICJ)는 엘살바도르와 온두라스 간 국경 분쟁 사건에서 니카라과에게 소송참가를 처음으로 허용하였다.
⇨ 자발적 소송참가가 처음으로 인정된 사례이다.

❷ [X] 국제사법재판소(ICJ)는 니카라과와 콜롬비아 간 사건(2011)에서 법원은 소송참가를 당사자참가와 비당사자참가로 구분하고 당사자참가의 경우 관할권적 근거가 있어야 하나, 판결의 구속을 받지는 않는다고 하였다.
⇨ 당사자로서 참가한 국가는 판결의 구속을 받는다.

판례 이론 조문

ICJ규정 제62조상 소송참가에 대한 ICJ의 입장

국제사법재판소(ICJ)는 니카라과와 콜롬비아 간 사건(2011)에서 온두라스와 코스타리카의 소송참가 신청에 대한 판결에서 제62조 소송참가를 2가지로 구분하였다. 제62조의 소송참가는 비당사자참가와 당사자참가로 대별된다. 비당사자참가에서는 소송에 법률적 성질의 이해관계를 갖는 국가가 소송의 당사국은 아닌 자격에서 소송참가를 하는 경우이다. 사건의 결정에 의해 영향을 받을 수 있는 이해관계를 제시하면 되므로 반드시 영향을 받게 될 것임을 증명할 필요까지는 없다. 비당사자참가국은 소송당사국으로서의 권리의무를 갖지 못하며 판결도 참가국에게 구속력을 갖지 않는다. 비당사자참가를 위해 기존의 소송당사국들과 소송참가국 사이에도 국제사법재판소(ICJ)의 재판관할권이 성립될 근거는 필요 없다. 한편, 당사자참가는 소송참가를 하는 제3국이 사건의 당사국이 되는 경우이다. 당사자참가를 하는 경우 원소송당사국과 소송참가국 간에도 재판관할권 성립의 근거가 필요하다. 당사자참가국은 본안 판결의 구속을 받는다. 아직 국제사법재판소(ICJ)가 당사자참가를 인정한 사례는 없다.

③ [O] 남극해 포경 사건에서 뉴질랜드는 제63조에 따른 소송참가권을 행사하였고 국제사법재판소(ICJ)는 이를 허용하였다.
⇨ 호주가 일본을 제소한 사건에서 뉴질랜드는 포경협약의 당사국으로서 해석적 참가를 신청하고 인정되었다.

④ [O] 국제사법재판소(ICJ)는 소송당사국들이 반대하더라도 소송참가를 허용할 수 있다고 본다.
⇨ 소송참가는 소송당사국의 의사와 무관하게 국제사법재판소(ICJ)의 결정에 의해 인정될 수 있다.

05 국제법과 국내법의 관계 정답 ③

① [X] 조약이 개인에게 직접 권리나 의무를 부과할 때 '직접적용성'이 있다고 표현하는데, 이는 조약 해석의 문제이다.
⇨ '직접효력'이 있다고 표현한다.

② [X] 1919년 바이마르 헌법 제4조는 조약의 국내적 직접효력을 인정한 최초의 성문 헌법 조항이다.
⇨ 관습국제법의 국내적 직접효력을 인정한 최초의 성문 헌법 조항이다.

❸ [O] 영국은 원칙적으로 조약을 사후 변형하여 도입하나, 전쟁행위에 관한 조약, 영토할양조약, 행정협정 등은 수용한다.

④ [X] 미국에서 행정부-의회협정은 상원의 사전동의를 받아 체결하는 조약으로서 연방법률과 대등하다.
⇨ 상하 양원의 사전동의를 받아 체결하는 조약이다.

06 국제인권법 정답 ③

① [X] 청원인은 원칙적으로 국내구제완료 후 6개월 이내에 청원을 제기해야 한다.
⇨ 청원인은 1년 이내에 청원을 제기해야 한다.

② [X] 위원회의 심리는 공개해야 한다.
⇨ 위원회는 비공개로 심리해야 한다.

❸ [O] 관련국은 위원회로부터 청원 제출 통지를 받은 후 6개월 이내에 해명서를 제출해야 한다.
⇨ 위원회는 제출받은 해명서에 기초하여 청원에 대해 서면심리를 진행한다.

④ [X] 탈퇴가 인정된다. 탈퇴는 UN사무총장에게 통보하며 통보 후 12개월이 지나면 효력이 발생한다.
⇨ 6개월 후 탈퇴의 효력이 발생한다.

07 해양법 정답 ①

군도수역에 대한 설명으로 옳은 것은 ㄱ, ㄴ이다.

ㄱ. [O] 제3차 해양법회의에서 새롭게 창설된 제도이다.
⇨ 제3차 해양법회의에서 군도수역과 함께 해협(통과통항), 심해저, 배타적 경제수역의 4가지 제도가 새로 도입되었다.

ㄴ. [O] 군도국가는 군도직선기선을 설정할 수 있으며, 이러한 기선의 길이는 원칙적으로 100해리를 초과할 수 없다.
⇨ 예외적으로 총 기선의 3%까지는 125해리로 설정할 수 있다.

ㄷ. [X] 군도수역의 내측은 영해이다.
⇨ 군도수역의 내측은 내수이며, 외측은 영해이다.

ㄹ. [X] 군도국가는 군도수역의 해저와 하층토 및 이에 포함된 자원에 대하여 주권을 가지나, 군도수역의 상공에 대해서는 배타적 지배권을 갖지 아니한다.
⇨ 군도국가는 군도수역의 상공에 대해서도 배타적 지배권을 갖는다.

ㅁ. [X] 군도수역에서는 무해통항은 인정되지 않으며 군도항로대통항만이 적용된다.
⇨ 군도수역에서의 원칙적 통항권은 '무해통항권'이다.

08 국가책임 정답 ②

위법성 조각사유에 해당하는 것은 ㄱ, ㄴ, ㄹ, ㅂ이다.

ㄱ. [O] 긴급피난
⇨ 국가 이익에 대한 급박한 침해를 방지하기 위한 조치인 경우 위법성이 조각된다.

ㄴ. [O] 불가항력
⇨ 불가항력 상황에서 발생한 국제법 위반에 대해 위법성이 조각된다.

ㄷ [X] 무력복구
⇨ 복구는 위법성 조각사유이나, 무력복구는 강행규범에 위배되어 허용되지 않는다.

ㄹ. [O] 피해국의 동의
⇨ 피해국의 동의가 있는 경우 동의 범위 내에서 위법성이 조각된다.

ㅁ. [×] 인도적 간섭
⇨ 인도적 간섭은 위법성 조각사유가 아니다. 적법성 여부에 대해 논란이 있다.
ㅂ. [O] UN헌장에 합치되는 합법적인 자위조치
⇨ 자위권 발동은 위법성 조각사유로 인정된다.

09 UN 정답 ④

① [O] UN가입 신청은 개개의 국가별로 판단하여야 하며 다른 국가의 가입을 조건으로 연계시킬 수 없다.
⇨ 국제사법재판소(ICJ)는 헌장의 가입조건이 망라적인 것이므로 가입을 위한 조건을 추가할 수 없다고 보았다.
② [O] UN가입은 안전보장이사회의 권고에 따라 총회가 결정하는데 안전보장이사회의 보조기관인 가입심사위원회가 가입권고 의결안 초안을 안전보장이사회가 제출한다.
⇨ 안전보장이사회는 초안에 기초하여 비절차사항 의결의 정족수로 의결한다. 상임이사국 전부를 포함한 9개국 이상 찬성해야 한다.
③ [O] 권리와 특권이 정지된 회원국은 표결권을 행사할 수 없으나 회원국으로 남아있는 한 의무는 여전히 존속하게 된다.
⇨ 정지된 권리와 특권은 안전보장이사회의 단독권한으로 회복할 수 있다.
❹ [×] UN헌장에 규정된 원칙을 끈질기게 위반하는 회원국은 총회가 안전보장이사회의 권고에 따라 제명할 수 있으며 이 경우 UN 전문기구 회원국의 자격까지 자동적으로 박탈된다.
⇨ 제명으로 UN과 별도의 법인격을 가지고 있는 UN전문기구 회원국의 자격까지 자동적으로 박탈되지 않는다.

10 조약법 정답 ③

① [×] 다자조약의 중대한 위반이 있는 경우 개별 당사국은 위반국과 자국 간 조약종료를 위해 동 위반을 원용할 수 있다.
⇨ 다자조약의 타당사국은 조약의 '정지'를 위해 동 위반을 원용할 수 있다. 종료를 위해서는 위반국 이외의 모든 다른 당사국의 동의를 요한다.
② [×] 조약의무 이행에 불가결한 목적물이 항구적으로 멸실된 경우 조약은 자동적으로 종료된다.
⇨ 후발적 이행불능은 상대적 종료사유에 해당한다. 종료를 위해 동 사유를 원용하되 자동 종료되는 것은 아니다.
❸ [O] 원칙적으로 조약당사국은 사정변경을 원용하여 조약을 종료할 수 없다.
⇨ 사정의 존재가 동의의 본질적 기초를 구성하거나 사정의 변화가 조약상 이행되어야 할 의무의 범위를 근본적으로 바꾸는 경우에만 원용할 수 있다.
④ [×] 가브치코보-나기마로스 사건에서 국제사법재판소(ICJ)는 헝가리의 사정변경원칙에 기초한 조약종료 주장을 기각하였으나 후발적 이행불능 주장은 인용하였다.
⇨ 국제사법재판소(ICJ)는 후발적 이행불능 역시 목적물의 영구적 멸실에 해당하지 않는다고 보아 기각하였다.

11 승인제도 정답 ④

승인제도에 대한 설명으로 옳은 것은 ㄷ, ㄹ이다.
ㄱ. [×] 1933년 국가의 권리의무에 관한 몬테비데오협약은 창설적 효력설을 채택하고 있다.
⇨ 선언적 효력설을 채택하고 있다.
ㄴ. [×] UN 동시 가입은 최소한 가입국 상호 간의 국가승인의 효과를 발생시킨다.
⇨ 가입국 상호 간의 국가승인의 효과를 발생시키지 않는다.
ㄷ. [O] Carl Zeiss v. Rayner and Keeler Ltd.(No.2)에서 영국 상원은 미승인국가 동독의 행위를 인정하기 위하여 동독을 독립국가가 아니라 영국의 승인을 받은 소련의 한 종속기구로 간주하였다.
⇨ 사례는 어려운 논점으로 출제될 수 있으므로 충분히 숙지한다.
ㄹ. [O] 국가가 소멸하거나 정부가 새로운 체제로 대체되는 경우 소멸된 국가 또는 정부에 대한 승인은 합법적으로 철회될 수 있다.

12 자위권 정답 ③

국제법상 자위권에 대한 설명으로 옳지 않은 것은 ㄷ, ㄹ이다.
ㄱ. [O] 국제사법재판소(ICJ)는 니카라과 사건에서 UN헌장 제51조의 자위권이 국제관습법상 자위권을 포괄하는 것이 아니라고 하였다.
⇨ UN헌장 제51조는 골격규정이다. 비례성이나 필요성과 같은 관습법상 요건은 제51조에 명시되어 있지 않다.
ㄴ. [O] 브라운리(Brownlie)에 따르면 무력공격의 위협단계에서는 분쟁의 평화적 해결방법에 의해 그 제거를 위해 노력해야 하는 것이 헌장의 태도이므로 예방적 자위권은 인정될 수 없다.
⇨ 브라운리(Brownlie)는 예방적 자위권 부인론자이다.
ㄷ. [×] 국제사법재판소(ICJ)에 따르면 간접적 무력공격에 대해서는 자위권을 발동할 수 없다.
⇨ 간접적 무력공격에 대한 자위권이 인정된다(니카라과 사건).
ㄹ. [×] UN헌장에 따르면 무력공격의 주체는 국가에 한정되며 개별적 자위권 및 집단적 자위권이 국가의 고유한 권리로서 인정된다.
⇨ 헌장상 무력공격의 주체는 명시되지 않았다. 자위권은 회원국의 권리로 명시되어 있다.

13 국제형사재판소 정답 ③

침략범죄에 대한 설명으로 옳지 않은 것은 ㄴ, ㅁ이다.
ㄱ. [O] 침략범죄의 경우 협약이 발효되고 7년 경과 후 개최되는 당사국회의나 재검토회의에서 범죄의 정의와 관할권 행사방법을 채택한 이후 관할권을 행사할 수 있도록 하였으며, 2010년 재검토회의에서 이를 채택하였고, 2018년 7월 발효하였다.
⇨ 현재 국제형사재판소(ICC)는 침략범죄에 대해 관할권을 행사할 수 있다.
ㄴ. [×] 여타 범죄와 달리 침략범죄에 대한 제소는 안전보장이사회 및 소추관만 할 수 있다.
⇨ 당사국도 침략범죄에 대하여 제소할 수 있다.

ㄷ. [O] 안전보장이사회는 로마규정의 당사국은 물론 비당사국의 침략행위도 재판소로 회부할 수 있다.
⇨ 단, 안전보장이사회와 달리 당사국은 로마협약의 비당사국의 침략행위를 제소할 수 없다.

ㄹ. [O] 침략범죄는 지도자의 범죄이므로 국가의 침략행위에 단순참가하거나 동원된 자들은 침략범죄로 처벌되지 않는다.
⇨ 지도자의 범주에는 정치적, 종교적, 산업적 지도자가 포함될 수 있다.

ㅁ. [X] 범죄의 특성상 주로 국가의 공조직의 고위 직책자가 해당하며 이에 속하지 않는 산업계 지도자는 포함될 수 없다.
⇨ 산업계 지도자도 침략범죄로 처벌될 수 있다.

14 영역 정답 ①

❶ [X] 중재재판소는 Croatia-Slovenia Land and Maritime Border Disputes 사건에서 배타적 경제수역의 경계획정에도 육지영토에 적용되는 uti possidetis가 동일하게 적용된다고 판시한 바 있다.
⇨ 내수의 경계획정에 동 원칙이 적용된다고 하였다.

② [O] 차미잘 하천지역 사건(1911)에 의하면 하천의 수로가 홍수 등으로 급격하게 변경된 경우 국경선은 원래의 위치로부터 변경되지 않는다는 Thalweg의 예외가 적용된다.

③ [O] 캐나다, 일본, 필리핀, 인도, 영국은 방공식별구역을 설정, 운영하고 있고 있으나, 러시아는 설정하지 않았다.

④ [O] 북경의정서(2010)에 의하면 자국민이 범죄 피해자인 경우와 범죄가 자국 영토 내에 상주거소를 두고 있는 무국적자에 의해 행해진 경우 재판관할권을 수립할 수 있다.

15 해양법 정답 ③

① [O] 만의 내부 수역은 내수로서 연안국의 배타적 주권이 미친다.
⇨ 만은 하천, 호소, 항, 내해, 운하와 함께 내수에 속한다.

② [O] 만을 둘러싼 육지가 동일국에 속해야 만으로 인정될 수 있다.
⇨ 만을 둘러싼 육지가 동일국이 아닌 경우 폐쇄해 또는 반폐쇄해라고 한다.

❸ [X] 만구는 24해리를 초과할 수 없으며, 만구에 소재하는 섬의 길이는 24해리에 포함된다.
⇨ 섬의 길이는 24해리에 포함되지 않는다.

④ [O] 만의 굴곡은 해안선의 단순한 굴곡 이상이어야 하고 만입은 만구를 직경으로 한 반원의 면적보다 넓어야 한다.
⇨ 만입이 반원의 면적보다 좁은 경우 만에 해당하지 않는다.

16 국가의 대외기관 정답 ④

① [X] 외교관계협약(1961)에 의하면 노무직원은 공관직원의 가사에 종사하는 자로서 파견국의 피고용인이 아닌 자를 말한다.
⇨ 개인적 사용인에 대한 설명이다.

② [X] 테헤란 주재 미 외교관 인질사건(1980)에서 ICJ는 미국의 과거 불법행위로 인하여 인질사태가 초래되었더라도 외교관계협약상 이란의 유일한 합법적 대응수단은 기피인물로 선언하여 퇴거를 요청하는 것밖에 없으므로 이란 정부의 미국 외교관 불법억류는 정당화될 수 없다고 하여 외교관계협약이 자기완비적 체제가 아니라고 판시하였다.
⇨ 자기완비체제라고 보았다.

③ [X] 1989년 중국의 천안문 민주화 시위에 대해 중국 계엄군이 6월 4일 무자비한 진압 작전을 개시하자, 그다음 날 중국의 반체제 물리학자 팡리즈가 북경 주재 미국대사관으로 피신하여 미국과 중국 간에 외교분쟁이 야기되었으나, 중국이 특별협정을 통해 외교적 비호를 허용함으로써 일단락되었다.
⇨ 1990년 6월 25일 중국 정부는 팡리즈 부부의 출국을 허용하였다. 외교적 비호를 인정한 것이 아니다.

❹ [O] 특별사절에 관한 뉴욕협약(1969)에 의하면 특별사절단 공관의 불가침성 문제에 있어 그의 동의가 있는 것으로 추정하여 임시공관 내로 들어갈 수 있다.
⇨ 영사공관도 마찬가지로 상대적 불가침만 인정된다.

17 조약법 정답 ③

조약해석에 대한 설명으로 옳지 않은 것은 ㄷ, ㄹ이다.

ㄱ. [O] 조약법에 관한 비엔나협약은 조약해석에 있어서 문언주의와 목적론주의를 원칙으로 하고, 주관주의를 보충적 해석 규칙으로 규정하고 있다.
⇨ 문언주의는 조약의 문맥이나 단어의 뜻을 중시하며, 목적론주의는 당해 조약의 목적과 연계지어 당사자의 의사를 밝히는 것이다. 주관주의는 조약체결 당시 사정이나 교섭기록을 통해 당사자 의사를 밝혀내고자 하는 해석기법이다.

ㄴ. [O] 조약의 본문, 부속서, 전문, 조약체결 당시 당사자 간 합의 등은 문맥을 구성한다.
⇨ 본문 등은 문맥 자체를 구성한다.

ㄷ. [X] 조약해석시 추후 합의, 추후 관행, 관련 국제법규는 문맥과 함께 고려될 수 있다.
⇨ 추후 합의, 추후 관행, 관련 국제법규는 고려해야 하는 사항으로 의무조항이다.

ㄹ. [X] 남극해 포경 사건(2014)에서 국제사법재판소(ICJ)는 문언은 체결시의 의미에 따라 해석하는 것이 원칙이나, 장기간 적용이 예정된 조약의 경우 시간의 경과에 따라 의미가 변할 수 있으므로 의미 변화를 포용하여 해석해야 한다고 하였다.
⇨ 산 후안 강 항행에 관한 권리 분쟁 사건(2009)의 판결 내용이다.

18 해양법 정답 ②

UN해양법협약(1982)상 해양분쟁 해결제도에 대한 설명으로 옳은 것은 ㄴ, ㄷ이다.

ㄱ. [×] 강제절차 선택 선언은 유엔사무총장에게 통고하여 철회할 수 있으며 통고 후 6개월 지나면 발효한다.
⇨ 통고 후 3개월 지나면 발효한다.

ㄴ. [○] 강제절차가 자동배제되는 분쟁은 EEZ와 대륙붕에서 해양과학조사에 관한 연안국의 재량권 행사에 대한 분쟁, EEZ와 대륙붕에서 해양과학조사의 정지나 중지를 명령하는 연안국의 결정에 관한 분쟁, EEZ의 생물자원에 대한 연안국의 주권적 권리와 관련된 분쟁이며 이들 분쟁은 강제조정절차에 회부될 수 있다.

ㄷ. [○] 조정절차와 관련하여 모든 당사국은 각 4인의 조정위원을 지명하여 명부를 작성하고며 조정위원회는 5인으로 구성한다.

ㄹ. [×] 중재판정은 재판관 과반수로 하고 국제해양법법원과 달리 가부동수이면 부결되어 새로 의결해야 한다.
⇨ 가부동수이면 중재재판장이 결정투표권을 갖는다.

19 분쟁해결양해(DSU) 정답 ②

① [○] WTO 회원국(Members)만이 분쟁해결기구(DSB)에 분쟁을 회부할 수 있다.
⇨ 분쟁해결양해(DSU)는 WTO 회원국 상호 간 분쟁에만 적용된다.

❷ [×] 원칙적으로 비회원국과 사인은 당사자적격성이 없지만, 회원국들의 동의가 있으면 당사자가 될 수 있다.
⇨ WTO 분쟁해결절차는 오로지 WTO회원국 상호 간에만 적용된다.

③ [○] 유럽연합(EU)은 WTO 분쟁해결절차에서 당사자적격성을 가진다.
⇨ 유럽연합(EU)은 WTO에서 하나의 단일한 법적 실체로 인정된다.

④ [○] 분쟁해결절차에 참가하는 제3국은 당해 분쟁에 대하여 실질적인 이해관계가 있어야 한다.
⇨ 제3국은 협의절차, 패널절차 및 상소절차에 참여할 수 있다.

20 WTO지역무역협정 정답 ②

① [○] 관세동맹을 형성하기 위해서는 역외국에 대해 실질적으로 동일한 관세 및 상거래규정을 적용해야 한다.
⇨ 관세동맹은 FTA와 달리 역외국에 대한 관세 및 비관세조치를 일치시켜야 한다.

❷ [×] 관세동맹 형성 시 역외국에 대해 관세나 기타 상거래규칙이 제한적이어서는 안되지만 현금보상을 조건으로 보다 제한적인 조치를 취할 수 있다.
⇨ 보상을 통해 보다 제한적인 조치를 취할 수 있으나, 현금보상을 의미하는 것은 아니다.

③ [○] 자유무역협정 체결 시 역내국은 실질적으로 모든 무역에 대한 관세나 기타 제한적 상거래규칙을 폐지해야 하나, 협정 제11조에 의해 허용된 제한조치는 자유무역협정 체결 이후에도 계속해서 유지할 수 있다.
⇨ 역내국 간 모든 무역규제를 철폐하는 것이 원칙이나, 기존 협정에서 인정되는 제한조치는 FTA 당사국 상호 간에도 유지할 수 있다. GATT 제11조에서 허용되는 조치도 포함된다.

④ [○] 자유무역협정을 위한 잠정협정을 체결한 경우 10년 이내에 실제 협정으로 전환해야 한다.
⇨ 잠정협정의 유지기간은 10년이다.

18회 실전동형모의고사

정답 p. 110

01	②	Ⅳ	06	①	Ⅴ	11	③	Ⅴ	16	②	Ⅳ
02	③	Ⅱ	07	④	Ⅲ	12	③	Ⅰ	17	③	Ⅶ
03	②	Ⅳ	08	②	Ⅳ	13	④	Ⅴ	18	①	Ⅲ
04	④	Ⅴ	09	④	Ⅵ	14	③	Ⅵ	19	②	Ⅰ
05	④	Ⅴ	10	②	Ⅱ	15	①	Ⅰ	20	③	Ⅶ

Ⅰ 국제법 총론 / Ⅱ 국가 / Ⅲ 국제기구 / Ⅳ 개인 / Ⅴ 국제법의 규율 대상 / Ⅵ 국제분쟁해결 및 무력사용 / Ⅶ 국제경제법

취약 단원 분석표

단원	맞힌 답의 개수
Ⅰ	/ 3
Ⅱ	/ 2
Ⅲ	/ 2
Ⅳ	/ 4
Ⅴ	/ 5
Ⅵ	/ 2
Ⅶ	/ 2
TOTAL	/ 20

01 개인 정답 ②

① [×] 노테봄 사건에서 국제사법재판소는 국적이 국내법이나 국제법적으로 효력을 갖기 위해서는 '진정한 관련성'을 요건으로 한다고 판시하였으나, ILC외교보호초안(2006)은 진정한 관련성 규정을 두지 않았다.
⇨ '진정한 관련성'은 국적이 타국에 대해 대항력을 갖기 위한 조건이다.

❷ [O] 1997년 채택한 유럽국적협약에서 국적유일의 원칙을 포기하고 일정한 경우 이중국적의 향유를 개인의 권리로 인정했다.

③ [×] 중국 동포의 경우 현재 국적국은 한국이라는 전제하에 1949년 10월 공산 중국 수립 이전 중국으로 건너간 한국 출신 동포임을 증명할 수 있다면 국적회복절차를 적용하고, 그 이후 현지 출생자에게는 귀화절차를 적용한다.
⇨ 중국 동포의 경우 현재 국적은 중국이라고 전제된다.

④ [×] 우리나라 대법원은 국가가 조약을 통하여 국민의 개인청구권을 소멸시키는 것이 국제법상 허용될 수 있다고 하더라도 국가와 국민 개인이 별개의 법적 주체임을 고려하면 조약에 명확한 근거가 없는 한 조약체결로 국가의 외교적 보호권이나 국민의 개인청구권을 소멸시킬 수 없다고 하였다.
⇨ 국가의 외교적 보호권 이외에 국민의 개인청구권까지는 소멸하였다고 볼 수 없다고 하였다. 즉, 조약을 통해 외교적 보호권을 소멸시킬 수는 있다고 본 것이다.

02 국가책임 정답 ③

① [×] 책임국은 국제위법행위로 인한 피해에 대해 국내법에 따른 적절한 배상의무를 진다.
⇨ 적절한 배상의무가 아닌 완전한 배상의무를 진다.

② [×] 피해는 국가의 국제위법행위로 인한 물질적 손해를 의미하고, 정신적 손해는 위법행위가 중대한 경우에 한하여 피해의 범위에 포함된다.
⇨ 위법행위의 중대성과 무관하게 정신적 피해도 피해에 포함된다.

❸ [O] 책임국은 의무 위반책임을 회피하기 위해 국내법규정에 의존할 수 없다.
⇨ 국내법을 거론하여 국제의무 위반을 정당화할 수 없다는 의미이다.

④ [×] 금전배상 대신 원상회복에 따른 이익에 비하여 원상회복이 현저히 불균형한 부담을 수반하는 경우에도 책임국은 원상회복이 불가능하지 않는 한 원상회복해야 한다.
⇨ 원상회복이 현저히 불균형한 부담을 수반하지 아니하는 한 원상회복의무가 있다.

03 난민 정답 ②

① [O] 난민은 국적을 가진 자를 보호하는 것이 원칙이나 무국적자도 일정한 경우 난민으로 인정될 수 있다.
⇨ 상주국에 소재하는 무국적자도 기존 상주국으로부터 박해를 받을 것이라는 근거있는 공포로 떠나온 경우 난민 지위가 부여될 수 있다.

❷ [×] 국제범죄인이나 체류시 중대한 비정치적 범죄를 범한 자 등은 난민자격이 인정될 수 없다.
⇨ '입국 전'에 중대한 비정치적 범죄를 범한 경우 난민자격이 배제된다.

③ [O] 난민 인정국은 국가안보나 공공질서를 이유로 한 경우가 아니면 난민을 추방할 수 없다.
⇨ 난민은 원칙적으로 추방할 수 없고, 국가안보나 공공질서만을 이유로 추방할 수 있다.

④ [O] 재중국 탈북자가 경제적 난민인 경우 제네바난민협약상 난민으로 인정될 수 없으며, 이 경우 강제송환금지원칙의 적용 대상이 아니다.
⇨ 강제송환금지원칙은 정치적 난민에 대해서만 적용된다.

04 해양법 정답 ④

배타적 경제수역(EEZ)에 대한 설명으로 옳은 것은 ㄷ, ㄹ, ㅁ이다.

ㄱ. [×] 니카라과와 온두라스 해양경계획정 사건(2007)에서 국제사법재판소(ICJ)는 육지가 아닌 해양경계획정의 경우 uti possidetis 원칙을 적용할 수 없다고 하였다.
⇨ 해양경계획정시에도 동 원칙을 적용할 수 있다고 보았다.

ㄴ. [×] 한일어업협정(1998)은 각국 기선으로부터 35해리 배타적 경제수역을 설정하고, 배타적 경제수역에서 타국의 입어를 허용하며, 독도 인근 수역은 중간수역으로 설정하고, 중간수역에 타국의 입어를 허용하되 한국의 관할권이 인정되었다.
⇨ 기국주의원칙이 적용된다.

ㄷ. [O] 한중어업협정(2000)은 각국 기선으로부터 32해리 배타적 경제수역을 설정하였으며, 한시적 성격의 과도수역을 설정하였고, 과도수역에서 타국의 입어를 허용하되 기국주의원칙을 적용하였다.
⇨ 단, 과도수역의 존속기한은 4년이었으므로 현재는 존재하지 않는다.

ㄹ. [O] 리비아-몰타 대륙붕 경계획정 사건(1985)에 의하면 배타적 경제수역제도는 해양법협약이 발효되기 전에 이미 국제관습법이 되었다.
⇨ UN해양법협약은 1982년 체결되고, 1994년 발효되었다.

ㅁ. [O] M/V Virginia G호 사건(2014) 재판부는 어로활동을 하는 선박에 대한 연료 공급이 어업 관련 활동이라고 판단하고 연안국은 생물자원 보전 관리를 위해 자국의 배타적 경제수역 내의 외국 어선에게 연료를 공급하는 선박을 규제할 수 있다고 판단하였다.
⇨ 배타적 경제수역에서는 배타적 경제수역 관련 법령 위반만을 이유로 선박을 단속할 수 있다. 타 선박에 급유하는 것은 어로활동과 관련이 있으므로 배타적 경제수역 관련 법령이 적용된다고 본 것이다.

05 해양법 정답 ④

① [O] 항만체계의 불가분의 일부를 구성하는 영구적 항만시설은 해안의 일부를 구성하며 기선이 될 수 있으나, 육지에 직접 연결되지 않은 외항시설이나 인공섬은 영구적 항만시설에 해당하지 않는다.

② [O] 선박이 화물을 내리고 싣고 닻을 내리기 위해 통상적으로 사용되는 연안의 정박지는 영해 밖에 위치하더라도 영해에 포함된다.

③ [O] 배타적 경제수역이나 대륙붕 상부에 인공섬을 설치하는 경우, 주변 항행이나 시설의 안전보호를 위해 원칙적으로 주변 500m 범위 내의 안전수역을 설정할 수 있지만, 심해저 활동을 위해서도 상부 수역에 필요한 시설과 안전수역이 설치될 수 있다.

❹ [×] 공해상에서 국제법상 금지된 배출행위를 한 외국 선박이 입항한 경우, 항만국은 자국에 직접적인 피해가 있는 경우에 한해 이를 조사하고 자국 법원에 소송을 제기할 수 있다.
⇨ 항만국은 자국에 직접적인 피해가 없는 경우라도 이를 조사하고 자국 법원에 소송을 제기할 수 있다.

06 국가영역 정답 ①

국가영역에 대한 판례로 옳은 것은 ㄱ, ㄹ이다.

ㄱ. [O] 팔마스 섬 사건(1928)에 의하면 발견은 영토 취득의 권원이 될 수 없고, 실효적 지배가 존재해야 한다.
⇨ 발견은 미완성의 권원이라고 하였다.

ㄴ. [×] 멩끼에 에끄레오 섬 사건(1953)에서 국제사법재판소(ICJ)는 영국의 원시적 권원을 인정하여 영유권은 영국에 귀속된다고 하였다.
⇨ 원시적 권원은 확인할 수 없다고 보아, 상대적 권원에 따라 판단한 것이다.

ㄷ. [×] 리기탄 및 시파단 섬 영유권 분쟁(2002)에서 국제사법재판소(ICJ)는 처음으로 effectivités라는 용어를 사용하였으며, 이는 권원 취득에 직접 관계되는 주권의 표시 또는 이미 성립된 권원을 확인하기 위한 증거로서 고려되는 관할권의 행사나 표시를 의미한다.
⇨ effectivités는 부르키나 파소 대 말리 국경 분쟁 사건에서 처음 사용한 표현이다.

ㄹ. [O] 페드라 브랑카 섬 영유권 사건(2008)에서 국제사법재판소(ICJ)는 말레이시아의 원시적 권원을 인정하였다.
⇨ 국제사법재판소(ICJ)는 말레이시아의 원시적 권원은 인정되었으나, 결국 영유권이 싱가포르에게 이전되었다고 판시하였다.

07 국제연합 정답 ④

① [O] 안전보장이사회가 어떠한 분쟁 또는 사태에 대하여 현장에서 부여된 임무를 수행하는 동안에는 총회는 안전보장이사회가 요청하지 않는 한 이에 대하여 어떤 권고도 할 수 없다.
⇨ 국제평화와 안전의 유지에 대한 1차적 책임을 안전보장이사회가 지고 있기 때문에 총회는 안전보장이사회의 요청 없이 권고할 수 없는 것이다.

② [O] 총회는 국제평화와 안전을 위태롭게 할 우려가 있는 사태에 대하여 안전보장이사회의 주의를 환기할 수 있다.
⇨ 총회와 안전보장이사회는 상호 국제평화와 안전을 위협하는 사안에 대하여 주의를 환기할 수 있다.

③ [O] 안전보장이사회의 요청이 있는 경우 UN사무총장은 총회의 특별회기를 소집한다.
⇨ 총회의 특별회기는 안전보장이사회 또는 총회의 요청에 의해 UN사무총장이 소집한다.

❹ [×] 안전보장이사회가 국제평화와 안전의 유지 또는 회복에 필요한 공군, 해군 또는 육군에 의한 조치를 취하려 할 때는 총회의 사전동의를 얻어야 한다.
⇨ 안전보장이사회의 단독권한이므로 총회의 사전동의를 요하는 것은 아니다.

08 외국인 정답 ②

① [×] 1973년 천연자원에 대한 영구주권결의는 국유화에 있어서 각국은 국제법에 따라 보상금액과 지급방법을 결정할 의무가 있다고 하였다.
⇨ 국유화에 있어서 각국은 가능한 보상금액과 지급방법을 결정할 권리가 있다고 하였다.

❷ [○] 유럽인권협약에 의하면 본국 정부는 추방된 자들을 받아들일 의무가 있다.

③ [×] Amoco International Finance Corporation v. Iran 사건에서 이란-미국 청구 재판소는 수용을 합법적으로 결정할 수 있는 공공목적에 대한 정확한 정의는 국제법에서 합의된 바 없으며 제시조차 된 일이 없으므로 이 술어는 넓게 해석되고 있으므로, 수용의 유일한 목적이 계약상의 의무를 회피하기 위한 것이었다고 하더라도 그러한 수용은 국제법상 합법적인 것으로 볼 수 있다고 하였다.
⇨ 수용의 유일한 목적이 계약상의 의무를 회피하기 위한 것이었다면 그러한 수용은 국제법상 합법적인 것으로 볼 수 없을 것이라고 하였다.

④ [×] 국가와 타국 국민 간 투자분쟁해결에 관한 협약에 의하면 투자자는 피투자국의 국민이어서는 아니 되며 이에 대한 예외는 없다.
⇨ 외국투자자의 통제하에 있는 피투자국 국내기업의 경우 투자자와 체약국의 합의에 의해 국내기업에게 제소권을 줄 수 있다.

09 국제사법재판소 정답 ④

선택조항에 대한 설명으로 옳은 것은 ㄴ, ㄷ, ㅁ이다.

ㄱ. [×] 선택조항은 국제사법재판소(ICJ)규정에서 처음으로 도입되었다.
⇨ 상설국제사법재판소(PCIJ)규정에서 처음으로 도입되었다.

ㄴ. [○] 선택조항을 수락할 수 있는 주체는 국제사법재판소(ICJ)규정 당사국이다.
⇨ 국제사법재판소(ICJ)규정 비당사국은 선택조항을 수락할 수 없다.

ㄷ. [○] 어떠한 조건, 기한 또는 유보 없이 선택조항을 수락한 국제사법재판소(ICJ)규정 당사국 상호간에 국제법상의 문제에 관한 분쟁 발생시 일방 당사국의 제소에 의하여 강제관할권이 성립한다.
⇨ 선택조항 수락국 상호간에는 강제관할권이 적용된다.

ㄹ. [×] 선택조항의 수락은 다른 당사국과의 합의에 의하여야 한다.
⇨ 선택조항 수락선언은 '일방적 행위'이다.

ㅁ. [○] 선택조항 수락선언서는 UN사무총장에게 기탁된다.
⇨ UN사무총장에게 도달되는 대로 효력이 발생한다.

10 관할권 정답 ②

① [○] 국가의 영토관할권 행사에서 영토는 육지 영토뿐만 아니라 영해와 영공, 공해상의 자국의 선박과 항공기까지 포함한다.
⇨ 속지주의에 대한 것이다.

❷ [×] 접속수역과 배타적 경제수역 및 대륙붕은 연안국의 영역이 아니므로 연안국이 관할권을 행사할 수 있는가에 대한 논란이 있다.
⇨ 접속수역, 배타적 경제수역 및 대륙붕은 연안국의 영역이 아니지만 그 설정 목적의 범위 내에서는 연안국이 관할권을 행사할 수 있다.

③ [○] 1988년 United States 대 Fawaz Yunis 사건에서 미국 법원은 피해자 국적주의와 보편주의를 근거로 관할권 성립을 인정하였다.
⇨ 피해자 국적주의는 수동적 속인주의라고도 한다.

④ [○] 1992년 Alvarez-Machain 사건에서 미국 연방대법원은 미국-멕시코 범죄인 인도조약상 납치를 금지하는 명시적 규정이 없으므로 국제위법행위는 미국 법원의 관할권 행사에 영향을 미치지 않는다고 판시하였다.
⇨ 미국 연방대법원은 미국 법원의 관할권을 인정하였다.

판례 이론 조문

1992년 알바레즈-맥케인(Alvarez-Machain) 사건

미국 마약단속국 요원들이 살인 사건에 가담한 혐의를 받고 있는 알바레즈-맥케인을 납치하여 미국으로 압송한 후 미국 법원에 기소하였다. 이에 멕시코는 미국-멕시코 범죄인 인도조약과 관습법상의 일반원칙을 위반하였다고 미국에 항의하였고 알바레즈-맥케인은 범죄인 인도조약상 국제의무를 위반한 국가의 소추를 금지하고 있는 규정을 근거로 미국 법원에 관할권이 없음을 주장하였다. 그러나 미 연방대법원은 미국-멕시코 범죄인 인도조약상 납치를 금지하는 명시적 규정이 없으므로 알바레즈-맥케인을 납치한 국제위법행위는 미국 법원의 관할권 행사에 영향을 미치지 않는다고 하여 미국 법원의 관할권을 인정하였다.

11 국제환경법 정답 ③

환경영향평가원칙에 대한 설명으로 옳은 것은 ㄱ, ㄷ, ㄹ, ㅁ이다.

ㄱ. [○] 유엔환경계획(UNEP)의 공유자원행위규칙이 환경영향평가를 구체적으로 언급하고 있는 최초의 국제법문서이다.
⇨ 환경영향평가원칙은 타국에 위해를 끼칠 우려가 있는 행위를 하는 경우 그 유해성을 평가해야 한다는 원칙으로, 국제관습법상 원칙이다.

ㄴ. [×] 국제사법재판소(ICJ)는 2015년 판례(니카라과 대 코스타리카)에서 국경을 넘어 중대한 해를 끼칠 수 있는 위험을 내포한 활동에 대해서는 환경영향평가를 실시해야 하나, 반드시 사전에 실시해야 하는 것은 아니고 사후적으로 실시할 수 있다고 판시하였다.
⇨ 국제사법재판소(ICJ)는 반드시 사전에 실시해야 한다고 하였다.

ㄷ. [○] 스톡홀름선언에는 개발도상국의 반대로 환경영향평가원칙이 명시되지 않았다.
⇨ 스톡홀름선언에는 환경영향평가원칙, 사전주의원칙, 공동의 그러나 차별책임원칙, 오염자부담원칙 등이 규정되지 않았다.

ㄹ. [○] 리우선언 제17원칙에 명시되었고, 의제21에도 규정되었다.
⇨ 리우선언에는 환경영향평가원칙 이외에도 사전주의원칙, 공동의 그러나 차별책임원칙, 오염자부담원칙 등이 규정되었다.

ㅁ. [○] 2001년 ILC가 작성한 예방초안에도 규정되었다.
⇨ 예방초안은 타국에 중대한 피해를 야기할 위험이 있는 행동에 대해 환경영향평가를 실시할 것을 규정하고 있다.

12 국제법의 연원 정답 ③

① [O] ICC 규정은 세계의 법체제의 국내법들로부터 재판소가 도출한 법의 일반원칙을 적용법규의 하나로 규정하고 있다.

② [O] 형식적 법원이란 국제법을 성립시키는(law-creating) 방법 또는 절차를 의미하고, 실질적 법원이란 그러한 국제법이 만들어지게 된 배경이나 요인 또는 국제법이 내용을 확인할 수 있는 자료 등을 의미한다.

❸ [X] ILC 관습국제법의 확인(2018)에 의하면 일정한 경우 국제기구의 실행도 관습국제법 형성에 기여하는데, 이때 국제기구의 실행이란 기구 자신의 임무 범위 내에서 기구 자체의 실행뿐만 아니라 당해 기구 기관의 월권행위도 포함한다.
⇨ 국제기구의 실행이란 기구 자신의 임무 범위 내에서 기구 자체의 실행을 가리킨다.

④ [O] ICJ는 Ahmadou Sadio Diallo 판결(2007)에서 합의 속에 특정한 내용이 공통적으로 포함되어 있다는 사실만으로 관습국제법이 증명되지 않는다고 판시한 바 있다.

13 해양법 정답 ④

① [O] 협약 제15부는 분쟁해결제도로서 조정절차와 강제절차 2가지를 규정하고 있다.
⇨ 강제절차는 구속적 절차이며, 일방적으로 진행될 수 있다.

② [O] 강제절차에는 국제해양법재판소(ITLOS), 국제사법재판소(ICJ), 중재재판소, 특별중재재판소의 4가지가 예정되어 있으며, 당사국에 의한 하나 이상의 선택·선언이 없으면 중재재판소를 선택한 것으로 간주된다.
⇨ 강제절차의 선택은 당사국의 재량이다.

③ [O] 분쟁의 당사국들이 분쟁의 해결을 위하여 동일한 절차를 수락하지 않았으면, 달리 합의하지 않는 한 그 분쟁은 중재재판에만 회부될 수 있다.
⇨ 수락한 절차가 다른 경우 중재재판이 적용된다. 절차를 수락하지 않은 경우에도 중재재판이 적용된다.

❹ [X] 조정절차의 경우 강제조정이 원칙이며, 조정의 법적 구속력은 없다.
⇨ 임의조정절차가 원칙이다. 조정의 법적 구속력은 없다.

14 비사법적 해결제도 정답 ③

국제분쟁의 비사법적 해결에 대한 설명으로 옳지 않은 것은 ㄷ, ㅁ이다.

ㄱ. [O] 주선과 중개는 제3자가 개입하되, 주선은 분쟁의 내용에 개입하지 않으나, 중개는 분쟁의 내용에 개입하여 교섭의 기초나 해결안을 제공한다.
⇨ 주선과 중개는 모두 비사법적 해결절차로서 결과에 법적 구속력은 없다.

ㄴ. [O] 1905년 포츠머스 강화조약은 미국에 의한 주선 사례이다.
⇨ 루스벨트(T. Roosvelt)가 주선한 사례이다.

ㄷ. [X] 도거어장 사건은 러시아의 중개로 영국과 프랑스 간 분쟁을 사실심사위원회를 구성하여 해결하도록 하였다.
⇨ 프랑스의 중개로 영국과 러시아 간 분쟁을 사실심사에 의해 해결한 사건이다.

ㄹ. [O] 사실심사와 조정은 통상위원회가 개입하며, 전자는 법적 문제에 개입하지 않으나 조정은 법적 문제를 검토하여 판단한다.
⇨ 사실심사와 조정은 모두 비구속적 분쟁해결절차으로서 법적 구속력이 없다.

ㅁ. [X] 1899년 제1차 만국평화회의에서 영국의 제안으로 국제분쟁의 평화적 해결에 관한 조약에 심사제도가 처음 도입되었다.
⇨ 심사제도는 영국이 아닌 러시아의 제안으로 도입되었다.

15 조약법 정답 ①

❶ [X] 강행규범과 무관한 무효 관련 분쟁은 합의에 의해 조정에 부탁될 수 있다.
⇨ 조약법에 관한 비엔나협약상 조정은 '강제조정'이다. 즉, 일방적 부탁으로 절차가 개시된다.

② [O] 통고 후 3개월이 지나도 상대방이 이의를 제기하지 않으면 그 조약의 무효를 선언할 수 있다.
⇨ 3개월 내에 이의가 제기되면 분쟁해결절차가 진행된다.

③ [O] 상대방이 이의를 제기하면 UN헌장 제33조에 규정된 바에 따라 분쟁을 평화적으로 해결하여야 한다.
⇨ UN헌장 제33조는 분쟁의 평화적 해결제도를 예시해 주는 조항이다. 단, 주선은 동 조항에 명시되어 있지 않은 점을 주의해야 한다.

④ [O] 강행법규 위반의 경우에는 당사자 간 합의를 전제로 중재재판에 회부되며, 합의가 성립하지 않는 경우 일방적으로 국제사법법원에 사건을 회부할 수 있다.
⇨ 중재합의 기한은 명시되어 있지 않다.

16 국제형사법 정답 ②

① [X] 구유고 전범재판소에 의하면 피의자 자신의 책임 구역 내에서 집단학살이 진행 중이라는 사실을 충분히 인지할만한 상황임에도 이를 묵인한 것이 집단살해죄를 구성하지는 않는다고 하였다.
⇨ 묵인한 것은 집단살해죄를 구성한다.

❷ [O] 국제형사재판소 설치를 위한 로마협약(1998)에 의하면 당사국은 UN사무총장에게 서면통보하여 탈퇴할 수 있고 통보서 접수일로부터 원칙적으로 1년 후에 효력이 발생한다.

③ [X] 구유고 국제형사재판소 상소부는 Tadic 사건에 대한 2000년 판결에서 인도에 대한 죄가 전쟁범죄보다 더 중대하며 따라서 더 무거운 과형을 정당화한다고 하였다.
⇨ 인도에 대한 죄가 전쟁범죄보다 더 중대하며 따라서 더 무거운 과형을 정당화하는가의 문제에 부정적으로 답한 바 있다.

④ [×] 국제형사재판소 침략범죄에 관련하여 당사국의 제소나 소추관이 직권으로 수사하는 경우 비당사국 국민에 의해 또한 비당사국의 영토에 대해 범해진 침략범죄에 관해서는 재판소가 관할권을 행사할 수 없다.
⇨ 비당사국 국민에 의해 범해졌거나 비당사국의 영토에 대해 범해진 침략범죄에 관해서는 재판소가 관할권을 행사할 수 없다.

17 WTO분쟁해결양해 정답 ③

① [O] 분쟁해결기구(DSB)는 양허정지조치를 역총의제(reverse consensus system)에 의해 승인한다.
⇨ 양허정지조치를 보통 보복조치라고 한다.
② [O] 합리적 이행기간 내에 이행하지 못한 국가는 보상협상에 따라 자발적으로 보상을 제공할 수 있으며, 이러한 보상은 대상협정에 합치되어야 한다.
⇨ 대상협정에 합치해야 하므로 특히 관세인하로 보상하는 경우 동종상품에 대해 즉시 무조건 관세인하를 단행해 주어야 한다.
❸ [×] 불이행 시 최종적인 제재수단은 양허 또는 그 밖의 의무를 정지하는 것이나 비례원칙을 준수해야 하며 원칙적으로 15개월을 초과할 수 없다.
⇨ 양허 또는 그 밖의 의무의 정지, 즉 보복조치의 기한에 대해서는 명시적 규정이 없다. 위반국이 문제된 조치를 대상협정에 합치시킬 때까지 계속 유지할 수 있다.
④ [O] 보복조치는 원칙적으로 동일한 분야에서 취해져야 하나 교차보복을 취할 수 있다.
⇨ 다른 협정에서 보복조치를 취하는 경우를 교차보복(cross retaliation)이라고 한다.

18 국제연합 정답 ①

❶ [×] 대만은 UN안전보장이사회 상임이사국으로 출발하였으나 1971년 UN총회는 북경 정부가 중국의 대표권을 갖는다고 결의하며 대만은 UN헌장 제6조에 의해 제명되었다.
⇨ 대만은 1971년 UN총회가 북경 정부가 중국의 대표권을 갖는다고 결의하며 사실상 UN에서 추방되는 결과를 가져왔으나 중국의 회원국으로서의 지위는 계속되었다는 점에서 헌장 제6조에 의한 제명은 아니었다.
② [O] 강제조치의 대상인 회원국의 정지된 권리와 특권의 회복은 안전보장이사회의 전속적 권한이며 안전보장이사회가 단독으로 결정할 수 있다.
⇨ 권리의 정지는 안전보장이사회의 권고에 기초하여 총회가 결정한다.
③ [O] 인도네시아는 1965년 UN사무국에 탈퇴를 통지하였다가 다시 복귀하였으며 당시 UN은 재가입절차 없이 인도네시아의 회원국으로서의 지위를 회복시켜주었다.
⇨ 인도네시아는 말레이시아의 안전보장이사회 이사국 진출에 불만을 품고 탈퇴의사를 UN사무국에 통지하였다가 이후 UN참여의사를 다시 밝혔다. 이에 UN은 인도네시아의 탈퇴행위를 회원국으로서의 협력중지로만 해석하기로 하고 재가입절차 없이 인도네시아의 회원국으로서의 지위를 회복시켜주었다.
④ [O] UN에서는 회원국과는 별도로 상주 옵저버(Permanent Observer) 제도가 인정되며 옵저버 국가는 총회에 참석하여 발언권을 행사할 수 있다.
⇨ 상주 옵저버(Permanent Observer) 국가는 총회에 참석하여 때로 발언권을 행사할 수 있으나 회원국이 아니므로 표결권은 없다.

19 조약법 정답 ②

① [O] ICC규정 제121조 제4항에 의하면, 당사국의 7/8이 개정조항을 비준하면 전 당사국에 대해 발효하게 된다.
❷ [×] ILC는 강행규범의 확인을 위해서는 국제공동체에 속하는 모든 국가들에 의한 수락과 인정이 필요하다고 제시했다.
⇨ 전체로서의 국가들의 국제공동체 또는 모든 국가까지는 아니더라도 절대적인 다수 국가들에 의한 수락과 인정이 필요하다고 제시했다.
③ [O] ICJ는 Legal Consequences for States of the Continued Presence of South Africa in Namibia notwithstanding Security Council Resolution 권고적 의견에서 위임통치의 합의 역시 조약의 일종으로서 일방의 중대한 위반이 있으면 이를 종료시킬 수 있다고 판단했다.
④ [O] ILC Draft Articles on the Effects of Armed Conflicts on Treaties(2011)에 의하면 무력분쟁으로 인해 조약의 종료·정지·탈퇴 등의 효과가 발생하느냐를 판단하기 위해서는 조약의 성격, 특히 조약의 주제, 대상과 목적, 내용, 당사국 수 등과 함께 무력분쟁의 성격을 고려해야 한다.

20 TBT협정 정답 ③

TBT협정에 대한 설명으로 옳지 않은 것은 ㄴ, ㅁ, ㅂ이다.
ㄱ. [O] 기술장벽은 동경 라운드에서 처음 논의되어 1979년에 무역에 관한 기술장벽협정으로 채택되었다.
⇨ 1979년 협정의 경우 기존 GATT회원국들의 가입이 재량적이었다. WTO체제에서는 다자간무역협정이므로 모든 WTO회원국이 자동으로 가입하게 된다.
ㄴ. [×] TBT협정은 농산품을 제외한 모든 공산품에 대해 적용된다.
⇨ 농산품도 TBT협정의 적용범위에 포함된다.
ㄷ. [O] WTO회원국은 기술규정의 제정과 적용에 있어서 WTO회원국에서 수입하는 동종 수입품에 대해 최혜국대우를 부여해야 한다.
⇨ TBT협정은 최혜국대우와 내국민대우를 기본원칙으로 한다.
ㄹ. [O] 정부조달 관련 기술규정은 TBT협정의 적용 대상이 아니다.
⇨ TBT협정은 정부조달에 대해서는 적용되지 않는다.
ㅁ. [×] GATT와 마찬가지로 TBT협정은 생산 및 공정 방법(PPMS)에 대해서도 적용된다.
⇨ GATT에서는 생산 및 공정 방법(PPMS)을 규율하지 않았다.
ㅂ. [×] SPS협정과 달리 TBT협정은 동식물의 생명과 건강보호를 목적으로 하지 않는다.
⇨ TBT협정은 동식물의 생명과 건강보호를 목적으로 할 수 있다.

19회 실전동형모의고사

정답

p. 116

01	③	Ⅲ	06	③	Ⅴ	11	④	Ⅰ	16	②	Ⅵ
02	③	Ⅱ	07	①	Ⅳ	12	①	Ⅱ	17	④	Ⅴ
03	④	Ⅳ	08	②	Ⅳ	13	③	Ⅴ	18	①	Ⅶ
04	①	Ⅳ	09	③	Ⅴ	14	④	Ⅴ	19	②	Ⅶ
05	④	Ⅱ	10	①	Ⅵ	15	②	Ⅰ	20	③	Ⅲ

취약 단원 분석표

단원	맞힌 답의 개수
Ⅰ	/ 2
Ⅱ	/ 3
Ⅲ	/ 2
Ⅳ	/ 4
Ⅴ	/ 5
Ⅵ	/ 2
Ⅶ	/ 2
TOTAL	/ 20

Ⅰ 국제법 총론 / Ⅱ 국가 / Ⅲ 국제기구 / Ⅳ 개인 / Ⅴ 국제법의 규율 대상 / Ⅵ 국제분쟁해결 및 무력사용 / Ⅶ 국제경제법

01 국제연합 정답 ③

국제연합(UN)에 대한 설명으로 옳지 않은 것은 ㄴ, ㄹ이다.

ㄱ. [O] 일정 액수의 분담금 납부를 연체하는 회원국은 총회에서 투표권이 박탈되는데 이는 요건 충족 시 총회에서 달리 결정하지 않는 한 자동적으로(즉, 강제로) 적용된다.

ㄴ. [X] 국제연합 탈퇴와 관련하여 회원국이 탈퇴를 선언한 경우 이행되지 아니한 의무가 있는 경우 이를 이행한 이후에 비로소 탈퇴의 효력이 발생한다.

⇨ 국제연합 탈퇴와 관련하여 회원국이 탈퇴를 선언한 경우 일단 탈퇴 자체는 유효한 것으로 보고, 이행되지 아니한 기존 의무는 탈퇴 후 이행하면 된다고 보는 것이 일반적이다.

ㄷ. [O] UN총회에서 전자투표를 하는 경우 각국이 취한 입장이 나타나는 방식으로 할 수도 있고 그것이 나타나지 않는 방식으로 할 수도 있는데, 전자를 '기록되는 투표', 후자를 '기록되지 않는 투표'라고 부른다.

ㄹ. [X] 일반적으로 기구 혹은 주요 기관이 자신의 직무수행을 돕기 위해 만드는 보조기관은 자신이 소속한 기구 혹은 주요 기관의 통제 내지는 감독하에 있다는 의미에서 종속적이나 보조기관의 결정은 자신을 만든 기관에 대해서만은 구속력을 갖는 것이 일반적이다.

⇨ 보조기관의 결정은 자신을 만든 기관에 대해 구속력을 가질 수 없다.

02 국가책임 정답 ③

국가의 국제법상 책임에 대한 설명으로 옳지 않은 것은 ㄴ, ㄹ이다.

ㄱ. [O] 긴급피난(necessity)을 원용하기 위해서는 위험이 객관적으로 존재해야 하며, 단지 예상되거나 가능성이 있는 정도로는 부족하다.

ㄴ. [X] ICJ는 Pulp Mills on the River Uruguay 판결(2010)에서 절차적 의무 위반사안이라고 해도 원칙적으로 원상회복을 요구할 수 있다고 판시했다.

⇨ 절차적 의무 위반에 불과한 사안에 대해 원상회복의 요구는 부적절하며, 재판소가 우루과이측의 의무 위반을 확인하는 판결을 내림으로써 만족(satisfaction)이 성립된다고 판시했다.

ㄷ. [O] Merge 사건에서 조정위원회는 이중국적자의 국적국 상호간에 외교적 보호권을 행사할 수 없다는 원칙은 그중 한 국적이 실효적 국적(effective nationality)라고 증명되면 적용되지 않는다고 판시했다.

ㄹ. [X] Oppenheim은 외국인에게 피해를 입힌 자는 간접적으로 그를 보호할 권리가 있는 국가를 침해한 것이라고 주장했다.

⇨ Vattel의 입장이다.

03 국제인권법 정답 ④

① [X] 모든 당사국은 인권과 국가 경제를 충분히 고려하여 규약에서 인정된 경제적 권리를 어느 정도까지 자국의 국민이 아닌 자에게 보장할 것인가를 결정할 수 있다.

⇨ 개발도상국에 한정되는 규정이다.

② [X] 당사국은 규약에서 인정된 권리의 준수를 실현하기 위하여 취한 조치와 성취된 진전사항에 관한 보고서를 UN총회에 제출한다.

⇨ UN사무총장에게 제출한다.

③ [X] UN경제사회이사회는 당사국이 제출한 보고서 검토를 담당하기 위해 경제적·사회적·문화적 권리에 관한 위원회를 설치하였다. 18명으로 구성되며 임기는 2년이다.

⇨ 위원회의 임기는 4년이다.

❹ [O] 선택의정서에 의하면 국가 간 고발제도와 관련하여 분쟁이 발생한 경우 국내구제가 완료되어야 위원회가 주선을 제공할 수 있으나, 구제절차가 부당하게 지연되는 경우 적용되지 않는다.

⇨ 선택의정서는 개인의 국가고발제도, 국가 간 고발제도, 사실심사절차를 규정하고 있다.

04 국제인권법 정답 ①

❶ [×] 난민 인정 등의 결정은 원칙적으로 난민 인정 신청서를 접수한 날부터 12개월 안에 하여야 한다.
⇨ 6개월 안에 난민 인정 등을 결정하여야 한다.

② [O] 난민 불인정결정을 받은 사람 또는 난민 인정이 취소 또는 철회된 사람은 그 통지를 받은 날부터 30일 이내에 법무부장관에게 이의신청을 할 수 있다.
⇨ 취소는 당초부터 난민자격에 하자가 있는 경우에 해당 처분이 내려지며, 철회는 적법하게 난민자격을 부여받았으나 추후 난민 인정국 이외의 국가의 보호를 받는 경우 해당 처분이 내려진다.

③ [O] 난민으로 인정되어 국내에 체류하는 외국인은 타법률에도 불구하고 대한민국 국민과 같은 수준의 사회보장을 받는다.
⇨ 난민은 우리나라에서 내국민대우를 받는다.

④ [O] 난민위원회나 법원은 난민 신청자나 그 가족 등의 안전을 위하여 필요하다고 인정하면 난민 신청자의 신청에 따라 또는 직권으로 심의 또는 심리를 공개하지 않는 결정을 할 수 있다.
⇨ 난민심사 비공개결정에 대한 설명이다.

05 외교관계 정답 ④

① [O] ICJ는 Arrest Warrant 판결에서 주로 근무지 국가와의 관계에서 인정되는 외교사절의 특권과 면제와 달리, 외교장관의 특권과 면제는 성격상 전세계 모든 국가에서 인정되어야 한다고 하였다.

② [O] 외교관계가 단절되었거나 화재 등으로 손괴되어 공관기능을 할 수 없게 된 경우 해당 공관은 불가침권을 누리지 못한다.

③ [O] ILC의 Draft Articles on the Status of the Diplomatic Courier and the Diplomatic Bag no Accompanied by the Diplomatic Courier에 의하면 전자장비를 통한 외교행낭의 조사는 금지된다.

❹ [×] 외교관계에 관한 빈협약(1961)에 의하면 외교행낭은 공문서와 함께 상업용 항공기 기장을 통해서도 전달될 수 있으며 이 경우 기장은 임시외교신서사로 간주된다.
⇨ 기장은 외교신서사로 간주되지 않는다.

06 국제환경법 정답 ③

국제환경법에 대한 설명으로 옳은 것은 ㄱ, ㄹ이다.

ㄱ. [O] 1998년 특정 유해화학물질 및 농약의 국제교역에 있어서의 사전 통보 승인에 관한 로테르담조약, 2001년 생명공학안전성에 관한 생물다양성협약 카타헤나의정서는 지속가능한 개발을 위해 환경정책과 무역정책이 상호 협력적인 관계에 놓이도록 하자는 견해를 담고 있나.

ㄴ. [×] 1990년 유류오염대비협약, 1992년 산업사고협약은 오염자부담원칙을 규정하고 있는바 이는 기존 관습의 성문화로 인정된다.
⇨ 오염자부담원칙이 국제환경법의 일반원칙이라고 하였다.

ㄷ. [×] 2004년 네덜란드와 프랑스 간 중재재판에서 오염자 부담원칙이 국제법의 일부라고 판시하였다.
⇨ 오염자 부담원칙이 국제법의 일부가 아니라고 판시하였다.

ㄹ. [O] 파리협정(2015)에 의하면 지역경제통합기구와 당해 기구 회원국이 모두 협정의 당사자가 된 경우 기구와 그 회원국들은 협정하의 권리를 공동으로 행사할 수 없다.

07 외국인 정답 ①

❶ [O] 외국인에 대한 추방은 국가의 재량이나 난민의 지위를 갖는 외국인의 추방에 있어서 난민에 대한 강제송환금지(principle of non-refoulement)원칙에 의한 제한이 있다.
⇨ 강제송환금지(principle of non-refoulement)원칙은 난민을 추방하더라도 그 생명이나 자유가 위협받을 수 있는 영토로는 추방할 수 없다는 원칙이다.

② [×] 외국인은 거류지국으로부터 속지적 관할하에 놓이며 본국의 속인적 관할권은 일시적으로 정지된다.
⇨ 외국인은 거류지국으로부터 속지적 관할하에 있고 또한 본국으로부터 속인적 관할하에 있으므로 일종의 이중적 지배하에 있는 특별한 지위에 놓이게 된다.

③ [×] 외국인의 사법상의 권리는 절대적 권리이므로 재류국에 의해 어떠한 경우에도 제한이 가해질 수 없다.
⇨ 외국인의 사법상의 권리 중 재산권이나 직업에 대해서는 국가의 안전이나 공공질서의 유지 또는 국민의 중대이익의 보호라는 관점에서 일정한 제한이 가해질 수 있다.

④ [×] 외국인 재산의 국유화에 있어서 계약상의 권리(contractual rights)는 재산의 개념에 포함되지 않는다.
⇨ 계약상의 권리(contractual rights)도 재산의 개념에 포함된다.

08 난민법 정답 ②

① [×] 난민 인정자가 자발적으로 국적국의 보호를 받고 있는 경우 등에는 난민 인정결정을 취소할 수 있다.
⇨ 난민 인정결정을 철회할 수 있다.

❷ [O] 난민위원회나 법원은 난민 신청자나 그 가족 등의 안전을 위하여 필요하다고 인정하면 난민 신청자의 신청에 따라 또는 직권으로 심의 또는 심리를 공개하지 아니하는 결정을 할 수 있다.
⇨ 예외적 비공개에 대한 것이다.

③ [×] 외교부장관은 유엔난민기구(UNHCR)가 난민 인정자 상황 등에 대하여 통계 등의 자료를 요청하는 경우 협력하여야 한다.
⇨ 자료 요청에 협력하는 것은 법무부장관의 의무이다.

④ [×] 대한민국에 체류하는 난민지위 신청자는 다른 법률에도 불구하고 난민협약에 따른 처우를 받는다.
⇨ 난민 인정자에 대한 규정이다.

09 국제환경법 정답 ③

① [O] 당사국은 남위 60도 이남지역으로의 유해폐기물의 수출을 허가하지 않을 것에 합의한다.
⇨ 남위 60도 이남지역은 남극을 말한다.

② [O] 수출국은 수입국의 동의서를 수령하기 전까지는 생산자 또는 수출자의 월경이동을 허용해서는 안 된다.
⇨ 수입국의 동의가 있어야 수출할 수 있다.

❸ [X] 경유국이 있는 경우 수출국이 경유국에게 통고한 후 30일 내에 경유국의 회답이 없는 경우 수출국은 월경이동을 허용할 수 있다.
⇨ 60일 내에 경유국의 회답이 없는 경우 수출국은 월경이동을 허용할 수 있다.

④ [O] 수출국은 불법무역된 유해폐기물을 관계당사국으로부터의 통보 후 30일 또는 달리 합의한 기간 내에 수출국으로 반입하거나 그것이 불가능하면 협약에 의거하여 다른 방법으로 처리해야 한다.
⇨ 불법무역에 대한 제재조항이다.

10 국제분쟁해결제도 정답 ①

국제분쟁해결제도에 대한 설명으로 옳지 않은 것은 ㄱ, ㄴ이다.

ㄱ. [X] 1981년 동카리브 국가기구 설립조약은 사실 심사위원회의 권고가 구속력이 있음을 규정하고 있다.
⇨ 조정위원회의 권고가 구속력이 있음을 규정하고 있다.

ㄴ. [X] 국제사법재판소규정에 의하면 간이절차부는 3인으로 구성되며 매년 설치되고, 출석 불가한 재판관을 대리할 1인의 재판관을 선정해야 한다.
⇨ 간이절차부는 5인으로 구성되며 매년 설치되고, 출석 불가한 재판관을 대리할 2인의 재판관을 선정해야 한다.

ㄷ. [O] 2002년 콩고의 일방적 제소와 프랑스의 응소 동의로 확대관할권이 성립하였으나 후일 콩고의 제소철회로 판결 없이 종결되었다.

ㄹ. [O] Application of the Convention on the Prevention and Punishment of the Crime of Genocide 사건(Preliminary Objections)(Croatia v. Serbia)에서 소 제기 당시에는 당사자 중의 일방(세르비아)이 재판소 출입을 위한 규정의 장벽을 넘지 못한 상태였다 하더라도 이 요건은 소 제기 후 UN 가입 등의 사건으로 인하여 사후에 충족될 수도 있다고 하였다.
⇨ 인적 관할권의 흠결이 사후적으로 치유되었다고 본 판례이다.

11 일방행위 정답 ④

① [O] 일방행위의 구속력의 기초는 신의성실원칙(good faith)이다.
⇨ 일방행위에 있어서 기속의사가 있는 경우 행위국에게 의무를 창설한다.

② [O] 모든 국가는 일방적 선언을 통해 법적 의무를 부담할 수 있다.
⇨ 국가는 일방적 행위를 통해 자국에게 의무를 부과할 수 있다.

③ [O] 일방적 선언의 법적 효력을 결정하기 위해 일방행위의 내용, 일방행위가 형성되는 실제적인 조건들 및 일방행위가 야기하는 반응들을 고려해야 한다.
⇨ 기속의사를 확인하는 요소들이다.

❹ [X] 국가원수, 정부수반, 외무장관은 일방행위를 할 권한이 있으나 특정 문제에 있어서 국가를 대표하는 다른 개인들은 일방행위의 권한이 없다.
⇨ 일방행위에 관한 ILC지도원칙 제4항에 대한 내용이다.

판례 이론 **조문**

ILC지도원칙 제4항 국가를 대표하는 다른 개인들도 그들의 권한범위에 속하는 영역에서는 일방적 선언을 통해 법적 의무를 부담할 수 있다.

12 국가면제 정답 ①

❶ [X] 국가의 대리인이 타국의 법정에 증인으로서 출석하는 경우, 국가가 그 법정의 관할권 행사에 동의하는 것으로 해석될 수 있다.
⇨ 증인으로 출석하는 것은 면제의 묵시적 포기로 인정되지 않는다.

② [O] 타국 법정에서 자기를 상대로 제기된 소송에서 반소를 제기하는 국가는 그 주된 청구와 관련하여 그 법정의 관할권으로부터의 면제를 주장할 수 없다.
⇨ 반소를 제기한 것은 본소에 대한 면제를 묵시적으로 포기한 것이다.

③ [O] 법정절차 진행 중 국가가 특정의 행위를 하거나 삼가도록 또는 소송목적상 서류를 작성하거나 정보를 공개하도록 지시하는 타국의 법정의 명령을 이행하지 않았거나 이를 거부하는 경우, 그러한 불이행 또는 거부를 이유로 국가에 대해 여하한 벌금 또는 처벌도 부과될 수 없다.
⇨ 국가면제를 포기하여 재판을 받는 상황을 전제로 하는 규정이다.

④ [O] 국가는 타국의 권한 있는 법정에서 자국에게 귀속되는 것으로 주장되는 작위 또는 부작위로 인한 사망 기타 인적 피해 또는 유형의 재산상의 피해에 대한 금전적 배상에 관한 소송에 있어서 관할권 면제를 원용할 수 없으나, 작위 또는 부작위가 전체적으로 또는 부분적으로 그 타국의 영토상에서 발생하였으며 그 작위 또는 부작위의 주체가 그 작위 또는 부작위의 발생 당시에 그 영토상에 있는 경우에 한한다.
⇨ 불법행위에 대해 면제가 제한된다.

13 해양법 정답 ③

The Artic Sunrise호 중재 사건에 대한 설명으로 옳은 것은 ㄴ, ㄹ이다.

ㄱ. [X] 중재재판소에 의하면 러시아 EEZ 내의 석유시추 플랫폼 프리라즈롬나야는 선박이 아닌 고정된 플랫폼이나 넓게 보아 해적의 대상인 타 선박의 요건에 해당한다.
⇨ 프리라즈롬나야는 선박이 아닌 고정된 플랫폼이기 때문에 해적행위가 성립하기 위한 타 선박의 요건에 해당하지 않는다.

ㄴ. [O] 중재재판소에 의하면 러시아의 추적은 도중에 중단되었기 때문에 추적권 행사를 위한 누적적 요건을 충족시키지 못하였다.

ㄷ. [X] 네덜란드는 국제해양법재판소에 자국 출신 재판관이 없어 임시재판관 1인을 선정할 것을 주장했으나, 재판소는 잠정조치 결정에 있어서는 임시재판관 선임이 인정되지 않는다고 하였다.
⇨ 잠정조치 결정에 임시재판관 선임이 인정되었다.

ㄹ. [O] 네덜란드와 러시아는 해양법협약상 동일한 분쟁해결절차를 수락하지 않았으므로 협약 제7부속서에 따라 중재재판에 회부되었다.
⇨ 강제절차 선택은 재량이나, 선택한 절차가 불일치하는 경우 중재절차가 적용된다.

14 국제환경법 정답 ④

① [O] 사전주의의 개념은 독일 연방 임미시온방지법 제5조에서 규정하고 있는 Vorsorge-prinzip(사전배려원칙)에서 유래하여 1980년대 중반부터 국제환경법 문서에 나타나기 시작하였다.
⇨ 사전주의원칙은 과학적 확실성이 없어도 환경보호를 위해 필요한 조치를 취하자는 원칙이다.

② [O] 1992년 리우선언 제15원칙은 사전주의원칙을 천명하고 있으며, Agenda21은 사전주의적 조치, 환경영향평가, 청정생산기술, 재활용 등 사전주의원칙을 실천하는 구체적인 방법을 제시하고 있다.
⇨ 사전주의원칙은 1985년 오존층보호를 위한 비엔나협약에서 국제문서로는 처음 명시되었고, 이후 리우선언에도 반영되었다.

③ [O] 1992년 생물다양성협약과 기후변화협약, 1995년 경계성 왕래 어족 및 고도 회유성 어족의 보존과 관리에 관한 협약, 1996년 런던협약 개정의정서, 2000년 생물다양성협약 생물안정성에 관한 카르타헤나의정서 등에서 사전주의원칙을 도입하고 있다.
⇨ 카르타헤나의정서는 유전자변형식품의 국가 간 거래를 통제하는 조약이다.

❹ [X] 국제해양법법원은 사전주의원칙이 관습국제법으로 확립되었다고 평가하였다.
⇨ 관습국제법으로 가는 과정에 있다고 평가하였다.

15 조약 정답 ②

유보를 명시적으로 금지한 조약으로 옳은 것은 ㄱ, ㄷ, ㄹ이다.

ㄱ. [O] WTO설립협정
⇨ WTO설립협정은 유보를 전면적으로 금지하고 있다. 단, 부속서의 경우 유보가 허용될 수 있다.

ㄴ. [X] 핵무기의 비확산에 관한 조약(NPT)
⇨ NPT의 경우 유보조항이 없다. 이러한 경우 조약법에 관한 비엔나협약에 따르면 양립성원칙이 적용된다.

ㄷ. [O] 기후변화에 관한 국제연합 기본협약
⇨ 기후변화협약, 교토의정서, 파리협정에서는 모두 유보가 전면적으로 금지된다.

ㄹ. [O] 국제형사재판소(ICC)에 관한 로마조약
⇨ 로마조약 역시 유보가 전면금지된다.

ㅁ. [X] 난민의 지위에 관한 협약
⇨ 난민의 지위에 관한 협약의 경우 유보불가조항이 열거적으로 규정되어 있다. 따라서 다른 조항에 대한 유보는 허용된다.

ㅂ. [X] 조약법에 관한 비엔나협약
⇨ 조약법에 관한 비엔나협약에는 유보에 대한 규정이 없다.

ㅅ. [X] 경제적·사회적·문화적 권리에 관한 국제규약
⇨ 경제적·사회적·문화적 권리에 관한 국제규약에는 유보에 대한 규정이 없으므로 양립성원칙이 적용된다.

16 국제사법재판소 정답 ②

① [X] UN 전문기구가 아닌 국제원자력기구(IAEA)는 권고적 의견 요청 관련 경제사회이사회로부터 사전적·포괄적 승인을 받았다.
⇨ 총회로부터 사전적·포괄적 승인을 받았다.

❷ [O] 1990년 ICJ는 엘살바도르와 온두라스 간 국경분쟁사건에서 니카라과에게 자발적·비당사자 소송참가를 처음으로 허용하였다.
⇨ ICJ규정 제62조에 따른 소송참가이다.

③ [X] ICJ는 비호권 사건에서 최초로 쿠바가 해석적 참가 요건을 충족했다고 판시하였다.
⇨ 아야 델 라 토레 사건에서 최초로 인정되었다.

④ [X] 쟁송사건 및 부수적 사건에 있어서 국가는 특정 판사에 대해 기피신청을 할 수 있다.
⇨ 권고적 사건에서만 기피신청이 인정된다.

17 우주공간 정답 ④

① [O] 달과 기타 천체를 포함한 외기권에 있어서의 과학적 조사의 자유가 있으며 국가는 이러한 조사에 있어서 국제적인 협조를 용이하게 하고 장려한다.

② [O] 당사국은 지구주변의 궤도에 핵무기 또는 기타 모든 종류의 대량파괴 무기를 설치하지 않으며, 천체에 이러한 무기를 장치하거나 기타 어떠한 방법으로든지 이러한 무기를 외기권에 배치하지 아니할 것을 약속한다.

③ [O] 달과 기타 천체의 평화적 탐색에 필요한 어떠한 장비 또는 시설의 사용도 금지되지 아니한다.

❹ [X] 당사국은 달과 기타 천체를 포함한 외기권에 있어서 그 활동을 정부기관이 행한 경우에 한해 국가활동에 관하여 그리고 본 조약에서 규정한 조항에 따라서 국가활동을 수행할 것을 보증함에 관하여 국제적 책임을 져야 하나, 비정부 주체가 행한 경우 국가는 국제적 책임을 지지 아니한다.
⇨ 그 활동을 정부기관이 행한 경우나 비정부 주체가 행한 경우를 막론하고, 국가활동에 관하여 그리고 본 조약에서 규정한 조항에 따라서 국가활동을 수행할 것을 보증함에 관하여 국제적 책임을 져야 한다.

18 SCM협정 정답 ①

❶ [O] US-Lumber 사건의 패널은 벌채권 부여가 상품의 제공에 해당된다고 판시하였다.
⇨ 결국 벌채권을 통해 목재를 제공하는 것이므로 상품의 제공이라고 본 것이다.

② [X] 간접보조금은 직접보조금과 달리 혜택이 존재하지 않더라도 규제대상이 된다.
⇨ 간접보조금도 재정적 기여 및 혜택이 존재해야 협정상 보조금에 해당한다.

③ [X] 수출보조금의 경우 특정성이 적극적으로 입증된 경우에 한하여 규제대상이 된다.
⇨ 수출보조금은 특정성이 존재하는 것으로 간주되기 때문에 적극적 입증을 요하는 것은 아니다.

④ [X] 수출보조금에 대해서는 조치가능보조금과 달리 다자간 구제절차가 적용되지 않는다.
⇨ 수출보조금에 대해서도 다자간 구제절차가 적용된다.

19 WTO설립협정 정답 ②

협정 개정절차에 대한 설명으로 옳지 않은 것은 ㄷ, ㅁ이다.

ㄱ. [O] 세계무역기구(WTO) 회원국은 각료회의에 개정안을 제출함으로써 이 협정 또는 부속서 1의 다자간무역협정에 대한 개정을 발의할 수 있다.
⇨ 모든 회원국에게 개정 제안권을 부여하고 있다.

ㄴ. [O] 이사회는 자신이 그 운영을 감독하는 부속서 1의 다자간무역협정의 규정에 대한 개정안을 각료회의에 제출할 수 있다.
⇨ 관련이사회도 개정을 제안할 수 있다.

ㄷ. [X] 각료회의가 보다 긴 기간을 결정하지 아니하는 한, 각료회의에 개정안이 공식적으로 상정된 날로부터 30일 동안에 각료회의는 개정안을 회원국의 수락을 위하여 회원국에게 제출할 것인지 여부에 관하여 컨센서스에 의하여 결정한다.
⇨ 각료회의가 보다 긴 기간을 결정하지 아니하는 한, 각료회의에 개정안이 공식적으로 상정된 날로부터 90일 동안에 각료회의는 개정안을 회원국의 수락을 위하여 회원국에게 제출할 것인지 여부에 관하여 컨센서스에 의하여 결정한다.

ㄹ. [O] 컨센서스가 이루어지는 경우, 각료회의는 즉시 동 개정안을 회원국의 수락을 위하여 회원국에게 제출한다.
⇨ 제출된 개정안을 정식 개정안으로 상정하기 위해서는 원칙적으로 총의가 형성되어야 한다.

ㅁ. [X] 정해진 기간 내에 각료회의에서 컨센서스가 이루어지지 아니할 경우, 각료회의는 동 개정안을 회원국의 수락을 위하여 회원국에게 제출할 것인지 여부를 회원국 4분의 3 다수결로 결정한다.
⇨ 정해진 기간 내에 각료회의에서 컨센서스가 이루어지지 아니할 경우, 각료회의는 동 개정안을 회원국의 수락을 위하여 회원국에게 제출할 것인지 여부를 회원국 3분의 2 다수결로 결정한다.

20 국제연합 정답 ③

① [X] 인권이사회는 2008년 UN안전보장이사회의 결의에 의해 설립되었다.
⇨ 2006년 총회의 결의를 통해 설립되었다. 기존 경제사회이사회산하의 인권위원회(Commission on Human Rights)를 폐지하고 새로 설립한 것이다.

② [X] 인권이사회는 UN의 전문기구(specialized agency)로서의 지위를 가진다.
⇨ 인권이사회는 UN총회 산하기관이다.

❸ [O] 인권이사회는 국가의 인권의무 이행과 관련하여 보편적 정례검토(Universal Periodic Review)를 수행한다.
⇨ 보편적 정례검토(Universal Periodic Review)란 UN회원국의 인권상황을 4년 주기로 검토하는 것을 말한다.

④ [X] 인권이사회 자문위원회는 개인자격으로 봉사하는 20명의 인권전문가로 구성된다.
⇨ 자문위원회는 18명으로 구성되며 2008년에 설립되었다. 임기는 3년이며 1회 재임할 수 있다.

MEMO

최종점검 기출모의고사

01회 최종점검 기출모의고사

정답

p. 126

01	④	Ⅰ	06	②	Ⅱ	11	②	Ⅳ	16	②	Ⅴ
02	①	Ⅰ	07	③	Ⅳ	12	②	Ⅱ	17	①	Ⅵ
03	①	Ⅲ	08	④	Ⅰ	13	①	Ⅰ	18	④	Ⅵ
04	④	Ⅱ	09	③	Ⅱ	14	①	Ⅴ	19	④	Ⅶ
05	④	Ⅱ	10	③	Ⅲ	15	①	Ⅳ	20	④	Ⅶ

Ⅰ 국제법 총론 / Ⅱ 국가 / Ⅲ 국제기구 / Ⅳ 개인 / Ⅴ 국제법의 규율 대상 / Ⅵ 국제분쟁해결 및 무력사용 / Ⅶ 국제경제법

취약 단원 분석표

단원	맞힌 답의 개수
Ⅰ	/ 4
Ⅱ	/ 5
Ⅲ	/ 2
Ⅳ	/ 3
Ⅴ	/ 2
Ⅵ	/ 2
Ⅶ	/ 2
TOTAL	/ 20

23' 9급

01 조약법 정답 ④

① [×] 국가 대표의 부정을 사유로 조약의 부적법을 주장할 수 있는 국가가 사후 명시적 또는 묵시적으로 조약의 유효성에 동의하더라도 그 하자는 치유되지 않는다.
⇨ 국가대표의 부정은 상대적 무효사유에 해당되므로 동의에 의해 하자가 치유된다.

② [×] 기만을 조약의 부적법 사유로 원용할 권리가 있는 국가는 특정 조항에 대해서만 부적법화를 주장할 수 있다.
⇨ 기만이나 국가대표의 부정은 가분성에 있어서 '임의적 분리사유'이다. 따라서 특정 조항에 대해서만 부적법화를 주장할 수도 있고, 조약 전체에 대해 부적법을 주장할 수도 있다.

③ [×] 조약체결 당시에 존재한 사실의 착오 또는 법의 착오가 조약에 대한 동의의 본질적 기초를 형성하는 경우, 착오는 조약의 부적법 사유로 원용될 수 있다.
⇨ 사실의 착오는 원용사유이나, 법의 착오는 무효사유로 원용되 수 없다.

❹ [○] 국제연합헌장에 구현된 국제법의 제 원칙을 위반하여 힘의 위협 또는 사용에 의하여 체결된 조약은 무효이며, 분쟁당사국은 강행규범과 충돌하는 조약에 관한 분쟁의 결정을 국제사법재판소에 부탁할 수 있다.
⇨ 국가에 대한 강박은 절대적 무효사유이다. 그리고, 강행규범 관련 분쟁은 최종적으로 국제사법재판소의 약정관할권이 성립할 수 있다.

22' 9급

02 국제법과 국내법의 관계 정답 ①

❶ [×] 국제재판소는 국제법에 위반되는 국내법의 효력을 무효로 할 수 있다.
⇨ 국제재판소는 국내법이 국제법에 위반되더라도 국내법을 직접 무효화할 수 없다. 다만, 국내법이 국제법에 합치하지 않는다고 선언할 수 있을 뿐이다.

② [○] 각국의 국내법 질서 속에서 국제법은 국내적으로 직접 적용되기도 하고 국내법으로 변형되어 실현되기도 한다.
⇨ 국제법의 국내적 적용문제는 주권사항이다. 따라서 직접 적용, 즉 수용하는 국가도 존재하고, 변형하는 국가도 존재한다.

③ [○] 대한민국 헌법에 의하여 체결·공포된 조약은 변형 없이도 국내법과 같은 효력을 가진다.
⇨ 우리나라 헌법에서는 조약과 관습을 수용하는 취지를 규정하고 있다.

④ [○] 국가는 조약 및 다른 국제법에 따른 의무불이행의 정당화 사유로 자국 헌법이나 국내법 규정을 원용할 수 없다.
⇨ 국제관계에서는 국제법이 적용되므로 국내법을 원용할 수 없다.

15' 7급

03 국제연합 정답 ①

❶ [×] 국제기구가 소재지국과 조약 체결을 통해 국내법상 법인격을 부여받게 되는 경우에는 그 기구에 속한 모든 회원국의 국내법상 법인격을 인정받게 된다.
⇨ 국제기구가 소재지국과 체결한 조약 역시 '상대적 효력'만 인정된다. 따라서 회원국 전체에 대해 법인격이 인정되는 것은 아니며 별도로 조약을 체결해야 한다.

② [○] UN헌장에는 UN의 국제법상 법인격을 부여하는 직접적인 명문 규정이 없음에도 UN의 목적, 직무, 권한 등에 따라 UN의 국제법상 법인격이 인정되고 있다.
⇨ 국제사법재판소(ICJ)의 판례 'UN 근무 중 입은 손해의 배상에 관한 권고적 의견' 사건에서 인정되었다.

③ [○] UN헌장 제43조의 조약체결권과 제105조의 목적달성에 필요한 특권과 면제에 대한 권한 부여는 UN의 국제법상 법인격을 전제로 한 것이다.
⇨ UN의 국제법인격이 명시되지 않았으나, UN의 조약 체결 규정으로부터 UN의 국제법인격을 도출하기도 한다. 조약체결권은 국제법률행위능력을 가진 자의 행위이기 때문이다.

④ [○] UN은 다른 국제법주체에 대한 국제청구를 제기하여 자신의 권리를 지킬 능력을 가지고 있다.
⇨ 이를 직무 보호권이라 한다. 직무 보호권은 국제사법재판소(ICJ)의 판례인 'UN 근무 중 입은 손해의 배상에 관한 권고적 의견'을 통해 확립되었다.

12' 7급

04 국가승인 정답 ④

국제실행(practice)으로 옳은 것은 ㄱ, ㄴ, ㄷ 모두이다.

ㄱ. [O] 1965년 UN 안전보장이사회는 인종차별적 소수 백인 국가인 로디지아를 승인하지 말 것을 요구하는 결의를 채택하였다.

⇨ 로디지아는 남아프리카공화국이 흑인 인종분리정책에 기초하여 형성한 국가였으나, 이 국가는 '인권존중의무'라는 '강행규범'에 반하여 창설된 사실에 해당하여 UN은 국가들에 대해 불승인·불원조를 요구하는 결의를 성립시켰다. 현행 국제법에서는 국가성립요건으로 강행규범에 반하지 아니하여야 한다고 보는 것이 일반적이다.

ㄴ. [O] '국가의 권리와 의무에 관한 몬테비데오협약'은 "국가는 다른 국가의 승인과 상관없이 존재한다."라고 규정하여 '선언적 효과설'에 입각하고 있다.

⇨ 창설적 효력설은 국가의 사실상 성립에도 불구하고 국제법적 확립을 위해서는 기존국가의 승인을 요한다고 보는 반면, 선언적 효력설은 사실상의 성립으로 국제법상 국가성립의 요건을 충분히 갖춘 것으로 본다. 몬테비데오협약은 선언적 효력설에 기초하여 국가성립에 있어서 타국의 승인은 요구되지 않는 것으로 규정하였다.

ㄷ. [O] 미국에 의해서 승인된 피승인국은 미국 법원에 제소할 수 있는 권리를 취득한다.

⇨ 미승인국의 국내법적 효력은 국가의 재량사항이기 때문에 국가마다 다르다. 영국의 경우 대체로 창설적 효력설에 기초하고 있으나, 미국은 선언적 효력설에 기초하여 승인을 받지 않은 국가에 대해서도 그 국내법의 효력을 인정하거나 소송당사자 능력을 인정한다. 피승인국은 미국 국내법상 소송권을 갖는다.

20' 7급

05 자위권 정답 ④

① [O] 뉘른베르크 국제군사재판소는 자위권 행사의 합법성 여부는 궁극적으로 조사 및 재판의 대상이 된다고 판결하였다.

⇨ 뉘른베르크 국제군사재판소는 독일 전범들을 단죄한 재판소로서 심리과정에서 피고인들은 자위권을 들어 정당화를 시도하였고, 재판소는 자위권 요건 충족 여부는 심리대상이 된다고 보았으나, 자위권으로 피고들의 범죄를 정당화할 수는 없다고 하였다.

② [O] ICJ는 콩고민주공화국과 우간다 간의 Armed Activities on the Territory of the Congo 사건에서 콩고령에 주둔하는 비정규군 조직이 우간다를 공격한 행위에 대하여 우간다는 자위권을 행사할 수 있는 상황은 아니라고 판단하였다.

⇨ 비정규군의 행위가 콩고로 귀속되지 않는 한, 비정규군의 무력공격을 자위권 발동의 대상으로 삼을 수는 없다고 본 것이다.

③ [O] UN국제법위원회의 2001년 「국제위법행위에 대한 국가책임 초안」 주해에 따르면 자위권 행사가 「UN헌장」 제2조 제4항 의무 외 다른 국제의무의 불이행을 구성하는 경우, 그러한 불이행의 위법성은 동 항의 위반과 관련되는 한 조각된다.

⇨ 자위권은 무력사용금지의무 위반에 대해 위법성을 조각하는 사유이다. 따라서 자위권 발동 과정에서 다른 의무를 위반한 경우 위법성이 조각되지 않으나, 무력사용금지의무와 관련된 의무를 위반한 경우라면 포괄적으로 자위권으로 정당화할 수 있다.

❹ [X] 아직 임박하지 않은 추정적 공격에 대한 자위권 행사는 UN헌장이 아닌 Caroline공식에 의하면 수락될 가능성이 크다.

⇨ Caroline공식(또는 Webster 공식)은 자위권 발동에 있어서 필요성을 요건으로 제시하였다. Caroline공식에 의하면 '절박한(imminent)' 무력공격에 대한 선제적 공격은 허용된다고 볼 수 있으나, 아직 임박하지 않은 추정적 공격에 대한 자위권 행사가 허용된다고 보기 어렵다.

19' 7급

06 주권면제 정답 ②

① [X] 주권면제는 국제법상 강행규범이므로 침해할 수 없다.

⇨ 주권면제는 강행규범이 아니다. 따라서 합의에 의해 배제할 수 있다.

❷ [O] 국가는 법정지국에 소재하는 부동산과 관련된 소송에서 주권면제를 원용할 수 없다.

⇨ 법정지국 내에 소재하는 부동산 관련 소송에서 면제가 제한된다.

③ [X] 본소에서 피고가 된 외국이 반소를 제기하더라도 본소에서는 주권면제를 향유한다.

⇨ 반소를 제기하는 경우 면제의 묵시적 포기에 해당한다. 따라서 본소에 대해서도 면제를 향유하지 못한다.

④ [X] 국가가 타국 법의 적용에 동의하면 그 국가 법원의 관할권을 수락한 것으로 간주된다.

⇨ 타국 법의 적용에 대한 동의는 면제의 묵시적 포기가 아니므로 법원의 관할권을 수락한 것으로 간주되지 않는다.

23' 9급

07 외교보호 정답 ③

초안 제15조 규정을 중심으로 출제된 것이다.

① [O] 국내법원이 해당 사건에 대한 재판관할권을 행사할 권한이 없는 경우

② [O] 실효적 구제를 제공할 수 있는 합리적 수단이 국내에서 제공되지 않는 경우

❸ [X] 피해자가 구제조치 판결을 받을 가능성이 작거나 비용상 사법적 접근의 어려움이 큰 경우

⇨ 국내 구제절차 완료 원칙의 예외에 해당되지 않는다. 피해자가 국내 구제 수단에서 명백히 배제된 경우에 해당된다고 보기 어렵다.

④ [O] 피해자가 국내 구제절차로부터 명백하게 배제되고 있는 경우

20' 9급

08 국제법의 개념 정답 ④

① [×] 20세기 초까지 다수의 국제법 학자들은 국제기구 및 개인을 국가와 동일한 국제법 주체로 간주하였다.
⇨ 20세기 초까지는 국제법을 '국가 간의 법'으로 규정하여 국가만이 국제법의 주체라는 관념을 갖고 있었다.

② [×] 'Jus gentium'이라는 용어는 현재에도 국제법의 다른 표현으로 널리 이용되고 있다.
⇨ 'Jus gentium'은 '만민법'으로서 로마의 국내법이다. 외국인 상호 간 또는 로마시민과 외국인 상호 간 관계를 규율하였다. 반면, 'Jus civile'는 시민법으로서 로마인 상호 간 관계를 규율하였다.

③ [×] 푸펜도르프(Pufendorf)는 실정법만이 법적으로 구속력 있는 규칙을 담고 있다고 주장하였다.
⇨ 푸펜도르프(Pufendorf)는 '자연법'만이 국제법이라고 주장하였다.

❹ [O] 국제사법은 국제적 규범체제, 즉 국제법이 아닌 특정 국가의 국내법의 명칭에 불과하다.
⇨ 국제사법은 한국의 경우 섭외적 사건에 있어서 그 법정지나 준거법을 설정하는 법으로서 명칭과 달리 국내법이다.

21' 9급

09 국가의 기본적 권리의무 정답 ③

① [O] 「국제연합(UN)헌장」에 따르면, 모든 UN 회원국은 제55조에 명시된 목적을 달성하기 위해서 UN과 협력할 것을 약속하고 있다.
⇨ 헌장 제55조는 사람의 평등권 및 자결권 존중에 기초한 국가 간의 평화롭고 우호적인 관계에 필요한 안정과 복지의 조건을 창조하기 위해 국제연합(UN)이 보다 높은 생활수준 등을 촉진하도록 규정하고 있다. 헌장 제56조는 모든 회원국이 제55조에 규정된 목적 달성을 위해 국제연합(UN)과 협력하여 공동의 조치 및 개별적 조치를 취할 것을 약속한다고 규정하고 있다.

② [O] 자결권을 갖는 민족에 대해서 압제국이 무력을 행사하는 경우 제3국이 해당 민족을 군사적으로 지원해도 이는 압제국 국내문제의 불간섭원칙을 위반하지 않는다.
⇨ 자결권을 갖는 민족에 대해 압제국이 무력을 행사하는 문제는 압제국 국내문제라고 보기 어렵다. 따라서 국내문제 불간섭원칙을 위반하지 않는다. 민족자결권의 범위에 제3국으로부터 무력지원을 받을 권리가 포함되는지에 대해 논쟁이 있으나, 다수설 및 제3세계의 입장은 무력지원을 받을 권리, 나아가 압제국에 대해 무력을 사용할 권리가 있다는 것이다.

❸ [×] 「국제연합(UN)헌장」에 따르면, 제7장의 규정은 UN 회원국의 본질적인 국내관할권에 대한 사항에 적용될 수 없다.
⇨ 국제연합(UN)헌장 제2조 제7항 단서에 의해 헌장 제7장은 국내문제 불간섭원칙의 지배를 받지 않는다.

④ [O] 국가를 대표할 정부가 없거나 정상적인 기능을 수행하지 못하는 국가도 국제법상 법주체성을 유지한다.
⇨ 국가의 성립요건은 인구, 영토, 실효적 정부 그리고 외교능력이다. 정부의 실효성이 약화된다고 해도 일단 성립한 국가의 계속성이나 동일성은 유지된다.

15' 경찰간부

10 국제연합 정답 ③

UN총회가 단독으로 처리할 수 있는 것은 가, 나, 라 3개이다.

가. [O] 안전보장이사회 비상임이사국 선출
⇨ 총회의 단독권한이다.

나. [O] 경제사회이사회, 신탁통치이사회 이사국의 선거
⇨ 총회의 단독권한이다.

다. [×] 사무총장의 임명
⇨ 안전보장이사회의 권고와 총회의 결정에 의한다.

라. [O] 예산승인 및 각 회원국에 대한 경비할당
⇨ 총회의 단독권한이다.

마. [×] 회원국의 권리와 특권의 행사정지
⇨ 안전보장이사회의 권고와 총회의 결정에 의한다.

19' 7급

11 개인 정답 ②

「국적법」에 대한 설명으로 옳은 것은 ㄱ, ㄴ, ㅁ이다.

ㄱ. [O] 국적은 국가의 인적 관할권 행사의 기초가 된다.
⇨ 인적 관할권이란 국민에 대한 관할권을 말한다. 국적은 국민을 결정하는 기준이 된다.

ㄴ. [O] 「국적법」은 부모양계혈통주의를 적용하고 있다.
⇨ 부모양계혈통주의란 자녀는 부의 국적이나 모의 국적을 부여받는 것을 말한다.

ㄷ. [×] 국가는 국내법에 따라 자국민의 범위를 결정할 재량권을 갖지 못한다.
⇨ 국적 결정은 국가의 재량권이다. 다만, 대항력을 갖기 위해서는 국제법적 기준을 충족해야 한다.

ㄹ. [×] 국가는 개인의 국적을 자의적으로 박탈할 수 없고, 개인은 자신의 국적을 변경할 권리를 갖지 않는다.
⇨ 개인은 자신의 국적을 변경할 권리를 갖는다.

ㅁ. [O] 「국적법」은 후천적 복수국적자가 국내에서 외국 국적을 행사하지 않겠다는 서약을 하는 경우 외국 국적의 유지를 허용하고 있다.
⇨ 복수국적자를 허용하는 규정이다.

21' 9급

12 국가관할권 정답 ②

① [O] 속지주의 이론에 따르면, 국가는 행위자의 국적에 상관없이 자국 영역 내에서 발생한 사건에 대해 관할권을 가지므로 범죄행위의 개시국과 범죄결과의 최종발생국 모두 관할권을 행사할 수 있다.
⇨ 범죄행위 개시국의 관할권을 주관적 속지주의, 범죄결과 최종발생국의 관할권을 객관적 속지주의라고 한다.

❷ [×] 능동적 속인주의 이론에 따르면, A국 국적의 갑이 B국에서 C국 국적의 을을 살해한 경우 C국이 갑에 대하여 형사관할권을 행사할 수 있다.
⇨ C국은 '피해자의 국적국'이므로 수동적 속인주의에 의해 관할권을 가질 수 있다.

③ [O] 보호주의 이론에 따르면, A국 국적의 갑이 B국 영역 내에서 C국의 화폐를 위조하여 사용한 경우 C국이 갑에 대하여 형사 관할권을 행사할 수 있다.
⇨ 보호주의는 국가적 법익이 침해된 국가가 가지는 관할권이다.

④ [O] 효과이론에 따르면, 외국인이 자국 영역 밖에서 행한 행위로 인하여 그 결과가 자국에게 실질적인 영향을 미친 경우 역외에 있는 해당 외국인에 대해서도 관할권을 갖는다.
⇨ 효과이론은 국내법의 역외적용의 논거로 자주 이용되며, 객관적 속지주의의 확장이론이라고 한다.

23' 9급

13 국제관습 정답 ①

❶ [X] 국제사법재판소는 조약과 국제관습법이 충돌하면 국제사법재판소 규정 제38조 제1항에 규정된 순서대로 조약을 우선하여 적용한다.
⇨ 조약과 국제관습법은 서로 대등하므로 충돌시 신법 우선의 원칙의 지배를 받는다.

② [O] 국제관습법은 성문법전화를 통해 조약으로 만들어지더라도 소멸하지 않고 국제법적 효력을 계속 갖는다.
⇨ ICJ가 니카라과 사건에서 설시한 바 있는 것으로서 '조약과 관습의 병존'이라고 한다.

③ [O] 조약은 국제관습법 성립 요건인 국가실행의 증거가 되어 국제관습법의 확립에 기여할 수 있다.
⇨ 조약은 일반관행의 증거가 될 수 있다.

④ [O] 조약법에 관한 비엔나협약의 상당 부분은 기존 국제관습법을 성문법전화한 것이지만, 일부 조항은 새로운 발전적 요소를 제시하고 있다.
⇨ 관습의 성문화를 기반으로 하되 이를 구체화하는 규범도 담고 있다.

14' 7급

14 우주공간 정답 ①

❶ [O] UN헌장과 1967년의 우주조약을 포함한 국제법과 일치하지 않는 발사국의 활동 결과로 야기된 손해에 대해서는 피해국의 과실 여부에 관계없이 발사국이 절대책임을 진다.
⇨ 발사국에게는 어떠한 면책도 인정되지 않는다.

판례 이론 **조문**

> **우주책임조약 제6조 제2항** UN헌장 및 달과 기타 천체를 포함한 외기권의 탐색과 이용에 있어서의 국가 활동을 규율하는 원칙에 관한 조약을 포함한 국제법과 일치하지 않는 발사국에 의하여 행하여진 활동으로부터 손해가 발생한 경우에는 어떠한 면책도 인정되지 않는다.

② [X] 우주 물체가 지구 표면의 사람에 끼친 손해에 대해서 발사국은 피해자의 중대한 과실 유무의 입증에 관계없이 절대책임을 진다.
⇨ 우주 물체가 지구 표면의 사람에 끼친 손해에 대해 발사국은 원칙적으로 절대책임을 진다(제2조). 그러나, 제6조 제1항은 다음과 같이 규정하고 있다.

판례 이론 **조문**

> **우주책임조약 제6조 제1항** 발사국 측의 절대 책임의 면제는 손해를 입히려는 의도하에 행하여진 청구국 또는 청구국이 대표하는 자연인 및 법인 측의 작위나 부작위 또는 중대한 부주의로 인하여 전적으로 혹은 부분적으로 손해가 발생하였다고 발사국이 입증하는 한도까지 인정된다.

즉, 피해국 측의 중대한 과실에 대해 가해국(발사국) 측에서 입증하는 경우 책임이 면제 또는 경감될 수 있다. 출제자는 이를 가해자가 반드시 과실 유무에 상관 없이 절대책임을 지는 것은 아니라고 보았다.

③ [X] 지구 표면 이외의 영역에서 발사국의 우주 물체가 다른 발사국의 우주 물체에 대해 손해를 끼친 경우에 발사국은 피해국의 과실 유무에 상관없이 배상책임을 진다.
⇨ 지구 표면 이외의 경우 피해국은 가해국의 고의 또는 과실을 입증할 책임이 있다. 즉, 이 경우는 과실책임이 원칙이다.

④ [X] 손해는 달과 기타 천체를 포함한 외기권, 대기권에서 발생한 손해를 의미하고 지구 표면에서 일어난 손해는 제외한다.
⇨ 지구 표면이나 비행 중인 항공기에 대한 손해를 포함하는 개념이다.

판례 이론 **조문**

> **우주책임조약 제1조 제(a)호** 이 협약의 목적상 손해라 함은 인명의 손실, 인체의 상해 또는 기타 건강의 손상 또는 국가나 개인의 재산, 자연인이나 법인의 재산 또는 정부간 국제기구의 재산의 손실 또는 손해를 말한다.

22' 9급

15 범죄인인도 정답 ①

❶ [X] 국제사법재판소(ICJ) 규정에 따르면 ICJ는 당사국의 합의가 없어도 '형평과 선'에 의하여 재판할 수 있다.
⇨ 범죄인인도제도는 관습법상 제도가 아니므로, 피청구국은 범죄인인도청구에 응할 관습법적 의무가 없다.

② [O] 조약과 국제관습법의 내용이 충돌하는 경우 조약이 우선한다.
⇨ 이를 범죄의 충분한 중대성 원칙이라고 한다.

③ [O] 법의 일반원칙은 조약과 국제관습법의 흠결 시 보충적으로 적용된다.
⇨ 이를 범죄특정성원칙이라고 한다. 청구한 범죄보다 가볍운 범죄로도, 무거운 범죄로도 처벌할 수 없다.

④ [O] ICJ는 판결을 내릴 때 선례구속의 원칙을 따라야 한다.
⇨ 이 경우 우리나라 범죄인인도법은 '절대적 인도거절 사유'로 규정하고 있다.

23' 9급

16 국제환경법 정답 ②

① [O] 기후변화에 관한 국제연합 기본협약은 공통적이면서 차별적인 책임과 각각의 능력에 따른 이행 원칙을 견지한다.
⇨ 공동의 그러나 차별적 책임원칙을 규정하고 있다.

❷ [×] 기후변화에 관한 국제연합 기본협약에 대한 교토의정서는 선진국과 개발도상국에 걸쳐 공통의 온실가스 배출량 감축 의무를 부과한다.
⇨ 기후변화에 관한 국제연합 기본협약에 대한 교토의정서는 부속서1에 속하는 선진국들에게만 온실가스 감축의무를 부과한다.

③ [O] 파리협정은 당사국이 온실가스 배출량 감축 목표를 자발적으로 설정하고 그 이행 여부를 정기적으로 점검받도록 하고 있다.
⇨ 이른바 '국가결정공약' 방식을 도입하고 있다.

④ [O] 기후변화에 관한 국제연합 기본협약에 대한 교토의정서는 온실가스 배출 감축량을 평가하는 기준 시점을 1990년으로 삼고, 파리협정은 평균기온 상승의 억제 정도를 평가하는 기준 시점을 산업혁명 이전으로 삼는다.
⇨ 파리협정은 산업화 이전 시기에 비해 평균 최소한 2도, 최대한 1.5도를 넘지 않게 관리하자는 목표를 제시했다.

14' 9급

17 무력사용법 정답 ①

❶ [O] 중앙 정부가 자신을 상대로 반란을 일으킨 단체를 교전단체로 승인한 경우 생포된 교전단체 소속 전투원은 포로의 지위를 누린다.
⇨ 반란단체가 교전단체로 승인을 받은 경우 전쟁법이나 전시인도법의 주체로 승격된다. 따라서 교전단체 소속 전투원이 포로대우를 받는다.

② [×] 정당성이 없거나 억압적인 체제에 대항하고, 민주적 정부체제를 지지하거나 수립하기 위한 무력개입은 국제관습법에서 인정 된다.
⇨ 이를 '민주적 간섭'이라 한다. 민주적 간섭은 미국 등 일부 국가에 의해 주장되고 있으나, 무력사용금지원칙의 예외로서 인정되는지는 현행법상 명확하지 않다. 따라서 최소한 국제관습법상 인정된다고 보기는 어렵다.

③ [×] 타국 내에서 극악한 인권침해로 인하여 대규모 난민이 발생하거나 전국적으로 인도에 반한 죄가 빈번한 경우 어느 국가든지 '보호책임법리'에 의하여 그 국가에 대해서 무력을 사용하는 것이 국제관습법에서 인정된다.
⇨ 보호책임원칙은 대규모 인권침해 사태가 발생한 경우 UN의 개입을 촉구하는 원칙이나 '안전보장이사회의 무력사용 승인'하에 개입을 촉구하는 것이다. 이러한 안전보장이사회의 무력사용 승인 없이 개별국가가 무력간섭을 하는 것을 '일방적 인도적 간섭(unilateral humanitarian intervention)'이라고 한다. 그러나, 일방적 인도적 간섭 허용여부에 대해서는 학설대립이 있으며, 국제관습법으로 인정되는 국가의 권리라고 보기는 어렵다.

④ [×] 어느 국가의 인도주의적 위기 사태로 인하여 발생한 다수의 실향민이나 난민에게 구호품이 안전하게 전달되도록 하기 위하여 외국의 군대가 출동하는 경우 UN안전보장이사회는 이를 불법적인 무력사용으로 간주하여 허가한 적이 없다.
⇨ 안전보장이사회는 결의 제794호를 통해 설문의 상황하에서 무력간섭을 승인한 바 있다.

19' 7급

18 국제분쟁해결 정답 ④

① [×] 중재는 그 결과가 분쟁당사국에 대해 구속력을 지닌다는 점에서 조정과 다르고 중개와 같다.
⇨ 중재는 법적 구속력이 있으나, 중개는 법적 구속력이 없다.

② [×] 중재는 오로지 국가 간 혹은 사인 간에 행해지고, 일방의 국가와 타방의 비국가적 실체 사이에는 행해지지 않는다.
⇨ 중재는 국가와 비국가적 실체 간에도 행해질 수 있다. 예를 들어 ICSID중재의 경우 투자자 개인과 피투자국 간 사이의 중재이다.

③ [×] 중재에서 재판준칙은 당사국이 합의하여 결정하지만, 특정 국가의 국내법을 재판준칙으로 삼을 수 없다.
⇨ 합의에 의해 타국 국내법을 재판준칙으로 삼을 수 있다. 재판준칙 설정에 특별한 제한은 없다.

❹ [O] 국제사법재판소의 판결에 대해서는 재심절차가 있지만 권고적 의견에는 재심절차가 없다.
⇨ 판결에 대해서만 재심절차가 인정된다.

22' 9급

19 최혜국대우원칙 정답 ④

① [O] 범죄인이 체류하고 있는 국가는 범죄인 인도청구에 응할 국제관습법상의 의무가 있다.
⇨ 사실상의 차별은 결과적 차별 또는 비차별적 법률의 집행과정에서의 차별을 말한다. WTO협정상 사실상의 차별도 금지된다.

② [O] 범죄인인도의 대상이 되는 범죄는 중대한 범죄로 한정하는 것이 일반적이다.
⇨ 관세동맹뿐 아니라 자유무역협정도 최혜국대우 원칙의 예외로 인정된다.

③ [O] 청구국은 범죄인이 인도된 이후에 피청구국의 추가 동의가 없는 한 인도청구사유에 명시된 범죄에 대해서만 처벌할 수 있다.
⇨ 최혜국대우원칙은 관세 등 재정조치뿐 아니라 과징금 부과방법과 같은 비재정조치에 대해서도 적용된다.

❹ [×] 인도가 청구된 범죄에 대하여 피청구국에서 재판이 진행 중이거나, 피청구국 또는 제3국에서 이미 확정판결을 받은 경우라면 범죄인인도가 거부될 수 있다.
⇨ 최혜국대우원칙은 수입뿐 아니라 수출에도 적용된다.

20' 9급

20 WTO분쟁해결양해 정답 ④

① [O] 권고 및 판정이 합리적인 기간 내에 이행되지 아니하는 경우 취해지는 잠정적인 조치이다.
⇨ 보상과 양허정지는 잠정조치이므로 패소국이 판결을 이행할 때까지만 적용된다.

② [O] 분쟁해결기구가 승인하는 양허 또는 그 밖의 의무의 정지의 수준은 무효화 또는 침해의 수준에 상응하여야 한다.
⇨ 이를 비례성원칙이라고도 한다.

③ [O] 보상은 자발적인 성격을 띠며, 이를 행하는 경우 대상협정과 합치하여야 한다.
⇨ 보상은 관련국 간 협상을 통해 취해진다. 또한 보상조치를 발동함에 있어서 최혜국대우의무 등을 준수해야 한다.

❹ [X] 양허 또는 그 밖의 의무의 정지의 승인은 총의제(consensus)에 의한다.
⇨ 분쟁해결기구(DSB)에 의해 역총의제로 승인한다.

02회 최종점검 기출모의고사

정답

p. 132

01	③	Ⅱ	06	②	Ⅱ	11	④	Ⅲ	16	④	Ⅵ
02	②	Ⅰ	07	③	Ⅲ	12	①	Ⅳ	17	③	Ⅱ
03	②	Ⅱ	08	②	Ⅱ	13	②	Ⅱ	18	③	Ⅵ
04	②	Ⅰ	09	①	Ⅱ	14	④	Ⅵ	19	④	Ⅶ
05	③	Ⅱ	10	①	Ⅱ	15	③	Ⅰ	20	③	Ⅰ

Ⅰ 국제법 총론 / Ⅱ 국가 / Ⅲ 국제기구 / Ⅳ 개인 / Ⅴ 국제법의 규율 대상 / Ⅵ 국제분쟁해결 및 무력사용 / Ⅶ 국제경제법

취약 단원 분석표

단원	맞힌 답의 개수
Ⅰ	/ 4
Ⅱ	/ 9
Ⅲ	/ 2
Ⅳ	/ 1
Ⅴ	/
Ⅵ	/ 3
Ⅶ	/ 1
TOTAL	/ 20

23' 9급

01 국가승인 정답 ③

① [O] 국가승인은 승인국의 재량에 따른 일방적 의사표시이다.
⇨ 재량행위이므로 신생국이 요건을 갖춰도 승인의무는 없다.

② [O] 영사인가장의 부여는 묵시적인 국가승인에 해당한다.

❸ [×] 1992년 대한민국이 중화인민공화국과 외교 관계를 수립한 것은 대한민국에 의한 묵시적 국가승인으로 본다.
⇨ 양국은 1992년 8월 24일자 공동성명을 통해 명시적으로 상호 승인하기로 하였다.

④ [O] 국제연합 회원국으로의 가입은 기존 회원국들의 집단적 국가승인으로 간주되지 않는다.
⇨ 집단적 승인은 부인되나, 가입에 찬성한 회원국은 신생국을 국가로 '묵시적 승인'한 것으로 본다.

20' 9급

02 국제법과 국내법의 관계 정답 ②

① [×] 변형이란 국제법이 국제법의 자격으로 직접 국내적으로 적용되고, 사법부도 국제법에 직접 근거하여 재판을 함으로써 국제법을 실현하는 방식을 의미한다.
⇨ 이는 수용에 대한 설명이다. 변형은 국내법을 제정하여 국제법을 도입하는 방식을 말한다.

❷ [O] 국가행위의 국제위법성 결정은 국제법에 의하여 정해지며, 이는 동일한 행위가 국내법상 적법하다는 결정에 의하여 영향받지 아니한다.
⇨ 국제법적 위법 여부는 국제법의 관점에서 판단한다.

③ [×] 대한민국 대법원은 급식조례사건(대법원 2005.9.9, 2004추10판결)에서 학교급식에 우리 농산물을 사용하도록 한 조례가 「관세 및 무역에 관한 일반협정(GATT)」 제1조 최혜국대우원칙에 위반된다고 하였다.
⇨ GATT 제3조 제4항 내국민대우원칙에 위반된다고 하였다. 특히 우리나라는 정부조달협정 가입국이므로 내국민대우가 의무이다. 조례의 내용은 수입상품을 경쟁조건에서 불리한 대우를 하게 되므로 GATT 제3조 제4항이나 정부조달협정을 위반하게 된다. 대법원은 급식 조례가 무효라고 판단하였다.

④ [×] 상설국제사법재판소(PCIJ)는 1926년 Certain German Interests in Polish Upper Silesia 사건에서 국내법은 단순한 사실이 아니라 구속력 있는 규범이라는 점을 확인하였다.
⇨ 상설국제사법재판소(PCIJ)는 단순한 사실이라고 판단하였다. 재판부가 국내법이나 국내재판부의 판단을 존중할 수는 있으나, 그 자체로 국제재판부를 구속하는 법적 구속력을 가지는 것은 아니다.

18' 7급

03 국가승계 정답 ②

① [O] 국가승계란 영토의 국제관계 관련 책임이 한 국가로부터 다른 국가로 이전되는 것을 말한다.
⇨ 국가승계의 문제는 조약, 재산, 문서, 채무, 국제기구 회원국 지위 등 다양하다.

❷ [×] 국가의 일부 분리에 있어서 선행국 영토 전체에 유효한 조약은 각 승계국의 승계통고에 의해 효력을 가진다.
⇨ 국가의 일부 분리(분리독립)의 경우 협약상 '계속주의'가 적용된다. 즉, 승계의무가 있다. 따라서 승계통고를 조건으로 효력을 가지는 것이 아니다.

③ [O] 새로 독립한 국가는 승계통고에 의해 기존 다자조약의 당사자로 될 수 있다.
⇨ 신생독립에 대한 설명이다. 신생독립국은 '백지출발주의'가 적용되어 승계의무가 없다. 그러나, 다자조약의 경우 '통고'에 의해 승계할 수 있다. 양자조약은 기존 당사자와의 '합의'를 통해 승계할 수 있다.

④ [O] 조약에 의해 수립된 국경은 국가승계의 영향을 받지 않는다.
⇨ 국경선 획정조약과 같은 '처분적 조약'은 '계속주의'가 적용되므로 승계의무가 있다. 즉, 승계의 영향을 받지 않는다.

20' 7급

04 국제법의 개념 정답 ②

① [×] Bynkershoek는 자연법론에 입각한 국제법관을 주장한 대표적인 학자이다.
⇨ 빈켈스후크(Bynkershoek)는 18세기 법실증주의적 국제법관을 확산시킨 대표적인 학자이다. 법실증주의는 자연법론과 달리 국가의 의사에서 국제법이 비롯된다고 보는 입장이다.

❷ [O] Gentili는 국제법학을 신학이나 윤리학으로부터 분리하고 확립한 학자로 평가된다.
⇨ 젠틸리(Gentili)는 국제법학을 신학 등으로부터 분리한 최초의 학자로 평가된다.

③ [×] Zouche는 국제법을 jus inter gentes 대신 jus gentium으로 호칭하자고 주장하였다.
⇨ 즈우치(Zouche)는 국제법을 jus gentium 대신 jus inter gentes로 호칭하자고 주장하였다.

④ [×] Bentham은 jus gentium을 law of nations로 번역하여 사용한 최초의 학자이다.
⇨ 벤담(Bentham)은 jus inter gentes를 interantional law로 칭하자고 주장하였다.

15' 경찰간부

05 국가형태 정답 ③

특수한 국가형태에 대한 설명으로 옳은 것은 나, 다이다.

가. [×] 피보호국(protected state)은 국제법상 국가의 자격을 상실하며 보호국이 피보호국의 영토관할권을 행사하게 된다.
⇨ 피비호국은 보호조약에 의해 대외적 의사표시능력이 제약을 받으나, 국제법상 국가 자격 자체를 상실하는 것은 아니다. 따라서 피보호국(protected state)이 영토관할권을 행사한다.

나. [O] 스위스는 국제조약을 통해 영세중립국의 지위를 인정받았음에 비해 오스트리아는 국내법으로 영세중립을 다른 국가에 통고하는 형식을 취하였다.
⇨ 영세중립국 지위 창설방식이 특정된 것은 아니다.

다. [O] 국가연합(confederation of states)은 설립조약이 부여하기로 한 범위 내에서만 국제법적 능력을 가지고, 독자적인 국제법상의 법인격을 갖지 못한다.
⇨ 국가연합(confederation of states)에서는 원칙적으로 그 구성국이 국제법인격을 갖는다.

라. [×] 연방국가(federal state)의 중앙정부는 그 구성 국가에 대해서만 권한을 미칠 수 있을 뿐이며, 그 국민에게 직접 적용되는 법을 제정할 권한은 갖지 못한다.
⇨ 연방국가(federal state)는 그 국민, 즉 연방시민에게 직접 적용되는 법을 제정할 수도 있다.

15' 경찰간부

06 자위권 정답 ②

자위권에 대한 설명으로 옳은 것은 가, 나, 마 3개이다.

다. [×] UN헌장상 집단적 자위권의 경우에는 그 행사에 있어 UN안전보장이사회의 사전승인을 얻어야 한다.
⇨ 개별적 또는 집단적 자위권 행사시 안전보장이사회에 '사후보고'한다.

라. [×] 국제사법재판소(ICJ)의 노테봄(Nottebohm) 사건은 개별적 자위권과 관련된 대표적 사례이다.
⇨ 국제사법재판소(ICJ)의 노테봄(Nottebohm) 사건은 국적의 국제법적 실효성 요건으로서 '진정한 관련성'을 확인한 판례이다. 국제사법재판소(ICJ)의 경우 니카라과 사건(1986), 이스라엘의 장벽건설 사건(2004) 등이 자위권이 다뤄진 사건이다.

21' 9급

07 국제연합 정답 ③

① [×] UN의 직원은 임무수행에 있어 오직 UN과 자신의 국적국에 대해서만 책임을 진다.
⇨ 국제연합(UN)의 직원은 임무수행에 있어서는 국제연합(UN)에 대해서만 책임을 진다.

② [×] 1946년 「UN의 특권과 면제에 관한 협약」에서는 UN의 직원과 UN과 밀접한 관계를 갖는 전문기구의 직원에 대해서 특권과 면제를 인정한다.
⇨ 전문기구 직원의 경우 1947년 「UN 전문기구의 특권과 면제에 관한 협약」이 적용된다.

❸ [O] UN의 직원이 공무수행 중에 국제위법행위로 인하여 손해를 입은 경우 직원의 국적국이 외교적 보호권에 근거하여 가해국에 대하여 국제책임을 물을 수 있다.
⇨ 직원의 국적국은 외교적 보호권을 발동할 수 있다. 그리고 국제연합(UN)도 직무 보호권을 발동할 수 있다.

④ [×] UN의 직원은 그 국적이나 직무에 상관없이 외교적 보호를 받을 수 있으나, 만일 외교적 보호를 받을 수 없다면 부득이 그 국적국이 직무적 보호를 행사할 수 있다.
⇨ 직무 보호권은 해당 국제기구의 권한이다.

20' 7급

08 국가면제 정답 ②

① [O] 2004년 채택된 「국가 및 국유재산의 관할권 면제에 관한 UN 협약」상 타국 법의 적용에 대한 국가의 동의는 그 타국 법정의 관할권 행사에 대한 동의로 간주될 수 없다.
⇨ 면제의 묵시적 포기에 해당하지 않는다는 의미이다.

❷ [×] ICJ는 Arrest Warrant 사건에서 주권면제의 법리보다 강행규범의 실현이 우선되어야 한다는 다수 의견을 제시하였다.
⇨ 외무장관의 인적 면제가 인정된 판례이다. 콩고 외무장관이 재직 전 '인도에 대한 죄'를 범하였음에도 불구하고 인적 면제가 인정된다고 본 판례이다. 따라서 강행규범보다 주권면제의 법리를 우선시하였다고 볼 수 있다.

③ [O] ICJ는 Jurisdictional Immunities of the State 사건에서 주권면제의 법리와 강행규범의 내용은 서로 충돌의 여지가 없다고 판단하였다.
⇨ 독일과 이탈리아 간의 사건이다. 이탈리아는 강행규범 위반에 대해서도 면제를 부여한다며 강행규범 위반을 통제하지 못할 것이라고 주장하였다. 그러나 국제사법재판소(ICJ)는 강행규범은 이에 위반되는 행위의 적법성이나 유효성을 따지는 실체적 규범인 반면, 주권면제의 법리는 관할권 행사 가능성에 대한 절차적 규범이므로 양 규범은 충돌의 여지가 없다고 보았다.

④ [O] 이탈리아 최고법원인 Corte di Cassazione는 Ferrini 사건에서 국제범죄행위에 대하여는 주권면제를 인정할 필요가 없다고 판시하였다.
⇨ 강행규범에 위반되는 행위는 행위 시 '면제의 묵시적 포기'로 볼 수 있다는 이론에 기초한 판례이다.

23' 9급

09 국가책임 정답 ①

❶ [X] 국제의무를 위반한 국가는 위법성 조각사유가 있는 경우 손실에 대한 보상 의무가 면제된다.
⇨ 위법성 조각사유 중 불가항력, 조난, 긴급피난의 경우 보상의무가 면제되지 않는다.

② [O] 긴급피난 행위는 그 국가에게 있어서 중대하고 급박한 위험으로부터 본질적 이익을 보호하기 위한 유일한 수단이어야 하고, 그 행위가 그 의무상대국 또는 국제공동체 전체의 본질적 이익을 중대하게 침해하지 않아야 한다.

③ [O] 국가행위가 국제연합헌장에 따른 적법한 자위조치인 경우 그 행위의 위법성이 조각된다.

④ [O] 국제법상 강행규범을 위반한 국가행위는 위법성 조각사유에 의해서도 정당화되지 않는다.

19' 7급

10 영사 정답 ①

❶ [O] 영사는 파견국에 등록된 항공기에 대하여 파견국의 법령에 따른 감독권을 행사할 수 있다.
⇨ 영사의 고유업무이다. 파견국 법령에 따른다는 점에 주의한다.

② [X] 영사는 어떠한 경우에도 본국을 외교적으로 대표할 수 없다.
⇨ 접수국의 동의하에 외교업무를 수행할 수 있다. 즉, 본국을 외교적으로 대표할 수 있다.

③ [X] 영사 면제 및 특권은 파견국의 국적을 가진 영사만이 향유한다.
⇨ 접수국의 국적을 가진 자가 접수국의 동의하에 파견국의 영사가 될 수 있고, 이 경우 그 직무에 대한 면제와 특권은 향유한다.

④ [X] 영사인가장 부여를 거절한 접수국은 그 이유를 서면으로 설명해야 한다.
⇨ 영사인가장 거절 이유를 제시할 의무는 없다.

19' 9급

11 국제연합 정답 ④

① [X] 회원국의 제명은 해당 조항이 실제 적용된 사례가 있고, 탈퇴는 관련 명문 조항이 없으나 실제 제기된 사례가 있다.
⇨ 제명사례는 없다. 탈퇴의 경우 명문 조항이 없으나, 인도네시아가 탈퇴를 선언한 적은 있다. 탈퇴선언은 철회되어 탈퇴의 효력이 발생하지는 않았다.

② [X] 신탁통치이사회는 신탁통치지역 주민의 정치, 경제, 사회 및 교육 분야의 발전에 관하여 총회에 매년 보고를 하고 있다.
⇨ 신탁통치이사회는 현재 사실상 임무가 종료되었으므로 총회에 보고를 하고 있는 것은 아니다.

③ [X] 안전보장이사회 상임이사국은 안전보장이사회의 권한 사항에 대한 모든 의결에서 거부권을 행사할 수 있다.
⇨ 안전보장이사회 상임이사국은 '비절차사항'에 한해 거부권을 행사할 수 있다.

❹ [O] 총회는 안전보장이사회가 국제평화와 안전의 1차적 책임을 다할 수 없는 경우 회원국에 집단적 조치를 권고할 수 있다.
⇨ UN총회도 평화를 위한 단결 결의에 기초하여 회원국에 집단적 조치를 권고할 수 있다.

15' 7급

12 외교적 보호권 정답 ①

❶ [X] 외교적 보호를 행사할 수 있는 국적국의 정의에 노테봄(Nottebohm) 사건에서 유래된 '진정한 유대'(genuine link) 기준이 명시되었다.
⇨ 노테봄(Nottebohm) 사건과 달리 2006년 UN 국제법위원회(ILC)의 외교적 보호 규정 초안에서는 '진정한 관련성'에 대해 규정하지 않았다. 이는 진정한 관련성 요건이 출생 등을 통해 자연적으로 국적을 취득한 자와 귀화에 의해 국적을 취득한 자를 차별한다는 기존의 비판을 반영한 것이다.

② [O] 피해 발생시와 외교적 보호의 청구 제기시의 국적이 동일한 경우에는 피해자 국적이 계속되었다고 추정한다.
⇨ 국적계속의 원칙에 대한 규정으로서, 피해시와 청구 제기시 국적이 동일하면 동 기간 동안 국적이 계속된 것으로 추정되므로 비계속에 대한 입증책임은 가해국으로 전환된다.

③ [O] 이중국적자에 대해서는 그 중 어느 국가라도 또는 공동으로 제3국에 대하여 외교적 보호를 청구할 수 있다.
⇨ 제3국이 가해국인 경우를 전제로 한 진술이다.

④ [O] 회사가 등록지국법상 더 이상 존속하고 있지 않을 때는 그 회사 주주의 국적국도 외교적 보호를 행사할 수 있다.
⇨ 법인의 피해로 주주가 2차적·간접적 피해를 입은 경우 주주의 국적국은 원칙적으로 외교적 보호권을 발동할 수 없으나, 지문과 같이 법인이 법적으로 소멸한 경우 예외적으로 외교적 보호권 발동이 인정된다.

22' 9급

13 외교관계협약 정답 ②

① [×] 양국 간의 무력충돌이 발생하거나 외교관계가 단절된 경우에는 외교공관 문서의 불가침성은 보호되지 않는다.
⇨ 무력충돌 시에나 외교관계 단절 시에도 문서의 불가침성 또는 존중의무가 유지된다.

❷ [○] 외교문서가 공관원에 의해 제3자에게 공식적으로 전달되었다면 그 순간부터는 불가침성을 상실한다.
⇨ 문서가 제3자에게 전달된 경우 불가침성을 상실한다.

③ [×] 외교관의 개인서류 역시 불가침성을 향유하나 상업적 활동으로 인해 접수국의 재판관할권에 복종하여야 하는 경우에는 재판에 필수적인 개인서류의 제출을 강제할 수 있다.
⇨ 개인서류에 대한 불가침성의 예외는 협약에 명시되지 않았다.

④ [×] 분실이나 도난 등 어떤 이유로든 접수국 수중에 들어간 외교공관 문서는 반환되어야 하나 재판 등 사법절차 등의 목적을 위해서는 활용될 수 있다.
⇨ 문서 불가침의 해석상 사법절차를 위해서도 활용될 수 없다.

22' 9급

14 보호책임 정답 ④

❹ [×] 침략범죄(crime of aggression)
⇨ 보호책임은 인권보호가 기본적으로 당해 국가의 책임이나 국가가 인권을 보호할 의지나 능력이 없는 경우, 국제공동체가 책임을 져야 한다는 의미이다. 2005년 UN결의에 따르면 집단살해죄, 전쟁범죄, 인도에 대한 죄를 대상으로 한다. 이와 관련하여 무력사용을 하고자 하는 경우 반드시 UN 안전보장이사회의 사전승인을 받아야 한다.

19' 7급

15 일방행위 정답 ③

① [○] 구두로 발표된 일방적 선언은 이를 명백히 수락한 제3국에 의무를 부과할 수 있다.
⇨ 일방적 선언은 구두 또는 문서로 할 수 있다. 일방적 행위는 자국에 대해 의무를 부과하는 것이 일반적이나, 제3국이 명백히 수락한 경우 의무를 부과할 수 있다.

② [○] 국가원수, 정부수반, 외교장관은 법적 구속력 있는 일방적 선언을 발표할 수 있는 권한 있는 자로 인정된다.
⇨ 외교장관 이외의 다른 장관의 경우 그 권한범위 내에서 일방적 행위를 발표할 수 있다.

❸ [×] 법적 구속력을 갖는 일방적 선언은 특정 국가가 아닌 국제공동체 전체에 대해 발표되어야 한다.
⇨ 일방적 선언은 특정 국가를 상대로 발표될 수도 있다. 국가 이외의 다른 실체에 대해서도 발표될 수 있다. 국제공동체 전체를 향해 발표된 경우 대세적 의무가 창설된다.

④ [○] 법적 구속력 있는 일방적 선언에 포함된 의무의 범위에 의심이 발생하는 경우, 그 범위는 엄격하게 해석되어야 한다.
⇨ 국가에 의무를 부과하는 것이므로 그 범위를 제한적으로 해석한다.

22' 9급

16 국제연합 정답 ④

① [○] 지역적 약정의 회원국은 해당 지역의 분쟁을 안전보장이사회에 회부하기 전에 지역적 약정을 통한 해결에 노력해야 하며, 안전보장이사회의 허가 없이는 지역적 약정에 의해 강제조치(enforcement action)를 실시할 수 없다.
⇨ 지역적 기관이 강제조치를 취하는 경우 안전보장이사회의 사전 승인을 얻어야 한다. 해석상 강제조치는 무력을 수반하는 강제조치로 본다.

② [○] UN 창설 이후 군사적 강제조치에 필요한 군사력을 동원하기 위한 특별협정이 회원국과 안전보장이사회 사이에 체결된 적은 없다.
⇨ 무력적 강제조치는 특별협정을 통해 유엔 회원국의 군대를 동원할 예정이었으나, 현재로선 특별협정이 체결된 바 없다. UN 안전보장이사회는 회원국들에게 무력사용을 '승인'하는 방식으로 제도적 한계를 보완하고 있다.

③ [○] 안전보장이사회가 국제평화와 안전을 위한 1차적 책임을 다하지 못할 경우 총회는 집단적 조치를 권고할 수 있다.
⇨ 안전보장이사회가 마비된 경우 총회는 '평화를 위한 단결 결의'에 기초하여 회원국들에게 무력사용을 '권고'할 수 있다.

❹ [×] 안전보장이사회가 무력분쟁과 관련하여 UN헌장상의 임무를 수행하는 동안에 총회는 안전보장이사회의 요청이 없더라도 그 분쟁에 관하여 권고할 수 있다.
⇨ 총회는 안전보장이사회의 요청이 없는 경우 그 분쟁에 관하여 권고할 수 없다. 이는 UN헌장 제24조에 따라 안전보장이사회가 국제평화와 안정에 대해 1차적 책임을 지기 때문이다.

23' 9급

17 국가관할권 정답 ③

국제법상 관할권에 대한 설명으로 옳은 것은 ㄴ, ㄷ이다.

ㄱ. [×] 다른 국가에서 착수되었으나 자국에서 완성된 범죄를 저지른 외국인에 대해 형사관할권을 행사하는 근거는 주관적 속지주의이다.
⇨ 객관적 속지주의에 대한 설명이다.

ㄴ. [○] 외국에서 범죄를 저지른 자국민에 대해 형사관할권을 행사하는 근거는 속인주의이다.

ㄷ. [○] 복수 국가가 동일 행위를 중복하여 처벌하는 것을 일반적으로 금지하는 국제법은 확립되어 있지 않다.
⇨ 따라서 하나의 범죄에 대해 여러 나라의 중복 처벌이 가능하다.

ㄹ. [×] 조약에 '기소 또는 인도'의 대상으로 명시된 범죄를 저지른 사람에 대해서는 어느 국가라도 보편적 관할권을 행사할 수 있다.
⇨ 조약 당사국들만 보편 관할권을 행사할 수 있다. 모든 국가가 보편적 관할권을 행사할 수 있는 것이 아니다.

20' 7급

18 국제사법재판소 정답 ③

① [×] 선택조항 수락선언은 UN사무총장에게 기탁되어야 하고 기탁을 받은 UN사무총장은 그 사본을 ICJ규정 당사국들과 ICJ행정처장에게 송부하여야 하며, ICJ는 Right of Passage over Indian Territory 사건에서 기탁의 법적 효력은 UN사무총장의 송부 행위에 의존한다고 판단하였다.
⇨ 사무총장의 송부 행위에 의존하지 않는다는 것이 국제사법재판소(ICJ)의 해석이다. 즉, UN사무총장에게 도달한 경우 선택조항 수락선언의 효력이 발생하는 것이지, 타당사국에게 송부되어야 효력을 발생시키는 것은 아니다.

② [×] ICJ는 Certain Norwegian Loans 사건에서, 원고국이 일정한 유보를 첨부하여 선택조항을 수락한 경우 피고국은 수락선언의 성격에 따라 원고국의 유보를 원용할 수 없다고 하였다.
⇨ 원고국의 유보를 피고국이 원용할 수 있다고 본 판례이다. 노르웨이는 프랑스의 이른바 '자동유보'를 원용했다.

❸ [○] ICJ는 Military and Paramilitary Activities in and against Nicaragua 사건에서, 선택조항에 따른 상호주의는 동 조항하에서 부담한 약속의 범위와 실질에 적용되는 것이지 약속의 종료를 위한 조건과 같은 형식적 조건에는 적용되지 않는다고 하였다.
⇨ 선택조항은 상호주의가 적용된다. 즉, 선택조항을 수락한 국가 상호간에만 강제관할권이 창설된다. 선택조항 수락선언에 부가된 유보에 대해서도 상호주의가 적용된다. 다만, 상호주의의 적용범위에 선택조항 수락선언의 종료를 위한 조건과 같은 형식적인 부분은 포함되지 않는다는 것이다.

④ [×] ICJ는 Anglo-Iranian Oil Co. 사건에서 피고국의 선택조항 수락범위가 원고국의 선택조항 수락범위보다 제한적인 경우라 할지라도, ICJ의 관할권은 수락선언의 상호 원용 가능성에 따라 원고국의 선택조항 수락범위에 기초할 수 있다고 하였다.
⇨ 피고국의 수락범위가 더 제한적이라면 피고국의 선택조항 수락선언을 기초로 강제관할권 성립 여부를 판단해야 한다고 보았다.

23' 9급

19 GATT1994 정답 ④

① [○] 산품의 국내생산이 비교적 근소하여 생산의 대부분을 수입산품에 직접적으로 의존하는 동물성 산품의 생산허용량을 제한하기 위해 정부의 시장안정프로그램으로 부과되는 쿼터
⇨ GATT 제11조 제2항 c호에서 인정하는 예외이다.

② [○] 자국의 통화준비의 현저한 감소라는 급박한 위협을 저지할 목적으로 국제수지를 보호하기 위한 수입제한조치로서 부과되는 쿼터
⇨ GATT 제12조 제2항에서 허용되는 예외이다.

③ [○] 식료품의 위급한 부족을 방지하기 위해 일시적으로 적용한 수출제한조치로서 부과되는 쿼터
⇨ GATT 제11조 제2항 (a)호에 규정된 예외이다.

❹ [×] 덤핑 방지를 위해 특정가격 이하의 수출을 제한하는 정부의 수출허가제도에 따라 부과되는 쿼터
⇨ GATT 제11조 제1항에 따라 금지되는 수출허가제도이다.

23' 9급

20 조약법 정답 ③

① [○] 조약은 조약문의 문맥 및 조약의 대상과 목적으로 보아 그 조약의 문언에 부여되는 통상적 의미에 따라 성실하게 해석되어야 한다.
⇨ 문언주의와 목적론주의를 선언한 것이다. 원칙적 해석방법이다.

② [○] 조약 문언의 의미가 모호해지거나 애매하게 되는 경우 또는 명백히 불투명하거나 불합리한 결과를 초래하는 경우 해석의 보충적 수단에 의존할 수 있다.
⇨ 주관주의를 말한다. 보충적 해석 방법이다.

❸ [×] 조약 문언의 의미를 결정하기 위해 조약의 해석 또는 조약규정의 적용에 관한 모든 당사국 간의 추후의 합의를 해석의 보충적 수단으로 이용할 수 있다.
⇨ 모든 당사국 간의 추후 합의는 해석에 있어서 참작해야 하는 사항이다. 보충적 수단이 아니다.

④ [○] 여러 언어로 작성된 조약의 정본들은 달리 합의하거나 규정하지 아니하는 한 동등한 효력을 갖는다.

03회 최종점검 기출모의고사

정답 p. 138

01	④	Ⅴ	06	①	Ⅱ	11	①	Ⅱ	16	④	Ⅰ
02	①	Ⅲ	07	③	Ⅲ	12	③	Ⅳ	17	③	Ⅲ
03	①	Ⅲ	08	②	Ⅱ	13	④	Ⅳ	18	③	Ⅵ
04	②	Ⅳ	09	③	Ⅰ	14	③	Ⅴ	19	②	Ⅳ
05	②	Ⅱ	10	①	Ⅱ	15	③	Ⅱ	20	①	Ⅶ

Ⅰ 국제법 총론 / Ⅱ 국가 / Ⅲ 국제기구 / Ⅳ 개인 / Ⅴ 국제법의 규율 대상 / Ⅵ 국제분쟁해결 및 무력사용 / Ⅶ 국제경제법

취약 단원 분석표

단원	맞힌 답의 개수
Ⅰ	/ 2
Ⅱ	/ 7
Ⅲ	/ 3
Ⅳ	/ 4
Ⅴ	/ 2
Ⅵ	/ 1
Ⅶ	/ 1
TOTAL	/ 20

23' 9급

01 해양법 정답 ④

① [O] A국에서 죄를 저지른 범죄인이 B국 상선을 타고 C국 내수에 들어온 경우, C국은 A국의 범죄인인도 요청이 있다면 B국 상선에 진입하여 범죄인을 체포할 수 있다.
⇨ C국은 연안국주의 또는 속지주의에 따라 법적으로 관할권을 행사할 수 있다.

② [O] 연안국은 내수 내에 있는 외국상선에 대해 자국의 관할권을 완전하게 행사할 수 있으므로, 연안국의 재판소는 타국인 D국 선박회사의 제소에 따라 내수 내에 있는 또 다른 타국인 E국의 선박을 억류할 수 있다.
⇨ 내수에서는 민사관할권을 국제법상 행사할 수 있다.

③ [O] 공해상에서 국제법상 금지된 배출행위를 한 외국선박이 입항한 경우, 항만국은 자국에 직접적인 피해가 없는 경우라도 이를 조사하고 자국 법원에 소송을 제기할 수 있다.
⇨ 기항국의 관할권이 제한적으로 인정된다.

❹ [X] 연안국의 내수를 떠나 영해를 통항중인 외국선박 내에서 범죄가 발생한 경우 연안국은 형사관할권의 행사를 위한 어떠한 조치도 취할 수 없다.
⇨ 이 경우 연안국주의가 인정되어, 연안국은 형사 관할권 행사를 위한 어떠한 조치도 취할 수 있다.

21' 9급

02 국제기구 정답 ①

❶ [X] 국제사법재판소(ICJ)에 따르면, UN은 비회원국에 대해서는 법인격을 갖지 않는다.
⇨ UN은 비회원국에 대해 법인격, 즉 대세적 법인격을 갖는다.

② [O] UN의 옵저버 지위는 UN 총회의 결의에 의해서 부여되며 결의 이행에 필요한 행동은 사무총장에게 일임되고 있다.
⇨ 옵저버 지위는 UN 비회원국, 국제기구 등에게 부여된다. 국제적십자위원회, 말타 기사단에게도 부여되었다.

③ [O] 국제기구는 보통의 경우 설립조약에서 특권 및 면제에 대한 원칙을 설정하고 상세협정을 통해 이를 구체화하는 경향이 있다.
⇨ UN의 경우 UN헌장 제105조에서 특권과 면제를 규정하고, 별도의 조약을 통해 구체화하였다.

④ [O] 국제기구가 개별 국가의 국내 법원의 재판관할권으로부터 면제를 향유할지라도, 그 위법행위에 대한 국제법상의 책임까지도 면제되는 것은 아니다.
⇨ 국제기구의 면제는 단지 타국에서 재판을 받지 않음을 의미할 뿐 국제법상의 책임에서 면제되는 것은 아니다.

22' 9급

03 국제기구 정답 ①

❶ [O] 국제연합의 재산과 자산은 어디에 소재하든 누가 보유하든 행정조치를 통한 징발이나 수용으로부터 면제된다.
⇨ 절대적 면제를 향유한다.

② [X] 직급과 관계없이 국제연합 직원과 그 가족들은 외교사절에 해당하는 특권과 면제, 면책과 편의가 부여된다.
⇨ 사무총장이나 사무부총장 등 고위 직급에 한해 외교사절에 해당하는 특권과 면제 등이 부여된다.

③ [X] 한정적 임무를 수행하는 국제연합 전문가는 공적 자격으로 행한 모든 행위에 대해 임기 중에만 특권과 면제를 부여받는다.
⇨ 공적 자격으로 행한 모든 행위는 퇴임 이후에도 면제를 향유한다.

❹ [X] 회원국 대표에 대한 특권과 면제는 국제연합이 소집하는 회의에 일회적으로 참석할 목적으로 체류하는 대표에게 부여되지 않고 기구 소재지에 상주하는 대표에게 부여된다.
⇨ 회의에 일회적으로 참석할 목적으로 체류하는 대표에게도 특권과 면제가 부여된다.

23' 7급

04 외국인 대우 정답 ②

① [×] 국내 표준주의는 외국인의 대우가 다루어지는 영역을 정치적 및 공적 권리 보장으로 한정하고 그 보장이 내국인과 같은 수준이면 충분하다고 본다.
⇨ 외국인에게 정치적 및 공적 권리의 경우 내국민대우가 적용되지 않는다. 즉, 참정권이나 공무담임권등은 주어지지 않는 것이 일반적이다.

❷ [○] 국제 표준주의는 국제사회에서 정해진 보호 수준의 처우를 자국민도 받지 못한다는 것을 내세워 국가책임을 회피하는 것을 정당화할 수 없다고 본다.
⇨ 국제표준주의는 국제기준에 따라 외국인을 대우해야 한다는 주장이다.

③ [×] 국제법상으로 국가는 외국인을 입국시킬 일반적 의무가 없고 합법적으로 입국한 외국인을 국가가 선택한 방법과 절차에 따라 자유롭게 추방할 수 있다.
⇨ 추방의 경우 국제법에 따른 절차에 따라 이뤄져야 한다. 따라서 국가가 선택한 방법과 절차에 따라 자유롭게 추방할 수 있는 것이 아니고, 국제법의 지배를 받는다.

④ [×] 1962년 「천연자원에 관한 영구주권」 선언은 1974년 국가의 경제적 권리·의무 헌장과는 달리 국유화 보상 기준으로 '신속하고 충분하고 효과적인 보상'을 명시하고 있다.
⇨ '신속하고 충분하고 효과적인 보상'은 선진국의 입장이다. 1962년 천연자원에 관한 영구주권 선언은 국가의 국유화 또는 수용의 권리를 인정하면서 소유주는 국제법에 따라 적절할 보상을 지급받아야 한다고 규정하였다.

17' 9급 추가

05 국가승인 정답 ②

① [○] 창설적 효과설에 따르면 신생국은 기존 국가의 승인을 받아야만 법적으로 존재하게 된다.
⇨ 이와 달리 선언적 효력설에 의하면 신생국은 조건을 갖춘 경우 타국가의 승인과 무관하게 법적 실체로 존재한다.

❷ [×] 최근 사인의 권리의무에 관하여 미승인국의 법률은 준거법으로 수락되지 않는 것이 원칙이다.
⇨ 미승인국의 법률을 준거법으로 할 것인지의 문제는 법적 원칙의 문제가 아니라, 개별 국가가 선택할 문제이다. 예컨대, 이 문제에 대해 영국은 창설적 효력설을, 미국은 선언적 효력설을 채택하고 있다. 즉, 영국은 미승인국의 법률을 준거법으로 채택하지 않으나, 미국은 채택한다.

③ [○] Tinoco 중재판정은 정부의 실효적 통제를 중시하여 선언적 효과설을 따르고 있다.
⇨ 동 사건에서 쿠데타로 정권을 잡은 티노코 정부가 확고하게 코스타리카를 지배하고 있었으므로 티노코 정부의 행위는 코스타리카로 귀속된다고 보았다. 즉, 실효적 지배 여부를 중요한 기준으로 본 것이다.

④ [○] 미국 법원에서 미승인국가나 미승인정부의 제소권은 인정되지 않는 것이 원칙이다.
⇨ 미국은 미승인국의 지위와 관련하여 창설적 효력설에 따라 미국이 승인하지 않은 국가에 대해서는 제소권을 부여하지 않는다. 그러나, 국가면제나 국가행위이론에 대해서는 미승인국이라도 이를 적용한다.

19' 9급

06 자위권 정답 ①

❶ [×] 무력공격을 받은 국가는 안전보장이사회가 침략국에 대해 경제제재조치를 취하면 피(被)점령상태가 지속되고 있더라도 자위권 행사를 계속할 수 없다.
⇨ 경제제재조치는 침략을 격퇴하기에 충분한 실효적 조치로 볼 수 없으므로 무력공격을 받은 국가는 자위권을 계속해서 발동할 수 있다.

② [○] 국제사법재판소는 국제법상 자위권이 조약상 권리이면서 국제관습법상 고유한 권리로도 병존하고 있다고 밝혔다.
⇨ 자위권이 조약상 권리면서 동시에 관습법상 권리이기도 하므로 자위권 발동국은 조약상의 요건과 관습법상의 요건을 모두 충족해야 한다.

③ [○] 비정규군이나 무장단체의 무력행사는 무력공격에 해당될 수 있으나, 반군에 대한 단순한 무기·병참지원은 해당되지 않는다.
⇨ 반군에 대한 무기나 병참지원은 '간접적 무력공격'에 해당될 수 있다. 출제자는 '단순한'이란 표현을 사용하여 무력공격이 아닌 무력사용을 표현한 것으로 보인다. 무기나 병참지원의 규모나 효과에 따라 간접적 무력공격이 될 수도 있기 때문이다.

④ [○] 집단적 자위권은 무력공격의 직접적 피해자가 아닌 제3국이 독자적으로 판단하여 행사할 수는 없다.
⇨ 집단적 자위권을 발동하기 위해서는 피해국의 원조 요청이 있어야 한다.

20' 9급

07 국내문제 불간섭의무 정답 ③

① [○] 국내문제는 국가의 대내적 문제와 대외적 문제를 포함하므로, 영토적 개념에 기반을 두지 않는다.
⇨ 국내문제란 영토 내의 문제라는 의미가 아니라 국가가 배타적으로 처리할 수 있는 문제를 말한다.

② [○] 국제사법재판소(ICJ)는 1986년 Nicaragua 사건에서 미국의 니카라과에 대한 경제원조의 중단은 관습법상 동 원칙의 위반으로 볼 수 없다고 판결하였다.
⇨ 국제사법재판소(ICJ)는 경제원조의 중단은 시혜적 조치의 중단에 불과하므로 국내문제 불간섭원칙을 위반한 행위가 아니라고 판단하였다.

❸ [×] 일국이 타국의 문제에 개입할 경우 그것이 강제적인 것이 아닐지라도 간섭에 해당한다.
⇨ 간섭이 인정되기 위해서는 타국의 의사에 대한 강제가 있어야 한다. 다만, 강제수단에 있어서는 무력적 수단뿐 아니라 경제적, 정치적 강제도 포괄적으로 강제에 해당될 수 있다.

④ [○] 「UN헌장」 제2조 제7항에 따르면 본질상 국내 관할권 안에 있는 사항에 대하여는 UN도 간섭할 수 없다.
⇨ UN의 회원국의 국내문제에 대한 불간섭의무를 규정하고 있다.

19' 9급

08 국가관할권 정답 ②

① [O] 국가는 자국에서 살인을 저지르고 외국으로 도주한 자국민에 대하여 재판관할권을 가지지만 외국에서 그를 직접 체포할 권한은 없다.

⇨ 국가는 속인주의에 기초한 관할권을 갖는다. 이는 입법관할권에 관한 것이다. 다만, 외국에서 외국의 동의 없이 직접 체포할 수는 없다. 집행관할권은 영토적 한계가 있기 때문이다. 이 경우 국가는 관련국에게 범죄인 인도를 청구하여 실제로 관할권을 행사할 수 있을 따름이다.

❷ [×] 영토에 근거한 관할권은 영토국의 이해관계가 국적에 근거한 타국의 이해를 압도하므로 국적에 근거한 관할권보다 우월한 지위를 가진다.

⇨ 영토에 근거한 관할권은 속지주의이며, 국적에 근거한 관할권은 속인주의 또는 수동적 속인주의이다. 국제법상 어느 것이 더 우월하다고 말할 수 없다. 다만, 관례상으로는 속지주의에 우선권을 주기도 한다.

③ [O] 국제법상 관할권 행사의 여러 근거로 인하여 동일 사안에서 동일인에 대해 형사관할권을 행사할 수 있는 국가가 복수로 존재할 수 있다.

⇨ 하나의 사건에 대해 여러 나라가 관할권을 주장할 수 있다. 이 경우 관할권의 경합이 발생하나, 누가 우선적으로 관할권을 행사할 수 있는지에 대해 국제법상 확립된 것은 없다.

④ [O] 항공기 납치나 테러 등 일정 범죄의 방지와 처벌을 다루는 조약에서는 당사국에게 기소 또는 인도의무(aut dedere aut judicare)를 규정하기도 한다.

⇨ 항공범죄 관련 헤이그협약, 몬트리올협약, 베이징협약 등에서 기소 또는 인도의무를 규정하고 있다. 자국에서 처벌하지 않는 경우 관할권을 가진 다른 나라에 인도할 것을 요구하는 것이다.

22' 9급

09 강행규범 정답 ③

① [×] 조약당사국은 합의에 의하여 특정 강행규범의 적용을 배제할 수 있다.

⇨ 강행규범의 본질상 개별법 주체 간 합의로 이를 배제할 수 없다.

② [×] 새로운 강행규범과 저촉되는 기존의 조약은 소급하여 무효가 된다.

⇨ 새로운 강행규범과 저촉되는 기존의 조약은 무효로 되어 종료한다. 종료의 경우 장래효를 원칙으로 한다.

❸ [O] 강행규범은 새롭게 출현하는 강행규범에 의하여 수정될 수 있다.

⇨ 강행규범은 강행규범에 의해 수정되거나 변경될 수 있다.

④ [×] 조약규정의 일부가 강행규범에 반하는 경우라 하더라도 조약의 나머지 규정은 유효하다.

⇨ 강행규범에 위반되는 조약은 '가분성'이 인정되지 않는다. 반드시 조약 전체가 무효이다.

20' 9급

10 국가책임 정답 ①

❶ [×] 1986년 Nicaragua 사건에서 미국의 일반적 통제에 따른 콘트라반군의 행위는 미국에 귀속될 수 있다고 하였다.

⇨ 일반적 통제가 이닐 실효적 통제가 있어야 귀속된다고 하였다. 일반적 통제란 콘트라반군에게 자금이나 무기를 지원하는 행위를 말하며, 실효적 통제란 반군의 반정부활동에 대한 구체적인 통제를 말한다. 실효적 통제가 입증되지 않아 반군단체의 행동에 대해서는 미국이 책임을 지지 않는다고 하였다.

② [O] 1928년 Factory at Chorzów 사건에서 원상회복이 불가능한 경우 금전배상이 이루어져야 한다고 하였다.

⇨ 원상회복이 사실상 불가능한 경우 금전배상을 한다.

③ [O] 1997년 Gabčikovo - Nagymaros Project 사건에서 위법성 조각사유가 문제의 의무를 종료시키는 것은 아니라고 하였다.

⇨ 동 판결에 의하면 금전배상의 범위는 문제의 위법행위로부터 초래되었거나 또는 그로부터 초래될 것이 분명한 손해를 포함해야 한다.

④ [O] 1987년 Yeager 사건에서 혁명수비대원들이 공권력 부재시 정부권한을 행사한 것을 인정하였다.

⇨ 국가책임협약 최종초안 제9조에 해당되는 판례이다.

16' 경찰간부

11 외교사절 정답 ①

❶ [O] 경찰이 대사관 차량의 운전자를 차량 밖으로 강제로 끌어내는 것은 허용되지 않는다.

⇨ 경찰권의 강제행사는 신체의 불가침을 침해하는 것이므로 허용되지 않는다.

② [×] 경찰은 불법무기를 적발하기 위하여 공관장의 동의 없이도 대사관을 수색할 수 있다.

⇨ 외교공관의 경우 절대적 불가침권을 향유하므로 공관장의 동의 없이는 대사관을 수색할 수 없다.

③ [×] 외교공관에서의 비호가 인정되지 않음을 명시적으로 규정하고 있다.

⇨ 외교공관의 비호권이 부정된다는 것이 '일반적 견해'이긴 하나 협약에 명시된 것은 아니다. 협약은 비호권에 대해서는 별도의 규정을 두지 않았다.

④ [×] 접수국당국에 의한 외교공관의 도청금지를 명시적으로 규정하고 있다.

⇨ 무선송신기의 경우 접수국과의 합의하도록 하고 있으나, 도청금지를 명시적으로 규정한 것은 아니다.

15' 9급

12 외교적 보호 정답 ③

① [O] 국가가 무국적자에게 외교적 보호를 행사할 경우, 무국적자가 피해를 입을 시에 또한 공식적으로 청구를 제기할 시에 그 국가에 합법적으로 상주하여야 한다.
⇨ 전통국제법상 무국적자에 대한 보호권자는 존재하지 않았다. 그러나 ILC가 작성한 외교보호초안의 경우 무국적자의 상주국이 보호권을 발동할 수 있도록 규정하였다.

② [O] 기업의 경우 주주의 국적국이 외교적 보호를 행사할 수 있는 경우가 있다.
⇨ 기업이 피해를 입은 경우 주주의 국적국은 원칙적으로 보호권을 발동할 수 없다. 그러나, 법인이 법적으로 소멸한 경우 주주의 국적국이 보호권을 발동할 수 있다.

❸ [X] 이중국적자의 경우 국적국 상호간에는 외교적 보호를 행사할 수 없다.
⇨ 이중국적국 상호간 원칙적으로 외교적 보호권을 발동할 수 없다. 그러나, 일방이 타방에 비해 지배적 국적국인 경우 외교적 보호권을 행사할 수 있다. 지배적 국적국이란 피해 사인과 관련성의 정도가 타방에 비해 압도적인 국가를 말한다.

④ [O] 피해 발생 이후 청구와 관계없는 이유로 국적이 변경된 경우, 새로운 국적 취득이 국제법에 반하지 않으면 현재의 국적국이 외교적 보호를 행사할 수 있다.
⇨ 국가승계로 인해서 피해사인의 국적이 변경된 경우 피해사인의 신규 국적국이 외교적 보호권을 발동할 수 있다.

23' 7급

13 국제형사재판소 정답 ④

① [O] 국제형사재판소는 국제적 법인격을 가지며 그 기능의 행사와 목적 달성에 필요한 법적 능력을 가진다.
⇨ 국제법인격을 명시한 것이다.

② [O] 국제형사재판소 소추관은 국제형사재판소에 관한 로마규정상의 범죄구성요건에 대한 개정을 제안할 수 있다.
⇨ 범죄구성요건 개정에 대한 제안은 당사국, 절대과반수의 재판관, 소추관에 의하며, 개정의 채택은 당사국총회 회원국 3분의 2의 다수결에 의한다(로마규정 제9조).

③ [O] 국제형사재판소 소추관이 독자적으로 개시한 수사를 진행하기 위해서는 전심재판부로부터 허가받아야 한다.
⇨ 수사개시는 소추관이 전심재판부의 허가를 받고 독자적으로 하거나, 당사국이나 안보리의 제소에 따른다.

❹ [X] 국제형사재판소는 국제연합 안전보장이사회가 기소의 연기를 요청한 경우 6개월이 지나야 기소할 수 있다.
⇨ 안보리가 기소 연기를 요청한 경우 12개월 동안 기소가 수사가 중단된다.

23' 7급

14 영역 정답 ③

① [O] 멩끼에와 에크레오(Minquiers and Ecrehos) 사건 판결에서는 영유권 문제를 지리적 근접성이 아니라 각종 증거로부터 뒷받침되는 실효적 지배를 기준으로 다루었다.
⇨ 지리적 근접성에 기초하여 영유권을 인정할 수 없다고 하였다. 실효적 지배의 정도를 따져 영국의 영유권이 인정되었다.

② [O] 페드라 브랑카(Pedra Branca) 사건 판결에서는 섬이 말레이시아에 지리적으로 가깝지만, 싱가포르가 등대와 해상사고, 방문자 등을 관리한 것을 실효적 지배의 증거로 보고 싱가포르에 영유권이 있다고 밝혔다.
⇨ 싱가포르가 실효적 지배를 한 측면이 인정되었고, 한편으론 말레이시아가 영유권을 포기한 측면도 인정되었다.

❸ [X] 리기탄과 시파단(Ligitan & Sipadan) 사건 판결에서는 영유권 확인의 결정적 요소인 실효적 지배의 증거로 정부의 공무 행위와 함께 사인의 행위가 동등하게 인정될 수 있다고 밝혔다.
⇨ 사인의 행위는 실효적 지배의 증거로 인정될 수 없다고 하였다. 즉, 인도네시아 어부들이 동 섬 인근에서 조업을 한 것을 동 섬에 대한 지배의 증거로 인정할 수 없다고 하였다.

④ [O] 남중국해(South China Sea) 사건 중재판정에서는 배타적경제수역을 가질 수 있는 섬인지를 판단할 수 있는 일정한 구체적 기준을 명시적으로 밝혔다.
⇨ 섬의 조건으로 인간의 거주 지탱가능성과 독자적 경제활동 유지 가능성을 제시하고, 구체적 요건을 제시하였다.

09' 7급

15 외교사절 정답 ③

① [X] 외교사절의 특권과 면제의 시기는 외교사절의 직무개시시기와 동일하다.
⇨ 외교사절의 특권과 면제는 입국시부터 가지나, 직무는 신임장을 제정할 때 개시한다.

② [X] 접수국은 외교사절단의 수가 지나치게 많다는 이유로 접수를 거부할 수 없다.
⇨ 제11조에 의하면, 접수국은 합리적인 규모 내에서 피접수국이 공관을 유지할 것을 요구할 수 있다.

❸ [O] 외교관의 공적 행위에 관한 면제는 그 직무 종료 후에도 계속된다.
⇨ 공적 행위에 대한 면제는 물적 면제로서 영구적으로 면제된다.

④ [X] 본 협약에 따르면 '인도적 동기'에서 외교공원의 비호권이 인정된다.
⇨ 외교공관의 비호권은 일반적으로 인정되지 않는다.

10' 7급

16 국제법의 연원 정답 ④

① [O] 국제사법재판소의 판결은 국내법원 판결의 원용을 배제하지 않는다.

⇨ 국제사법재판소(ICJ)규정 제38조 제1항 제(d)호는 판결을 법칙결정의 보조적 수단으로서 인정한다. 판결에는 국제판결뿐 아니라 국내판결도 포함된다.

② [O] 국제법의 일반원칙은 당사자의 동의 없이 국제사법재판소의 재판준칙이 될 수 있다.

⇨ 국제법의 일반원칙이란 '국제관습법'을 의미한다. 국제관습법은 국제재판소인 국제사법재판소(ICJ)에 의해 재량적으로 재판준칙으로 적용된다.

③ [O] 학설의 경우는 국제법의 법원성은 부정되나 간접적·보조적 법원으로 원용될 수 있다.

⇨ 학설은 법규 판단의 보조적 수단이다.

❹ [X] 조약과 국제관습법 간의 위계에 있어서 원칙적으로 조약이 우선한다.

⇨ 조약과 국제관습법 상호간에는 위계가 없으며, 양법이 상충하는 경우 신법우선의 원칙이나 특별법우선의 원칙에 의해 해결한다. 다만, 이는 양규범이 모두 임의규범임을 전제한 것이며, 일방이 강행규범인 경우 타규범은 무효가 될 수 있다.

23' 7급

17 국제연합 정답 ③

① [O] 국제연합 행정재판소 판정의 효력에 관한 권고적 의견에서는 정치적 기관인 총회가 사법기관인 행정재판소를 설립할 권한이 있는지가 헌장에 명시되어 있지 않지만 이른바 묵시적 권한에 따라 설립할 수 있다고 하였다.

⇨ 행정재판소는 총회의 보조기관이며 보조기관 설치도 묵시적 권한이론이 적용되는 사안이다.

② [O] 국제연합 근무 중 입은 손해의 배상에 관한 권고적 의견에서는 국제연합이 국제적 법인격을 갖는지에 관한 규정이 헌장에 없으나 국제연합이 헌장의 목적 달성을 위해 국제적 법인격을 묵시적으로 가질 수 있다고 하였다.

⇨ 동 사건에서 ICJ는 묵시적 권한이론을 적용하여 UN의 국제청구제기능력이 인정된다고 하였다.

❸ [X] 국제연합 근무 중 입은 손해의 배상에 관한 권고적 의견에서는 실질적으로 헌장이 정하는 목적이 추상적이고 일반적인 만큼 범세계적 국제기구인 국제연합이 주권국가와 같거나 유사한 정도의 포괄적 법인격을 갖는다고 하였다.

⇨ ICJ는 UN의 국제법인격이 인정되더라도 UN의 목적 달성을 위해 필요한 한계를 벗어날 수는 없다고 하여 UN의 법인격의 범위를 제한적으로 인정하였다.

④ [O] 국제연합의 일정 경비(헌장 제17조 제2항)에 관한 권고적 의견에서는 평화유지활동(peace-keeping operation)이 헌장 제7장에 따른 강제조치가 아니라고 하였다.

⇨ 평화유지활동에 대한 직접적 근거는 없다고 하였으며, 묵시적 권한이론에 기초하여 창설될 수 있다고 하였다. 또한 헌장 제7장상 강제조치는 아니므로 반드시 안전보장이사회만 설치할 수 있는 것은 아니라고 하였다.

18' 9급

18 무력사용 정답 ③

① [O] 1907년 계약상의 채무회수를 위한 병력 사용의 제한에 관한 협약(Porter Convention)은 채무국이 중재 제의를 거부하거나 중재 판정을 준수하지 않을 경우에는 병력 사용을 금지하지 않는다.

⇨ 포터조약(또는 드라고 포터조약)은 채무회수를 위한 전쟁을 제한한 조약이다. 채무국이 중재 판정을 받고 성실히 이행할 것을 조건으로 전쟁을 제한하였으므로, 중재 판정을 지연시키거나 회피하는 경우 전쟁을 할 수 있다.

② [O] 1919년 국제연맹규약은 전쟁을 완전히 금지하지는 않고 분쟁에 대한 중재 판정이나 사법 판결 또는 연맹이사회의 심사 보고 후 3개월 이내에는 연맹 회원국이 전쟁에 호소하지 못하도록 하였다.

⇨ 국제연맹규약은 전쟁을 제한하였다. 즉, 완전히 불법화 또는 금지한 것은 아니다.

❸ [X] 1928년 부전조약은 캐롤라인(Caroline)호 사건에서 나온 자위권 요건을 명시적으로 반영하여 무력사용의 금지를 규정하였다.

⇨ 부전조약은 '무력사용의 금지'를 규정한 것이 아니라 '전쟁의 금지'를 규정한 것이다. 무력사용이 전쟁보다 넓은 개념이며, 무력사용 및 그 위협은 UN헌장체제에서 비로소 금지되었다. 한편, 부전조약이 자위권 발동을 예외로 규정한 것은 맞다.

④ [O] 1945년 UN헌장은 국제관계에서 무력의 위협이나 무력사용을 일반적으로 금지하였다.

⇨ UN헌장은 전쟁을 포함하여 전쟁에 이르지 아니하는 무력사용 및 그 위협을 전면 불법화하였다.

23' 7급

19 난민법 정답 ②

① [O] 비호를 구하는 난민은 비호를 구하려는 국가의 국내법에 따른 입국허가를 받아야 하며 난민에게 국제법에 따라 입국할 수 있는 권리 자체가 보장되는 것은 아니다.

⇨ 난민을 포함하여 외국인에게 입국의 권리가 있는 것은 아니며, 영토국의 입국허가를 받아야 한다.

❷ [X] 콜롬비아-페루 비호 사건에서 국제사법재판소는 영토적 비호와 외교적 비호 모두 국제관습법으로 확립된 원칙임을 확인하고 외교적 비호가 중남미 지역에서 국제법적으로 인정된다고 밝혔다.

⇨ 영토적 비호의 관습법성은 인정하였다. 그러나 외교적 비호는 국제관습법(일반관습법)이나 중남미 지역의 관습은 아니라고 하였다.

③ [O] 난민의 지위에 관한 협약에 따라 국제연합 난민고등판무관은 난민의 국제적 보호와 난민협약체제의 이행감시 권한을 가지며 이에 근거해 체약국들의 난민 지위 결정 과정에 여러 형태로 관여한다.

⇨ 난민협약 당사국은 UNHCR과 협력할 의무가 있다.

④ [O] 난민의 지위에 관한 협약 체약국은 난민에게 동산 및 부동산의 소유권과 기타 관련 권리의 취득 및 부동산의 임대차 등에서 가능한 한 유리한 대우를 부여하며 외국인에게 부여되는 일반적인 대우보다 불리하게 해서는 아니 된다.

⇨ 협약상 부동산에 관한 권리는 당사국이 난민에게 최혜국대우를 부여해야 한다.

23' 7급

20 WTO 정답 ①

❶ [×] 세계무역기구 회원국은 다른 회원국의 세계무역기구 협정 위반에 해당하지 않는 조치의 적용에 대해서는 제소할 수 없다.
⇨ 협정 위반에 해당하지 않는 조치의 경우 비위반제소를 제기할 수 있다.

② [○] 패널은 보고서의 최종 채택 전에 잠정보고서를 분쟁당사국에 회람하고 최종보고서 단계에서 당사국의 의견을 참작한다.
⇨ 잠정보고서는 분쟁당사국에게만 배포되나, 최종보고서는 회원국 전체에 회람된다.

③ [○] 패널 설치일로부터 20일 이내에 패널위원 구성에 대한 합의가 이루어지지 않는 경우, 일방 당사국의 요청에 의해 세계무역기구 사무총장이 분쟁해결기구 의장 등과 협의를 거쳐 임명한다.
⇨ DSU 의장이 아니라 WTO 사무총장이 임명한다는 점에 주의한다.

④ [○] 분쟁해결기구가 보고서를 채택한 뒤에 패소국은 판정을 즉각적으로 이행하지 않고 이행유예를 받을 수도 있다.
⇨ 이행유예란 합리적 이행기간 설정을 말한다.